PUBLICATIONS
DE L'ÉCOLE DES LANGUES ORIENTALES VIVANTES

BIBLIOTHECA JAPONICA

DICTIONNAIRE BIBLIOGRAPHIQUE

DES

OUVRAGES RELATIFS À L'EMPIRE JAPONAIS

RANGÉS PAR ORDRE CHRONOLOGIQUE JUSQU'À 1870
SUIVI
D'UN APPENDICE RENFERMANT LA LISTE ALPHABÉTIQUE
DES PRINCIPAUX OUVRAGES
PARUS DE 1870 À 1912

PAR

HENRI CORDIER
MEMBRE DE L'INSTITUT
PROFESSEUR À L'ÉCOLE SPÉCIALE DES LANGUES ORIENTALES VIVANTES

PARIS
IMPRIMERIE NATIONALE

ERNEST LEROUX, ÉDITEUR, RUE BONAPARTE, 28

MDCCCCXII

PUBLICATIONS

DE

L'ÉCOLE DES LANGUES ORIENTALES VIVANTES

5e SÉRIE. — TOME VIII

BIBLIOTHECA JAPONICA

BIBLIOTHECA JAPONICA

DICTIONNAIRE BIBLIOGRAPHIQUE

DES

OUVRAGES RELATIFS À L'EMPIRE JAPONAIS

RANGÉS PAR ORDRE CHRONOLOGIQUE JUSQU'À 1870
SUIVI
D'UN APPENDICE RENFERMANT LA LISTE ALPHABÉTIQUE
DES PRINCIPAUX OUVRAGES
PARUS DE 1870 À 1912

PAR

HENRI CORDIER
MEMBRE DE L'INSTITUT
PROFESSEUR À L'ÉCOLE SPÉCIALE DES LANGUES ORIENTALES VIVANTES

PARIS
IMPRIMERIE NATIONALE

ERNEST LEROUX, ÉDITEUR, RUE BONAPARTE, 28

MDCCCCXII

PRÉFACE.

J'écrivais en juillet 1885, lorsque fut terminé le second volume de la *Bibliotheca Sinica*[1] :

«Nous croyons nécessaire d'annoncer aussi que nos travaux sur la bibliographie de l'Asie orientale doivent comprendre également une *Bibliotheca Indo-Sinica* qui sera mise sous presse à la fin de l'année courante et une *Bibliotheca Japonica;* celle-ci ne sera publiée d'ailleurs que si l'un de nos jeunes et actifs confrères ne donnait pas lui-même un semblable travail depuis longtemps en projet d'exécution.»

Dix ans plus tard, janvier 1895, j'ajoutais :

«Rappelons que nous avions annoncé dans la Postface de la *Bibliotheca Sinica* que cet ouvrage aurait pour suites :

«*Bibliotheca Indo-Sinica.* — Dictionnaire bibliographique des ouvrages relatifs aux pays de l'Indo-Chine.

«*Bibliotheca Japonica.* — Dictionnaire bibliographique des ouvrages relatifs à l'Empire japonais.

«Il a fallu vingt-cinq années pour terminer la *Bibliotheca Sinica;* que nos lecteurs nous montrent encore un peu de patience pour ses suites[2].»

Depuis lors une nouvelle édition de la *Bibliotheca Sinica* et le premier volume de la *Bibliotheca Indo-Sinica* ont paru, mais si le «jeune et actif confrère» absorbé par les travaux de sa carrière consulaire n'a pas fait paraître une *Bibliotheca Japonica,* un nouveau venu a pris sa place.

En 1895, M. Fr. von Wenckstern faisait paraître une bibliographie du Japon[3] dont le Dr. G. Schlegel[4] a montré quelques-unes des nombreuses fautes qu'il ne me convient pas

[1] *Bibliotheca Sinica,* II, 1885, col. 1400.

[2] *Bibliotheca Sinica,* Supplément, 1895.

[3] A Bibliography of the Japanese Empire — Being a Classified List of all Books, Essays and Maps in European languages relating to Dai Nihon [Great Japan] published in Europe, America and in the East from 1859-93 A. D. (VIth year of Ansei — XXVIth of Meiji) compiled by Fr. von Wenckstern. — To which is added a facsimile — reprint of : Léon Pagès, Bibliographie japonaise depuis le xve sciècle (*sic*) jusqu'à 1859. — Leiden : E. J. Brill, Publisher & Printer. — On sale in London by Kegan Paul, Trench, Trübner & Co., ... 1895, in-8, pp. xiv-338 + pp. 60 Bib. de Pagès.

[4] *Internationales Archiv für Ethnographie,* Bd. VIII, 1895, pp. 177-180.

de perdre mon temps à signaler. Toutefois il en est une fort grave, c'est celle de s'être contenté de reproduire en facsimile — procédé facile de bibliographie — la bibliographie de Pagès et de donner simplement la bibliographie moderne. Il est vrai que dans un second volume[1], supplément du précédent, M. Fr. von Wenckstern s'est efforcé de compléter et de corriger Pagès; il n'a réussi qu'à embrouiller le lecteur.

Néanmoins les deux volumes de M. von Wenckstern — tout en laissant à désirer fort comme travail bibliographique — pourront servir au travailleur en attendant qu'une refonte complète des matériaux soit entreprise par un homme compétent. J'ai donc renoncé — ayant d'ailleurs d'autres ouvrages en préparation que — vu mon âge — je n'aurai sans doute pas le temps de terminer — à donner une *Bibliotheca Japonica* sur le plan de la *Bibliotheca Sinica;* je reprends simplement dans ce volume le travail de Pagès[2], publié en 1859, et je le conduis, en le corrigeant et en l'augmentant, jusqu'à la révolution de 1868 ou mieux jusqu'en 1870.

M. Léon Pagès, né à Paris en 1814, avait été attaché à la Légation de M. Forth-Rouen en Chine; d'une nature ardente, violente même, catholique fervent, collaborateur de l'*Univers,* M. Pagès était un militant de la politique, et outre ses travaux sur le Japon, il a publié un certain nombre d'opuscules de combat[3]. Il demeurait 110, rue du Bac et possédait une bibliothèque considérable; j'ai conservé le meilleur souvenir de l'accueil qu'il voulut bien m'y faire.

Après la mort de M. Pagès, à Paris, en 1886, sa bibliothèque fut mise en vente, sans catalogue, et la plupart des volumes de cette riche collection passèrent entre les mains des libraires Maisonneuve et Baillieu.

(1) Bibliography of the Japanese Empire — Being a Classified List of the Literature in European languages relating to Dai Nihon [Great Japan] published in Europe, America and in the East. Volume II. comprising the Literature from 1894 to the middle of 1906 [XXVII-IXLth year of Meiji] with additions and corrections to the first volume and a Supplement to Léon Pagès, Bibliographie Japonaise, compiled by Fr. von Wenckstern. — Added is a list of the Swedish Literature on Japan by Miss Valfrid Palmgren, Ph. D. First Assistant-Librarian of the Royal Library in Stockholm. — 1907 Tokyo, Osaka and Kyoto: The Maruzen Kabushiki Kaisha, in-8, pp. XVI + 486 + 28 + 21 + 1 f. n. ch.

Printed at the «Japan Chronicle» Office, Kobe.

(2) Bibliographie japonaise ou Catalogue des Ouvrages relatifs au Japon qui ont été publiés depuis le XVe siècle jusqu'à nos jours; rédigé par M. Léon Pagès, Ancien Attaché de Légation. — Paris, Benjamin Duprat, M DCCCLIX, in-4, 1 f. n. ch. + pp. 68.

(3) Les Droits, les Intérêts et les Devoirs de la France en Cochinchine. — Extrait du *Correspondant.* — Paris, Charles Douniol, 1857, in-8, pp. 24.

Par Léon Pagès.

Une question catholique aux Indes et en Chine. — Le Portugal et le Concordat avec le Saint-Siège, par Léon Pagès, Ancien Attaché à la Légation de Chine. — Extrait de l'*Ami de la Religion.* — Paris, De Soye et Bouchet, 1858, in-8, pp. 23.

La Déportation et l'Abandon des Morts — Cimetière de Méry — Par Léon Pagès — Prix : 50 centimes. — Paris, Olmer [et] Taranne, 1875, in-8, pp. 72.

Valmy. — Les Diamants de la Couronne de France et les Dépouilles des Victimes des 2 et 3 septembre rançon de la République — Par Léon Pagès — Paris, Taranne [et] Olmer, 1877, pet. in-8, pp. 54 + 1 f. n. ch.

Danton. — Le Règne de la Justice & des Lois en 1792 par Léon Pagès. — Paris, Taranne [et] Pillet et Dumoulin, 1880, in-8, pp. 87.

Pagès avait eu un amer désappointement dans la vie : le 24 mai 1868, un décret supprimait à l'École des Langues orientales vivantes la chaire d'Arabe littéral, vacante par suite de la mort de M. REINAUD et y substituait une chaire de japonais à laquelle était nommé le même jour M. Léon DE ROSNY, déjà autorisé par arrêté du 21 avril 1863 à faire un cours public de cette langue, mais sans avoir droit à aucune rémunération. M. Pagès avait pu croire un instant qu'il occuperait la chaire nouvellement créée. Il avait en outre préparé une nouvelle édition de sa Bibliographie japonaise, dont il m'a montré un exemplaire couvert d'annotations et rempli d'additions et de corrections; il fut enlevé par la mort avant de l'avoir achevée.

Cet exemplaire était passé entre les mains de M. Charles LECLERC, associé de la librairie Maisonneuve. Charles Leclerc, bibliographe exact, auteur de la *Bibliotheca Americana* et de plusieurs excellents Catalogues de livres relatifs au Japon[1], avait entrepris une nouvelle édition de l'ouvrage de Pagès, et il m'a souvent entretenu de son dessein. La mort l'a empêché de terminer son ouvrage et j'ignore ce qu'est devenu l'exemplaire annoté de Pagès.

Les ouvrages dans la bibliographie de Pagès sont rangés dans l'ordre chronologique que j'ai conservé sans grand inconvénient, car sauf les livres de KAEMPFER, THUNBERG, SIEBOLD, etc., la plupart des livres publiés sur le Japon jusqu'à 1870, surtout au XVIe et au XVIIe siècles, sont relatifs à l'histoire des Missions chrétiennes dans l'Empire du Soleil levant. Un index alphabétique remédie aux inconvénients de l'ordre chronologique.

Léon Pagès avait utilisé pour son travail, non seulement les richesses de sa bibliothèque, mais aussi celles des congrégations religieuses de Rome; malgré la bonne volonté qui lui fut témoignée par les conservateurs, le Catalogue de la Bibliothèque impériale[2], pas plus que celui du Musée Britannique[3], n'étaient accessibles aux travail-

[1] Catalogue de la collection de livres et de manuscrits japonais de feu le Dr Mourier. Rédigé par Ch. Leclerc, de la librairie Maisonneuve frères et Ch. Leclerc, à Paris. (*Mém. Soc. Et. jap., etc.*, IV, 15 avril 1885, pp. 161-176; juillet 1885, pp. 257-272; V, janvier 1886, pp. 69-80; avril 1886, pp. 145-152.)

Catalogue de la Bibliothèque japonaise de M. Mourier en vente aux prix marqués chez Maisonneuve frères et Ch. Leclerc. — Première partie : *Textes imprimés au Japon*, Nos. 1-358. — Deuxième partie : *Ouvrages européens relatifs au Japon*, Nos. 359-524. — Paris, Maisonneuve frères & Ch. Leclerc, 1887, in-8, pp. 88.

A la fin se trouve, pp. 80-88 : Concordance des dates chinoises et japonaises pour les XVIIe, XVIIIe et XIXe siècles par Alfred Millioud, élève de l'École des Hautes-Études.

Tirage à part du précédent.

Bibliothèque japonaise de MM. Léon Pagès et Dr Mourier ... en vente à la librairie orientale et américaine de J. Maisonneuve. — Paris, J. Maisonneuve, 1889, in-8, pp. 100.

[2] Bibliothèque Nationale. — ASIE. Chapitre XVI. — *Japon* O[2]o. — Descriptions générales, p. 601. — Histoires générales, p. 612. — Détails de l'Histoire, p. 615. — Périodiques, p. 616. — Églises du Japon, p. 618. — Détails divers, p. 634. — Supplément, p. 638, grand in-4, autog.

[3] British Museum. — Catalogue of Printed Books. — JESUITS. — London : Printed by William Clowes, 1889, gr. in-4, pp. 58.

leurs comme aujourd'hui; je ne parle pas des bibliothèques des États-Unis alors peu connues en France[1].

La publication de nouvelles et savantes bibliographies, comme celles des PP. DE BACKER[2] revue par le P. SOMMERVOGEL, de SILVA[3], de TIELE[4], de RETANA[5], a apporté de nouveaux et précieux matériaux.

[1] List of Grammars, Dictionaries, etc., of the Languages of Asia, Oceania, Africa in the New York Public Library. — New York, 1909, gr. in-8, pp. 201 à 2 col.

Reprinted from the *Bulletin*, May-August, 1909.

Bib. Nat., 4°Q 1278.

Books in the Brooklyn Public Library on Far East China, Japan, Korea, Manchuria, Russia and Siberia. — Brooklyn, April 1904, Pièce in-8, pp. 8 à 2 col.

Library of Congress. — Select List of Books (with References to Periodicals) relating to the Far East Compiled under the Direction of Appleton Prentiss Clark Griffin Chief Bibliographer. Washington, Government Printing Office, 1904, in-8, pp. 74.

Russia : History, Politics, etc.; Russian Expansion; Trans-Siberian Railroad; Tibet; Manchuria; Japan; Korea; Russo-Japanese Relations; Far East : American Relations; Far East : European Relations; Anglo-Russian Relations; and China.

List of Works in the New York Public Library relating to Japan. Gr. in-8, pp. 79 à 2 col.

Reprinted from the *Bulletin*, August-September, 1906.

[2] Bibliothèque de la Compagnie de Jésus. Première Partie : *Bibliographie* par les Pères Augustin et Aloys DE BACKER. — Seconde Partie : *Histoire* par le Père Auguste CARAYON. — Nouvelle Édition par Carlos SOMMERVOGEL, S. J. Strasbourgeois publiée par la Province de Belgique. Bibliographie Tome I. *Abad-Boujart.* Bruxelles, Oscar Schepens [et] Paris, Alphonse Picard, MDCCCXC, gr. in-4.

Dix vol. de cette grande publication ont paru actuellement (Oct. 1912); le vol. X, 1909, renferme les Tables de la première partie par Pierre Bliard.

Le P. Marie-Nicolas-Charles Sommervogel, né à Strasbourg le 8 janvier 1834, est mort le 4 mai 1902, à Paris, rue Saint-Lambert, Vaugirard, malheureusement avant d'avoir terminé son ouvrage, auquel il avait consacré toute sa vie.

[3] Diccionario Bibliographico Portuguez Estudos de Innoncencio Francisco da Silva applicaveis a Portugal e ao Brasil. Lisboa na imprensa nacional, I, 1868 et seq., 7 vol. in-8.

[4] Mémoire bibliographique sur les Journaux des navigateurs néerlandais réimprimés dans les collections de De Bry et de Hulsius, et dans les collections hollandaises du XVIIe siècle, et sur les anciennes éditions hollandaises des Journaux de navigateurs étrangers; la plupart en la possession de Frederik Muller à Amsterdam. Rédigé par P. A. Tiele, Conservateur à la Bibliothèque de l'Université de Leide. Avec tables des voyages, des éditions et des matières. Amsterdam, Frederik Muller, 1867, in-8, pp. XII-372.

Il y a des ex. sur grand papier.

Nederlandsche Bibliographie van Land- en Volkenkunde door P. A. Tiele. — Amsterdam, Frederik Muller, 1884, in-8, pp. VII-288.

Bijdragen tot eene Nederlandsche Bibliographie, uitgegeven door het Frederik Muller-Fonds. — Eerste Deel. *Land- en Volkenkunde* bewerkt door P. A. Tiele. — Amsterdam, Frederik Muller, 1884, in-8.

[5] Orígenes de la Imprenta Filipina. — Investigaciones históricas, bibliográficas y tipográficas por W. E. Retana. — Obra premiada en certamen internacional celebrado en Manila, en 1910. Madrid, Victoriano Suárez, 1911, in-4, pp. 204, avec facsimiles.

Aparato bibliográfico de la Historia general de Filipinas deducido de la collección que posee en Barcelona la Compañia general de Tabacos de dichas islas por W. E. Retana. — Volumen primero — (Años : 1524-1800.) [Núms. : 1 á 458. — Págs. : Prels. + 1 à 464.] Año 1906. Madrid, Imprenta de la Sucesora de M. Minuesa de los Ríos. — Volumen segundo — (Años : 1801-1886.) [Núms. : 459 á 2428. — Págs. : 465 à 1064.] Año 1906. Ibid. — Volumen tercero — (Años : 1887-1905. — Págs. : 1811-1905.) [Núms. : 2429 à 4623. — Págs. : 1065 à 1800.] Año 1906. Ibid., 3 vol. in-4.

Des bibliographies de pays comme la Bibliographie de l'Asie de MEJOV[1] et autres[2] m'ont rendu de grands services.

Je ne rappellerai pas les nombreuses bibliographies telles que celles de PINELO, de TERNAUX-COMPANS, de MEUSEL, d'ALLIBONE, etc., citées dans la préface de la *Bibliotheca Sinica*, utilisées pour le présent ouvrage, et nous nous contenterons de signaler la *Bibliotheca Orientalis* de ZENKER[3].

Bon nombre de Catalogues de bibliothèques particulières et de libraires ont été consultés : il nous suffira de citer les principaux[4].

(1) Библіографія Азіи. — Указатель книгъ и статей объ Азіи на русскомъ языкѣ и однѣхъ только книгъ на иностранныхъ языкахъ, касающихся отношеній Россіи къ азіатскимъ государствамъ. Составилъ В. И. Межовъ. С.-Петербургъ, 1891. — T. II, 1892. — 2 vol. in-8.

I. — L'Orient en général. La Chine, la Mandchourie, la Mongolie, la Djoungarie, la Corée, le Thibet, le Japon, l'Inde, la Perse, le Béloutchistan, la Turquie, l'Arabie, l'Afghanistan, l'Asie centrale.

(2) Congreso internacional de Orientalistas Lisboa, 1892. — Escritos de los Portugueses y Castellanos referentes á las lenguas de China y el Japón. — Estudio bibliográfico por El Conde de la Viñaza. Lisboa, M. Gomes.... Madrid, M. Murillo... Londres, B. Quaritch, in-4, pp. 139.

On lit au verso du faux titre : *Tirada de 150 ejemplares numerados.* — Au verso du dernier f. : *Acabóse de imprimir esta «Memoria» el dila 30 de Octubre de 1892 en la tipografía de «La Derecha» de Zaragoza.*

L'ouvrage est tiré presque en entier de mes publications.

Mustafa. — Japan i den nyaste svenska litteraturen. (*Ymer*, année 1904, Stockholm, pp. 407-412.)

Le second volume de la Bibliographie de F. von Wenckstern Supp. donne une liste d'ouvrages en suédois dressée par Miss Valfrid Palmgren de la Bibliothèque royale de Stockholm.

(3) *Bibliotheca Orientalis*. Manuel de Bibliographie Orientale. I. contenant : 1. Les livres arabes, persans et turcs imprimés depuis l'invention de l'imprimerie jusqu'à nos jours, tant en Europe qu'en Orient, disposés par ordre de matières; 2. Table des auteurs, des titres orientaux et des éditeurs. [1859 articles.] Leipzig, Guillaume Engelmann, 1846. — II. contenant : 1. Supplément du premier volume; 2. Littérature de l'Orient chrétien; 3. Littérature de l'Inde; 4. Littérature des Parsis; 5. Littérature de l'Indo-Chine et de la Malaisie; 6. Littérature de la Chine; 7. Littérature du Japon; 8. Littérature mantchoue, mongole et tibétaine; 9. Table des auteurs, des titres orientaux et des éditeurs. [6972 articles.] Par J. Th. Zenker, Dr. Leipzig, Guillaume Engelmann, 1861, 2 vol. in-8.

Littérature de la Chine. I. Lexicographie : A. Dictionnaires (6637-6669). — B. Manuels de Conversation (6670-6676). — II. Grammaire (6677-6711). — III. Chrestomathies et Livres d'Instruction (6712-6721). — IV. Philosophie morale et politique (6722-6763). — V. Histoire et Géographie (6764-6805). — VI. Productions poétiques (6806-6835). — VII. Traductions de la Bible et Catéchismes (6836-6846). — VIII. Mélanges (6847-6867). — *Littérature Mantchoue, Mongole et Tibétaine.* I. Ouvrages Mantchous (6919-6931). — II. Ouvrages Mongols (6932-6956). — III. Ouvrages tibétains (6957-6972).

(4) Catalogue des livres, imprimés et manuscrits, composant la bibliothèque de feu M. J.-P. Abel-Rémusat. A Paris, chez J. S. Merlin, 1833, in-8, pp. 4-196.

Il y a des ex. en grand papier.

Catalogue des livres imprimés et manuscrits des ouvrages chinois, tartares, japonais, etc., et des chartes du XIIe au XVe siècle composant la bibliothèque de feu M. Ern. Clerc de Landresse, Bibliothécaire de l'Institut. Paris, J.-F. Delion, 1862, in-8.

Catalogue de la Bibliothèque orientale de feu M. Jules Thonnelier, Orientaliste, Membre de la Société asiatique et de la Société de l'histoire de France. Paris, Ernest Leroux, 1880, in-8, pp. VIII-564.

50 ex. ont été tirés sur grand papier.

Catalogue des Livres japonais de feu M. le docteur A. J. C. Geerts par le docteur L. Serrurier, Directeur du Musée national d'Ethnographie à Leide. — Leide. — E. J. Brill. 1887, in-8, pp. 64.

Catalogue de la Bibliothèque Orientale, Chino-Japonaise de feu M. le Dr. Gust. Schlegel ... ajouté à la bibliothèque de M. le Dr. H. I. E. Tendeloo... et d'autres successions. — Vente du 9-11 mai 1904 chez MM. Burgersdijk & Niermans. — Leyde, E. J. Brill, libraires, 1904, in-8, pp. 95.

685 *a* numéros.

Il serait injuste de passer sous silence les listes d'ouvrages sur le Japon données par Levyssohn[1], Giussani[2], Armstrong[3], etc., et de ne pas mentionner le travail si remarquable de Sir Ernest Mason Satow sur les productions des presses des anciens Jésuites au Japon[4].

Dans cette énumération de sources, il ne faut pas oublier les deux grandes publications périodiques, imprimées au Japon par les Anglais[5] et par les Allemands[6], ainsi que les Recueils édités à Londres par la Japan Society[7] et à Paris par la Société Franco-Japonaise[8]. Pendant un temps trop court, il a paru au Japon une *Revue française.*

Formose, qui n'est devenue japonaise qu'après le traité de Shimonoseki (17 avril 1895), et la Corée, annexée plus récemment, ont été traitées dans la *Bibliotheca Sinica.* Nous n'en avons donc parlé qu'accidentellement, à propos par exemple de Psalmanazar et de Hendrik Hamel; en revanche, nous avons été aussi complet que possible pour les îles Bonin et Lieou K'ieou. Quelques ouvrages signalés par Pagès sont omis intentionnellement, comme ne traitant pas du Japon.

Comme dans la *Bibliotheca Sinica,* je n'ai indiqué que des ouvrages européens, relatifs au Japon, laissant de côté les ouvrages indigènes. Ceux qui désirent faire des recherches bibliographiques dans ce champ peu exploré, pourront consulter les Catalogues du Musée Britannique[9], de la Bibliothèque Nationale de Paris[10], du Musée Asiatique de St.-Péters-

Les Indes Orientales. Catalogue de livres sur les possessions néerlandaises aux Indes, avec des divisions sur les Indes anglaises, la Chine et le Japon, Siam, la Perse, Sibérie, l'Afrique, spécialement la Côte de Guinée et le Cap de Bonne-Espérance, Surinam, Guyana et l'Australie. A la fin un Atlas de cartes, de planches historiques et topographiques et de portraits. En vente aux prix marqués chez Frederik Müller & Co. Amsterdam, Doelenstraat 10, 1882. [Pub. en novembre 1881], in-8, pp. 238.

Possessions Néerlandaises aux Indes Orientales, Nos. 1-1786. — Les Indes Anglaises, Indoustan, etc., Nos. 1787-2101. — Les Philippines, Nos. 2102-2105. — Ceilan, Nos. 2106-2144. — La Chine, le Japon, Siam, Cambodge, Formosa, Thibet, Mongolie, etc., Nos. 2145-2355. — Les autres parties de l'Asie (La Perse, Afghanistan, Sibérie, Tartarie, etc.), Nos. 2356-2459. — Afrique, etc. — En tout, 3480 numéros.

(1) Voir col. 507.

(2) A List of Works, Essays, etc., relating to Japan. — Compiled by Carlo Giussani. — [Yokohama, March, 1886.] (*Trans. As. Soc. Japan,* XIV, 1886, pp. 87-118.)

634 numéros par ordre alphabétique.

(3) J. M. Armstrong. Catalogue of valuable and rare books and pamphlets on China, Japan, and the East generally, including a select library of Chinese Standard Works. Hongkong, 1882.

Library of Congress. — Select List of Books.

(4) Voir col. 577.

(5) Transactions of the Asiatic Society of Japan, from 30th October, 1872, to 9th October, 1873. — Yokohama, 1874, Printed at the «Japan Mail» Office, in-8.

(6) Mittheilungen der deutschen Gesellschaft für Natur und Völkerkunde Ostasiens. Herausgegeben von dem Vorstande. Ites Heft. Mai 1873. Yokohama. Druckerei der «Japan Mail», in-folio, pp. 25.

(7) Transactions and Proceedings of the Japan Society, London. Vol. I, 1893, in-8, pp. viii-332. — Continue.

(8) Bulletin de la Société Franco-Japonaise de Paris Fondée le 16 septembre 1900. Siège social, 45 rue de Grenelle (VIIe Arrt) Paris, in-8, pp. 31, 5 pl.

I-1902. — Nos. XXIII-IV, Sept.-Déc. 1911. — Siège Social: Palais du Louvre. — Pavillon de Marsan, Paris, 1911, in-8, pp. 240.

(9) British Museum. — A Guide to the Chinese and Japanese illustrated books exhibited in the King's library. Printed by order of the Trustees. 1887, br. in-8, pp. 16.

Par Robert K. Douglas.

Voir col. 653.

(10) Bibliothèque nationale Département des Manuscrits — Catalogue des Livres chinois, coréens, japonais, etc. Par Maurice Courant. —

bourg[1], de la Bibliothèque Impériale de Vienne[2], de l'India Office[3], de Braumüller[4], sans compter d'autres encore[5].

J'ai cru qu'il serait utile d'ajouter en appendice à cette bibliographie une liste des principaux ouvrages sur le Japon, publiés depuis 1870; j'ai pu la dresser grâce aux facilités qui m'ont été données dans les bibliothèques publiques et particulières, et, principalement, dans la Bibliothèque d'Art, créée généreusement, à ses frais, il y a peu d'années, 18, rue Spontini, par M. Jacques DOUCET, le collectionneur bien connu, auquel je suis heureux d'avoir l'occasion de rendre hommage. J'ai naturellement consulté aussi cette excellente bibliographie périodique, commencée par Charles FRIEDERICI, continuée par les Drs. Johannes KLATT, de Berlin, Prof. Ernst KUHN, de Munich, A. BEZZENBERGER et A. MÜLLER, de Königsberg, enfin par le Dr. Lucien SCHERMAN[6], de Munich. Fort utiles également,

Premier fascicule Nos 1-2496. Paris, Ernest Leroux, 1900, in-8, pp. VII-148 à 2 col.

Notices par Ed. Chavannes, *Revue Critique*, 5 nov. 1900, pp. 333-334. — *Bul. Éc. franç. Ext.-Orient*, I, 2, avril 1901, pp. 145-146; III, oct.-déc. 1903, pp. 720-721, par P. Pelliot.

Deuxième fascicule Nos 2497-3469. Ibid., 1901, in-8, pp. 149 à 314. — Troisième fascicule Nos 3470-4423. Ibid., 1902, in-8, pp. 315 à 499.

Forment le Volume premier.

Huit fascicules ont paru (1912) comprenant 9089 numéros.

[1] Catalogue des livres et manuscrits Chinois, Mandchous, Polyglottes, Japonnais et Coréens, de la bibliothèque du Musée Asiatique, de l'Académie Impériale des Sciences, rédigé par M. Brosset, acad. extraord. 1840.

Ms. in-folio relié en veau; se trouve dans la Bib. du Musée asiatique de l'Ac. des Sciences de St. Pétersbourg. Le Cat. est divisé par classes et la prononciation des noms est donnée mais sans les caractères chinois. — La Bib. du Musée asiatique possède également un Cat. Ms. en plusieurs cahiers de ses livres en langues européennes; il y en a parmi eux quelques-uns relatifs à la Chine. Cette Bib. comprenait [Oct. 1880] 2983 volumes chinois et japonais.

[2] Voir St. Endlicher, Col. 492.

[3] Descriptive Catalogue of the Chinese, Japanese, and Manchu Books in the Library of the India Office. Compiled by the Rev. James Summers, Professor of Chinese in King's College, London. Printed by order of the Secretary of State for India in Council. London: 1872, in-8, pp. VII-70.

170 numéros.

[4] *Bibliotheca Japonica*, Verzeichniss einer Sammlung Japanischen Bücher in 1408 Bänden im Besitze des K. K. Hof- und Universitäts-Buchhändlers Wilhelm Ritter von Braumüller in Wien. — Wien, 1875. Druck von Adolf Holzhausen in Wien, K. K. Universitäts-Buchdruckerei, in-8, pp. 21.

[5] Catalogue of Japanese Books published January-June 1902. By Rev. A. Lloyd. (*Trans. Asiat. Soc. Japan*, XXIX, Pt. II, July 1902, pp. 1-16.)

Textes japonais.

Catalogue of recently published Japanese Books. By Arthur Lloyd. (*Trans. Asiat. Soc. Japan*, XXX, pp. 462-572.)

Textes japonais.

[6] *Bibliotheca Orientalis* or a Complete List of Books, Papers, Serials and Essays published in 1876 in England and the Colonies, Germany and France on the History, Languages, Religions, Antiquities, Literature and Geography of the East compiled by Charles Friederici. Leipzig, Otto Schulze, in-8, pp. 86.

Comprend huit années (1876-1883). — Continué par:

Literatur-Blatt für Orientalische Philologie unter Mitwirkung von Dr. Johannes Klatt in Berlin herausgegeben von Prof. Dr. Ernst Kuhn in München. I. Band. 1. October 1883. 1. Heft. Leipzig, Otto Schulze, in-8.

Ce recueil a fini avec le Vol. IV pour 1886. — Continué par:

Orientalische Bibliographie unter Mitwirkung der Herren Prof. Dr. A. Bezzenberger, Königsberg... u. a., und mit Unterstützung der Deutschen Morgenländ. Gesellschaft herausgegeben von Professor Dr. A. Müller in Königsberg. I. Jahrgang (Band I). Berlin, H. Reuther, 1888, in-8.

Depuis plusieurs années, c'est le Dr. Lucian Scherman, de Münich, qui dirige cette intéressante publication avec le plus grand zèle.

les catalogues par matières, rédigés par Mr. G. K. FORTESCUE, du Musée Britannique[1]. Cet appendice, qui n'a nullement la prétention d'être complet, est un choix d'ouvrages qui ne sera d'ailleurs pas inutile à ceux mêmes qui possèdent la bibliographie de M. von Wenckstern, qui s'arrête à 1906.

Au premier rang des sources d'informations, il est nécessaire de citer l'admirable bibliographie que donne, depuis 1902-3, le Dr. Oskar NACHOD, dans les *Jahresberichte der Geschichtswissenschaft*, Berlin, Weidmann.

Lorsqu'un bibliographe termine un ouvrage, il doit toujours réclamer l'indulgence de ceux qui le consulteront, car malgré toutes les recherches, malgré tout le soin apporté à la correction des épreuves, erreurs et omissions ne peuvent être évitées. Le bibliographe doit aimer sa tâche et y apporter tout son zèle, obligé de garder l'ivraie avec le bon grain. S'il fallait en croire Lafcadio Hearn, il n'existe qu'une vingtaine de bons livres sur le Japon :

« A thousand books have been written about Japan; but among these, — setting aside artistic publications and works of a purely special character, — the really precious volumes will be found to number scarcely a score[2]. »

J'espère qu'après avoir parcouru ces pages, on sera convaincu que le maître écrivain a exagéré.

Henri CORDIER.

Paris, 8, rue de Siam (XVIe), 29 septembre 1912.

[1] Subject Index of the Modern Works added to the Library of the British Museum in the years 1881-1900. Edited by G. K. Fortescue Keeper of Printed Books. Printed by Order of the Trustees, 1902-1903, 3 vol. in-8.

Subject Index of the Modern Works added to the Library of the British Museum in the years 1901-1905. Edited by G. K. Fortescue,... 1906, in-8.

Subject Index of the Modern Works added to the Library of the British Museum in the Years 1906-1910. Edited by G. K. Fortescue.... Printed by Order of the Trustees, ... 1911, in-8, pp. v-1307.

[2] Lafcadio Hearn. — Japan An Attempt at interpretation, 1904, p. 3.

BIBLIOTHECA JAPONICA.

Fou Sang 扶桑國.

— Voir les passages relatifs aux extraits du *Wen-hian-toung-kao* par De Guignes dans une lettre adressée par le P. Gaubil à M. de l'Isle (Pékin, 28 août 1752). — (*Panth. litt.*, IV, p. 64.)

— Lettre du P. Gaubil à M. De Guignes, Pékin, le 31 octobre 1755. (*Ibid.*, pp. 71-72.)

— Lettre du P. Gaubil à M. de l'Isle, Pékin, 3 novembre 1755. (*Ibid.*, pp. 73-75.)

— Recherches sur les Navigations des Chinois du côté de l'Amérique, Et sur quelques Peuples situés à l'extrémité orientale de l'Asie. Par M. de Guignes. (*Rec. de l'Ac. des Insc., Mém.*, XXVIII, 1761, pp. 503-525.) Avec 2 cartes.

Il y a des extraits de ce mémoire dans le *Journal historique sur les matières du tems*, Paris, Juillet, 1753, LXXIV, pp. 43-48.

— J. Klaproth. — Recherches sur le pays de Fousang mentionné dans les livres chinois et pris mal à propos pour une partie de l'Amérique. (*Nouvelles Annales des Voyages*, XXI, 2e sér., 1831, pp. 53-68.)

— Paravey, Chev. de. — Origine asiatique d'un peuple de l'Amérique du Sud. Pièce in-8, s. l. n. d., pp. 7.

Extrait du No. 15, tome III, des *Annales de Phil. chrétienne*.

La lettre de M. de Paravey à la Soc. Asiatique, à laquelle il est fait allusion dans cet article, a été publiée en 1829 par la *Quotidienne*.

(Fou Sang 扶桑國.)

— Mémoire sur l'origine japonaise, arabe et basque de la civilisation des peuples du plateau de Bogota, d'après les travaux récens de MM. de Humbold et Siébold. Par M. de Paravey. Paris, Dondey-Dupré, 1835, br. in-8, pp. 33 + 1 pl.

— Documens hiéroglyphiques emportés d'Assyrie, et conservés en Chine et en Amérique, sur le déluge de Noé, les dix générations avant le déluge, l'existence d'un premier homme, et celle du péché originel: Dogmes qui sont la base du Christianisme, mais qui sont niés en ce jour. Par le Cher. de Paravey, ... A Paris, chez Treuttel et Wurtz, 1838, in-8, pp. 56 + 1 f. er. + 2 pl.

Extrait des *Annales de Phil. chrétienne*.

— L'Amérique, sous le nom de pays de Fousang, est-elle citée, dès le 5e siècle de notre ère, dans les grandes annales de la Chine et, dès lors, les Samanéens de l'Asie centrale et du Caboul y ont-ils porté le bouddhisme, ce qu'a cru voir le célèbre M. De Guignes, et ce qu'ont nié Gaubil, Klaproth et M. de Humboldt? Discussion ou Dissertation abrégée, où l'affirmative est prouvée, Par M. de Paravey... (Extrait du No. de février 1844 des *Annales de Phil. chrétienne*.) Paris, chez Treuttel et Wurtz, ... 1844, br. in-8, pp. 27.

(Fou Sang 扶桑國.)

IMPRIMERIE NATIONALE.

—— Nouvelles Preuves que le pays du Fou-sang mentionné dans les livres chinois est l'Amérique. Br. in-8, pp. 12 + 1 pl.

Par le Chev. de Paravey. — On lit à la fin : Extrait du No. 90 (juin 1847) des *Annales de Philosophie chrétienne.*

—— Réfutation de l'Opinion émise par M. Jomard (1) que les peuples de l'Amérique n'ont jamais eu aucun rapport avec ceux de l'Asie. (Extrait du numéro de mai 1849 des *Annales de Philosophie chrétienne.*) Br. in-8, pp. 7.

—— Ostasien und Westamerika. Nach chinesischen Quellen aus dem fünften, sechsten und siebenten Jahrhundert. Von Karl Friedrich Neumann. (*Zeitschft. f. Allg. Erdkunde*, Berlin, Vol. XVI, 1864, pp. 305-330.)

M. Neumann avait défendu la même thèse dans l'*Ausland* en 1845, à l'occasion du mémoire de M. de Paravey.

— Dans une «Notice ethnographique de l'Encyclopédie japonaise *Wa-kan-san-saï-dzou-yé*» publiée dans ses *Variétés Orientales*, 3e éd., pp. 73-80, M. Léon de Rosny cite un passage sur le «Fou-sang» (p. 80) et ajoute en note : «J'ai traduit cette notice pour M. Jose Pérez, qui l'a insérée dans son Mémoire sur les relations des anciens Américains avec les peuples de l'Europe, de l'Asie et de l'Afrique.» (Voir *Revue Orientale et Américaine*, t. VIII, p. 191.)

—— José Perez. — Mémoire sur les relations des anciens Américains avec les peuples de l'Europe, de l'Asie et de l'Afrique. (*Rev. Orient. et Amér.*, VIII, 1862, p. 162; et *Actes*, IV, p. 162 et 300.)

—— Étude sur les Origines Bouddhiques de la civilisation américaine, par M. Gustave d'Eichthal. Première Partie. Extrait de la *Revue Archéologique*. Paris, 1865, in-8, pp. 86.

Voir pp. 3 et seq. une analyse du mémoire de De Guignes publié en 1761 (*vide supra*), et pp. 81 et seq. une réponse aux observations de M. Vivien de Saint-Martin dans l'*Année géographique* (*vide infra*) : *Une vieille histoire remise à flot.*

—— Une vieille histoire remise à flot. Le pays de Fou-sang des Chroniques chinoises. (*L'Année géographique*, 3e année, 1865, pp. 253-268.)

Cet article contient la trad. inédite par S. Julien du liv. CCCXXVII, fol. 1 et suiv. de Ma Touan-lin sur le Fou-sang.

(1) À la Société de Géographie le 19 janvier précédent.

—— Une mission bouddiste en Amérique au ve siècle de l'ère chrétienne, par le Docteur A. Godron, Doyen de la Faculté des Sciences de Nancy. (*Annales des Voyages*, 1868, IV, pp. 6-20.)

— Sur le Fou-sang et les rapports des Chinois et des Américains dans l'antiquité par le Marquis d'Hervey de Saint-Denys. (*Actes de la Soc. d'Ethn.*, VI, 1869, pp. 171 et seq.)

—— Mémoire sur le pays connu des anciens Chinois sous le nom de *Fou-sang*, et sur quelques documents inédits pouvant servir à l'identifier, par M. le Marquis d'Hervey de Saint-Denys. Extrait des Comptes-rendus des Séances de l'Académie des Inscriptions et Belles-Lettres. Paris, Imprimerie Nationale, MDCCCLXXVI, br. in-8, pp. 17.

Voir également le Ma Touan-lin, du même auteur, I, pp. 374-401.

— Les Anciens Chinois ont-ils connu l'Amérique. Par MM. Bille, Madier de Montjau et Adrien de Longpérier. (*Compte-rendu de la 1re Session du Cong. des Orient.*, 1873, I, pp. 377-381.)

—— Lucien Adam. — Du Fousang. — (*Congrès international des Américanistes*; Comptes-rendus), Nancy et Paris, 1875, 2 vol. in-8, I, pp. 144-163.

— L'ancienne querelle au sujet du *Fou-sang* a été recommencée dans *Notes and Queries on China and Japan* et dans le *Chin. Rec.* Une note signée Y. J. A[llen) : «*Buddhist Priests in America*» (reproduite p. 161 du *Fusang* de Leland) dans laquelle étaient demandés des renseignements sur la théorie de Neumann parut dans le No. 4, Avril 1869, p. 58 du Vol. III de *Notes and Queries.*

Theos. Simpson répondit à cette note par une lettre (reproduite pp. 162-163 de l'ouvrage de Leland) imprimée, pp. 78-79.

Dans le numéro du *Chin. Rec.* de mai 1870, pp. 344-345, on réimprima un article qui avait paru dans le *Gentleman's Magazine* sous le titre de : «Who discovered America? Evidence that the new world was known to the Chinese fourteen hundred years ago.»

Dans une note signée S, imprimée dans *N. & Q.*, Vol. IV, p. 19 (Mars 17, 1870), on indique le passage des *Variétés Orientales* de Léon de Rosny, que nous citons plus haut. Une autre note, signée *J. H. G.*, p. 96 (Sept. 1870) du même journal, répond à l'article de S.

— Dans le *Chinese Recorder* d'octobre 1870, pp. 114-120, parut un article du Dr. E. Bretschneider (*Fu-sang, or who discovered America?* — Peking, 13th June 1870) contraire à l'hypothèse de Neumann. Cet article est reproduit dans l'ouvrage de Leland, pp. 165-176.

— Fusang. (*The Cycle*, 16th July, 1870.)

—— Fusang or the Discovery of America by Chinese Buddhist Priests in the fifth Century. By Charles G. Leland. London : Trübner, 1875, pet. in-8, pp. XIX-212.

Notices : *The Athenæum*, No. 2480, May 8, 1875. — *The Academy*, VII, 1875, p. 653. [Par R. H. Major.] — *China Review*, IV, p. 67. — *Continental Monthly*, I, 389, 500. — (W. Speer). *Princeton Review*, XXV, 83. — *Penn Monthly*, VI, 603.

— Fu sang. Lettre du Rev. J. Goble. (*Japan Gazette*, Oct. 15, 1875. — *China Review*, IV, p. 264.)

— Ueber das Land *Fu Sang* nach den alten chinesischen Berichten. Von E. Bretschneider. (*Mitt. d. Deutsch. Ges. f. Nat. u. Völk. Ostasiens*, Bd. II, pp. 1-11, Yokohama, 1876.)

Tirage à part.

— Ueber das Land Fu Sang, nach den alten chinesischen Berichten von E. Bretschneider. (*Mitt. k. u. k. geog. Ges. Wien*, 1877, pp. 566-583.)

D'après le 11. Heft des *Mitt. Deutsch. Ges. f. Nat. u. Völk. Ostasiens*.

Notice : *China Review*, V, pp. 401-403.

— Notices of Fu-sang, and other Countries lying east of China, in the Pacific Ocean. Translated from the Antiquarian Researches of Ma Twan-Lin, with notes. By S. Wells Williams, Professor of Chinese Language and Literature in Yale College. New Haven : Tuttle, Morehouse & Taylor..., 1881, br. in-8, pp. 30.

From the *Journal of the American Oriental Society*, Vol. XI, 1881.

— An inglorious Columbus; or, Evidence that Hwui shăn and a Party of Buddhist Monks from Afghanistan discovered America in the Fifth Century, A. D., by Edward P. Vining. New York : D. Appleton, 1885, in-8, pp. XXIII-788.

Voir pp. 711-740, *List of Authorities and References*.

Notice : *China Review*, XIV, pp. 172-174. Par C. G.

— Ancient China in America. By F. H[irth.] (*Journ. C. B. R. A. S.*, N. S., XX, 1885, pp. 187-188.)

— The Chinese alleged early Voyages to America. [W. H. Dall.] (*Science*, VIII, 402.)

— Ancient Communication with America. By J. Edkins. (*China Review*, XVI, No. 5, 1888, p. 308.)

— *Edmund Naumann. — Geographische Tagesfragen. III. Das fabelhafte Land Fusan. (*Allg. Zeitg.*, Beil. 1889, 20, pp. 289-290; 21, pp. 298-299.)

(Fou Sang 扶桑國.)

— The Chinese Discovery of America. By the Rev. A. Kingsley Glover. (*Mag. of American History*, January 1891.)

— Where is Fusang? (*Korean Reposit.*, I, Dec. 1892, pp. 359-364.)

— The true Foosang. By Dr. J. Edkins in the « Messenger ». (*Ibid.*, Sept. 1892, pp. 287-289.)

— Problèmes géographiques. Les peuples étrangers chez les historiens chinois. — I. Fou-sang Kouo 扶桑國. *Le Pays de Fou-sang*. Par Gustave Schlegel, Professeur de Langue et de Littérature chinoises à l'Université de Leide. — «Extrait du *T'oung-Pao*, Vol. III, No. 2.» — Leide, E. J. Brill, 1892, br. in-8, pp. 68.

Tirage à part, à petit nombre, sur papier fort, de l'article paru dans le *T'oung Pao*, III, N. 2, Mai 1892, pp. 101-168.

— Foo-sang. By G. S[chlegel.] (*T'oung Pao*, IV, No. 4, Oct. 1893, p. 390.)

Notices : *Globus*, LXII, No. 5, par le Dr. Johannes Hoops. — *American Geog. Soc.*, 30 juin 1892, par Geo. C. Hurlbert. — *Proc. R. Geog. Soc.*, Lond., Aug. 1892, p. 570, par H. J. Allen. — *T'oung Pao*, III, Oct. 1892, pp. 447-8; *An inconsiderate Critic*, rép. de G. Schlegel. — *Revue critique*, 17-24 juillet 1893, par Henri Cordier. — Schlegels Lösung der Fu-sang-Frage. Von Dr. Johannes Hoops. (*Globus*, Bd. LXIII, 1893, pp. 74-77.)

— État actuel de la Question du «Fou-sang». Par M. Henri Cordier. (*Journ. Soc. des Américanistes de Paris*, No. 1, 1896, pp. 33-41.)

Tirage à part, 100 ex. br. in-4.

— On the Corean, Aïno and Fusang Writings by Terrien de Lacouperie (*T'oung Pao*, III, Dec. 1892, pp. 449-465.)

— Zur Amerikanischen Jubelfeier. Von Prof. Karl von den Steinen. (*Deutsche Rundschau*, 1892.)

— L'Amérique a-t-elle été découverte par les Chinois? (*Intermédiaire des Chercheurs et curieux*, XX, 9, 87, 109, 138, 307, 364, 557.)

— La Scoperta dell' America, attribuita ai Cinesi. Relazione di Lodovico Nocentini. (*Atti del primo Congresso geografico italiano tenuto in Genova dal 18 al 25 settembre 1892...* Genova, 1894, II, Parte Prima, pp. 312-323.)

(Fou Sang 扶桑國.)

—— La scoperta dell' America, attribuita ai Cinesi. Relazione di Lodovico Nocentini, br. in-8, pp. 12.

Estratto dagli ATTI del primo Congresso Geografico italiano, Genova 1892. — Genova — Tip. Sordo-muti.

Notice par G. Schlegel, *T'oung Pao*, V, No. 3, juillet 1894, pp. 291-298.

— Rép. de L. Nocentini à G. Schlegel, *L'Oriente*, Anno I, N. 4, 1 Ottobre 1894, pp. 248-250. — Rép. de G. Schlegel à L. Nocentini, *T'oung-Pao*, VI, No. 1, pp. 85-92.

—— Il Fusang. Per Dott. Bernardino Frescura. (*Bull. della Sezione Fiorentina della Soc. Africa d'Italia*, IX, 20 giugno 1893, pp. 51-61.)

—— Did a Chinaman discover America? By Rev. Frederick J. Masters, D. D. (*Bul. Geog. Soc. California*, Vol. II, May 1894, pp. 59-76.)

Voir *Overland Monthly*, June 1894.

— Jottings from Canada. Antiquarian and philological researches. By E. H. Parker (*China Review*, XXI, No. 4, pp. 268-269.)

—— The Buddhist Discovery of America a thousand years before Columbus by John Fryer, LL. D. (*Harper's Monthly Magazine*, July 1901, pp. 251-258.)

— Encore le «Fousang». Par C. I. B.[arnard.] (*T'oung Pao*, 2ᵉ Sér., II, No 3, Juill. 1901, pp. 183-185.) — D'après la *New-York Tribune*.

Shuye Sonoda.

— Teleki, *Atlas*, pp. 11-12.

Les Chinois.

— Voir Zipangou.

—— Embassies from China to Japan. (*Indo-Chinese Gleaner*, vol. II, No. IX, July 1819, pp. 131-138.)

— Diplomatic intercourse [of the Japanese] with China. (*As. Jour. & M. Reg.*, XXXII, 1840, pp. 240-251.)

—— Japan, a Chapter from the *Hai Kuo Tu Chih* or Illustrated Notices of Countries beyond the Seas. By Thomas F. Wade. (*Chin. Rep.*, 1850, XIX, pp. 135, 206.)

Il en a été fait la réimpression suivante avec des corrections : cette réimp. n'a pas été mise dans le commerce.

—— Japan : A Chapter from the 海國圖誌 *Hái Kwoh T'ú Chí* or Illustrated Notice of Countries beyond the Sea. Translated by Thomas Francis Wade, Assistant Chinese Secretary, in-8, pp. VI-32.

Au verso du titre : Hongkong : Printed at the *China Mail* Office, 1850.

—— Mémoire sur l'histoire ancienne du Japon, d'après le *Ouen hien tong kao*, de Matouan-lin, par le Marquis d'Hervey de Saint-Denys. (*Journ. As.*, 6ᵉ Sér., XVIII, 1871, pp. 386 et seq.)

Lu à l'Ac. des Insc., Séances des 20 Oct., 10 et 17 Nov. 1871. — *Wen hien t'oung k'ao* 文獻通考.

—— The Japanese and China by Geo. Hughes. (*China Review*, II, pp. 369-375, III, pp. 23-29.)

—— Chinese Notice of the Shogun Taïkosama. By Herbert J. Allen. (*China Review*, III, pp. 172-176.)

—— An Introduction to a Retrospect of forty years of foreign intercourse with China, and a review of her relations with Japan. By G. Nye. (*China Review*, IV, pp. 191-199, 233-243.)

Conférence faite à Concordia Hall, Canton, Déc. 8, 1874.

—— Early Japanese Invasions of China. (Balfour, *Waifs and Strays*, 1876, pp. 70-74.)

—— Japanese Influence on China. (Balfour, *Waifs and Strays*, 1876, pp. 75-87.)

—— The Japanese make a Raid on Chekiang. (*China Review*, X, p. 72.)

Ming Dynasty.

—— Japanese Terms for China. By E. H. Parker. (*China Review*, XV, p. 250.)

—— Extracts from the P'ei-Wen Yun-fu. By E. H. Parker, Esq. (*Chin. Recorder*, XVII, April 1886, pp. 137-138.)

—— Japanese in China. — The Wei-yüan Fort on the Chao-pao Hill (Ningpo River) was built by the Ming Dynasty as a defence against the Japanese. (Note by E. H. Parker, *China Review*, XVII, No. 1, July & Aug. 1888, p. 54.)

—— Japanese Notes. By E. H. Parker. (*China Review*, XVIII, No. 1, pp. 57-58.)

— Japanese Invasions. By E. H. Parker. (*China Review*, XIX, 1890, No. 1, p. 60.)

— The ancient Relation between the Japanese and Chinese Languages and Peoples. By E. H. Parker. (*China Review*, XVIII, No. 2, pp. 82-117.)

— Diplomatic Relations of China and Japan with the Western Powers. [J. B. Angell.] (*Bibliotheca Sacra*, XLII, 101.)

— Chinese Refugees of the seventeenth century in Mito. — By Ernest W. Clement, M. A. (*Trans. Asiat. Soc. Japan*, XXIV, 1896, pp. 12-40.)

— A Chinese Refugee of the seventeenth century. By Ernest W. Clement. (*Trans. Asiat. Soc. Japan*, XXX, 1902, pp. 83-88.)

— China und Japan. Von M. Clotten. — Mit Illustrationen. Leipzig, Wilhelm Friedrich, in-8, pp. VIII-146.

— Les Japonais à Haï-nan sous la dynastie des Ming 明 (1368-1628), par M. Feray, Médecin Major des troupes coloniales. (*T'oung-pao*, juillet 1906, pp. 369-380, carte.)

D'après le *Kioung-tcheou fou tche* 瓊州府志.

— Le Voyage de Kanshin au Japon (742-754), par M. J. Takakusu (*Prem. Cong. Intern. Etudes Ext. Orient*, Hanoi [1902], pp. 56-60.)

Kien-tchen 鑑眞.

Les Arabes.

— Arabische Berichten over Japan Bijdrage van den Heer M. J. De Goeje. (*Verslagen en Mededeelingen der Kon. Akademie van Wetenschappen*, Afd. Letterk., 2e R., D. X, 1881, pp. 178-200.)

Trad. en français : *Livre des Merveilles de l'Inde*, Excursus F, pp. 295-307.

— Arabische Berichten over Japan Bijdrage van den Heer M. J. De Goeje. Overgedrukt uit de Verslagen en Mededeelingen der Koninklijke Akademie van Wetenschappen, Afdeeling *Letterkunde*, 2de Reeks, Deel X. — Amsterdam, Johannes Müller, 1880, in-8, pp. 23.

— Le Japon connu des Arabes. — Par M.-J. de Goeje, Professeur à l'Université de Leyde. (*Ann. de l'Ext.-Orient*, 1882-1883, V, pp. 66-80.)

Cette trad., faite par Léon van de Polder, est rectifiée par M. de Goeje, *Ibid.*, pp. 154-156.

Michael Jan de Goeje, né le 13 août 1836, à Dronrijp (province de Frise); † 17 mai 1909.

— Hr. Müller-Beeck. — Japan, das Wokwok (Wahwak) der Araber. (*Verhandl. d. Berliner Ges. f. Anthrop...*, Jahrg. 1883, pp. 502-506.)

— Madagascar et les îles Uâq-Uâq, par M. Gabriel Ferrand. (*Journ. Asiat.*, Mai-Juin 1904, pp. 489-509.)

Cf. *Livre des Merveilles de l'Inde* (Devic), p. 285, n. 2.

Notice par Ed. Chavannes, *T'oung-pao*, Oct. 1904, pp. 484-7.

— The Wak-Wak Islands of the Arab Geographers. (*Geog. Journal*, XXV, No. 1, Jan. 1905, pp. 98-99.)

Marco Polo (XIIIe siècle).

Marco Polo n'appartient à cette bibliographie que parce qu'il a raconté dans son livre III, chap. II et III, l'expédition de Koublai contre Zipangou. Nous ne donnons ici la liste que des principales éditions, renvoyant pour une bibliographie plus complète soit à notre *Bibliotheca Sinica*, col. 1964-1997, 3175, soit à notre édition de *Marco Polo*, II, pp. 554-590.

A. — Éditions allemandes.

— Nuremberg... 1477.

La plus ancienne traduction de la relation de ce célèbre voyageur a été imprimée en allemand, en 1477, à Nuremberg.

Collation : 58 feuillets in-folio, sans pagination et sans signatures.

Verso feuillet 1 : Frontispice : Portrait de Marco Polo avec cette inscription autour du cadre : [Haut] Das ist der edel Ritter. Marcho polo von [droite] Venedig der grost landtfarer. der vns beschreibt die grossen wunder der welt [bas] die er selber gesehenn hat. Von dem auffgang [gauche] pis zu dem nydergāg der sunnē. der gleychē vor nicht meer gehort seyn.

Le Col. Yule a donné un facsimile [réduit] de ce frontispice dans son Marco Polo, I, p. ciii; il est reproduit dans la 3e éd., II, p. 555.

Recto feuillet 2 commence :

¶ Hie hebt sich an das puch dés edelñ Ritters vñ landtfarers ‖ Marcho polo. In dem er schreibt die grossen wunderlichen ‖ ding dieser welt. Sunderlichen von den grossen kũnigen vnd ‖ keysern die da herschen in den selbigen landen | vnd von irem ‖ volck vnd seiner gewonheit da selbs.

Verso f. 58 : ¶ Hie endet sich das puch des edeln̄ Ritters und lan̄dtfarerz ‖ Marcho polo | das do sagt vō mangerley wunder der landt ‖ vn̄ lewt | vn̄ wie er die selbigen gesehen vn̄ durch faren hat ‖ von dē auffgang pisz zu dem nydergang der sũnē Seliglich.

¶ Disz hat gedruckt Fricz Creũszner zu Nurm̄berg. Nach cristi ‖ gepurdt Tausent vierhundert vn̄ im siben vn̄ sibenczigtē iar.

L'exemplaire que nous avons examiné est celui de la Bibliothèque Grenville No. 6787 (*vide Bib. Grenvilliana*, Part II, p. 305). Lorsque Marsden publia son Marco Polo, Grenville ne possédait pas cette édition. Le seul exemplaire qui en fût connu alors était celui de la Bibliothèque impériale de Vienne qui n'a pas le portrait; Grenville en fit faire la copie dont parle Marsden, pp. lxx-lxxi et que nous décrivons plus loin. «When Mr. Marsden, dit une note ms. de Grenville dans ce superbe ouvrage, published his translation of this work, the only known copy of this first German Edition was in the Imperial Library at Vienna, and I had a litteral transcript made from it: Since that time a second copy was found and sold by Payne and Foss to Lord Spencer : and now I have purchased from Leipsick a third [the present] beautiful copy. I know of no fourth copy. The copy at Vienna wants the portrait.»

La copie dont nous avons parlé porte le No. LII dans la collection Grenville au British Museum; c'est un in-fol. de 114 pages numérotées au crayon, relié aux armes du R[t]. Honble. Thos. Grenville. Page 114, la note suivante surmontée d'un cachet certifie l'exactitude de cette copie : «Apographum collatum cum prototypo, quod in Bibliotheca Palatina Vindobonensi adservatur. illo quidem, qui descripsit, recitante ex prototypo, me vero hoc apographum inspectante. Respondet pagina paginae, versui versus & syllaba syllabae. Vindobonae die 29. Augusti 1817. B. Kopitar, Biblioth. Palatinae Vindobon. scriptor.»

Avec ce manuscrit est reliée une lettre adressée à Mr. Grenville par le Chevalier Scotti qui avait fait faire la copie de l'ouvrage de Marco Polo. Elle est en date de «Vienne 20 nmbre 1817» et se termine par ce post-scriptum: «N. B. Comme cette Edition fort peu connue du 477, est une édition non seulement précieuse, mais à la vérité fort rare aussi, elle avoit été prise par les François et portée à Paris la derniere fois qu'ils ont été à Vienne. Elle y a été rendue avec tout le reste qu'on avoit emporté à la suite des heureux succès des Coilisés, auxquels L'immortel Wellington a tant contribué en y mettant la dernière couronne dont les lauriers resteront à jamais infletrissables.»

Vide Bib. Spenceriana, Vol. VI, p. 176.

L'ex. de Vienne relié en veau plein, classé parmi les Incunables au No. 13. G. 2., est complet sauf le portrait qui manque; mais il est court de marges et plusieurs ff. ont besoin d'être fortement lavés. Somme toute sur les six ex. connus de cette éd., celui de Grenville est de beaucoup le plus beau.

La Bib. royale de Berlin possède également un ex. de ce livre rarissime. Il est relié avec plusieurs autres pièces, est complet, avec le portrait qui est colorié, mais en assez mauvais état.

Un cinquième ex. (sans portrait), mais en très bon état, a figuré en 1881 dans le catalogue d'un libraire de Bavière pour 900 mark. Il a été acheté par le *Germanisches Museum* de Nuremberg. L'ex. du Germanisches Museum, à Nuremberg, qui appartient en réalité au Handels-Museum, est renfermé dans une vitrine de la salle LXXI et porte le No. 2170. Il est relié en un seul vol. qui a appartenu au commencement du XVIIIe siècle à un dignitaire de l'Ordre Teutonique, suivant une note ms. en tête, avec plusieurs autres pièces dont il est la dernière. Le portrait manque, il ne comprend donc que 57 feuillets. L'ex. est superbe, grand de marges: l'absence du portrait de Marco Polo est la seule imperfection. Le libraire Albert Cohn de Berlin m'a dit jadis avoir vendu ce vol. 900 mark au Museum de Nuremberg.

Un 6e ex. du Marco Polo, de Nuremberg, 1477, a figuré à la vente Crawford. (Londres, juin 1887, 1359.) Il avait le portrait; et les lettres initiales coloriées; maroquin vert, tr. dor. par *Duru*. Il a figuré depuis dans le Cat. n° 375, 25 Aug. 1887, de Quaritch (38262) à £ 70.

—— Augsburg... 1481.

La seconde édition allemande de Marco Polo a été imprimée à Augsbourg en 1481; elle est aussi rare que la première; l'exemplaire que nous avons examiné est celui de la Bibliothèque impériale de St.-Pétersbourg.

Collation : 60 feuillets in-folio, sans pagination et sans signatures.

Recto f. 1 : Fin du roman de Guillaume d'Autriche à la suite duquel sont imprimés les voyages de Marco Polo.

Verso f. 1 : Frontispice : Portrait de Marco Polo colorié avec cette inscription autour du cadre : [Haut] Das ist der edel ritter Marcho polo von Venedig. [droite] der grōst landfarer. der vns beschreibt die grossen wunder der welt die er selber gese [bas] hen hat. Von dem auffgang biss zu dem nidergang der [gauche] sunnen | der geleich vor nit meer gehōrt seind.

Recto feuillet 2, commence :

Hie hept sich an das buch des edlē ritters vn̄ landtfarers Marcho polo. in dem er schreibt die grossen wunderlichen ding diser welt. sunderlichen vō den grossen künigen vnd keisern | die da herschen in den selbigen landen vnd von jrem volck vnnd seiner gewonheÿt da selbs.

Recto feuillet 60 : Hie enndet sich herczog Wilhalm von österreich vn̄ das buch des edeln ritters vn̄ landtfarers Marcho polo | das da sagt von mengerleÿ wunder der land vnd leüt. vnd wie er die selbigē gesehen vn̄ durch faren hat von dem auffgang biss zu dem n̈ydergang d'sunnen Seligklich. Diss hat gedruckt Anthonius Sorg zu Augspurg Nach xp̄i gepurt tausent vier hunder vnd jm lxxxj. jare.

Pas de fig. dans le texte; l'ex-libris collé dans l'intérieur de la couverture de l'ex. de la Bib. imp. de St.-Pétersbourg porte : *Bibliotheca Suchtelen*.

Nous avons depuis examiné l'ex. de la Bib. royale de Berlin. Il comprend 133 ff. n. c. Le Roman de Guillaume d'Autriche finit au recto du f. 74 et le portrait de Marco Polo est au verso du f. 74; le texte comprend les ff. 75-133; le portrait de M. Polo n'est pas colorié dans cet exemplaire.

Voir : Ebert, 11905. — Hain, 10041.

«Quoique le Roman de Guillaume d'Autriche soit décoré de 52 gravures, il n'y en a pas dans la relation, qui finit au 133e feuillet.» (Ternaux-Compans, No. 14.)

—— *Reisen des Venezianers Marco Polo im 13. Jahrhundert. Bearbeitet und herausgegeben von H. Lemke. Mit Bildnis Marco Polo's. Hamburg, 1907, gr. in-8.

B. — Éditions latines.

—— *Commence :* ¶ In nomine dñi nrī ihū xp̄i filij dei viui et veri amen.

Incipit p̄logus i libro dñi marci pauli de venecijs de cō= ‖ suetudinibus et cōdicionibus orientaliū regionū.

Puis on lit la déclaration de «Frater Franciscus pepur. de bononia frm̄ p̄dicatorū» qui a traduit l'ouvrage de la langue vulgaire en latin.

Finit f. 74 recto : Explicit liber dñi marci de venecijs Deo graciaś.

Collation : 74 feuillets ou 148 pages; la dernière est blanche, in-4, pas de titre, pas de pagination; signatures p. 1, a. 1 — p. 141, k. 3 (*a-h*, par 8 ; *i*, par 4 ; *k*, par 6); au maximum 33 lignes par page; lettres de somme [1485?].

— Nous avons examiné un exemplaire au British Museum, No. 790. b. 36. — Un autre ex. porte le No. 6728-1 dans la Bib. Grenville. — Bibliothèque nationale, O²1. Réserve, deux ex. dont l'un en grand papier; un troisième, O²/8 f. Réserve, avec Mandeville et Ludolphe de Suchen; ces trois ouvrages forment un pet. in-4 de 166 ff. goth. — Cf. *Jean de Mandeville*, par Henri Cordier. — Extrait du *T'oung Pao*, vol. II, n° 4. — Leide. E. J. Brill, 1891, in-8, p. 22 et p. 23.

Il est intéressant de noter que Christophe Colomb possédait un exemplaire de cette édition de Marco Polo. L'exemplaire de Christophe Colomb est conservé à la Colombina de Séville. Voici les feuillets dont les marges contiennent des annotations autographes du grand navigateur :

9 v.	42 r. et v.	60 r. et v.
13 v.	43 r. et v.	61 r. et v.
15 r. et v.	44 r. et v.	62 r. et v.
17 v.	46 v.	63 r.
18 r. et v.	47 r. et v.	64 v.
19 r.	48 r. et v.	65 r. et v.
23 r. et v.	49 r. et v.	66 r. et v.
24 r. et v.	50 r. et v.	67 r. et v.
25 r.	51 r. et v.	68 r. et v.
31 r. et v.	52 r. et v.	69 r. et v.
36 v.	53 r. et v.	70 r. et v.
38 v.	54 r.	71 r. et v.
39 r.	55 r. et v.	72 r. et v.
40 r. et v.	57 r. et v.	73 r. et v.
41 r.	59 r. et v.	74 r.

Cf. Simón de la Rosa y Lopéz, pp. XXIII, XLIII-XLIV du Tome II, Sevilla, 1891, in-4 : *Biblioteca Colombina*. — Catálogo de sus libros impresos publicado por primera vez en virtud de acuerdo del Excmo. é Ilmo. Sr. Déan y Cabildo de la Santa Metropolitana y Patriarcal Iglesia de Sevilla bajo la inmediata dirección de su Bibliotecario el Ilmo. Sr. Dr. D. Servando Arbolí y Faraudo Dignidad de Capellán Mayor de San Fernando. — Voir aussi H. Harisse, *Bibl. americana vetustissima*. — Additions, p. XII.

«Édition fort rare, dit Brunet, et la plus ancienne que l'on ait de cette version latine de Marco Polo, faite par Pipino, vers 1320. Elle est imprimée avec les mêmes caractères que l'*Itinerarium* de Joan. de Mandeville, c'est-à-dire par Gerard de Leeu, à Anvers, vers 1486, et non pas à Rome et à Venise, comme on l'avait supposé. Vend. 4 liv. 14sh. 6d. Hanrott; 7 liv. Libri en 1859.» (*Choicer portion*, 1562.) Brunet écrit ailleurs (cf. *Mandeville*, par H. Cordier) à propos du Mandeville de la même presse : «... La souscription que nous allons rapporter semble prouver qu'elle a été imprimée à Venise; cependant Panzer, IX, 200, la croit sortie des presses de Theodoric Martin, à Aloste, et M. Grenville en trouvait les caractères conformes à ceux que Gerard Leeu a employés à Anvers, de 1484-1485. M. Campbell (*Ann. de la typ. néerlandaise*) la donne à Gérard Leeu, et fixe la date de l'impression à la première année du séjour de ce typographe à Anvers, après son départ de Gouda.»

Il est certain, par l'emploi des signatures 𝔄, aa, a et la conformité des caractères pour les trois ouvrages, que le *Mandeville*, le *Ludolphe* et le *Marco Polo* sortent de chez le même imprimeur, probablement ensemble, ainsi que le prouve l'exemplaire de la Sunderland Library qui était complet et renfermait les trois ouvrages. Il a été vendu £ 150 à B. Quaritch.

Lazari, p. 460, écrit : «Jo. de Mandeville itineraria : Dom. Ludolph. de itinere ad Terram Sanctam : M. Paul. Venet. de regionibus orientalibus. Liber rariss. Zwollis, 1483, in-4.

«Leggiamo questa nota nell' opera *Bibliotheca Beauclerkiana or Sale catalogue of the books of Topham Beauclerck's Library*, London, 1781, P. II, p. 15, n. 430. Marsden però ritiene celarsi soto quell' erronea indicazione la seguente prima edizione [s. a., in-4] latina de' viaggi di M. Polo. Egli istitui molte ricerche per rinvenire in Inghilterra quell' esemplare, ma non gli è stato possibile di averne traccia.»

C. — Éditions italiennes.

—— Marco Polo da Venie ‖ sia de le merauegliose ‖ cose del Mondo.

Au-dessous de ce titre la marque de l'imprimeur Sessa : un chat tenant une souris dans sa gueule avec les initiales I et B à droite et à gauche de l'écusson (surmonté d'une couronne ducale) qui porte ce groupe, et S en queue. Verso du f. 83 :

Finisse lo libro de Marco Polo da Venie ‖ sia dele merauegliose cose del mōdo Im ‖ presso in Venetia per zoanne Baptista ‖ da Sessa Milanese del M. cccc xcvi. ‖ adi. xiii. del mese de Iunio regnā ‖ do lo Illustrissimo Principe Au ‖ gustino Barbadico inclyto ‖ Duce di Venetia.

Recto du f. 84 : «Registro. a b c d e f g h i k l. Tutti questi sono quaderni excepto l chi e duerno»; au-dessous le monogramme de l'imprimeur en blanc sur fond noir. — Verso du f. 84 est blanc.

L'ex. que j'ai examiné est dans la Grenville Library, No. 6666. Il est en superbe condition et parfaitement complet quoi qu'en dise une note du Catalogue de la vente Sobolewski

(No. 1730); c'est un pet. in-8 de 84 ff., chaque cahier comprend, ainsi que l'indique le registre, 8 ff., excepté le cahier *l* qui n'en a que quatre.

Grenville a ajouté à son ex. la note suivante : «This appears to be the first edition printed in the original Italian. — The Abbé Morelli who sent me this book from Venice had found great difficulty in procuring a copy for the Library of St. Marc. — Panzer III. 396, refers only to the mention made of it by Denis. Supp. I, p^e^ 415. I know of no other copy in England...»

Lazari, p. 460, dit : «Prima e rarissima edizione del compendio veneziano. Un capitolo che parla di Trebisonda, tratto dal viaggio di Fr. Odorico, precede il testo del Polo mutilo e scorrettissimo : quel capitolo non forma però parte d'esso, come nelle molte ristampe di questo compendio.»

Voir *Odoric de Pordenone*, par Henri Cordier, p. 9.

Ternaux-Compans (29) cite une édition de Sessa de 1486, qui me paraît n'avoir jamais existé que dans l'imagination de ce bibliographe trop souvent inexact.

—— Marco Polo da Vene || sia de le maraueliose || cose del Mondo. || Petit in-8; 64 ff. non ch., sig. *a-i* : *a-g* par 8 = 56 ff., *h* et *i* par 4 = 8 ff., total 64 ff.

Collation :

Recto 1 f. : encadrement; vignette; au-dessus de la vig. titre *ut supra*.

Verso 1 f. com. : Tractato delle più maraueliose cose e delle piu notabile : che si ri || trouano nelle pte del mõdo. Re || dutte & racolte sotto breuita...

Recto f. 64 : Impressa la presente opera per el Venerabile mi || ser pre Batista da Farfengo nella Magnifica cita de || Bressa. adi. xx. December. M. CCCCC. ||

«Ristampa dell' edizione 1496, leggiermente modificata nella introduzione. Rarissima.» (Lazari, p. 460.) — Facsimile du titre dans *Incunabula typographica*, J. Rosenthal, Cat. XXIV, No. 1174, M. 220. — Dr. Court (225), m. r. comp. à froid et or, dent. int., d. s. t. (*Lortic*), Fr. 180.

D. — Édition portugaise.

—— Marco || Paulo. || ¶ Ho liuro de Nycolao veneto. || ¶ O trallado da carta de huũ genoues das ditas terras. || ¶ Cõ priuilegio del Rey nosso senhor. q̃ nenhuũ faça a impres || sam deste liuro. nẽ ho venda em todollos se⁹ regnos ⁊ senho= || rios sem liçẽça de Valentim fernãdez so pena cõteuda na car || ta do seu preuilegio. Ho preço delle. Cento ⁊ dez reaes. In-folio de 106 ff.

Collation : 8 ff. prél. n. chiff. (sig. A) et 98 ff. ch.

Recto 1 f. : Titre *ut supra*. — Vignette en tête représentant une sphère.

Verso 1 f. : ¶ Começase a epistola sobre a trelladaça do liuro de || Marco paulo. Feita per Valẽtym fernãdez escudey || ro da exçellentissima Raynha Dona Lyanor. Ende || rençada ao Serenissimo ⁊ Inuictissimo Rey ⁊ Sen || hor Dom Emanuel o primeiro. Rey de Portu= gal ⁊ || dos Alguarues. daquẽ ⁊ alem mar em Africa. Sen || hor de Buynee. E da conquista da naueguaçom ⁊ co || mercio de Ethiopia. Arabia. Persia. ⁊ da India.

Recto 7 f. : ¶ Começase a tauoa dos capitulos do liuro Primeyro.

Recto 1 f. chif. : ¶ Começase ho Liuro Primeiro de Marco paulo || de Veneza das condiçoões ⁊ custumes das gẽtes || ⁊ das terras ⁊ prouincias orientaes. E prime y ra || mente de como ⁊ em que maneyra Dom Marco= || paulo de Veneza ⁊ Dom Maffeo seu irmaão se pas || sarom aas partes do oriente. — Vig. représ. une galère; encadrement.

Verso f. 77 : Fin de Marco Polo.

Recto f. 78 : Nicolo Conti.

Verso f. 95 : Fin de Nicolo Conti.

Recto f. 96 : A Carta do genoues.

Verso f. 98 : ¶ Acabase ho liuro de Marco paulo. cõ ho liuro de Nicolao ve= || neto ou veneziano. ⁊ assi mesmo ho trallado de hũa carta de huũ || genoues mercador. que todos escreuerõ das Indias. a seruiço || de d's. ⁊ auisamẽto daquelles q̃ agora vam pera as ditas Indias || Aos quaes rogo ⁊ peço humilmente q̃ benignamẽte queirã emẽ || dar ⁊ correger ho que menos acharẽ no escreuer. s. nos vocabul⁹ || das prouincias. regnos. çidades. ylhas. ⁊ outras cousas muytas || ⁊ nõ menos em a distãcia das legoas de hũa terra pa outra. *Im= || primido per Valentym fernãdez alemaão. Em a muy nobre çida || de Lyxboa. Era de Mil ⁊ quinhentos ⁊ dous annos: Aos. qua || tro dias do mes de Feureyro.* — En tête, marque de l'Imprimeur.

On trouvera une description détaillée de cette éd. dans la *Bibliographia* de Figanière, No. 947.

Bib. nat., O$\frac{2}{2}$. Réserve. — Provient du Collège des Jésuites, de Louvain.

E. — Éditions espagnoles.

—— Cosmographia || breue introdu || ctoria en el libro || d' Marco paulo. ||

—— El libro del famoso Marco paulo || veneciano d'las cosas marauillosas || q̃ vido enlas partes orĩetales. cõuie || ne saber enlas Indias. Armenia. A || rabia. Persia ⁊ Tartaria. E d'l pode || rio d'l grã Cã y otros reyes. Cõ otro || tratado de micer Pogio florẽtino q̃ || trata delas mesmas tierras ⁊ yslas.

In-folio; 2 col.; car. goth.; 34 ff. ch. et 4 ff. prél. non ch.

Au titre 4 gravures sur bois représentant :

Marc paulo.

Micer pogio.

S. Domingo. ẽla ysla Isabela.

Calicu.

— Les 4 ff. prélim. contiennent :

Recto 1 f. : Titre.

Verso 1 f. : Prologo primero.

Fig. 2 et 3 : Maestre Rodrigo al lector.

F. 4 : Tabla de los capitulos.

— Marco Polo, ff. 1-26.

— Tratado de Micer Pogio, ff. 27-recto-f. 27 [lisez 34].

— Dernier f. *v.* [chiffré xxvij par erreur pour xxxiv].

«Acabase el libro del famoso Marco paulo vene ‖ ciano el q̄l cuēta de todas las tierras prouīcias ⁊ islas delas Indias. Arabia ‖ Persia Armenia y Tartaria y d'las cosas marauillosas que enellas se ha ‖ llan assi mesmo el grā señorio y riquezas del gran Can de Catayo se ‖ ñor delos tartaros ‖ añadido en fin vn tratado breue de micer Pogio ‖ florentino el qual el mesmo escriuio por mandado de eugenio papa ‖ quarto deste nombre por relacion de vn Nicolao [Conti] veneciano el ‖ qual assi mesmo auia andado las ptidas oriētales ⁊ de otros ‖ testigos dinos d' fe como por el parece fiel mēte trasladado ‖ en lengua castellana por el reuerēdo señor maestre Rodri ‖ go de santa ella | Arcediano de reyna y canonigo ēla sā ‖ ta yglesia de Seuilla. El q̄l se ēprimio por Lā [?] alao ‖ polono y Jacome Crōberger alemano ēla muy ‖ noble y muy leal ciudad d'Seuilla. Año de ‖ mil ⁊ q' niētos y tres a. xxviij. dias d'mayo.»

Brit. Museum, C. 32. m. 4; ex. incomplet : manquent les ff. 13, 18; dans le nom de l'imp. à la dernière p., une lettre a été détruite par un ver.

—— ¶ Libro del famoso Marco ‖ Polo veneciano delas cosas marauí ‖ llosas q̄ vido enlas partes orien- ‖ tales : conuiene saber enlas ‖ Indias | Armenia | Ara ‖ bia | Persia | ⁊ Tarta ‖ ria. Edel poderio ‖ del gran Can y ‖ otros reyes. ‖ Con otro ‖ tratado ‖ de mi ‖ cer ‖ Pogio Florentino ⁊ trata ‖ delas mesmas tie- ‖ rras ⁊ islas. S. l. n. d., in-fol., 2 col. [Logroño, 1529.]

Collation : 4 ff. prél. non chif. + signatures *a-d* × 8 = 32 ff.; en tout 36 ff.

F. 1 *v.* : Prologo del Interprete. — F. 2 *r.* : Cosmographia introductoria. — F. 3 *v.* : Tabla. — F. 4 *v.* : Fin de la Tabla. — Suivent 32 ff. numérotés : *F. i.* — *Commence* : Libro de Marco Polo Veneciano ‖ (col. 1). ¶ Aqui comiença vn ‖ libro que trata delas cosas marauillosas ‖ que el noble varon micer Marco Polo de ‖ Venecia vido enlas partes de Oriente.

Finit : *recto f. xxxij* : La presente obra del famoso Marco ‖ Polo veneciano q̄ fue traduzida fielmēte de lengua veneciana en ‖ castellano por el reuerēdo señor maestre Rodrigo Arcedia ‖ no de reyna y canonigo enla yglesia de Seuilla. ‖ Fue impressa y corregida de nueuo enla ‖ muy constante y leal civdad de ‖ Logroño en casa d'Mi ‖ guel de eguia ‖ a treze ‖ de junio de mill ⁊ qui ‖ nientos y. xx. ⁊ nueue. ‖

«Cette édition de 1529, dit Brunet, est fort rare : 2 liv. 9 sh. Heber; 210 flor. Butsch, et 130 fr. en 1859. — Il y en a une plus ancienne de *Séville*, *Cromberger*, 1520, in-fol., que cite Panzer d'après Vogt.»

Lazari dit de cette édition de 1520, p. 461 : «Di estrema rarità. Questa traduzione è tratta da un antico testo italiano : l'autore n'é Maestro Rodrigo de Santaella.»

—— Cosmographia... de Marco Paulo... Séville, 1518.

La librairie Karl W. Hiersemann, de Leipzig, a mis en vente au prix de M. 11,000 dans son Catalogue *America*, No. 336, en 1907, sous le No. 2323 un exemplaire de la *Cosmographia breue introductoria en el libro de Marco paulo* dont le colophon se termine : El q̄l se emprimio por Juan varela ‖ d'salamāca en la muy noble y muy ‖ leal ciudad de Seuilla. Año de ‖ mill y q̄nientos y diez y ocho ‖ año a. xvi. dias de mayo. In-fol., 4 ff. n. ch. + 31 ff. ch. à 2 col.

F. — Éditions françaises.

—— La ‖ description geo ‖ graphiqve des Provinces ‖ & villes plus fameuses de l'Inde Orientale, meurs, ‖ loix, & coustumes des habitans d'icelles, mesme- ‖ ment de ce qui est soubz la domination du grand ‖ Cham Empereur des Tartares. ‖ Par Marc Paule gentilhomme Venetien, ‖ Et nouuellement reduict en ‖ vulgaire François. ‖ [*marque*] ‖ A Paris, ‖ Pour Vincent Sertenas tenant sa boutique au Palais en la gallerie par ‖ ou on va a la Chancellerie. Et en la rue neuue Nostre dame à ‖ l'image sainct Iehan l'Euangeliste. ‖ 1556. ‖ Avec Privilege dv Roy, ‖ in-4, 10 f. prél. n. ch. + 123 ff. ch. + 1 f. n. ch.

Sommaire dv Privilege dv Roy (verso du titre). — Epistre «A Adrian de Lavnay sei ‖ gneur de sainct Germain le Vieil, Viconte de ‖ sainct Siluain, Notaire & Secretaire ‖ dv Roy». F. G. L. S. — De Paris ce xviii. iour d'Aoust 1556, 3 pages. — Preface av lectevr par F. G. L., 5 pages. — Table, 8 pages. — Pièces de vers, 2 pages au commencement et un advertissement (1 page) à la fin.

Commence page 1 : «Lors que Bauldoyn Prince Chre ‖ stien tāt fameux & renommé tenoit ‖ l'Empire de Constātinople, assauoir ‖ en l'an de l'incarnation de nostre ‖ Saulueur mil deux cens soixante & ‖ neuf, deux nobles & prudēs citoyēs ‖ de Venise...»

Verso du dernier f. n. ch., marque de Vincent Sertenas.

C'est la plus ancienne éd. en langue française.

Marsden et Yule croient qu'elle a été traduite du Latin du *Novus Orbis*.

—— Même titre. A Paris, ‖ Pour Estienne Groulleau, demourant en la rue neuue Nostre ‖ dame, à l'image sainct Iehan Baptiste. ‖ 1556. ‖ Avec privilege dv Roy, in-4.

Même éd. que la précédente, avec un nom de libraire différent.

—— La Description geographique ... de l'Inde Orientale... Par Marc Paule... ‖

A Paris, ‖ Pour Jehan Longis tenant sa boutique au Palais en la gallerie par ‖ ou on va à la Chancellerie. ‖ 1556. ‖ Auec Priuilege du Roy, in-4.

Même éd. que celle de Sertenas dont elle reproduit le privilège. Un ex. figure au *Catalogue des livres... de... James de Rothschild*, II, Paris, 1887, No. 1938. A ce sujet, M. E. Picot remarque que la Préface par F. G. L., ainsi que la devise *Inter utrumque* appartiennent à François Gruget, *Lochois*, qui, la même année, publiait chez les mêmes libraires, le *Dodechedron de Fortune*.

—— Voyages de Marco Polo. Première partie. Introduction, Texte, Glossaire et Variantes.

Introduction, pp. xi-liv [par Roux].

Voyage de Marc Pol., pp. 1-288. — Table des Chapitres, pp. 289-296. [Publié d'après le Ms. 7367 de la Bibliothèque nationale.]

Peregrinatio Marci Pauli. Ex Manuscripto Bibliothecae Regiae, N° 3195 f°, pp. 297-494. — Index Capitum, pp. 495-502.

Glossaire des mots hors d'usage, pp. 503-530 [par Méon].

Errata, pp 531-532.

Variantes et Tableau comparatif des noms propres et des noms de lieux cités dans les voyages de Marco Polo, pp. 533-552.

(Vol. I, 1824, du *Recueil de Voyages de la Société de Géographie de Paris*.)

—— Rapport sur la Publication des Voyages de Marco Polo, fait au nom de la section de publication, par M. Roux, rapporteur. (*Bull. de la Soc. de Géog.*, I, 1822, pp. 181-191.)

—— Itinéraires à Jérusalem et Descriptions de la Terre Sainte rédigés en français aux XIe, XIIe, & XIIIe siècles publiés par Henri Michelant & Gaston Raynaud. Genève, Fick, 1882, in-8.

Voyage des Polo, pp. xxviii-xxix. — Des Ext. du MS. fr. 1116 sont donnés pp. 201-212, et de la version nommée d'après Thiébault de Cépoy, pp. 213-226.

Le Ms. fr. 1116, ancien 7367, a été reproduit par la phototypie (y compris la reliure, une médiocre reliure moderne en veau!) en 1902 à Karlsruhe sous le titre de :

—— Le divisiment dou monde de Messer March Pol de Venece. — Die Handschrift Fonds Français No. 1116 der National-bibliothek zu Paris photographisch aufgenommen auf der Gr. Hof- und Landes-bibliothek zu Karlsruhe von Dr. A. Steiner. — Karlsruhe. Hof-Buchdruckerei Friedrich Gutsch. 1902, in-4, pp. VI + 112 ff.

A le No. Impr. 5210 dans la Bibliothèque nationale, Paris, et le No. 552 dans les *Listes des Recueils de fac-similés*... publiées par H. Omont, Paris, 1912, pet. in-8.

—— Marco Polo. (Charton, *Voy. anc. et mod.*, II, pp. 252-440.)

Texte de la Société de Géographie mis en français moderne. — Notes, bibliographie, etc.

—— 忽必烈樞密副使博羅本書 Le livre ‖ de ‖ Marco Polo ‖ citoyen de Venise ‖ Conseiller privé et commissaire impérial ‖ de ‖ Khoubilaï-Khaân; ‖ rédigé en français sous sa dictée en 1298 ‖ par Rusticien de Pise; ‖ Publié pour la première fois d'après trois manuscrits inédits de la Bibliothèque impériale de Paris, ‖ présentant la rédaction primitive du Livre, revue par Marc Pol lui-même et donnée par lui, en 1307, à Thiébault de Cépoy, ‖ accompagnée des *variantes*, de *l'explication des mots hors d'usage*, et de *Commentaires géographiques et historiques*, ‖ tirés des écrivains orientaux, principalement chinois, avec une Carte générale de l'Asie; ‖ par ‖ M. G. Pauthier. ‖ — Paris ‖ Librairie de Firmin-Didot... ‖ M. DCCC. LXV, 2 parties gr. in-8. — Pub. à Fr. 40.

Première partie, pp. clvi-351. — Deuxième partie, pp. 351-832.

—— Le Livre de Marco Polo. — Facsimile d'un manuscrit du XIVe siècle conservé à la Bibliothèque royale de Stockholm, in-4, 4 ff. n. ch. pour le titre *ut supra* et préface + 100 ff. n. ch. [200 pages] de texte facsimile.

On lit au verso du titre : «Photolithographie par l'Institut lithographique de l'État-Major — Typographie par l'imprimerie centrale — Stockholm, 1882.» — Nous apprenons par la préface signée du célèbre A. E. Nordenskiöld, que ce facsimile est fait d'après l'un des deux MSS. que possède la Bibliothèque royale de Stockholm, et que 200 ex., dont 2 sur parchemin ont été imprimés. Dans la préface a été intercalée une lettre, Paris, 22 nov. 1881, de M. Léopold Delisle, qui montre que ce MS. de Stockholm faisait partie de la collection du roi de France, Charles V (qui possédait cinq copies du livre de Marco Polo), et portait le n° 317 dans l'inventaire de 1411; il passa au Louvre, à Solier de Honfleur et, au XVIIe siècle, dans la collection de Paul Petau et fut acheté par la reine Christine.

— Le «Livre de Marco Polo». Facsimile d'un manuscrit du XIVe siècle conservé à la Bibliothèque royale de Stockholm. Stockholm, 1882, in-4 (Signé : Léopold Delisle). — Nogent-le-Rotrou, imp. de Daupeley-Gouverneur [1882], pièce in-8.

Extrait de la *Bibl. de l'Éc. des Chartes*, t. XLIII, 1882.

Réimp. d'un article par M. Delisle dans la *Bibl. de l'Éc. des Chartes*, XLIII, 1882, pp. 226-235. — M. G. Raynaud a aussi donné une notice de cette éd. de Stockholm dans *Romania*, XI, 1882, pp. 429-430, et Sir Henry Yule, dans *The Athenæum*, 17th June, 1882, pp. 765-766.

— Il libro di Marco Polo facsimile d'un manoscritto del XIV secolo. Nota del prof. G. Pennesi. (*Bol. Soc. Geog. Ital.*, 1882, pp. 949-950.)

G. — Éditions anglaises.

— The most noble ‖ and famous trauels of ‖ *Marcus Paulus, one* ‖ of the nobilitie of the state of ‖ Venice, into the East partes ‖ of the world, as *Armenia, Per* ‖ *sia, Arabia, Tartary,* with ‖ many other kingdoms ‖ and Prouinces. ‖ No lesse pleasant, than ‖ profitable, as appeareth ‖ by the Table, or Contents ‖ of this Booke. ‖ Most necessary for all sortes ‖ of Persons, and especially ‖ for Trauellers. ‖ *Translated into English.* ‖ At London, ‖ Printed by Ralph Nevvbery, ‖ *Anno.* 1579. Pet. in-4, pp. [28] + 167 + [1]. Sig. *-**** A-X.

Pp. 167, sans les 28 premières pages qui contiennent : le titre (2 p.); the epistle of the translator, Iohn Frampton (2 p.); Maister Rothorigo to the Reader : An introduction into Cosmographie (10 p.); the Table of the Chapters (6 p.); the Prologue (8 p.).

— The ‖ Travels ‖ of ‖ Marco Polo, ‖ a Venetian, ‖ in the Thirteenth Century : ‖ being a ‖ Description, by that early traveller, ‖ of ‖ remarkable places and things, ‖ in ‖ the ‖ Eastern Parts of the World. ‖ Translated from the Italian, ‖ with ‖ Notes, ‖ by William Marsden, F. R. S. &c. ‖ With a Map. ‖ London : ‖ Printed for the Author, ‖ ... M. DCCC. XVIII, gr. in-4, pp. lxxx-782 + 1 f. n. ch. pour l'er.

Les 80 premières pages sont consacrées à une remarquable Introduction, dans laquelle sont traitées diverses matières énumérées à la page 782 : «Life of Marco Polo; General View of the Work; Choice of Text for Translation; Original Language», etc. Index, pp. 757-781.

Notices : par J. P. Abel Rémusat (*Journal des savants*, sept. 1818, pp. 541-550. — *Nouv. Mél. As.*, I, pp. 381-396). — John Barrow (*Quarterly Review*, XXI, 1819, pp. 177 seq.).

— The Book of Ser Marco Polo, the Venetian, Concerning the Kingdoms and Marvels of the East. Newly Translated and edited, with Notes. By Colonel Henry Yule, C. B., late of the Royal Engineers (Bengal), Hon. Fellow of the Geographical Society of Italy. In two volumes. With Maps, and other Illustrations. London, John Murray, Albemarle Street, 1871, 2 vol. in-8, pp. clxi-409, XVIII-525.

— The Book of Ser Marco Polo, the Venetian, Concerning the Kingdoms and Marvels of the East. Newly translated and edited, with Notes, Maps, and other Illustrations. By Colonel Henry Yule, C. B., late of the Royal Engineers (Bengal)... In two volumes. Second edition, revised. With the addition of new matter and many new illustrations. London : John Murray, 1875, 2 vol. in-8, pp. xl-*139*-444, XXI-606.

Le frontispice colorié porte la date de 1874.

Notice : *Chinese Recorder*, VI, 1875, pp. 374-376.

— The Book of Ser Marco Polo the Venetian concerning the Kingdoms and Marvels of the East. Translated and edited, with Notes, by Colonel Sir Henry Yule, R. E., C. B., K. C. S. I., Corr. Inst. France, Third Edition, revised throughout in the light of recent Discoveries by Henri Cordier (of Paris)... With a Memoir of Henry Yule by his Daughter, Amy Frances Yule, L. A. Soc. Ant. Scot., etc. In two volumes. With Maps and Illustrations. London, John Murray, 1903, 2 vol. in-8, pp. CII-*144*-462, XXII-661.

H. — Éditions hollandaises.

— Die nieuvve vveerelt der Landtschappen ende Eylanden... Gheprint Thantwerpen... Anno M.D.LXIII. In-folio.

Marcus Pauwels, f. XXVII.

— Markus Paulus Venetus ‖ Reisen, ‖ En ‖ Beschryving ‖ Der ‖ oostersche ‖ Lantschappen; ‖ Daar in hy naaukeuriglijk veel Landen en Steden, die hy zelf ten meestendeel ‖ bereist en bezichtigt heeft, beschrijft, de zeden en gewoonten van die Vol- ‖ ken, tot aan die tijt onbekent, ten toon stelt, en d'opkoomst van de Heer- ‖ schappy der Tartaren, en hun verövering van verscheide landen in Sina, ‖ met ander namen genoemt, bekent maakt. ‖ Beneffens de ‖ Historie ‖ Der ‖ oostersche Lantschappen, ‖ Door HAITHON van ARMENIEN te zamen gestelt. ‖ Beide nieuwelijks door J. H. GLAZEMAKER vertaalt. ‖ Hier is noch by gevoegt *De Reizen van Nicolaas Venetus*, en ‖ *Jeronymus van St. Steven* naar d'oostersche Landen, en ‖ naar d'Indien. Door P. P. *vertaalt.* ‖ Als ook een *Verhaal van de verovering van 't Eilant Formosa, door* ‖ *de Sinezen;* door J. V. K. B. vertaalt. ‖ Met Kopere Platen verciert. ‖ t' Amsterdam, ‖ Voor Abraham Wolfgang, Boekverkoper, aan d'Opgang van de ‖ Beurs, by de Beurstooren, in 't Geloof, 1664, in-4, 6 ff. n. ch. tit., préf. + pp. 99 + 4 ff. n. ch. p. l. tab., etc. de Marco Polo.

Les autres ouvrages ont une pagination spéciale.

I. — ÉDITIONS TCHÈQUES.

— Million Marka Pavlova. Fragment de la traduction tchèque dans le Musée de Berlin. Prague. No. 3 F. 26, xv° siècle, par un Anonyme, Morave? col. 543-572 (*Výbor z Literatury české*, II, v Praze, 1868.)

— Pohledy do Velkořiše mongolské v čas nejmocnějšího rozkvětu jejího za Kublaje kána. — Na základě cestopisu Marka Polova podává A. J. Vrťátko. (Vyňato z Časopisu Musea král. Českého 1873.) V Praze, J. Otto, 1873, in-8, pp. 71.

M. A. Jarosl. Vrtatko a traduit en entier Marco Polo, mais il n'a publié que ce fragment.

J. — ÉDITIONS RUSSES.

— Марко Поло путешествіе въ 1286 году по Татаріи и другимъ странамъ востока венеціанскаго дворянина Марко Поло, прозваннаго Миллоінеромъ. Три части. — Saint-Pétersbourg, 1873, in-8, pp. 250.

— И. П. Минаевъ. — Путешествіе Марко Поло переводъ старофранцузскаго текста. — Изданіе Имп. Русскаго Геог. Общества подъ редакціей дѣйствительнаго члена В. В. Бартольда. — Saint-Pétersbourg, 1902, in-8, pp. xxix + 1 f. + pp. 355.

Vol. XXVI des *Zapiski* de la Soc. Imp. russe de Géog., traduit du français.

K. — ÉDITION IRLANDAISE.

— The Gaelic Abridgment of the Book of Ser Marco Polo. By Whitley Stokes. (*Zeit. f. Celtische Philologie*, I. Bd., 2. & 3. Heft. Halle a. S., 1896-7, in-8, pp. 245-273, 362-438.)

Book of Lismore. — Voir l'Introduction dans la 3° éd. de Yule, I, p. 103, note.

L. — ÉDITIONS DIVERSES.

— L'édition de Marco Polo que préparait Klaproth est annoncée dans le cahier de juin 1824 du *Journal Asiatique*, pp. 380-381 :

«M. Klaproth vient de terminer son travail sur *Marco Polo*, qui l'a occupé depuis plusieurs années...

«La nouvelle édition de *Marco Polo*, que notre confrère prépare, contiendra l'italien de Ramusio, complété, et des Notes explicatives en bas des pages. Elle sera accompagnée d'une Carte représentant les pays visités ou décrits par le célèbre Vénitien.»

— Voir également, sur cette éd. de Klaproth, le *Bulletin des Sciences historiques, antiquités, etc.*, juin 1824, art. 580 ; le *Jour. des Savans*, juillet 1824, pp. 446-447, et le *Jour. As.*, de 1824-1828, *infra : Recherches sur les Ports de Gampou.* Les matériaux que M. K. accumulait pour cette éd. ont été vendus à sa mort fr. 200 au libraire Duprat; voir *Cat. des Livres composant la Bib. de M. K.*, II° Partie, No. 292.

— Marco Polos Beskrivelse af det ostlige asiatiske Hoiland, forklaret ved C. V. Rimestad. Forste Afdeling, indeholdende Indledningen og Ost-Turkestan. Indbydelseskrift til den aarlige offentlige Examen i Borgerdydskolen i Kjobenhavn i Juli 1841. Kjobenhavn Trykt hos Bianco Luno, 1841, in-8, pp. 80.

— Marco Polo's Resa i Asien.

Petite plaquette in-32 carré de pp. 16. Au bas de la page 16 on lit: Stockholm, tryckt hos P. G. Berg, 1859. Sur le titre une vignette représentant le voyageur dans un chariot traîné par des éléphants.

ZIPANGOU.

— *Je-peun kouo* 日本國.

— Die Geschichte der Mongolen — Angriffe auf Japan. — Von Dr Aug. Pfizmaier. Wien, 1874, in-8, pp. 98.

Sitzb. phil.-hist. Cl. k. Ak. Wiss., Bd. LXXVI, p. 105, Februarheft 1874.

Marco Polo, Yule-Cordier, II, pp. 253-263. — Titsingh, *Annals*, pp. 264-265. — *Mailla*, IX, 409, 418, 428. — Gaubil, 195. — *Deguignes*, III, 177. — *Korea Review*, II, pp. 37, 38, 83. — B. H. Chamberlain, *Things Japanese*, 3rd ed., 1898, pp. 208-209.

— The Attempt made by Kublai Khan to conquer Japan. By E. H. Parker. (*Imp. & Asiat. Quart. Rev.*, July 1904, pp. 140-155.)

— Un mémoire sur cette expédition a été lu par le Dr. Murakawa au Congrès des Orientalistes d'Alger, le 22 avril 1905.

— Les preuves cartographiques des premières notions des Européens sur les îles du Japon avant et après sa découverte. — Par le Comte Paul Teleki (Budapest). (*Compte rendu 9e Cong. int. géog.*, Genève 1908, III, pp. 420-424.)

— Paul Graf Teleki Atlas zur Geschichte der Kartographie der Japanischen Inseln. Nebst dem holländischen Journal der Reise Mathys Quasts und A. J. Tasmans zur Entdeckung der Goldinseln im Osten von Japan I. D. J. 1639 und dessen deutscher Übersetzung. Budapest, 1909, in-folio, pp. XII-184 + XX planches hors texte.

18 cartes insérées dans le texte au verso du titre : *Druck von Viktor Hornyánszky, K. u. K. Hofbuchdruckerei, Budapest.*

— Notices : *T'oung Pao*, déc. 1909, pp. 705-706, par H. C.[ordier]. — *La Géographie*, XXIII, 1911, p. 480. — *Zeit. Ges. Erdk.*, Berlin, 1910, par O. Nachod, p. 202.

— L'évolution de la cartographie du Japon. Par Henri Froidevaux. (*La Géographie*, 15 Déc. 1910, pp. 409-416.)

A propos de l'ouvrage du Comte Paul Teleki : *Atlas zur Geschichte der Kartographie der Japanischen Inseln.*

— Japan i västerländsk framställning till omkring år 1700 ett geografiskt-kartografiskt försök — Akademisk afhandling som med tillstånd af vidtberömda filosofiska fakultetens i Upsala humanistika sektion för vinnande af filosofie doktorsgrad till offentlig granskning framställes af Birger Gezelius Filosofie Licentiat af vestmanlands-dala Landskap Fredagen den 20 Maj 1910 kl. 10 f. m. å Geografiska Seminariets Lokal. — Linköping, A.-B. Östgöta, 1910, in-8, 1 f. n. ch. + pp. 185.

— Archives d'études orientales, publiées par J.-A. Lundell, Vol. 4. — Les Débuts de la Cartographie du Japon, par E. W. Dahlgren. — Upsal, 1911, in-8, pp. 65.

* * *

— The Early Cartography of Japan. By George Collingridge. (*Geographical Journal*, May 1894, pp. 403-409.)

— Japan or Java? An Answer to Mr. George Collingridge's Article on «The Early Cartography of Japan». By F. G. Kramp. Overgedrukt uit het «Tijdschrift van het Koninklijk Nederlandsch Aardrijkskundig Genootschap, Jaargang 1894». Leiden, E. J. Brill, 1894, in-8, pp. 14.

— The Early Cartography of Japan. By H. Yule Oldham. (*Geographical Journal*, Sept. 1894, pp. 276-279.)

Fernão Lopes de Castanheda.

— Historia do ‖ descobrimento & conqui- ‖ sta da India pelos Por- ‖ tugueses. ‖ Feyta per Fernão Lopez ‖ de Castanheda. ‖ E aprouada pelos senhores deputa- ‖ dos da sancta Inquisição.

In-4 de 267 p. ch. + 2 ff. n. ch. au com. pour le titre *ut supra* et le *Prologo*. — Au bas de la page 267 : Foy Impresso este pri- ‖ meiro liuro da historia da ‖ India em a muyto nobre & leal cidade de Coimbra, ‖ por Iohão da Barreyra & Iohão Aluarez, ‖ empressores del Rey na mesma vniuer- ‖ sidade. Acabouse aos seys dias do ‖ mes de Março. De ‖ M. D. LI.

Édition originale du premier livre de cet ouvrage. — Extrêmement rare. — Maisonneuve, 1881, fr. 700. — British Museum, 582. e. 34.

— Ho Livro primeiro ‖ dos dez da historia do descobri- ‖ mento & conquista da India pelos Portugueses. Agora emmẽdado & ‖ acrecentado. E nestes dez liuros se contẽ todas as milagrosas façanhas que ‖ os Portugueses fizerão em Ethiopia, Arabia, Persia, E nas Indias, dentro ‖ do Ganges & fora dele, & na China & nas Ilhas de Maluco, do tempo q̄ ‖ dom Vasco da Gama conde da Vidigueira & almirante do Mar Indico ‖ descobrio as Indias, ate a morte de dom Ioão de Castro que la foy gouer ‖ nador & visorey. Em que se contem espaço de cinquoenta annos. || Com priuilegio Real.

In-fol. de ccij pages ch. à 2 col., goth. + 2 ff. n. ch. pour le titre *ut supra* avec les armes de Portugal au-dessus, le privilège et le prologue.

Réimpression de l'éd. de 1551. A la fin : Foy impresso este pri- || meiro livro da historia da || India em a muyto nobre & leal cidade de Coim- || bra, por Ioão de Barreyra impressor del rey || na mesma vniuersidade. Acabouse aos || vinte dias do mes de Iulho. De || M. D. LIIII.

Bib. nat., Oy. 66.

—— Histo- || ria do liuro se- || gundo do des || cobrimẽto & || conquista da India pelos || Portugueses. || Feyta per Fernão lopez de || Castanheda. || Com priuilegio Real.

In-fol. de pp. 239 à 2 col. + 4 ff. prél. n. ch. pour le tit. *ut supra* encadré, le privilège, le prologue et la table. — Fig. sur bois. Au bas de la page 239 : Foy impresso este segundo liuro || da historia da India em a muyto nobre & leal cidade de Coymbra || por Ioão de Barreyra, & Ioão aluarez empressores del rey na || mesma vniuersidade. Acabouse aos vinte dias do || mes de Ianeyro. De || MD. LII.

Éd. originale de ce livre. — Bib. nat., Oy. 66.

—— Ho ter- || ceiro liuro da || historia do descobrimento & con- || quista da India, polos Portugue- || ses Feito por Fernão lopez de || Castanheda. || Com priuilegio Real. || Em Coimbra. || M.D.LII.

In-fol de pp. 311 ch. [le dern. ch. par erreur 303] à 2 col. + 2 ff. n. ch. au com. pour le titre encadré, le priv. et le prol. et 2 ff. n. ch. à la fin pour la table. Au bas de la p. 311 : Colophon *ut supra*... Acabouse aos doze dias || do mes Doutubro. De || MDL. II.

Éd. orig. de ce livre. — Bibl. nat., Oy. 66. — Maisonneuve pour ces deux livres, fr. 450.

—— Os liuros || quarto & quĩ- || to da historia || do descobrimento & cõquista || da India pelos Portu- || gueses. || Com privilegio Real. || M.D.LIII.

In-fol. de ccx pp. ch. à 2 col., goth. + 1 f. à la fin pour le privil. et 4 ff. au com. pour le titre *ut supra* encadré, la table, le prol. et des vers latins. A la fin, p. ccx : Acabouse de empremir a presen || te obra per João da barreira ꝛ Joã || aluares em a muyto nobre ꝛ sempre || leal cidade de Coimbra Aos XV. || dias do mes de Outubro. || de M. D. liij.

Éd. orig. de ce livre.

—— Ho sex- || to Liuro da || historia do descobri- || mento & conqui- || sta da India || polos || Portugueses. Feyto por || Fernão Lopez de || Castanheda. || Impresso em Coymbra. || Com privilegio Real. || M.D.LIIII.

In-fol. de pp. cxcviij ch., goth., à 2 col. + 2 ff. n. ch. pour le titre encadré *ut supra*, le privil. et les armes. A la p. 198 : A qui faz fim ho seysto libro da hi- || storia do descrobrimẽto ꝛ cõquista da India pelos portugueses. Feyto por || Fernão Lopez de Castanheda. E impresso em a muyto nobre ꝛ || sempre leal cidade de Coymbra per João de barreira || empremidor da vniuersidade. Acabouse aos || iij. dias do mes de Fenereiro de || M. D. LIIII.

Ed. orig. de ce livre.

—— Ho || seitimo || liuro da histo- || ria do descobrimento ꝛ con- || quista da India pelos || Portugueses. || Feyto por Fernã Lopez de || Castanheda. Com privilegio Real. || 1554.

In-fol. de clxvi pp. n. ch., goth., 2 col + 2 ff. n. ch. au com. pour le titre encadré *ut supra*, le priv. et le prologue.

Éd. orig. de ce livre.

—— Ho Octavo || liuro da historia do || descobrimẽto & cõ- || quista da India pelos || Portugueses. || Feyto por Fernão Lopez de || Castanheda, que || Deos tem. || Impresso em Coimbra. || Com Real privilegio. || M.D.LXI.

In-folio de pp. 283 ch. à 2 col. + 2 ff. au com. pour le titre *ut supra* encadré et le prologue des fils de Castanheda. A la p. 283 : Foy impresso este Octavo liuro da historia da India em || a muyto nobre & leal cidade de Coimbra, por || Ioão de Barreyra impressor del Rey || na mesma vniversidade. Aca- || bouse aos vintaseys dias || do mes Dagosto de || 1561. annos.

Ed. orig. de ce livre. — Bibl. nat., Oy. 66. Réserve.

Nous avons consulté pour ces 8 livres l'ex. du British Museum relié en 2 vol. in-fol., C. 33 m.

Castanheda, né à Santarem; + à Coimbre, le 23 mars 1559.

— Le Cat. 375, 25 Aug. 1887, de Quaritch, mentionne 2 ex. complets des 8 premiers vol. de Castanheda en éd. originales, Coimbra, Barreyra. (38458) relié en 3 vol. in-fol., exemp. du Duc de Sunderland, veau, armes du duc sur les plats : autog. de Castanheda à la fin du 1er et du 5e livre. £ 150. (38459) relié en 5 vol. in-fol., ex. de Lord Crawford (No. 632, Lond., Juin 1887), en veau. Cet ex. incomplet avait appartenu à Colbert, au Chevalier de Fleurieu (200 fr.) et Heber (£ 19). En 1835, il passa entre les mains du Earl of Crawford (alors Lord Lindsay) qui le complétu; autog. de l'auteur sur la p. blanche à la fin du livre V. £ 100. — Le premier vol. était cependant de la réimp. de 1554.

—— Historia do Descobrimento Conquista da India pelos Portugueses por Fernão Lopez de Castanheda. Lisboa, na Officina de Simão Thaddeo Ferreira, 1797. 2 vol. in-8.

Publié par le professeur Francisco José dos Santos Marrocos. Maisonneuve, 1871, fr. 12.

—— Historia || do || Descobrimento || e || Conqvista da India || pelos || Portvgveses || por || Fernão Lopez de Castanheda. || Nova Edição. || Lisboa. M.DCCC.XXXIII. || Na Typographia Rollandiana. || Por Ordem superior. 8 vol. in-4.

Contient l'ouvrage entier de Castanheda.

Maisonneuve, 1881, fr. 80.

*
* *

— Historia del des: || cvbrimiento y con: || quista dela India por los Portugueses, || compuesta por Hernan Lopez de Casta: || ñeda en lenguaje Portugues, y tra: || duzida nueuamente en Ro: || mance Castellano || Dirigida al muy ilustre señor don Luys || de Auila y Çuñiga Comendador || mayor de Alcantara, &c. || En Anvers. || En casa de Martin Nucio. || M.D.LIIII. || Con Preuilegio Imperial. Pet. in-8, ff. 220 ch. + 6 ff. n. ch. à la fin pour la table.

Trad. du premier livre. — British Museum, 800. d. 25.

— Historia || dell' Indie || Orientali, || Scoperte, & conquistate da' Portoghesi, di com- || missione dell' Inuittissimo Rè Don || Manuello, di gloriosa memoria. || Nella quale, oltre alle strane vsanze, maniere, riti e costumi di || quelle genti; si uiene anco in notitia di molte Guerre fatte in || quei paesi; & di molte Prouincie, Isole, Città, Castelli, Fiumi, || Monti, Laghi, Mari, Minere di metalli, Perle, Gioie, Ani- || mali, droghe di specierie, & di molte altre cose degne di me- || rauiglia. || Distinta in Libri VII. || Composti dal Sig. Fernando Lopes || di Castagneda. || Et nuouamente di lingua Portoghese in Italiana tradotti || dal Signor' Alfonso Vlloa. || Parte prima. || [et Parte seconda] con le sve Tavole copiosissime. || Con privilegio. || In Venetia, Appresso Giordano Ziletti. MDLXXVII. 2 vol. in-4.

British Museum, 582.g. 13. — Bib. nat., Oy. 70.

— Le même... MDLXXVIII. 2 vol. in-4.

British Museum, 279. d. 28.

— ¶ The first Booke || of the Histo- || rie of the Discouerie and Con- || quest of the East Indias, enterprised by || the Portingales, in their daungerous || Nauigations, in the time of King || Don Iohn, the second of that || name. || Which Historie conteineth || much varietie of matter, very profitable || for all Nauigators, and not vnplea- || saunt to the Readers. || Set foorth in the Por- || tingale language, by Hernan || Lopes de Castaneda. || And now trans- || lated into English, by || N. L. Gentleman. || ¶ Imprinted at London, by || Thomas East. 1582.

In-4 de 164 ff. ch. + 6 ff. n. ch. au com. pour le tit., la dédicace du traducteur, Nicholas Lichefild [Lichfield], à Sir Fraunces Drake, et le Prologue au Roi de Portugal. — Au recto du f. 164 : Imprinted at London by || Thomas East, dwelling betweene || Paules Wharf and Bay- || nards Castle. 1582.

British Museum, 582. e. 4. — Quaritch, 1883, m. b., Livres 16. — (Ex. Beckford.)

— Le premier livre || de l'histoire de l'Inde, || contenant commẽt l'Inde a esté decouuerte || par le commãdement du Roy Emanuel : || & la guerre que les capitaines Portu- || galois ont meneé contre Samorin || Roy de Calecut : faict par Fernãd || Lopes de Castagneda : & tra- || duit de Portuguès en Frã- || çois par Nicolas de || Grouchy. || De l'imprimerie de Michel de Vascosan, demou- || rant à l'enseigne de la Fontaine, rue S. Iaques. || M.D.LIII. || Avec privilége. In-4, 173 ff. ch. pour le tit., priv., etc., et le texte.

British Museum, 582. g. 17. — Bib. nat., Oy. 67.

— L'histoire || des Indes de Por- || tvgal contenant || nant comment l'Inde a este de- || couverte, par le commandement du Roy Ema- || nuel, & la guerre que les capitaines Portugalois || ont menee pour la conqueste dicelles, faict par || Fernand Lopez de Castañeda, & traduict || de Portuguès en François par Ni- || colas de Grouchy. || En Anvers || Par Iehan Steelsius à lescu de Bourgoigne. || Lan M.D.LIIII. || Avec priuilege Imperialle. Pet. in-8 de 211 ff. n. ch. + 4 ff. n. ch. au com. pour le tit., le priv., l'epitre de Grouchy à Charles Martel, Seigneur de Baqueville, et celle au lecteur de Pierre Delamare, viconte du duché de Longueville.

Trad. du premier livre. — British Museum, 583. a. 39

Maisonneuve, 1871, fr. 50.

João de Barros.

—— Asia de Joam de Barros ‖ dos ‖ fectos que os Portugueses fize- ‖ ram no descobrimento ⁊ ‖ conquista dos ma- ‖ res ⁊ terras do ‖ Oriente. ‖ Impressa per Germão Galharde em ‖ Lixboa : a. xxviij. de Junho ‖ anno de . m . $^{c}_{v}$. lij. Gr. in-fol. goth. 128 ff. ch. + 4 ff. n. ch. au com. pour le titre, l'errata et la table.

—— Segunda decada da Asia de Joã ‖ de Barros dos feitos que os ‖ Portugueses fizeram no ‖ descobrimẽto ⁊ cõqui- ‖ sta dos mares ⁊ ter- ‖ ras do oriente. ‖ ℂImpressa per Germão Galharde em ‖ Lixboa. aos. xxiiij. dias de ‖ Março de M.D.L.iij. Gr. in-fol. goth. de 143 ff. ch. + 2 ff. n. ch. au com. pour le titre et la table.

British Museum, 150, i, 4. — Bib. nat., Rés. Oy, 72.

—— Terceira ‖ decada da Asia de ‖ Ioam de Barros : ‖ Dos feytos que os Portugueses ‖ fizeram no descobrimento ‖ & conquista dos mares ‖ & terras do ‖ Oriente. ‖ Em Lisboa ‖ Por Ioam de Barreira. ‖ M.D.LXIII. In-fol. de ff. 266 ch. + 8 ff. n. ch. au com. pour le tit., la tab. et le prol.

A la fin : Foy impressa a presente obra em Lixboa, por Ioam de Barreira ‖ impressor del Rey nosso senhor. Acabousé aos ‖ xviij. dias do mes de Agosto. De ‖ M. D. LXIII.

Bib. nat., Oy. 72. — Bib. de l'Institut.

«Em um dos exemplares que examinámos lê-se tamben, por omissão typographica, M. D. LIII.» (Figaniere.)

—— Qvarta Decada ‖ da Asia ‖ de Ioão de Barros ‖ Dos feitos que os Portugueses ‖ fizerão no descobrimento, e con= ‖ quista dos mares, é terras ‖ do Oriente. ‖ Em Madrid na Impressão Real. ‖ M.DC.XV. In-fol. de pp. 711 + 11 ff. n. ch. pour le titre gravé, les priv., déd. de l'éditeur Ioão Baptista Lavanha, l'appologia de Barros et 6 ff. n. ch. à la fin pour les tables.

On lit au bas du dernier f. : Em Madrid, MDCXV. Por Anibal Falorsi.

Sur le f. qui suit le front. gravé avec le titre *ut supra*, on lit : Qvarta decada da Asia de Ioão de Barros. Dedicada a el Rei Dom Philippe II. Nosso Senhor. Reformada accrescentada e illvstrada com notas e taboas geographicas por Ioão Baptista Lavanha.

(João de Barros.)

British Museum, 582. i. 8. — Bib. de l'Institut. — Bib. nat., Oy. 72.

—— Decada primeira ‖ da Asia de ‖ Ioão de Barros ‖ dos feitos qve os Por- ‖ tvgveses fezerão no descobri- ‖ mento & conquista dos mares & terras ‖ do Oriente. ‖ Dirigida ao Senado da cama- ‖ ra desta cidade de Lisboa. ‖ [*Armes de Portugal*] ‖ Em Lisboa ‖ Com todas as liçenças necessarias. ‖ Impressa per Iorge Rodriguez. Anno de 1628. ‖ Aa custa de Antonio Gonçaluez mercador de liuros. In-fol., 6 ff. n. ch. tit., etc. + 208 ff. ch. à 2 col.

—— Decada segvnda... Anno de 1628. In-fol., 5 ff. n. ch. tit., etc. + 238 ff. ch. à 2 col.

—— Decada terceira... Em Lisboa... Impressa per Iorge Rodriguez. Anno de 1628. In-fol., 10 ff. n. ch. tit., etc. + 262 ff. ch. à 2 col.

On complète ces trois décades par la décade IV de Madrid, 1615.

British Museum, 582. l. 11. — Bib. de l'Institut.

—— Decada primeira da Asia de João de Barros... novamente dada á luz, e offerecida ao Senhor João Britow's. Lisboa, na Officina de Pedro Ferreira, Impressor da Augustissima Rainha Nossa Senhora. Anno do Senhor M.DCCLII. Com todas as licenças necessarias. Impressa à custa de Reinerio Bocache, Mercador de livros; morador no largo da Conceiçaõ velha. In-fol., ff. VI n. ch. + 208.

*
* *

— Trad. en holl. dans la coll. de Van der Aa, et en italien dans celle de Ramusio.

—— L'Asia del S. Giovanni di Barros, Consigliero del Christianissimo Re di Portogallo de' fatti de' Portoghesi nello scoprimento, & conquista de' Mari & Terre di Oriente. Nella quale oltre le cose appartenenti alla militia, si ha piena cognitione di tutte le Città, Monti, & Fiumi delle parti Orientali, con la descrittione de' paesi, & costumi di quei popoli. Nuouamente di lingua Portoghese tradotta, dal S. Alfonso Vlloa. Con priuilegio dell' illustrissimo Senato Veneto.

(João de Barros.)

In Venetia, Appresso Vincenzo Valgrisio. MDLXII. 2 vol. in-4.

Trad. des deux premières décades de Barros.

British Museum, 280. k. 16.

—— L'Asie de Barros, ou l'histoire des Conqvestes des Portvgais avx Indes Orientales. Partie premiere, pp. 16. (*Relations de divers Voyages curieux. . . par M. Melchisedec Thevenot. . .*, II, Paris, M.DC.XCVI, in-fol.)

—— Geschichte der Entdeckungen und Eroberungen der Portugiesen im Orient, vom Jahr 1415 bis 1539 nach Anleitung der Asia des João de Barros. Von Dietrich Wilhelm Soltau. In Fünf Theilen. Braunschweig, bey Friedrich Vieweg, 1821, 5 vol. in-8.

—— Die Asia des Joao de Barros in wortgetreuer Uebertragung von Dr. E. Feust. Ersten Bandes erste Hälfte. Nürnberg, Verlag von Theodor Cramer. 1844, in-4, pp. XIV-191 + 1 f. n. ch. pour les errata.

Diogo do Couto.

—— Decada qvarta da Asia. . . por Diogo do Covto. . . Em Lisboa. Impresso por Pedro Crasbeeck. . . Anno M.DCII. In-fol.

—— Decada qvinta. . . Em Lisboa, Impresso por Pedro Crasbeeck. Anno 1612. In-fol., 9 ff. n. ch. tit., etc. + ff. 230 n. ch. à 2 col.

Bib. nat., Oy. 72 (5).

—— Decada sexta. . . Pedro Crasbeeck. . . Anno 1614. In-fol.

«Os poucous exemplares d'esta Decada, que escaparam ao incendio em que se consumiu grande parte da edição, andam sem folha de rostos : vimos porém alguns que a trazem, de impressão mais moderna, e em que se acha estampado o titulo supra.» (Figaniere.)

—— Decada setima. . . Em Lisboa, por Pedro Craesbeeck. Anno 1616. In-fol., 10 ff. n. ch. tit., etc. + 247 ff. ch. à 2 col.

British Museum, 582. i. 13. — Bib. nat., Oy. 72 (7).

—— Decada ovtava ‖ da Asia ‖ dos feitos qve os Portvgveses ‖ fizerão no descobrimento dos mares & conquistas ‖ das terras do Oriente : em quanto gouernarão a ‖ India Dom Antão de Noronha, & Dom ‖ Luis de Ataide. ‖ Por Diogo do Covto ‖ Chronista, & Guarda mõr da Torre do Tombo do Estado ‖ da India. ‖ Lisboa. ‖ A custa de Ioam da Costa, & Diego Soarez. ‖ M.DC.LXXIII. ‖ Com todas as licenças necessarias. In-fol., pp. 247 + 4 ff. n. ch. au com. pour la déd., le prol., etc.

British Museum, 148. e. 19.

—— Cinco Livros ‖ da decada doze ‖ da historia da India ‖ por ‖ Diogo do Covto ‖ Chronista & Guarda mór da Torre do ‖ Tombo do Estado da India. ‖ Tirados a luz pello Capitão M[el] Frz de Villa Real Cavalleiro ‖ fidalgo da casa do serenissimo Dom Ioao IV. Rey de ‖ Portugal nosso senhor, Residente na Corte de Pariz ‖ e Consul da Nação Portugues a nos ‖ Reynos de França. ‖ [*fleuron*] ‖ Com licença e Previlegio. ‖ Em Pariz. ‖ Anno M.DC.XLV. In-fol., 8 ff. n. ch. tit., etc. + pp. 248 à 2 col. + 3 ff. n. ch. index.

British Museum, 582. i. 19. — Bib. nat., Rés. Oy. 83.

—— *Decadas da Asia, que tractam dos mares que descobriram, armadas que desbarataram, exercitos que venceram, e das acções heroicas e façanhas bellicas que obraram os Portuguezes nas conquistas do Oriente. Lisboa Occidental, na Officina de Domingos Gonçalves, 1736. 3 vol. in-fol.

«O 1. contém as Decadas IV. e V. O 2. a Decada VI. O 3. a VII. a VIII. e a IX. até ahi inedita.» (Figaniere.)

—— Da Asia de João de Barros e de Diogo de Couto. Nova edição offerecida a sua Magestade D. Maria I. Rainha fidelissima &c. &c. &c. Lisboa, Na Regia Officina Typografica, Anno MDCCLXXVIII. Com Licença da Real Meza Censoria, e Privilegio Real. 24 vol. pet. in-8 (1778-1788).

British Museum, 978. c. 1/24. — Bib. nat., Oy. 84.

Fernão Mendes Pinto.

—— Peregrinacam de Fernam Mendez Pinto. Em qve da conta de mvytas e mvyto estranhas cousas que vio & ouuio no reyno da China, nu da Tartaria, no do Sornau, que vulgarmente se chama Sião, no do

Calaminhan, no de Pegù, no de Martanão, & em outros muytos reynos & senhorios das partes Orientais, de que nestas nossas do Occidente ha muyto pouca o nenhũa noticia. E tambem da conta de mvytos casos particulares que acontecerão assi a elle como a outras muytas pessoas. E no fim della trata breuemente de algũas cousas, & da morte do Santo Padre mestre Francisco Xauier, vnica luz & resplandor daquellas partes do Oriente, & Reytor nellas vniversal da Companhia de Iesus. Escrita pelo mesmo Fernão Mendez Pinto. Dirigido à Catholica Real Magestade del Rey dom Felippe o III. deste nome nosso Senhor. Com licença do Santo Officio, Ordinario, & Paço. Em Lisboa. Por Pedro Crasbeeck. Anno 1614. A custa de Belchior de Faria Caualeyro da casa del Rey nosso Senhor, & seu Liureyro. Com priuilegio Real. Està taixado este liuro a 600 reis em papel... In-folio, 303 feuillets, sans le titre, priv. et déd., 2 feuillets au commenc., et la table, 5 feuillets à la fin.

Ouvrage fort rare, dont Silva, Vol. II, pp. 285-289, écrit :

«D'esta primeira edição existem hoje na Bibl. Nacional não menos de tres exemplares : um pertencente ao antigo fundo do estabelecimento, e os dous provindos das livrarias n'elle incorporadas de Cypriano Ribeiro Freire, e D. Francisco de Mello Manuel. Os poucos exemplares que d'ella apparecem rarissimas vezes á venda, tem corrido pelos preços de 2 : 400 até 3 : 600 réis.»

Nous avons examiné l'ex. de la Bib. Grenville, Fo. 6580.

— Peregrinaçam || de || Fernam Mendez || Pinto e por elle escrita : || o qve consta de mvitas, e mvito || estranhas cousas que vio, & ouvio no Reyno da || China, no do Tartaria, no de Pegú, no de Mar- || tavão, & em outros muitos Reynos, & senho- || rios das partes Orientaes, de que nestas nos- || sas do Occidente ha muyto pouca, ou ne-|| nhũa noticia. || ...Em Lisboa... || Na Officina de Antonio Craesbeeck de Mello, 1678. In-folio, pp. 445 [ch. par erreur 145] à 2 col. + 1 f. prél.

Bib. nat., $\frac{O^2}{25}$.

— Peregrinação de Fernão Mendes Pinto. E agora de novo correcta, e accrecentada com a conquista do Reyno de Pegù feyta pelos Portuguezes, sendo Visorrey da India Ayres de Saldanha no anno de 1600. Lisboa, na officina de José Lopes Ferreira, MDCCXI. In-folio.

— Peregrinação de F. M. P..... Correcta, e acrecientada com o Itinerario de Antonio Tenreyro, que da India veyo por terra a este Reyno de Portugal... no anno de 1529. E com a conquista do Reyno de Pegù feyta pelos Portuguezes... no anno de 1600. Lisboa oriental, na offic. Ferreyriana, MDCCXXV. In-folio.

— Peregrinação || do || Fernaõ Mendes || Pinto, || e por elle escrita : || ... Lisboa : || Na Officina de Joam de Aquino Bulhoens. || Anno de M.DCC.LXII... In-fol., pp. 428 à 2 col. + 5 ff. prél. pour la table.

Bib. nat., $\frac{O^2}{25. A}$.

—— Peregrinação de Fernão Mendez Pinto. Nova Edição conformé á primeira de 1614. Lisboa, na Typographia Rollandiana, 1829. 4 vol. in-16.

Le 4e vol. contient : Itinerario de Antonio Tenrreyro, 155 pages. — Traclado... da China... por Gaspar da Cruz, 195 pages. — Conquista do Reyno de Pegu..., 72 pages.

Brunet et la *Biog. gén.* citent une édition de Lisbonne, 1833, 2 vol. pet. in-4, ou in-8.

* * *

—— Historia || Oriental || de las Peregrinaciones || de Fernan Mendez Pinto || ... al Excelentissimo Señor Don Dvarte, Marqves || de Flechilla ||. Año [*écusson*] 1620. || Con Privilegio. || En Madrid, Por Tomas Iunti, Impressor del Rey nuestro Señor. || Impressa a costa de Manuel Rodriguez, Mercader de Libros... In-fol., à 2 col., pp. 481 + 14 ff. prél. + 4 ff. p. l. table.

Bib. nat., $\frac{O^2}{23. A}$.

—— Historia... A Manvel Severin de Faria, Chantre, y Canonigo de la santa Yglesia Metropolitana de Euora. Año 1620. Ibid., in-fol., 4 ff. prél. n. ch. + pp. 481 à 2 col.

Bib. nat., $\frac{O^2}{23}$.

Il y a au British Museum deux ex. de l'édition de Madrid, 1620, avec des titres et des dédicaces différentes.

—— Historia || Oriental || de las Peregrinaciones || de Fernan Mendez Pinto || Portvgves, adonde se escriven mvchas, y || muy estrañas cosas que vio, y oyò en los Reynos de la China, Tartaria, Sornao, que || vulgarmente se llama Siam, Calamiñam, Peguu, Martauan, y otros muchos || de aquellas partes Orientales, de que en estas nuestras de Occi || dente ay muy poca, o ninguna noticia. || Casos famosos, acontecimientos admirables || leyes, gouierno, trages, Religion, y costumbres de aquellos || Gentiles de Asia. || Tradvzido de Portvgves en Castellano por el || Licenciado Francisco de Herrera Maldonado, Canonigo de la || santa Iglesia Real de Arbas. || Al Excelentissimo Señor || Ramiro Felipez de Gvzman, Señor de la casa de Gvzman, || ... Con licencia, en Valencia, || En casa de los herederos de Chrysostomo Garriz, por Bernardo Nogues, junto || al molino de Rouella, Año 1645. || ... In-folio à 2 col., pp. 482 sans l'ép., l'Apologia, etc. (11 ff. au comm.), la t. et le colophon. (5 ff. à la fin.)

Exemplaire de Grenville, No. 6591. — Bib. nat., O² 23. C.

Cette traduction de Maldonado a eu de nombreuses éditions.

— Historia || oriental || de las Peregrinaciones || de Fernan Mendez Pinto || .... Al Excelentissimo Señor Don Dvarte, Marqves || de Flechilla, ... Con Privilegio. || En Madrid, Por Diego Flamenco, Año de 1627 || ... In-fol., pp. 481 à 2 col. + 7 ff. prél.

Bib. nat., O² 23. B.

— Historia || Oriental || de las Peregrinaciones || de Fernan Mendez Pinto Portvgves. || .... Tradvcido de Portvgves en Castellano por el Licencia || do Francisco de Herrera Maldonado, Canonigo de la santa || Iglesia Real de Arbas. || Al Señor don Antonio de Vrvtia y Agvirre, Cavalle- || ro del Orden de Calatraua, del Consejo de su Magestad en el Real || de las Ordenes, &c. || Con Licencia. || En Madrid Por Melchor Sanchez. Año de 1664. || Acosta de Mateo de la Bastida Mercader de libros, vendese en su casa frontero da las || gradas de San Felipe. In-fol. à 2 col., pp. 452 à 2 col. + 10 ff. au com., et 4 ff. à la fin pour la table.

Bib. nat., O² 23. D.

*
* *

— Les || Voyages || advantvrevx || de || Fernand || Mendez Pinto. || Fidelement tradvicts de || Portugais en François par le Sieur Bernard || Figvier Gentil-homme Portugais. || Et dediez a Monseigneur || le Cardinal de Richeliev. || Le Contenv de la presente || Histoire se verra à la page suiuante. || A Paris, || Chez Mathvrin Henavlt ruë Clopin, deuant || le petit Nauarre : & à sa boutique en la Cour du || Palais, à costé de la Chappelle sainct || Michel, proche la fontaine. || ... M.DC.XXVIII. || Auec Priuilege du Roy. || In-4, pp. 1193 + 8 ff. prél. p. le tit., + à la fin, 7 ff. n. ch. p. la tab. l'ép., etc.

Bib. nat., O² 24 (Ex. de Huet, év. d'Avranches, avec l'ex-libris et des notes à la fin.)

— Les Voyages advantvreux de Fernand Mendez Pinto fidellement tradvits de Portugais en François par le Sieur Bernard Figvier Gentil-homme Portugais. Dediez à Monseignevr le Cardinal de Richeliev. A Paris, Chez Arnovld Cotinet... et chez Jean Roger... M.DC.XLV. In-4, pp. 1020, s. l'ép.. le t., &c.

Ternaux-Compans (1943) cite une édition de Paris, 1663, in-4.

— Les Voyages advantvreux de Fernand Mendez Pinto. Traduit du Portugais. Par B. Figuier. Paris, imprimé aux frais du Gouvernement pour procurer du travail aux ouvriers typographes, Août 1830. 3 vol. in-8.

*
* *

— De wonderlyke || Reizen || Van || Fernando Mendez Pinto; || ..... Nieuwelijks door J. H. Glazemaker vertaelt; .... t'Amsterdam, || Door Jan Rieuwertsz en Jan Hendrisz || ... 1652. In-4.

Front. gravé.

— De Wonderlyke Reisen van Fernan Mendes Pinto. Amsterdam, 1653. In-4.

*
* *

— Wunderliche und Merckwürdige || Reisen || Ferdinandi || Mendez Pinto, || Welche er iñerhalb ein und zwantzig || Jah || ren/ durch Europa, Asia, und Africa, und deren Königreiche || und Länder; als Abyssina, China, Japon, Tartarey, Siam, Calamin- || ham, Pegu, Martabane, Bengale, Brama, Ormus, Batas, Queda, || Aru, Pan, Ainan, Calempluy, Cauchenchina, || und andere Oerter verrichtet. || Darinnen er beschreibet || Die ihme zu Wasser und Land zugestossene grosse || Noth und Gefahr; wie er nemblich sey dreyzehnmal gefangen genom- || men und siebenzehnmal verkaufft worden; auch vielfältigen || Schiffbruch erlitten habe: || Dabey zugleich befindlich eine gar genaue Entwerffung der || Wunder und Raritäten erwehnter Länder; der Gesetze | Sitten | und Gewon- || heiten derselben Völcker; und der grosse Macht und Heeres-Krafft || der Einwohner. || Nun erst ins Hochteutsche übersetzet | und mit unter- || schiedlichen Kupferstükken gezieret. || Amsterdam | || Bey Henrich und Dietrich Boom | Buchhändlern | || Im Jahr Christi 1671. In-4, pp. 393 et 3 f. n. ch. au com.

Front. gravé.

«O Sr. Castilho menciona ainda outra edicão, ou traducção diversa; Argentorati (Strasbourg), 1674, in-4.» (Silva.)

— Reisen des Ferdinand Mendez Pinto. (P. 356, Cap. xv, *Allgem. Hist. d. Reisen*, X, Leipzig, 1752.)

—— Ferdinand Mendez Pintos ‖ Abentheuerliche Reise ‖ durch ‖ Ostindien und Sina in den Jahren 1537 bis 1558. Jena, 1809, in-8.

Bib. nat., $\frac{O2}{26}$. Forme le Vol. II de *Die Reisenden der Vorzeit, Auszüge aus älteren interessanten Reisebeschreibungen.*

—— Bibliothek geographischer Reisen und Entdeckungen älterer und neuerer Zeit. — Zweiter Band : Fernand Mendez Pinto's abenteuerliche Reise durch China, die Tartarei, Siam, Pegu und andere Länder des östlichen Asiens. — Neu bearbeitet von Ph. H. Külb. Jena, Hermann Costenoble, 1868, in-8, pp. xvi-412.

* * *

—— Obseruations of China, Tartaria, and other Easterne parts of the World, taken out of Fernam Mendez Pinto his Peregrination. (*Purchas*, III, Lib. II, C. II.)

—— The // Voyages // and // Adventures, // of // Fernand Mendez Pinto, // A Portugal : During his // Travels // for the space of one and twenty years in // The Kingdoms of Ethiopia, China, Tartaria, Cauchin = // china, Calaminham, Siam, Pegu, Japan, and a // great part of the East-Indiaes. // With a Relation and Description of most of the Places // thereof; their Religion, Laws, Riches, Customs, and // Government in time of Peace and War. // Where he five times suffered Shipwrack, was sixteen times sold, // and thirteen times made a Slave. // Written Originally by himself in the Portugal Tongue, // and Dedicated to the // Majesty of Philip King of Spain. // Done into English by H. C. Gent. // London, Printed by J. Macock, for Henry Cripps, and Lodowick Lloyd, and are to // be sold at their shop in Popes head Alley neer Lumbarstreet. 1653. In-fol, 7 ff. prél. p. l. tit., ép., tab., etc. + pp. 326.

H. C. = Henry Cogan.

—— The // Voyages // and // Adventures // of // Ferdinand Mendez Pinto, // A Portugal : During his // Travels // for the space of one and twenty years in // The Kingdoms of Ethiopia, China, Tartaria, Cauchin- // china, Calaminham, Siam, Pegu, Japan, and a // great part of the East-Indies. // With a Relation and Description of most of the Places // thereof; their Religion, Laws, Riches, Customs, and // Government in the time of Peace and War. // Where he five times suffered Shipwrack, was sixteen times sold, // and thirteen times made a Slave. // Written Originally by himself in the Portugal Tongue, // and Dedicated to the Majesty of Philip King of Spain. // Done into English by H. C. Gent. // — London, // Printed by J. Macock, and are to be sold by Henry Herringman, at the Sign // of the Blew-Anchor in the lower-walk of the New Exchange. 1663. In-fol., 7 ff. n. ch. + pp. 326.

British Museum, 567. i.13 (3).)

—— The // Voyages // and // Adventures // of // Ferdinand Mendez Pinto, // A Portugal : During his // Travels // For the space of one and Twenty Years in // The Kingdoms of Ethiopia, China, Tartaria, Cau-// chinchina, Calaminham, Siam, Pegu, Japan, // and a great part of the East-Indies. // With a Relation and Description of most of the Places // thereof; their Religion, Laws, Riches, Customs, and // Government in the time of Peace and War // Where he five times suffered Shipwrack, was sixteen times sold, // and thirteen times made a Slave. // Written Originally by himself in the Portugal Tongue, // and Dedicated to the // Majesty of Philip King of Spain. // — The Third Edition. // — Done into English. by H. C. Gent. // London, // Printed for Richard Bently, Jacob Tonson, Francis Saunders, // and Tho. Bennet. MDCXCII. In-fol., 7 ff. n. ch. tit., etc. + pp. 326.

British Museum, 983. f. 18.

— The Voyages and Adventures of Ferdinand Mendez Pinto, the Portuguese. (Done into English by Henry Cogan.) With an Introduction by Arminius Vambery. An abridged and illustrated edition. London :

T. Fisher Unwin, MDCCCXCI. In-8, pp. XXXII-464, ill.

Forme le Vol. 7 de *The Adventure Series*, 5/—, d'après l'édition de Cogan, 1663.

Notice : *Scottish Geog. Mag.*, sept. 1891, pp. 507-508.

— Mendez Pinto. By Stephen Wheeler. (*Geog. Journal*, I, 1893, Feb., pp. 139-146.)

— Pinto in Corea. By E. H. Parker. (*China Review*, XVI, p. 182.)

* * *

— Fernão Mendez Pinto, cf. *Copia de vnas Cartas*, 1555. Voir col. 44.

—— Copia d'vna [lettera] di Fernando // Mẽdez di diuersi costumi, & varie cose che hà // uisto in diuersi regni dell' Indie nelli quali // andò gran tempo, auanti ch'entrasse // nella compagnia di Gièsu, scrit // ta nel collegio di Malac- // ca alli scolari di detta // compania nel // Collegio di Coimbra in Portogallo. (F. 181 *v.*-186 *v.* de *Diversi Avisi particolari dell' Indie di Portogallo, riceuuti dell' anno 1551 sino al 1551.* — Venetia, 1565.)

(Malacca, 5 déc. 1554.)

—— Ein Brief von Fernão Mendez Pinto. Von O. Nachod. (*Festchft. XIII. Int. Orient.-Kong. Hamburg 1902, gewidmet von der Deutsch-Japan. Ges. in Berlin*, pp. 28-43.)

Copia de hũa carta do Irmão fernão mendez q'escreueo de Amaqua yunto da China ao pº. Balthesar dias a Goa recebida em Lix no ano de 1557.

Macao, 20 nov. 1555.

— Voir L.-J. Cros, *Études... par des Pères de la Cie. de Jésus*, 20 mars 1905, p. 803.

—— Fernão Mendes Pinto. — Subsidios para a sua biographia e para o estudo da sua obra Com duas cartas e uma Informação, de Fernão Mendes, ineditas; a reproducção de um antigo portulano portuguez representado Macau e mais ilhas do mar de Cantão, e de tres cartas geographicas originaes portuguezas do seculo XVII; e a indicação do roteiro da ultima viagem de Fernão Mendes de Goa ao Japão em 1554-1556. — Memoria apresentada á Academia real das Sciencias de Lisboa por Christovam Ayres Socio effectivo. Lisboa, Por ordem a na Typographia da Academia, 1904; gr. in-4, pp. 127.

Ext. da *Hist. e Mem. Acad. R. das Sciencias da Lisboa*, Nov. Ser., *Cl. de Sc. Moraes*, etc. — T. X, Pt. I.

—— Subsidios para a Bibliographia Portugueza relativa ao estudo de lingua japoneza e para a biographia de Fernão Mendes Pinto por Jordão A. de Freitas Official da Real Bibliotheca da Ajuda. — Grammaticas, Vocabularios e Diccionarios. — Com Observaçoẽs philologicas pelo Ex^me^ Sr. A. R. Gonçalves Vianna. — Coimbra, Imprensa da Universidade, 1905, in-8, pp. 83.

Au verso du titre : Separata do *Instituto*.

—— Fernão Mendes Pinto e o Japão. — Pontos controversos. — Discussão. — Informações Novas. Com a reproducção de quatro cartas geographicas portuguezas, até hoje ineditas, e de uma carta representando o Japão no Seculo XVI. — Memoria apresentada á Academia real das Sciencias de Lisboa por Christovam Ayres Socio effectivo. Lisboa... 1906, gr. in-4, pp. 155.

Ext. da *Hist. e Mem. da Acad. R. das Sciencias da Lisboa*, Nov. Ser., *Cl. de Sc. Moraes*, etc. — T. X, Pt. II.

—— Fernão Mendes Pinto sua ultima Viagem à China (1554-1555) por Jordão A. de Freitas. Lisboa, Off. typ. — Calçada do Cabra, 7, 1905, in-4, pp. 9.

Contient : Copia de hũa carta do Irmão Luis frois que escreueo de Malaqua 1º. de dezẽbro. 1555. aos Irmãos da Companhia de Jesus em Goa.

Au verso du faux-titre : Do *Archivo historico* portuguez, vol. III. Tiragem de vinte e um exemplares.

* * *

— «E ainda duvidoso, se existe ou não traducção da *Peregrinação* em italiano, apezar da affirmativa de José Carlos Pinto de Sousa na *Bib. Hist. de Portugal*, pag. 155 da edição de 1801.» (Silva.)

— Sur Pinto, voir la phrase de Congreve.

— Hugh Murray, *Historical Account*, I, ch. VI, pp. 234 et seq.

— Silva, *Dic. Bibliog.*, Vol. 2, pp. 285-289.

— *Biog. univ.*, Art. de Rossel, Vol. 33, pp. 381-383.

Biog. générale, Art. de F. D.[enis], Vol. 40, col. 280.

— Cat. of the Books of the British Museum, Art. : (Fernando) *Mendes Pinto*.

— Noticia da vida e obra de F. M. P. [A. F. et J. F. De Castilho]. (*Livraria Classica Portugueza*, etc., t. XI-XVI, 1845, etc., in-16.)

— F. Mendes Pinto, excerptos seguidos de una noticia sobra sua vida e obras... por J. F. de Castilho, 2 vol., Rio de Janeiro, 1865 [imprimé à Paris], in-12. (Vol. 4 et 5 de la *Livraria classica*.)

1551-1552.

—— Avisi // particolari // delle Indie di Portugallo // Riceuuti in questi doi anni del. 1551. & // 1552. da li Reuerēdi Padri de la cōpa // gnia di Iesu, doue fra molte cose // mirabili, si uede delle Paesi, del // le genti, & costumi loro & // la grande cōuersioue (*sic*) di // molti populi, che co: //minciano a riceuere // il lume della // sātā fede // & // Relligione Christiana. // [*marque*] // ℭ In Roma per Valerio Dorico, & Luigi // Fratelli Bressani Alle spese de M. // Batista di Rosi Genouese. 1552, pet. in-8, pp. 316.

Pages 278-316 avec un titre spécial:

—— Copia de // alcvne littere // del Padre Maestro Francesco // Xauier & altri Padri della // Compagnia de Iesu del Iapon // Nouamente scoperto & de // Maluco tradotte in Italia // no riceuute l'Anno // 1552. // [*marque*] // In Roma per Valerio Dorico // & Luigi Fratelli Bressani // Alle spesse de M. Bati- // sta di Rosi Genouese // M. D. LII.

Contient : Dechiaratione per meglio intendere la seguente Littera, p. 280.

Copia de vna lettera del Padre Maestro Francesco Xavuer dal Giapan indrizata al Colleggio della scolari de detta Compagnia in Coymbra di Portugallo, p. 282.

De Cangoxima a 5. de Nouembre anno. 1549.

De vna del Padre Francesco Perez che in Malacha de 26. di Nouembre del 1549. per li Fratelli del Capo de Comurin, p. 309.

De vna del Padre Gioanne d'abera che sta in Malucho de 5. de Febraro del 1549 per il Rettore de Santo Paulo de Goa, p. 312.

Brit. Museum, 296. g. 27. — Crofts, 7893.

1555.

—— Copia de vnas ‖ Cartas de algunos padres y herma ‖ nos de la compañia de Iesus que es‖criuieron de la India, Iapon, y Bra ‖ sil a los padres y hermanos de la mis ‖ ma compañia, en Portugal trasla ‖ dadas de portugues en castella ‖ no. Fuerō recebidas el año ‖ de mil y quinientos y cincuenta y ‖ cinco. Acabaronse a treze dias del mes ‖ de deziember. (Lisboa) Por Ioan ‖ Aluarez. Año M.D.LV. In-4.

L'ex. que nous avons examiné est celui qui figure au no. 2723 de *Bibliotheca Americana*, Sup. no. I. Novembre 1881, Paris, Maisonneuve, 1881, in-8. Nous ne pouvons mieux faire que de reproduire la notice excellente de ce catalogue fort bien rédigé :

32 fnc., caractères gothiques. Le titre est orné d'une bordure sur bois représentant des fleurs, des oiseaux, un singe, etc. Le premier feuillet commence avec la signature *B*. Bel exemplaire d'un volume des plus précieux et fort peu connu jusqu'à présent. Le seul bibliographe qui en fasse mention, Innocencio da Silva, en constate lui-même la grande rareté. Cette petite collection de lettres, écrites par les missionnaires de la Compagnie de Jésus à leurs confrères d'Europe, renferme neuf épîtres, savoir : Carta del hermano Arias Blandō, que escriuio de Goa (datée du collège S. Pablo de Goa, 23 décembre 1554). Dans cette pièce, le P. Arias parle de Fernand Mendez Pinto. — Carta del hermano Hernan Mendez de la compañia de Jesus (datée du collège de Malaca, 5 avril 1554). Cette pièce est du célèbre voyageur Fernand Mendez Pinto, il l'écrivit à l'époque de son noviciat, lorsqu'il était dans l'intention d'entrer dans la Compagnie de Jésus. — Carta del Padre mestre Melchior que scriuio de Malaca (datée de Malaca, 3 décembre 1554). — Carta del hermano Pedro de Alcaceua scripta de Goa en el año de 1554. — Informacion de algunas cosas acerca de las costūbres y leyes del Reyno de la China que vn hōbre que alla estuuo captiuo seis años, cōto en Malacha en el collegio de la compañia de Jesus. (Ce curieux document est attribué au voyageur Fernand Mendez Pinto.) — *Cartas del Brasil.* Cartas del hermano Pero Correa que scriuio a vn padre del Brasil. (Il y est question des conversions faites par le P. Nobrega parmi les Indiens Carijos et Tupiniquines.) — Carta del hermano Joseph que scriuio del Brasil a los padres y hermanos de la compañia de Jesus (mission de la province de Piratininga; conversion des Ibirajaras par le P. Correa; récit de la mort du P. Juan de Sosa, compagnon du P. Correa). — Carta del hermano Joseph (autre lettre du même religieux, datée de la mission de Piratininga, 15 mars 1555). — Vna del padre Juan de Aspilcueta (très intéressant récit du voyage de ce religieux dans l'intérieur du Brésil, dans lequel il parle des Indiens Tapuyas, Cathiguzu [?], Tamoyas: fêtes des Indiens; fruits et animaux, etc. Cette lettre est datée de Puerto Seguro, jour de S. Jean, 1555).

Il y en a un ex. à la Bibliothèque nationale de Lisbonne. (*Silva*, II, p. 40.)

—— Ein seltenes Buch über Japan, China, etc., in der Leidener Universitäts-Bibliothek. Par J. D. E. Schmeltz. (*Int. Archiv für Ethnog.*, XIV, Heft V, pp. 217-218.)

Copia de diversas cartas de algvnos padres y hermanos de la Compañia de Jesus. Resebidos al Año de MLV. Barcelona, 1556, 52 doubles ff.

Découvert par le Dr. Nachod.

—— Copia de // diversas car // tas de algvnos padres y her // manos de la Compañia de Iesus. Recebidas el Año de. // M.D.LV. De las grandes marauillas, que Dios nue- // stro señor obra en augmento de la sancta fe chatolica, en // las indias del Rey de Portugal, y en el Reyno de Iapon, y // en la tierra del Brasil. Con la description de las uarias le- // yes, y costumbres de la gente del gran Reyno de la // China, y otras tierras nueuamēte descubiertas, // en que ay nueuas de grāde admiraciō // y hedificacion pero muy // uerdaderas. // Con preuilegio. // Venden se en Casa de Claudio Bornat // Librero en Barcelona. // Año de. M.D.L.VI. Pet. in-8, 52 ff. ch.

British Museum, 4766. a. 13.

—— Avisi particolari delle Indie di Portugallo. Nouamente hauuti questo Anno del. 1555. da li. R. padri della Compagnia di Iesu doue si ha informatione delle gran cose che si fanno per augmento de la Santa fede. Con la descriptione e costumi delle genti del Regno de la China, & altri paesi incognita nouamente trouati. Romae apud Antonium Bladum Impressorem Cameralem. 1556. In-12 sans pagination [40 ff.].

—— ℭ Historia de las cosas de Ethio- // pia, en la qual se cuenta muy copiosamente, el estado y potēcia del // emperador della, (que es el q̄ muchos han pensado ser el preste Juan) con otras // infinitas particularidades, assi dela religiō de aquella gēte, como de sus cerimo- // nias, segun que de todo ello fue testigo de vista Frācisco Alua- // rez, capellan del rey don Manuel de Portugal. *Colophon :* ℭ A honrra y gloria de Dios todo poderoso. fue impressa // la presente historia de Ethiopia, en la muy noble y leal Ciu- // dad de Caragoça, en casa de Agostin Millan impressor de // libros, a costa de Miguel de Suelues alias çapila Infan- // çon : Mercader de Libros vezino de Caragoça. Acabose // a doze dias del mes de Deziembre. Año de mil quinientos // sessenta y vno. In-folio.

Au f. 66, le titre suivant :

ℭ Copia de diuersas // Cartas de Algunos padres y hermanos de la Compañia de Iesus. Recebidas el // Año de mil y quinientos cincuēta y cin //co. De las grandes marauillas, q̄ dios // nuestro senor obra en augmēto de la san // ta fe catolica, en las Indias del Rey de // Portugal, y en el Reyno đ Iapon, y en // la tierra de Brasil. Con la descripcion đ // las varias leyes, y costumbres de la // gente del gran Reyno de la China // y otras tierras nuevamēte des- // cubiertas, en que ay nueuas // de grande admiracion y // hedificacion, pero // muy verdade- // ras...

Retana, 4.

1557.

—— Avisi particvlari dell'Indie di Portvgallo Nouamēte hauti quest'anno del 1557. dalli R. Padri della Compagnia di Iesv, doue s'hà informatione, delle gran cose che si fanno per aumento della santa fede & cōuersione de quelle genti infideli à Christo N. Signore. Romae in aedibus Societatis Iesv anno Domini 1557. In-12, s. pagin.

1558.

—— Avisi ‖ particolari ‖ del avmento che iddio da ‖ alla sua Chiesa Catholica nell'Indie, et septi- ‖ almēte nelli regni di Giappō, cō īforma- ‖ tione della China, riceuuti dalli Padri ‖ della Compagnia di Iesv. ‖ questo anno del ‖ 1558. ‖ In Roma nella Casa della Com- ‖ pagnia di Iesv. ‖ 1558. Pet. in-8, s. pagination, sig. a-f × 8 = 48 ff.

1551-1558.

—— Nvovi Avisi // dell'Indie di Porto- // gallo, riceuuti dalli Reuerendi Padri // della compagnia di Giesu, tra- // dotti dalla lingua Spagnuo // la nell'Italiana. // M. D. LIX. Pet. in-8, 4 ff. n. ch. p. le tit., la dédicace de Michele Tramezzino et la tab. + 59 ff.

Au bas du recto du f. 59 : In Venetia per Michele Tramezzino. // MDLIX.

Renferme :

Copia d'una lettera uenuta dalla città di Malacca dell' India, scritta à 17. di Nouembre 1556. dal Padre Baldassar Diaz della compagnia di Iesu, alli padri & fratelli della medesima compagnia in Europa.

Cauato d'una lettera scritta in Ormuz à 8. di Luglio 1557. d'un padre della compagnia di Iesu.

Copia d'una lettera di Lodouico Frois scolare della compagnia di Iesu scritta in Goa, l'ultimo di Nouembre 1557. riceuuta in Portogallo questo Luglio del 58.

Copia d'una lettera del Rettore del Collegio della compagnia di Iesu di Goa per quelli di detta compagnia in Europa, scritta à 12. di Decembre 1557. riceuuta in Lisbona nel mese di Luglio, del 1558.

Copia d'una lettera del padre Melchiorre Carnero eletto Vescouo, & successor del Patriarcha di Ethiopia, di Goa, à di 24. di Decembre 1557. Riceuuta in Lisbona nel mese di Luglio 1558.

Copia d'una lettera del Padre maestro Melchior Nugnez, scritta in Coccin nell' India à gl'otto di Gennaio, 1558.

Cauato d'una lettera del Padre Anrique Anriquez, scritta in Manaccari, nel regno di Trauancor, à 13. di Gennaio del 58. il Generale della compagnia di Iesu.

Cauato d'un altra del Padre Gonzalo Prouinciale della cõpagnia di Iesu nell' India.

Cauato d'un altra delli cittadini di Dio, ouero Calicut, per il Padre Don Gonzalo prouinciale dell' India.

British Museum, 867. d. 3 (2).

—— Nvovi Avisi // dell'Indie di Porto- // gallo, riceuuti dalli Reuerendi Padri // della compagnia di Giesv, tra // dotti dalla lingua Spagnuo // la nell'Italiana. // M. D. LXVIII. Pet. in-8, 4 ff. n. ch. p. le tit., la déd. de Michele Tramezzino et la tab. + 59 ff.

Au bas du recto du f. 59 : In Venetia per Michele Tramezzino; // MDLXVIII.

Renferme les mêmes lettres que l'édition du même éditeur datée *1559*.

British Museum, G 2243 (1 & 2).

—— Nvovi Avisi // dell'Indie di // Portogallo,// Riceuuti dalli Reuerendi Padri della compa- // gnia di Giesu, tradotti dalla lingua // Spagnuola nell'Italiana, // Terza parte. // [*marque*] // Col priuilegio del sommo Pontefice, & dell' Il- // lustrissimo Senato Veneto per anni xx. Pet. in-8, 7 ff. n. ch. + 316 ff. ch.

Au recto du dern. f. : In Venetia per Michele Tramezzino. M. D. LXII.

British Museum, 867. d. 4.

—— Nvovi Avisi // delle Indie // di Portogallo, // Venuti nuouamente dalli R. padri della // compagnia di Giesv, & tradotti dal // la lingua Spagnola nella Italiana. // Quarta parte. // [*marque*] // Col priuilegio del sommo Pont. Pio IIII. & del- // l'Illustriss. Senato Veneto per anni xx. Pet. in-8, 8 ff. n. ch. + 189 ff. n. ch. + 1 f. avec marque.

Au verso avant-dernier f. : In Venetia par Michele Tramezzino. MDLXV.

British Museum, 867. d. 5.

—— Diversi Avisi // particolari dall' Indie // di Portogallo, riceuuti dall'anno 1551. // sino al 1558. dalli Reuerendi padri // della compagnia di Giesv. // Dove s'intende delli Paesi, // delle genti, & costumi loro, & la grande con- // uersione di molti popoli, che hanno // riceuuto il lume della santa fede, // & religione Christiana. // Tradotti nuouamente della lingua Spagnuola nella Italiana. // [*marque*] // Col priuilegio del Sommo Pontefice, & dell' Illu- // strissimo Senato Veneto per anni xv. Pet. in-8, 8 ff. n. ch. p. le tit., déd. sig. Michele Tramezzino, tab. etc. + 294 ff. [d. f. marqué 286].

A la fin : In Venetia per Michele Tramezzino. // MDLXV.

British Museum, 867. d. 2. — Cat. Mourier, 369, Fr. 90.

1557-1561.

—— Copia de algunas // cartas que los padres y hermanos // de la compañia de Iesvs, que an- // dan en la India, y otras partes orien- // tales, escriuieron a los de la misma // compañia de Portugal. // [*marque*] // Desde el año de M.D.LVII. hasta el de lxj //. Tresladadas de Portugues en Castellano. // Impressas en Coimbra // por Ioan de Barrera. // 1562. In-4, 4 ff. n. ch. tit., etc. + 103 ff. ch.

Cette traduction est attribuée par Figaniere, 1479, note, et par Silva, II, p. 41, au P. Manuel Alvarez, né à Ribeira Brava, île de Madère, en 1526; † à Evora, 30 déc. 1582. — Pagès, 7. — Hiersemann, 1907, No. 1208, M. 180. — British Museum, 4767. bb. 29.

1548-1563.

—— *Copia de las // Cartas que los Padres y hermanos de la Com- // pañia de Iesvs que andan en el Iapon // escriuieron a los de la misma Compañia // de la India, y Europa, desde el año de M. D. XLVIII. que // comẽcaron, hasta el passado // De LXIII. // [*monogramme*] // Trasladas del Portogues en Castellano. // Y con licencia impressas. //

En Coimbra. // Por Iuan de Barrera, y Iuan Aluarez. // M. D. LXV. In-4, pp. VIII-478.

Retana, 5. — A la fin : «Empressas é Coimbra. Por Juan Alvarez & Iuan de Barrera impressores de la Universidad, año de 1564.» Silva, II, p. 42, l'attribue au P. Cyprien Soares, S. J., né à Ocaña en 1524; + à Placencia, 19 août 1593.

EPISTOLAE INDICAE.

—— Epistolae Indicae, // in qvibvs // lvcvlenta // ex-//tat Descriptio // rervm nvper in India // Orientali praeclarè gestarum à Theo-//logis societatis Iesv : qui paucis ab-//hinc annis infinita Indorum milia // Christo Iesv Cristicq; Eccle-//siae mirabiliter adiun-//xerunt. // Eivsdem Argvmenti epi-//stolae complures breui prodibunt, quae omnes bona fi-//de narrant incredibilem Ecclesiae Catholicae apud // Indos & non ita pridem repertas Insulas pro-//pagationem : estq; historia illa si vl-//la quidem alia, nunc lectu di-//gnissima iucundis-//simaq;. // Cum Gratia & Priuil. Caes. Mai. Pet. in-8, 10 ff. p. le tit. et l'ép. + 86 ff. n. ch., sig. A.-M.

Au recto du dernier f. : Dilingae, Apud Sebaldum Mayer. Anno D. M. LXIII.

L'épître, datée d'Ingolstadt, Oct. 1563, est signée : Ioannes Agricola Ammonius Doctor & Medicinae professor...

Contient :

Epistola M. Gaspari Belgae ex Soc. Iesu Presbyteri, quas ex Ormutio Insula sinus Persici Coninbriam ad suos fratres ac socios dedit.

Altera Epistola eiusdem M. Gaspari ex soc. Iesv Presb. in Lusitaniam data.

Paraenesis.

British Museum, 4767. aa. 13.

—— Epistolae indicae // de stvpendis // et praeclaris rebvs, // quas diuina bonitas in India, & variis // Insulis per Societatem nominis Iesv // operari dignata est, in tam co-//piosa Gentium ad fidem // conuersione. // [*marque*] // Lovanii // Apud Rutgerum Velpium, Bibliopol. Iura. // Sub Castro Angelico. // Cum Priuileg. Reg. ad 4. annos. // 1566. Pet. in-8, 12 ff. n. ch. p. le tit., ep. ded., praef. + pp. 496.

Contient :

Franciscvs Xavier Patri Ignacio Gen. Soc. Praeposito, & Fratribus Romae, Patauij, Parisiis, Coloniae, Valentiae, & in Lusitania literis operam dantibus, p. 1.

Ex Cochim 15. Ianuarij. Anno 1544.

Epistola M. Gaspari Belgae ex Soc. Iesu Praesbyteri, quas ex Ormusio Insula sinus Persici Conimbriam ad suos Fratres ac socios dedit Anno 49, p. 27.

Alia Epistola eivsdem M. Gaspari ex Soc. Iesu Praesbyteri in Lusitaniam data, p. 95.

Alia Epistola P. M. Gasparis Belgae ad fratres suos Soc. Iesu, &c. &c, Goae, 1553, p. 131.

Alia Epistola R. P. Gasparis Rectoris collegij Soc. Iesu Goae in India, ad R. P. M. Ignatium, eiusdem Soc. Praepositum generalem. An. 1553, p. 137.

Ex literis Rev. Patris Henrici Henriquez, missis ex vrbe Punicali 8. Id. Nouemb. An. 1550. ad Reu. M. P. Ignatium, p. 155.

Nonnvlla Excerpta ex epistola Reu. P. Magistri Francisci Xauieri... ad R. P. nostrum M. Ignatium de Laiola... Anno 1553, p. 160.

Ioannes de Beyra... ad R. P. Ignatium, p. 164.

Ex Cochin sexto Id. Februarij Anno 1553.

Descriptio ritvvm & morum quae in insula nuper inuenta ad septentrionalem plagam Iapan nuncupatur seruantur, p. 175.

P. Ignatio a Laiola... Melchior Nunes, p. 199, anno 1554.

Literae Patris Antonij Quadra ad Patrem Magistrum Mironem, p. 226.

Goae, 8 Decemb. Anno 1555.

Ex epistola P. Ant. Quadri, Anno 1559, missa, p. 260.

Ex Epistola Ludouici Frois, p. 334.

Goae, primo die Dec. 1560.

Ex epistola Ludovici Frois, ad Fratres suos in Europa agentes, p. 355.

Goae ex hoc Diui Pauli Collegio, sexto Idus Decemb. Anno 1560.

Ex epistola P. Emmanuelis Tesceirae ad Fratres Soc. Iesu, p. 388.

Goae ex Collegio Diui Pauli 8. Kal. Ianuar. 1560.

Ex alia Lodovici Froes, ad Fratres in Europa degentes, p. 400.

Goae, Id. Decemb. 1560.

Excerpta ex literis P. Michaelis Baruli, Goae scriptis ad eos qui sunt de Societate nominis Iesu in Lusitania, p. 478.

Goae, hoc anno 1555.

Capita quaedam selecta ex literis Arij Brandonij, datis ad Collegiates Soc. Iesu Conimbricenses, decimo Calend. Ian. 1554, p. 482.

Paraenesis Doct. Ioannis Agricolae Ammonij, quis fructus ex huius libelli lectione sit colligendus, p. 490-496.

Suit :

—— Societatis // Iesv Origine, // Libellus // Authore D. Iacobo Payua Lusitano, // ac Sacrę Theologiae Doctore, // contra Kemnicij cuius-//dam petulantē // audaciā. // [*marque*] // Lovanii, // Apud Rutgerum Velpium... // anno 1566. 40 ff. n. ch.

Suivi de :

—— Societatis Iesv // Defensio // adversvs obtrecta- // tores, ex testimonio, & literis // Pij Quarti Pontificis // Maximi. 5 ff. n. ch.

Suivi de :

—— Index Insularum, Ciuitatum, aliorúmque locorum, quae in hoc opere continentur. 10 ff. n. ch.

—— Errata, 1 f. n. ch.

British Museum, 867. d. 1.

—— Epistolae // Indicae // de praeclaris, et // stvpendis rebvs, qvas // diuina bonitas in India, & variis Insu- // lis per Societatem nominis Iesu // operari dignata est, in tam // copiosa Gentium ad // fidem // conuer- // sione. // Secunda editio auctior. // Lovanii, // Apud Rutgerum Velpium, Bibliop. Iurat. // Sub Castro Angelico. // Cum gratia & Priuil. Reg. ad 4. an. 1566. Pet. in-8, 12 ff. n. ch. p. le tit. encadré, l'ép., la déd. + pp. 418 + 10 ff. n. ch. p. l'index.

Bib. nat., $\frac{O^2k}{490}$.

—— Epistolae // Iapanicae, // de mvltorvm genti- // lium in varijs Insulis ad Christi // fidem per Societatis nomi- // nis Iesu Theologos // conuersione. // In quibus etiam mores, leges, // locorúmque situs, lucu- // lenter descri- // buntur. // Lovanii, // Apud Rutgerum Velpium, // Sub Castro Angelico. // Cum Priuilegio Regio // Ad 4. Annos. // 1569. Pet. in-8, tit. encadré, 16 ff. n. ch. p. le tit., praef., etc. + pp. 263.

Praefatio (signée : M. Hannardus de Gamerē Mosaeus Poëta laureatus & in numero Aulicorum Bauariae minimus). — Excerpta quaedam ex epistola R. P. Francisci Xauier, Praepositi Prouincialis Indiae, ad Praepositum generalem. An. 1549. 3 ff. n. ch. — F. 1. Exemplvm Literarum R. P. Magistri Xauieri Prouincialis Praepositi Societatis Iesv in India ad eos qui de eadem sunt Societate in Europa. Dat. Men. Mart. An. 1553. — F. 43. Ex epistola Petri Dalcenae Societ. Iesu è Iapania ad Fratres Conimbricenses missa. Anno 1554. — F. 73. P. Baltazar Gagus, P. Ignatio Societ. Iesu praeposito generali 23. Septemb. An. 1555. — F. 83. Vigesimatertia Novemb. Melchior Munesius. An. 1555. — F. 85. Edvardvs Sylvivs S. I. fratribus suis in India agentibus, & Bongo. 4. Idus Sept. Ano. 1555. — F. 93. Alia quaedam desumpta ex epistola P. Cosmae Torres. — F. 95. Ex literis Lvdovici Froisij Malaccae scriptis, ad fratres suos, Goae agentes 7. Ianuarij. Anno 1556. — F. 110. Rex Firandi Reuerendo Patri M. Melchiori, 16 oct. 1555. — F. 111. Ex alia Edvardi Syluij, Bongi 10. Septemb. scripta. Anno 1555. — F. 131. Literae Melchioris Nvnesii Prouincialis S. I. in India, ex Chinensi portu Machnan, ad suos in Cristo fratres in India agentes Nouemb. 23. Anno 1555. — Fol. 160. Exemplvm literarvm M. Melchioris Nunezij Coccini, in India scriptarum 8. Ianuarij. Anno 1558. — F. 189. Ex. literarvm Gasparis P. Vilellae ex Iapanis. — F. 197. Ex. Epistolae P. Baltazaris Gagi, ex Iapania. Anno 1559. — F. 225. Ex Epistola P. Francisci Vierae 18. Feb. scripta Ann. 1558. — F. 225. Ex Epistola P. Anthonij Quadri Praepositi Prouincialis Indiae ad fratres Conimbricenses. Scripta mense Nouemb. Anno 1559. — F. 227. Ex literis P. Baltazaris Diazij ad Prouincialem Indiae 3. Decem. Anno 1559. — F. 227. Ex epistola Ludouici Froisij 6. Idus Decemb. scripta 1560. — F. 230. Ex Epistola Gaspari Vilellae, Meaco, 17 Aug. 1561. — F. 262. Carmen ad Lectorem.

Bib. nat., $\frac{O^2o}{73}$.

—— Epistolae // Iapanicae // de mvltorvm gen- // tilium ad Christi fidem conuer- // sione per Societatis Iesu // Theologos. // Pars altera. // ... [*fleuron*] // Lovanii, // Apud Rutgerum Velpium, sub Castro // Angelico, cum Priuilegio Reg. // 1569. Pet. in-8, pp. 310 + 1 f. n. ch. errata.

F. 3. Praefatio (M. Hannardus). — F. 11. Epistola R. P. Cosmae Torres, ad R. P. Anthonium Quadrum Praepositum S. I. prouinciae Indiae, 8. Octob. An. 1561. — F. 33. Ex epistola Ioannis Ferdinandes Bongo in Iapania, ad fratres Goenses scripta 8. octob. Anno 1561. — F. 71. Ex Epistola Lavrentii ad Prouincialem Indiae, Meaci 2 Ian. 1561. — F. 85. Ex literis Aloysii Almeidae ex Iapania 1. Octob. Anno 1561. — F. 123. Ex epistola Melchioris Nunezii ad fratres suos in Europa 31. Dec. An. 1561. — F. 124. Ex literis R. P. Lvd. Froisii... 5 Nonas Oct. scriptis. Anni 1564. — F. 158. Ex literis Petri Mascarenes, Ternatae Idibus Nouemb. scriptis, An. 1564. — F. 167. Ex Epist. P. Petri Mascarenas à Moluccis missa. — F. 173. Ex alia epistola Petri Mascarenae. — F. 177. Ex Epistola P. E. Nobregae... Anno 1552 [Ep. Brasilicae]. — F. 187. Plvrimvm Reverendo in Christo Domino, D. Ioanni Abbati Aquicinctino... [Epistolae Asiaticae] (Sig. f. 310 : Louanii, Calendis Dec. Anno redemptionis 1568, Iacobus Nauarchus). — F. 310. Priv.

Bib. nat., $\frac{O^2o}{73}$.

—— Epistolae // Indicae // et // Iapanicae // de mvltarvm gen- // tium ad Christi fidem, per // Societatem Iesu con // uersione. // Item de Tartarorum potentia, mori- // bus, & totius penè Asiae religione. // Tertia editio cum Indice // castigatior & auctior. // Louanij, // Apud Rutgerum Velpium // Sub Castro Angelico. // Cum Priuilegio Regio. // ad 4. annos. // 1570. In-8, 12 ff. n. ch. tit. encad., déd., préf. + pp. 316 [chif. par erreur *361*] + 10 ff. n. ch. p. les index, etc.

Au recto de l'avant-dernier f.: Ordo [19] Epistolarvm, et qvi eas scripserint :

Prima est Francisci Xauierij. — 2-5. M. Gaspari Belgae. — 6. Henrici Henriquez. — 7. Antonij Quadri. — 8. Michaelis Baruli. — 9. Arij Bandonij. — 10. Antonij Quadri. — 11-12. Ludouici Frois. — 13. Emanuelis Tesceirae. — 14. Ludouici Frois. — 15. Henrici Henriques. — 16-17. Ioannis Meschitae. — 18. Iacobi Nauarchi. — 19. Ioannis Berrae.

—— Epistolae // Iapanicae, de // multorum in varijs Insulis // Gentilium ad Christi // fidem conuer- // sione. // Illvstrissimo prin- // cipi Domino D. Guiliel. // Bauariae Duci // dicatae. // Accessit demum rerum ac ver- // borum Index locupletissimus. // Louanij. // Apud Rutgerum Velpium // Sub Castro Angelico. // Cum Priuilegio Regio. // 1570. Pet. in-8, pp. 401 + 11 ff. n. ch. p. l'index, etc.

Avant-dernier f. v. et dernier f. recto : Ordo [29] Epistolarvm Iapanicarum, quiq, eas conscripserint :

Prima est P. Francisci Xauier. — 2. Continet descriptionem Iapaniae. — 3-5. P. Francisci Xauier. — 6. Petri Dalcenae. — 7. Melchioris Nunezij. — 8. Eduardi Syluij. — 9. Cosmae Torris. — 10. Ed. Syluij. — 11. Baltazaris Gagi. — 12. M. Nunezij. — 13. Ludouici Froisij. — 14. Regis Firandi. — 15. M. Nunezij. — 16. Antonij Quadri. — 17. Baltazaris Diazij. — 18. L. Froisij. — 19. Gasparis Vilellae. — 20. B. Gagi. — 21. C. Torris. — 22. Ioannis Fernandis. — 23. Laurentij. — 24. Aloysij Dalmeidae. — 25. M. Nunezij. — 26. G. Vilellae. — 27. L. Froysij. — 28. Iacobi Nauarchi. — 29. Emanuelis Nobregae.

Bib. Nat., $\frac{O^2K}{491}$ (relié avec le précédent). — Cat. Mourier. N° 396, 30 fr. — British Museum, 867. f. 15 (1).

1570.

—— Nvovi // Avisi dell'India // de reverendi Pa- // dri della Compagnia // di Giesv. // Ricevvuti qvest'anno // MDLXX. // [*marque*] // In Roma, // Per gli Heredi di Antonio Blado. // Con licentia de superiori. Pet. in-8, 2 ff. n. ch. tit. et av. + 45 ff. ch.

Contient :

Lo Stampatore a i lettori.

Copia di vna lettera del P. Organtino da Brescia, data in Goa, alle xxviij. di Dicembre. MDLXVIII. A i fratelli del Collegio di Roma, f. 1.

Cauato d'una lettera del Padre Christoforo d'Acosta, di Malaca delli. ij. di Genaro. 1569. al Padre generale, f. 10.

Cauato d'una lettera del fratello Luigi di Gouea, del Collegio del Saluatore di Coulan, delli 15. di Genaro. MDLXIX, f. 11 v.

Cauato d'una lettera del Padre Nicola Nugnez di Ternate, delli 10. di Febraro. 1569, f. 15.

Copia di una lettera del Padre Pietro Mascaregnas data in Ternate li 6. di Marzo. 1569, f. 17.

Estratto d'una lettera di Goa delle cose dell' anno 1569. scritta dal Padre Sebastiano Fernandes al Padre Francesco Borgia Generale della Compagnia de Giésù, f. 21 v.

Estratto d'una lettera del Padre Martino di Silua al Padre Consaluo Aluarez, delli 26 di Nouembre, 1569, dalla fortezza di Onor, f. 35.

Estratto d'una lettera di Cocin, delli 15. di Genaro, 1570. del Padre Girolamo Ruiz, al Padre Generale, f. 36.

Cauato d'una lettera scritta dall' isola della Madera, alli 17. d'Agosto. 1570. dal P. Pietro Diaz, al P. Prouinciale della C. di Giesù in Portogallo, sopra i quarāta ammazzati per la Religione Catolica, f. 40 v.

British Museum, 866. e. 13.

Cartas : 1570.

—— Iesvs. // Cartas qve os Pa- // dres e Irmãos da Companhia de // Iesus, que andão nos Reynos de Iapão escreue- // rão aos da mesma Companhia da India, e Eu // ropa, desdo anno de. 1549. ate o de. 66. // Nellas se conta o principio, socesso, e bõdade da Christãdade da- // quellas partes, e varios costumes, e idolatrias da gentilidade. // Impressas por mandado do Illustriss. e Reuerendiss. Senhor dom // Ioão Soarez, Bispo de Coimbra, Conde de Arganil. &c. // [*armes*] // Forão vistas por sua Senhoria Reuerendissima, e impressas com // sua licença, e dos Inquisidores. Em Coimbra em ca- // sa de Antonio de Maris. Anno de. 1570. In-4, 12 ff. n. ch. p. la déd., prol., tab., etc. + ccccccvj [606] ff. ch. + 1 f. n. ch. erratum.

Ce recueil renferme 82 lettres dont nous donnons la liste d'après la table avec ses fautes :

Cartas do anno de 1549.

1. Carta do padre Mestre Francisco, para o padre Mestre Simão, Prouincial de Portugal. De Goa a 20. de Ianeyro, de 1549.
2. Carta de Paulo Iapão, para o padre Mestre Inacio de Loyola, fundador da companhia, padre Mestre Simão, e mays padres da companhia. De Goa, a 29. de Nouembro, de 1548.
3. Carta do padre Cosme de Torres, para os Irmãos da cõpanhia em Portugal. De Goa, a 25. de Ianeyro, de 1549.
4. Carta do padre Mestre Francisco, pera o padre Mestre Simão, e mais irmãos da companhia. De Malaca, indo pera Iapão, a 22. de Iunho, de 1549.
5. Outra sua pera os irmãos do collegio de Goa : escrita em Cangoxima terra de Iapão, a 5. de Nouembro, de 1549.
6. Outra sua pera Dom Pedro da Silua, capitão de Malaca. A 5. de Nouembro, de 1549.
7. Carta de Paulo Iapão, pera os irmãos do collegio de Goa. De Cangoxima, a 5. de Nouembro, de 1549.

Cartas do anno de 1551.

8. Carta do padre Cosme de Torres, pera os irmãos da companhia na India. De Amanguche cidade de Iapão, a 29. de Setembro, de 1551.

9. Outra do mesmo padre, pera o padre Mestre Francisco: De Amanguche, a 20. de Outubro, de 1551.

10. Carta do irmão Ioão Fernandez, para o padre Mestre Francisco. A 20. Doutubro, de 1551.

Cartas do anno de 1554.

11. Carta do irmão Pedro Dalcaceua, para os irmãos de Portugal. Escrita em Goa ao anno de 1554.

12. Carta do padre Ayres Brandão com hum capitulo tirado doutra, pera os irmãos de Portugal. De Goa, a 23. de Dezembro, de 1554.

13. Carta do padre Gaspar Vilela, quando se partio da India pera Iapão, pera os irmãos do collegio de Coimbra. De Cochim, a 24. de Abril, de 1554.

14. Carta do padre Mestre Belchior, prouincial da companhia na India. De Malaca indo pera Iapão, para os irmãos de Portugal a 3. de dezembro, de 1554.

Cartas do anno de 1555.

15. Carta do padre Mestre Belchior, para os irmãos da India, Portugal, e toda Europa. De Macoa porto da China, indo pera Iapão a 23. de Setembro, de 1555.

16. Carta del Rey de Firando, para o padre Mestre Belchior, a 16. Doutubro, de 1555.

17. De hũa do irmão Luys Frões, para os irmãos da India: escrita em Malaca a 7. de Ianeyro, de 1556.

18. Carta do padre Baltesar Gago, para os irmãos da India, e Portugal, a 23. de Setembro, de 1555.

19. Outra sua para el Rey dom Ioão terceyro. Do Reyno de Firando, a 20. de Setembro, de 1555.

20. Carta del Rey nosso senhor Dom Sebastião, primeyro deste nome, para o Duque de Bungo, a 16. de Março, de 1558.

21. Carta do irmão Duarte da Silua, para os irmãos da India, a 20. de Setembro, de 1555.

Cartas do anno de 1557.

22. Carta do padre Mestre Belchior, para os irmãos de Portugal, depoys que veo de Iapão. De Cochim, a 10. de Ianeyro, de 1558.

23. Carta do padre Cosme de Torres, para os irmãos da India, e Portugal, a 7. de Nouembro, de 1557.

24. De hũa do irmão Luys Dalmeyda, pera o padre Mestre Belchior. Do primeyro de Nouembro de 1557.

25. Carta do padre Gaspar Vilela, para os irmãos da India, e Europa, a 29. Doutubro, de 1557.

Cartas do anno de 1559.

26. De hũa do irmão Luys Dalmeyda, para o padre Mestre Belchior reytor do collegio de Cochim: do anno de 1559.

27. Doutra do mesmo irmão, para hum irmão da cõpanhia, no collegio de Goa, a 20. de Nouembro, de 1559.

28. Carta do padre Baltesar Gago, pera os irmãos da India: do primeyro de Nouembro, de 1559.

29. De hũa do irmão Ioão Fernandez, para o padre Mestre Belchior, Reytor do collegio de Cochim. De Bungo, a 5. Doutubro, de 1559.

30. Carta do padre Gaspar Vilela, pera os irmãos do collegio de Goa. Do primeyro de Setembro, de 1559.

Cartas do anno de 1560.

31. De hũa do padre Cosme đ Torres, pa o padre M. Belchior... A 20. Doutubro đ 1560.

32. Carta do irmão Lourenço Iapão, para os padres, e irmãos de Bungo. Do Meaco, a 2. de Iunho, de 1560.

33. De hũa do irmão Gōçalo Fernãdez, para hũ irmão do collegio de Coimbra. De Goa, ao primeyro de Dezẽbro, de 1560.

Cartas do anno de 1561.

34. Carta do padre Cosme đ Torres, para o padre Antonio de Quadros, prouincial da companhia na India. A 8. Doutubro, de 1561.

35. De hũa do irmão Ioão Fernandez, para os irmãos da cõpanhia. De Bungo, a 8. Doutubro, de 1561.

36. Carta do irmão Luys Dalmeyda, para o padre Antonio de Quadros, ... e para os mais padres, e irmãos: da primeyro 10 Doutubro, de 1561.

37. Carta do padre Gaspar Vilela, para os irmãos da India. Da cidade do Sacay, a 17. de Agosto, de 1561.

Cartas do anno de 1562.

38. Carta del Rey nosso Senhor Dõ Sebastião..., para o Conde do Redondo Visorey da India, sobre o Duque de Bungo. Do anno de 1562.

39. Outra sua para o Duque de Bũgo em Iapão. Do anno de 1562.

40. Carta do padre Baltesar Gago, para os irmãos de Portugal. De Goa, a 10. de Dezembro de 1562.

41. Carta do irmão Ayres Sanches, para os irmãos de Portugal. De Bungo, a 11. Doutubro, de 1562.

42. Carta do irmão Luys Dalmeyda, para os irmãos da Cõpanhia. A 25. de Nouembro, de 1562.

43. Carta del Rey de Cangoxima em Iapão, pera o Visorey da India. No anno de 1562.

44. Outra sua pera o padre Prouincial da cõpanhia na India. Do mesmo anno de 1562. No mesmo lugar.

45. Carta do padre Gaspar Vilela, para os padres, e irmãos da companhia. Da cidade do Sacay. No anno de 1562.

Cartas do anno de 1563.

46. Carta do irmão Ioão Fernandez, para os irmãos de Bũgo, do ꝙ acõteceo em Firando, quando la foi o padre Cosme de Torres, e do mais ꝗ socedeo ẽ Vocoxiura. A 17. de Abril, de 1563.

47. Carta do irmão Luys Dalmeyda, para os irmãos da India. Do porto de Vocoxiura a 17. de Nouembro, de 1563.

48. Carta do padre Luys Froẽs, para os irmãos de Europa. Do Reyno de Vmbra, a 14. de Nouembro, de 1563.

49. Carta del Rey nosso senhor Dom Sebastião... para o Visorey Dom Antão, sobre dom Bartolameu Rey de Vmbra. De Almeyrim, a 20. de Feuereyro, đ 1565.

50. Outra sua para dom Bartolameu senhor de Vmbra em Iapão. De Almeyrim, a 22. de Feuereyro, de 1565.

51. Carta do padre Gaspar Vilela, para os irmãos da India. Da cidade do Socay, aos 27. de Abril, de 1563.

Cartas do anno de 1564.

52. Carta do padre Gaspar Vilela, para os padres, e irmãos do collegio de Goa. De Meaco, a 17. de Iulho, de 1564.

53. Carta do irmão Ioão Fernandez, para o padre Francisco Perez da Companhia na China, de cousas do Meaco. A 9. Doutubro, de 1564.

54. De hũa que o Padre Manoel Texeyra escreueo aos irmãos do collegio đ Goa. Do porto đ Cãtão, no ãno de 1564.

55. Carta do padre Luys Frões, para os irmãos da India. De Firando, a 3. Doutubro, de 1564.

56. Carta que hum Portugues homem honrado, escreueo de Iapão ao padre Francisco Perez a China, de cousas de Iapão. No anno de 1564.

57. De hũa do padre Ioão Bautista Italiano, para o padre Miguel de Torres, prouincial da companhia em Portugal. De Bungo, a 11. Doutubro, de 1564.

58. Doutra do mesmo padre, para o padre Ioão de Polanco em Roma. De Bungo, a 9. Doutubro, de 1564.

59. Carta do irmão Luys Dalmeyda para os irmãos da India. De Bungo, a 14. Doutubro, de 1564.

60. Carta do padre Luys Frões para o padre Cosme de Torres. De Ximabara indo para o Meaco, aos quinze de Nouembro, de 1564.

Cartas do anno de 1565.

61. Carta do irmão Luys Dalmeyda, pera os irmãos da companhia do caminho que fez com o padre Luys Frões ao Meaco. De Facunda, a 25. Doutubro, de 1565.

62. De hũa que o padre Luys Frões escreueo aos irmãos da China e India. Do Meaco, a 20. de Feuereyro, de 1565.

63. Outra do mesmo padre, para o padre Francisco Perez, e mays irmãos da companhia na China. Do Meaco, a seys de Março, de 1565.

64. Doutra do mesmo padre, para os irmãos da India. Do Meaco, a 27. Dabril, de 1565.

65. Outra do mesmo padre, para os irmãos de Bungo. Do Meaco, a 19 de Iunho, de 1565.

66. Carta do padre Gaspar Vilela, para o padre Cosme de Torres. Da fortaleza de Imory, a 2. de Agosto, de 1565.

67. Carta que o padre Luys Frões escreueo da Ilha do Canga, onde se recolheo depoys de seu desterro. A tres de Agosto, de 1565.

68. Carta do padre Gaspar Vilela, para os padres do cõuẽto Dauis em Portugal. Do Sacay a 15. de Setembro, de 1565.

69. De hũa do padre Ioão Bautista Italiano, para os irmãos da cõpanhia de Portugal. De Bungo, do anno de 1565.

70. Carta do irmão Ioão Fernandez, para os irmãos da China, e India. De Firando, aos 23. de Setembro, de 1565.

71. Carta q̃ o padre Baltesar da costa escreueo de Firando aos Portugueses, sobre hũa vitoria que ouuerão contra o Rey de Firando em hũ porto da li porto. A 22. Doutubro, de 1565.

72. Carta do padre Belchior de Figueyredo, para os padres, e irmãos da companhia, a 22. Doutubro, de 1565.

Cartas do anno de 1566.

73. Carta do padre Cosme de Torres, para o padre Geral da companhia em Roma. De Cochinocçu, a 24. de Outubro, de 1566.

74. Carta do padre Luys Frões, para os padres, e irmãos da companhia, a 30. de Iunho de 1566.

75. Outra do mesmo padre, para os padres, e irmãos do collegio de Goa. Do Sacay, a 5. de Setembro, de 1566.

76. Outra do mesmo padre, para o padre Ministro do collegio de Goa. Do Sacay, a 24. de Ianeyro, de 1566.

77. Carta do irmão Luys Dalmeyda de Firando, para o padre Belchior de Figueyredo em Ximabara, a dezasete de Março, de 1566.

78. Outra sua para os irmãos de companhia. Da Ilha Xiquy, a vinte Doutubro, de 1566.

79. Carta do padre Belchior de Figueyredo, para os irmãos da companhia na India. A 13. de Setembro, de 1566.

80. De hũa do irmão Iacome Gonçaluez, para o padre Cosme de Torres. De Firando, a 3. de Março, de 1566.

81. Carta do padre Ioão Cabral, para os irmãos da companhia em Portugal. A 15. de Nouembro, de 1566.

82. Carta do irmão Ioão Fernandez, para os padres, e irmãos do collegio de Goa, a 15. de Setembro, de 1566.

Silva connaît deux exemplaires de ce livre rarissime, l'un au Palais des Necessidades, l'autre à la Bibliothèque nationale de Lisbonne; il indique 675 ff. et le format in-8. L'ex. que j'ai examiné est celui de la Bib. nat., Paris, O ²o 74.

Silva ajoute, II, p. 42, qu'il y a une éd. de la même année en in-4 dont il existe deux ex. à la Bib. nationale de Lisbonne; sa suscription est la suivante : *Foy impressa a presente obra na muy nobre e sempre leal cidade de Coimbra em casa de Antonio de Maris Impressor e liureyro da Vniversidade. Acabouse o derradeyro dia do mes de Agosto, do anno de nacimẽto de nosso Senhor Iesu Christo de mil e quinhentos e setenta.*

1571.

—— Nvovi // Avisi dell // India de Re- // verendi Padri del- // la Compagnia // di Giesv. // Riceyvti // quest'anno. // M.D.LXXI. // [*marque*] // In Brescia, // Appresso Gio. Paolo Borela. // M.D.LXXI. Petit in-8, ff. 46 ch.; au verso du dern. f. grav. sur bois représ. le Crucifiement.

Contient les lettres :

P. Organtino da Brescia, Goa 28 di Dic. 1568, f. 3.

Christoforo d'Acosta, Malaca, 2 Genaro 1569, f. 12.

Luigi di Gouea, Coulan, 15 Genaro 1569, f. 13 v.

Emmanuel Tesseira, Goa, 2 Genaro 1569, f. 15 v.

Nicola Nugnez, Ternate, 10 Feb. 1569, f. 17 r.

Pietro Mascaregnas, Ternate, 6 Marzo 1569, f. 19 r.

Sebastiano Fernandes, Goa, 1569, f. 22 v.

Martino di Silua, Onor, 26 Nov. 1569, f. 36 v.

Girolamo Ruiz, Cocin, 15 Genaro 1570, f. 37 v.

Pietro Diaz, 17 Agosto 1570, f. 43 v.

British Museum, 4767. b. 24.

Giovan Pietro Maffei.

Né à Bergame en 1533; † à Tivoli, 20 oct. 1603.

—— Rervm // a Societate // Iesv in Oriente ge- // starvm ad annvm vsque / à Deipara

Virgine M.D.LXVIII, commen-// tarius Emanuelis Acostae Lusitani, // recognitus, & latinitate // donatus. // Accessere de // Iaponicis rebvs episto-// larum libri IIII, item recogniti, & in // latinum ex Hispanico sermo // ne conuersi. // Dilingae // Apud Sebaldum Mayer. // Anno M.D.LXXI.- // Cum privilegio Caesareo & Superi-//orum facultate. Pet. in-8, 8 ff. n. ch. tit. et décl. + 228 ff. ch. + 4 ff. n. ch. index et er.

Bibliothèque de l'Institut.

—— Emanvelis // Acostae Lv- // sitani Historia re- // rvm a Societate Iesv in // Oriēte Gestarum, ad annum vsq; à Deipara // Virgine M.D.LXVIII, recognita, & latini- // tate donata. // Accessere de Iapo- // nicis rebvs epistola-// rum libri IIII, item recogniti, & in latinum ex His- // panico sermone conuersi. // Et recentivm de rebvs // Indicis epistolarum liber. vsque ad annum 1570. // [*marque*] // Parisiis, // Apud Michaëlem Sonnium, Via Iacobaea, // sub scuto Basiliensi // M.D.LXXII. // Cum priuilegio regis. In-8, 10 ff. n. ch. tit., ind., etc. + 246 ff.

Bib. nat., O². 424.

—— Rervm // a Societate Iesv // in Oriente gestarvm // Volumen primvm. // [*fleuron*] // In eo qvae contineantvr, // sequens pagella demonstrat. // Neapoli, // In aedibvs Decii Lachaei, // MDLXXIII. // In-4, 236 ff. ch. + 2 ff. n. ch., index.

Au verso du titre :

De rebvs indicis ad annvm usque a Deipara Virgine MDLXVIII, Commentarius Emmanuelis Acostae Lusitani, recognitus, & Latinitate donatus.

De rebvs indicis ad annum vsque MDLXX, Epistolarum Liber I.

De Iaponicis rebvs ad annum usque MDLXV, Epistolarum Libri V.

Omnes item accurate recogniti, & in Latinum ex Hispanico sermone conuersi.

Ad Calcem operis, Epistolae duae separatim additae sunt, de LII. e Societate Iesv, pro fide Catholica nuper occisis.

Accessit etiam specimen quoddam litterarum uocumq̄, Iaponicarum.

Postremo copiosus Index.

Bib. nat., O². 425.

De Backer cite également : Neapoli, apud Horatium Saluianum, 1573, in-4. — C'est la même édition avec un nouveau titre.

—— Rervm // a Societate // Iesv in Oriente // gestarvm // volvmen, // Continens Historiam iucundam lectu omnibus Christia- // nis, praesertim ijs, quibus vera Religio est cordi. In qua // videre possunt, quomodo nunquam Deus Ecclesiam // suam deserat, & in locum deficientium a vera // fide, innumeros alios in abditissimis // etiam regionibus substituat. // Nunc pluribus vltra omnes editiones priores lo-// cupletatum, vt sequens pagella demonstrat. // [*fleuron*] // Coloniae, // Apud Geruinum Calenium, & haeredes Iohannis // Quentel, Anno M.D.LXXIIII. // Cum Priuilegio Imperiali ad decennium. In-8, 16 ff. n. ch. tit., déd., ind. + pp. 472.

Au verso du titre se trouve la table suivante :

De rebvs indicis ad annum vsque a Deipara Virgine MDLXVIII, Commentarius Emmanuelis Acostae Lusitani, recognitus, & Latinitate donatus.

De rebvs indicis ad annum vsque MDLXX, Epistolarum Liber I.

De Iaponicis rebvs ad annum vsq, MDLXV, Epistolarum Libri V.

Omnes item accurate recogniti, & in Latinum ex Hispanico sermone conuersi.

Ad calcem operis, Epistolae duae separatim additae sunt, de LII. e Societate Iesv, pro fide Catholica nuper occisis.

Accessit etiam specimen quoddam litterarum vocumq̄, Japonicarum.

Adiecti Indices locupletissimi.

En tête de l'épître dédicatoire se trouve le nom du P. Ioan. Petrus Maffeius. — Bib. nat., O². 425. A.

Sommervogel cite : Ibid., apud Calenium, 1583, in-8, pp. 472 s. l. ff. prél.

—— Kurtze Verzeichnusz ‖ Und Historische ‖ Beschreibung deren dingen | ‖ so von der Societet Iesv in Orient | ‖ von dem Jar nach Christi Geburt | ‖ 1542. bisz auff das 1568. ge= ‖ handlet worden : ‖ Erstlich ‖ Durch Ioannem Petrum Maf= // feium, ausz Portugalesischer sprach ‖ in Latein | vnd jetzo neben etlichen Ja= ‖ ponischen Sendtschreiben | vom Jar 1548. bisz ‖ auff 1555. allen frommen Catholischen zu ‖ Lieb vnd Trost ins Teutsch gebracht | ‖ vnnd zum ersten mal an ‖ Tag geben : ‖ Durch weylandt den Hochgelehrten ‖ Herrn Ioannem Georgium Gôtzen | bey= ‖ der Rechten Doctorn | auch Fürstlichen ‖ Bischofflichen Constantzischen Rath ‖ vnnd Secretarien | ꝛc. ‖ Mit Rôm. Kay. May. Gnad vnd Freyheit. ‖ Gedruckt zû Ingolstadt |

durch || Dauid Sartorium. || — Anno M.D.LXXXVI. Pet. in-8, 8 ff. n. ch. p. le tit., etc. + pp. 191.

Suivi de :

—— Die ältest vnd erst Epistel. || Ein Epistel o= || der Sendbrief desz Ehrwür= || digen Vatters Francisci Xauier | || Priesters der Societet Iesv, an den || Ehrwürdigen Vatter Ignatium Loiola | Gene= || ral Obersten gemelter Societet | auch an die || Brůder so zů Rom | Padua | Parisz | Côln | || Valentz vnd in Portugal studie= ||ren | vom Jar 1544. Pet. in-8, pp. 524 + 1 f. n. ch.

—— *Histoire des choses memorables, sur le faict de la Religion Chrestienne, dictes et executées ès pays et Royaume des Indes Orientales. Par ceux de la Compagnie du nom de Iesus, depuis l'an 1552, iusques à present. Avec certaines epistres notables, et concernantes l'estat des affaires du pays du Iapon. Traduit du Latin de Iean Pierre Maffeo, en françois, par M. Emond Auger de la Compagnie du nom de Iesus. Dedié à Monsieur. A Lyon, par Benoist Rigaud, M.DC.LXXI. In-8, 94 ff. s. l. prél.

Edmond ou Emond Auger, né en 1530, au village d'Alleman, près Troyes; † à Côme, le 31 janvier 1591.

—— Recveil des // plvs fraisches let- // tres, escrittes des Indes // Orientales, par ceux de la Compa- // gnie du nom de Iesus, qui y font resi- // dence, & enuoiées l'an 1568. 69. & 70. // à ceux de ladicte Compagnie en Eu- // rope, sur la grande conuersion des in- // fideles à Iesuschrist. // Traduites d'Italien en Francois. // A Paris, // Chez Michel Sonnius, en la rue sainct // Iaques, à l'enseigne de l'escu // de Basle. // M.D.LXXI. // Avec privilege. In-8, pp. 131.

Privilege. — Dédicace.

Copie d'vne lettre dv P. Organtin de Bresce, escritte à Goa le 28. de Decembre, 1568, aux freres du College de Rome, p. 8.

Ext. d'une lettre du P. Christophle d'Acohta, escritte à Malacca le 11. Ianuier 1569, au P. Gén. de la Cie., p. 32.

Ext. d'une lettre de maistre Loys de Gouea, du college du Sauueur à Colan le 1. Ianuier 1569, p. 37.

Ext. d'une lettre du P. Emanuel Tesseira, au P. Gén., escritte à Goa le 2 de Ianuier 1569, p. 42.

Ext. d'une lettre du P. Nicole Nugnez de Ternate du 10. de Feurier 1569, p. 46.

Ext. d'une lettre du P. Pierre Mascaregnas escrite à Ternate, le 6. Mars 1569, p. 52.

Ext. d'une lettre de Goa des choses de l'an 1569, escritte du P. Sebastien Fernandes au P. Francois Borgia General de la C. de J., p. 62.

Sommaire d'une lettre escritte du P. Martin de Sylua, au P. Gonsaluo Aluaretz, demeurant aussi aux Indes, le 26. de Nouembre, 1569. De la forteresse d'Onor, & depuis enuoyee en Europe, p. 103.

Ext. d'une lettre de Cocin escrite le 15. de Ianuier 1570. par le P. Hierosme Ruiz au P. Général, p. 106.

Ext. d'une lettre escritte de l'isle de la Madera, au 17. d'Aoust, 1570. du P. Pierre Diaz, au P. Prouincial de la C. de J. en Portugal, sur les 40 occis pour la Religion Catholique, p. 124.

Av lectevr S.

Bib. nat., O²k. 493.

— Il y a une traduction anglaise ms. à la Bibliothèque de Bourgogne, n. 513. — D'après le P. Schmidl (*Hist. Provinz. Bohem. S. J.*, I, p. 341), il y a une traduction en tchèque de 1573. — Juan Iñiguez de Lequerica traduisit l'ouvrage en espagnol : Alcala, 1575, in-4. (Sommervogel.)

—— Ioannis Petri // Maffeii Bergomatis // e Societate Iesv // Historiarvm Indi- // carvm Libri XVI // Selectarvm item ex India // Epistolarum eodem interprete Libri IV. // Accessit Ignatii Loiolae vita postremo // recognita. Et in Opera singula copiosus Index. // [*marque*] // Florentiae, // apvd Philippvm Iunctam. // M.D.LXXXVIII. // Ex avctoritate Svperiorvm. // Cvm Privilegio. In-fol., pp. 570 + 1 f. blanc + 14 ff. n. ch. p. l. ind.

Au recto du dernier f., colophon.

Bib. nat., O²k 253 Réserve.

—— Ioannis Petri // Maffeii Bergomatis // a Societate Iesv // Historiarvm Indi- // carvm Libri XVI // Selectarvm item ex India // Epistolarum eodem interprete Libri IIII. // Accessit Ignatii Loiolae vita // postremo recognita. Et in opera singula copiosus Index. // [*marque*] // Lvgdvni, // Ex Officina Ivnctarvm, // — M.D.LXXXIX. // Cvm Privilegio. In-4, 2 ff. n. ch. tit. et priv. + pp. 688 + 16 ff. n. ch. p. l'ind.

Au recto du dernier f., errata et colophon.

Bib. nat., O²k 253 B Réserve.

— — Venetiis, apud Damianum Zenarium, 1589, in-4, 27 et 283 ff.

—— Ioan. Petri // Maffeii, // Bergomatis, // e Societate Iesv, // Historiarvm // Indicarvm // Libri XVI. // Selectarvm, item, ex India

// Epistolarum, eodem interprete, Libri IV. // Accessit Ignatii Loiolae Vita. // Omnia ab Auctore recognita, & nunc primùm in Germania excusa. // Item, in singula opera copiosus Index. // [*marque*] // Coloniae Agrippinae // In Officina Birckmannica, sumptibus // Arnoldi Mylij. // Anno M.D.LXXXIX. // Cum gratia & Priuilegio S. Caesareae Maiestatis. In-fol., 2 ff. n. ch. p. le tit. et la déd. + pp. 541 + 19 ff. n. ch. p. l'index.

Bib. nat., O² k 253 A.

—— Ioan. Petri // Maffeii, // Bergomatis, // e Societate // Iesv. // Historiarvm // Indicarvm // Libri XVI. // Selectarvm, item, ex // India epistolarvm // Libri IV. // Accessit Ignatii Loiolae vita. // Omnia ab Auctore recognita, & emendata. // In singula copiosus Index. // [*marque*] // Coloniae Agrippinae // In Officina Birckmannica, sumptibus Arnoldi Mylii. // Anno M.D.XC. // Cum gratia & Priuilegio Sacrae Cæsareae Maiestatis. In-8, 44 ff. n. ch. tit., ind. + pp. 763.

Bib. nat., O² k. 253 C et D.

—— *Ioannis Petri // Maffeii Bergomatis // E Societate Iesu // Historiarvm // Indicarum // Libri XVI. // [*marque de l'imprimeur*] // Bergomi, Typis Comini Venturæ. // MDXC. In-fol., pp. 32 n. ch. + 432, port.

Retana, 35. — British Museum.

—— Ioan. Petri // Maffei, // Bergomatis, // e Societate Iesv. // Historiarvm // Indicarvm Libri XVI. // Selectarvm, item, ex India // Epistolarum, eodem interprete, Libri IV. // Accessit Ignatii Loiolae Vita. // Omnia ab Auctore recognita, & nunc primùm in Germania excusa. // Item, in singula opera copiosus Index. // His nunc recèns adiecta est charta geographica, aere nitidissimè expressa, qua Lectori vtriusq; // Indiae situs, longinqua ad eas nauigatio, accuratè ob oculos spectanda pro- // ponitur, non minus adspectu, quàm historia ipsa lectu iucunda. // [*marque*] // Coloniae Agrippinae; // In Officina Birckmannica, sumptibus // Arnoldi Mylii. // Anno M.D.XCIII. // Cum Gratia & Priuilegio S. Caesareae Maiestatis. In-fol., 2 ff. n. ch. + pp. 541 + 19 ff. n. ch. index.

Bib. nat., O² k. 253 E.

—— Ioan. Petri // Maffeii, // Bergomatis, // e Societate // Iesv, // Historiarvm // Indicarvm // Libri XVI. // Selectarvm, item, ex In- // dia Epistolarvm Libri IV. // Accessit liber recentiorum Epistolarum, à Ioanne Hayo Dalgattiensi // Scoto ex eadem Societate nunc primùm excusus, cum // Indice accurato. // Dvobvs tomis distribvti // Omnia ab Auctore recognita & emendata. // In singula copiosus Index. // [*marque*] // Antverpiae, // — Ex Officina Martini Nutij, ad insigne dua- // rum Ciconiarum, Anno M.DC.V. In-8, 36 ff. n. ch. + pp. 401 + 3 ff. n. ch.

Bib. nat., O² k. 253 F.

—— Ioan. Petri // Maffeii, // Bergomatis, // e Societate // Iesv, // Historiarvm // Indicarvm // Libri XVI. // Omnia ab Auctore recognita & emendata. // In singula copiosus Index. // [*marque*] // Cadomi, // Apud Adamvm Cavelier. // M.DC.XIIII. In-8, 40 ff. n. ch. + pp. 718.

Bib. nat., O² k. 253 G.

—— Ioan. Petri // Maffeii, // Bergomatis, // e Societate // Iesv, // Historiarvm // Indicarvm // Libri XVI. // Omnia ab Auctore recognita & emendata. // In singula copiosus Index. // [*marque*] // Cadomi, // Ex typographia Iacobi Mangeant. // — M.DC.XIIII. In-8, 40 ff. n. ch. + pp. 718.

Bib. nat., O² k. 253 H.

—— Ioan. Petri // Maffeii, // Bergomatis, // e Societate // Iesv, // Historiarvm // Indicarvm // Libri XVI. // Omnia ab Auctore recognita & emendata. // In singula copiosus Index. // [*fleuron*] // Lvgdvni, // Apud Ioannem Champion, in // platea Cambij, // — M.DC.XXXVII. In-8, 40 ff. n. ch. + pp. 718.

Bib. nat., O² k. 253 I.

—— Joannis // Petri // Maffeii // Bergomatis // e Societate Jesu // Historiarum // Indicarum // Libri XVI. // [*fleuron*] // Anno M.DCCLII. // — Viennae Austriae, // Ex officina Trattneriana. // Sumptibus Augustini Bernardi

Bibliopolae. // In fol., 2 ff. n. ch. + pp. 366 + 5 ff. n. ch. p. l'index.

Bib. nat., O²k. 253 J.

*
* *

—— Le Istorie ‖ delle Indie ‖ orientali ‖ del Rev. P. Giovan Pietro ‖ Maffei della Compagnia ‖ di Giesv. ‖ Tradotte di latino in lingva toscana ‖ da M. Francesco Serdonati Fiorentino. ‖ Con vna scelta di lettere scritte dell' Indie, fra le quali ve ne ‖ sono molte non più stampate, tradotte ‖ dal medesimo. ‖ Con indici copiosi. ‖ In Fiorenza, ‖ — per Filippo Givnti. ‖ M.D.lxxxix. ‖ Con licenza de Superiori e Priuilegio. In-4, 26 ff. n. ch. p. le tit., les tab. + pp. 930 + 3 ff. n. ch. p. les errata.

—— Le Historie delle Indie Orientali, dei R. P. Giovan Pietro Maffei della Compagnia di Giesù. Tradotte di Latino in lingua Toscana, da M. Francesco Serdonati Fiorentino. Con una scelta di Lettere scritte delle Indie, fra le quali se ne sono molto non più stampate, tradotte dal medesimo. Con due Indici copiosissimi. In Venetia, appresso Damian Zenaro, 1589. In-4, ff. 416, s. l. l.

—— *Le Storie dell' Indie Orientali del P. Gio. Pietro Maffei, tradotte di latino in lingua Toscana da M. Francesco Serdonati Fiorentino citate come testo di lingua nel vocabulario della Crusca colle lettere scelte scritte dall' Indie, e dal medesimo tradotte. Bergamo, appresso Pietro Cancellotti, 1749. 2 vol. in-4, pp. 551 et 224, s. l. d. et la vie de l'auteur.

—— Le Istorie dell' Indie orientali del P. Gio. Pietro Maffei Tradotte di Latino in lingua Toscana da M. Francesco Serdonati fiorentino. — Milano, Dalla Società Tipografica de' Classici Italiani, contrada di S. Margherita, N° 1118. Anno 1806. 3 vol. in-8.

Edizione delle opere classiche italiane dedicata a sua eccellenza il signor Melzi d'Eril Cancelliere Guarda-Sigilli della Corona.

—— *Reggio, 1826, 6 vol. in-12.

—— *Genova, 1830, 10 vol. in-18.

—— Istoria delle Indie Orientali di Giovan Pietro Maffei tradotta da Francesco Serdonati. Milano, Per Antonio Fontana, M.DCCC.XXX. 2 vol. in-8.

Fait partie de la collection : *Biblioteca Storica di tutte le nazioni*. Classe prima. *Storici italiani*.

*
* *

—— *Histoire des Indes de Jean Pierre Maffée, où il est traité de leur descouverte, nauigation et conqueste faicte tant par les Portugois que Castillans; ensemble de leurs mœurs, ceremonies, loix, gouuernement, et reduction à la Foy catholique, traduite par F. A. D. L. B. Chanoine de Perigueux. Lyon, J. Pillehotte, 1604. In-8.

François Arnault de la Boirie.

—— L'histoire ‖ des Indes ‖ orientales ‖ et ‖ occidentales ‖ dv R. P. Iean Pierre Maffe'e, ‖ de la compagnie de Iesvs, ‖ Traduite de Latin en François par M. M. D. P. ‖ Avec deux Tables, l'vne des Chapitres, ⁊ l'autre ‖ des Matieres. tant Geographiques ‖ qu'Historiques. ‖ [*écu*] ‖ A Paris. Chez Robert de Ninville, au bout du Pont S. Michel, ‖ ruë Vieille-Bouclerie, à l'Escu de France & de Navarre. ‖ — M.DC.LXV. ‖ Avec privilege dv Roy. In-4, 16 ff. prél. n. ch. p. l'ep. et les tab. + pp. 353 + 1 f. n. ch. p. l. priv. + pp. 292 + 12 ff. n. ch. p. l. tab.

L'Epistre est signée de Pure.

Les traductions françaises sont peu estimées. (De Backer.)

*
* *

— Traduccion castellana de la Historia de las Indias Orientales del P. J. Pedro Maffeo, por D. Francisco Gotor o Gottor, canonigo de Calatayud. — Bib. de Madrid, Q. 113, p. 37. — Ms. — Traduit en allemand (17° s.), in-fol., ff. 773. — MSS. de Munich, n. 1287. (Sommervogel.)

*
* *

—— *Selectarum Epistolarum ex India libri quatuor Joanne Petro Maffeio interprete. Olysipone, 1571, in-8.

Sommervogel.

—— *Selectarum Epistolarum ex India, libri IV, Jo. Petro Maffeio interprete. Ejusdem de LII e Societate Jesu dum in Brasiliam navigant, pro catholica fide interfectis

Epistolae II. Item Vita Ignatii Loyolae, lib. III. Eodem Maffeio auctore. Venetiis, 1588, in-4.

—— Selectarvm // Epistolarvm // ex India Libri // qvatvor, // Ioanne Pe- // tro Maf- // feio inter- // prete. S. l. n. d., in-8, pp. 271.

Suivi de :

—— Ignatii // Loiolae // Vita // Postre- // mo reco- // gnita, chif. 274 à 461 + 12 ff. n. ch. index.

Bib. nat., O²k. 254 A..

—— Selectarvm // Epistolarvm // ex India libri // qvatvor, // Ioanne Petro // Maffeio in- // terprete. In-8, pp. 40 + 3 ff. n. ch. p. l'index.

Le titre manque dans l'ex. de la Bib. nat., O²k 254 Réserve.

Suivi de, avec titre spécial :

—— Ignatii // Loiolae // vita, // postremo // recognita. // [marque] // Antverpiae, // — Ex Officina Martini Nutij, ad insigne // duarum Ciconiarum, // Anno M.DC.V. In-8, pp. 152 + 6 ff. n. ch. p. l'index.

—— Selectarum // Epistolarum // ex India Libri quatuor, // Joanne Petro // Maffeio // interprete. // [*fleuron*] // Anno M.DCC.LII. // — Viennae Austriae, // Ex officina Trattneriana. // — Sumptibus Augustini Bernardi Bibliopolae. In-fol., 2 ff. n. ch. + pp. 157 + 2 ff. n. ch. index.

Bib. nat., O²k. 254 B.

—— *J. P. Maffei. — Opera omnia latina scripta. Bergomi, 1747. 2 vol. in-4, portrait.

Cat. Fred. Muller, Amst., 1910, No. 2447, flor. 12.

1575.

—— Iesvs. // Cartas qve // los padres y her- // manos de la Compa- // ñia de Iesus, que andan en los Reynos // de Iapon escriuieron a los de la mis- // ma Compañia, desde el año de // mil y quinientos y quarēta // y nueue, hasta el de mil // y quinientos y se- // tenta y uno. // En las qvales se da no- // ticia de las varias costumbres y Idolatrias // de aquella Gentilidad : y se cuenta el // principio y successo y bondad // de los Christianos de // aquellas par- // tes. // Con priuilegio de Castilla y Aragon. // En Alcala // En casa de Iuan Iñiguez de Le // querica. Año // 1575. In-4, 8 ff. n. ch. p. le tit., déd., etc., etc. + 315 ff. n. ch. + 6 ff. n. ch. colophon, tab. et errata.

Bib. nat., O². o. 75.

Cette édition renferme les 82 lettres de l'édition de 1570, plus les lettres suivantes :

Cartas del año de. 1567. 1569. 1570. 1571.

Carta del padre Luys Froys, de Sacay a ocho de Iulio, d mil y quiniē // tos y sesenia y siete.

Carta del padre Melchior de Figueredo, en Bungo a onze de Octubre, mil y quinientos y sesenta y nueue.

Carta del hermano Luys de Almeida, de Iapon, para el padre obispo en la China, a veynte y dos de Octubre, de mil y quiniētos y sesenta y nueue.

Carta del padre Iuan Baptista Italiano, de Iapon a cinco de Nouiēbre, de mil y quinientos y sesenta y nueue.

Carta del padre Melchior de Figueredo, de Iapō, a los padres de Portugal, a veynte y cinco de Octubre, de mil y quinientos y setenta.

Carta del padre Gaspar Vilela, de Cochin a quatro de Febrero, de mil y quinientos y setenta y vno.

Carta del padre Luys Froys, de Meaco, a primero de Iunio, de mil y quinientos y sesenta y nueue.

Carta del padre Luys Froys, al padre Figueredo en Bungo, escrita de Meaco a doze de Iulio, de mil y quinientos y sesenta y nueue.

Carta del hermano Luys de Almeida, de Firando, para el colegio de Goa, en Octubre, de mil y quinientos y setenta.

Carta del padre Gaspar Vilela, escripta a los padres y hermanos de Portugal, sobre las cosas de Iapon, a quatro de Hebrero, de mil y quinientos y setenta y vno.

André Thevet.

—— La ‖ Cosmogra- ‖ phie vniverselle ‖ d'André Thevet Cosmo- ‖ graphe dv Roy. ‖ Illvstree de diverses figvres des ‖ choses plvs remarquables vevës par ‖ l'Auteur, & incogneuës de noz Anciens & Modernes. ‖ [*marque*] ‖ A Paris, ‖ Chez Pierre l'Huilier, rue sainct Iaques, à l'Oliuier. ‖ — 1575. ‖ Auec Priuilege du Roy. 2 vol. in-folio, 4 cartes.

Grav. dans le texte. (I, ff. 1-467, s. l. préf. & les tab., etc. — II, ff. 469-1205, s. l. tab., etc.)

Liure XII : Chap. XVI. De l'isle de Giapan : Histoire de Xaqua, & façon de viure de ce peuple, f. 451 v.

B. de Escalante.

—— Discvrso// de la Navegacion qve //los Portugueses hazen à los Reinos y Pro-//uincias del Oriente, y de la noticia q̄ se tiene // de las grandezas del Reino de la China. // Avtor Bernardino de Escalante // Clerigo, Comissario del Santo oficio // en la Inquisicion del Reino de Galizia, y // Beneficiado en la villa de Laredo. // Dirigido al ilvstrissimo // [*armes*] // señor Don Christoual de Rojas y Sandoual // Arçobispo de Seuilla. // Con Licencia. Pet. in-8, 100 double pages.

On lit au recto du feuillet 100 : *Fve Impresso // en Seuilla, con Licencia, en casa de // la biuda de Alonso Escriuano, // que sancta gloria aya. // Año de 1577.*

—— ¶ A discourse of the na- ‖ uigation which the Por- ‖ tugales doe make to the Realmes ‖ and Prouinces of the East partes of ‖ the worlde, and of the know- ‖ ledge that growes by them of the ‖ great thinges, which are ‖ in the Dominions of ‖ ‖ China. ‖ Written by Barnardine of Escalanta, of ‖ the Realme of Galisia Priest. ‖ Translated out of Spanish into English, ‖ by *Iohn Frampton.* ‖ [*fleuron*] ‖ ¶ Imprinted in London at ‖ the three Cranes in the Vine- ‖ tree, by Thomas Dawson. ‖ 1579. Pet. in-4, de 48 ff. en tout, chiffrés de la façon la plus irrégulière : 1-13, 16 (D_2), 15 (D_3), 14 (D_4), 17 (C)-20, 21-24 (F.), (G) sans chif., 26 (G_2), 25, 28, 29-32 (H), 33-36 (J), 33 (K), 38 (K_2), 35, 40-41 (L_1), 45 (L_2), 43 (L_3), 47, 45 (P)-46 (P_2), 46 (recto, *short discourse*; verso, tab.), 1 f. n. ch. (recto fin de la table et colophon; verso, blanc) = 48 ff.

— Le titre encadré forme le f. 1; lettres ornées; très rare; l'ex. du British Museum, C. 32. f. 35., m. r., plats ornés.

— An account of the Empire of China : Wherein is Describ'd The Country of China, with the Provinces and States subject to that Extensive Empire. Also an Account of its Climate, Product, Navigation, Cities... Apparel and Conditions of the People. To which is prefix'd, A Discourse of the Navigation which the *Portugueze* do make to the Realms and Provinces of the East Parts of the World. Written by Barnardine of Escalanta, of the Realm of *Galicia*, Priest. Translated out of Spanish into English, by John Frampton. With several Appendixes. (Dans la «*Harleian Collection of Travels*», Vol. II, pp. 25 et seq.)

—— Histoire du couvent catholique de Kyôto (1568-85). — Par Alfred Millioud. (*Revue de l'histoire des Religions*, 1895, XXXI, pp. 270-291; XXXII, pp. 23-55.)

D'après l'*Histoire de la grandeur et du déclin du couvent des Barbares du Sud*, imprimé en 1885 à Tôkyô dans la collection de documents historiques *Choséki Chou-ran.*

Le couvent avait été construit par Nobunaga.

1574-1576.

—— *Lettere del Giapone de gli anni 74. 75. 76. Scritte dalli Reverendi Padri della Compagnia di Giesu, et da Portughese tradotte nel volgare Italiano. In Roma, Per Francesco Zannetti, 1578. In-8, pp. 75.

—— Lettere diverse // dalle Indie // orientali di // nvovo venvte; // Le quali narrano molte cose notabili del gran // Regno del Giappone, ne gli Anni. // 74. 75. & 76. // Scritte dalli Reuerendi Padri della Compagnia di // Giesv; & di Portughese tradotte // nel Volgare Italiano. // in Tvrino // M.D.LXXIX. Pet. in-8, pp. 75.

Renferme :

Copia di vna lettera del P. Francesco Cabral, Superiore della Compagnia di Giesu nel Giapone, scritta al P. Prouinciale dell' India l' vltimo di Maggio 1574.

Copia di vna del medesimo P. Francesco, al R. P. Generale della Compagnia di Giesù Delli 13, di Settembre, 1575.

Cavato da vna lettera del Reuerendissimo vescouo Carnero al R. P. Generale, delli 20. di Nouembre 1578. Da Macone porto della China.

Cavato da vna lettera del Padre Gomez vaz, di Goa Città dell' India al P. Generale, Delli 14. di Nouembre, 1575.

Copia di vn' altra del medesimo, al Reuerendo P. Generale Delli 9. di Settemb. 1576.

Copia di vn' altra del Rè di Tosa al Padre Francesco Cabral.

—— Lettere // del Giapone // de gli anni // 74. 75. & 76. // scritte dallli [*sic*] Reve-// rendi Padri della Com-//pagnia di Giesù, // & di Portughese tradotte nel vol-//gare Italiano. // [*marque*] // In Napoli // -Appresso gli Heredi di Mattio Cancer. // Ad istantia di Scipione Riccio. // -Se vendeno alla Libraria del Giesù. Pet. in-8, pp. 75.

Au verso du dernier f. : In Napoli appresso gli Heredi di Mattio Cancer. M.D.LXXX.

British Museum, 867. e. 19 (2).

—— Lettres dv // Iappon, Perv, et Brasil, // envoyees av R. P. General // de la Société de Iesus, par ceux de la-// dicte Société qui s'employent en ces // Regions, à la conuersion des Gentils. // Desdiees à Monsieur Chartier, // seigneur d'Alein-ville // [*marque*] // A Paris, // Chez Thomas Brumen, demeurant au cloz // Bruneau, à l'enseigne de l'Oliuier. // M.D.LXXVIII. //-Avec privilege. In-8, pp. 110 + 1 f. n. ch.

Coppie d'vne lettre escripte dv P. François Gabriel superieur de la Compagnie du nom de Iesus au Iappon. Enuoyée au R. P. General le 13 sept. 1575.

British Museum, G. 6687 (1).

—— * A Lyon, par Benoist Rigaud, M D.LXXIX. In-8, pp. 109.

Sommervogel.

*
* *

—— * History of Trauayle in the West and East Indies and other countreys lying eyther way, towardes the fruitfull and ryche Moluccaes as Moscovia, Persia, Arabia, Syria, Aegypte, China, Giapon etc. With a discourse of the North West passage. Gathered in parte and done into Englyshe by Richard Eden. Newly set in order, augmented and finished by Richard Walles. London, R. Jugges, 1577, in-4.

«Very fine copy of an extremely scarce book. Quite complete, with exception of the dedication to the Countess of Bedford, that is missing as nearly in all copies. The book is founded an Peter Martyr's Decades.— Cat. 431, Joseph Baer, lib. Francfort, M. 225.)

1577.

—— Lettere // del Giappone // dell'anno // M.D.LXXVII. // Scritte dalli reve-// rendi Padri della Com-//pagnia di Giesù. // [*marque*] // In Roma, // Per Francesco Zanetti. 1579. // Con licenza de' Superiori. In-8, pp. 72.

Luigi Froes, Bungo i sei di Giugno 1577, p. 3.

Padre Organtino, 20 sett. 1577, p. 54.

Giouan Francesco Stefanone, Meaco, Agosto 1577, p. 61.

Francesco Cabral, 1 Sett. 1577, p. 65.

British Museum, 4767. b. 25.

—— Lettere // del Giappone // dell' anno // M.D.LXXVII. // Scritte dalli Reverendi // Padri della Compagnia // di Giesù. // [*vig.*] // In Napoli. // Appresso gli Heredi di Matthio Cancer. // Ad istantia di Scipione Riccio. // 1580. // si vendeno al Segno del Giesù. Pet. in-8, pp. 72.

British Museum, 867. e 19 (1).

—— Lettere // del Giappone // scritte // Dalli Reuerendi Padri della Compagnia // di Giesv. // dell' anno MDLXXVII. // Con licenza de Superiori. // [*marque*] // In Brescia, // -Appresso Giacomo, & Policreto Turlini // Fratelli. MDLXXX. Pet. in-8, pp. 69.

British Museum, G. 6683 (2).

—— * Palermo, per gli heredi di Mayda, 1580. In-8, 24 ff. n. ch.

Sommervogel.

—— Lettres dv // Iappon, de l'an M.D.//LXXX. Envoyees par les // prestres de la Compagnie de Iesus, // vacans à la conuersion des infideles // audit lieu. // Coppie d'vne lettre du pere Louys Froës, escrite aux // peres & freres de la Compagnie de Iesus // du 6. Iuing. 1577. // [*marque*] // A Paris, // Chez Thomas Brumen, demeurant au clos // Bruneau, à l'enseigne de l'Oliuier. //M.D.LXXX. // -Avec privilege. // Pet. in-8, 1 f. n. ch. p. le tit., et au verso les armes du Cardinal de Bourbon + ff. ch. 49 + 1 f. pour l'app. + 1 f. n. ch. p. IHS.

Bib. nat., O² o 76. — India Office.

—— Novveaux // Advis de l'amplifi-// cation, dv Christianis-//me es pays et royavlmes dv // Iappon, Enuoyés au R. P. general de // la cōpagnie du nom de Iesus par le // pere François Cabral superieur de // la dicte Compagnie audict Iappon. // [*marque*] // A Paris. // Chez Thomas Brumens, au Cloz Bruneau // à l'enseigne de l'Oliuier. // M.V.LXXIX. // Avec permission. In-8, ff. 18 + 1 f. n. ch.

9 Sept. 1576. — British Museum, G. 6687 (2).

—— * A Lyon, par Benoist Rigaud, M.D.LXXX. Avec permission. In-8, pp. 37.

Sommervogel.

—— Brevis // Iapaniae // Insvlae descri-// ptio, ad rervm // qvarvndam in ea mira-// bilium, à Patribus Societatis Ie-//sv nuper gestarum, suc-//cincta narratio. // Item, insigne qvoddam Mar-// tyrium, quod in Aphrica quidam pro Christia-//na religione Catholica inuicta // constantia subijt. // [*marque*] // Coloniae Agrippinae, // In Officina Birckmannica. // Anno clɔ. Iɔ. LXXXII. // Cum Priuilegio Sacr. Caesareae Maiestatis. Pet. in-8, 3 ff. n. ch., tit., etc. + 46 ff. ch.

Contient :

Praefatio.

Epistola Rev. in Christo P. Lodouici Froes ex Iapona insula de rebus in ea gestis, ad Patres Soc. Iesu Octauo Idu Iunij, clɔ. Iɔ. LXXVII. transcripta, f. 1.

Eiusdem P. Ludovici Froes, f. 32 v.

Apographvm Gvivsdam epistolae Patris Organtini datae ex Iapona, ad Visitatorem Indiarum, vigesima Septemb., clɔ. Iɔ. LXXVII, f. 33o.

Apographvm epistolae P. Ioannis Francisci Stephanoni, date ex Meaco ad P. Visitatorem, Mense Augusto 1577, f. 37.

Apographvm epistolae P. Francisci Cabralis ad Rev. P. Gen. Cocinocui, Calen. Septemb. clɔ. Iɔ. LXXVII, f. 39.

Exemplum Epistolae P. Francisci de Castro Sacerdotis Soc. Iesu, ad P. Laurentium Xara ex Hispanica lingua in Latinam conuersae, f. 44 v.

British Museum, 4765 a. 15 et 867. f. 15 (3). — Pagès, 16, cite une éd. de 1581.

1579-1581.

—— Lettere ‖ dell' India ‖ orientale, ‖ Scritte da' Reuerendi Padri della ‖ Compagnia di Giesv. ‖ Nelle quali si scopre la grande arte vsata ‖ da gli istessi, per liberar l'anime de gli in- ‖ fideli Indiani dalla potestà del nimico in- ‖ fernale, & ridurle alla nostra santa fede. ‖ Nouuamente stampate, & ampliate in molti ‖ luoghi, & ricorrette con diligenza. ‖ Con privilegio. ‖ In Vinegia, Appresso Antonio Ferrari. ‖ MDLXXX. Pet. in-8, 4 ff. n. ch. p. le tit., déd., etc. + pp. 342 + 1 f. n. ch. marque imprimeur.

Grenville, 6683 (1).

Parmi les 25 lettres composant cette collection, nous indiquerons seulement celles relatives au Japon et à la Chine :

Lettre du P. Luis d'Almeida, du Japon, 1566 (pp. 9-48). — Lettre du P. Em. Teixera sur les missions de Chine, 1569 (pp. 77-84). — Lettre du P. Franc. Cabral, supérieur des missions du Japon, Mai 1574 (pp. 176-204). — Du même religieux, lettre datée de Septembre 1575 (pp. 205-215). — Lettre du P. Melchior Carnero datée de Macone, port de la Chine, 1575 (pp. 215-219). — Lettre du P. Gomez Vaz de Macone, 1576 (pp. 219-223). — Lettre du P. Cabral, Septembre 1576 (pp. 224-252). — Lettre du P. Luis Froes, datée de Bungo, 1577 (pp. 256-320). — Lettre du P. Organtini, datée de Meaco 1577 (pp. 320-327). — Lettre du P. Giov. Franc. Stefanone, datée de Meaco 1577 (pp. 327-331). — Autre lettre du P. Cabral, datée de Cocinocù 1577 (pp. 332-432). (*Cat. de la Bib. Jap. de M. Mourier*, Paris, 1887, No. 435, 30 fr.)

—— Novveaux // Advis des Indes // orientales et Iappon, // concernans la conuersion des Gen-//tils, auec vn miraculeux Martyre // aduenu à Maroc ville d'Aphricque // & Barbarie. // [*marque*] // A Paris, // Chez Thomas Brumen, au Cloz Bruneau, à // l'enseigne de l'Oliuier. // M.D.LXXXI. // Avec permission. In-8, 11 f. ch.

British Museum, G. 6687 (4).

—— Novveaux // Advis de l'Estat // dv Christianisme es // Pays et Royavlmes des In-// des Orientales & Iappon, Enuo-// yés au R. P. general de la compa-// gnie du nom de Iesvs. // [*marque*] // A Paris, // Chez Thomas Brumen... // M.D.LXXXII. // Avec permission. In-8, 28 ff. ch.

British Museum, G. 6687 (5).

—— Alcvne Lettere // delle cose // del Giappone. // Scritte da' Reuerendi Padri della // Compagnia di Iesv. // Dell' Anno 1579. insino al 1581. // [*marque*] // In Roma, // Appresso Francesco Zannetti. // M.D.LXXXIIII. (1584). In-8, pp. 158.

Contient :

Lettera annvale del P. Francesco Carrione. Al R. P. Gen. della C. di Gièsu dal Giappone l'anno 1579, p. 3.

Estratto di vna Lettera del P. Gregorio Cespedes della C. di Gièsù dal Giappone, dell' anno MDLXXIX, p. 79.

Lettera anuale del P. Lorenzo Mexia al P. Gen. della C. di Gièsù dal Giappone l'anno MDLXXX, p. 84.

Estratto di vna Lettera del P. Luigi Froes, della C. d Gièsù dal Giappone a' 19. di Maggio del MDLXXXI, p. 125.

Est. d'vn altra lettera del medesimo P. Luigi Froes à 29. di Maggio MDLXXXI, p. 128.

Copia di vna del P. Luigi Froes à 14 d'Aprile del 1581. scritta in Meaco, p. 131.

Copia di vna lettera del P. Francesco Cabral Superiore di quei della C. di Gièsù nel Giappone delli 15. di Settembre 1581. al Generale di detta Compagnia.

British Museum, 4767. b. 27. — Cat. Mourier, 364, 20 fr.

—— * Alcune Lettere... Giappone, paese del mondo novo dell' anno... 1581. In Brescia, Appresso Vincenzo Sabbio, 1584. In-8, pp. 175.

Sommervogel.

—— Alcvne // Lettere // delle cose del // Giappone. // Dell' anno 1579. insino //

al 1581. // [*marque*] // In Milano, // Appresso Pacifico Pontio, M.D.LXXXIIII. Pp. 158 + 1 f. n. ch.

British Museum, G. 6681(1).

—— Nvove // lettere // delle cose // del Giappone, // paese del mondo novo, // Dell' anno 1579. insino al 1581. // Con la morte d'alcvni padri // della Compagnia di Giesv. // in Venetia, // appresso i Gioliti. // MDLXXXV. Pet. in-8, pp. 188 + 6 ff. n. ch. p. les tab. et le colophon.

Renferme :

Copia della lettera annuale del Padre Francesco Carion, al P. Generale della Compagnia di Giesù dal Giappone l'anno 1579.

Estratto di una lettera del P. Gregorio di Gespedes della Compagnia di Giesù dal Giappone, dell' anno. 1579.

Lettera annuale del P. Lorenzo Mexia al P. Generale della Compagnia di Giesù dal Giappone l'anno 1580.

Copia di una del Padre Luigi Froes à 14. d'Aprile del 1581. scritta in Meaco ad altri della Compagnia nell' istesso, quali conosceuano le genti, & intendeuano la lingua.

Estratto di una lettera del medesimo scritta dal Giappone à 19. di Maggio 1581.

Estratto d'un' altra lettera del medesimo à 29. di Maggio 1581.

Copia d'una lettera del Padre Francesco Cabral Superiore di quei della Compagnia di Giesù nel Giappone dalli 15. di Settembre 1581. al Padre Generale di detta Compagnia.

Relatione della felice morte di cinque Religiosi della Compagnia di Giesù, & di alcuni altri Secolari ammazzati da' Gentili per la fede nell' India Orientale l'anno 1583. cauata da una del Padre Alessandro Valignano Prouinciale dell India per il Padre Generale di detta Compagnia, data in Goa alli 28. di Decembre dell' istesso anno.

—— Lettres // novvelles // dv Iappon. // Touchant l'aduancement de // la Chrestienté en ces Pays // la, de l'an 1579. iusques // à l'an 1581 // [*fleuron*] // A Paris, // Chez Thomas Brumen, au clos Bruneau, // à l'enseigne de l'Oliuier. // M.D.LXXXIIII. // — Auec Priuilege du Roy. In-8, pp. 177 + 3 ff. n. ch., avert., priv.

Recto du dern. f. : Acheué d'imprimer le 29. du moys d'Aoust, par Pierre Menier 1584.

Au lecteur. — Epistre du P. Francois Carrion, au P. Gén. escrite du Iappon de l'an 1579, p. 5. — Ext. d'une lettre du P. Gregoire Cespedes escrite au Iappon L'an 1579, p. 95. — Lettres du P. Lavrent Mexia enuoyées du Iappon l'an 1580, p. 99. — Sommaire d'une lettre escrite au Iappon, par le P. Louys Froes, le 19 May 1581, p. 141. — Autre lettre du même, 29 Mai 1581, p. 145. — Exemple d'vne epistre que le Pere Loys Froes, escriuit dans Meaco, le quatorziesme iour d'Apuril 1581. à ses Compaignons demeurant au Iappon, qui cognoisent le peuple, & entendent leur langue, p. 148. — Copie d'une lettre du P. François Cabral Supérieur, au P. Gén., 15 sept. 1581, p. 161.

Bib. nat., O²o, 77.

—— Historischer Bericht /// Was sich nechst // verschine Jar 1577.79.80. // vnnd 81. in bekôhrung der gewaltti=// gen Landschafft vnd Inseln Jappon. // . . . Getruckt zû Dilingen / durch // Johannem Mayer. // 1585. In-8, 8 ff. prél. n. ch. p. le tit., avert. + pp. 402 + 2 ff. n. ch. au lecteur.

Bib. nat., O²o, 78.

—— Annvae // Litterae // Societatis // Iesv // Anni MDLXXXI. // Ad Patres et Fratres // eiusdem Societatis. // [*marque*] // Romae, // In Collegio eiusdem Societatis. // MDLXXXIII. // Cum facultate Superiorum. In-8, pp. 218.

India orientalis provincia, p. 87-104; rien du Japon.

Europe.

British Museum, 4785. c. 14.

—— *SANCTOS // NOGOSAGVEONO // VCHINVQIGAQI // quan dai ichi. // [*grav.*] // FIIENNO CVNITACACVNOGVN // IESVSNOCOMPANHIANOCOLLEGIO // Cazzusa ni voite Superiores no von yuruxi uo cò // muri coreuo fan to nasu mono nari. Goxuxxe irai // MDLXXXXI. // In-8.

Abrégé des Actes des Saints. — Katsusa, 1591, pp. 294 + pp. 2 tab. + pp. 4 er. + 1 f. — Vol. I.

—— *SANCTOS // NO GO SAGVIO // NO VCHI NVQIGAQI // [*grav.*] // FIIEN NO CVNI TACACVNO GVN // IESVS NO COMPANHIA NO COLLE // gio Cazzusani voite Superiores no von yuru-// xito xite core uo fan to nasu mono nari. // Goxuxxe irai 1591 //

Vol. II, pp. 3-340 + pp. 4 tab. + pp. 5 er. + pp. 72 glossaire.

Satow, *Jesuit Mission Press*, No. 1, pp. 1-12, 2 facsimiles.

—— *NIFON NO // COTOBA TO // Historia uo narai xiran to // FOSSVRV FITO NO TAME-// NI XEVA NI YAVA RAGVETA-// RV FEIQE NO MONOGATARI. // [*grav.*] // IESVS NO COMPANHIA NO // Collegio Amacusa ni voite Superiores no go men-// qio to xite core uo fan ni qizamu mono nari. // Go xuxxe yori M.D.L.XXXXII. In-8.

Heike Monogatari. — Au verso du titre, préf. datée 23 fév. 1593. — Au lecteur 2 pp. + pp. 406 texte + pp. 6 n. ch. table.

Suivi d'une p. avec le titre :

—— Esopo no // fabvlas. // Latinuo vaxite Nippon no // cuchito nasu mono nari // Ievs no Compañhia no // Collegio Amacusani voite Superiores no gomen-// qiotoxite coreuo fanni qizamu mono nari. // Goxuxxe yori m.d.l.xxxxiii //.

Les fables d'Ésope occupent les pages 409-502, puis liste des fables, 4 pp. : 503-506. — P. 507 : Xixo, Xixxo // nadono vchiyori nuqi idaxi, // qincuxŭto nasu mono nari. // Vŏcata soresoreni chŭsuru mono nari [Collection de maximes tirées des *Se Chou*, etc.]. — P. 554 : Goio, suivi de Cono feiqe mo // nogatarito, Esopono Fabu//lasno vchino funbet xinicu // qi cotobano yauarage// [Explication des mots difficiles], 22 p. n. ch. — Satow, *Jesuit Mission Press.*, No. 2, pp. 12-20, 1 facsimile reproduit par Retana, *Imprenta*, p. 152.

—— *Fides no dŏxi // to xite P. F. Luis de Grana-// da amaretaru xo no riacu. // Core uo Companhia no Superiores no go saicatu// vomotte Nippon no cotoba ni vasu. // [*grav.*] // Iesvs no Companhia no // Collegio Amacusa ni voite Superiores no go men // qio toxite core uo fan ni qizamu mono nari. // Go xuxxe yori m.d.l.xxxxii.

Préface du traducteur, pp. 3. — Bref de Grégoire XIII, pp. 4. — Préf. de l'Auteur, pp. 5. — Pages 619. — Errata, 1 p. — Table, pp. 7. — Glossaire, pp. 24.

Traduit du Symbole de la Foi, du P. Louis de Grenade, en espagnol.

Satow, *Jesuit Miss. Press.* No. 3, pp. 20-25, 1 facsimile.

—— L'vniversale Fabrica del Mondo, overo Cosmografia Dell' Ecc. Gio. Lorenzo d'Anania, Diuisa in quattro Trattati : Ne' quali distintamente si misura il Cielo, e la Terra, & si descriuono particolarmente le Prouincie, Città, Castella, Monti, Mari, Laghi, Fiumi, & Fonti. Et si tratta delle Leggi, & Costumi di molti Popoli : de gli Alberi, & dell' Herbe, & d' altre cose pretiose, & Medicinali, & de gl' Inuentori di tutte le cose. Di nuouo ornata con le figure delle quattro parti del Mondo in Rame : Et dal medesimo Auttore con infinite aggiuntioni per ogni parte dell' opera, ampliata. Con privilegio. In Venetia, Presso il Muschio. mdlxxxii. Ad instanza di Aniello San Vito di Napoli. In-4, pp. 402 + 28 ff. prél. pour le titre, la dédicace, la préf. au lecteur, la table, etc.

Bibliothèque de M. Ch. Schefer.

1582.

—— Annvae // Litterae // Societatis // Iesv // Anni. m.d.lxxxii // Ad Patres, et Fratres // eiusdem Societatis. // [*marque*] // Romae, // In Collegio eiusdem Societatis. // m.d.lxxxiv. // Cum facultate Superiorum. In-8, pp. 592.

Collegivm. Malacense Sedes Malucensis : Iaponiorum Domicilia aliquot, & Sinarum, p. 588.

British Museum, 4785. c. 11.

—— Lettera // annale // portata di novo // dal Giapone // Da i Signori Ambasciatori // Delle cose iui successe l'anno mdlxxxii. // [*marque*] // In Venetia, // Appresso i Giolitti. // mdlxxxv. In-8, pp. 103.

Lettera del P. Gasparo Coeglio. — Di Nangasache, a 13. di Febraro, 1582.

British Museum, 4767. b. 28.

—— Lettera // annale // delle cose del Giapone // del m.d.lxxxii. // Con privilegio. // [*marque*] // In Milano. // Appresso Pacifico Pontio, m.d.lxxxv. // Con Licentia de' Superiori. Pet. In-8, pp. 103.

Lettera del P. Gasparo Coeglio. — Di Nangasache a 13. di Febraro 1582.

British Museum, 4767. b. 29.

—— *Lettera... In Roma, per Francesco Zanetti, m.d.lxxxv. In-8, pp. 118.

—— *Caspari Coellii Epistola de Jesuitarum rebus gestis in insulis Japonicis. Dilingae, Mayer, 1586, in-8.

Pagès, 22.

—— Jüngste Zeytung // Ausz der weitbe= // rûmbten Insel Iappon : // Was in derselben nechst verschinen // 1582. Iar von der Societet Iesv, so wol // in bekôhrung der Heyden / als in erhaltung // der newen Christenheit / nutzlich ge= // handelt worden. // Inn ein Iährlich Sendschreiben desz // Ehrwürdigen Herren Caspari Coelii vi= // ceprouincials daselbsten / an seinen vnd gemel- // ter Societet Iesv Generaln gethan / // ordenlich verfasset vnd be= // griffen. // Mit Rôm. Kay. May. Freyheit. // Getruckt zu Dilingen / durch // Johannem

Mayer. // 1586. Pet. in-8, 3 ff. n. ch. + ff. 87.

Il y a 2 ff. 21.

Bib. nat., O²o. 80. — Cat. Mourier, n° 387, 20 fr.

Par le P. Théob. Stoz? (Sommervogel.)

—— Lettre // dv Iappon // de l'an M.D.LXXXII. // envoyee av R. P. Gene: // ral de la compagnie de Iesus, // par le P. Gaspar Coelio Vi- // ce prouincial au- // dict lieu. // [*fleuron*] // A Paris, // Chez Thomas Brumen au Clos Bruneau // à l'enseigne de l'Oliuier. // — 1586. // Avec Privilege. In-8, pp. 106 + 1 f. n. ch. p. le priv., etc.

De Nangasache le tr ziesme de Feurier 1582.

Bib. nat., O², 79. — British Museum, G. 6687-8.

«Cette traduction française, non citée par les PP. de Backer, a été faite par les Jésuites du collège de Clermont, probablement sur une copie de l'original. L'épître dédicatoire est datée de 1578.» (Cat. Mourier, n° 386, 75 fr.)

Gaspar Coello, né à Porto en 1531; † à Conzuça, dans le royaume d'Arima, 7 mai 1590.

1582-1584.

—— Avvisi del Giapone ‖ de gli anni M.D.LXXXII. ‖ LXXXIII. et LXXXIV. ‖ Con alcuni altri della Cina dell' ‖ LXXXIII. et LXXXIV. ‖ Cauati dalle lettere della Compa- ‖ gnia di Giesù. ‖ Riceuute il mese di Dicembre. ‖ M.D.LXXXV. ‖ In Roma, Per Francesco Zanetti. ‖ M.D.LXXXVI. ‖ Con licentia de' Superiori. In-8, pp. 188 + 1 f. n. ch. p. l'er.

Pp. 3-168. L. del P. L. Froes. — Pp. 169-175. L. del P. Michele Ruggiero, Sciauchino, 7 Fev. 1583. — Pp. 175-176. L. del P. Francesco Pasio Bolognese, 27 Juni 1583. — Pp. 176-177. L. del P. Francesco Cabrale, 20 Nov. 1583. — Pp. 177-179. L. del P. M. Ruggiero, 25 Janv. 1584. — Pp. 179-180, L. del medesimo, Sciauchino, 30 mai 1584. — Pp. 181-182. L. del medesimo, Amacano, 24 Oct. 1584. — Pp. 182-183. L. del P. Matteo Ricci Maceratese, Cantone, 30 Nov. 1584. — Pp. 183-188. L. del P. F. Cabrale, Amacano, 8 Déc. 1584.

Cat. Mourier, 366, 30 fr.

—— Venezia, Giolitti, 1586, in-8.

Pagès, 32.

—— Avisi // del Giapone // de gli anni M.D.LXXXII. // LXXXIII. et LXXXIV. // Con alcuni altri della Cina dell' // LXXXIII. et LXXXIV. // Cauati dalle lettere della Compa- // gnia di Giesv. // Riceuute il mese di Decembre // M.D.LXXXV. // [*marque*] // In Milano. // Appresso Pacifico Pontio. M.D.LXXXVI. // Con Licentia de' Superiori. Pet. in-8, pp. 188 + 1 f. n. ch. er. et reg.

Verso du dernier f.: Registro ABCDEFGHIKLMT. utti sono fogli. — In Milano. — Per Pacifico Pontio, Impressore della Corte Archiepiscop. M.D.LXXXVI. — British Museum, 4767. b. 30.

—— Advis ‖ dv Iappon ‖ des annees M.D. ‖ LXXXII. LXXXIII. et ‖ LXXXIV. ‖ Auec quelques autres de la Chine, des annees ‖ LXXXIII. LXXXIV. ‖ Recueilliz des lettres de la Compagnie de Iesus, ‖ receües au mois de Decembre M.D.LXXXV. ‖ A Paris, ‖ Chez Thomas Brumen, demeurant au clos Bru- ‖ neau, à l'enseigne de l'Oliuer. ‖ M.D.LXXXVI. Pet. in-8, 97 ff. + 3 ff. n. ch. p. l. tab. et la perm. à la fin.

Bib. nat., O²o 81 et 223.

—— Advis // dv Iappon // des annees // M.D.LXXXII. LXXXIII.//et LXXXIV.//Auec quelques autres de la Chine, des annees // LXXXIII. LXXXIV. // Recueilliz des lettres de la Compagnie de Iesus, // receües au mois de Decembre // M.D.LXXXV. // [*marque*] // A Dole, // Par Iean Poyure & Iean Rauoillot. // M.D.LXXXVII. // Avec permission. Pet. in-8, 3 ff. n. ch. + 97 ff. ch. + 2 ff. n. ch. tab.

F. 1. — Advis de l'an mil cinq cens qvatre vingts et devx, recveillis des lettres du P. Loys Froes, au R. P. General. — F. 39. — Advertissement des choses du Iappon de l'annee 1583. [Nagazachi, 2 Ianuier 1584, Loys Froes. — F. 67 b. — Advis de l'an 84. [Nagazachi, 3 sept. 1584, Loys Froes]. — F. 87 b. — Advertissement de la Chine de l'annee 1583 & 1584: [Lettres des PP. Michel Rogier, Cabral, etc.].

Bib. Mazarine, 33515.

—— Fernere Zeitung ‖ Ausz Japon | desz ‖ zwey vnnd achtzigsten | drey vnd ‖ achtzigsten | vnd vier vnd ach- ‖ tzigsten Jars. ‖ Sampt ‖ Langstgewünschter Fröli- ‖ cher Bottschafft | ausz der gewalti- ‖ gen | bisz anhero Haydnischen Land- ‖ schafft China | desz 83. vnnd 84. ‖ Jars: Von dem daselbst an- ‖ gehenden Christen ‖ thumb. ‖ Gezogen ausz Briefen der Societet ‖ Iesv | die zu Rom ankommen. | im ‖ December desz 1585. Jars. ‖ Mit Röm. Kay. Mayestet Freyheit. ‖ Getruckt zu Dilingen | durch ‖ Joannem Mayer. ‖ M.D.LXXXVI. Pet. in-8,

2 ff. n. ch. + 166 ff. ch. [le der. ch. 266 par erreur].

—— Relacion // de algvnas cosas no- // tables, q̃ en estos vltimos años de ochenta // y dos, ochenta y tres, y ochenta y quatro // han acontescido enlos Reynos de Iapon, // sacada de las vltimas cartas q̃ los Padres // de la Compañia de Iesus, que andã en ellos // escriuieron al Padre general, y llega // ron este año de ochẽta y cinco, // enel galeon de Malaco. // [*marque*] // En Seuilla, con licencia, per Fernãdo Mal // donado Impressor d̃ libros, Año de 1586. Pet. in-8, 64 ff. n. ch.

Sig. A-H × 8 = 64 ff. — British Museum, 867 f. 17 (1).

—— Nvovi ‖ Avvisi del Giapone ‖ con alcvni altri ‖ della Cina ‖ del LXXXIII, et LXXXIV. ‖ Cauati dalle lettere della Compagnia ‖ di Giesv. ‖ Riceuute il mese di Decembre prossimo ‖ passato MDLXXXV. ‖ In Venetia, ‖ appresso i Gioliti. ‖ MDLXXXVI. In-8, pp. 181.

—— Historie o rozširzeni viry Křestánské ve vychodnich krajinach. V. Litomyšli. — Olomonci, 1583. [Historia propagationis fidei christianae in Japonia.]

Par Balthasar Hostounsky. (Sommervogel.)

Juan Gonzalez de Mendoça.

—— Historia ‖ de las cosas ‖ mas notables, ‖ ritos y costvmbres, ‖ Del gran Reyno dela China, sabidas assi por los libros ‖ delos mesmos Chinas, como por relacion de Religio ‖ sos y otras personas que an estado en el dicho Reyno. ‖ Hecha y ordenada por el mvy R. P. Maestro ‖ Fr. Ioan Gonzalez de Mendoça de la Orden de S. Agustin, y peniten ‖ ciario Appostolico a quien la Magestad Catholica embio con su real ‖ carta y otras cosas para el Rey de aquel Reyno el año. 1580. ‖ Al illvstrissimo S. Fernando ‖ de Vega y Fonseca del Consejo de su Magestad y su ‖ presidente en el Real de las Indias. ‖ Con vn Itinerario del nueuo Mundo ‖ [por Fr. Mart. Ignatio]. *Con priuilegio y Licencia de su Sanctitad.* ‖ En Roma, a costa de Bartholome Grassi. 1585. ‖ en la Stampa de Vincentio Accolti. ‖ Pet. in-8, 15 ff. n. ch. p. le tit., la déd. à Sixte V, la préf., tab., etc. + pp. 440.

C'est la première édition de l'ouvrage. Vend. Rémusat (1242) Fr. 11. 10. — Maisonneuve, 1878, Fr. 100 et Fr. 80.

—— Historia de las Cosas mas notables, ritos, y costvmbres del gran reyno de la China, sabidas assi por los libros de los mesmos Chinas, como por relacion de Religiosos, y otras personas que han estado en el dicho Reyno. Hecha, y ordenada por el muy R. P. Maestro fray Ioà Gonçalez de Mendoça, de la Orden de S. Augustin, y Penitenciario Apostolico, a quien la Magestad Catholica embio con su real carta, y otras cosas para el Rey de aquel Reyno, el año 1580. Al illvstrissimo S. Fernando de Vega, y Fonseca, del Consejo de su Mag. y su Presidente en el Real de las Indias. Con vn Itinerario del nueuo mundo. Impressa en Valencia, con licencia de su Excellencia, a costa de la compañia. Pet. in-8, pp. 526 + 16 ff. n. ch. prél. pour le titre, tab., etc. A la fin : *Impressa en Valencia con licencia, en casa de la viuda de Pedro de Huete, en la plaça de la yerua. Año 1585.*

Très rare. — British Museum, 9056. aa. 8.

—— Historia de las cosas mas notables, ritos y costumbres del gran Reyno de la China... Con vn Itinerario del Nueuo Mundo. Impressa en Madrid, En casa de Querino Gerardo Flamenco, 1586. A costa de Blas de Robles librero. Pet. in-8, 11 f. n. ch. pour le titre, les licences, dédicace, etc., 368 ff. de texte et 8 f. n. ch. pour la table.

Bibliotheca Americana, Supp. No. 1, Nov. 1881, Paris, Maisonneuve, 1881, No. 2780.

— Historia de las cosas mas notables, ritos y costũbres del gran Reyno de la China : sabidas assi por los libros de los mismos Chinas, como por relacion de religiosos, y otras personas que han estado en el dicho Reyno. Hecha y ordenada por el muy R. P. M. F. Iuan Gonçalez de Mẽdoça, de la orden de S. Augustin, predicador apostolico, y penitẽciaro de su Santidad : A quien la Magestad Catolica embio con su real carta, y otras cosas, para el Rey de aquel Reyno, el año de M.D.LXXX. Y agora nueuamente añadida por el mismo Autor. Al Illust. señor Fernãdo de Vega y Fonseca, del consejo de su Magestad, y su Presidente en el Real de las Indias. Cõ vn Itinerario del nueuo Mũdo. Con privilegio. En Madrid, En casa de Pedro Madrigal M.D.LXXXVI. A costa de Blas de Robles, librero. Pet. in-8, pp. 117-245 s. l. t., l'ép., etc.

Brunet et Ternaux-Compans (565) citent : Barcelone, chez Juan Pablo Mareschal, in-8, 1586.

—— Historia // de las cosas // mas notables, ritos, y // costvmbres del gran Reyno // de la China, sabidas assi por los libros delos // mesmos Chinas, como por relacion de // Religiosos, y otras personas que // han estado en el dicho // Reyno. // Hecha y ordenada por el muy R. P. Maestro fray Ioã Gon // çalez de Mendoça, dela Orden de S. Augustin, y peniten- // ciario Apostolico, a quien la Magestad Catholica em- // bio con su Real carta, y otras cosas para el // Rey de aquel Reyno, el // Año. 1580. // Al Illvstrissimo S. Fer- // nando de Vega, y Fonseca, del Consejo de // su Magestad y su Presidente en // el Real de las Indias. // Con vn Itinerario del nuevo Mundo. // [*fleuron*] // Con licencia. // En Barcelona por Ioan Pablo Manescal. // Año del Señor. 1586. In-8.

Retana, 16.

—— Historia de las cosas... Au verso du dernier f. : En Madrid En casa de Pedro Madrigal Año 1587.

Lenox Library.

—— Historia ‖ de las co- ‖ sas mas nota- ‖ bles, ritos, y costvm- ‖ bres del grã Reyno de la China. Con vn ‖ Itinerario del nueuo Mundo, sabidas ‖ por los libros de los mesmos Chi- ‖ nas, como por relacion de Reli ‖ giosos, y otras personas q̃ ‖ hã estado en dicho ‖ Reyno. ‖ Hecha por el M. R. P. Maestro Fray ‖ Iuan Gonçalez de Mendoça, dela Orden de S. Agustin, y Pe ‖ nitenciario Apostolico, a quien la Magestad Catolica ‖ imbio con su real carta, y otras cosas para el ‖ Rey de aquel Reyno, el año 1580. ‖ Al Ilustrissimo Señor Fernando de Vega ‖ y Fonseca, del Consejo de su Mag. y su ‖ Presidẽte en el real de las Indias. ‖ Aora de nueuo añadida algunas cosas y en muchas ‖ partes corregida de ciertos hierros. ‖ En Çaragoça, ‖ Con licencia impressa. En casa de Loren ‖ ço, y Diego de Robles ermanos. ‖ Año M.D.LXXXVII. ‖ A costa de Pedro de Yuarra mercader de libros, y ‖ vendense en su casa, en la Cuchilleria. ‖ Pet. in-8, 8 ff. prél. n. ch. p. le t., déd., etc. + pp. 556 + 6 ff. n. ch. p. la tab.

A la fin de la table, la date est marquée : 1588.

Dr. Court (153), *m. r.*, fr. 21. — Bib. de la Ville d'Avignon. — Bib. de l'Institut.

—— *Historia // de las co- // sas mas nota- // bles, ritos, y costvm- // bres del grã Reyno de la China. Con un Itinerario del nueue Mundo, sabidas // por los libros de los mesmos Chi- // nas, como por relacion de Reli // giosos, y otras personas q̃ // hã estado en dicho // Reyno. // Hecha por... // En Çaragoça, Con licencia impressa. En casa de Lore- // ço, y Diego de Robles ermanos. // Año M.D.LXXXVIII. In-8.

Retana, 26.

— Historia de las cosas mas notables... Con Privilegio En Medina del Campo, por Sãctiago del Canto, M.D.XCV. Por los herederos de Benito Boyer. Pet. in-8, 348 doubles pages, s. l. t. etc.

Pinelo, I, col. 139, cite *Medina del Campo*, 1596, in-8. — 1655, in-4.

— Historia ‖ de la cosas ‖ mas notables, ‖ ritos y costvmbres, ‖ Del gran Reyno de la China, sabidas assi por los li- ‖ bros de los mesmos Chinas, como por relacion de ‖ Religiosos y otras personas que an estado en el di- ‖ cho Reyno. ‖ Hecha y ordenada por el mvy R. P. ‖ maestro Fr. Ioan Gonçalez de Mendoça de la Orden de S. Au- ‖ gustin, y penitenciario Apostolico a quien la Magestad Ca- ‖ tholica embio con su real carta y otras cosas para el Rey de a- ‖ quel Reyno el año. 1580. ‖ Con vn Itinerario del nueuo Mundo. ‖ En Anvers. ‖ En casa de Pedro Bellero, ‖ 1596. ‖ Con Priuilegio. Pet. in-8, 12 ff. prél. n. ch. p. l. tit., déd., tab., etc. + pp. 380 + 1 f. n. ch. p. l'app. etc.

Klaproth (1621), Fr. 10. — Quaritch, sept. 1872, No. 285, £ 2.2/. — Chossonnery, 1877, Fr. 60. — Maisonneuve, 1878, Fr. 40.

Zenker, *Bib. Orientalis* (6768) et Ternaux-Compans (735) citent : Anvers, 1598, in-8.

*
* *

—— Gonzalo de Mendoza's «Historia de las cosas mas notables, ritos y costumbres del Gran Reyno de la China», and its Place in Americana and New Mexicana. (*United States Catholic Historical Mag.*, Vol. III, No. 11, 1890, New-York, pp. 305-324.)

Donne la traduct. des voyages de Rodriguez et d'Espejo. — La notice en tête a été rédigée en grande partie à l'aide de notes de M. Wilberforce Eames, de la Lenox Library.

Par le P. John Dawson Gilmary Shea, né à New York, 22 juillet 1824.

*
* *

—— Dell' Historia ‖ della China ‖ descritta dal P. M. Gio. Gonzalez di ‖ Mendozza dell' Ord. di S. Agost. nella lingua Spagnuola. ‖ Et tradotta nell' Italiana, dal Magn. M. Francesco ‖ Auanzo, cittadino originario di Venetia. || Parti dve, || Diuise in tre libri, & in tre viaggi fatti da i Padri Agostiniani, || & Franciscani in quei paesi. || Dove si descrive il sito, et lo stato || di quel gran Regno & si tratta della religione, de i costumi, || & della disposition de i suoi popoli, & d'altri luochi più || conosciuti del mondo nuouo. || Con vna copiosissima Tauola delle cose notabili, che ci sono. || Alla Santita di N. S. Papa Sisto V. || Con licenza de' Svperiori. || In Roma. || Appresso Bartolomeo Grassi. M.D.LXXXVI. In-4, 23 ff. n. ch. + pp. 379.

Rémusat (1243), Fr. 4. 05. — Klaproth (1622), Fr. 6. 75. — Brockhaus, 1872, Thr. 1. — Maisonneuve, 1878, Fr. 20. — Ternaux (549) cite : Venezia, 1585, in-8.

—— Dell' Historia || della China || descritta dal P. M. Gio. Gonzalez di || Mendozza... || Alla Santita di N. S. Papa Sisto V. || Con privilegio et licenza de' Svperiori. || In Roma. || Appresso Vincentio Pelagallo. M.D.LXXXVI. || In-4, 23 ff. n. ch. + pp. 379.

—— Dell' Historia || della China || descritta dal P. M. Gio. Gonzalez di || Mendozza... || Alla Santita di N. S. Papa Sisto V. || Con privilegio et licenza de' Svperiori. || In Roma. || Appresso Giouanni Martinelli. M.D.LXXXVI. In-4, 23 ff. n. ch. + pp. 379.

Ces éd., ainsi que celle de B. Grassi, ne sont que des ex. du même tirage avec des noms différents de libraires; ce qui le prouve, c'est que la p. 378 est dans toutes chif. par erreur 578.

—— *Dell' Historia // della China // . . . // In Roma. // Appresso Gio. Angelo Russinello. M.D.LXXXVI. In-4.

Retana, 19.

—— *Dell' Historia // della China // . . . // In Roma. // Apresso Gio. Andrea Calentano & Cesare Rasimo. M.D.LXXXVI. In-4.

Retana, 20.

—— *Dell' Historia // della China // ... // In Roma. // Appresso Giouani Marsioni. M.D.LXXXVI. In-4.

Retana, 21.

—— Dell' Historia della China descritta dal P. M. Gio. Gonzalez di Mendozza dell' Ord. di S. Agost. nella lingua Spagnuola. Et tradotta nell' Italiana dal Mag. M. Francesco Auanzo, cittadino originario di Venetia. Parti dve, Diuise in tre libri, & in tre viaggi fatti da i Padri Agostiniani, & Franciscani in quei paesi, dove si descrive il sito, et lo stato di quel gran Regno, & si tratta della religione, de i costumi, & della disposition de i suoi popoli, & d'altri luochi più conosciuti del mondo nuouo. Con vna copiosissima Tauola delle cose notabili, che ci sono. Si sono aggionti alcuni auisi pur della China non piu stampati in questo libro. All' Illmo Sig. il Sig. D. Garzia Mendozza. In Genova, con licenza de' Super. Appresso Gieronimo Bartoli, 1586. In-4, pp. 280 s. l. t. etc.

— *Editions citées : 1576 (*sic*), in-8 (Pinelo) = 1588, in-12 (Pinelo) = 1588, in-8, *Venet.* (Meusel, Ternaux (n° 602), Zenker (n° 6777), Major : Int. to *Mendoza*) = 1590, *Venet.*, in-8. (Pinelo, Meusel, Brockhaus, 1872, Th. 1. 5, Major.)

—— Dell' Historia || della China, || Descritta nella lingua Spagnuola, dal P. Maestro || Giouanni Gonzalez di Mendozza, || dell' Ord. di S. Agostino : || Et tradotta nell' Italiana, dal Magn. M. Francesco || Auanzo, cittadino originario di Venetia : || Parti dve, || Diuise in tre libri, & in tre viaggi, fatti in quei paesi, || da i Padri Agostiniani, & Franciscani. || Doue si descriue il sito, & lo stato di quel gran Regno, || & si tratta della religione, de i costumi, & della || disposition de' suoi popoli, & d'altri luochi || più conosciùti del mondo nuouo. || Con due Tauole, l' vna de' Capitoli, & l'altra delle cose notabili. || In Venetia, MDLXXXVI. || Appresso Andrea Muschio. In-8, 16 ff. prél. n. ch. + pp. 462 + 20 ff. n. ch. p. l. tab.

Brunet ne cite pas cette éd. — Maisonneuve, 1878, Fr. 20.

—— L'Historia || del gran Regno || della China, || Composta primieramente in ispagnuolo da || maestro Giouanni Gonzalez di Men- || dozza, monaco dell' ordine di || S. Agostino : || Et poi fatta vulgare da Francesco Auanzi || cittadino Vinetiano. || Stampata la terza volta, & molto più dell' al- || tre emendata. || Con due tauole l'una de' Capitoli, & l'altra delle || cose più notabili. || In Vinegia, 1587. || Per Andrea

Muschin. In-12, pp. 508 + 40 ff. n. ch. à la fin pour les tab.

— Dell' Historia // della China, // Descritta nella lingua Spagnuola, dal P. Maestro // Giouanni Gonzalez di Mendozza, // dell' Ord. di S. Agostino. // Et tradotta nell' Italiana, dal Magn. M. Francesco // Auanzo, cittadino originario di Venetia. // Parti dve, // Diuise in tre libri, & in tre viaggi, fatti in quei paesi, // da i Padri Agostiniani, & Franciscani. // Doue si descriue il sito, & lo stato di quel gran Regno // & si tratta della religione, de i costumi, & della // disposition de' suoi popoli, & d'altri luochi // più conosciuti del mondo nuouo. // Con due Tauole, l' una de' Capitoli, & l'altra delle cose notabili. // [*marque*] // In Venetia, MDLXXXVIII. // Appresso Andrea Muschi. Pet. in-8, pp. 462 s. l. tab., etc., 36 ff. n. ch.

— Dell' Historia ‖ della China, ‖ Descritta nella lingua Spagnuola, dal P. Maestro ‖ Giouanni Gonzalez di Mendozza... ‖ In Venetia, Appresso Andrea Muschio. ‖ M. D. XC. Pet. in-8, 15 ff. prél. + pp. 462 + ff. 20 pour l. tab., etc.

— Svccinta Notizia del vasto Impero de la China; e sua ricchezza, estratta dalla Istoria della China, Descritta dal P. M. Gio. Gonzalez di Mendozza... (Anzi, *Il Genio Vagante*, Parma, 1692, III, pp. 313-330.)

Voir sur Mendoça, le «P. Martino Egnatio (da Loyola) dell' Ordine di S. Francisco», et le «P. Pietro Alfaro dell' Ordine di San Francesco della Provincia di San Gioseffo», *Saggio di Bibliografia*... per Fr. da Civezza, Nos. 18 et 363.

—— Il gran regno ‖ della China, ‖ novamente dalli Reverendi Padri ‖ di S. Agostino, S. Francesco, & Giesù, discoperto, doue si ha piena relatione ‖ del sito, costumi, numero di Città, e Terre, che in detto Regno si ‖ ritrouano, si come nel disegno appare. ‖ Et si intende come qvei popoli sono ‖ disposti di voler accettare la Santa Fede Christiana, con alcuni miracoli ‖ occorsi nouamente à esaltation di Santa Chiesa. ‖ Si narra dell' isole del Giapon, con il sito loro, e tutto quello ‖ s' appartiene à quei Regni. ‖ Con l'arriuo d' essi Signori Giaponesi à Goa. ‖ Cavati dall' originale dedicato ‖ alla Santità di Nostro Signor Sisto Quinto. ‖ Stampata in Bologna, & Ristampata in Fiorenza, Per Francesco Tosi, ‖ alle Scalce di Badia Con Licenza de Superiori. 1589. ‖ Brochure in-4 de 8 ff. n. ch. à 2 col.

P. 1 : titre. — Pp. 6-7 : Carte de la Chine.

Extrait de l'ouvrage de Mendoza par Gioseppe Rosatio. (Bib. nat., O $\frac{2}{2}$ n.)

Brunet et Ternaux-Compans ne citent pas cet ouvrage.

—— Il Gran Regno // della China, // nvovamente dalli Reverendi Padri // di Sant' Agostino, San Francesco, & Giesu, discoperto, // doue si ha piena relatione del sito, costumi, nu- // mero di Citta, e Terre, che in detto Re- // gno si ritrouano, si come nel // disegno appare. // et s'intende come qvei popoli sono di- // sposti di voler accettar la Santa Fide Christiana, con alcuni miraco- // li occorsi nuovamente à essaltatione di Santa Chiesa. // piv si narra dell' isole del Giapon, con il sito // loro, & tutto quello che s'appartiene à quei Regni. // Con l'arriuo d'essi Signori Giaponesi à Goa. // Cavati dall' originale dedicato alla // Santità di Nostro Signor Sisto Quinto. // [*armes*] // In Venetia, Et poi in Brescia, Per Vincenzo Sabbio. 1589. // Con licenza de' Superiori. In-4, 8 ff. n. ch. à 2 col.

Retana, 32.

*
* *

—— Histoire dv grand Royavme de la Chine... A Paris, chez Ieremie Perier, 1588. In-8.

Vendu Fr. 35. 50. *m. b.* Vente Veinant. (Brunet.)

—— Histoire dv grand Royavme de la Chine, situé avx Indes orientales, diuisée en deux parties. Contenant en la Première, la situation, antiquité, fertilité, religion, ceremonies, sacrifices, rois, magistrats, mœurs, vs, loix, & autres choses memorables dudit royaume. Et en la Seconde, trois voyages faits vers iceluy en l'an 1577. 1579 & 1581. auec les singularitez plus remarquables y veües & entendües : ensemble vn Itineraire du nouueau monde, & le descouurement du nouueau Mexique en l'an 1583. Faite en espagnol par R. P. Ivan Gonçalés de Mendoce, de l'ordre de S. Augustin : & mise en François auec des additions en marge, & deux Indices. Par Lvc de la Porte, Parisien, docteur ès Droits. A Monseignevr le Chancelier. A Paris, chez Ieremie Perier, rüe S. Iean de Beauuais, au franc Meurier. 1589. Avec Privilege dv Roy. In-8, pp. 324, s. l. t. & les ind., etc.

Rémusat (1245), Fr. 7.

—— Histoire dv grand royavme de la Chine ..... A Paris, chez Adrian Perier, rue saïnct Iaques au Compas d'Or, 1600. Pet. in-8, ff. ch. 308, s. l. t., etc.

— Histoire dv grand Royavme de la Chine... A Paris, chez Nicolas du Fossé, ruë S. Iean de Beauuais, au vase d'or, 1589. Auec Priv. dv Roy. In-8.

Ternaux-Compans ne cite pas les éd. franç. de 1589.

— Histoire dv grand Royavme de la Chine, sitvé avx Indes orientales, diuisée en deux parties. Contenant en la premiere, la situation, antiquité, fertilité, religion, ceremonies, sacrifices, Rois, magistrats, mœurs, vs, loix, & autres choses memorables dudit Royaume. Et en la Secõde, trois voyages faits vers iceluy en l'an 1577. 1579. & 1581 auec les singularitez plus remarquables y veües & entenduës : ensemble vn itineraire du nouueau monde, & le descouurement du nouueau Mexique en l'an 1583. Faite en espagnol par R. P. Ivan Gonçalès de Mendoce, de l'ordre de S. Augustin : & mise en François auec des additions en marge, & deux Indices. Par Lvc de la Porte, Parisien, docteur ès Droits. A Monseignevr le Chancelier. A Paris, chez Abel l'Angelier, au Premier Pillier de la Grande Salle du Palais, 1600. In-8, pp. 309, s. les t., etc.

— Histoire || dv Grand || Royavme de || la Chine, || Situé aux Indes Orientales : || Contenant la Situation, Antiquité, Fertilité, Reli- || gion, Ceremonies, Sacrifices, Rois, Magistrats, || Mœurs, Vs, Loix, & autres choses me- || morables dudit royaume : || Plvs, trois voyages faits vers iceluy en l'an 1577. 1579 & 1581. || auec les singularitez plus remarquables y veuës & enten- || dues : ensemble vn Itineraire du nouueau Monde, & le descou- || urement du nouueau Mexique en l'an 1583. || En cette nouuelle Edition a esté adioustée vne ample, || exacte, & belle Description du Royaume || de la Chine, & de toutes ses singularitez ; || Nouuellement traduite de Latin en François. || Povr Ieon Arnavd.- || M.DC.VI., s. l. Petit in-8, pp. 419, 12 ff. prél. n. ch. p. l. tit., tab., etc. + 24 ff. n. ch. p. l'ind. + pp. 26. La «Description dv Grand et renommé royavme de la Chine Nouuellement mise en François», qui occupe les 26 dernières pages, a une pagination spéciale.

Major cite une éd. de *Genève*, 1606.

— Histoire || dv grand || Royavme de || la Chine, || Situé aux Indes Orientales : || Contenant la Situation, Antiquité, Fertilité, Reli- || gion, Ceremonies, Sacrifices, Rois, Magistrats, || Mœurs, Vs, Loix, & autres choses me- || morables dudit Royaume : || Plvs, trois voyages faits vers iceluy en l'an 1577. 1579. & || 1581. auec les singularitez plus remarquables y veuës & enten- || dues : ensemble vn Itineraire du nouueau monde, & le descouure- || ment du nouueau Mexique en l'an 1583. || En ceste nouuelle Edition a esté adioustée vne am- || ple, exacte, & belle Description du Royaume || de la Chine, & de toutes ses singularitez; Nouuel- || lement traduite de Latin en François. || A Lyon. || Par François Arnovllet. || M.D.VIIII (lisez 1609). || In-8, 8 ff. prél. n. ch. p. l'ar., etc. + pp. 388 + 14 ff. n. ch. p. l'ind. + la Description de la Chine (25 pages).

L'exemplaire de la Bib. nat. a appartenu à Huet, évêque d'Avranches.

— Histoire || dv grand || Royavme de || la Chine, || Situé aux Indes Orientales. || Contenant la Situation, Antiquité, Fertilité, Reli- || gion, Ceremonies, Sacrifices, Rois, Magistrats, || Mœurs, Vs, Loix, & autres choses me- || morables dudit Royaume. || Plus trois voyages faits vers iceluy en l'an 1577. 1579. & 1581. || auec les singularitez plus remarquables y veuës & entenduës : || ensemble vn Itineraire du nouueau Monde, & le descouure- || ment du nouueau Mexique, en l'an 1583. || En ceste nouuelle Edition a esté adioustée vne ample, exacte, & belle Description du Royau- || me de la Chine, & de toutes ses singularitez; nou- || uellement traduite de Latin en François. || A Roven, || chez Nicolas Angot, Libraire || demeurant à la ruë du Bec. || M.D.C.XIIII. In-8, 8 ff. prél. n. ch. p. l'ar., etc. + pp. 388 + 14 ff. p. l'ind.

Rémusat (1246), Fr. 5. — Major cite une éd. de *Rouen*, 1604?

*
* *

—— The Historie of the || great and mightie kingdome || of *China*, and the situation || thereof : || Togither with the great riches, huge || Citties, politike gouernement, and || *rare inuentions in the same.* || Translated out of Spanish by *R. Parke.* || London. || Printed by *I. Wolfe* for *Edward White*, || and are to be sold at the little North || *doore of Paules, at the signe* || *of the Gun.* || 1588. Petit in-4.

Ce volume, qui est imprimé en black letter, comprend 410 pages sans la dédicace de Robert Parke à «M. Thomas Candish Esquire» et l'adresse de «The Printer, to the Christian Reader». 3 ff. p. la déd., etc. + pp. 410.

D'après l'ex. de la Lenox Library, il y a eu deux tirages de la préface ainsi que le prouve le recto du f. 3 de la dédicace, malheureusement un facsimile.

Lowndes donne les prix suivants (Bohn's edition, I—438) : Marquis of Townshend, 772, 1 l. — Inglis, 352, 2 l. 15/-. — Bindley, pt. III, 1172, 14/6. — North, pt. III, 578, morocco, 5 l. — Roxburghe, 8885, 16/-. — White Knights, 3320, morocco, 2 l. 14/-.

Quaritch, Sept. 1872, 285—7594, £ 4. 4/-.

Il y a une notice de cette traduction (par E. C. Bridgman) dans *The Chinese Repository*, X, pp. 241-251.

The Canton Register a publié des extraits de la traduction anglaise (R. Parke) de l'ouvrage de Mendoza : No 5, 1837 (Chap. xx); No 7 (Chap. VI), etc.

—— The History of the Great and Mighty Kingdom of China and the Situation thereof. Compiled by the Padre Juan Gonzalez de Mendoza. And now reprinted from the early translation of R. Parke. Edited by Sir George T. Staunton, Bart. With an Introduction by R. H. Major, Esq., of the British Museum, Honorary Secretary of the Hakluyt Society. London : Printed for the Hakluyt Society. MDCCCLIII-MDCCCLIV. 2 vol. in-8, pp. lxxxiii-172 et 350.

Cet ouvrage forme les volumes 14-15 de la collection de la *Hakluyt Society*.

The North China Herald, No. 304, May 24, 1856 et seq., a donné des extraits de la Préface de Major.

—— Historie of the greate kingdome of China. In the East Indies. Containeing the Scituation. Antiquities. Ffertilitie. Religion. Ceremonies. Sacrifices. Kings. Magistrats. Manners. Customes. Lawes and other memorable things of that kingdome. Together with Three Voyages made made thither. in the yeares. 1577. 1579 and 1581 with the most remarkable singularities there seene and taken notice of. Allsoe an Itinerarie of the New World, and the Discovery of New Mexico. in the yeare 1583. Translated By Jos. Baildon. of the Society of that most magnificent hospitall founded by Tho. Sutton Esqr. in Charterhouse. M.D.C.LXIII.

Ce ms., format in-4°, fait partie de la Collection Harléienne, British Museum, et porte le No. 56. a. Il est décrit dans le Cat. de cette Collection sous le No. 5069 : *Cat. Lib. Mss. Bib. Harleianae*, III, pp. 243-244.

Collation : 79 feuillets : 1er, blanc; 2°, titre; 3° et 4°, Préface.

On lit p. 142 : The end of the third Booke and the first part of the History.

Ni le Cat. de la Bibl. Harl., ni Baildon n'indiquent l'ouvrage dont ce ms. est la traduction; mais ayant comparé ce manuscrit avec l'histoire de Mendoza, nous avons trouvé qu'il en était simplement une version. Le travail de Baildon est différent de celui de Parke, qui n'avait pas non plus donné le nom de l'auteur qu'il traduisait. Une partie de l'histoire de Baildon est évidemment perdue, car le ms. que je viens de décrire ne contient que ce qui se trouve dans le vol. I de la réimpression de Parke par l'*Hakluyt Society*.

*
* *

—— Nova ‖ et succin- ‖ cta, vera tamen ‖ historia ‖ de amplissimo, potentissimo- ‖ que, nostro quidem orbi hactenus incognito, sed perpaucis ‖ abhinc annis explorato Regno *China*; quindecim flo- ‖ rentissimis eius Prouincijs; plurimis admiranda magnitudi- ‖ ne insignibus vrbibus; summa fertilitate; incredibili vnio- ‖ num, gemmarum, auri, argenti, caeterorumq'; varij generis ‖ metallorum opulẽtia & copia, populorum ijs in regionibus ‖ inaudito in bellis terrestri naualiq'; adparatu; praeclara item, ‖ prudentique optimè constitutae Reipublicae moderationes ‖ &, in vniversum, de gentium illarum ea morum dexteritate, ‖ ea ingeniorum acrimonia, cuiusmodi vix in vllis (clarissi- ‖ marum etiam nationum; Medorum, Persarum, Assyriorum, ‖ Indorum, Graecorum, Romanorum, aut quorumcun- ‖ que denique aliorum) historiarum monu- ‖ mentis, toto terrarum orbe ‖ reperiatur. ‖ Ex Hispanica primùm in Italicam, inde in Germanicam ‖ ex hac demùm in Latinam linguam conuersa : ‖ Operâ Marci Henningi Au- ‖ gustani. ‖ Reliquorum, quae in hisce libris describuntur, ‖ summam, praefatio Autoris, & singulo- ‖ rum capitum elenchi docebunt. ‖ . . . . . Francofvrdi ad Moenum, s. a. In-8, pp. 283.

La préface de Henning porte la date de : Augustae Vindelicorum M. D. XIC [1589].

Pinelo cite 1579? 1580?? 1589, 1599 et 1600. Ternaux indique les trois dernières éditions : Nos. 632, 784 (*Francofurti*), 811 (*Moguntiae*, Albinus, 1600).

— Rervm Morvmqve ‖ in ‖ Regno Chinensi ‖ maxime notabilivm ‖ Historia ‖ Ex ipsis Chinensium libris & Religiosorum, qui in illo primi fuerunt ‖ literis ac relatione concinnata. ‖ Item PP. Augustinianorum & Franciscanorum in illud ingressus. ‖ Per ‖ R. P. M. Ioannem Gonzalez de Mendosa ‖ Ordinis Eremitarum S. P. Augustini ‖ Opus Regibus, Principibus, Praelatis, Iudicibus, Magistratibus, ‖ Historicis, Concionatoribus utile juxtà & jucundum. ‖ Ex Hispanico lingua in Latinam transtulit ‖ F. Ioachimvs Brvlivs ‖ eivsdem ordinis religiosvs. ‖ [*marque*] ‖ Antverpiae, ‖ Apud Viduam & Haeredes Francisci Fickaert, sub Turri D. Virginis, ad in- ‖ signe Angeli Aurei. 1655. In-4, 1 f. prél. n. ch. p. l'ar. de Brulius + pp. 176-222 + 7 ff. n. ch. p. l'ind. et l'app.

Rémusat (1244), Fr. 4. 60. — Quaritch, Sept. 1872, 285-7593, veau, 4/—. — Bib. de l'Institut.

Pinelo cite : 1655, 1665 et 1674, in-4.

—— Eine Neuwe / Kurtze / doch warhafftige Beschreibung dess gar Grossmächtigen weitbegriffenen / bisshero vnbekandten Königreichs China . . . . . Gedruckt zu Franckfurt am Mayn / In Verlegung Sigmund Feyrabends / Im Ihar 1589. In-4, 7 ff. prél. + pp. 181. Au verso du dernier f. marque de l'imprimeur.

Juan Reylero, tradujo los tres primeros libros en Aleman. (Pinelo, I, col. 139.)

—— Historien und Bericht / Von dem Newlichar zeit erfundenen königreich China / wie es nach vmbsienden / so zu einer rechtmessigen Beschreibung gehören / darumb beschaffen. Item / von dem auch new erfundenen Lande Virginia . . . durch Matthaevm Dresservm D. der Sprachen vnd Historien Professorn. Gedruckt zu Leipzig / durch Frantz Schnelboltz. Typis Haeredvm

Beyeri. Anno M. D. XCVII. In-4., pp. 297 s. l. p.

«China» pp. 1-170. — Ce qui est relatif à la Chine dans cet ouvrage de Dresser est traduit de la première partie de Mendoza.

La Lenox Library a deux éditions de la trad. allemande publiée à Leipzig; l'une est datée M.D.XCVII et l'autre M.D.XCVIII, mais la dernière page, verso, porte M.D.XCVII dans les deux cas; c'est donc une même édition avec un titre différent.

Pinelo, I, col. 149, Meusel, et La Farina, *China*, I, p. 16, citent une autre éd. : Halle, 1598, in-8.

*
* *

—— De Historie ofte Be- ‖ schrijuinghe van het groote ‖ Rijck van China. ‖ Eerst in Spaensch beschreuen | door ‖ M. Ian Gonzales van Mendoza, Monick van ‖ d'oorden van S. Augustijn : ende nu ‖ uit het Italiaensch nieus in Ne- ‖ derlandtsche tale ghe- ‖ bracht. ‖ Tot Amstelredam, ‖ Ghedruckt voor Cornelis Claesz, Boeckvercooper | ‖ woonende opt Water int Schrijfboeck. ‖ Anno 1595. In-8, même éd. que celle de M.D.XCV, pp. 197 mais sans les errata au verso du dern. f. qui est blanc.

—— D'Historie ofte Be- ‖ schrijvinghe van het groote‖ Rijck van China.‖ Eerst in Spaensch beschreven | door ‖ M. Ian Gonzales van Mendoza, Monick van ‖ d'oorden van S. Augustijn : ende nu uyt het ‖ Italiaensch nieus in Nederlandtsche tale ghe- ‖bracht.‖ [*marque*]. Ghedruckt by Iacob de Meester, Boeckdrucker der Stadt ‖ Alckmaer, ‖ Voor Cornelis Claesz, Boeckvercooper | woo- ‖ nende op't Noordt | in den vergulden Bybel | ‖ tot Hoorn. M.D.XCV. In-8, pp. 197 et les errata au verso dern. f. [p. 198].

—— Historie, Ofte Beschryvinge van 'tgroote Ryck van China, Welcke vertoont, diens gelehentheyt ende groote, Ryckdommen, Regeerders, wetten, Kloeckheyt der Inwoond'ren, Vrugtbaarheydt ende Zeden, des Wijdt-streckende Rijckx China. Eerst, in't Spaans beschreven Door M. Ian Gonzalez van Mendoza, Monnick van d'Orden van St. Augustijn : ende nu nieuws in 't Nederauyts vertaalt, door. C. T. Tot Delf, by Aernold Bon, woonende op't Marctvelt. Anno 1656. In-12, pp. 316 s. l. t.

Frontispice gravé.

Pinelo, Meusel, Brunet, Ternaux-Compans, etc. ne citent pas cette traduction qui existe à la Bib. nationale.

Consulter sur *Mendoza : Biographie universelle*, XXVII, pp. 628-629, art. Weiss. — *Nouv. Biog. générale*, col. 955-956.

W. E. Retana, *Aparato bibliográfico*, a décrit 27 éditions de Mendoza, I, No. 117, p. 129.

Première ambassade japonaise.
(1582-1590.)

Mencie Itô, Michel Chijiwa Seiyemon, Julien Nakaura, Martin Hara. — Quittèrent Nagasaki le 20 février 1582; arrivèrent à Rome le 22 mars 1585; quittent Rome le 3 juin 1585; s'embarquent à Lisbonne le 30 avril 1586; arrivent avec le P. Valignani à Nagasaki, le 21 juillet 1590.

Actes du Consistoire, 23 mars 1585.

—— Acta Consistorii // pvblice exhibiti // a S. D. N. Gregorio Papa XIII. // Regvm Iaponiorvm Legatis // Romae, die XXIII. Martii. // M.D.LXXXV. // [*armes*] // Ex avctoritate Svperiorvm. // — Romae, // Apud Franciscum Zannettum. // M.D.LXXXV. In-4, pp. 19.

Litterarvm Exempla Regvm Iaponiorvm. Ad Gregorivm XIII, Pont. Max. — Francisci Regis Bvngi, &c., p. 3. — Protasii Regis Arimanorum, p. 5. — Barptolemaei Principis Omuranorum, p. 6. — Recitatis litteris, & silentio indicto, ipsorum legatorum, & Regum nomine sequens oratio est habita à Gaspare Consaluo Lusitano, Presbytero Societatis Iesv, p. 7. — Ad hanc orationem ab Antonio Buccapadulio, Summi Pontificis nomine, in haec verba responsum est, p. 18.

—— Augustae Trevirorum, 1585, in-4. (Pagès.)

—— Patavii, 1588, in-4. (Pagès.)

—— *Actes exhibez publiquement par Gregoire XIII aux ambassadeurs des Rois du Japon en 1585, avec un petit recueil des mots Japponois, mis en françois par Georges Thourin. Liege, 1585, in-4.

Sommervogel.

—— Les Actes dv // Consistoire tenv // publiqvement a Rome, par // nostre sainct Pere le Pape Gregoire 13. // pour receuoir les Ambassades des tres- // puissans Roys des Iaponois : Ce qui fut // le 23 iour de Mars en l'an 1585. // Auec vne briefue description des moeurs, loix, // religion, & façons de viure desdits Iaponois. // Le tout fidelement traduit en François de l'exem-// plaire Latin & Italien imprimé à Rome, par // François Zanit, auec priuilege & // octroy special. // [*vig.*] // Imprimé à Paris chez Iean Parant, suyuant // la coppie Imprimee à Rome. // 1585. Pet. in-8, pp. 86 + 1 f. n. ch. err.

Bib. Mazarine, 35788.

—— *Les Actes du Consistoire public exhibés par N. S. P. le pape Gregoire XIII aux Ambassadeurs des rois du Giapon a Rome le xxiij mars 1585. A Lyon, par Benoist Rigaud, s. d. Pet. in-8, pp. 30.

—— *Recueil de tout ce qui s'est fait au Consistoire assemblé à Rome par N. S. P. le Pape Grégoire XIII, où furent reçus les Ambassadeurs des trois Rois du Japon, et prestèrent publiquement obéissance à Sa Sainteté, le 23 mars de l'an 1585. Auquel nouvellement est cy-joint un bref discours d'aucunes missions, etc... avec autres lettres des susdits trois Rois du Japon écrites à Sa Sainteté, sur leur retour au Japon, tourné du latin en notre langue vulgaire, par le seigneur de Bettencourt, etc. Douai, 1593, in-12.

Sommervogel.

—— Breve // relatione // del Consistoro // pvblico, // Dato à gli Ambasciadori Giapponesi, dalla buona // memoria della Santità di Papa Greg. xiij. // in Roma, il dì 23. di Marzo 1585. // Con l'arriuo fatto in Pisa, & la riceuuta fattagli da S. A. S. // per tutto il suo felicissimo Stato. // Et di nuouo baciati li piedi alla Santità di Nostro Signore // Papa Sisto V. // [*vig.*] In Firenze, Dalle Scalee di Badia. 1585. // Con licenzia de' Superiori. Pièce in-4, 4 ff. n. ch.

British Museum, 5018. aaa. 19.

Discours.

—— *Oratio nomine Legatorum Japoniae habita in publico consistorio Romano 23. Martij 1585. Romae, apud Franciscum Zanettum, 1585, in-4.

—— *Antverpiae, apud Martinum Nutium, 1593, in-12.

—— *Ingolstadii, 1595, in-12.

On trouve encore ce discours dans quelques éditions des *Petri perpiniani, S. J. Orationes*, v. g. Lugduni, H. Cardon, 1602; — Ibid., ex officina Q. Hugonis à Porta, 1603; — Rothomagi, apud Richardum Allemanum, 1611; — Coloniae, Petr. Henning, 1650, 1661. (Sommervogel.)

—— Oratione // fatta in Roma // alla presenza // del Sommo Pontefice // Gregorio XIII. // Dal molto R. P. Guasparri Consalui Portughese, // Sacerdote Theatino, à stanzia delli Re, // & Legati Giapponesi. // Et nuouamente posta in luce ridotta dal latino in lingua // volgare da Agostino Ghettini studente // in Fiorenza. // [*fleuron*] // In Firenze, A stanza Francesco Dini da Colle. // Con Licentia de' Superiori, s. d. [1585]. Pièce in-4, 6 ff.

Bib. nat., $\frac{O^2o}{242}$. — Cat. Mourier, No. 393, 16 fr.

—— *Roma, Francesco Zannetti, 1585, in-4.

—— *Padova, Mereff, 1585, in-4. (Sommervogel.)

Divers.

—— Descrittione // dell' Ambasciaria // de i regi, et // De I Principi // del gran Regno del // Giapon. // Venuti nouamente à Roma, à render obedienza // alla Santità di Gregorio XIII. Pontefice // Massimo. Alli 23. di Marzo 1585. // [*vignette*] // In Cremona. // Appresso Christoforo Draconi 1585. // Con licenza de' Superiori. // A istancia di Santo di Alessandro Fiorentino // libraro. Pièce in-8.

Bib. nat., O²o 82.

—— S. a. (1585), in-4. (Pagès, 29.)

—— *Descrittione dell' Ambasciaria de i Regi et de i Principi del gran Regno del Giappone. Venuti nuovamente à Roma, à render obbedienza alla Santità di Gregorio XIII. Pontifice Massimo. Al Clarissimo Signor et Patron mio observandissimo, il signor Ottavian Vallier, fu del Clarissimo Signor

Zacaria. In Venetia, appresso Paolo Meietto. MDLXXXV. In-4, 8 ff. n. ch.

Le P. Diego de Mezquita a composé en portugais la relation de cette ambassade; elle est restée inédite. (Sommervogel.)

—— La // Dichiaratione // di tvtto il viaggio // de' principi giaponesi. // Doue si contiene la descrittione di quei paesi, // suoi costumi, & uita, con quanto gli è // occorso da che si son partiti // da i Regni loro. // Con l'obbedienza, che hanno prestata alla // Santità di Gregorio XIII. à Roma // l'anno M.D.LXXXV. // [*fleuron*] // In Cremona. // Appresso Christoforo Draconi 1585. // Con licenza de' Superiori. // A istancia di Santo di Alessandri Fiorentino // libraro. Pièce in-8, 8 ff. n. ch.

Bib. nat., O²o 83.

—— Avisi // venvti novamente // da Roma, // Dell'entrata nel publico Concistoro, de // duoi Ambasciatori mandati da tre Rè // potenti del Giapone, conuertiti no- // uamente alla santa fede christia // na, à dare obedienza à sua // Santità. // [*vig.*] // Stampati in Milano, & ristampato in Ferrara // per Vittorio Baldini, 1585. Pet. in-8, 4 ff. n. ch.

British Museum, 10055. a. 34 (2).

—— Breve // Raggvaglio // dell' isola del // Giapone, // havvto con la venvta a // Roma delli Legati di quel Regno. // Ove In Compendio Si Tratta De // i costumi di quei popoli, della religione, // essercitij, habiti, vitto, qualità del- // l'aere, & molte altre cose. // Con vn presente fatto da detti Legati al Serenissimo // Gran Duca di Toscana. // Stampato in Roma, & ristampato in Fi- // renze, Con licenza de' Supe- // riori. 1585. // A stanza di Girolamo Mangini. Pièce pet. in-8 de 4 ff. n. ch.

British Museum, 10055. a. 34 (1).

—— Breve // raggvaglio // dell' isola del // Giappone, // havvto con la venvta a // Roma delli Legati di quel Regno. // Oue in compendio si tratta de i costumi di quei popo- // li, della religione, essercitij, habiti, vitto, qualità // dell' aere, & molte altre cose. // Con vn presente fatto da detti Legati al Serenissimo // Gran Duca di Toscana. // Stampato in Roma, & ristampato in Venetia, // MDLXXXV. // A instanza di Simon Parlascha, In Cale delle acque, // Con licenza de' Superiori. Pièce pet. in-8, 4 ff. n. ch.

British Museum, 10057. a. 38.

—— Breve Ragvaglio // dell' isola del Giappone, // Et di questi Signori, che di là son venuti à dat obedientia // alla Santità di N. S. Papa Gregorio XIII. // [2 *fig.*] // In Modona Con Licentia d' Superiori. // Pièce in-4 de 4 ff. n. ch.

On lit au verso du titre :

Lingva Giapponica.

Dio. Tonxù, idem est quod Dominus coeli.

Pane. Mochai.

Vino. Sachè.

Padre. Voià.

Madre. Fouà.

Figliuolo. Cò.

Giorno. Fí.

Notte. For.

—— *Relatione del viaggio et arriva in Europa, et Roma de' Principi Giapponesi venuti à dare obedienzia à Sua Santità l'anno 1585. All' Excell. Sign. Girolamo Mercuriale. Venetia 1585. La marque typ. gr. s. b., 8 ff. n. ch. In-4.

Pagès ne cite pas cette édition fort rare. — Cat. 39, Jacques Rosenthal, Munich, 1905, 30 M.

—— *Iaponiorvm Regvm Legatio, Romae coram summo Pontifice, Gregorio XIII. 23. Martij habita : Anno : 1585. Addita etiam est brevis in calce descriptio Insulae Iaponicae. Romae, apud Franciscum Zanetum. Et Bononiae, apud Alexandrum Benatium. Et Cracoviae, in Officina Lazari, Anno Domini : 1585. In-4, 8 ff.

Sommervogel.

—— Relationi // della venvta // degli ambascia- // tori giaponesi // a Roma sino alla partita di Lisbona. // Con le accoglienze fatte loro da tutti i // Principi Christiani, per doue // sono passati. // Raccolte da Guido Gualtieri. // [*fleuron*] // In Roma. Per Francesco Zannetti. // M.D.LXXXVI. // Con licentia de i Superiori. In-8, 6 ff. p. l. tit. et déd. de G. Gualteri + pp. 191.

Bib. nat., O²o 85. — Pagès, 26, cite : Roma, 1585, in-8.

—— Relationi ‖ della venvta ‖ de gli ambasciatori ‖ giaponesi ‖ à Roma, sino alla partita di Lisbona. ‖ Con vna descrittione del lor paese, e costumi, ‖ e con le accoglienze fatte ‖ loro da tutti i Prencipi Christiani ‖ per doue sono passati. ‖ Raccolte da Gvido Gvaltieri. ‖ In Venetia ‖ appresso i Gioliti. ‖ MDLXXXVI. In-8, 5 ff. n. ch. + pp. 187 + 1 f. n. ch.

Cat. Mourier, No. 405, 20 fr.

—— Le // Discovrs // de la venve des // Princes Iapponois en Europe, // tiré d'vn aduis venu // de Rome : // En laquelle est contenue la description de leur pays, // coustumes & maniere de viure, auec ce qui leur // est aduenu en chemin dès qu'ils sont departis de // leurs Royaumes iusques à leur arriuee en Europe, // & à Rome : Ensemble de l'obeissance prestee à // nostre S. Pere, & la copie des lettres presentees // à sa sainctelé, de la part de leurs Roys & Sei- // gneurs, c'est annee M.D.LXXXV. // Translaté de l'Italien en François, par Iaques // Gaultier d'Annonay, Maistre ès Arts // de l'Vniuersité de Tournon. // [*fleuron*] // A Lyon, // par Benoist Rigavd. //- M.D.LXXXV. // Avec permission. Pièce in-8, 19 ff.

Bib. nat., O²o 84.

Jacques Gaulthier (Gualterius), né à Annonay ; † à Grenoble, 14 oct. 1636.

—— Le // Discovrs de // la venve des // Princes Iapponnois en Europe, // tiré d'vn aduis venu // de Rome. // Auquel est contenue la description de leur pays, // coustumes & maniere de viure, auec ce qui leur // est aduenu en chemin dès qu'ils sont departis de // leurs Royaumes, iusques à leur arriuee en Euro- // pe, & à Rome : Ensemble de l'obeyssance prestee // à nostre S. Pere, & la copie des lettres presentees // à sa Sainctelé, de la part de leurs Roys & Sei- // gneurs, l'annee M.D.LXXXV. // Traduict nouuellement d'Italien en François. // [*fleuron*] // A Paris, // Chez Federic Morel Im- // primeur ordinaire du Roy. // 1586. // Auec Priuilege dudict Seigneur. Pièce in-8, pp. 38 + 1 f. au recto marque de l'Imprimeur.

Bib. nat., O²o 84 A.

—— Choses diverses // des Ambassadevrs // de trois roys de Iapon, qvi // n'agueires venuz à Romme, rendirent obeissance au nom // de leurs Maistres & Seigneurs, à Gregoire XIII. // souuerain Pasteur de l'Eglise : // Qui peuuent grandement recreer le Lecteur, & merueil- // leusement exciter les cueurs des bons, à rendre // grandes graces à Dieu. // [*armes*] // A Lovain, // De l'Imprimerie de Iehan Maes, à la Croix verde. // l'an M.D.LXXXV. In-4, pp. 27.

British Museum, 4765. b. 30. — Au verso du dern. f. vig. IHS. avec les instruments de la Passion.

—— *Choses diverses des ambassadeurs des trois roys du Japon qui nagueres venus à Rome rendirent obeissance, au nom des maistres et seigneurs à Gregoire XIII, souverain pasteur de l'Eglise, etc., traduit du latin par George Thourin. A Liège, chez G. Morberius, 1585, in-4.

« Cette relation qui dans le courant de l'année 1585 a été traduite en allemand, en espagnol et en portugais, parut la même année en français et en latin chez Jehan Maes, à Louvain, in-4. » (De Backer.)

—— Breve relacion del // recibimiento que en toda ytalia, y España // fue hecho a tres embaxadores de los Rey // nos de Bungo, y Arima, y Omura, de Iapō // de nueuo conuertidos a la fee Catolica q̄ // fuerō embiadosa dar la deuida obediencia // al summo pontifice y se la dieron // como conuenia. // [*vignette*] // ¶ Impresso en Seuilla por Fernando Maldonado. Pet. in-8, 26 ff. n. ch.

A. B. C. × 8 = 24 ff., D, 2 ff. = 26 ff.

British Museum, 867. f. 17 (2).

—— Zeitung /// Welcher Gestallt / im // Martio dieses fünffvndachtzigisten Jars /// etlich König vnd Fürsten ausz Japonia ihre // Abgesandten / desz Glaubens halben/gen Rom // geschickt haben : // Mit angehefftter kurtzer Beschreibung // derselben jetztgemeldten Land // vnnd Jnseln : // Auch eines Euanlegischen Manns censur vnd // Vrtheil / was von solcher Schickung //

zuhalten sey. // [*fleuron*] // Getruckt vnnd auszgangen im Jar // als man zâle // — M.D.LXXXV. In-4, pp. 48.

British Museum, T. 964. 4.

Par le P. Christ. Rosenbusch, S. J. (Sommervogel). — Sommervogel cite : 1586, in-4, pp. 47.

—— *Jüngste Zeitung auss der weitberümbten Insel Jappon. Dilingen, 1586. In-8.

De Backer.

—— *Beschreibung der jüngst abgesandten Japponischen Legaten gantzen Reiss auss Jappon biss gen Rom und widerumb von dannen in Portugal, biss zu ihrem Abschied auss Lissbona, auch von grossen Ehren, so ihnen allenthalben von Fürsten und Herrn erzeigt, und was sich sonst mit ihnen verlauffen mit vorgehender Beschreibung der Japponischen Landart, Gebrauch, Sitten und Natur. Dilingen, 1587. In-8.

—— *Ingolstadt, 1587, in-8.

Sommervogel.

—— Oratio habita à Fara D. Martino Japonio, suo et sociorum nomine, cum ab Europa redirent ad Patrem Alexandrum Valignanum Visitatorem Societatis Jesv, Goae in D. Pauli Collegio, pridie Non. Junij. Anno Domini 1587. Cum facultate inquisitorum et Superiorum, Goae Excudebat Constantinus Dovrat Japonius in aedibus Societatis Jesu. 1588. In-12, 8 ff. n. ch.

Pagès, 37. — Sommervogel.

—— *Itinerario de IV principes Japonezes, mandados à Santidade de Gregorio XIII, e de tudo quanto lhes succeden na jornada, ate se restituirem as suas terras. Macaú no Collegio da Companhia, 1590. In-4.

Pagès, 43.

—— De Missione || legatorvm Iaponen||sium ad Romanam curiam, rebusq., in || Europa, ac toto itinere animaduersis || Dialogvs || ex ephemeride ipsorvm legatorvm col||lectvs, & in sermonem latinvm versvs || ab Eduardo de Sande Sacerdote Societatis || Iesv. || [*vignette*] || *In Macaensi portu Sinici regni in domo* || *Societatis Iesv cum facultate* || *Ordinarij, & Superiorum.* || *Anno 1590.* In-4, pp. 412 + 4 ff. n. ch. au com. pour le titre, la perm., etc. + 12 ff. n. ch. à la fin pour l'ind. et les errata.

Un exemplaire, C. 24. a, est exposé au Musée Britannique dans la King's Library avec cette mention : «The first book printed by Europeans in China.»

Le traité du P. de Sande se trouve en espagnol et en latin dans les publications suivantes :

—— Historia // del reyno de Iapon // y descripcion de aqvella // tierra, y de algunas costumbres, cerimonias, y re-// gimiento de aquel Reyno : Con la relacion de la // venida de los embaxadores del Iapon a Roma, pa // ra dar la obediencia al Summo Pontifice, y todos // los recebimientos que los Principes Christianos // les hizieron por donde passaron, y de las cartas y // presentes que dieron a su Magestad el Rey nue-// stro señor, y a los de mas Principes. Con la muer-// te de Gregorio XIII. y election de Sixto V. y las // cartas que dio su Sanctidad para los Reyes de // aquel Reyno, hasta la partida de Lisboa, y // mas seys cartas de la China y del // Iapõ, y de la llegada de los // señores Iapones a // Goa. // copilada por el Doctor Buxeda de Leyua, // vezino de la ciudad de Toledo. // [Al] Doctor Diego Clauero, del Real Cõsejo de // [su] Magestad, en el Reyno [de] Aragon. // En Caragoça. // Impressa con licencia, en casa de Pedro Puig, Im-// pressor de libros Año 1591. // Acosta de Antonio Hernandez mercarder de libros. In-8, 8 ff. n. ch. + 176 ff. ch. par erreur 179.

British Museum, 1434. a. 17.

—— De // trivm regvm // Iaponiorvm legatis, // qvi nvper Romam profecti, // Gregogorio XIII, Pont. Max. // obedientiam publicè praestiterunt, // Varia // Quae Lectorem mirificè delectare, & piorum // omnium animos ad maximas Deo gra-// tias agendas vehementer exci-// tare possunt. // [*armes*] // Lovanii, // Ex officina Ioannis Masij, sub viridi Cruce. // M.D.LXXXV. In-4, pp. 23.

British Museum, G. 6903.

— De || trivm regvm || Iaponiorvm legatis, || qvi nvper Romam profecti, || Gregoris XIII. Pont. Max. || obedientiam publicè præstiterunt, || Varia || Quæ Lectorem mirificè delectare, & piorum omnium || animos ad maximas Deo gratias agendas vehe-||menter excitare possunt. || Denuo impressa cum extracto quarundam litterarum Roma || missarum de eorum ad suos reditu. || [*vig.*] || Lovanij, || Ex officina Ioannis Masij, sub viridi Cruce. || Anno M.D.LXXXV. || Cvm gratia et privilegio. || In-4, pp. 24.

British Museum, 493. h. 24.

— De. || trivm regvm || Iaponiorum legatis, || qvi nvper Romam || profecti, Gregorio || XIII. Pont. Max. Obedien-||tiam pvplice præ-||stitervnt. || Varia || Quæ Lectorem mirificè delectare, & piorum omnium || animos ad maximas Deo gratias agendas vehe-||menter excitare possunt. || [*vig.*] || Antverpiæ, || Excudebat Martinus Nutius ad insigne dua-||rum Cyconiarum. Anno 1593. || Pet. in-8, ff. 16 n. ch.

British Museum, 1369. a. 29.

Traduit en portugais, en 1862, par Ant. Jos. de Figueiredo, qui le publia, en articles, dans l'*Archivo pittoresco*. (Sommervogel.)

J'ai donné, p. 8 de mes *Fragments d'une histoire des Études chinoises au XVIIIe siècle* et dans *L'Imprimerie Sino-européenne en Chine*, p. 45, ainsi que dans la *Bib. Sinica*, col. 2317-8, un facsimile du titre de l'ouvrage du P. de Sande, d'après l'ex. du British Museum. — Retana, *La Imprenta en Filipinas*, p. 138, l'a également reproduit d'après l'ex. de la Bib. universitaire de Séville et J. T. Medina, *Nota bibliográfica*.

Eduardo da Sande, S. J., 孟三德 *Meng San-té*, né 4 nov. 1531, à Guimaraẽs (Portugal); arrivé en Chine en 1585; † à Macao, le 22 juin 1600.

—— Nota bibliográfica sobre un libro impreso en Macao en 1590 por José Toribio Medina. Sevilla, Imprenta de E. Rasco, Bustos Tavera, núm. 1, MDCCCXCIV. Br. in-4, pp. 15.

Tirada de cien ejemplares.

Cette plaquette a pour but de prouver que le livre du P. de Sande n'est pas *le premier imprimé à Macao*.

* * *

—— *Ambasceria de' re Giapponesi al Sommo Pontefice estratta da libro I delle Opere sul Giappone del Padre Daniello Bartoli D. C. D. G. Napoli, Andrea Festa, 1851. In-18, pp. 180. (Tome 16 de la *Collezione di buoni libri a favore della verità e della virtù*.)

Sommervogel.

—— Annales ecclesiastici qvos post Caesarem S. R. E. Card. Baronivm Odoricvm Raynaldvm ac Iacobvm Laderchivm..... continvat Avgvstinvs Theiner. — III, Romae, 1856, in-fol.

Voir pp. 637 seq. : «Ingentem quidem Pontifex ex Japoniorum Regum legatione accepit laetitiam : ad quem Franciscus Bungi Rex, Protasius Arimanorum et Bartholomaeus Omurenorum suos Oratores miserant, qui triennio in navigatione consumpto, IX. Kal. Aprilis Summo Pontifici procubuerunt.....»

Voir pp. 640 seq. : «Acta Consistorii publici exhibiti a Sanctissimo Dño Nostro Gregorio Papa XIII. Legatis Japoniis die 23. Martii MDLXXXV.»

—— Le antiche ambasciate giapponesi in Italia Saggio storico di Guglielmo Berchet Con documenti. — Estratto dall' *Archivio Veneto* Tom. XIII e XIV. — Venezia Tip. del Commercio di Marco Visentini, 1877, in-8, pp. 138.

—— Francesco Boncompagni-Ludovisi Le prime due Ambasciate dei Giapponesi a Roma (1585-1615). Con nuovi Documenti. In Roma, MCMIII. — Per Forzani & Comp. Tipografi del Senato. In-4, pp. lxxxxj-71, portrait et carte.

—— Les Daymiô chrétiens ou un siècle de l'histoire religieuse et politique du Japon 1549-1650, par M. Steichen M. A. Hongkong, Imprimerie de la Société des Missions étrangères, 1904, in-16, pp. IX-454.

Bib. nat., O²o 562.

—— *Wahrafftige Geschichts-Erzehlung, welcher massen die newerfundene Insulen in Japonien zu Christliche Glauben bekert etc. etc. worden. Augspurg, 1585, in-4.

De Backer.

—— Warhafftiger Bericht/ // Von den New= // erfundnen Japponischen // Inseln von Königreichen / auch von anderen // zuvor unbekandten Indianischen Landen. Darinn der // heilig Christliche Glaub wunderbarlich zu= // nimpt vnd auffwächst. // Allen frommen Christen // gantz lustig vnd nutzlich zulesen. // Durch // Renvvardvm Cysatvm, // Burgern zu Lucern / ausz dem Italienischen // in das Teutsch gebracht/ vnd jetzt zum ersten=//mal im Truck auzgangen. // Getruckt zu Freyburg // in Vchtlandt / bey Abraham // Gemperlin, 1586. Pet. in-8.

Cesare de i Fedrici.

—— Viaggio // di M. Cesare // de i Fedrici, // nell' India orientale, // et oltra l'India : // Nelquale si contengono cose diletteuoli dei // riti, & de i costumi di quei paesi, // Et insieme si descriueno le spetiarie, droghe, gioie, // & perle, che d'essi si cauano. // Con alcuni auertimenti vtilissimi a quelli, che // tal viaggio volessero fare. // Con privilegio. // [*fleuron*] // In Venetia, MDLXXXVII. // Appresso Andrea Muschio. Pet. in-8, 7 ff. n. ch. tit. ép. et tab. + 1 f. blanc + pp. 174.

—— The // Voyage and Trauaile : // of M. Caesar Frederick, // Merchant of Venice, into // the East India, the Indies, and beyond // the Indies. // Wherein are contained very pleasant and // rare matters, with the customes and rites // of those Countries. // Also, heerein are discovered // the Merchandises and commodities of those Countreyes, aswell // the aboundaunce of Goulde and Siluer, as Spices, // Drugges, Pearles, and other // Iewelles. // Written at Sea in the *Hercules* // of London : comming from Turkie, the 25. of March 1588. // For the profitable instruction of Merchants and all other // trauellers, for their better direction and knowledge // of those Countreyes // Out of Italian, by TH. // [*fleuron*] // At London, // Printed by Richard Jones // and Edward White, // 18. Iunij. 1588. In-4, 3 ff. n. ch. tit., ép., etc. + 41 ff. ch.

L'épitre à Charles, Lord Howard, Baron of Effinghame, est signée Thomas Hickock.

—— The voyage and trauell of M. Caesar Fredericke, Marchant of Venice, into the East India, and beyond the Indies. Wherein are conteined the customes and rites of those countries, the merchandises and commodities, as well of golde and siluer, as spices, drugges, pearles, and other iewels; translated out of Italian by M. Thomas Hickocke. (Hakluyt's *Coll. of the early Voyages*, New ed., II, Lond., 1810, pp. 339-375.)

—— Extracts of Mastar Caesar Frederike his eighteene yeeres Indian Obseruations. (Purchas, *His Pilgrimes*, Second Part, 1625, pp. 1702-1722.)

—— A // Short Account // of the // Marratta State. // written in Persian // By a Munshy, // Who accompanied Col. Upton on his Embassy to Poonah. // Translated by // William Chambers, Esq. // Chief Judge of the Supreme Court of Judicature // at Fort William in Bengal. // To which is added, // The Voyages and Travels // of // M. Caesar Fredericke, // Into the East-Indies and beyond the Indies. // — Calcutta printed, // and London reprinted for Geo. Kearsley, // At No. 46, in Fleet-Street. 1787. // Price two shillings. In-8, pp. 112.

«These two Productions are extracted from the *Asiatic Miscellany*, a periodical Work, now printing at Calcutta, under the Patronage of Sir William Jones, William Chambers Esq., and other respectable Characters, resident in that part of the Globe.»

—— Caesar Frederiks // agtien-Jarige // Reys // na en door // Indien, // Anno 1563 en vervolgens. // Seer naauwkeurig door hem selfs beschreven. // Nu aldereerst uyt het Engelsch vertaald. // Met nodige Konstprinten, en een volkomen // Register verrijkt. // Te Leyden, // by Pieter Vander Aa, Boekverkoper, 1706. — // Met Privilege. (*De Aanmerkens-waardige Voyagien.*) In-fol., pp. 35, ill. et carte.

— Ramusio, III.

— P. Amat di S. Filippo, *Studi biog. e bibliografici*, I, 1882, pp. 302-306.

1585, 1586, 1587.

—— Avvisi ‖ della Cina ‖ et Giapone ‖ del fine dell' ‖ anno 1586. ‖ Con l'arrivo delli ‖ Signori Giaponesi nell' India. Cauati dalle lettere della Compagnia di Giesú. Riceuute il mese d'Ottobre 1588. In Roma, Appresso Francesco Zannetti. 1588. Con Licentia de' Superiori. In-8, pp. 68.

Cavato di vna lettera del P. Al. Valignano, Prov. dell' India, scritta al R. P. Gen. della C. di Giesù da Cocino a 14 Gennaio 1587, pp. 3-5.

Copia d'vna del Padre Antonio Dalmeida scritta da Ciquione, città nel mezzo della Cina, al P. Odoardo di Sande superiore di quei che sono nella città di Xauchino della C. di Giesù delli 10. di Febraro 1586, pp. 6-17.

Cauato d'vn altra del P. Prouinciale scritta al Reuerendo P. Generale, da Goa à 19. di Dec. 1587, pp. 17-19.

L. del P. Froes, 7 ott. 1586, pp. 19-58.

L. del P. P. Gomez, 2 ott. 1586, pp. 58-63.

L. del Ambasciator del Ré di Bungo, Goa, 6 Dec. 1587, pp. 63-68.

Cat. Mourier, 367, 30 fr.

—— *Avvisi della Cina et Giapone del fine dell' anno 1586..... Roma, e poi in Verona, per il Discepolo. (1588), in-8, pp. 68.

J. Halle, Cat. XLII, Munich, M. 45.

—— Avvisi ‖ della Cina ‖ et Giapone ‖ del fine dell'- ‖ Anno 1586. ‖ Con l'arrivo delli ‖ Signori Giaponesi nell' India. ‖ Cauati dalle lettere della Compagnia di Giesú. ‖ Riceuute il mese d'Ottobre 1588. // Con Priuilegio. ‖ [*marque*] // In Milano, Per Pacifico Pontio. 1589. ‖ Con licentia de' Superiori. Pet. in-8, pp. 63.

—— Avvisi della Cina, et Giapone del Fine dell' anno 1587. Con l'arriuo de' Signori Giaponesi nell' India. Cauati dalle lettere della Compagnia di Giesv. Riceuute il mese d'Ottobre 1588. Con licenza de' svperiori. In Venetia, appresso i Gioliti. 1588. Pet. in-8, pp. 64.

Cat. Mourier, 368, 25 fr.

— * Brescia, 1588, in-8. (Carayon, 641. — Ternaux-Compans, 604.)

— * Anversa, 1589, in-8. (Carayon, T. C., 621.)

—— Advertissement ‖ de la Chine, ‖ et Iapon, de ‖ l'an 1585. 86. et 87. ‖ Auec l'Arriuée & venuë des Sei- ‖ gneurs Iaponnois aux Indes. ‖ Tirez des lettres de la Compa- ‖ gnie de Iesus. ‖ Receuz le moys d'Octobre 1588. ‖ Et traduitz d'Italien en François, sur la ‖ Copie Imprimée à Rome. ‖ A Paris, chez Nicolas Niuelle, aux deux ‖ Collonnes, Rue S. Iacques. ‖ M. D. LXXXIX. ‖ Auec Priuilege du Roy. In-8, 73 ff. + 1 f. p. l'er.

—— * Advertissemens novveaux, des roiaumes de la Chine et de Giapon. Escris sur la fin de l'an 1586. Auec le retour des Princes Giaponnois aux Indes. Le tout extraict des lettres des Peres de la Compagnie de Iesvs: receuës ce dernier mois d'Octobre 1588. Et traduit d'Italien en François. A Lion, Pour Iean Veyrat, 1589. In-8, pp. 111.

Sommervogel.

—— Nouvelles de l'an 1587 des royaumes de Japon et de Chine situez aus Indes orientales; tirées d'une lettre du Prouincial de la Comp. de Jesus. Douay, 1588, Pet. in-8, pièce de 4 ff. (Cat. Sobolewski, No. 3325.)

—— Avisos ‖ de la China ‖ y Iapon, del fin ‖ del ano de 1587. Recebidos ‖ en Octubre de 88. sacados de ‖ las cartas de los padres de la ‖ Compañia de Iesus que andā ‖ en aquellas partes. ‖ Con Licencia y Priuilegio. ‖ En Madrid, ‖ Por la biuda de Alonso Gomez ‖ Impressor de su Magestad. ‖ 1589. Pet. in-8, 4 ff. n. ch. p. l. tit., er., lic. + 45 ff. + 1 f. n. ch. p. le colophon.

Donné en espagnol par Buxeda de Leyva, et inséré dans son *Historia de Japon*, Zaragoça, 1591, in-8, col. 102.

En latin; — pp. 72-85 de : *Narrationes rerum Indicarum, interprete* Gul. Huysmanno (Lovanii, 1589, in-12). — Inséré par le P. J. Hay, pp. 903-909, dans : *De rebus japonicis epistolae* (Antverpiae, 1605, in-8).

—— Litterae // Societatis // Iesv // dvorum. annorvm // M.D.LXXXVI // et // M.D.LXXXVII // ad. Patres. et. fratres // eiusdem Societatis. // [*fleuron*] // Romae // In Collegio eiusdem Societatis. // M.D.LXXXIX // Cum facultate Superiorum. Pet. in-8, pp. 592.

India, pages 576-592 [Japon, p. 589]. — British Museum, 4785. c. 11 (2).

—— * Ragvaglio d'vn notabilissimo Navfragio, cavato d'vna lettera del Padre Pietro Martinez, scritta da Goa al molto Reuerendo P. Generale della Compagnia di Giesv alli IX di Decembre M. D. lxxxvi. Roma, Appresso Francesco Zannetti, 1588, in-8, pp. 58.

—— —— * Milano, 1588, in-8.

—— —— * Venetia, 1588, in-8.

—— * Recueil d'un fort notable navfrage tiré des lettres dv Pere Pierre Martinez, escrites en la ville de Goa ès Indes Orientales, au Reuerend P. General de la comp. du nom de Iesus, le 9e iour de Decembre 1586. Paris, Nic. Niuelle, in-8, 54 ff.

Au fol. 49-54 : Advertissement de l'estat de la religion ès pays orientaux, des Moluques, de la Chine et du Japon, Envoyé par le provincial des Indes, par lettres datées de Cochin le 14 janvier 1587.

Le P. du Jarric donne en partie ce récit, 2e part., liv. 1, ch. 11 et 12, de son *Histoire*... des Indes.

Sommervogel.

—— Sendtschreiben ‖ Ausz den weit- ‖ berhümpten Landschaff- ‖ ten China | Japon vñ Jndia | desz ‖ sechs vnnd achtzigisten | vnnd siben ‖ vnd achtzigisten Jahrs. ‖ Sampt ‖ Angehenckter erzehlung ei- ‖ nes merck-lichen Schiffbruchs | wie ‖ in andern schreiben desz P. Petri Martonez ‖ an den Ehrwürdigen P. General der Socie- ‖ tet Iesv den 9. Decembris | Anno ‖ 1586. gethan | vermel- ‖ det wirdt. ‖ Mit Röm. Kay. Mayestet Freyheit. ‖ Getruckt zů Dilingen | durch ‖ Johannem Mayer. ‖ M. D. LXXXIX. In-8, 5 ff. n. ch. p. l. tit., etc. + pp. 211.

— * Peter Martinetz. Sendschreiben aus den weitberhumten Landschaften China, Japon und India anni 1585. Dillingen, G. Willern, in-8, 1589. (Ternaux-Compans, No. 626.)

En allemand par le P. Antoine Eglauer, dans t. III, 1795, pp. 47-108, de *Die Missionsgeschichte; Ost-indien*...

En italien dans les *Avvisi della Cina et Giappone del fine dell' anno 1586*. In Roma, 1588, in-8.

En portugais : Relaçaõ do Naufragio que padeceo nos baixos chamados da Jndia, — dans le P. Franco, t. I, pp. 281-297.

Pierre Martins, né à Coimbre en 1542; + près de Malacca, 13 février 1598. (Sommervogel.)

1588.

—— Anval de Iapam do anno de mil et quinhentos et oitenta et oito pera o Reuerendo padre gerāl da Companhia de Iesvs escrita pello padre Gaspar Coelho Vice prouincial de Iapão aos vinte, et qvatro de Feuereiro de mil et quinhentos et oitenta et none. (*Cartas escritas de Japão et China*, Evora, 1598, II, ff. 234-62.)

— * En allemand : Dilingen (?), 1586, in-8.

— * En italien : Roma, per Francesco Zannetti, 1589, in-8.

Sommervogel.

Luis Froes (1588).

Né en 1528 à Beja (Portugal); + le 8 juillet 1597 à Nagasaki.

Luis Froes «foi, segundo alguns, natural da cidade de Beja, e m. em Nangasaki no Japão, a 8 de Julho de 1697, ou a 8 de Janeiro, conforme o auctor do *Agiologio Lusitano*, e ahi diz que nascêra em Lisboa.» (Silva.)

—— — Carta // do padre Lvis Froes // da Companhia de Iesvs, // Em a qual da relação das grandes guerras, al- // terações & mudanças que ouue nos Reynos // de Iapão, & da cruel perseguiçao que o // Rey vniuersal aleuantou contra // os padres da Companhia, // & contra a Chri- // standade. // Ajuntouse tambem outra do Padre Organti- // no da mesma Companhia, que escreueo // das partes do Miaco. // [*fleuron*] // ¶ Impressas com licença de S. Magestade, & de // Conselho Geral do Saucto Officio, // & Ordinario. // Por Antonio Aluarez Impressor. Anno 1589. Pet. in-8, 2 ff. prél. n. ch. tit. et app. + 95 ff.

Bib. nat., $\frac{O^2o}{86}$; il y en avait un ex. dans l'ancienne bibliothèque de Joaquim Pereira da Costa et dans la Bibliothèque nationale de Lisbonne. (Silva, V, p. 292.)

Réimprimé avec le titre suivant :

—— Relação // das grandes alteraçoẽs // & mudanças que ouue em os Reynos de // Iapão annos de 87. & 88. // E da perseguição que o Rey de todo o Iapão le-// uantou contra a Christandade, E da grande // Fé, & constancia dos Christãos. // Enuiada ao muito Reuerendo Padre Géral da Com-// panhia de Iesvs pelo Padre Luis Froes. // Ajuntouse outra Carta do Padre Organtino // da mesma Companhia. // [*fleuron*] // Com licença dos superiores impresso, em Coimbra // por Antonio de Barreira, impressor da Vniuersidade. // 1590. In-8, pp. 126.

British Museum, 493. h. 14.

Silva cite les ex. de l'Archivo Nacional et de l'ancienne bibliothèque de Joaquim Pereira da Costa.

—— Jahrbrieff : // Ausz der gewal- // tigen vnnd weitberhůmbten // Jnsel vnnd Landschafft Iapon / an- // den Ehrwürdigen Herrn General / der // Societet Iesv / den

20. Febr. // Anno 88. geschriben. // Dariñen vil gründtliche / denck= // würdige Historien vnnd Zeittungen / son= // derlich der vnuersehenlichen geschwinden verän- // derung / jetziger zeit Obersten Haupts gantz *Iapo- // niae, Quabacundono;* Auch der grossen / verwun= // derlich vnd lobwürdigen standhafftig= // keit der newen angehenden / vnd // allbereyt getaufften /// Christen. // Zů trost vnd mehrer aufferbawung // den Gůthertzigen / in eyl / ausz der Ita= // lienischen / in vnser Hochteutsche // Sprach / gebracht. // Mit Röm. Keys. Maiestát Freiheit. // Gedruckt zů Dilingen / durch // Johannem Mayer. // 1590. Pet. in-8, 5 ff. n. ch. p. le tit. et la préf. + ff. 151 (chif. 351 par erreur).

Signé : Ludouicus Frois.

—— Annales // Indiqves, // contenantes la vraye // narration et advis de ce // qu'est advenu & succedé en Iapon, & aultres // lieux voisins des Indes, enuoyez par les Peres de // la Société de Iesvs au R. P. Claude Aquauiua // General de la dicte Compagnie, en l'an 1588. // Nouuellement traduictes en François. // [*vig.*] // A Anvers. // En l'Imprimerie Plantinienne. // Chez la Vefue, & Iean Mourentorf. // M. D. XC. Pet. in-8, pp. 165.

D'Arima, le 20 de Feburier M.D.LXXXVIII, Louys Froës.

Suit, imprimé dans un caractère différent, p. 157 : Lettre du P. Michel Ruggiero de la Chine du 8 Nov. 1586.

British Museum, G. 6867. — Cat. Mourier, No. 399, 40 fr. — Trad. ou édité par le P. Th. de Sailly, S. J. (Sommervogel.)

—— Relacion de vna gravissima persecuciõ, que vn tyrano de los Reynos de Iapon, llamado Cãbucodono, ha leuãtado contra los christianos, en los años de 88. y 89. Y de las marauillas que ñro Señor ha obrado por medio della. Escrita por los padres de la Compañia de Iesvs que residen en el lapon. 1591. Con privilegio. En Madrid, por Pedro Madrigal. Pet. in-8.

Contient des lettres des PP. L. Froes, Organtino, Coelho et Duarte de Sande.

—— Lettera // Annale // del Giapone // scritta // al padre generale // della Gompagnia // di Giesv // Alli xx. di Febraio M. D. LXXXVIII. // [*fleurôn*] // In Roma. // Appresso Francesco Zannetti, In Piazza di // Pietra. 1590. // — Con Licenza de' Svperiori. Pet. in-8, pp. 119.

Au verso de la dernière page : Registro // A B C D E F G H I K L M N O. // Tutti sono mezzi fogli, eccetto A // che é foglio intero. // In Roma, // Appresso Francesco Zannetti. // M.D.XC. // — Con licenza de' Superiori.

Daté : D'Arima alli 20 di Febraio. M. D. LXXXVIII. Luigi Frois.

Bib. nat., O²o 87.

—— * P. Antonio Vasconcellos. — Relação da perseguição de Japão, pelos annos de 1588 e 1589 (es sacada de tres cartas da India). 1591, in-8.

Pinelo, 162. — Pagès, 45. — Sommervogel d'après Carayon.

Ant. Vasconcellos, né à Lisbonne en 1555; † à Evora, le 12 juillet 1622.

—— Lettera // annale // del Giapone // scritta // al Padre generale // della Compagnia // di Giesv // Alli 20. di Febraro M.D.LXXXVIII. // Con Priuilegio. // [*vig.*] // In Milano, Per Pacifico Pontio. 1590. // Con licenza de' Superiori. Pet. in-8, pp. 164.

D'Arima alli 20. di Febraio. M. D. LXXXVIII. Luigi Froes.

British Museum, 4767. aa. 19.

—— Algvns ‖ Ca- ‖ pitvlos tirados das car- ‖ tas que vieram este anno de 1588. dos Padres da ‖ Companhia de Iesv que andam nas partes da ‖ India, China, Iapão, & Reino de Angola, im- ‖ pressos pera se poderem com mais facilidade ‖ cõmunicar a muitas pessoas que os ‖ pedem. ‖ Collegidos por o Padre Amador Rebello da mesma ‖ Companhia, procurador geral das prouincias ‖ da India, & Brasil. &c. ‖ Em Lisboa, ‖ Impressos com licença do Conselho geral ‖ da sancta Inquisição, & do Ordinario. ‖ Per Antonio Ribeyro. ‖ 1588. Pet. in-8, 64 feuillets.

Grenville, 6494.

Gasparo Balbi.

—— Viaggio // dell' Indie // orientali, // di Gasparo Balbi, // Gioiellierio Venetiano. // Nelquale si contiene quanto egli in detto viaggio // hà veduto per lo spatio di 9. Anni consumati // in esso dal 1579. fino al 1588. // Con la relatione de i datij, pesi,

& misure di tutte le // Città di tal viaggio, & del gouerno del Rè del Pegù, & // delle guerre fatte da lui con altri Rè d'Auuà & di Sion. // Con la Tauola delle cose più notabili. // Con privilegi. // In Venetia, MDXC. // — Appresso Camillo Borgominieri. // Pet. in-8, 16 ff. n. ch. p. l. tit. et l. tab. + ff. 149 (ch. 159 par erreur) + 23 ff. n. ch.

— Venezia, 1600, in-8.

— De Bry, Francofurti, 1606, in-4.

— Voyages... Faits de Perse aux Indes Orientales... par le Sr. Jean Albert de Mandelslo..... Amsterdam, MDCCXXVII, 2 vol. in-fol.

Voir *Bib. Sinica.* — Renferme un abrégé du voyage de Balbi.

— Cf. P. Amat di S. Filippo, *Studi biog. e bibliogr.*, pp. 324-336.

—— Gasparo Balbi his Voyage to Pegu, and obseruations there, gathered out of his owne Italian Relation. (Purchas, *His Pilgrimes*, Second Part, 1625, pp. 1722-1729.)

—— Gasparo Balbi his Voyage to Pegu, and Observations there; gather'd out of his Italian Relation. (*Collection of Voyages and Travels*, by John Harris, London, MDCCV, I, p. 279.)

—— Gasparo Balbi's Voyage to Pegu, and Observations there gathered from his own Italian Relation. (*General Collection of Voyages and Travels*, by John Pinkerton, London, 1811, IX, pp. 395-405.)

Ralph Fitch.

—— The long, dangerous, and memorable Voyage of Ralph Fitch, by the way of Tripolis in Syria, to Ormuz, Goa in the East Indies, Cambaia, the River Ganges, Bengala, Bacola, Chonderi, Pegu, Siam, &c., begunne in 1583 and ended in 1591. (Hakluyt, *Principal Navigations*, 1889, Vol. 2.)

—— The Voyage of Master Ralph Fitch Merchant of London to Ormus, and so to Goa in the East India to Cambaia, Ganges, Bengala; to Bacola, and Chonderi, to Pegu, to Iamahay in the Kingdome of Siam, and backe to Pegu, and from thence to Malacca, Zeilan, Cochin, and all the Coast of the East India: begun in the yeere of our Lord 1583. and ended 1591. (Purchas, *His Pilgrimes*, Second Part, 1625, pp. 1730-1744.)

—— A Voyage perform'd by Mr. Ralph Fitch, Merchant of London, to Ormus, and from thence through the whole East-Indies. Written by himself. (*Collection of Voyages and Travels*, by John Harris, London, MDCCV, I, pp. 206-214.)

—— The Voyage Of Mr. Ralph Fitch, Merchant of London, To Ormus, and so to Goa in the East India; to Cambaia, Ganges, Bengala; to Bacola and Chonderi, to Pegu, to Jamahay in the Kingdom of Siam, and back to Pegu, And from thence to Malacca, Zeilan, Cochin, and all the Coast of the East India. Begun in the Year of our Lord 1583, and ended 1591. (*General Collection of Voyages and Travels*, by John Pinkerton, London, 1811, IX, pp. 406-425.)

—— Ralph Fitch England's Pioneer to India and Burma His Companions and Contemporaries with his remarkable Narrative told in his own words. By J. Horton Ryley Member of the Hakluyt Society. London, T. Fisher Unwin, 1899, in-8, pp. XVI-264.

—— Aanmerklyke // Reys // van // Ralph Fitch, // Koopman te Londen, // Gedaan van Anno 1583 tot 1591. // Na Ormus, Goa, Cambaya, Bacola, Chonderi, Pegu, // Jamahay in Siam, en weer na Pegu: van daar na // Malacca, Ceylon, Cochin, en de geheele // Kust van Oost-Indiën. // Nu aldereerst uyt het Engelsch vertaald. // Met schoone Figuëren, en een volkomen Register. // Te Leyden, // By Pieter Vander Aa, Boekverkooper // 1706. — Met Privilegie. In-8. — (*Naaukeurige Versameling der gedenkwaardigste Reysen Na Oost en West-Indiën*, Vol. 66, pp. 43 + 3 ff. n. ch.)

—— Aanmerklyke // Reys // van // Ralph Fitch, // Koopman te Londen, // Gedaan van Anno 1583 tot 1591. // Na Ormus, Goa,

Cambaya, Bacola, Chonderi, Pegu, Ja- // mahay in Siam, en weer na Pegu: van daar na Malacca, // Ceylon, Cochin, en de geheele Kust van // Oost-Indien. // Nu aldereerst uyt het Engelsch vertaald. // Met shoone Figueren, en een volkomen Register. // Te Leyden, // By Pieter vander Aa, Boekverkoper, 1706. // — Met Privilegie. (*De aanmerkenswaardigste Zee- en Landreizen*, deel 5, col. 31.) 1 f. n. ch. p. l. t.

* * *

—— Historia // Indiae // Orientalis, // ex variis avctori- // bvs collecta, et iuxta // seriem topographicam regno- // rum, Prouinciarum & Insularum, per Africae, // Asiaeque littora, ad extremos vsque Ia- // ponios deducta, //... Avtore // M. Gotardo Arthus // Dantiscano. // Coloniae Agrippinae. // Svmptibus Wilhelmi // Lutzenkirch. // Anno M. DC. VIII. Petit in-8, 10 ff. n. ch. tit., etc. + pp. 616.

Cap. XXXVI. De Svperiore India, maxime vero de regno Pegu, & Regis Peguani potentia, p. 309.

Cap. XXXVII. De Superstitionibvs, solemnitatibus & bellis Peguanorum varijs, p. 319.

Cap. XXXVIII. De Siano regno potentissimo, eiusque ad Peguanorum Regem translatione, Itemque de Patane regno inter Sianum & Malacam medio, p. 329.

Cap. XXXIX. De Malacae Vrbis et Regni initio, progressu, & ad Lusitanos transitu, p. 340.

Cap. XLIX-LIII. China, p. 465.

Cap. LIV-LVIII. Japonia, p. 528.

1589-1590.

—— Lettere ‖ del Giapone' ‖ et della Cina ‖ de gl'anni ‖ M. D. LXXXIX, & M. D. XC. ‖ Scritte al R. P. Generale della Com- ‖ pagnia di Giesv. ‖ In Roma, ‖ appresso Luigi Zannetti. M. D. XCI. ‖ — Con licentia de' svperiori. ‖ Pet. in-8, pp. 214 [chif. par erreur *114*].

Contient:

Lettera annale del Giapone delli 24. di Febraio 1589... Da questa Chiesa nostra di Canzusa à 24. di Febraro 1589, pp. 3-159.

Altri avisi delle medesime parti del Giapone estratti da vna lettera del P. Luigi Frois al P. V. Prouinciale, data a 22. di Luglio. 1589, ff. 159-168.

Di vn altra del P. Francesco Perez intorno alla Christianità della Città di Arie, ff. 168-170.

Del medesimo padre Francesco Perez intorno à quello che auuēne in Amanguccì dopò la partità de i Nostri Padri da quella Città, ff. 170-181.

Copia d'vna del P. Egidio della Matta scritta al P. General della Compagnia di Giesù dal medesimo Regno del Giapone à 25. di Luglio 1590, ff. 181-187.

Avvisi della Cina cavati da vna del P. Antonio Dalmeida scritta dalla Città di Sciauchino alli 8. di Settembre 1588. à Macao al P. Duarte di Sande, ff. 187-199.

Di vna del P. Provinciale dell' India al R. P. Generale delli 22. di Nouembre 1589, ff. 199-200.

Copia d'vna del P. Dvarte di Sande Superiore della Casa della Compagnia di Giesv in Macao Porto della Cina scritta al R. P. Generale à 28. di Settembre 1589, ff. 200-214.

—— Lettere del Giapone et della Cina de gl' anni M. D. LXXXIX. & M. D. XC. Scritte al R. P. Generale della Compagnia di Giesv. In Venetia, M. D. XCII. Appresso Gio. Battista Ciotti Senese al segno della Minerua. Pet. in-8, pp. 214.

— Le même. In Milano, Per Pacifico Pontio. M.D.XCII. Pet. in-8, pp. 214.

La lettre du P. de Sande, du 28 sept. 1589 est imprimée en portugais, langue dans laquelle elle fut écrite dans «Relação da Perseg. do Japão» du P. Antoine Vasconcellos. 1588. (De Backer III, col. 528.) — Voir col. 112.

—— * Lettere del Giapone, et della Cina degl'anni M. D. LXXXIX et M. DXC. Scritte al R. P. Generale della Compagnia di Giesu. In Brescia, Appresso Vincenzo Sabbio, M. D. XCII. Con licenza de' Superiori. In-8, pp. 186.

Sommervogel.

—— Copia di dve // lettere annve // scritte dal Giapo- // ne del 1589. & 1590. // L'vna dal P. Viceprouinciale al P. Alessandro Valignano, l'altra dal P. Luigi Frois al P. Ge- // nerale della Compagnia di Giesu. // Et della Spagnvola // nella Italiana lingua tradotte dal P. // Gasparo Spitilli della Compa- // gnia medesima. // [*vig.*] // Con licentia de' Svperiori. // — In Roma, Appresso Luigi Zannetti 1593. Pet. in-8, pp. 125.

British Museum, 4767. b. 35.

— * In Milano, Per Pacifico Pontio, 1593, in-8, pp. 106.

—— Sommaire ‖ des Lettres dv ‖ Iapon et de ‖ la Chine, ‖ de l'an M. D. LXXXIX. & M. D. XC. ‖ Escrites au R. P. General de la Compa- ‖ gnie de Iesvs, & traduites d'Italien ‖ en François selon la copie ‖ imprimée à Rome. ‖ [*fleuron*] ‖ A Paris, ‖ De l'Imprimerie de Leon Cauellat, au ‖ Gryffon d'argent ruë S. Iean ‖ de Lateran. ‖ M. D. XCII. In-8, pp. 134.

Bib. nat., O²o 88.

—— * Sommaire des lettres du Japon et de la Chine de l'an 1589 et 1590. Escrites au R. P. General de la Compagnie de Jesus. A Douay, chez la Vefve Jac. Boscard, 1592. In-8, pp. 223.

Le traducteur signe : A.L.B. de la C. de Jesus [Antoine Balinghem?]. (Sommervogel.)

—— * Lettres et advis du Japon, de la Chine, et d'autres endroicts des Indes Orientales de l'an 1589 et 1590... Pont-à-Mousson, par Étienne Marchant, 1592, 127 ff.

K. W. Hiersemann, Cat. 348, No 214.

—— Lettres // annvelles // escrites dv Iapon // l'an M. D. LXXXIX. // & M. D. XC. // Du P. Viceprouincial au P. Ale- // xandre Valignan, & du P. Loys // Froes au P. General de la // Compagnie de // Iesvs. // [*fleuron*] // A Paris, // Chez Hierosme de Marnef, & la // Vefue Guillaume Cauellat, au // mont S. Hilaire, au // Pelican. // M. D. XCIII. In-8, pp. 107.

A la fin : Acheué d'imprimé le 15. de Decembre 1593. par Leon Cauellat.

Lettres de Cansuquo, 7 oct. 1589, et Nancasachi, 12 octobre 1590.

Bib. nat., O²o 229.

—— Lettres ‖ dv Iapon, ‖ et de la Chine, ‖ des années ‖ 1589. & 1590. ‖ Et certains aduis du Peru, des annees ‖ 1588. & 1589. ‖ Enuoyez au Reuerend Pere General de la ‖ Compagnie de Iesvs. ‖ A Lyon, ‖ par Iean Pillehotte, ‖ à l'enseigne du nom de Iesvs. ‖ M. D. XCIII. ‖ Auec Permission des Superieurs. Pet. in-8, pp. 310.

Grenville 6685 (1). — Aux couronne et chiffre de Louis XIII et d'Anne d'Autriche. — Armes du P. Prondre de Guermante. — A fait partie de la *Bib. Heberiana.*

—— Fortsetzung ‖ Der Zeytungen ‖ vnd historischen Berichts | ausz ‖ den fürtrefflichen vnnd weitberümbten Ja- ‖ ponischen vnd Chinesischen Königreichen ‖ vnd Landen | wie auch beydes | so wol ausz ‖ den Orientalischen | als Occiden- ‖ talischen Indien. ‖ Darinn kürtzlich doch gründlich ‖ vermeldet wirde | was sich inn disen Kö- ‖ nigreichen | fürnemblich aberin Japon | vnangese- ‖ hen der grossen diser Zeit daselbst schwebenden Ver- ‖ folgung | mit der newen Christenheit vnd fortpflan- ‖ zung desz Christlichen Catholischen Glaubens im ‖ 1589. 1590. vnd 1591. Jar ‖ gedenckwürdig hat zu- ‖ getragen. ‖ Auch von glückseliger langerwarter heym- ‖ konfft der Japonischen Legaten | so weyland bey ‖ Gregorio XIII. zu Rom gewesen. Sehr ‖ nutzlich vnnd lustig zu lesen. ‖ Getruckt zu Jngolstatt durch ‖ Dauidem | Sartorium ‖ Anno | 1593. In-8, pp. 477.

José de Acosta.

Né à Medina del Campo vers 1539; † à Salamanque, le 15 février 1600.

—— Historia // natvral // y // moral de las // Indias, // en qve se tratan las cosas // notables del cielo, y elementos, metales, plantas, y ani- // males dellas : y los ritos, y ceremonias, leyes, y // gouierno, y guerras de los Indios. // Compuesta por al Padre Ioseph de Acosta Religioso // de la Compañia de Jesus. // Dirigida a la Serenissima // Infanta Doña Isabella Clara Eugenia de Austria. // Con Privilegio. // Impresso en Seuilla en casa de Iuan de Leon // Año de 1590. Pet. in-4, pp. 535 + 16 ff.

British Museum, 146. a. 3.

« Après avoir publié en latin ses deux livres *De natura novi orbis*, Acosta les traduisit en espagnol; il y joignit cinq autres livres de l'histoire des Indes, qu'il mit à la place du traité *De procuranda Indorum salute* et le tout fut imprimé en 1590, à Séville, chez Jean de Léon, sous le titre suivant : *Historia natural y moral de las Indias*...... Les héritiers de Bry l'ont insérée en latin dans leur collection latine, en allemand dans leur collection allemande. Selon David Clément, l'auteur de la traduction latine, imprimée par les héritiers de Bry, est Gothard Artus, lequel avoit fait d'abord une traduction du hollandais en allemand, et rendit ensuite cet allemand en latin. Clément n'indique pas ses autorités. Meusel nomme le traducteur allemand Jean Humberger, de Wétéravie, et il ajoute que la traduction allemande a été imprimée hors de la collection de de Bry, à Nivelles, en 1605, in-fol. Antoine, dans sa Bibliothèque espagnole, indique deux éditions particulières en allemand, l'une de 1599, l'autre de 1617. » (Camus, *Mémoire*, pp. 104-105.)

—— Historia // natvral y // moral de las // Indias. // En qve se tratan las // cosas notables del cielo, y elementos, metales, // plantas, y animales dellas: y los ritos, y // ceremonias, leyes, y gouierno, y // guerras de los Indios. // Compuesta por el Padre Ioseph de Acosta Religioso // de la Compañia de Iesus. // Dirigida al Illustrissimo Señor Don Enriqve de // Cardona Gouernador por su Magestad // en el Principado de Cathaluña. // [*fleuron*] // En Barcelona, a costa de Lelio marini, Vene- // ciano, al Carrer de la Boqueria, 1591. In-8, 345 ff. + 27 ff. p. l. tab.

British Museum, 978. a. 13.

—— Historia // Natvral y // Moral de las // Indias. // En qve se tratan las // cosas notables del cielo, y elementos, metales, plantas, y animales dellas: y los ritos, y // ceremonias, leyes, y gouierno, y // guerras de los Indios. // Compuesta por el Padre Ioseph de Acosta Religioso // de la Compañia de Iesus. // Dirigida al Illustrissimo Señor Don Enriqve de // Cardona. Gouernador por Su Magestad // en el Principado de Cathaluña. // [*marque*] // Con licencia en Barcelona, en la emprenta de // Jaime Cendrat, Año, 1591. In-8, 341 ff. + 56 ff. p. l. tab.

Ep. dédicatoire de Lelio Marini, Veneciano. — Sommervogel. — Cat. K. W. Hiersemann, N. 375, 1909, No 1, M. 60. — Retana, 37.

«Libro raro y muy estimado; la primera edición vió la luz en Sevilla, 1590; esta de Barcelona es la 2ª; la 3ª es de Madrid, 1608, y hay otras dos más, que separamos, de este último punto, und de ellas de 1792; sin contar la Italiana de 1596, la Inglesa, de Londres, 1604 y 1880; la Francesa, de Paris, 1616; la Holandesa, de Amsterdam, 1624, y otras, entre ellas la de Sevilla, 1894, que es fiel reproducciòn de la principe.» (Retana, 37, p. 29.)

—— Historia // natvral // y // moral de las // Indias, // en qve se tratan las cosa [*sic*] // notables del cielo, y elementos, metales, plantas, y anima- // les dellas: y los ritos, y ceremonias, leyes, y gouier- // no, y guerras de los Indios. // Compuesta por el Padre Ioseph de Acosta Religioso // de la Compañia de Iesus. // Dirigida a la Serenissima // Infanta Doña Isabela Clara Eugenia de Austria. // Año [*armes*] 1608. // Con licencia. // Impresso en Madrid en casa de Alonso Martin. // A costa de Juan Berrillo, mercader de libros. In-4, pp. 535 + 21 ff. n. ch. p. l. tab.

Bibliothèque de l'Institut. — Retana, 65. — British Museum, 978. k. 6.

—— Historia natural y moral de las Indias, en que se tratan de las cosas notables del Cielo, elementos, metales, plantas y animales de ellas; y los ritos, ceremonias, leyes, gobierno y guerras de los Indios. Por el Padre Joseph de Acosta, de la extinguida Compañia de Jesus. Dala a luz en esta sexta edicion D. A. V. C. Con licencia, en Madrid, por Pantaleon Aznar, Año de MDCCXCII. Se hallará en la Libreria D. Antonio del Castillo. 2 vol. in-4, 9 ff. n. ch. + pp. 306; 4 ff. + pp. 252.

Sommervogel. — British Museum, 9551. f. 3.

—— * Historia Natural y Moral de las Indias escrita por José de Acosta Publicada en Sevilla en 1590 y ahora fielmente reimpresa de la primera edición. Madrid, Anglès, 1894, 2 vol. in-8, pp. v + XXIII + 486; XVI-392.

Retana, 3438.

—— * Historia Natvrale, e Morale delle Indie; Scritta dal R. P. Gioseffo di Acosta della Compagnia di Giesù; nella quale si trattano le cose notabili del Cielo, e degli Elementi, Metalli, Piante et Animali di quelle: i suoi riti e ceremonia: Leggi et governi, et guerre degli Indiani. Nuouamente tradotta della lingua Spagnuola nella Italiana da Gio: Paolo Galucci Salodiano Academico Veneto. Com Privilegii. In Venetia, Presso Bernardo Bassa, all' insegna del Sole. M.D.XCVI. In-4, 23 ff. prél. + 173 ff.

Le chanoine Jos. Ant. Lotti, de Modène, mort le 27 octobre 1787, en laissa une traduction italienne en manuscrit. (De Backer.) — Retana, 42.

—— The // Natvrall // and Morall Historie of the // East and West // Indies. // Intreating of the remarkeable things of Heaven, of the // Elements, Mettalls, Plants and Beasts which are pro- // per to that Country: Together with the Manners, // Ceremonies, Lawes, Governements, and Warres of // the Indians. // Written in Spanish by Ioseph Acosta, and translated // into English by E. G. // London // Printed by Val : Sims for Edward Blount and William // Aspley. 1604. In-4, 3 ff. n. ch. tit., déd., etc. + pp. 590 + 7 ff. n. ch. tab.

British Museum, 978. f. 9. — Grenville 15.020. — E. G. = Edward Grimstone.

— The Natural & Moral History of the Indies, by Father Joseph de Acosta. Reprinted from the English Translated Edition of Edward Grimston, 1604. And edited, With Notes and an Introduction, by Clements R. Markham, C. B., F. R. S. Vol. I. The Natural History (Books I, II, III and IV). London: Printed for the Hakluyt Society. — M D CCCLXXX, in-8, pp. XLV — pages 1-295.

— — Vol. II. The Moral History (Books V, VI, and VII). *Ibid.*, M.D.CCCLXXX, in-8, pp. XIII — pages 296-551.

L'Index occupe les pp. 535-551.

Forment les Vols. LX et LXI de la Collection de l'Hakluyt Society.

— Histoire // natvrelle // et moralle // des Indes, tant Orientalles qu'Occidentalles. // Où il est traicté des choses remarquables du Ciel, // des Elemens, Metaux, Plantes & Animaux // qui sont propres de ces païs. // Ensemble des // mœurs, ceremonies, loix, gouuernemens & // guerres des mesmes Indiens. // Composée en Castillan par Ioseph Acosta, & // traduite en François par Robert // Regnault Cauxois. // Dedié av Roy. // [*fleuron*] // chez Marc Orry, ruë S. Iaques. // au Lyon Rampant. // M.D.XCVIII. Pet. in-8, 8 ff. n. ch. tit., etc. + 375 ff. ch. + 17 ff. n. ch. table.

Sommervogel. — Fred. Muller, Amst. 1910, No 348, d. mar., Flor. 50. — Bib. de l'Institut (Fonds Benj. Delessert).

— Histoire // natvrelle // et moralle // des Indes, tant Orientalles // qu'Occidentalles : // Où, il est traicté des choses remarquables du Ciel, des // Elemens, Metaux, Plantes & Animaux qui sont // propres de ce pays. Ensemble des mœurs, ceremonies, // loix, gouuernemens & guerres des mesmes Jn- // diens. // Composée en Castillan par Ioseph Acosta, & // traduite en François par Robert // Regnault Cauxois. // Dedié av Roy. // Derniere edition, reueuë & corrigee // de nouueau. // [*fleuron*] // A Paris, // Chez Marc Orry, ruë S. Iaques // au Lyon Rampant. // — M. D. C. In-8, 7 ff. n. ch. tit., déd., etc. + 1 f. blanc + 375 ff. + table 34 p. n. ch.

— Histoire // natvrelle // et moralle // des Indes, tant Orientalles // qu'Occidentalles. // Où il est traitté des choses remarquables du Ciel, des // Elemens, Metaux, Plantes *&* Animaux qui sont // propres de ce païs. Ensemble des moeurs, ceremonies, // loix, gouuernemens, *&* guerres des mesmes Indiens. // Composée en Castillan par Ioseph Acosta, // & traduite en François par Robert // Regnault Cauxois. // Derniere edition, reueüe *&* corrigée de nouueau. // [*vig.*] // A Paris, // Chez Marc Orry, rüe sainct Iaques, // au Lyon Rampant. // — M. DCVI. Petit in-8, 8 ff. n. ch. tit., etc. + 352 ff. ch. + 18 ff. n. ch. table.

British Museum, 1434. b. 11.

— Histoire natvrelle et morale des Indes ... Derniere Edition reveve, et corrigee de nouueau. Paris, Adrien Tiffaine, 1616. In-8, 7 ff. n. ch. + pp. 375 + 16 ff. n. ch. p. l. tab.

— — Paris, Adrien Tiffaine, 1617. In-8, 7 ff. n. ch. + pp. 375 + 16 ff. n. ch.

Même éd. que la précédente; la date seule est changée.

— *Historie Naturael ende Morael van de Westerche Indien : Waer inne ghehandelt wordt van de merckelijkste dinghen des Hemels, Elementen, Metalen, Planten ende Ghedierten van dien : als oocks de Manieren, Ceremonien, Wetten, Regeeringen ende Oorloghen der Indianen. Ghecomponeert door Josephum de Acosta, der Jesuitischer Oorden : ende nu eerstmael uyt den Spaenschen in onser Nederduytsche tale overgheset : door Ian Huyghen van Linschoten. Tot Enchuysen, by Jacob

Lenaertsz-Meyn, 1598. In-8, XII-389 ff. + 8.

A la fin : Ghedruckt t'Haerlem, by Gillis Rooman, woonende in de Jacobyne-Strate, in de vergulde Parsse, Anno 1598.

Première édition hollandaise.

Sommervogel. — Cat. Fred. Muller, 1910, No. 349, Flor. 35.

«Naar deze hollandsche vertaling is gevolgd de latijnsche in de verzameling van reizen bij de Bry te Francfort door Joh. Humberger van Wetterau (1602).» (Tiele, *Ned. Bibliog.*, p. 8.)

—— Historie Naturael en Morael van de Westersche Indien... De tweede editie. Amsterdam, Broer Jansz, 1624. In-4, VIII-177-3 ff.

«Met 13 houtsneden in den tekst, die overeenkomt met dien van 1598 zie : Mémoire bl. 308. — Van dezen tweeden druk bestaan nog twee uitgaven die in't uitgevers-adres verschillen, de eene : «'t Amst. by Broer Jansz. voor Jan Evertsz Cloppenburgh»; de andere «t'Amst. by (?) Hendrick Laurensz»; beiden eveneens met het jaar 1624. Ook in de «Naaukeurige Versaameling» van Pt. van der Aa, dl. XX, bevindt zich het werk van Acosta en het daar «nu alder eerst uyt het Spaans vertaald» (titel met jaartal 1706).» (Tiele, *Ned. Bibliogr.*, p. 8.)

1590-1591.

—— Raggvaglio // d'alcvne missioni // dell'Indie Orientali, & Occidentali. // Cauato da alcvni // auuisi scrittti gli anni 1590. // & 1591. // Da i PP. Pietro Martinez Prouinciale del- // l'India Orientale, Giouanni d'Atienza // Prouinciale del Perù, Pietro Diaz // Prouinciale del Messico. // Al Rever. P. Generale // della Compagnia di Giesù, & raccolto dal Padre // Gasparo Spitilli della medesima Compagnia. // [*fleuron*] // Con licentia de' Svperiori. // In Roma, Appresso Luigi Zannetti, 1592. In-8, pp. 63.

Puis : Cavato da alcune lettere del P. Provinciale dell' India Orientale Scritte al P. Generale della compagnia di Gies. nel mese di Novembre l'anno 1590 et 1591, pp. 3.

Sommervogel. — British Museum, 867. e. 31.

—— *Ragguaglio d'alcuni avisi notabili dell' Indie, etc. Roma et Bologna, V. Bonacci, 1593, in-8.

Pagès, 50.

—— Brevis et // compendiosa Nar- // ratio Missionvm qva- // rvndam Orientis et // Occidentis. // Excerpta ex quibusdam litteris a PP. Petro // Martinez Prouinciali Indiae Orientalis, P. // Ioanne de Atienza Prouinciali Peruanae, & P. Petro Diaz Prouinciali Mexcicanae Pro- // uinciarum, datis anno 1590 & 1591. Ad // Reueren. P. Generalem Societatis Iesv. // Et collecta per P. Gasparum Spitilli // eiusdem Societatis. // [*vig.*] // Antverpiae, // Excudebat Martinus Nutius ad insigne dua- // rum Cyconiarum. Anno 1593. In-8, pp. 52.

Sommervogel. — British Museum, 1369. a. 29.

—— *Bref Discours d'aucunes missions, tant d'Orient que d'Occident, tiré d'aucunes lettres des PP. Pierre Martinez... Douai, Ve I. Boscard, 1593. In-12, 42 ff. n. ch.

Sommervogel. — Pagès, 50.

—— *Recueil de quelques missions des Indes orientales et occidentales, extrait d'aucuns avertissemens, escrits ès années : 1590 et 1591 par les PP. Pierre Martinez, Prouincial des Indes orientales, Jean d'Atienza, provincial du Perou, et Pierre Dias, provincial du Mexique. Traduict de l'italien en françàis. Lyon, Jean Pillehotte, 1594, in-8.

Par le P. Michel Coyssard? — Sommervogel.

—— *Recueil de tout ce qui s'est fait au consistoire assemblé à Rome par N. S. P. le Pape Grégoire XIII, où furent reçus les ambassadeurs de 3 rois du Japon, et prestèrent publiquement obéissance à Sa Sainteté, le 23 mars l'an 1585. Auquel nouvellement est cy joint un bref discours d'aucunes missions tant d'Orient que d'Occident, tiré de certaines lettres écrites les ans 1590 et 1591, envoyées au R. P. général de la C. de J., avec autres lettres des susdits trois rois du Japon, écrites à Sa Sainteté, sur leur retour au Japon, tourné du latin en notre vulgaire, par le seigneur de Bettencourt ... Douai, Ve I. Boscard, 1593. In-12.

La partie concernant le Japon contient 38 ff. non numérotés. — Bib. de la Prop. de la Foi. — Pagès, 50.

1591-1592.

—— *Lettera del Giapone degli anni 1591. et 1592. Scritta al R. P. Generale della

Compagnia di Giesu. Et dalla Spagnuola nella Italiana lingua tradotta dal P. Vbaldino Bartolini della Compagnia medesima. In Roma, Appresso Luigi Zannetti, M.D.XCV. In-8, pp. 184.

Cat. Fred. Muller, Amst., 1910, No. 2434, Flor. 25.

——*—— In Milano, Nella Stampa del quon. Pacifico Pontio, 1595, Con licenza de' Superiori. In-8, pp. 165.

——*—— Venezia, 1595, in-8.

Sommervogel.

—— *Lettre dv Iapon des annees 1591. et 1592. Escrite au R. P. General de la Compagnie de Iesvs. Et tournée d'Espagnol en italien par le P. Vbaldino Bartolini de de la mesme Compagnie : et maintenant en nostre langue vulgaire sur l'exemplaire imprimé à Rome par Louys Zanetti 1595. Par le Seigneur de Betencourt Gentil' homme de la maison du Roy nostre Prince et Seigneur naturel. A Dovay. Chez Iean Bogart, l'an 1595. In-12, ff. 113.

Lettre du P. Louis Froes, Nangasachi, le 1er oct. 1592.
Sommervogel.

—— *Litterae annvae Iaponenses Anni 1591 et 1592. Qvibvs res memoratv dignae, quae nouis Christianis ibidem toto biennio acciderunt, recensentur. A P. Lvdovico Frois ad Reverendvm Patrem Generalem Societatis Iesv conscriptae; nvnc vero ex lingva Italica in Latinam à quodam eiusdem Societatis Traductae. Coloniae Agrippinae, Apud Henricum Falckenburg, Anno cIↃ. IↃ. XCVI. In-8, pp. 174.

A la fin : Coloniae typis Lamberti Andreae anno 1596. — Sommervogel. — Trad. par le P. Jean Buys [Busaeus]. — Cat. Mourier, No. 400, 15 fr.

—— *SANCTOS // NOGOSAGVEONO // VCHINVQIGAQI // quan dai ichi. // [*fig.*] // Fiienno cvnitaca cv nogvn // Iesvs no companhianocollegio // Cazzusa ni voite Superiores no von yuruxi uo cô // muri co reuo fan to nasu mono nari. Goxuxxe irai // MDLXXXXI. // In-8, pp. 294 + pp. 2 tab. + pp. 4 er. + 1 f.

Abrégé de la Vie des Saints, Vol. I. Imprimé par permission des Supérieurs au College de la Compagnie de Jésus à Katsusa, dans le pays de Takaku, province de Hizen, 1591.

—— *SANCTOS // NO GO SAGVIO // NO VCHI NVQIGAQI. // [*fig.*] // Fiien no cvni Tacacvno gvn // Iesvs no Companhia no Colle // gio Cazzusani voite Superiores no von yuru-// xito xite core uo fanto nasu mono nari. // Goxuxxe irai 1591. In-8, pp. 3-340 + pp. 4 tab. + pp. 5 er. + pp. 72 glossaire mots difficiles.

Vol. II de l'ouvrage. — Satow, *Jesuit Mission Press*, No. 1, pp. 1-12, reproduit le titre des deux vol., d'après l'ex. de la Bibliothèque bodléienne.

—— *NIFON NO // COTOBA TO // Historia uo narai xiran to // Fossvrv fito no tame-// ni xeva ni yava ragveta- // rv feiqe no Monogatari. // [*fig.*] // Iesvs no Companhia no // Collegio Amacusa ni voite Superiores no go men- // qio to xite core uo fan ni qizamu mono nari. // Go xuxxe yori M.D.L.XXXXII. // In-8.

Heike Monogatari, Amacusa, 1592.
Suivi de :

—— *ESOPO NO // FABVLAS. // Latinuo vaxite Nippon no // cuchito nasu mono nari. // Ievs no Companhia no // Collegio Amacusani voite Superiores no gomen- // qiotoxite coreuo fanni qizamu mono nari. // Goxuxxe yori M.D.L.XXXXIII. //

Satow, *Jesuit Mission Press*, No. 2, pp. 12-20, reproduit le titre d'après l'exemplaire du British Museum.

—— *FIDES NO DŎXI // to xite P. F. Luis de Grana- // da amaretaru xo no riacu. // Core uo Companhia no Superiores no go saicacu // vomotte Nippon no cotoba ni vasu. // [*fig.*] // Iesvs no Companhia no // Collegio Amacusa ni voite Superiores no go men // qio toxite core uo fan ni qizamu mono nari. // Go xuxxe yori M.D.L.XXXXII. In-8.

Guide de la Foi par Louis de Grenade. — Satow, *Jesuit Mission Press*, No. 3, pp. 20-25, reproduit le titre d'après l'ex. de la Bibliothèque de l'Université de Leyde.

—— *Cartas do Japão, nas quaes se trata da chegada áquellas partes dos fidalgos Iapões que ca vierão, da muita Christandade que se fez no tempo da perseguição do tyrano, das guerras que ouue, & de como Quambacudono se acabou de fazer senhor absoluto dos 66 Reynos que ha no Iapão, & de outras cousas tocantes ás partes da India, & ao Grão Mogor. Com licença, etc. Lisboa, Em casa de Simão Lopes, 1593. In-8, 64 ff.

Bib. nat. de Lisbonne. — Pagès, 48. — Silva, II, p. 43.

SAINT FRANÇOIS XAVIER.

Saint François-de-Xavier, 方濟各 *Fang Tsi-ko*, né le mardi, 7 Avril 1506, en Navarre; † le Vendredi, 2 Décembre 1552, dans l'île de Sancian : d'après les recherches du P. Cros, la vraie date de la mort serait le 27 novembre; enterré à Goa.

— L'Apôtre des Indes et du Japon n'a fait que d'entrevoir la terre de Chine, car il est mort dans l'île de San-cian au moment où il se préparait à pénétrer dans le Céleste Empire. On trouvera une liste de ses biographies dans les ouvrages du P. Carayon, pp. 62-64, Nos. 550-568; pp. 364-376, Nos. 2685-2770; — et du P. de Backer; M. Léon Pagès dans sa *Bibliographie Japonaise* (1859) indique également de nombreuses éditions.

—— Relatío Sepvl ‖ tvrae ‖ Magno Orientis Apostolo S. ‖ Francisco Xauerio erectae in ‖ Insula Sanciano anno sœcula ‖ ri MDCC.

Se compose de 32 ff. pliés en double à la chinoise, dont 30 chiffrés en chiffres chinois sur la tranche; au bas du recto du f. 30 on lit : *Gaspar Castner Soc. Iesû*. Le f. 31 (recto) : *Ichnographia Sepulturae S. Franciscj Xaverij in Sanciano Sinarum Insula recens erectae Anno 1700*. — F. 31 (verso) : Plan de Sancian. — F. 32 (recto) : Mer de Chine, près de Sancian. — F. 32 (verso) : Orientation.

— Il n'y a pas moins de trois ex. de la relation de la sépulture de St. François Xavier par le P. Castner à la Bibliothèque royale de Bruxelles. — L'ex. de M. Thonnelier (545), vendu 50 fr. — J. Rosenthal, Munich, 1905, M. 250.

Nous reproduisons, dans l'*Imprimerie Sino-Européenne*, pp. 11-15, 5 feuillets.

— J'ai examiné également un exemplaire incomplet qui ne comprenait que 29 feuillets. Cet ex. provenait de la bibliothèque du savant Mr. Norris et était relié à la suite d'un ex. de la *Brevis relatio* également incomplet et sans titre.

— Le P. de Backer, I, col. 1124, écrit : «Cette relation, signée par le P. Gaspar Castner Soc. Jesu, se compose de 31 feuillets imprimés à la Chine en caractères Européens sur papier du pays. Le 31e feuillet offre au recto l'Iconographia sepulturae S. Francisci Xaverii, au verso est la carte de l'île Sancian, en chinois Xang-Chuen, située à l'ouest de l'entrée du Golfe de Canton, près la côte de la Chine.» Il n'a pas connu le f. 32.

— Ternaux-Compans, No. 2792, indique *Pekin* comme lieu de l'impression de cet ouvrage dont il fait un in-folio.

—— Bericht P. Gasparis Castner S. J. gedruckt in China anno 1700, von der ersten Grabstatt des H. Franc. Xaverii auf der Insel Sanciano.

Dans le *Welt-Bott*, du P. Stöcklein, XIV, 309, p. 1.

On pourra consulter sur le tombeau de ce Saint à Goa les *Missions Catholiques*, VI, pp. 586-588, avec un dessin du tombeau, p. 583.

—— Autour du tombeau de Saint François-Xavier ou l'île de Sancian par M. Jean-Baptiste Berthon, des Missions Étrangères de Paris, missionnaire au Kouang-tong. (*Miss. Cath.*, XVIII, 1886, pp. 329-332, 340-341, 357-360, 369-372, 380-382, 401-404, 416-417.)

—— La vraie date de la mort de Saint François de Xavier. Par L.-J. M. Cros. (*Études ... par des Pères de la Cie. de Jésus*, 5 Déc. 1903, pp. 680-702.)

HORACE TORSELLINI.

Né à Rome en novembre 1544; † à Rome, le 6 avril 1599.

—— *Horatii // Tursellini // e Societate Iesv, // De Vita // Francisci Xavierii // Qui primus è Societate Iesv // in India, & Iaponia // Euangelium pro-// mulgauit. // Cvm Privilegio Svmmi Pontificis. // Romae, // Ex Typographia Gabiana. M.D.XCIIII. In-8.

Retana, 38. — «Cette édition, faite en l'absence de l'auteur, est tronquée et pleine de fautes; c'est ce qui engagea le P. Tursellin à retoucher l'ouvrage, à l'augmenter et à le rendre presque neuf. L'édition parut à Rome, 1596, in-4; au lieu de quatre livres, il y en a six.» (Sommervogel, qui marque M.DXCIII [1593].)

—— *Horatii Tvrsellini de Vita Francisci Xaverii Qui primus e Societate Jesv in Indiam et Iaponiam Euangelium inuexit. Libri sex. Denuo ab ipso Authore recogniti, et pluribus locis vehementer aucti. Quibus accesserunt eiusdem Xaverii Epistolarum Libri qvatvor. Romae, typogr. Zannetti. 1596. Superiorum Permissu. In-4, 5 ff., pp. 320, portr.

Sommervogel.

—— * De Vita Francisci Xaverii, Qui primus è Societate Iesv in Indiam et Iaponiam Euangelium inuexit, libri sex. Horatii Tvrsellini e Societate Iesv. Ab eodem aucti et recogniti. Antverpiae, Ex Officina Ioachimi Trognaesii, M.D.XCVI. In-8, pp. 605.

Sommervogel.

—— De Vita // Francisci // Xaverii // Qui primus è Societate Iesv in Indiam & Iapo- // niam Euangelium inuexit, // Libri Sex // Horatii Tvrsellini, // e Societate Iesv, //

Ab eodem aucti & recogniti. // [*marque*] // Leodii, // Ex officina Henrici Houij. // M.D.XCVII. // Cum Gratia & Priuilegio. In-8, 4 ff. n. ch. tit., ind. + pp. 317 + 5 ff. n. ch. ind.

Bib. nat., Oo 865.

—— De Vita // B. Francisci // Xaverii. // Qui primus Societate Iesv in Indiam // & Iaponiam Euangelium inuexit. // Libri Sex. // Horatii Tvrsellini, // è Societate Iesv, // Ab eodem aucti & recogniti, in hac // ultima editione. // [*marque*] // Lvgdvni, // Sumptibus Petri Rigavd, in vico // Mercatorio sub signo Horologij. // M.DCVII. // Cvm Privilegio Regis. In-8, 8 ff. n. ch. + pp. 646 + 8 ff. n. ch. tab.

Port. de S. F. Xavier au verso du 2e f. — Bib. nat., Oo 709.

—— De Vita // B. Francisci Xaverii, // Qui primus è Societate Iesv in Indiam & // Iaponiam Euangelium inuexit, // Libri Sex. // Horatii Tvrsellini, e So-//cietate Iesv. // // Ab eodem aucti & recogniti, in hoc vltima // editione. // [*marque*] // Coloniae Agrippinae, // Apud Ioannem Kinckium sub Monocerote. // Anno M. DC. X. // Permissu Superiorum. In-12, 11 ff. n. ch. tit., etc. + 1 f. n. ch. port. + pp. 631 + 8 ff. n. ch. index.

Bib. nat., Oo 709 A.

—— De vita // B. Francisci // Xaverii, // Qui primus è Societate Iesv in Indiam & // Iaponiam Euangelium inuexit, // libri sex, // Horatii Tvrsellini, e So- // cietate Iesv. // Ab eodem aucti & recogniti in hac vltima // editione. // [*fleuron*] // Coloniae Agrippinae, // Apud Ioannem Kinckium sub Monocerote. // Anno M. DC. XXI. // Permissu Superiorum. In-12, 11 ff. n. ch. tit., etc. + pp. 631 + 8 ff. n. ch. index; portrait gravé par J. Hogenberg.

British Museum, 1121. d. 5.

—— De Vita // Francisci // Xaverii, // Qui primus è Societate Iesv in Indiam & // Iaponiam Euangelium inuexit, // Libri Sex // Horatii Tvrsellini, // e Societate Iesv. // Ab eodem aucti & recogniti. // [*marque*] // Dvaci, // Ex officina Ioannis Bogardi. // MDCXXI. // — Cum Gratia & Priuilegio. In-12, 4 ff. n. ch. tit. et ind. + pp. 433 + 7 ff. n. ch. ind.

Bib. nat., Oo 709 B.

—— De vita // B. Francisci // Xaverii, // qvi primvs e Societa- // te Iesv in Indiam & Iaponiam // Euangelium inuexit, // libri sex. // Horatii Tvrsellini, // e Societate Iesv. // Ab eodem avcti et recogni- // ti, in hac vltima editione. // [*fleuron*] // Cameraci, // Ex Officinâ Ioannis Riverii, in pla- // tea Arboris Aureae. M. DC. XXI. // Permissu Superiorum. In-12, 12 ff. n. ch. + pp. 550 + 7 ff. n. ch. index; portrait gravé par Corn. van Merlen.

—— *Monachii, ex typographia Hertsroyana, apud Cornelium Leysserium, Electoralem Typographum. Anno MDC.XXVII. In-24, pp. 784, s. l. ff. prél.

—— *Rothomagi, 1676, in-12.

—— *Viennae, 1744, in-4.

—— *Bononiae, MDCCXLVI, apud Tomam Colli ex typographia S. Thomae Aquinatis Superiorum Permissu. In-8, pp. XXXI-404.

—— *Post novissimam editionem Bononiensem. Augustae Vindel., et OEniponti, sumptibus Josephi Wolff, MDCCLII. In-8, pp. 564, s. l. ff. prél.

—— *Juxta Editionem Antverpiensem Anni MDXCVI quam emendatissime editi. Permissu Superiorum. Augustae Vindelicorum, Sumptibus Nicolai Doll, Bibliopolae, MDCCXCVII. In-8, pp. XII-427.

Sommervogel.

—— De Vita S. Francisci Xaverii libri sex Horatii Tursellini S. J. Chang-hai, Ex Typographia Missionis catholicae in Orphanotrophio Tou-sè-wè. — 1891, in-8, pp. IX-351.

Suivi de :

—— Sancti Francisci Xaverii Epistolae aliquot selectae ex iis quas Horatius Tursel-

(Horace Torsellini.)

linus S. J. ex hispano in latinum convertit, pp. VIII-48 + 1 p. n. ch.

*
* *

—— *Vom tugentreichen Leben vnd grossen Wunderthaten B. Francisci Xaverii, S. J., so den christlichen Glauben in India sehr erweitert vnd in Japon anfängklich eingeführt. München, Nic. Henricus, 1615, in-4, 556 ff.

Sommervogel.

—— *Apostolisches Leben und Thaten dess heiligen Francisci Xaverii der Societet Jesu, Indianer Apostels. In siben Büchern von Horatio Turselino Gemeldter Societet Jesu Priestern erstlich in Latein beschriben, und in die Teutsche Sprach durch Martinum Hueber Chor-Herrn und Custoden bey S. Mauritzen Stifft in Augspurg übersetzt. Anjetzo aber mit zusätzen und neuen bewährten Miraklen durch einen anderen Priester selbiger Societet Jesu reichlich vermehret. Mit Bewilligung der Oberen. München, gedruckt bey Sebastian Rauch, In Verlegung, eines dem H. Apostel ergebnen Dieners. Inn Jahr Christi, 1674. In-4, pp. 627, s. l. tab.

L'éditeur signe : München, den 3 Decemb. 1673. J. R.

Sommervogel.

Une autre traduction allemande se trouve réunie à la trad. des lettres de S. François Xavier. (Sommervogel.)

—— La Vie dv // Bienhevrevx Pere // Francois // Xavier, // Premier de la // Compagnie de Iesvs, // qvi a porté l'evangile // aux Indes, & au Iappon. // Diuisée en six liures par Horace Tvrselin // de la Compagnie de Iesvs, & traduite en Fran-// çois par vn Pere de la mesme Compagnie. // [*marque*] // A Dovay, // De l'Imprimerie de Baltazar Bellere. // au Compas d'or, l'an 1608. // Avec grace & Priuilege. In-8, 8 ff. n. ch. tit., déd., etc. + 1 portrait + pp. 862 + 9 ff. n. ch. tab.

Bib. nat., Oo 710.

Par le P. Martin Christophe, né à Tours en 1584; † à Cambrai en 1615.

—— La Vie dv // Bien-hevrevx // Pere François // Xauier, // Qui..... // Mise en François, & maintenant // corrigée sur la Latine du P. // Horace Tvrselin, // Par le Pere Michel Coyssard, // de la mesme Compagnie. // A Lyon, // Par Iean Pillehotte. // M.DCXI. // Auec Priuilege du Roy. In-8, 8 ff. n. ch. + pp. 606 + 11 ff. n. ch.

Bib. nat., Oo 711.

—— La Vie dv // Bien-hevrevx // Pere François // Xauier, // Qui le premier de la Compagnie // de Iesvs, a presché le S. // Euangile aux Indiens : & // deuant tout autre, aux Ia-// ponois. // Mise en François, & maintenant // corrigée sur la Latine du P. // Horace Tvrselin, // Par le Pere Michel Coyssard, // de la mesme Compagnie. // A Lyon, // Par Iean Pillehotte. // M.DCXII. // Auec Priuilege du Roy. In-8, 8 ff. n. ch. + pp. 606 + 11 ff. n. ch.

Bib. nat., Oo 711 A.

—— The Admirable Life // of S. Françis // Xavier. // Deuided into. VI Bookes. // Written in Latin by Fa. // Horatius Tursellinus of // the Society of Iesus // And translated into English // by T. F. // Printed // at Paris. // Anno Dom. M.DC.XXXII. In-4, 12 ff. n. ch. déd., etc. + pp. 616.

T. F. = Thomas Fitzherbert, S. J., né en 1552 à Swynnerton, Staffordshire; † à Rome 17 août 1640.

Front. gravé avec le portrait du saint et le titre *ut supra*, F. W. delin. — M. Baes. f. — Dédicace : *To the Honovrable the Lady Dorothy Shirley*, signée T. F.

British Museum, G. 1340.

—— Historia de // la Entrada de // la Christiandad en el // Iapon, y China, y en otras partes de las Indias Orien- // tales : y de los hechos y admirable vida del Apostoli- // co varon de Dios el Padre Francisco Xauier de la // Compañia de Iesus, y vno de sus primeros // Fundadores. // Escrita en Latin por el Padre Horacio Turselino, y // traduzida en Romance Castellano por el P. Pedro // de Guzman, Religioso de la misma Compañia. // Año [*vig.*] 1603. // Con Privilegio. // En Valladolid, Por Iuan Godinez de Milles. In-4, 14 ff. n. ch. lic., app., déd., etc. + pp. 351 + 5 ff. n. ch. p. l. tab.

C'est une trad. de la Vie de saint François-Xavier écrite en latin par le P. Tursellinus.

Catalogue Mourier, No. 514 : Valladolid, Iuan Godinez de Millis, 1600 in-4, 14 ff. n. ch. + ff. 351 + 5 ff. n. ch. p. l. tab.; le portrait du saint gravé sur cuivre, sur le titre.

—— *Vida de S. Francisco Xavier de la Compañia de Iesvs primero Apostol del Iapon, y segundo de la India, y de otras Prouincias del Oriente. Escrita en Latin por el P. Horatio Turselino y traduzida en Romance por el P. Pedro de Guzmàn. Van añadidas en esta impresion muchas cosas, cuya tabla se pone despues del prologo... Año 1620. // Em Pamplona. // ... Por Carlos de Labàyen. In-4, 19 ff. n. ch. + 311 + 9 n. ch.

Retana, 80. — Pedro de Guzman, né en 1560 à Avila; † à Salamanque, le 6 nov. 1620.

— Het Leven // vanden heylighen // Franciscvs Xaverivs // Die den eersten vande Societeyt // Iesv het H. Evangelie in In-// dien ende Iaponien heeft // ghepredickt. // Ghedeylt in ses boecken. // Door den E. P. Horatius Tursellinus in't // Latijn beschreven, // ende // Door den E. P. Franciscus de Smidt verduytscht : // beyde Priesters der Societeyt Iesv. // Tantwerpen, // By Cornelis Woons, op de Melckmerckt // inde veroulde Sterre 1646. Pet. in-8, 8 ff. n. ch. p. l. tit., etc. + pp. 544.

—— *Xavier szent Ferencznek Jesus Társaságábólvaló India Apostolának élete. Irta Deák nyelven Turzelini Horatzius, Magyarra fordította Léstyán Moyses, Ugyan azon Jesus Társaságából valók. Midön Méltóságos Keresztszeghi Gróf Csàky István Természet visgálásában tett elómenetelet bölcs ellen-vetések' helyes fejtegetésével kinyilatkoztatná, a'jelen-valók között osztogattattot Kis-Aszszony Havának XIX. napján. M.DCC.lix. Kassán, Az Akademiai Betükkel. In-4, pp. 368, s. l. ff. prél., grav. de Thomas Bohacz de Vienne, d'après Innocent Moscherosch, Mineur Conventuel.

Moïse Lestyan, né à Csik Szent-Kiraly (Hongrie), 17 sept. 1720; † à Udvarhely, en 1774. — Sommervogel.

—— *Vita del B. Francesco Saverio il primo della Compagnia di Giesv, che introdusse la Santa Fede nell' India e nel Giappone. Scritta in lingua latina e in sei libri diuisa dal R. P. Orazio Torsellini della detta Compagnia. Tradotto nella Toscana da Lodouico Serguglielmi Cittadin Fiorentino. In Firenze, appresso Cosimo Givnti, 1605. In-4, pp. 364 (pour 360) s. l. ff. prél.

— — — In Milano, appresso Girolamo Bordone, e Pietro martire Locarni Cōpagni, 1606, in-4, pp. 307, s. l. ff. prél.

— — — Vita... Citadino Fiorentino. Di nuovo ristampata e ricorretta in questa seconda edizione. In Firenze, appresso Cosimo Giunti, 1612, in-4, pp. 364, s. l. f. prél.

Sommervogel.

(Horace Torsellini.)

Juan de Lucena.

Né à Trancoso en 1550; † à Lisbonne, le 11 octobre 1600.

—— Historia da Vida // do Padre Fran- // cisco de Xavier // E do que fizerão na India // os mais Religiosos da // Companhia de Iesu, // Composta pelo Padre Ioam de Lucena // da mesma Companhia Portugues na // tural da Villa de Trancoso. // Impressa per Pedro Crasbeeck // Em Lisboa. // Anno do // Senhor 1600. In-fol., tit. gravé, 2 ff. n. ch. + pp. 908 à 2 col. + 19 ff. n. ch.; 1 pl. entre les pp. 168-169.

Cat. Mourier, No. 438, 150 fr. — British Museum, 4827. g. 21.

—— Historia da Vida do Padre S. Francisco de Xavier, e do qve fizeram ... Religiozos da Companhia de Jesv. Composta pelo Padre Ioam de Lucena ... Portuguez ... de Trancozo. Segunda, mas muy fiel ediçam. Feita por Bento Jozé de Sovza Farinha, Professor Regio de Filozofia, e Soc. da Acad. Real das Sciencias de Lisboa. Lisboa, na officina de Antonio Gomes, MDCCLXXXVIII. 4 vol. pet. in-8, pp. 423 + 4 ff. n. ch., 458 + 3 ff. n. ch., 336 + 3 ff. n. ch. et 418 + 4 ff. n. ch.

Sommervogel.

—— Vita del B. P. // Francesco // Xavier // della Compagnia // di Giesv. // Composta dal P. Giovanni di // Lucena in Lingua Portughese, // et trasportata nell' italiana // dal P. Lodouico Mansoni della medesima // Compagnia. // [*vig.*] // In Roma, // Per

(Juan de Lucena.)

Bartolomeo Zannetti M.DC.XIII. // – Con licenza de' Svperiori. In-4, 10 ff. n. ch. tit., ind. + pp. 698 + 1 f. n. ch. er. et colophon.

— *Historia de la Vida del P. Franc. Xavier... traduzida en castellano por el P. Al. de Sandoval, de la m. C. Sevilla, 1619, in-4. — [Voir col. 138.]

— Le P. de Backer dit qu'il y a une traduction latine, imprimée à Séville.

Sommervogel.

* * *

—— * Vita S. Francisci Xaverii iconibus illustrata. Suite de 23 planches gr. en t. d. avec explication en latin et en italien. Vers 1600, in-8.

Cat. 39, Jacq. Rosenthal, Munich, 1905, n° 230, M. 30.

—— Vita del beato // Francesco // di Xavier // Della Compagnia di Giesv. // Raccolta da varí Scrittori, e ristretta in // tre Libri; e data in luce ad instanza // del Sig. Ottauio Magnanini. // All' Illustriss. e Reuerendiss. Signore, // Il Sig. Cardinal Serra // Leg. di Ferrara. &c. // [*armes*] // – In Ferrara, Presso gli Eredi di Vittorio // Baldinj. 1620. Con licenza de' Superiori. Pet. in-8, 6 ff. n. ch. + pp. 305.

Au verso du f. 5, bois représentant : Beatvs Franciscvs Xaverivs. — Titre encadré.

—— L'Abbregé // de la Vie // admirable dv // B. P. François Xavier // de la Compagnie de Iesvs, // Surnommé l'Apostre des Indes. // Auec le Bref de N. S. Pere le Pape // Paul V. de sa Beatification. // Pour faire sa feste le deuxiesme // de Decembre. // [*marque*] // A Paris, // Chez Sebastien Chappelet, // ruë S. Iacques, à l'Oliuier. // M.DC.XXI. In-12, pp. 139.

Bib. nat., O o 712.

* * *

—— Relatio // facta in consistorio // secreto coram S. D. N. // Gregorio // Papa XV. // a Francisco Maria // Episcopo Portvensi // S. R. E. Card. à Monte. // Die XXIV. Ianuarij M.DCXXII. // Super Vita, Sanctitate, actis Can- // onizationis, & miraculis. // B. Francisci // Xauier. // e Societate Iesv. // Parisiis, // Apud Sebastianvm Chappelet, via Iacobaea. // sub signo Rosarij. // M.DC.XXII. In-8, pp. 128.

Bib. nat., O o 713.

Voir pp. 101 et seq. : Oratio Nicolai Zambeccari... coram Sanctiss. D. N. Gregorio XV. In publico Consistorio supplicantis pro Beatis Ignatio Loiola Fundatore Societatis Iesv, eiusque Socio Francisco Xaverio In Sanctorum numerum referendis Habita Die xxvij. Ianuarij Anno Domini M.DC.XXII.

—— S. d. — Tolosae, ex officinâ Viduae J. Colomerii, in-8.

Bib. nat., O o 713 A.

—— Relatio // facta in Consistorio // secreto coram S. D. N. // Gregorio Papa XV. // a Francisco Maria // episcopo Portvensi // S. R. E. Card. a Monte // Die XXIV. Ianvarii M.DC.XXII. // Svper vita, sanctitate, // actis Canonizationis, & miraculis // beati Francisci // Xavier // e Societate Iesv. // Romae, Apud Haeredem Bartholomaei Zannetti. // Anno M.DC.XXII. In-8, pp. 76.

British Museum, 862. d. 27.

—— Relatio // facta in consi- // storio secreto co- // ram S. D. N. // Gregorio // Papa XV. // A Francisco Maria epi- // scopo Portvensi S. R. E. // Card. A Monte // die XIX Ianvarii M.DC.XXII. // Svper vita, sanctitate // actis Canonizationis, & miraculis // Beati Francisci Xavier // e Societate Iesv. // [*vig.*] // Excusa primò Romae, apud Haeredē Bartholomaei Zañetti, // Recusa Dilingae, apud Vdalricum Rem. // Cum Facultate Superiorum. // M.DCXXII. In-4, pp. 71.

—— Oratio // Nicolai Zambeccari // Consistorialis Aulae Aduocati, Vtriusque Signa- // turae Referendarij, & sacrae Congreg. super // Episcopis, & Regularibus Secretarij // coram Sanctiss. D. N // Gregorio XV // In publico Consistorio supplicantis // pro Beatis // Ignatio Loiola // Fundatore Societatis Iesv, // eiusque Socio // Francisco Xaverio // In Sanctorum numerum referendis // Habita // Die xxvij. Ianuarij Anno Domini // M.DC.XXII. // [*marque*] // Romae, Apud Haeredem Bartholomaei Zannetti.

M.DC.XXII. // = Svperiorvm Permissv. In-8, pp. 22 + 1 f. n. ch. p. l'imp.

Bib. nat., O o 713 B.

— Relatione della solenne // Processione // fatta in Roma, // Nella trasportazione de' Stendardi de' // Gloriosi Santi, // Isidoro de Madrid : // Ignatio Loyola, // Francesco Xaverio, // Teresia de Giesv, // et Filippo Neri Fiorentino, // Dalla Basilica di S. Pietro alle loro Chiese particolari, con la descrit- // tione dell'apparati, & feste fatte in dette Chiese, & altri luoghi. // Quali Santi furono Canonizati dalla Santità di Nostro Signore // Papa Gregorio XV. a di 12. di Marzo 1622. // Descritta per Giovanni Briccio Romano // [*armes*] // In Roma, Appresso Giacomo Mascardi, MDCXXII. // Con Licenza de' Superiori. // Ad instantia de Lodouico Dozza Bolognese. In-4, pp. 8.

— Nella canonizatione // De'Cinque Gloriosissimi Santi, // Isidoro de Madrid : // Ignatio Loyola, // Francesco Xaviero, // Filippo Nerio, // e la Madre Teresa, // Fatta dalla Santità di N. S. // Gregorio XV. // A'12 di Marzo l'anno 1622. in Roma. // Cantici, et Hinni // Per applauso Vniuersale della Chiesa di Dio. // Del Dottor Mvtio Pansa di Penna. // [*armes*] // In Roma, Appresso Giacomo Mascardi, M DC XXII. // — Con Licenza de' Superiori. In-4, pp. 8.

— *D. Francisco Maria, évêque d'Ostie. Relation en consistoire secret devant le Pape Grégoire XV en 1622, des vies de S. Ignace de Loyola et de S. François Xavier. 1622, in-8.

Il en existe deux éditions françaises. — Pagès, 160.

*
* *

— L'Abbregé // de la vie // admirable de // S. François Xavier, // de la Compagnie de Iesvs, // Surnommé l'Apostre des Indes. // Par R. P. Estienne Binet de la // Compagnie de Iesvs. // Canonizé le 12. de Mars 1622. Par // N. S. Pere le Pape Gregoire XV. // A Paris, // Chez Sebastien Chapelet, // ruë S. Iacques, au Chappelet. // = M.DC.XXII. In-12, pp. 144.

Bib. nat., O o 830.

Tomas de Villacastin.

Né à Valladolid en 1570; + dans cette ville, le 15 mai 1649.

— * Apostolica Vida, virtudes y milagros del Santo Padre y maestro Francisco Xavier della Compañia de Jesus. Valladolid, Francisco Fernandez, 1602, in-8. — Barcelona, 1622, in-16.

Sommervogel.

— * ¶ Compendio da vida, virtvdes, e milagres do Beato Padre Francisco Xauier, Religioso da Companhia de Iesv Apostolo da India Oriental. Traduzida do Castelhano em Portugues, por Diogo Mõteiro Sacerdote, natural desta cidade de Lisboa. Ao Illustrissimo S. D. Miguel de Castro, Arcebispo Metropolitano desta cidade de Lisboa. Em Lisboa, Com todas as licenças necessarias. Por Antonio Aluarez. 1620. In-8, 4 ff. n. ch., ff. 110 et 1 f. 1/2 n. ch.

Toutes les approbations sont de 1620; l'édition de 1617, citée par Silva, n'existe pas. (Rivière.)

Alonso de Sandoval.

Né le 7 déc. 1576 à Séville; + à Carthagène, le 25 déc. 1652.

— * Historia de la vida del P. Francisco Xavier. Y delo que en la India Oriental hizieron los demas Religiosos de la Compañia de Iesvs. Compvesta en lengva portvgvesa por el Padre Ioan de Lucena natural de la villa de Trancoso. Y tradvzida en castellano por el P. Alonso de Sandoual natural de Toledo, ambos de la misma Compañia. Con Priuilegio, impresso en Seuilla por Francisco de Lyra. Año 1619. In-4, 8 ff., pp. 857, 10 ff. lim.; — dédié au Provincial et à la province du Pérou.

Dans les lim. il y a une pièce de poésie de 3 pp. : «De vn Religioso de la Compañia de Iesus a la traducion desta historia. Cancion.» Sommervogel.

Jean Jérome Sopranis, S. J.

Né à Gênes en 1572; + à Viterbe, 11 nov. 1629.

— * Compendio della Vita del S. P. Francesco Savier della Compagnia di Giesu,

Canonizato co'l P. S. Ignatio Fundatore dell'istessa Religione dalla Santita di N. S. Gregorio XV. Composto. e dato in luce per ordine del Reuerendiss. P. Mutio Vitelleschi, Preposito Generale della Comp. di Giesu. In Roma, per l'Heredi di Bartolomeo Zannetti, 1622. In-8, 8 ff. + pp. 146, port.

—* In Roma, per l'Heredi di Bartolomeo Zannetti; e Napoli, per Lazaro Scoriggio, 1622, in-8.

—* In Roma, et in Bologna per Vittorio Benacci, 1622, in-8, pp. 148.

—* Compendio della Vita del S. P. Francesco Xaverio della Compagnia di Giesv. Canonizato con S. Ignatio Fondatore.. dalla Santità... di Giesv. In Venetia, Appresso Antonio Pinelli, MDCXXII, in-8, pp. 106.

Sommervogel.

*
* *

—— * Abrégé de la Vie de S. François-Xavier. Douay, Balthazar Bellere, 1622, in-12.

Pagès, 163. — Sommervogel.

Antoine de Balinghem, né à Saint-Omer, 25 juin 1571; † à Lille, 24 janvier 1630.

—— * Compendio della Vita dell' Apostolo dell' India S. Francesco Saverio della Compagnia di Gesù, raccolto da varie ed approvate istorie, e dalli processi fatti per la sua canonizazione dal P. Giacomo Fuligatti della Medesima Compagnia. In Roma, nella Stamperia di Bernardino Tani, 1637. In-8, pp. 164, portr.

Le P. G. Fuligatti, né et † à Rome, le 12 nov. 1653. — Sommervogel.

—— S. P. // Francisci // Xaverii // indiarvm apostoli // beneficia et miracvla // Potami, Neapoli et alibi // facta // annis 1652, 1656, 1658 // [*vignette*] // Antverpiae, // Apud Iacobvm Mevrsivm, // anno MDCLVIII. 15 ff. n. ch tit., déd. etc. + pp. 265 + 1 f. n. ch.

Portrait gravé par Fred. Boultats.

—— * Franc. Natolius. — Wunderwerck welche d. H. Franciscus Xaver. zu Potamo in Calabrien die nechst verflossene Jahr her gewürcket. Münch., 1658. In-16, 8 ff. + pp. 290 + 4 ff.

Cat. 39, Jacq. Rosenthal, Munich, 1905, n° 227, M. 6.

—— * Relaçam dos milagres prodigiosos, que obrou em nossos dias o apostolo da India S. Francisco de Xavier, em Potami, terra de Calabria. Traduz. de Ital. em Portug. Coimbra, 1662.

Cat. 302, Hiersemann, lib. Leipzig, 1904, n° 1235, M. 30.

—— * Recveil de la vie et des miracles novvellement faits par saint François Xavier, Apostre des Indes, de la Compagnie de Iesvs. Et recüeillis par le P. Antoine Girard, de la mesme Compagnie. A Paris, chez François Mvgvet, M.D.CLXII. In-8, pp. 124, s. l. p.

—— La vie et les miracles de saint François Xavier, Apotre des Indes, de la Compagnie de Jésus, recueillis par le Père Antoine Girard, de la même Compagnie; revus et mis en meilleur ordre. A Bruxelles, chez Le Charlier, 1806. In-18, pp. IX-305.

Cet ouvrage contient les miracles opérés à Potamo, la guérison du Fr. Filippucci, S. J., et la délivrance de la ville de Naples de la peste (Sommervogel). — Le P. Antoine Girard, né à Corbigny (Nièvre) en 1603; † à la Flèche, le 15 déc. 1679.

—— El Apostol // de las Indias, // y // nvevas gentes // San Francisco Xavier // de la Compañia de // Iesvs. // Epitome de svs apostolicos hechos, // virtudes, enseñança, y prodigios antiguos, y nueuos. // Contienese lo principal en la bvla de sv // Canonizacion, que se pone a la letra, traducida de Latin en Romã- // ce, y en las Epistolas, e Instrucciones que escriuiò el mismo Santo. // Lo demas se resume de varios Autores, y relaciones autenticas, en // que se refieren muchos milagros, y fauores nueuos del Apostol de // las Indias, y aumento de su culto, y Patronatos en varias partes // de la Christiandad por estos años, singularmente // desde 1651. hasta 1660. // en nombre de la congregacion de S. Francisco // Xauier, que està fundada en la Parroquia de la Santa Vera Cruz // desta Ciudad de Mexico. // Por el licenciado D. Mathias de Peralta // Calderon, Primicerio de la dicha Congregacion. // Segunda

Impression. // Dedicase al mvy ilvstre Señor D. Ivan Antonio // de Garro, y Xauier, Conde de Xauier, y Vizconde de Zolina. // Con licencia : // En Pamplona, por Gaspar Martinez, Impressor // del Reyno de Nauarra, Año 1665. In-4, 12 ff. n. ch. tit., lic., etc. + pp. 456 + 11 ff. n. ch. ind.

Daniel Bartoli.

Né à Ferrare le 12 fév. 1608; + à Rome, le 12 janvier 1685.

—— De Vita, et Gestis // S. Francisci // Xaverii // è Societate Iesv // Indiarvm Apostoli // Libri qvatvor. // Ex R. P. Danielis Bartoli è Societate Iesv, // Italico Romae approbato & edito, // Latinè redditi à Lvdovico Ianino ex // eadem Societate. // [*marque*] // Lvgdvni, // Sumptibus Adami Demen, vico Mercatorio, // sub signo Fortunae. // - M.DC.LXVI. // Cvm privilegio. In-4, 8 ff. prél. tit., ép., etc. + pp. 352 + 6 ff. n. ch. ind., front. gravé, port. de S. F. Xavier.

Bib. nat., H. 1805 et H. 4598. — Par le P. L. Janin, S. J.

—— Asiaticae // Historiae // Societatis Iesv, // Pars posterior, // libris qvatvor conseqventibvs // pertexens, // Quae post beatum S. Xauerij Obitum Soc. Patres ad // Dei gloriam in iisdem Prouinciis gessere. // Ex Italico R. P. Danielis Bartoli Romae excuso,// Latinè reddita à R. P. Lvdovico Ianino, // vtroque Societatis eiusdem Sacerdote. // [*marque*] // Lvgdvni, // Sumptibus Adami Demen, Vico Mercatorio, // sub signo Fortunae. // - M.DC.LXVII. // Cum Approbatione & Priuilegio. In-4, 2 ff. n. ch. tit. et déd. + 414 + 1 f. n. ch. facult. et perm.

Bib. nat., Inv. H. 4599.

—— * Vida del P. Fr. Xavier, escrita en italiano por el P. D. Bartoli. Madrid, 1658, in-4.

Trad. par le P. Alphonse de Andrade, S. J., né à Tolède en 1590; + à Madrid, le 20 juin 1672.
Sommervogel.

—— * Miracoli di S. Francesco Saverio Apostolo dell'Indie della Compagnia di Giesù estratti dalla sua Vita intitolata l'Asia, scritta dal P. Daniello Bartoli della medesima Compagnia. Con l'aggiunta de'Miracoli operati dallo stesso Santo in Potami picciola terra della Calabria raccolti e scritti da D. Francesco Natoli per ordine di Monsignor Vescovo di Mileto. In Messina, per Giacomo Mattei, 1656. In-8, pp. 163 s. l. ff. prél.

Sommervogel.

—— * Viaggi e Miracoli del Grande Apostolo dell' Oriente S. Francesco Saverio, tratti dalle storie del Padre Daniello Bartoli, della Compagnia di Gesù. Voghera, tip. Sormani, 1841, in-16, pp. 290.

Sommervogel.

—— Les // Miracles // de // S. François // Xavier // Apostre des Indes. // Traduits de l'Italien du P. Bartoli. // Avec un discours sur la créance // des Miracles. // [*marque*] // A Paris, // Chez Michel le Petit, ruë S. Jacques, // à la Toison d'Or. // - M.DC.LXXIII. // Avec Approbation et privilege. In-12, 34 ff. + pp. 311 [chif. 313].

Trad. par le P. Ignace Gaston Pardies, né à Pau le 5 sept. 1636; + à Paris, le 22 avril 1673. — Bib. nat., H. 10.829 et O o 715. — Sommervogel cite une édition de 1672.

—— * Vita di S. Francesco Saverio della Compagnia di Gesù apostolo delle Indie, descritta dal P. Daniello Bartoli della medesima Compagnia. Torino, P. di G. Marietti, 1869, 2 vol. in-8, pp. 400 et 344.

Le P. Boero l'a extrait de la Vie de S. Ignace et de l'*Istoria dell' Asia* du P. Bartoli. — Sommervogel.

—— The Life of St. Francis Xavier, Apostle of the Indies and Japan, from the Italian of D. Bartoli and J. P. Maffei. With a Preface by the Very Rev. Dr. Faber... London : Thomas Jones, MDCCCLVIII. In-8, pp. XVI-485, carte.

—— The Life of Saint Francis Xavier Apostle of the Indies and Japan, from the Italian of D. Bartoli and J. P. Maffei. With a Preface by Frederick William Faber, D. D., Priest of the Oratory of St. Philip Neri. Dublin : James Duffy, 1860. In-8, pp. XVI-485, portrait.

— * Eighth American Edition from the last London edition. Baltimore, John Murphy, 1878, pp. 653.

— * Ninth American... New-York, Shea, 1882, in-8. — Sommervogel.

JEAN DE BUSSIÈRES.

Né à Villefranche (Rhône), 14 novembre 1607; mort à Lyon le 26 octobre 1678.

—— La Vie de Saint François Xavier, Apostre des Indes, de la Compagnie de Iesvs. Par le Pere Iean de Bussieres de la mesme Compagnie. [*fleuron*] A Lyon, Chez Antoine Molin, M.DC.LXXI. Avec privilege du Roy. In-12, 8 ff. n. ch. tit., etc. + pp. 638, portrait.

Bib. nat., Inv. H. 10826.

FRANCISCO GARCIA.

Né à Ballecas, 16 mars 1641; † 3 août 1685 à Madrid.

—— * Vida y Milagros de S. Francisco Xavier de la C. de J. Apostol de las Indias, por el P. Fr. Garcia, de la misma Comp. de J. Madrid, por Juan Garcia Infanzon, s. d. In-4, pp. 490, port.

Avec la neuvaine en l'honneur du saint. — L'approbation est de 1672. (Pagès, 322.)

—— * Vida y Milagros de S. Francisco Xavier de la Compañia de Iesus. Apostol de las Indias, En Madrid, 1672, in-4.

Sommervogel.

—— * Vida // y milagros // de S. Francisco // Xavier, // de la Compañia de Iesvs, // Apostol de las Indias. // Por el Padre Francisco Garcia // maestro de Theologia de la misma Compañia // de Iesvs. //...// Con licencia // En Toledo : Por Francisco Calvo, Impressor del Rey N. S. // Año de M.DC.LXXII. In-4, pp. 20 n. ch. + 434 + 6 n. ch.

Retana, 132. — Pagès, 322, cite : Toledo, 1673.

—— * Vida, // y milagros // de // San Francisco // Xavier, // de la Compañia de Iesvs, // Apostol de las Indias. // Por // el Padre Francisco García // Dedicada al Excelentissimo Señor Don Iachin Ponce de Leon, Alen- // castre, y Cardenas, Duque de Torres-Nouas... Nueva Impresion, // Corregida, y enmendada por sù Autor. // Año 1676. //...// En Madrid; en la Imprenta Imperial, por Ioseph Fernandez // de Buendia, Año de M.DC.LXXVI. In-4, pp. 14 n. ch. + 495.

Segunda edición. — Retana, 137.

—— Vida, // y Milagros // de // San Francisco // Xavier, // de la Compañia de Iesvs, // Apostol de las Indias, // por // el Padre Francisco Garçia, // Maestro de Theologia, de la misma // Compañia de Iesvs. // Tercera Impression, Coregida, y emendada // Año [*vig.*] 1683. // Con licencia. // En Barcelona, en la Imprenta de Antonio Ferrer, y // Balthazar Ferrer Libreros, Vendense en sus Casas. In-4, 2 ff. n. ch. + pp. 401 à 2 col. + 3 ff. n. ch. tab.

Titre encadré.

—— * Vida, // y milagros // de // S. Francisco // Xavier, // de la Compañia de Iesvs, // Apostol de las Indias. // Por el Padre Francisco Garcia // En Madrid : Por Ivan Garcia Infanzon. [1685.] In-4, pp. 12 n. ch. + 490.

Retana, 155.

—— Vida y milagros de S. Francisco Javier de la Compañia de Jesús, Apóstol de las Indias. Por el P. Francisco Garcia, maestro de teologia de la misma Compañia de Jesus. Barcelona. Libreria de la viuda é hijos de J. Subirana, editores, Calle de la Puerta Ferrisa, n° 16. 1864. 2 vol. in-12, pp. 444, 336.

—— * Epitome breve de las glorias de S. Francisco Xavier De la Compañia de Jesus, Apostol de las Indias. Con el modo de hazer su novena y otras devociones. Por el Padre Francisco Garcia de la Compañia de Jesus. En Napoles, 1684, in-16.

Sommervogel.

—— * Epitome breve... de la Compañia de Iesvs, Apostol... su Novena, y Dezena, para alcançar de Dios, por la intercesion del Santo, los feuores (*sic*) que se desean. Por el Padre... de Iesvs. Milan por Ioseph Marelos, año 1686. —(2ᵉ *titre* :) Epitome... los fauores... de Iesvs. A la exc. Señora mi Señora Doña Maria de los Remedios, Cveva, y Enriqvez, Condessa de Fuen Salida, Virreyna que fue en el Reyno de Cerdeña, y dignissima Gouernadora del

Estado de Milan. Ibid., id., in-16, pp. 127, ss. les ff. prél. signée : «Su muy Capellan Nicolas Soro.»

Sommervogel.

—— * Epitome // de las glorias // de S. Francisco // Xavier, // de la Compañia de Jesus, // Apostol de las Indias : // Con el modo // de hazer sv novena, // para alcanzar de Dios, // por la intercession del Santo, // los favores que desean. // Por el P. Francisco Garcia, // de la Compañia de Jesus. // En Madrid, Año de 1699. In-8, pp. 62.

Retana, 179.

—— * Epitome de la Vida, Virtudes, y Milagros de S. Francisco Xavier de la Compañia de Jesus, Apostol de las Indias. Con el modo de hazer su Novena. Sacado de la Vida, que compuso el P. Francisco Garcia de la misma Compañia. Reimpresso en Zaragosa, por Joseph Fort, 1735. In-24, pp. 152.

Sommervogel.

*
* *

—— * Franc. de la Torre. — El Peregrino Atlante S. Franc. Xavier; su vida y prodigios. Lisboa, 1674. In-4, avec 1 fig.

Cat. 39, Jacq. Rosenthal, Munich, 1905, n° 229, M. 12.

—— * Francisco de la Torre. — El Peregrino Atlante S. Francisco Xavier, Apostol del Oriente. Epitome historico y panegirico de su vida, y prodigios. Madrid, Viuda de Blas de Villanueva, 1728. In-4, pp. 24 n. ch. + 365.

Retana, 233. — Pagès, 317, cite des éditions de 1670 et de 1695.

Dominique Bouhours.

Né à Paris, le 15 mai 1628; † à Paris, le 27 mai 1702.

—— La Vie de Saint François Xavier de la Compagnie de Jesus Apostre des Indes et du Japon. [*marque*] A Paris, Chez Sebastien Mabre-Cramoisy, Imprimeur du Roy, ruë Saint Jacques, aux Cicognes. — M.DC.LXXXII. Avec Approbation et Privilege. In-4, 8 ff. n. ch. + pp. 634 + 5 ff. n. ch. p. l. tab.

Préface signée : Dominique Bouhours, de la Compagnie de Jesus. — Carte.

Bib. nat., O o 716.

—— La vie de Saint François Xavier de la Compagnie de Jesus Apostre des Indes et du Japon. Seconde edition. [*marque*] A Paris, Chez Sebastien Mabre-Cramoisy... — M.DC.LXXXIII. Avec Approbation et Privilege. 2 vol. in-12.

Bib. nat., O o 716 A.

—— * La Vie de S. François Xavier de la Compagnie de Jesus Apostre...Suivant la Copie de Paris, imprimée à Liege, Chez Guillaume Henry Streel, M.DC.LXXXIII. In-12, pp. 633, s. l. ff. prél.

—— * ...... A Lyon, chez Jean Goy; M.DC.LXXXVIII. 2 vol. in-12, pp. 528, 468, s. l. ff. prél.

—— * —— Paris, 1715, 2 vol. in-12.

Sommervogel.

—— La Vie de Saint François Xavier de la Compagnie de Jesus, Apostre des Indes et du Japon. Par le Père Bouhours, de la même Compagnie. Nouvelle édition. A Paris, rue S. Jacques, Chez Bordelet, vis-à-vis les Jesuites, à Saint Ignace. Durand, au Griffon, & à Saint Lambert. M.DCC.XLVI. Avec Approbation & Privilege du Roi. 2 vol. in-12.

Bib. nat., O o 716 B.

—— La Vie de Saint François Xavier de la Compagnie de Jesus Apostre des Indes et du Japon. Nouvelle edition. A Paris, Chez Durand, ruë du Foin au Griffon, du côté de la ruë Saint Jacques. — M.DCCLIV. Avec Approbation et Privilege. 2 vol. in-12.

Bib. nat., O o 716 C.

—— * —— Nouvelle édition. A Paris, Chez Guillot, M.DCC.LXXXVII. 2 vol. in-12, pp. 32-442 et 418.

Edition du P. Brotier, qui a mis en tête la lettre de Condé au P. Talon sur cette *Vie* et l'a fait suivre d'observations. (Sommervogel.)

—— La Vie de S. François Xavier, Apôtre des Indes & du Japon. Par le Père

Bouhours. Nouvelle Édition, augmentée de quelques Opuscules de Piété & de Littérature, par l'Abbé F. X. de F. — A Paris, & à Liége, Chez F. J. Desoer..., M.DCC.LXXXVIII. 2 vol. in-12, port.

Bib. nat., Oo 716 D.

F. X. de F. = l'abbé François-Xavier de Feller, né à Bruxelles, le 18 août 1735; † 23 mai 1802.

—— La Vie de S[t]. François Xavier, Apotre des Indes et du Japon. Par le Père Bouhours. Nouvelle Édition, augmentée de quelques Opuscules de Piété, par l'abbé F. X. de F. — A Paris, Chez Saintmichel et Beaucé,...1810, 2 vol. in-12, port.

Bib. nat., Oo 716 E.

—— —— A Avignon, Chez Fr. Seguin aîné, ...1817, 2 vol. in-12.

Bib. nat., Oo 716 F.

—— —— A Avignon, Chez Fr. Seguin ainé, ...1819, 2 vol. in-12.

Bib. nat., Oo 716 G.

—— —— A Paris, à la librairie de la Société typographique, Chez Méquignon, fils ainé, ...à Lyon, chez Périsse, frères, 1820, 2 vol. in 12.

Bib. nat., Oo 716 H.

—— —— A Lyon, Chez L. Boget, 1821, 2 vol. in-12.

Bib. nat., Oo 716. I.

—— La Vie de S[t]. François Xavier Apotre des Indes et du Japon. Par le Père Bouhours. Nouvelle édition, Augmentée de la Neuvaine en son honneur, et de quelques Opuscules de piété, par l'abbé F. X. de F. — Alais, Chez J. Martin, 1825, 2 vol. in-12, port.

Bib. nat., Oo 716 J.

—— —— Paris, Bureau de la Bibliothèque catholique, 1825, 2 vol. in-12.

Bib. nat., Oo 716 x.

—— Vie de St François Xavier, Apôtre des Indes et du Japon; par le Père Bouhours. Nouvelle édition augmentée de quelques opuscules de piété par Feller. Paris, Dufour, 1826, 2 vol. in-12, 2 grav. et tit. gravé.

Bib. nat., Oo 716 K.

—— Vie de S. François Xavier Apotre des Indes et du Japon. Par le P. Bouhours. Nouvelle Édition, augmentée de quelques Opuscules de Piété, par l'abbé F. X. de F. A Lyon, Chez Perisse frères, 1826, 2 vol. in-12.

Bib. nat., Oo 716 L.

—— Vie de S. François Xavier, Apotre des Indes et du Japon. Par le P. Bouhours. Nouvelle édition, augmentée de quelques opuscules de piété, par l'abbé F. X de F. — Périsse frères, Lyon [et] Paris, 1840, 2 vol. in-12, port.

Bib. nat., Oo 716 O.

—— —— Ibid., 1842, 2 vol. in-12, port.

Bib. nat., Oo 716 P.

—— —— Ibid., 1844, 2 vol. in-12, port.

Bib. nat., Oo 716 Q.

—— —— Ibid., 1845, 2 vol. in-12, port.

Bib. nat., Oo 716 R.

—— —— Ibid., 1852, 2 vol. in-12, port.

Bib. nat., Oo 716 T.

—— —— Ibid., 1855, 2 vol. in-12.

Bib. nat., Oo 716 U.

—— La Vie de S[t]. François Xavier Apotre des Indes et du Japon; Par le Père Bouhours. Nouvelle Édition, augmentée du Précis de la Vie du Père Charles Spinola, et de la Relation du grand Martyre du Japon, en 1622; par le Père P. J. d'Orléans. — Avignon, Chez Seguin aîné, 1828, 2 vol. in-12.

Bib. nat., Oo 716 M.

—— Vie de Saint François Xavier, Apotre des Indes et du Japon, par le R. P. Bouhours; suivie de l'éloge de ce Saint, de son petit Office et de ses Litanies, en latin et en français. Nouvelle édition, Augmentée du Précis de la Vie du P. Charles Spinola, et de la Relation du grand

Martyre du Japon, en 1622; par le R. P. d'Orléans. Poitiers, Chez François-Aimé Barbier, 1839, in-12.

Bib. nat., O o 716 N.

—— Vie de Saint François Xavier...suivie de l'Éloge...Nouvelle Édition, Augmentée du Précis de la Vie du P. Charles Spinola, et de la Relation du grand Martyre du Japon, en 1622; par le R. P. d'Orléans. Poitiers, Henri Oudin, 1847, in-12.

Bib. nat., O o 716 S.

—— Vie de S. François Xavier, Apôtre des Indes, tirée de la Vie du Saint Par le P. Bouhours, de la Compagnie de Jesus. Lille, L. Lefort, 1827, in-16, pp. 216, en 2 parties, portrait.

Collection de Vies de Saints. Bib. nat., O o 719.

— — Lille, L. Lefort, 1829, in-12, pp. 216, en 2 parties, portrait.

Bib. nat., O o 719 A.

— — Troisième édition. Lille, L. Lefort, 1851, in-12, pp. 216, port.

Bib. nat., O o 719 B.

—— Saint François Xavier Apotre des Indes d'après le P. Bouhours. Librairie de J. Lefort, Lille [et] Paris, s. d. [1873], in-8, pp. 87.

Bib. nat., O o 799.

—— Saint François Xavier Apotre des Indes d'après le P. Bouhours. Librairie de J. Lefort, Lille [et] Paris, 1875, in-8, pp. 84, grav. en tête.

Bib. nat., O o 799 A.

— — 2° édition. — Ibid., 1877, in-8, pp. 84, grav. en tête.

Bib. nat., O o 799 B.

—— Saint François Xavier Apotre des Indes d'après l'ouvrage du P. Bouhours, par J. Aymard. Quatrième édition. Librairie de L. Lefort, Lille et Paris, s. d. [1866], in-8, pp. 144, 1 grav. en tête.

Bib. nat., O o 800.

— — Cinquième édition. Ibid., s. d., in-8, pp. 144, 1 grav. en tête.

Le colophon, p. 144, porte 1868. — Bib. nat., O o 800 B.

(Dominique Bouhours.)

— — Cinquième édition. Ibid., s. d. [1866], in-18, pp. 216, grav. en tête.

Bib. nat., O o 800 A.

—— La Vie de Saint François Xavier, tirée d'une vie plus étendue du P. Bouhours. Dédiée à l'Association de la Propagation de la Foi. A Lyon, Chez F. M. Rusand, 1828, in-12, pp. VI-312.

Bib. nat., O o 720.

—— La Vie de S. François Xavier, tirée d'une vie plus étendue du P. Bouhours; dédiée à l'Association de la Propagation de la Foi; par M. Pallegoix, Missionnaire de la Congrégation des Missions étrangères, maintenant évêque de Mallos, vicaire apostolique de Siam. — Deuxième édition. — Paris, Debécourt, 1843, in-12, pp. XV-282.

Bib. nat., O o 720 A.

—— La Vie de Saint François Xavier, de la Compagnie de Jésus, Apôtre des Indes et du Japon. Tours, A[d]. Mame, 1839, in-32, pp. 126, Port.

Bibliothèque pieuse approuvée par Monseigneur l'Archevêque de Tours.

Bib. nat., O o 728.

—— Vie de Saint François Xavier Apotre des Indes et du Japon par le P. Bouhours. Nouvelle Édition revue avec soin. — Tours, A[d] Mame et Cie, 1846, in-12, pp. 264, fig. et tit. grav.

Bib. nat., O o 718.

— — Ibid., 1849, in-12, pp. 233 + 1 f. n. ch. tab., s. grav.

Bib. nat., O o 718 A.

— — Ibid., 1852, in-12, pp. 233 + 1 f. n. ch. tab., s. grav.

Bib. nat., O o 718 B.

— — Ibid., 1855, in-12, pp. 236, fig. et tit. grav.

Bib. nat., O o 718 C.

— — Ibid., 1858, in-12, pp. 236, fig. et tit. grav.

Bib. nat., O o 718 D.

— — Ibid., 1861, in-12, pp. 236, fig. et tit. grav.

Bib. nat., O o 718 E.

— — Ibid., 1863, in-12, pp. 236, fig. et tit. grav.

Bib. nat., O o 718 F.

(Dominique Bouhours.)

— — Ibid., 1865, in-12, pp. 236, fig. et tit. grav.

Bib. nat., Oo 718 G.

— — Ibid., 1868, in-12, pp. 240, fig. et tit. grav.

Bib. nat., Oo 718 H.

— — Ibid., 1872, in-12, pp. 240, s. fig. et tit. grav.

Bib. nat., Oo 718 I.

— — Ibid., 1877, in-12.

Bib. nat., Oo 718 J.

— — Ibid., 1878, in-12, pp. 216, s. fig. et tit. grav.

Bib. nat., Oo 718 K.

Bibliothèque de la Jeunesse Chrétienne.

— — Ibid., MDCCCXCIII, in-12, pp. 180, gravures.

Bib. nat., Oo 718 N.

— — Ibid., 1895, in-12, pp. 143, gravures.

Bib. nat., Oo 718 O.

— — Ibid., 1896, in-12, pp. 143, gravures.

Bib. nat., Oo 718 P.

— — Ibid., s. d. [1902], in-12, pp. 143, gravures.

Bib. nat., Oo 718 Q.

— — Ibid., s. d. [1909], in-12, pp. 143, gravures.

Bib. nat., Oo 718 Q.

—— Vie de Saint François Xavier de la Compagnie de Jesus Apôtre des Indes et du Japon L'an 1552 par D. S. — Tours, A[d] Mame, 1852, pièce in-18, pp. 36, port.

Bibliothèque des Enfants Pieux.

Bib. nat., Oo 731.

— — Ibid., 1853, Pièce in-18, pp. 36, port.

Bib. nat., Oo 731 A.

— — Ibid., 1857, Pièce in-18, pp. 36, port.

Bib. nat., Oo 731 B.

— — Ibid., 1860, Pièce in-18, pp. 36, port.

Bib. nat., Oo 731 C.

— — Ibid., 1865, Pièce in-18, pp. 36, port.

Bib. nat., Oo 731 D.

— — Ibid., 1870, Pièce in-18, pp. 36, port.

Bib. nat., Oo 731 E.

— — Ibid., 1876, Pièce in-18, pp. 36, port.

Bib. nat., Oo 731 F.

— — Ibid., 1884, Pièce in-18, pp. 36, port.

Bib. nat., Oo 731 G.

—— Vie de Saint François Xavier, Apotre des Indes et du Japon par le P. Bouhours. — Nouvelle édition revue avec soin. Tours, Alfred Mame, 1888, in-12, pp. 215, grav. en tête.

Bib. nat., Oo 799 G.

Il y a des éditions semblables : 1884, pp. 216; 1886, pp. 216.

—— Vie de Saint François Xavier, Apotre des Indes et du Japon, d'après le R. P. Bouhours. Limoges, Barbou frères, 1853, in-12, pp. 167, 1 grav. en tête.

Bibliothèque Chrétienne et Morale approuvée par Monseigneur l'évêque de Limoges.

Bib. nat., Oo 721.

— — Ibid., s. d. [1854], in-12, pp. 167, 1 grav. en tête.

Bib. nat., Oo 721 A.

— — Ibid., s. d. [1858], in-12, pp. 108, grav. en tête.

Bib. nat., Oo 721 B.

— — Ibid., s. d. [1860], in-12, pp. 106, grav. en tête.

Bib. nat., Oo 721 C.

— — Ibid., s. d. [1863], in-12, pp. 108, 1 grav.

Bib. nat., Oo 721 D.

— — Ibid., s. d. [1866], in-12, pp. 74, 1 grav.

Bib. nat., Oo 721 E.

— — Ibid., s. d. [1868], in-12, pp. 125, 1 grav.

Bib. nat., Oo 721 F.

— — Ibid., s. d. [1872], in-12, pp. 125, 1 grav.

Bib. nat., Oo 721 G.

— — Ibid., s. d. [1872], in-12, pp. 125, 1 grav. diff. de la précédente.

Bib. nat., Oo 721 H.

— — Ibid., s. d. [1872], in-12, pp. 72, 1 grav.

Bib. nat., Oo 721 I.

— — Ibid., s. d. [1873], in-12, pp. 125, 1 grav.

Bib. nat., Oo 721 J.

— — Ibid., s. d. [1873], in-12, pp. 72, 1 grav.

Bib. nat., Oo 721 Ja.

— — Ibid., s. d. [1874], in-12, pp. 125, 1 grav.

Bib. nat., Oo 721 K.

— — Ibid., s. d. [1875], in-12, pp. 125.

Bib. nat., O o 721 L.

— La Vie de Saint François Xavier Apotre des Indes et du Japon d'après le R. P. Bouhours. Limoges, Barbou frères, s. d. [1877], in-12, pp. 125, 1 grav. en tête.

Bibliothèque Chrétienne et Morale approuvée par Monseigneur l'évêque de Limoges.

Bib. nat., O o 718 L.

— — Ibid., s. d. [1880], in-12, pp. 120, 1 grav. en tête.

Bib. nat., O o 718 M.

— * Vie de S. François Xavier, de la Compagnie de Jésus, Apôtre des Indes et du Japon. Par le P. Bouhours. Bruxelles, L. de Wageneer, H. Goemaere, 1852, in-8, pp. 468, port.

Sommervogel.

— Vie de Saint François Xavier, S. J. Apôtre des Indes et du Japon, d'après le R. P. D. Bouhours, de la même Cie. — Nouvelle édition, revue, augmentée d'appendices, de la Neuvaine de la Grâce, et ornée d'une carte de tous les voyages du Saint. Société de Saint-Augustin, Desclée, De Brouwer, et Cie, s. d. [1885], 2 vol. in-8, pp. XI-383, 408.

Bib. nat., O o 799 D.

*
* *

— * Lebensgeschichte des heiligen Apostels von Indien und Japan Franz Xavier, von P. Bouhours. Frankfurt am Main, in der Andreäischen Buchhandlung, 1830, in-8, pp. 535.

— * Ins Deutsche übergetragen. 2te Auflage. Münster, 1855, Coppenrath'sche Buchh., in-8, pp. 494.

Sommervogel.

*
* *

— The // Life // of // St. Francis Xavier, // of the // Society // of // Jesus, // Apostle of the Indies, // and of Japan. // — Written in French by Father Domi- // nick Bohours, of the same Society. // — Translated into English // By Mr. Dryden. // — London, // Printed for Jacob Tonson, at the Judges-Head // in Chancery-lane, MDCLXXXVIII. In-8, 10 ff. n. ch. + pp. 768, front. et ill., carte.

— The // Life // of // Saint Francis Xavier, // of the // Society of Jesus, // Apostle of the Indies and of Japan. // — Written in French // By Father Dominick Bohours, // of the same Society. // — Translated into English // By John Dryden, Esq; // — [*chiffre*] // — Dublin : // Printed for Ignatius Kelly, at the Stationers-Arms, // in Mary's Lane, Bookseller. MDCCXLIII. In-8, 12 ff. n. ch. + pp. 376.

— * Life of S. Francis abridged from Bouhours. By James Morgan, London, 1764, in-8.

— The Life of St. Francis Xavier, of the Society of Jesus, Apostle of the Indies, and of Japan. (*The Works of John Dryden*, XVI, London, 1808, in-8.)

— The Life of St. Francis Xavier, of the Society of Jesus, Apostle of the Indies, and of Japan. — Written in French, by Father Dominick Bohurs, of the same Society. — Translated into English, By James Dryden, Esq. — Belfast : Printed by Joseph Smyth 1837, in-8, pp. 396.

— * The Life of Saint Francis Xavier of the Society of Jesus, Apostle of the Indies and of Japan. Written in French by Father Dominick Bohours (*sic*) of the Same Society. Translated into English By John Dryden, Esq. Dublin : Printed for Ignatius Kelly, MDCCCXLIII. In-8, pp. 376, s. l. ff. prél.

Sommervogel.

*
* *

— * Vie de St. François-Xavier, de la Compagnie de Jésus, apôtre des Indes et du Japon. Par le P. Bouhours. Traduit en arabe par le P. Boisot, S. J. Beyrouth, Imprimerie catholique, 1887, gr. in-8, pp. 240.

Cette traduction, dont plusieurs copies manuscrites existaient, n'a pas été imprimée avant 1887. (Sommervogel.)

Joseph Boisot, † à Alep, le 16 janvier 1687.

*
* *

— * Leven van den H. Franciscus Xaverius, Priester der Societeit Jesu, Apostel der

Indien en van Japonien door den eerw. vader Bouhours, priester der zelfde Societeit. Uit het Fransch vertaeld. Tweede druk, op nieuw overzien. Antwerpen, drukkery P. J. Van Aarsen, 1852, in-8, pp. VI-379.

—— *Leven van den H. Franciscus-Xaverius, S. J. Apostel der Indiën en Japonië. Naar het fransch vertaald. Gent, Vanderschelden, 1890, in-8, pp. 350.

Sommervogel.

* * *

— *Traduit en italien par J. B. Rasi : In Roma, Luca Contedini, 1824. (Sommervogel.)

—— *Vita S. Francisci Xaverii Societatis Jesu. Indiarum et Japoniae Apostoli, a P. Dominico Bouhours, Societatis Jesu, gallicè scripta, a P. Python ejusdem Societatis Sacerdote Latinè reddita. Monachii, sumptibus Joan. Jacobi Remy, typis Matthiae Riedl, anno DCCXII (*sic*). In-12, pp. 816, s. l. ff. prél.

Sommervogel. — Pierre Python, né à Fribourg en Suisse, le 23 sept. 1640 ; + 13 mars 1729.

—— *Zywot św. Franciszka Ksawerego T. J. Apostola Indyj i Japonii wedlug O. Bouhoursa. Kraków, 1887, in-8. [Vita S. Fr. Xaverii... juxta P. Bouhours.]

Sommervogel.

DIVERS.

—— D. Francisco Lancina. — Vida de S. Francisco Xavier, Apostol de las Indias. Poema en cuartetas. Madrid, 1682, in-4.

Cat. Salvà. — Pagès, 341.

GIUSEPPE MASSEI.

Né à Lucques, le 31 juillet 1626 ; + 14 mai 1698.

—— *Vita di S. Francesco Saverio Della Compagnia di Gesù Apostolo dell' Indie descritta dal P. Giuseppe Massei Della medesima Compagnia libri tre. In Roma, M.DC.LXXXI. Alle spese d'Ignazio de' Lazzari. In-4, pp. 351, sans les prél., portr. par B. Faciatti, d'après Giacomo del Po ; — dédié au Cardinal Fabrice Spada.

—— *Vita.... Saverio Apostolo dell' Indie Della Compagnia di Giesù scritta dal P. Givseppe... Seconda editione Riueduta, e corretta dall'istesso Autore. In Roma, Per Ignatio de' Lazari, 1682. In-4, pp. 428, sans les prél., même portr. ; — dédié par Lazari au Cardinal Franç. Buonvisi.

—— *Vita... In Bologna, 1684, in-12, pp. 547. — In Venezia, M.DC.XCII, appresso Niccolò Pezzana, in-8, pp. 439, sans les prél.

Sommervogel.

—— Vita // di // S. Francesco // Saverio // apostolo dell' Indie // Della Compagnia di Gesù, // scritta // dal P. Giuseppe Massei // della medesima Compagnia. // Terza Edizione. // [*fleuron*] // In Firenze. // - Per Pier Mattia Miccioni, e Michele Nestenus. // Con licenza de' Superiori. // MDCCI. In-4, 4 ff. n. ch. p. l. tit. etc. + pp. 349.

—— *In Milano, 1701, nelle stampe dell' Agnelli, in-12, pp. 451, portr. — In Venezia, appresso Niccolò Pezzana, 1712, in-8. — Ibid., id., 1723, in-8, pp. VIII-407. — Ibid., 1743 (?), in-8. — Bologna, 1746, in-8. — In Milano, nella stamperia di Giuseppe Marelli, 1762, in-8.

— *Vita... libri tre, Con la Giunta del Panegirico in onore del Santo scritto dal P. Paolo Segneri. Fuligno, 1822, presso Giovanni Tomassini, in-8, pp. VI-533, portr. — Vita.... libri tre. Torino, presso Giacinto Marietti, 1827, 2 vol. in-12, pp. 448 et 360.

—— Vita de S. Francesco Saverio della Compagnia di Gesù Appostolo dell' Indie scritta dal P. Giuseppe Massei della medesima Compagnia. [*fleuron*] Venezia 1818. Per Francesco Andreola I. R. Tipografo privilegiato dell' E. G., in-8, pp. VIII-478, front.

—— *Compendio della Vita di S. Francesco Saverio della Compagnia di Gesù tratto della vita scrittane dal P. Giuseppe Massei della stessa Compagnia. Roma, MDCCXCIII. Per Michele Puccinelli a Tor Sanguigna A spese di Niccola d'Antonj Stampatore di Rami presso S. Ignazio. Con Licenza e Privilegio. In-8, pp. VIII-104.

Cet abrégé est partagé en 24 chapitres; chaque chapitre a une gravure, pour lesquelles il y a un titre séparé.

—— Fatti // piv rimarchevoli // della vita // di S. Francesco Saverio // della Comp. di Gesv // espressi in rami // Indiarum gentes praedicatione // et miraculis aggregavit Ecclesiae // [*vig.*] Roma 1793 con licenza de' Superiori e privil. // a spese di Nicola d'Antonj Stamp. di Rami // presso S. Ignazio. In-8, pp. 104, encadrées.

Portrait de Stef. Piale, gravé par Vinc. Feoli; titre gravé, et illust. hors texte. — British Museum, 1224. g. 13.

— — **A la suite :* La Giornata cristiana e Santa operetta composta dal grande apostolo delle Indie S. Francesco Saverio della Compagnia di Gesù. In Roma, Per Michele Puccinelli, MDCCXCIII, pp. 16.

Les 24 gravures sont des artistes suivants : J. B. Leonetti, Pierre Fontana, Jean Folo, Louis Camargo, Jean Petrini, J. B. Dasori, d'après St. Piale et Jos. Cades.

—— *Compendio della Vita... Firenze, 1802. Per Giuseppe Tofani e Com. Sivende da Niccolò Pagni Mercante di Stampe accanto all'Albergo dell'Aquila Nera. In-8, pp. VII-104, et 16 pour la *Giornata*.

*
* *

—— Abregé // de la vie // de // S. François Xavier // de la Compagnie de Jesus, // Avec une Pratique de Devotion // durant dix Vendredis, // en son honneur. // A Paris, // Chez Urbain Coustelier, // ruë S. Jacques, au Cœur-bon. // - MDCCI. // Avec Privilege du Roy. In-12, 2 ff. n. ch. tit. &c. + pp. 139, port.

Bib. nat., Oo 723.

—— Abrege // de la vie de // S. François // Xavier // De la Compagnie de Jesus, // Apôtre des Indes. // Et la manière de faire // la Neuvaine // a son honneur // Avec les Prieres qu'on peut dire // en la faisant : // Composé par le R. P. C. D. R. de // la Compagnie de Jésus. // I H S // à Lyon, // Chez Jean Viret, Libraire, // Ruë Merciere, au coin de Ruë // Ferrandière, 1704. // - Avec Approbation & Permission. In-16, pp. 48.

Bib. nat., Oo 724.

—— Abrégé de la Vie de Saint François Xavier de la Compagnie de Jésus, Apotre des Indes, Et le récit de quelques Miracles extraordinaires faits ces années dernières par son intercession. Avec la manière dont on le choisit pour Patron et Protecteur, et dont on fait la Neuvaine; avec l'Office et quelques autres Prières en son honneur. — Toulouse, Imprimerie de M.-J. Dalles, 1833, in-12, pp. 130.

Bib. nat., Oo 726.

—— Vie de Saint François Xavier, Apôtre des Indes et du Japon. Extraite des différentes vies du Saint. Par Ch. Raybois. Prix : 50 c. Nancy, Grimblot, Thomas et Raybois, 1838, in-32, pp. 200.

Bib. nat., Oo 727.

—— Leben des heiligen Franz Xaver, Apostels von Indien und Japan. — Von W. Reithmeier, Priester. — Schaffhausen, Verlag der Hurter'schen Buchhandlung, 1846, in-8, pp. X-290.

—— Abrégé de la Vie de St François Xavier suivi de la Neuvaine Dédié à tous les Fidèles par Alphonse Zombach. — Prix : 20 cent. — Paris, Chez Alphonse Zombach, 12 rue Zacharie, 1847, pièce in-32, pp. 31.

Bib. nat., Oo 729.

—— Peden Sant Françaes-Xavier eit goulen conversion er béherion, s. d. [1850?], in-32, pp. 12.

A la fin : É. Guénèd, é ty J.-M. Galles, mollour ha livrour, é ru èr Préfectur.

—— *Abrégé de la vie de S. Fr. Xavier. Bruxelles, Goemaere, 1851, in-8, pp. 35.

Par le P. Jean Croiset. — Sommervogel.

—— Vie de Saint François-Xavier Patron de l'Oeuvre des Ouvriers. Bordeaux, Imprimerie de Justin Dupuy, 1854. Pièce in-16, pp. 15.

Bib. nat., Oo 732.

GODESCARD.

—— Vie de Saint François Xavier Apôtre des Indes et du Japon Par Godescard. Edition revue et augmentée par M. labbé L'aurent [*sic*]. Limoges [et] Paris, Martial Ardant, 1855, in-12, pp. 180, grav. en tête.

Bib. nat., Oo 733.

— Vie... par M. l'abbé Laurent... Ibid., 1856, in-12, pp. 180, grav. en tête.

Nouvelle Bibliothèque historique.

Bib. nat., Oo 733 A.

—— Limoges, Martial Ardant, 1859, in-12, pp. 178, grav. en tête.

Bib. nat., Oo 733 B.

—— Limoges [et] Paris, F. F. Ardant frères, 1860, in-12, pp. 143, grav. en tête.

Bibliothèque Chrétienne de l'Adolescence et du Jeune âge.

Bib. nat., Oo 733 C.

—— Limoges, Martial Ardant, 1861, in-12, pp. 142, grav. en tête.

Les Saints. — Les Saintes.

Bib. nat., Oo 733 D.

—— Limoges [et] Paris, F. F. Ardant frères, 1862, in-12, pp. 107, grav. en tête.

Bib. nat., Oo 733 E.

—— Limoges, Martial Ardant frères, 1863 [1862], in-12, pp. 144, grav. en tête.

Bib. nat., Oo 733 F.

—— Ibid., 1863 [1864], in-12, pp. 144, grav. diff.

Bib. nat., Oo 733 G.

—— Limoges [et] Paris, F. F. Ardant frères, 1862, [1864], in-12, pp. 107, grav. en tête.

Bib. nat., Oo 733 H.

—— Limoges, Eugène Ardant et C. Thibaut, s. d. [1868], in-12, pp. 120.

Bib. nat., Oo 733 I.

—— Ibid., s. d. [1869], in-12, pp. 120.

Bib. nat., Oo 733 J.

—— L'Apotre des Indes et du Japon ou Saint François-Xavier par Godescard. Edition revue et augmentée par M. l'abbé Laurent. — Limoges [et] Paris, F. F. Ardant frères, s. d. [1869], in-12, pp. 118, grav. en tête.

Bib. nat., Oo 733 L.

—— Vie de Saint François Xavier Apôtre des Indes et du Japon par Godescard. Edition revue et augmentée par M. l'abbé Laurent. — Limoges, Eugène Ardant et C. Thibaut, s. d. [1872], in-12, pp. 120.

Bib. nat., Oo 733 M.

—— Limoges [et] Paris, F. F. Ardant frères, s. d. [1874], in-12, pp. 192 + 2 ff. n. ch., grav. en tête.

Bib. nat., Oo 733 N.

—— Limoges, Eugène Ardant et Cie, s. d. [1875], in-12, pp. 120.

Bib. nat., Oo 733 O.

—— Limoges [et] Paris, F. F. Ardant frères, s. d. [1878], in-12, pp. 92 + 2 ff n. ch. tab., grav. en tête.

Bib. nat., Oo 733 P.

—— Limoges, Eugène Ardant et Cie, s. d. [1879], in-12, pp. 107.

Bib. nat., Oo 733 Q.

—— Ibid., s. d. [1882], in-12, pp. 107.

Bib. nat., Oo 733 S.

—— Ibid., s. d. [1885], in-12, pp. 107, grav. en tête.

Bib. nat., Oo 733 T.

—— Ibid., s. d. [1886], in-12, pp. 107.

Bib. nat., Oo 733 V.

—— Ibid., s. d. [1888], in-12, pp. 107.

Bib. nat., Oo 733 X.

—— Ibid., s. d. [1890], in-12, pp. 107.

Bib. nat., Oo 733 Y.

—— Ibid., s. d. [1892], in-12, pp. 107.

Bib. nat., Oo 733 Z.

—— Ibid., s. d. [1894], in-12, pp. 107.

Bib. nat., Oo 733 Za.

—— Vie de Saint François Xavier par l'Abbé Godescard. Rouen, Mégard, 1860, in-16, pp. 95, grav. en tête.

Suivie, pp. 94-95, de la Vie de saint Justin, martyr en Parisis.

Bibliothèque morale de la Jeunesse.

Bib. nat., Oo 734.

—— Ibid., 1862, in-16, pp. 95, grav. en tête.

Bib. nat., Oo 734 A.

—— Histoire de Saint François de Xavier de la Compagnie de Jésus, Apôtre des Indes et du Japon, Protecteur de l'Orient.

Accompagnée de nouveaux documents et d'un rapport du R. P. Artola, S. J., Sur l'état actuel du château et du crucifix miraculeux de la chapelle de Xavier. Par J.-M.-S. Daurignac, auteur de l'Histoire du R. P. Claver. Paris, Ambroise Bray, 1857, 2 vol. in-12, pp. XVI-312, 348.

Introduction de A. de Richecour, docteur en droit.

Bib. nat., Oo 735.

— — Seconde édition, revue, corrigée et augmentée de documents nouveaux. Ibid., 1862, 2 vol. in-12, pp. 352, 324.

Bib. nat., Oo 735 A.

— — Troisième édition... Ibid., 1870, 2 vol. in-12, pp. 352, 324.

Bib. nat., Oo 735 B.

— — Quatrième édition... Paris, Bray et Retaud, 1881, 2 vol. in-12, pp. 364, 334.

Bib. nat., Oo 735 C.

André Artola, né le 10 novembre 1818, Tafalla (Navarre); † à Oña (Espagne), le 26 mai 1887.

— Vie de Saint François de Xavier de la Compagnie de Jésus, Apôtre des Indes et du Japon, Protecteur de l'Orient, dédiée aux membres de la Propagation de la foi et aux associations placées sous la protection de saint François Xavier Par J.-M.-S. Daurignac .. Cet ouvrage est approuvé par Mgr. l'Evêque de Beauvais. — Paris, Ambroise Bray, 1858, in-12, pp. VIII-398.

Bib. nat., Oo 736.

— — Quatrième édition. Ibid., 1866, in-12, pp. 324.

Bib. nat., Oo 736 A.

— Life of S. Francis Xavier Apostle of the Indies. — London: Burns and Lambert, MDCCCLVIII. Petit in-8, pp. VIII-180 + 1 f. n. ch. + pp. 2; portrait.

— The Life and Letters of St. Francis Xavier by Henry James Coleridge ofthe Society of Jesus. London: Burns and Oates, 1872, 2 vol. in-8, pp. XXVI-424, XXI-579.

Bib. nat., Oo 742.

— — New edition. Burns & Oates: London, 1881, 2 vol. in-8.

British Museum.

(Godescard.)

— Life of S. Francis Xavier, Apostle of the Indies. —London: Burns and Oates, 1881. Pet. in-8, pp. VIII-180 + 1 f. n. ch. + pp. 2.

— *Felippe Neri Xavier. — Resumo historico da maravilhosa vida, conversões, e milagres de S. Francisco Xavier, apostolo, defensor, e patrono das Indias. Segunda edição. Nova-Goa, Imprensa nacional, 1861. Pet. in-8, pp. 28-XV-584, portraits et pl.

La première édition est de 1859. — Cat. Mourier, no. 523, 10 fr.

— Ladainha de S. Francisco Xavier, acompanhada de duas orações. — Nova-Goa, Imprensa nacional, 1860, in-32, pp. 14.

— Vie de Saint François Xavier Religieux de la Compagnie de Jésus, Apôtre des Indes et du Japon. Par l'abbé F***. Limoges [et] Paris; F. F. Ardant frères, 1862, in-32, pp. 63, grav. en tête.

Bibliothèque Chrétienne de l'Adolescence et du Jeune âge.

Bib. nat., Oo 738.

— — Ibid., s. d. [1865], in-32, pp. 63, grav. en tête diff. de la précédente.

Bib. nat., Oo 738 A.

Henry Venn.

B. D. — Hon. Secretary of the Church Missionary Society.

— The Missionary Life and Labours of Francis Xavier taken from his own Correspondence: with a Sketch of The General Results of Roman Catholic Missions among the Heathen. By Henry Venn, B. D., Prebendary of St. Paul's, Honorary Secretary of the Church Missionary Society. London: Longman, Green, Longman, Roberts, & Green, 1862. In-8, pp. IV + 2 ff. n. ch. contents + pp. 326, carte.

— A Review of the Rev. H. Venn on St. Francis Xavier and Christian Missions. — London: Burns & Lambert, 1862, in-8, pp. 28.

— Venn's Life of St. Francis Xavier. (*The Home and Foreign Review*, London, II, 1863, pp. 172-189.)

(Henry Venn.)

—— Franz Xavier. — Ein weltgeschichtliches Missionsbild von Rev. H. Venn, ... und W. Hoffmann. — Wiesbaden, Julius Riedner, 1869, in-8, 2 ff. n. ch. tit. et préf. + pp. 418.

Bib. nat., Oo 741.

* * *

—— Vie de Saint François Xavier. Par l'abbé ***. Limoges, Martial Ardant frères, 1864, pièce in-16, pp. 36.

Bibliothèque des Enfants Pieux.

Bib. nat., Oo 739.

—— Vie de Saint François-Xavier Apôtre des Indes et du Japon et Chants des Associations d'ouvriers placées sous le patronage de ce Saint. Par J. B. G. Président honoraire de la Société de Saint François-Xavier de Bordeaux, fondée par M. l'abbé Moreau. — Bordeaux, Typ. V^e^. Justin Dupuy et Cie, 1866, pièce in-18, pp. 71.

Bib. nát., Oo 740.

J. B. G. = J. B. Gergerès, Bibliothécaire de la Ville de Bordeaux, † août 1869.

—— Leben und Briefe des heiligen Franciscus Xaverius, Apostels von Indien und Japan. Herausgegeben von Eduard de Vos, Priester der Gesellschaft Jesu. Mit bischöflicher Druckgenehmigung. — Regensburg, Georg Joseph Manz, 1877, 2 vol. in-8, pp. xx-482, xv-400.

Bib. nat., Oo. 844.

—— Das Leben des heiligen Franciscus Xaverius, Apostels von Indien und Japan. — Neu bearbeitet für das deutsche Volk von P. Nikolaus Greff, Priester der Gesellschaft Jesu. — Mit 3 Illustrationen und einer Karte : Reisen des hl. Franciscus Xaverius. Mit Approbation des Hochw. Herrn Bischofs von Sion. Coadjutors des Hochw. Herrn Bischofs von Metz. — Einsiedeln, New-York, Cincinnati und St. Louis. Druck und Verlag von Gebr. Karl & Nikolaus Benziger, Typographen des heil. Apostolischen Stuhles. 1885. In-8, pp. 222 + 1 f. n. ch. app., front. et carte.

(Divers.)

—— *Vida de San Francisco Javier sacada del Año Cristiano de Croiset y Rivadeneira. Guadalupe, Pequeña imp. del Asilo de Huérfanos, 1887, in-12, pp. 62 + 2 n. ch.

Retana, 2456.

—— P.-L.-Jos.-Marie Cros, S. J. — Saint François de Xavier de la Compagnie de Jésus. — Son pays, sa famille, sa vie. — Documents nouveaux (1re Série). — Toulouse, A. Loubens, 1894, in-8, pp. x-544.

Bib. nat., Oo 1148.

—— P.-L.-Jos.-Marie Cros, S. J. — Saint François de Xavier — Sa vie et ses lettres — Tome premier *François de Xavier en Europe et dans l'Inde.* — Toulouse, Édouard Privat [et] Paris, Victor Retaux, 1900, in-8, pp. lvj-494.

—— —— Tome second *François de Xavier en Chine et au Japon.* Ibid., in-8, pp. xl-550.

Bib. nat., Oo 1148 *bis.*

—— Leven en Brieven van den H. Franciscus Xaverius Apostel van Indië en Japan door W. van Nieuwenhoff S. J. — Kerkelijk goedgekeurd. — Amsterdam, G. Borg, 1895, in-8, pp. VIII-750 + 1 f. n. ch. tab.

—— *Lady Amabel Kerr. — Saint Francis Xavier. — London, Catholic Truth Society, [1905], in-8, pp. 24.

—— Le Catholicisme au Japon. — S. François-Xavier et ses premiers Successeurs 1540-93. Par L. Delplace, S. J. — Tome Premier. Bruxelles, Albert Dewit, 1909, in-8, pp. 282, carte.

—— Le Catholicisme au Japon. — L'Ere des des Martyrs 1593-1660. Par L. Delplace, S. J. — Tome Second. *Ibid.*, 1910, in-8, pp. 278.

—— *Saint François-Xavier, par le P. A. Brou, S. J., avec cartes. — Paris, Gabriel Beauchesne et Cie, 2 vol. in-8, pp. XVI-446, 488, 12 fr.

(Divers.)

LETTRES.

— Copie dunne lettre // missive envoiee des in- // des, par mõsieur maistre Frãçois Xauier, frere // tres chier en Ihesuchrist, de la societe du nom // de Ihesus, a son preuost monsieur Egnace de // Layola, et a tous ses freres estudiãs aulx let- // tres a Romme, Pauie, Portugal, Valence, Cou // logne, et a Paris. // On les vend à lenseigne des Porcelletz de- // uãt le college des Lõbards, chéz Iehan Corbõ. // Auec Privilege. // 1545. // Pet. in-8, 16 ff. n. ch., sig. A-D×4.

Escrites de Cochim le xv. de Ianiuer 1544.

India Office.

— Copie dunne lettre // missive envoiee des In- // des, par monsieur maistre Francois Xauier, fre // re treschier en Ihesuchrist, de la societe du nom // de Ihesus, a son preuost monsieur Egnace de // Layola, & a tous ses freres estudians aux let // tres a Romme, Pauie, Portugal, Valence, Cou // logne, & a Paris. // Item deux aultres epistres faictes & // enuoiées par ledict seigneur maistre // Francois Xauier a son preuost & fre- // res treschiers en Ihesuchrist de la so- // ciete du nom de Ihesus, lũne de la cité // de Goa, & lautre de Tatucurim. // On les vend a Paris a lenseigne des Porcel // letz deuant le college des Lombards, chez Ie- // han Corbon. // Auec Privilege. // 1545. // In-8, 16 ff. n. ch. [sig. A – D × 4 = 16 ff.].

Suivi de :

— Deux Epistres fai= // ctes sur le voyage des Indes, lunne en la cite // de Goa le 20. de septembre mil cincq cens qua // rante deux, & lautre escripte de Tatucurim // le 28. doctobre mil cincq cens quarante deux. // enuoiees par maistre Francois Xauier de la so // ciete du nom de Ihesus a monsieur Egnace son // preuost, & a ses confreres treschiers en Ihe- // su christ, nagueres traduittes fidellement d'ita // lien en francois // On les vend a Paris chez Iehan corbon a len- // seigne des Porcelletz deuant le college des // Lombards. // Auec Priuilege a deux ans // 1545. 12 ff. n. ch. [sig. A – C × 4 = 12 ff.].

Bib. nat., O²k 489.

* * *

HORACE TORSELLINI, S. J.

Né à Rome, en novembre 1544; + à Rome, le 6 avril 1599.

— *Francisci Xaverii Epistolarum libri IV ab Horatio Tursellino ex Hispanico in Latinum conversi. Romae, Typis Aloysii Zannetti, 1596, in-4, 3 ff. + pp. 163.

— — *Rhedonis, 1596, in-12.

Sommervogel.

— Francisci // Xaverii epistola- // rvm libri // qvatvor // ab // Horatio Tvrselli- // no e Societate Iesv in // latinvm conversi ex // hispano // ad // Franciscvm Tole- // tvm S. R. E. Cardinalem. // [*fleuron*] // Mogvntiae. // Apud Balthasarum Lippium, Sum- // ptibus Arnold Mylij. // Cum Priuilegio Sac. Caesareae Maiestatis. // Anno, cIɔ Iɔ c. In-8, 4 ff. n. ch. tit., préf. etc. + pp. 302.

Bib. nat, O²k 495.

— *Lugduni, 1607, in-8.

— *Sancti Francisci Xaverii Epistolarum libri quatuor, ab Horatio Tursellino è Societate Jesu in Latinum conversi ex Hispano. Ad Franciscum Toletum S. R. E. Cardinalem. Burdigalae, apud Petrum de la Court, MDC.XXVIII. Cum Privilegio et Approbatione. In-8, pp. 324, s. l. ff. prél.

Sommervogel.

— *Sancti Francisci Xaverii Epistolarum Libri quatuor. Nova quarumdam accessione opus omnibus Operariis Evangelicis perutile. Ab Horatio Tursellino e Societate Jesu in Latinum conversi ex Hispanico. Lugduni, apud Franciscum la Botiere, in via Mercatoris, sub signo SS. Trinitatis M.DC.L. Cum approbatione. In-24, pp. 335 s. l. prél.

A la fin : Lugduni, ex Typographia Antonii Julleron M. DC. l. — Sommervogel.

—— *Sancti Francisci Xaverii Epistolarum libri quatuor. Ab Horatio Tursellino e Societate Iesu in Latinum conversi ex Hispanico. Rothomagi, Apud Clementem Malassis, M.DC.LXXIV. In-16, pp. 468, s. l. ff. prél.

Sommervogel.

—— —— *libri quatvor. Ab Horatio Tursellino, è Societate Iesv in Latinum conversi ex Hispano. Accesserunt in hac postrema Editione Epistolae novae XVIII. Nunc primùm ex Autographis (*sic*) partim Hispanicis, partim Lusitanicis, Latinitate et luce donatae à Petro Possino ejusdem Soc. Cadomi, Apud Joannem Poisson, M.DC.LXXXI. In-16, pp. 468 s. l. ff. prél.

Sommervogel.

—— *Sancti Francisci Xaverii, e Societate Jesu Indiarum Apostoli, Epistolarum libri quinque. Quorum priores quatuor ab Horatio Tursellino Societatis Jesu ex Hispano: Ultimus autem a Petro Possino ejusdem Soc. partim ex Hispano, partim ex Lusitano latinitate et luce donati Romae, et nunc denuo a Bibliotheca Mariana Soc. Jesu, Viennae Austriae, Anno MDCCXLVII. recusi Typis Kaliwodianis. In-8, pp. 410 + 2 ff. lim.

Sommervogel.

—— *S. Francisci Xaverii Epistolae. Viennae, 1753, in-8. — Lincii, 1753, in-8.

Sommervogel.

PIERRE POUSSINES, S. J.

Né le 28 oct. 1609, à Laure (Aude); † à Toulouse le 2 février 1686.

—— S. P. Francisci // Xaverii // e Soc. Iesv, // epistolarvm // libri IV. // Ex Hispano in Latinum conuérsi // ab Horatio Tvrsellino, // eiusdem Societatis Iesv Sacer- // dote. // Editio nouissima, recensita, & Epistolarum Summariis aucta. // [*fleuron*] // Antverpiae, // Ex officina Plantiniana // Balthasaris Moreti. // M. DC. LVII. In-16, pp. 474 + 3 ff. n. ch. ind., portrait.

British Museum, 4767. a. 5.

—— Appendix sive Liber V. Epistolarum S. P. Francisci Xaverii... a Petro Possino ejusdem Societatis Jesu nunc primum ex Autographis partim Hispanicis partim Lusitanicis Latinitate et Luce donatarum, pp. 157.

Cet Appendix est sorti des mêmes presses, mais sans nom d'imprimeur et sans date. Il n'y a qu'un faux titre. (Sommervogel.)

—— Antverpiae, Balt. Moretus, 1659, in-16.

Deux ans plus tard le P. Poussines publia 18 nouvelles lettres. (Sommervogel.)

—— S. Francisci // Xaverii // E Societate Iesv // Indiarvm Apostoli // Epistolae novae XVIII // Nunc primùm ex autographis par- // tim Hispanicis partim Lusitanicis // Latinitate & luce donatae // A Petro Possino eiusdem Soc. // Parisiis, // Apud Sebastianvm Cramoisy, Regis // & Reginae Architypographum. // - M. DC. LXI. // Cum Priuilegio Regis. In-12, pp. 129 + 1 f. n. ch. index.

L'ép. déd. au Card. Pallavicini est datée: «Romae XV Kal. Maias Anno MDCLXI».

Le P. Poussines publia ces lettres à la demande du P. Alexandre Philippucci, guéri par S. François Xavier, le 12 mars 1658. (Sommervogel.)

—— Sancti // Francisci // Xaverii, // e Societate Jesu // Indiarum // Apostoli, // Epistolarum // libri quinque. // Quorum priores quatuor ab // Horatio Tursellino Societ: Jesu // ex Hispano: // Ultimus autem à Petro Possino ejusdem // Societ: partim ex Hispano, partim ex Lu- // sitano latinitate & luce donati // Romae, // Et nunc denuo Superiorum per- // missu recusi, // Pragae // Typis Universitatis Carolo-Ferd: // in Collegio Soc: Jesv ad S. Clem: // Anno 1667. In-12, 12 ff. n. ch. tit., etc. + pp. 436.

—— S. Francisci // Xaverii // e Societate Iesv // Indiarvm apostoli // novarvm // epistolarvm // libri septem // Nunc primùm ex autographis, partim His- // panicis, partim Lusitanicis, Latini- // tate & luce donati // a Petro Possino eivsdem Soc. // Romae, // Ex Typographia Varesij, MDCLXVII. // —

Superiorvm permissv. In-8, 8 ff. n. ch. tit., etc. + pp. 655 + 8 ff. n. ch.

British Museum, 867. f. 1.

Dédié au Cardinal Pallavicini. — La Lettre aux Pères de la Compagnie est datée : «Romae, Nonis Decembris Anni CIƆDCLXVI». Cette édition renferme 90 lettres publiées pour la première fois. (Sommervogel.)

— Sancti // Francisci // Xaverij // epistolarum // libri quatuor. // Nova quarumdam // Accessione opus omnibus // Operariis Evangelicis // perutile. // Ab Horatio Tursellino, // è Societate Jesu in Latinum // conversi ex Hispano. // Lvgdvni, // Apud Ant. Molin, // è regione // Colleg. SS. Trinit. Soc. Jesu. // M.DC.LXXXII. // Cum Permissu Superiorum. In-12, 12 ff. n. ch. + pp. 328.

Suivi de :

— Appendix // sive // liber V. // Epistolarum S. P. Francisci // Xaverii // e Societate Jesu // Indiarum // et // Japoniae // Apostoli ; // A Petro Possino ejusdem Societatis // Jesu nunc primùm ex autographis partim // Hispanicis, partim Lusitanicis Latinitate // & luce donatarum, pp. 110 + 2 ff. n. ch.

British Museum, 4827. aa. 25.

* * *

— *S. Francisci Xaverii e Societate Jesu Indiarum Apostoli Epistolae veteres per quinque, et novae per septem libros distinctae, ex ipsismet autographis manu S. Xaverii Hispanico vel Lusitanico idiomate conscriptis, etc., a P. Horatio Tursellino, et a P. Petro Possino ejusdem Societatis Sacerdotibus latinitate ac luce donatae, postea nova cum archetypis in Indiis, aliisque terrae partibus facta collatione accuratius emendatae : Pro appendice accedit relatio de statu Japoniae brevis et curiosa a P. Adamo Weidenfeldt Coloniensi, e Societate Jesu conscripta, et nupperime Tyrnaviae impressa. Coloniae Agrippinae, apud Haeredes Jo. Weidenfeldt et Jo. God. de Berges, 1692. In-12, pp. 864, et 58 pour la lettre du P. Weidenfeldt.

— *S. Francisci... (*Même titre :*)... Epistolae, veteres ... distinctae, ipsismet... conscriptis, et à P. Horatio... emendatae. Coloniae Agrippinae, Apud Haeredes Joannis Weidenfeldt et Joannem Godefridum de Berges, Anno M.DC.XCII. In-12, pp. 864 et 58.

«J'ai vu, dit Sommervogel, exemplaire de chacun de ces titres. — La lettre du P. Weidenfelt est intitulée» :

— Epistola Patris Adami Widenfeld (*sic*) ad Admodvm Patrem Ioannem Paulum Oliva praepositvm generalem, Societatis Iesu : De Ecclesia Iaponica, Iaponiae situ, qualitate, indole, Regimine, Religione, Patefactione, Sanctis Iaponiae Martyribus ejusdemque Ecclesiae Episcopis, Prouinciâ Iaponicâ soc : Iesu resitentijs (*sic*), ecclesijs, collegijs. Anno 1692 Coloniae Sumptibus Haeredum Ioannis Weidenfeldt et Godefridum de Berges.

Adam Weidenfelt, né à Cologne, le 8 sept. 1646 ; † 4 juin 1680.

— *S. Francisci Xaverii novarum epistolarum Liber Tertius quem Ejusdem Divi sui Tutelaris honori consecratum Inclyta Facultas Philosophica Viennensis, Dum Sub Decano Spectabili Admodùm Reverendo, Religioso, ac Clarissimo Patre Wolffgango Plöckner e Societate Jesu Philosophiae et SS. Theologiae Doctore, ejusdemque in Caesareo, et Academico Societatis Jesu Collegio in Tertia Lectione Professore Ordinario. In Basilica D. Stephani, Proto-Martyris, Oratorem agente Praenobili, ac Ingenuo adolescente Joanne Francisco Ruepp eloquentiae studioso, Festum S. Catharinae ritu solemni celebraret DD. quatuor Facultatum Doctoribus distribuit. Diè XXV Novembris Anno M.D.CC. Viennae Austriae, Typis Andreae Heyinger. In-12, pp. 92.

Planche gravée par Diell : «Xaveriani Sepulchri in Sanciano Sinarum Insula diu occulti, recens inventi, et piè honorati grata memoria.»

«Je pense que ces lettres sont extraites de l'édition du P. Poussines». (Sommervogel.)

— *S. Francisci Xaverii e Soc. J. Indiarum Apostoli epistolarum omnium libri quatuor Ex Petro Maffejo, Horatio Tursellino, Petro Possino, et Francisco Cutillas. Accedit denuó earumdem Chronotaxis ; tùm Index multiplex, et Appendix. Opera R. M.

Olim Soc. J. Sacerdotis in Castellana Provincia. Bononiae Apud Gasparem de Franciscis ad Columbae Signum. Superioribus annuentibus, s. a. In-8, 2 vol., pp. VIII-CXLIV-351 et 575, 2 ff. d'errata.

Imprimatur de 1795.

L'éditeur a ajouté : «Prolegomena in S. Xaverium. De primis, atque praecipuis epistolarum S. Francisci Xaverii editionibus, de novae necessitate, ac de praesentis ratione. Accedunt Vindiciae Xaverianae, p. I-CXLIV.» Dans ces prolégomènes, le P. Menchaca donne l'historique des lettres de S. François, et publie un passage de la *Bibliotheca Scriptorum Soc. Jesu*, Ms. du P. Zaccaria, concernant ces mêmes lettres. — Sommervogel.

Roch Menchaca, né à Valle de Llodio (Espagne) le 18 déc. 1743.

—— S. Francisci Xaverii Epistolae Tomus I. Hongkong Typis Societatis Missionum ad Exteros, 1888, in-8, pp. III-443.

—— Tomus II. . . . 1890, in-8, pp. 456.

D'après le P. Roch Menchaca.

—— Monumenta Xaveriana ex autographis vel ex antiquioribus exemplis Collecta. — Tomus primus Sancti Francisci Xaverii epistolas aliaque scripta complectens quibus praemittitur ejus vita A P. Alexandro Valignano S. J. ex India Romam missa. Matriti Typis Augustini Avrial via S. Bernadii, 92, 1899-1900, in-8, pp. XXXII-1030.

Avait paru en 7 fascicules. — Forme partie des *Monumenta historica Societatis Jesu a Patribus ejusdem Societatis nunc primum edita.*

— — Une édition sans titre, lieu ni date, a été faite en Chine des lettres de ce saint. Je ne l'ai pas vue, mais le R. P. Pfister, S. J., me donne la description suivante d'un exemplaire qu'il a eu entre les mains : «Si je ne me trompe, c'est une édition faite à Pékin au siècle dernier avec des planches gravées à la manière chinoise. Elle fourmille de fautes. L'exemplaire que j'ai a 104-248 pages, plus une page qui semble écrite à la main. La 1re page: *S. P. Francisci Xaverii Epistolarum Liber I. Epistola I....* Il y a 4 livres. P. 246, *finis libri quarti*. Du livre V il n'y a que la première lettre, qui est terminée comme je l'ai dit par la page non chiffrée et d'une main différente. Il y a deux paginations : la 1re de 1 à 104 pour le livre 1er, la 2e de 1 à 248 pour le reste. C'est un in-8 sans registre, ni rappel. Chaque page est de 25 lignes.

*
* *

—— *Gesammelte Briefe des heiligen Franziskus Xaverius, des grossen Indianer-apostels aus der Gesellschaft Jesu. Als Grundlage zur Missions-Geschichte. . .

Sommervogel.

—— *Briefe des heiligen Franz. Xaverius; — t. V, pp. 21-50, de : *Briefe aus alle Jahrhunderten der christl. Zeitrechnung*, du P. J. M. Sailer.

Sommervogel.

—— *Briefe des grossen Indianer Apostels des Heiligen Franz von Xavier, aus der Gesellschaft Jesu, als Grundlage der Missions-Geschichte Späterer Zeiten. Zugleich ein Wichtiger Beitrag zur Natur-, Länder- und Völkerkunde, vorzüglich aber zur christlichen Erbauung, übersetzt und erklärt von Jos. Burg. Nebst d. Kern. d. Lebensgeschichte über uns. Heiligen und e. Prologen über d. apost. Werth seiner Sendschreiben von Horaz Turselin. Neuwied, 1836-1840, in-8, 3 vol. fig. — 2e Aufl., Coblentz, 1843, in-8, 3 vol., fig.

Sommervogel.

—— *Leben und Briefe des Heiligen Franciscus Xaverius, Apostels von Indien und Japon, von Ed. de Vos. Regensburg, Manz, 1877, 2 vol. in-8, pp. XX-482 et XV-400.

Sommervogel.

—— Teachings and Counsels of St. Francis Xavier gathered from his letters. London, Burns and Oates, 1888, in-8, pp. XI-256.

Préface signée : H. J. C [oleridge]. — *Quarterly Series*, Sixty-Sixth Volume.

*
* *

—— *Lettres dv B. Père Sainct François Xavier, de la Compagnie de Iesvs, Apostre dv Iapon. Divisées en qvatre livres. Traduites par vn P. de la mesme Compagnie. A Paris, Chez Sébastien Cramoisy, M.DC.XXVIII. In-8, pp. 907, s. les ff. prél.

La dédicace à Jean Jaubert de Barrault, évêque de Bazas, est signée : «Les Pères de la maison professe de Bordeaux». J'inclinerais à croire que la traduction est du P. Solier. — Sommervogel.

—— Flores // Epistolarvm // Sancti // Francisci // Xaverii, // e Societate Iesv, // Iaponvm Apostoli. // Cum selectis quibusdam

Sacrae // Scripturae Sanctorumque // Patrum sententijs. // Ad excitandum, fouendum, & perfi- // ciendum zelum pro diuino honore // promouendo, animarumque salute // procurando. // Opusculum in gratiam operariorum Euange- // licorum editum; Opera, & studio M. Lv- // dovici Abellys Doctoris Theologi. // Parisiis, // Apud Georgivm Iosse, viâ Iaco- // boeâ, sub signo Coronae Spineae. // M.DC.LIX. // Cum Priuilegio Regis. In-32, 7 ff. n. ch. p. l. tit., etc. + pp. 159.

Bib. nat., Inv. 22511.

—— Lettres // de // S. Francois // Xavier, // de la Compagnie // de Iesvs, // Apostre dv Iapon. // Traduites de nouueau en François, // Par M. Lovys Abelly, Prestre, Docteur // en la Faculté de Theologie. // [*fleuron*] // A Paris, // Chez Georges Iosse, ruë S. Iacques, // à la Couronne d'Espines. // M.DC.LX. // Avec Privilege et Approbation. In-8, 16 ff. n. ch. p. l. tit., déd., etc. + pp. 579.

Bib. nat., Inv. Z. 13900.

—— *Lettres choisies de S. Francois (*sic*) Xavier. Traduction nouvelle avec le Latin à côté. Par un Père de la Compagnie de Jesus. A Tulle, Chez la Veuve de Jean Chirac, Et Jean L. Chirac, M.DC.LXXXII. In-12, pp. 376, sans les ff. préliminaires.

Sommervogel.

—— *Lettres choisies de S. François Xavier. Traduction nouvelle avec le latin à côté. Par un Père de la Compagnie de Jesus. Suivant l'Imprimé à Tulle. A Limoges, Chez Pierre Barbou, Imprimeur et Libraire du Collège, rue Ferrerie, M.DC.XCIX. In-12, 4 ff., pp. 375.

«Achevé d'imprimer la première fois le 1 décembre 1681, d'après le Privilege obtenu par Jean Léonard Chirac, de Tulle.».

Sommervogel.

—— *Lettres choisies de S. François Xavier. Traduction nouvelle, par un Père de la Compagnie. Varsovie, Maurice George Weidmann, 1739, in-12, pp. 242.

Traduction différente de celle de M. DC. XCIX, comme on le voit par l'Avertissement.

Sommervogel.

—— Lettres de S. François Xavier Apôtre des Indes et du Japon, traduites sur l'édition latine de Bologne de 1795, précédées d'une notice historique sur la vie de ce Saint, et sur l'établissement de la Compagnie de Jésus, par A. M. F***, éditeur. — A Lyon, chez Perisse frères, MDCCCXXVIII. 2 vol. in-8.

Lyon, Imprimerie de Louis Perrin.

A. M. F***. = A. M. Faivre, suivant Quérard.

Bib. nat., $\frac{O^2k}{496}$; seulement le vol. I.

Quérard cite : Bruxelles, 1838, 2 vol. in-12, et deux éd. en France, 1828 et 1830.

—— *Lettres de S. François Xavier, apôtre des Indes et du Japon, traduites sur l'édition latine de Bologne de 1795, précédées d'une notice historique sur la vie de ce Saint, et sur l'établissement de la Compagnie de Jésus, par A. M. F***. Bruxelles, publié par la Société Nationale pour la propagation des bons livres, 1838, 2 vol. in-12, pp. CXII et de 113 à 481, et 544.

Sommervogel.

—— *Vingt-cinq lettres sur le Japon. Onze lettres de Saint François Xavier sur son projet de voyage en Chine. (P. A. Bousquet, *Les Actes des Apôtres modernes*, III, 1852, in-12.)

British Museum.

—— Lettres de Saint François-Xavier de la Compagnie de Jésus, Apôtre des Indes et du Japon, traduites sur l'édition latine de Bologne par M. Léon Pagès. Édition accompagnée de Notes, de la Vie du Saint, de Documents contemporains, ornée d'un portrait et de cartes. Paris, Ve Poussielgue-Rusand, 1855, 2 vol. in-8, pp. CXL-314 + 1 f. n. ch. er., pp. 555.

Bib. nat., $\frac{O^2k}{497}$.

* * *

—— *Lettere di San Francesco Saverio, Apostolo dell'Indie della Compagnia di Giesù dal Padre Orazio Torsellino già in latino, e ora in volgar publicate dal P. Giuseppe Antonio Patrignani della Compagnia di

Giesù. In Venezia, per Niccolò Pezzana, MDCCXVI. In-8, pp. 320, s. les ff. prél.

Des exemplaires portent :

— Lettere di S. Francesco.... Patrignani della medesima Compagnia. Dedicate all' illustrissimo Sig. Marchese Francesco Riccardi....

Sommervogel.

—— * Lettere Istoriche di San Francesco Saverio della Compagnia di Gesú apostolo delle Indie volgarizzate Dal Rev. Padre D. Francesco Amici Monaco Olivetano. Tomo I. Ascoli, 1828, Coi tipi di Luigi Cardi, in-8, pp. 246, sans les ff. prél. — Tomo II, pp. 136. — Lettere morali scelte..., pp. 112 et 113.

Sommervogel.

—— * Le lettere di S. Francesco Saverio Apostolo della Indie e del Giappone volgarizzate con note. Torino, tip. e lib. S. Giuseppe. — Collegio degli artigianelli, 1869, in-8, pp. 524.

Sommervogel.

—— * Epistola di S. Francesco Saverio al P. Gasp. Berzeo. Verona, Tommasi, 1831, in-8. (Par Giuliari.)

Sommervogel.

*
* *

—— * Cartas de S. Francisco Xavier, Apostol de las Indias, en que se dexa ver un vivo retrato de su fervoroso espiritu, respirando en sus clausulas un ardiente amor de la virtud, y un implacable odio de los vicios; recogidas y traducidas de Latin en Castellano por el P. Francisco Cutillas, de la Compañia de Jesus. Dedicados a la Reyna Nuestra Señora. En Madrid : En la Imprenta de la Viuda de Manuel Fernandez, Calle de Toledo, [1752], 2 vol. in-12, 16 ff. + pp. 344 et 400.

Sommervogel.

*
* *

—— *Listy S. Franciszka Xawera S. J., indyjskiego Apostola, najprzód z hiszpańskiego na laciński, a teraz z lacińskiego na polski język przelozóne przez Rafala Skrzyneckiego S. J. Kalisz, 1777-78, 3 vol. in-8. [Epistolae S. Francisci Xaverii S. J., Indiarum apostoli, primo ex hispana in latinam, et nunc e latina in polonam linguam versae.]

Sommervogel.

Divers.

—— Informatione dell' isola novamente scoperta nella parte di settentrione chiamata Giapan. (Ramusio, *Primo volume, & Terza editione delle Navigationi et Viaggi*, Venetia, 1563, ff. 377 *v*-384.)

—— *Franciscus a S. Augustino Macedo, Conimbricensis. — Apotheosis S. Francisci Xaverii, lyrico carmine : libri III. Ulyssipone, 1620, in-8.

Pagès, 151.

François de Macedo, né à Coïmbre en 1596; entra chez les Cordeliers sous le nom de François de S. Augustin; † à Padoue, le 1er mai 1681.

—— Satyra al beato // Francisco Xavier de la Compa- // ñia de Iesvs, agora de nueuo Beatificado, en // la qual se tocan las cosas mas parti- // culares de su vida. Pièce de 2 ff. in-4 à 2 col. n. ch.

Au verso du 2e f. : Con licencia. // Impresso en Barcelona en la emprenta de Estuean Lliberos Año 1620.

En haut du recto du 1er f. : titre supra; au-dessous, vig. représentant l'Enfant Jésus; le poëme commence ensuite.

British Museum, 1072. g. 26/33.

—— Fiestas de Madrid, celebradas a XIX. de Iunio de 1622. años, en la canonizacion de san Isidro, S. Ignacio, S. Francisco Xauier, S. Felipe Neri Clerigo Presbitero Florentino, y santa Teresa de Iesus. Con licencia. Por el Lic. Miguel de Leon. Pièce in-fol. de 2 ff. n. ch.

British Museum. T. 90*. 6.

—— Francisci // Remondi // Divionensis // è Societate Iesv // Panegyricae Orationes XXX. // in laudem Sanctorum // Ignatii Loyolae // Soc. Iesv Fundatoris, // & // Francisci Xaverii // eiusdem Societatis, Indiae & // Iaponiae Apostoli. // [*vig.*] // Antverpiae // Ex Officina Martini Nvtii // Anno M.DC.XXVII. Pet. in-8, pp. 371 + 2 ff. n. ch., index et app.

— Francisci // Remondi // Divionensis, // è Societate Iesv, // Panegyricae Orationes XXX. // In laudem SS. Ignatii Loyolae, // Societatis Iesv Fundatoris, & // Francisci Xaverii, eius- // dem Societatis, Indiae & Iaponiae // Apostoli. // Cum Panegyrica Oratione in laudem // S. Caroli, Cardinalis. // His accesserunt Elogia quaedam doctis- // sima, ab eodem Auctore conscripta. // Lvgdvni, // Sumpt. Iac. Cardon & Petri Cauellat. // — M.DC.XXVII. // Svperiorvm permissv. In-12, 12 ff. n. ch. tit., etc. + pp. 528.

* * *

— *Miraculi a S. Francisco Xauerio Indiarum Apostolo in Collegio Neap. Soc. Jesu patrati die III. Januarii anno Dom. M.DC.XXXIV. narratio, ex archiepiscopalis curiæ tabulis deprompta. Neapoli, apud Lazarum Scorigium, 1634, in-8, pp. 28. — Viennae Austriae, 1635.

Le P. Sotwel attribue ce récit au P. Mastrilli lui-même. — Il fut traduit en espagnol par le P. Diego Ramirez, S. J. (Madrid, 1634); en français (Luxembourg, 1635, in-8). — Le P. Scipion Paolucci ou le traduisit en italien, ou s'en servit pour la plaquette qu'il publia (Napoli, 1634, in-8).

— Predica del miracolo di S. Francisco Saverio Nella persona del P. Marcello Mastrilli richiamato da morte, e chiamato all Giappone detta nella Chiesa del Collegio dopo solenne processione; — dans les *Panegirici* du P. Recupito, t. II, pp. 125-139.

Sommervogel.

— *Breve raguaglio del miraculo operato dall apostolo dell' Indie S. Francico Saverio. — Bologna, 1634, in-12.

Pagès, 235.

— * Sermon del Muy // Reuerendo Padre Maestro Fray // Francisco Boyl de la Religion de // nuestra Señora de la Merced, que // predicò en el conuento de S. Pla // cido de esta Corte, en la fiesta que se // hizo à S. Francisco Xavier Apos // tol de las Indias, quando vino la // nueua de auer muerto por Chris // to en el Iapon el venerable Padre // Marcelo Francisco Mastrilli, de la // Compañia de Iesvs, à quien para // este efecto sanò milagrosamente // en Napoles S. Francisco Xavier, // visitandole en abito de // Peregrino. [Madrid, vers 1639.] In-4, 14 ff.; titre en tête.

Retana, 185.

— Prodigioso // Milagre // de // S. Francisco // Xavier. // Savde restitvida // a Alexandre // Philipuccio da Companhia de // Iesv // Em doze de Março de 1658. // Com hvma devota Novena // ao mesmo Santo, muy poderosa para alcançar por // sua intercessam grandes fauores de Ceo. // Sae a luz por ordem da // Congregaçam deste grande Apostolo // do Oriente. // — Lisboa. // Na Officina de Henrique Valente de Oliueira, 1659. Pièce in-4, ~~pp. 19~~.

Bib. nat., Oo 714.

— *Relacão de hum prodigioso milagre que o glorioso S. Francisco Xavier Apostolo do Oriente obrou na Cidade de Napoles no anno de 1634. No Collegio de Rachol, 1636, in-8.

Par le P. Emmanuel de Lima, né à Lisbonne; † à Evora en 1657. — Sommervogel.

— *Diego Luis de San Vitores. — Epitome de los hechos, virtudes, doctrina y milagros antiguos y modernos de S. Francesco Xavier. Mexici, typis Augustini de S. Stephano et Francisci Lapercii, 1661, in-4.

Le P. L. de S. V. né à Burgos en 1627; martyr à l'île de Guam (Pacifique), en 1672.

— *Enneade panegirica detta a S. Francisco Saverio dal Padre Gio. Andrea Alberti, della Compagnia di Giesù. All' Illustrissima, et Excellentiss. Signora Marchesa Livia d'Este. In Bologna, per Carlo Zenero, 1650. Con licenza de' Superiori. In-12, pp. 381.

C'est un recueil de neuf Panégyriques en l'honneur de S. Fr. Xavier. — Sommervogel. — Le P. Alberti, né à Nice vers 1611; † à Gênes le 4 juillet 1657.

— Il Saverio Apostolo dell' Indie, Poema sacro Di Benedetto di Virgilio Bifolco della Villa Barrea. In Roma, Appresso gli Eredi Corbelletti, l'anno del Giubileo, 1650. In-12, pp. 516.

— Sermon // panegyrico // a las virtudes, y milagros de el // prodigioso apostol de la India // Nvevo Thavmaturgo del Oriente. // San Francisco // Xavier. // Predicado en su dia tres de // Diziembre en la Casa Professa de la Compañia // de Jesus de Mexico año de 1689. // Por el R. P. Juan Martinez de la // Parra, Professo de la mesma Compañia. // Dalo a la Estampa // Vn Devoto, y Payzano de el mesmo Santo // Apostol, â quien lo dedica, como â su // Patron, y Abogado, desseoso de que se // publiquen sus glorias, y que solo // quiere se escriba su nombre en // la memoria agradecida de // tan milagroso Santo. // Con licencia. // En Mexico : Por los Herederos de la Viuda de // Bernardo Calderon. Año de 1690. In-4, 4 ff. n. ch. tit., etc. + 12 ff. à 2 col.

—— Sermon // qve // En la Celebridad de la Translacion del Cuerpo // del glorioso Apostol de la India // S. Francisco // Xavier // En la Parrochia de la Sancta Vera-cruz de esta Ciudad // predico // el D[or]. Don Ivan de Narvaez, // Cathedratico Proprietario de Prima de Sagrada Escriptura, en esta // Real Vniversidad. Prevendado desta Sancta Iglesia Metropolitana, // y Examinador Sinodal de este Arçobispado. // Dedicalo // al glorioso patriarcha // S. Ignacio de Loyola, // y // su Sagrada Religion desta Provincia Mexicana, La Congregacion // Ecclesiastica del Esclarecido Apostol San Francisco // Xavier fundada en la Parroquia de dicha Sancta // Vera-Crvz. // — Con Licencia en Mexico : // Por la Viuda de Franciso Rodriguez Lupercio. En La puente de // Palacio. Año de 1694. Pièce in-4, 8 ff. n. ch. tit., etc. + 10 ff.

—— Basilica // in honorem // S. Francisci Xaverii // a // fvndamentis extrvcta, // mvnificientia // illvstrissimi viri Domini D. // Francisci Svblet // de Noyers, // Baronis de Dangv, // regi ab intimis consiliis // et secretis, &c. // A collegii Claromontani alvmnis, // Societatis Iesv, laudata & descripta. // Editio altera. // Parisiis, // Apud Sebastianvm Cramoisy & Sebastianvm //, Mabre-Cramoisy, Typograpo s Regios, viâ // Iacobaeâ, sub Ciconiis. // — M.DC.LXIV. In-12, pp. 35.

—— Petri Possini // è Soc. Iesv, // de anno natali // S. Francisci Xaverii // dissertatio. // [*vig.*] // Tolosae, // Excudebant I. Bovde & Vidua I. Iac. // Bovde, Regis, Comitiorum Linguae // Occitanae, Typograph., 1677. In-12, pp. 137+1 f. n. ch. er.

British Museum, 862, f. 7.

—— Xaverius // Thaumaturgus // Panegyricum Poema, // cvm operibvs XV. // Historicis, oratoriis, theologicis // de Sancto Indiarvm Apostolo, // Autore Leonardo Frizon S. J. // Ferdinandi Furstenbergii // Episc. ac Princip. Monaster. & Paderborn. // Memoriae sacrum, // Ob fundatam ex voto Basilicam Xaverianam &c. // Burdigalae, // Apud J. Mongironem Millangium, // Et Simonem Boe, viâ Jacobeâ. // M.DC.LXXXIV. // Cum Privilegio Regis. In-8, 26 ff. n. ch. tit., etc. + pp. 271.

Bib. nat., 0° 722.

«L'exemplaire du collège de Vaugirard, S. J., à Paris, a, sur la garde, une petite pièce de 6 vers latins, de la main de l'auteur, qui fit hommage de ce volume : *Reverendo Patri Benedicto de Lemos Misso Romam Lusitaniæ Procuratori.*» (Sommervogel.)

Léonard Frizon, né à Brantôme (Dordogne) en 1628; † à Bordeaux le 22 octobre 1700.

—— * Modo de hacer la Novena a S. Francisco Xavier, de la C. de J., Apostol de los Indios por el. P. Francisco Garcia, de la C. de J. Madrid, 1676, in-16. — Madrid, 1693, in-8.

Cet ouvrage a eu un nombre considérable d'éditions que l'on trouvera énumérées dans Sommervogel; les dernières sont de Mexico, 1855, et Buenos-Ayres, 1877.

Il a été traduit en allemand, Wien, 1745; en italien par le P. P. M. Gilij, S. J.; en français : Besançon, 1778, in-16; Montbéliard, 1833, in-12; Vesoul, s. d., in-16; Dôle, s. d., in-16.

Antonio Vieira.

Né à Lisbonne, le 6 février 1608; † à Bahia, le 17 juillet 1697.

—— *Sermoens do P. Antonio Vieira da Companhia de Jesu, prégador de Sua Alteza... Octava Parte. Xavier Dormindo, e Xavier Acordado : Dormindo, em tres Oraçoens Panegyricas no Triduo da sua Festa, dedicados aos tres principes que A Rainha Nossa Senhora confessa dever à intercessão do mesmo Santo, Acordado, em doze Sermoens panegyricos, Moraes, et Asceticos, os nove da sue Novena, o Decimo da sua Canonização, o Undecimo do seu Dia, e o último do seu Patrocinio. En Madrid, por Antonio Roman, 1694, pp. 356.

Sommervogel.

—— *Xavier dormido, y Xavier despierto : dormido en tres oraciones panegyricas en el Triduo de su Fiesta. Dedicadas a los tres Principes, que la Reyna N. Señora confiessa deber à la intercession de el mismo Santo; Despierto en doze Sermones panegiricos, Morales, y Asceticos, los Nueve en su Novena, el Dezimo en su Canonizacion, el Undezimo, de su Dia, el Ultimo de su Patrocinio; Autor el Reverendissimo Padre Antonio de Vieyra de la Compañia de Jesus, Predicador de su Magestad. Traductor Don Juan de Espinola, Baeza, Echaburu. Con Privilegio. En Madrid, Por Juan Garcia Infançon. Año de 1696. In-4, pp. 431, sans les prél.

Sommervogel.

—— *Xaverius dormiens et Xaverius experrectus. Dormiens in tribus panegyricis... experrectus in duodecim sermonibus panegyricis, moralibus et asceticis... a R. P. Antonio Vieira S. J. Latinitate donavit ex autographo lusitanico R. P. Leopoldus Fuess, Soc. J. Aug. Vindel., Dilingae et Francofurti, apud Joan. Casp. Bencard, 1701, in-4.

Pagès, 358.

—— *Il Saverio addormentato et il Saverio vegliante, etc., tradotti dal idioma portoghese nell' Italiano dal P. Anton. Maria Bonucci della med. Comp. Venezia, 1712, in-8, pp. 532.

Pagès, 358.

* * *

—— * De laudibus D. Francisci Xaverij Oratio. Auctore Annibale Marchetto e Soc. Jesu. Florentiæ, typis Francisci Vitaliani, 1698, in-12, pp. 98, s. l. déd. à Côme III, duc de Toscane, port.

Des ex. ont 100 pages. (Sommervogel.) — Annibal Marchetti, né à Maccrata, le 25 avril 1638; † à Florence, le 20 janvier 1709.

—— * An Instruction to perform with fruit the Devotion of Ten Fridays in Honour of S. Francis Xaverius, etc. [Translated from the Italian, with a dedication and preface, by N. N. = Edward Scarisbrike?] [Douay? 1700], in-24.

British Museum.

—— *L'apostolo Taumaturgo dell' Oriente S. Francesco Saverio della Compagnia di GieSù, ririto da'sui suoi divoti con varj ossequj. In Palermo, presso Onofrio Gramignani, 1704, in-24.

Sommervogel. — Par le P. Dominique Stanislas Alberti; né à Palerme, le 4 mai 1655; † dans cette ville le 9 mars 1731.

—— ¶ Pratiques de piété à l'honneur de S. François Xavier de la Compagnie de Jesus, Apôtre des Indes et du Japon : Pour obtenir par son intercession tout ce qu'on peut souhaiter en vûë de Dieu ou pour soi, ou pour les autres. M.DCC.VI. In-16, 8 ff. n. ch. et pp. 187, avec une gravure de saint François Xavier mourant en tête du volume et p. 108.

On lit dans la préface : «Les deux pratiques de pieté que l'on propose ici sont tirées d'un livre espagnol imprimé à Manille avec les permissions nécessaires en 1695, sous ce titre : *Compendio de la milagrosa vida del Apostol de las Indias, etc.*, c'est-à-dire, *Abregé de la vie miraculeuse de l'Apôtre des Indes saint François Xavier : avec la dévotion de la Neuvaine, et celle des dix Vendredis en l'honneur du même Apôtre.* On a mis ici en forme de Méditations cet Abregé de la vie du Saint : le reste n'est qu'une simple traduction.»

Ce volume comprend : 1° la Neuvaine; 2° *Pratique abregée de la neuvaine de saint Xavier, traduite de l'espagnol;* 3° la dévotion des dix Vendredis. Il me semble différent de l'ouvrage analogue du P. Jean-Nicolas Duponcet, qui a en plus, du moins dans l'édition de 1709, des passages de l'Écriture ou des Pères pour chaque jour de la neuvaine, et l'office du saint avec les hymnes composées par le P. Oudin, — et qui n'avait pas, dans les premières éditions, la dévotion des dix vendredis.

D'autre part, la Neuvaine et la Pratique des dix vendredis, telles qu'elles sont ici proposées, ne répondent pas à l'ouvrage espagnol, si souvent reimprimé, du P. Francisco Garcia. (Ernest M. Rivière. — *Corrections et additions à la Bib. de la C. de J.*)

—— La Devotion // de Dix Vendredis, // a l'honneur // De l'Apôtre des Indes & // du Japon // S. Francois Xavier. // De la Compagnie de // Jesus. // [*marque*] // A Louvain, // Chez Michel De Zangre, l'an 1714. In-12, pp. 108.

Bibliothèque de l'Institut.

—— *Nicolai Parthenii Giannettasii Societatis Jesu Xaverius Viator seu Saberi dos carmen posthumum excellentissimo principi Antonio Rambaldo I. S. R. I. Comiti Collalti, etc., dicatum cum notis ab intimo Parthenii Amico additis. Neapoli, apud Dominicum Raillard, MDCCXXI. In-4, pp. 188, sans les prél.

Fruit de la jeunesse de l'auteur, il l'avait même abandonné après le commencement du dixième livre, ne le destinant pas à voir le jour. Le P. Antoine Fiani l'édita. — Sommervogel. — Le P. Nic. Partenio Giannettasio, né à Naples, le 5 mars 1648; † dans cette ville, le 14 sept. 1715.

—— * Viva Jesus. Novena de San Francisco Xavier, para alcanzar por su intercession las gracias que se derean. Reimpressa en la Puebla por la viuda de Miguel de Ortega, año de 1729, in-34, 15 ff. n. chif.

Au 1er feuillet : «Modo de hazer la novena. Arrodillados.... observaremos el modo siguiente que dexò escrito de su mano el devoto padre Felippuci.»

Sommervogel.

—— La Gran Comedia de S. Francisco Xavier, El Sol en Oriente de un Ingenio de esta Corte, in-4, s. l. n. d., pp. 72.

Trois actes en vers, par D. Calleja?

—— The // Manner of Performing // the // Novena; // Or, the Nine Days // Devotion // to // St. Francis Xaverius : // Of the Society of Jesus, // and Apostle of India. // As also the Devotion of the Ten // Fridays to the same Saint. // — Printed in the Year MDCCXLI. In-12, pp. 117.

—— The // Manner of Performing // the Novena, // or, // The Nine Days // Devotion // to // St. Francis Xaverius : // Of the Society of Jesus, // And Apostle of India. // As also the Devotion of the // Ten Fridays // To the same Saint, s. d. [1750?]. In-12, pp. 82.

—— Relation // ecrite de Goa par le R. P. Pereyra, // de la Compagnie de Jesus, Provincial de la Pro // vince de Goa, & envoyée à Lisbonne au R. P. // Jean-Baptiste Carbona [*sic:* Carboné], de la même Compagnie, // sur l'Ouverture qui se fit, le douzième Decembre // mil sept cens quarante-quatre, du Tombeau de Saint // François Xavier, Apôtre des Indes & du Japon, s. l. n. d. Pièce in-4, 2 ff. ch. pp. 1-4.

Bib. nat., Oo 725.

—— * Verhael geschreven uyt Goa Den 15 Januarii 1745. Door den Eerw. Pater Pereyra Priester der Societeyt Jesu ende Provinciael van de Provincie van Goa; ende van hem gesonden naer den Eerweerdigen Pater Joannes Baptista Carbonne Woonagtig tot Lissabon; Behelsende de openinge van het graf van den H. Franciscus Xaverius gedaen binnen Goa den 12. December 1744. T'Antwerpen, By de Weduwe van Jacobus Bernardus Jouret, s. d. In-24, pp. 22. (Approb. 9 oct. 1748.)

Sommervogel.

—— Orazione panegirica // in lode // di // S. Francesco // Zaverio // detta // nell'insigne collegiata // di // S. Michele // di Lucca // Dal M. R. P. Anton-Felice Agazzarri // Predicatore Cappucino, // e Patrizio Senese. // [*fleuron*] // In Lucca MDCCXLVII. // — Per Angelo, e Carlo Cappuri al Battisterio di S. Giovanni. // Con licenza de' Superiori. In-4, pp. 20.

—— *J. Zickh. — Bruderschafft des hl. Francisci Xaverii S. J. in der Pfarrkirche in Ungerhausen, deren Satzungen, Ablass, Gebetter, etc. Ottobeyren, 1750, in-16.

—— *Xaverius Ulyssipone somnians. Graecii, 1740, in-16. (En vers.)

Jacques Focky, né à Vienne, le 17 février 1707; † à Vienne en 1775.

—— * Acto de contricion de S. Francisco Xavier. Mexico, 1833, in-4.

Poème. — British Museum.

—— *S. Francisco Xaverio hymni novem, et officium. Divione, J. Ressayre, 1705, in-12. — Officium parvum S. Francisci Xaverii a P. Francisco Oudin S. J. exaratum. (Titre de départ.) S. l. n. d., in-16, pp. 16.

Cette édition du XIXe siècle a été faite au Mexique, d'où me vient mon exemplaire.

—— Parvum Officium Sancti Francisci Xaverii. 1846, in-12, pp. 23.

Il est inséré dans le n. 3 du P. Duponcet, S. J.,; dans le n. 1 du P. Mauparty, et dans le n. 37 du P. de Feller.

Ce petit office fut traduit en vers par François Baudot, maître des comptes et maire de la ville de Dijon, dans son livre intitulé : *Pratiques de devotion à l'honneur de Saint-François Xavier de la Compagnie de Jesus, apôtre des Indes et du Japon*. A Dijon, chez Jean Ressayre, 1706, in-12, pp. 154 (*Mém. de Trev.*, juin 1706, pp. 1026-1028). — Il est aussi inséré, pp. 420-430, dans : *Vie de S. François Xavier... par le P. Bouhours*... Poitiers, Oudin, 1852, in-12, et Paris, Palmé, 186..., in-12; — et dans quelques éditions de *Neuvaines*. — Sommervogel. — Le P. François Oudin, né le 1er nov. 1673 à Vignory (Haute-Marne); † à Dijon, 28 avril 1752.

—— Saint François Xavier Priez pour nous. Prière pour la Propagation de la Foi. Pièce in-18, 2 ff. n. ch.

Titre gravé. — A la fin : A Lyon et à Paris, chez Périsse frères. — Imprimé chez Paul Renouard, rue Garancière, N° 5. S. d.

Bib. nat., Oo 720.

—— Novena de S. Francisco Xavier, Apostolo do Oriente. Para alcançar por sua intercessão as graças que se desejam. Nova edição. Accrescentada com a versão portugueza das antifonas e orações e com ladainha do Santo. — Nova-Goa, — Imprensa nacional, 1860, in-12, pp. 36 + 2 ff. n. ch.

—— Panégyrique de Saint François Xavier Apôtre des Indes Patron de l'Association de la Propagation de la Foi Préché le 3 décembre 1860 dans l'Église du Jésus par l'Abbé Bellot Chanoine honoraire — 50 cent. au profit de l'Œuvre. — A Poitiers, Chez tous les libraires. — 1861. Pièce in-8, pp. 24.

Bib. nat., Oo 737.

—— Discours sur S. François-Xavier Prêtre et Apôtre des Indes ou le Naturalisme combattu par M. l'Abbé Bouty du diocèse de Montpellier. — Prix : 50 cent. — Se vend au profit d'une modeste église de campagne. Pièce in-16, pp. 28, s. l. n. d. [Montpellier, 1874].

Bib. nat., Oo 801.

—— Preces Xaverianae. I. Devotions for the ten Fridays in honour of St. Francis Xavier. 2. Daily Exercise of a Christian, by St. Francis Xavier. 3. The Novena in honour of St. Francis Xavier. 4 Other meditations for the ten Fridays. — London : Burns and Oates,... — 1877. In-8, pp. IX + 1 f. n. ch. + pp. 113.

—— Maxims and Counsels of St. Francis Xavier For Every Day of the Year. — Dublin, M. H. Gill and Son, 1893, in-32, pp. 128.

—— *Analecta Bollandiana*.... Extrait du tome XVI, fasc. 1. Les Miracles de S. François Xavier. Bruxelles, 1897, in-8, ch. pp. 52-63.

—— S. Francisci Xaverii Monita et Exempla. Hong-Kong Typis Societatis Missionum ad Exteros 1898, in-4, pp. 234.

Signé : Ladislaus-Michael, Archiep. Thebanus, Delegatus Apostolicus Indiarum Orientalium.

Annuae Litterae.

—— Annvae // litterae // Societatis // Iesv // Anni M.D.LXXXII // ad patres, et fratres // eiusdem Societatis. // [*fleuron*] // Romae, // In Collegio eiusdem Societatis. // M.D.LXXXIIII // Cum facultate Superiorum. Petit in-8, pp. 300.

Provincia Indiae orientalis, pages 99-112. — British Museum, 4785. c. 11 (1).

—— Annvae // Litterae // Societatis // Iesv. // Anni M.D.LXXXIII // ad Patres, et fratres // eiusdem Societatis. // [*fleuron*] // Romae, // In Collegio eiusdem Societatis. // M.D.LXXXV. // Cum facultate Superiorum. Petit in-8, pp. 231.

Provincia Indiae orientalis, pp. 204-231. — British Museum, 4785. c. 7 (1).

—— Annvae // Litterae // Societatis // Iesv // Anni. M.D.LXXXIV. // Ad patres, et fratres // eiusdem Societatis. // [*fleuron*] // Romae. // In Collegio eiusdem Societatis. // M.D.LXXXVI. // — Cum facultate Superiorum. Pet. in-8, pp. 351.

Provincia Indiae orientalis, pages 119-139. — British Museum, 4785. c. 7 (2).

—— Annvæ // Litteræ // Societatis // Iesv // Anni MDLXXXXII. // ad Patres, et Fra- // tres eiusdem Societatis. // [*vig.*] // Florentiae // Apud Philippum Ivnctam. // M. D. C. // Cum facultate Superiorum. In-8, pp. 181 + 1 f. n. ch.

—— Annvæ // Litterae // Societatis // Iesv // Anni MDXCIII. // Ad Patres, ac Fra- // tres eiusdem Societatis. // [*vig.*] // Florentiae // in Typographia // Philippi Iuncte. MDCI. In-8, pp. 450 + 1 f. n. ch.

—— Annvæ // Litteræ // Societatis // Iesv. // Anni M.DXCVII. // Patribvs Fratribvsq. // Societatis Iesv. // [*vig.*] // Neapoli. // — Ex Typographia Tarquinij Longi. M.DC.VII. // Cum Licentia Superiorum. In-8, pp. 610 + 14 ff. n. ch.

—— Annvæ // Litterae // Societatis // Iesv, // Anni M.D.XCVIII. // Ad Patres, ac Fratres eiusdem // Societatis. // [*vig.*] // Lvgduni, // Ex Typographia Iacobi Rovssin. // — M.DCVII. // Superiorum permissu. In-8, pp. 559.

British Museum, 4785. c. 10. — Ces lettres ne parlent du Japon que par occasion, à propos de la Provincia Lusitania.

*
* *

—— Die Seefahrt von Tan-go nach Se-tsu im Jahre 1587 n. Chr. Von Dr. August Pfizmaier... Wien, 1882, br. in-8, pp. 82.

Tirage à part des *Sitzb. d. ph.-hist. Cl. d. k. Ak. d. W.*, de Vienne, 1881, XCIX Bd., II Hft., p. 719.

Hideyoshi.

—— Three severall Testimonies concerning the Mighty Kingdom of Coray, tributary to the King of China, and borthering vpon his northeast frontiers, called by the Portugales Coria, and by them esteemed at the first an iland, but since found to adioyne with the Maine not many dayes iourney from Paqui the Metropolitan Citie of China. The more perfect discouery whereof and of the coast of Tartaria northward, may in time bring great light (if not full certaintie) either of a northwest or a northeast passage from Europe to those rich countries. Collected out of the Portugale Iesuites yeerely Iaponian Epistles dated 1590, 1591, 1592, 1594, &c. (Hakluyt's *Collection*, New ed., IV, 1811) :

The first testimony containing a resolute determination of Quabacondono the great Monarch of all Iapan, to inuade and conquere China by the way of Coray, being a country diuided from the Iles of Iapan onely by an arme of the sea about twentie leagues broad, and abounding with victuals and all other necessaries for the maintenance of the warres. Out of the Epistles of father Frier Lewis Frois, dated 1590. P. 375.

The second Testimonie containing the huge leuies and preparations of Quabacondono, as also his warres and conquests, and the successe thereof in the kingdome of Coray. Together with a description of the same kingdom, and of their trafficke and maner of gouernment : and also of the shipping of China, Iapan, and Coray, with mention of certaine isles thereunto adjacent, and other particulars very memorable. Out of the Epistles of the aforesaid Father Fryer Luis Frois dated 1591, and 1592. P. 376.

The third testimony of Coray, signifying (amongst other notable and politicall obseruations) the later successe of the warres of Iapan against Coray; and to what end Quabacondono still mainteneth garisons in that kingdome. Out of the Epistles of Father Organtino Brixiano, bearing date from Iapan Anno 1594. Pages 382-383.

—— De rebus Iaponicis, 1605.

Voir, pages 341-383, une lettre du P. L. Froës datée de Nagasaki 28 déc. 1596 : «De Legatione Regis Cinensivm ad Taicosaman.»

—— Mailla, *Hist. générale de la Chine*, X, pp. 363 seq.

—— Der Feldzug der Japaner gegen Corea im Jahre 1597. Von Dr. A. Pfizmaier... (*Denkschrift d. phil.-hist. Cl. k. Ak. Wiss. Wien*, Bd. XXIV, 1874, pp. 71-290.)

—— Hideyoshi's Invasion of Korea. By W. G. Aston. (*Trans. Asiatic Soc. Japan*, Vol. VI, Pt. II, 1878, pp. 227-245; VIII, Pt. III, 1880, pp. 87-93; IX, Pt. III, 1881, pp. 213-222; XI, Pt. I, 1883, pp. 117-125.)

—— Hidéyoshi and the Satsuma Clan in the Sixteenth Century. — By J. H. Gubbins. (*Trans. Asiat. Soc. Japan*, VIII, Pt. I, 1880, pp. 92-143.)

—— *The Japanese Invasion of Korea in 1592. By Homer B. Hulbert, A. M. (*Japan Weekly Mail*, 8 avril 1899, pp. 354-356.)

1592-1594.

— *Annuae litterae ex Japonia annorum 1592 et 1593.

«Je n'ai pas rencontré ces lettres citées par le P. Sotwel; mais le P. Gomez écrivit certainement celles de 1593 et 1594, qui ont été traduites du portugais en italien par le P. Peruschi. D'après une note de M. Pagès, le Ms. autographe serait à la bibl. de l'Académie de l'histoire à Madrid.» (De Backer.)

— *Lettera Annva del Giapone Dal Marzo del M. D. XCIII sino al Marzo del XCIV. Al molto R. in Christo P. N. il P. Clavdio Acquaviva Preposito Generale della Compagnia di Giesù. Tradotta dal P. Gio. Battista Peruschi Romano, della medesima Compagnia. In Roma, Appresso Luigi Zannetti, M. DXCVII. In-8, pp. 141.

Nangasachi alli 15 di Marzo 1594, [sig.] «Pietro Gomez».

— Lettera annva// del Giapone// Dal Marzo del M. D. XCIII.// sino al Marzo del XCIV.// Al Molto R. in Christo// Padre Nostro// il P. Clavdio Acqvaviva// Preposito Generale della Compagnia// di Giesù.// Tradotta dal P. Gio. Battista Peruschi Romano,// della medesima Compagnia.// [*marque*] // Con licenza de' superiori.//—In Milano, //Nella Bottegha del quon. Pacifico Pontio, Impres-// sore Archiepiscopale, 1597. Pet. in-8, pp. 58.

British Museum, G. 6681 (2).

Pietro Gomez, S. J., né en 1535, à Antequera, diocèse de Malaga; + au Japon le 1er février 1600.

*
* *

— EMMANUE-// LIS ALVARI E SO-//CIETATE IESV // DE INSTITVTIONE GRAMMATICA // LIBRI TRES. // Coniugationibus accessit interpretatio // Iapponica.// In Collegio Amacv-// sensi Societatis Iesv // cvm facvltate Svperiorvm.// Anno M. D. XCIIII. Pet. in-4, 170 ff.

Satow, *Jesuit Mission Press*, No. 4, p. 26.

Emmanuel Alvarez, né à Ribeira Brava (île de Madère), en 1526; + à Evora, le 30 déc. 1582.

— Apparatos para a Historia Eccleziastica do Bispado de Jappaõ (1583-1593). 2 vol. in-fol., demi rel. cuir de Russie.

MANUSCRITS INÉDITS DU XVIIe SIÈCLE COMPOSÉS DE 932 FEUILLETS D'UNE EXCELLENTE ÉCRITURE SUR PAPIER DE CHINE. Ils proviennent de la bibliothèque de M. Luzarches; c'est à la vente de cet amateur que M. L. Pagès les a acquis.

Le PREMIER VOLUME, comprenant 558 feuillets, renferme les documents suivants : 1° *Tratado dos Embaixadores Japoēs que foraõ de Japaõ à Roma no Anno de* 1582 (ff. 1-114), contenant l'histoire de l'ambassade japonaise envoyée à Grégoire XIII par les princes de Bungo, d'Arima et d'Omura à l'instigation du Père Alexandre de Valignani. Cette très curieuse relation a été rédigée par le Père DIEGO DE MEZQUITA [feuillet 135] qui accompagna l'ambassade en Europe. Ce récit va jusqu'en avril 1586, date de l'embarquement des ambassadeurs à Lisbonne pour retourner dans leur pays. — 2° *Apparatos para historia Eccleziastica do Bispado de Macao (Japon). Principiaõ as Noticias do anno de* 1583 (ff. 115-170 recto). Commence par une lettre du Père Valignani (en espagnol) dans laquelle il défend l'entrée du Japon à d'autres religieux que les Jésuites [ff. 115-117 recto]; suivent les *Noticias* en 4 chapitres [chap. I-IV] pour l'année 1583. Les feuillets 135 verso-168 verso sont occupés par une autre relation du voyage des ambassadeurs japonais en Europe; elle ne diffère en rien de celle qui est placée en tête du Recueil. Les ff. 168 verso-170 recto contiennent un abrégé de la vie du P. Melchior Carneiro, patriarche d'Éthiopie et évêque du Japon. Au bas du f. 170 recto on lit : *Estas saõ as Noticias, que achei pertencentes ao Anno de* 1583. JOZÉ MONTANHA. (Cette formule se retrouve encore ailleurs avec le même nom. Est-ce celui du copiste?) — 3° *Principiaõ as Noticias do Anno de* 1584 (ff. 170 verso-226 recto). Commence par une copie de la provision du Vice-roi Franc. Mascaranhas au Père Valignani (18 avril 1584). Les ff. 173 recto-185 recto continuent la relation du voyage de l'ambassade jusqu'à son embarquement à Alicante; sur le même f. 185 commencent les *Noticias* [chap. V] qui se suivent jusqu'au f. 226 recto [chap. XV. Le chapitre IX est chiffré deux fois]. — 4° *Principiaõ as Noticias do Anno de* 1585 (ff. 226 verso-346 recto). Commence par un bref de Grégoire XIII (28 janvier 1585) réservant aux Jésuites l'entrée du Japon, suivi d'une cédule royale (avril 1585) au Vice-roi D. Duarte de Menezes relative au même sujet. Vient ensuite la continuation du voyage de l'ambassade japonaise depuis son départ d'Alicante, son arrivée en Italie, sa réception à Rome, son départ et sa visite à différentes villes (Ancone, Bologne, Ferrare, Venise, Mantoue, Milan, Gènes, etc.) et son retour en Portugal (ff. 229 recto-293 verso). Les Notices du Japon commencent sur le même feuillet [chap. XVI] et se terminent avec le chap. XXVII au f. 346 recto. — 5° *Principiaõ as Noticias do Anno de* 1586 (ff. 346 verso-428). Une lettre du Vice-roi Duarte de Menezes à l'évêque de Chine défendant l'entrée du Japon aux autres missionnaires (f. 346). Relation de l'entrée des franciscains en Cochinchine [le Père de Madureira?] (ff. 347-349). Lettre du Père Valignani au Père Aquaviva [Cochin 20 décembre 1586] (ff. 349 verso-360 recto). Les Notices commencent au verso de ce feuillet avec le chap. XXVIII et se terminent avec le chap. XLII. — 6° *Principiaõ as Noticias do Anno de* 1587 (ff. 429 recto-551 recto) [chap. XLIII-LXIII]. Le copiste s'est trompé, à partir de 58, il a chiffré de nouveau les chapitres 48 à 53. [Les ff. 514 verso-522 verso contiennent une lettre du Père ORGANTINI datée de Xodoxima 15 décembre 1587 adressée aux missionnaires de Ximo.] Les feuillets 551-558 sont occupés par des cédules royales pour le règlement des droits de succession dans les Indes portugaises, une copie de deux lettres du Père SÉBASTIEN VIEIRA (mars et avril 1634) qui fut mis à mort à Yédo le 6 juin 1634.

Le DEUXIÈME VOLUME, composé de 374 feuillets, renferme les documents décrits ci-après : 1° *Noticias do Anno de*

1588 (ff. 1-77 verso) [chap. I-XIV] (contient entr'autres des lettres des Pères GREGORIO CESPEDES [Arima 18 janvier 1588]; FRANÇ. PEREZ [20 mars 1588]; ORGANTINI [Xodoxima 3 mars 1588, Miaco 19 avril 1588, Miaco 6 mai 1588]; GREGORIO FULVIO [Voyeno 24 janvier 1588]; José FORNALETO [très longue lettre occupant les ff. 49-64 et relatant de la mission des îles de Gotto dans la baie d'Omura]). — 2° *Noticias do Anno de* 1589 (ff. 77 verso-121 recto) [chap. XV-XXIV. Le chapitre XXII est numéroté 2 fois]. Contient deux lettres du Père ALPHONSE GONZALEZ mort en 1601. — 3° *Noticias do Anno de* 1590 (ff. 121 recto-170) [chap. XXV-XXXIV]. C'est en cette année que les ambassadeurs japonais rentrèrent dans leur pays (18 juillet) avec le P. Valignani [chap. XXV]. Le récit de la mort du Père G. Coelho et de ses funérailles occupe le chapitre XXVIII. — 4° *Noticias dos Annos de* 1591 *e* 1592 (ff. 171-277 recto) [chap. XXXV-LVII]. — 5° *Noticias do Anno de* 1593 (ff. 277 verso-374) [chap. LVIII-LXXX]. Les chapitres LXIX-LXXX contiennent un récit de l'expédition de Corée faite par l'empereur Taico-sama. Deux lettres du Père GREGORIO DE CESPEDES, le premier Jésuite qui vint en Corée, sont incluses dans cette partie. Ce missionnaire mourut subitement à Cocura en 1611.

Voir le No. 577, pp. 52-53 de la Bibliothèque japonaise de MM. Léon Pagès et Dr Mourier, Paris, J. Maisonneuve, 1889, in-8, où ces Mss. sont marqués 300 fr.

*
* *

—— Litterae// Societatis // Iesv // Dvorvm annorvm// M. D. XCIIII. et M. D. XCV.// Ad patres et fratres// eivsdem societatis.// Svperiorvm permissv.// [*vig.*] // Neapoli.// — Apud Tarquinium Longum, M. DC. IV. In-8, pp. 868 + 19 ff. n. ch. er. et index.

Ludovicus Cerqueria, p. 778. — British Museum, 860. c. 2.

—— *Raggvaglio della morte di Qvabacondono, scritta dal P. Lvigi Frois della Compagnia di Giesù, dal Giappone nel mese d'Ottobre del 1595. Et dalla Portoghesa nella lingua Italiana tradotta dal P. Casparo Spitilli di Campli della Compagnia medesima. In Roma, Appresso Luigi Zannetti, 1598, in-8, pp. 61.

Sommervogel.

—— *Avviso Venuto Nuouamente dall' India del Giapone. Nella quale si tratta dalla infelice morte del crudelissimo Re Quabacondono, con altri signori suoi amici. Con la inhumana crudeltà di Taicosama Prencipe del Giapone. Scritta dal P. Luigi Frois della Compagnia del Giesu. Publicata per Domenico Amici. Roma, Bartolomeo Bonfandino, 1598, in-8, 4 ff.

Sommervogel.

LUIS FROES (1595).

—— Copia// d'vna lettera // annva scritta// dal Giappone// Nel M. D. XCV.// Al R. P. Claudio Acquauiua Generale // della Compagnia di Giesv.// Et dalla Portoghesa nella lingua Italiana tra-//dotta dal P. Gasparo Spitilli di Campli, // della Compagnia medesima. // [*fleuron*] // In Roma, Appresso Luigi Zannetti, 1598. // Con licenza de' svperiori. Pet. in-8, pp. 62.

Nangasachi, 20. d'Ottobre 1595... Luigi Frois.

Bib. nat., O²o 91.

—— Nova // relatio historica // de statv rei // christianae in Ia-//ponia, // et // de Qvabacvndoni, // hoc est, monarchae ia-//ponici trucidatione, binis Epistolis // a // R. P. Aloysio Frois // Societatis Iesv, anno // M.D.XCV. datis, com-//prehensa, // Nunc ex Italico Idiomate in latinum traducta. // [*vig.*] // Mogvntiae, // Ex Officina Typographica Ioannis // Albini, Anno M.D.XCVIII. In-8, pp. 93.

British Museum, 867. e. 10(2). — India office. — Bib. nat., O²o 92. — Par le P. Busaeus [Jean Buys]. Dans le recueil du P. Hay, pp. 233-288.

—— *Ludovici Froes, Zwey neue Jahrschreiben auss Japonia, Eines, Was fruchtbars in diesem 1595 Jahr, im Weinberg des Herrn aussgericht. Das ander, Vom schrecklichen ableiben Quabacondoni vnd seines Anhangs. Auss der Italien, in vnser hochteutsche Sprach vbersetzt. Meyntz, J. Albinus, 1598, in-4, pp. 40.

Sommervogel.

DICTIONNAIRE (1595).

—— Dictionarivm // latino lvsitanicvm, ac // iaponicvm ex Ambrosii Cale-//pini volumine depromptum : in quo omissis no-//minibus proprijs tam locorum, quàm homi-//num, ac quibusdam alijs minùs vsitatis, omnes vocabulorũ // significationes, elegantioresq; dicendi modi apponuntur:// in vsum, & gratiam Iaponicae iuuentutis, quae Latino idiomati ope-//ram nauat, nec non Europeorũ, qui Iaponicũ sermonem addiscunt. // [*marque*] // In Amacusa in Collegio // Iaponico Societatis Iesv // cum facultate Superiorum. // Anno M.D.XCV. In-4, 1 f. tit., Ad lectorem, 2 p., Dict., pp. 1-901 à 2 col. — Supplementvm, pp. 902-906 à 2 col. — Errata, p. 906 + 2 pp. n. ch. (1 f.).

La Bib. de l'Institut en possède un fort bel ex. relié en maroquin rouge : OL*18 ; il porte sur le titre le cachet de l'abbaye de Saint-Germain-des-Prés, et provient de la vente de Langlès (No. 1075) en 1825 où il fut vendu 650 fr.

Satow, *Jesuit Mission Press*, p. 27, a donné un facsimile du titre d'après l'ex. de la Bib. Bodléienne ; il cite aussi des ex. un peu mangés par les vers à la Bibliothèque de l'Université de Leyde et dans la Bibliothèque de Marsden, à King's College, Londres.

—— Lexicon Latino-Iaponicum depromptum ex opere cui titulus Dictionarium Latino-Lusitanicum ac Iaponicum typis primum mandatum in Amacusa in Collegio Iaponico Societatis Iesu anno Domini M.D.XCV. Nunc denuo emendatum atque auctum a Vicario Apostolico Iaponiae. Romae Typis S. C. de Propaganda Fide Socio Eq. Petro Marietti admin. MDCCCLXX. In-4, 3 ff. n. ch. tit., préf., etc. + pp. 749 à 2 col.

La Préface est signée de Mgr. Bernard Petitjean, évêque de Myriophite, vic. ap. du Japon.

ORGANTINO.

Né à Brescia en 1530 ; † à Nagasaki, Mai 1609.

—— Copia // di dve lettere // scritte // dal P. Organtino Bresciano // della Compagnia di Giesv // dal Meaco del Giapone. // al molto R. in Christo P. N. // il P. Clavdio Acquaviva // Preposito Generale. // Tradotte dal P. Gio. Battista Peruschi Romano // della medesima Compagnia. // Con licenza de' Svperiori. // [*fleuron*] // In Roma. // Presso Luigi Zannetti. 1597. In-8, pp. 58 + 1 f. n. ch., décl. d'Aquaviva.

Meaco 29 di Settembre 1594. — Meaco, 24 di Frebaio 1595. — Bib. nat., O²o, 90.

Recto dernier f. :

« Ho fatto vedere questa lettera annua del Giapone, insieme con l'altre sopra scritte ad alcuni Padri della nostra Compagnia, quali mi hanno riferito esser fidelmente tradotte dalla lingua portughese, è spagnuola nella Italiana, è non essere in esse cosa, per la quale non si possino stampare per consolatione di molti fedeli che li desiderano parendo cosi al R. P. M. del sacro Palazzo a di 20. di Marzo 1597.

Claud. AQUAUIUA. »

Cat. Mourier, No. 447, 20 fr.

Quelques exemplaires portent :

—— * Copia di due lettere.... Con licenza de' Superiori. In Roma, appresso Luigi Zanetti. Et in Milano, nella Stampa del quon. Pacifico Pontio, 1597.

De Backer.

—— * Copie de deux lettres du P. Organtino Bresciano, de la Compagnie de Jesus, escrites en la ville de Meaco, ès isles et royaumes de Japon. A nostre tres-reverend Pere en Jesus-Christ, le P. Claude Aquaviva, general d'icelle Compagnie. A Anvers, chez Joachim Trognesius, 1597, in-12, pp. 64.

Ces deux lettres se trouvent en latin dans la trad. de l'*Informatione* du P. Peruschi, voir col. 195 ; celle du 14 fév. 1595 a été reproduite par le P. Hay.

De Backer.

*
* *

—— * Defensorio del derecho de los Religiosos Franciscanos por predicar en el Japon ; par el P. Fr. Pedro Bautista Franciscano Descalzo, 1595.

—— Carta pastoral a sus subditos en el Japon ; año de 1595.

« Cosi il Padre HUERTA (*Estado* ec.) : aggiungendo che restano anche altre sue lettere *espirituales* con le quali animava *a los Religiosos del Japon al Martyrio*. Pier Battista, come già accennammo, fu il capo di 23 martiri Francescani crocifissi in Nangazachi nel Giappone il 1597, e il 1862 solennemente canonizzati dal Sommo Pontefice Pio IX. In questa circostanza ne scrisse la storia il P. Agostino da Osimo dell' Osservante Provincia delle Marche, di cui diremo a suo luogo. » Ms. (M. da Civezza, 64.). — Voir col. 202.

—— *Traslado fiel y verdaderamente sacado de una carta original del padre Fray Pedro Baptista, Comisario de los Padres Franciscos en Japon, escrita a uno de su religion.

3 feuillets in-fol. imprimés à Madrid. — La lettre est datée de Méaco, 17 novembre 1596 ; elle occupe 2 ff. ; le 3ᵉ f. contient les témoignages de l'authenticité. — Arch. du Gesù. (Pagès, 55.)

—— * CONTEMPTVS // mundi jenbu. // core yovoitoi, Iesv Chris-//tono gocŏxcquio manabi tatematçu-//ru michino voxiyuru qiŏ. //

[*marque*] // Nippon Iesvsno Companhia // no Collegio nitc Superiores no goguegiuo // motte coreuo fanni ſiraqu mono nari. // Toquini goxuxxeno nenqi. 1596, tit. + pp. 2, préf. + pp. 3-432, texte + pp. 11, tab. + pp. 15, glossaire.

Satow, *Jesuit Mission Press*, No. 6, pp. 28-34, facsimile.

*Le Contemptus mundi (Disprezzo del mundo), du P. Stella, imprimé au Japon en latin et en japonais, en 1596. — Réimprimé en 1614. — Pagès, No. 59.

«I have given reasons for concluding that the *Contemptus Mundi* of 1596 is not father Estella's, but that of Thomas à Kempis.» (Satow, p. 51.)

—— *Carta apologetica, probando que los reinos de China, Japon e Siam pertenecian al Rey d'España, segun la demarcacion hecha por su Santidad; por Fray Juan Pobre Descalço de San Francisco. Impresa en Madrid por orden del Señor Felipe III.

Pobre était de Zamora; arrivé aux Philippines 1594; se rendit au Japon; retourna à Manille, puis en 1611 en Espagne; + au couvent de San Bernadino de Madrid en 1615. Cf. M. da Civezza, 515.

—— *Relacion de la perdida del galeon español *San Felipe*, en los reinos del Japon el año de 1596. — Voir col. 200.

—— Tratado de la promulgacion de la Santa Fé catolica en los reinos del Japon.

—— Historia eclesiastica de las Islas Filipinas, Japon y otros reinos adyacentes, impresa en Madrid por orden de D. Filipe III.

«Tutti questi lavori, tanto a stampa quanto manoscritti, forse sono anche nella ricchissima Biblioteca Reale di Madrid. Ma ogni nostra ricerca tornò inutile, perchè manca affatto il Catalogo, e l'ordinamento sia de' libri come de' manoscritti, di cui si sta ora occupando il dotto Bibliografo e gentile signore D. Zarco del Valle.» (M. da Civezza.)

—— *Exercices de S. Ignace, en latin, imprimés au Japon en 1596.

Pagès, No. 57.

—— *Catéchisme du Concile de Trente, imprimé en latin, au Japon, en 1596.

Pagès, No. 58.

Gio. Battista Peruschi.

Cf. Organtinus, supra, col. 194.

—— Informatione // del regno, // et stato de gran re // di Mogor, // Della sua persona, qualità, & costumi, & delli // buoni segni, & congietture della sua // conuersione alla nostra santa fede. // Cauata dalla relatione, & da molti particolari hauuti // di là l'anno del 1582. & del 91. & 95. // Raccolta // Per il R. P. Gio. Battista Peruschi Romano, // della Compagnia di Giesu. // Con licenza de' Svperiori. // [*marque*] // In Roma, // Appresso Luigi Zannetti. 1597. Pet. in-8, pp. 71.

British Museum, G. 6884. — Ne contient rien sur le Japon, mais ce vol. a été traduit en latin avec des pièces relatives au Japon, l'année suivante à Mayence :

—— Historica re- // latio, // de poten- // tissimi regis Mo- // gor, a magno Ta- // merlane orivndi, vita, mo- // ribvs, et svmma in chri- // stianam Religionem propen- // sione. // Deinde de omnivm Iaponiae // regnorvm, qvae vni nvnc // monarchae Qvabacvndono // parent, proxima ad Regnum Chri- // sti conuersione. // Collecta // ex epistolis anno M. D. XCII. // XCIIII. & XCV. inde datis. // A // R. P. Ioanne Baptista Perv- // scho Romano Societatis Iesv. // — Mogvntiae // Ex Officina Typographica Henrici // Breem, Anno M. D. XCVIII. Pet. in-8, 53 ff. ch. + 1 f. n. ch. app.

British Museum, 867. e. 10 (3). — Bib. nat., O² q 62.

A la fin : Omnia ex idiomate Italico in latinum conuersa in Collegio Moguntino Societatis Iesv. Approb. 4 Martii 1597.

Des ex. portent : Moguntiae, ex Officina Typographica Joannis Albini, 1598.

Ce vol. contient encore : «Excerpta ex Epistola P. Emmanvelis Pinneri, s. d., ff. 17-22. — Exemplvm Epistolae P. Hieronymi Sciavier, fol. 22-23. — Exemplum epistolae scriptae a P. Emmanvele Pinnero de Rege Mogor, (datée de la cour du grand Mogor, 3 septembre 1595), ff. 24-29. — Exemplvm Binarvm Epistolarvm a P. Organtino Brixiano Societatis Iesv e Meaco Iaponiae ad Rev. in Christo P. Clavdivm Aqvavivam Praepositum generalem datarum, de proxima spe vniversae Iaponiae ad Christi Ecclesiam adiunjendae, ff. 29-53. (La première est du 29 sept. 1594; la seconde, du 24 février 1595.) (De Backer.)

Cat. Fred. Muller, Amst., 1910, No. 2480, fl. 12. — Cat. Mourier, no. 453, 15 fr.

—— Informatione // del Regno, // e Stato del gran Rè di Mogor, // della sva persona, qvalita, // e costumi, e delli buoni segni, e congietture // della sua conuersione alla nostra // santa Fede. // Cauata dalla relatione, e da molti particolari // hauuti da quelle parti. // Et aggiuntoui per intelligenza vna carta Geografica // dell' India, in molti lochi riformata. // Raccolta per il Reuer Padre Gio. Battista Peruschi Romano, // della Compagnia di Giesv. // Con vna Tauola delle cose più notabili. // [*vig.*] // In Brescia, // Appresso Pietro Maria Marchetti. 1597. // Con licenza de' Superiori. Pet. in-8, 5 ff. n. ch. tit., déd., tab. + pp. 71.

British Museum, 867. d. 25.

— *Informatione... gran Rè di Mogor... Gio. Battista Peruschi... In Verona, appresso Discipolo, 1597, in-8.

Contient : Capitolo dell'annva dell'India Orientale dell'anno 1595. Scritta al P. Generale della Compagnia di Giesu Claudio Acquauiua dal P. Prouinciale, p. 39-41. — Capitolo d'vna lettera del P. Emmanuel Pinnero, al P. Prouinciale dell'Indie orientale, à Goa, p. 41-56. — Copia d'vna lettera del P. Gieronimo Sciauier. Scritta al P. Generale della Compagnia di Giesu, p. 56-59. — Copia d'vna lettera, che scriue il P. Emmanuel Pinnero del Mogor, Al P. Giouanni Aluarez Assistente, alli 3 di Settembre del 1595, p. 60-74. (De Backer.)

— *J. B. Peruschi. — Zween kurtze Bericht, der erst, vonn des grosmächtigen Königes Mogor Person, Leben, Macht, vnnd zur Christlicher Religion sonderer Zuneig. Der Ander, von nechst verhoffter christlicher Bekehrung der Königreichen in Japonia... auss der Italienischen versetzt. Meyntz, H. Breem, 1598, in-4.

De Backer. — Cat. Fred. Muller, 1910, No. 2481, flor. 15.

— Advis // moderne de // l'estat et grand // royavme de Mogor, si- // tué entre la Tartarie, l'Inde & la Perse : de la person- // ne, qualité & maniere de viure du Roy & du Prince // son filz & de ses peuples, & des bons signes & espoirs // qu'ilz donnent, de se conuertir à la foy Chrestienne, & // autres singularitez des Païs. // [*marque*] // A Paris, // Par Philippe du Pré, Imprimeur & Libraire // Iuré en l'Vniuersité de Paris, demeurãt // à la rüe des Amendiers, à l'enseigne // de la Verité. // 1598. // Jouxte la copie imprimée à Rome depuis vn mois, // par Loys Zanneti. Pet. in-8, pp. 24.

Bib. nat., O² o 85.

Trad. par le P. Fr. Solier, p. 227-264, di : *Nouveaux avis du royaume de la Chine...* (1604).

(Gio. Battista Peruschi.)

— *Advis du royaume et estat du grand roi de Mogor, tiré des relations des années 1582, 1591, 1595; traduit de l'italien en françois. Besançon, Nic. Moingesse, 1597, in-12.

— *Possevino, *Biblioth. selecta* (1603), t. II, p. 449.

Gio Battista Peruschi, né à Rome en 1525; †. dans cette ville, 18 déc. 1598.

* * *

— *Racvyoxv. // [*marque*] // In Collegio Iapo // nico Societatis // Iesv. // Cum facultate Superiorum. // Anno m. d. xcviii. // 102 ff.

Satow, *Jesuit Mission Press*, No. 7, p. 35, facsimile. — Cf. Léon de Rosny. *Rev. Orient. et Amér.*, VIII, 1862, p. 75.

— *Salvator Mundi. [*Au verso* :] Confessionarivm. // in Collegio Iapo // nico Societatis // Iesv. // Cum facultate // Superiorum // Anno m. d. xcviii. Pet. vol., 30 ff.

Satow, *Jesuit Mission Press*, No. 8, pp. 36-38.

— *Opuscule du P. Pedro Gomez, sur l'Excellence du martyr, imprimé en caractères japonais, à Amacusa, en 1598.

D'après Pasio, Lettre de 1598 (*Iaponica, Sinensia, Mogorana...* Leodii, 1601). — Pagès, No. 73.

Luis Froes (1596).

— *Lettera annva del Giappone dell' anno m. d. xcvi. Scritta dal P. Luigi Frois, al R. P. Clavdio Acqvaviva Generale della Compagnia di Giesù. Tradotta in Italiano dal P. Francesco Mercati Romano della stessa Compagnia. In Roma, Appresso Luigi Zannetti, 1599. In-8, pp. 269.

A la fin : In Roma, appresso Luigi Zannetti, mdxcix.

Datée du 13 déc. 1596, Nangasachi. — Sommervogel.

— *Lettres du Japon de l'an 1596, escrittes par le P. Loys Frois, au P. Cl. Aquaviva. Lyon, 1601, in-8.

— Relations // des peres Loys Froes, // et Nicolas Pimenta // de la compagnie de // Iesvs. // Av R. P. Clavde Aqvaviva // General de la mesme Compagnie. // Concernant l'accroissement de la foy Chrestienne // au Iappon & autres contrées des Indes Orien- // tales ès années 1596. & 1599. // Tra-

(Luis Froes [1596].)

duittes du Latin imprimé à Rome. // [*fleuron*] // A Lyon, // Par Iean Pillehotte, // à l'enseigne du nom de Iesvs. //- M. DCII. In-8, pp. 114.

Bib. nat., $\frac{O^2 \ o}{99}$. — Sommervogel cite une éd. de Lyon, 1601.

—— Cartas // qve o padre // Nicolao Pimenta da // Companhia de Iesv Visitador nas partes do // Oriente da mesma companhia, escreueo ao // Géral della à 26. de Nouẽbro do ano de 1599. // & ao 1. de Dezembro de 600, nas quaes entre // algũas cousas notaueis & curiosas q̃ conta de // diuersos reinos, relata o sucesso da insigne vi-//ctoria q̃ Andre Furtado de Mendoça alcãçou // do Cunhale grande perseguidor da Fee // & Christãdade da India & cruel ini-//migo daquelle estado. // [*vig.*] // Com Licença da Santa Inquisição & Ordinario. // Em Lisboa. // Impresso por Pedro Crasbeeck, 1602. Pet. in-8, 111 ff. ch.

British Museum, 867. f. 17 (2).

—— De rebvs iaponicis // historica // relatio, ea-//qve triplex : // I. De gloriosa morte 26. crucifixorum. // II. De Legatione Regis Chinensium ad Regem Iapo-//niae, & de Prodigijs legationem antegressis. // III. De rebus per Iaponiam anno 1596. a PP. Soc. // Iesv durante persecutione gestis. // a // R. P. Lvdovico Frois Socie- // tatis Iesv, ad R. P. Clavdivm // Aquauiuam, eiusdem Societatis Praepo-//situm Generalem missa : // et // ex italico idiomate Mo-//guntiae in Latinam linguam translata. // [*croix*] // Mogvntiae, // Ex officina Typographica Ioannis Albini, // M. D. XCIX. In-8, 4 ff. n. ch., déd., etc. + pp. 314 + 1 f. n. ch., colophon.

Ex pörtu Nangasachano 13. Decembr. Anno M. D. XCVI... Lvdovicus Frois. — Recto du dernier f.: Mogvntiae, In Officina Typographica, Ioannis Albini, Anno clɔ Iɔ ic.

Bib. nat., $\frac{O^2 \ o}{98}$. — British Museum, 867. e. 10 (1).

La croix qui est sur le titre est entourée par les mots (à gauche) *Effigies* (au-dessus) *Crucis* (à droite) *Iaponicae.*

—— *Drey Japponische Schreiben, I, das erst, Was massen 26 Geistliche und Weltliche Personen, um Christi willen, am Creutz getödt. II. Das ander, Innhalt etlicher Wunder und schrecklichen fürgelauffenen Zeichen. III. Das dritte, Jahrschreiben, was die Societät Jesu im 96 Jahr in dess Herrn Weinberg ausgericht. Meintz, Albinus, 1599, in-4.

Sommervogel.

— A briefe note concerning an extreme Northerne prouince of Iapan called Zuegara, situate thirtie dayes iourney from Miacó, which argueth the Isle of Iapan to be of greater extension Northward, then it is ordinarily described in maps, or supposed to be : together with mention of a certaine nation of Tartars called Ieza inhabiting on the maine to the North of China, neuer heard of in these parts before : taken out of an Epistle written 1596 from Iapan by Fryer Luis Frois vnto Claudius Aquauiua, etc. Printed in Latine at Mentz in Germanie 1599. (Hakluyt's *Collection*, New ed., IV, 1811, pp. 383-384.)

*
* *

—— Dos Informa-//ciones hechas en Iapon : vna de // la hazienda que Taycosama, señor del dicho // Reyno, mandò tomar de la Nao S. Felipe, que // arribò a el contempestad, yendo de las Filipi-//nas à Nueua España, y se perdio en el puerto // de Vrando : y otra de la muerte de seis Religio // sos Descalços de S. Frãcisco, y tres de la Com-//pañia de Iesus, y otros diez y siete Iapones, // que el dicho Rey mandò crucificar // en la ciudad de Nan-// gasaqui. In-fol., de 48 ff. ch.

British Museum, $\frac{1324. \text{ i. } 7}{1}$. — Voir col. 195.

Francisco Tello (1597).

—— * Relacion qve Don // Francisco Tello, gouernador : y capitan // general de las Philipinas embio de seys // frayles españoles de la Orden de san Frã-//cisco, que crucificaron los del Iapon, este // año proximo passado de 1597. Con // otras veynte personas Iapones, que // murieron juntamẽte cõ ellos // animados por los santos // frayles y conuertidos a // su predicacion... *Fini* : En Sevilla a treze de março de mill y quiniẽtós y nouẽtã y ochos años... In-fol., 2 ff. n. ch.

«Medina cita otra edición (*Bibl. de Filipinas*, núm. 20) de *Granada*, 1598; que califica de «primera». La lic. de Granada es de 26 de marzo; la de Sevilla, del 13 del mismo mes : si nos atenemos á este por menor, la de Sevilla debe de ser la principe. De la sevillana no tenia noticia el citado bibliógrafo.» (Retana, 47.)

—— *Relatione mandata da D. Francisco Teglio, govvernatore delle isole Filippine, intorno il martirio de i sei frati spagnoli del ordine di S. Francisco, crocifissi nel Giappone, l'anno de 1597, con altre persone Giapponese. Roma, 1598, in-8.

De Backer.

—— *Relatione manda-//ta da Don Francesco Teglio. // Gouernatore, e Capitano Generale, dell' Isole Filippi-//ne, intorno al Martirio de i sei Frati Spa-//gnoli, dell' Ordine di S. Françesco del // Osseruanza, detti Zoccolanti. // Crocefissi nel Giappone// L'Anno 1597, con venti persone Giappo-// nesi che non esso loro morinono, animati,// e. conuertiti dalli istessi Santi Frati // nella loro Predicatione. // Ristampata in Perugia Con l'aggionta d'alcune lodi alla Religione; // A i Gloriosi Martiri : Aggiontoui in vltimo vn Soneto per // R. P. F. Raffaele Romano Predicatore delle' istelso Ordine. // [*fig.*] // Stampata in Roma, Et in Perugia, Per Vicentio Colombara, he // de di Andrea Bresciano, Con licentia de' Superiori. In-4, pp. 8 n. ch.

«Traducción Italiana de la *Relacion* de Tello. La traduc. concluye en la mitad de la pág. 6 s. n. Lo restante del texto va á guisa de ampliación de la noticia traducida. — Nótese que ya habia sido impresa en Roma.» (Retana, 48.)

—— *Relation. // Ausz befelch Herrn Fran-// cisci Teglij Gubernators, vnd general // Obristens der Philippinischen Inseln / inn welcher // kürtzlich angezeigt wirdt / welcher Gestallt sechs geistliche Brüder //ausz Hispania / desz Ordens S. Francisci von der Obseruantz / sambt andern 20 newlich von jnen bekehrten Japonesern im Kö= // nigreich Japon den 14. Martij desz verschinen 1597. Jars / // vmb desz Christlichen Glaubens willen seyn gecreu= // tziget worden vnd durch die Gnaden Got= // tes die seligste Martet Cron // erlangt haben.// Erstlich durch den Ehrwirdigen Vatter // Angelum de monte Coruino Theologen vnd Predi= // ger erme'te Ordens / ausz Spanischer in die Welsch / je= // tz und aber auch in die Teutsch Sprach verwendt / // durch F. F. minores Monacenses // Matthei 23. // Nembt war / ich sende zu euch Propheten vnd Weisen / vnnd // Schrifftgelerten / vnd derselben werdet jhr etliche tödten vnd creu= // tzigen vnd etlich werdet jhr gaiszten in ewren Schulen / vnd sie ver= // folgen von einer Statt in die ander. // Gedruckt zu München / bey Adam Berg. // Mit Röm. : Kay : May : Freyheit nit nachzutrucken. // Cum licentia Superiorum. // — Anno M. D. XCIX. Petit in-4, 7 ff. n. ch., 2 grav. sur bois, dans le texte.

A la fin, poésie : Carmen de praedictorum fratrum martyrio.

—— *Relation envoyée par D. Francisco Teillo, gouverneur et capitaine général des îles Philippines touchant le martyre de six religieux espagnols. Paris, Leger de Las, 1609, in-8.

Pagès, 67.

*
* *

—— *Trattato d'alcvni prodigii occorsi l'Anno M. D. XCVI. nel Giapone. Mandato dal P. Luigi Frois, della Compagnia di Giesù. Tradotto in Italiano dal P. Francesco Mercati Romano della stessa Compagnia. In Roma, Appresso Luigi Zannetti, M. D. XCIX. In-8, pp. 88.

Nangasachi, 28 Dec. 1596.

—— *Milano, Pacifico Pontio, 1599, in-8.

Sommervogel. — Francesco Mercati, né à Rome en 1541 ; † à Salerne, le 21 mai 1603.

26 Martyrs (5 février 1597).

—— *Pedro Martins, S. J. — Carta em que narra o martyrio dos religiosos franciscanos, e Jesuitas crucificados no Japão, à 5 de fevereiro de 1597, escrita ao provincial das Filipinas.

Pagès, 78. — Sommervogel.

—— Relacion del mar // tirio que seys Padres Descalços Franciscos, // y veynte Iapones Christianos // padecieron en Iapon. // Hecha por Fr. Iuan de Santa Maria, Pro-//uincial de la prouincia de S. Io-//seph de los Descalços. // Dirigida al Rey nuestro S. don Felipe III. // [*vignette*] // Con privilegio, // En la Imprenta del Lic. Varez de Castro.

// Año de 1599. In-8, 8 ff. n. ch. + ff. 218 chif.

Au verso du dernier f. : *En Madrid En casa del Licenciado Varez de Castro, año de* M. DCI. — Bib. nat., O² o. 94 — Il y a 2 ff. 217 et 218.

— *Relacion // del martirio // que seys Padres Descalços Fran-// ciscos, tres hermanos de la Com // pañia de Iesus, y decisiete Iapo-//nes Christianos padecie-//ron en Iapon // Hecha por F. Juan de Sancta Maria, Pro-//uincial de la prouincia de S. Ioseph de los Descalços. // Dirigida al Rey nuestro S. don Felipe III. // En esta [*une croix*] murieron. // Con Privilegio. // En Madrid, Por los herederos de Iuan Iñiguez // de Lequerica, año 1601. // *A la fin* : En Madrid. // En casa del Licencia-//do Varez de Castro. // año de M. DCI. In-8, 8 ff. n. ch. + 218 + 2 de tab.

Retana, 52.

— *Relatione del martirio che sei padri scalzi di San Francesco, et venti Giapponesi Cristiani patirono nel Giappone l'anno MDXCVII. Tradotta dalla lingua Spagnuola nella Ital. del P. F. Gioseppe di S. Maria. Napoli, A. Pace, 1600. 12 ff. n. ch. + pp. 152.

Wadding attribue cette version à Fr. Jean de Sainte-Marie, et Sbaraglia à François de Sainte-Marie.

Cat. 39, Jacques Rosenthal, Munich, 1905. — Pagès, 78, et Sommervogel citent : Roma, Nicolas Mutti, 1599, in-8.

— *Relacion muy breve de la perdicion de los Españoles y del Martyrio de seis Frayles Franciscanos sus compañeros que padeceron por la Fe de nuestro Señor Jesu Christo en el año de 1597 en la ciudad de Nangazachi en el Japon.

Manoscritto di 6 carte in foglio, originale, in carta cinese, segnato Fr. Pedro de Alcantara, 29 de junio 1597. Trovasi nell'Archivio de Indias di Siviglia. (Marcellino da Civezza, No. 15.)

— *Relatione della gloriosa morte di XXVI. posti in croce Per comandamento del Re di Giappone, alli 5. di Febraio 1597 de quali sei furno (*sic*) Religiosi di S. Francesco, tre della Compagnia di Giesù, et dicesette Christiani Giapponesi, Mandata dal P. Luigi Frois alli 15. di Marzo al R. P. Clavdio Acqvaviua Generale di detta Compagnia. Et fatta in Italiano dal P. Gasparo Spitilli di Campli della medesima Compagnia. In Roma, Appresso Luigi Zannetti, 1599, in-8, pp. 110.

— *Bologna, Her. Rossi, 1599, in-8. — *Milano, 1599, Pacifico Pontio, in-8. — Roma, 1609, in-8.

Sommervogel.

— Histoire // de la glo- // rievse mort de // vingt six Chrestiens // qui ont esté crucifiez par le com // mandement du Roy de Iappon. // Dont y en auoit six Religieux de S. Fran- // çois, trois Iesuistes, & dix sept Chrestiens // natifs du Royaume de Iappon. // Enuoyee le XV. de Mars, par le P. Loys // Frois à R. P. Claude de Aquauiua // general des Iesuistes. // Traduit d'Italien en Francois. // [*fleuron*] // A Rouen, // Chez Theodore Reinsart, // pres le Palais, à l'Homme Armé. // — M. VI. C. [1600]. In-12, 78 ff. n. ch.

Bib. nat., O²o 95. — Une note ms. sur le titre dit que le traducteur est J. de Malfillastre, Vicomte de Falaise.

— Recit // veritable de la // glorievse mort de // vingt et six Chre- // stiens mis en Croix. // Par commandement du Roy du Iappon, le 5. de Fe- // urier 1597. desquels les six estoyent Religieux de // l'ordre S. François, les trois de la Compa- // gnie de Iesvs, les 17. autres // Chrestiens Iapponnois. // Enuoyé par le Pere Louys Froïs, le 15. de Mars // au R. Pere Claude Aquauiua General de ladi- // te Compagnie, & mis en François par le Pere // Iean de Bordes Bordelois de la mesme Com- // pagnie. // [*marque*] // A Paris, // Chez Clavde Chappelet, ruë // S. Iaques à la Licorne. // — M. DCIIII [1604]. In-12, pp. 132.

Bib. nat., O²n 6.

— *Compendiolvm historiae trivm martyrvm e Societate Iesv, in Iaponia Crucifixorum, cum alijs viginti-tribus, quorum sex erant Religiosi Professi, ex Sacro S. Francisci Ordine, de Obseruantia nuncupato, Partim ex P. Francisco Solerio Gallo, in historia Ecclesiastica Iaponiae 10. lib. Gallicè conscripta, Partim ex P. Lvdovico Froes Lvsitano, in relatione sua anni 1597.

Latinè edita, desumptum. Cui accessit 1. Illustriss. Cardinalium de hisce Martyribus sententia. 2. Summi Pontificis Vrbani VIII. de ijsdem diploma. Coloniae, Apud Ioannem Kinckivm, Anno M. DC. XXVIII. In-12, pp. 58.

—* Cort verhael van de historie der drie Martelaren uyt de Soc. Jesu, met drie twintigh anderen a. 1597, tot Nangasachy, in Japonia ghecruyst, ghetrock, ensdeels uit F. Solierius in sijn kerckel. hist. van Iaponien, eensdeels uit Lud. Froes Relaes van't jaer 1597. Overgheset uyt het latyn door Turano Vekiti. Thantwerpen, bij Jan Cnobbaert, 1628, in-12, pp. 58.

Pagès 203.

—*Historia de la Christandad del Japon, con espresion de todas las señales misteriosas y milagros que antecedieron, acompañaron y subsiguieron al glorioso Martirio de S. Pedro Bautista y sus Compañeros, por el Padre Fr. Geronimo de Jesus, o de Castro, de la Observante Provincia de Granada. 1601. — MS.

Così il P. Huerta nel suo *Estado, ec.* Il Padre Geronimo era nativo di Lisbona, della illustre famiglia dei de Castro: vestì l'abito Francescano e professò nel Convento di Cordova in Ispagna della Osservante Provincia di Granata. Compiti gli studii, l'anno 1583 passò alle Missioni delle Filippine, da dove si recò al Giappone con San Pier Battista e compagni, e fu il primo Guardiano del Convento che fondarono in Nangazachi. Il 1597 San Pier Battista prevedendo il suo Martirio, lo nominò Commissario Provinciale della Missione. Morti i suoi compagni, egli si tenne lungo tempo qua e là nascosto in conforto di quella cristianità desolata. Finalmente scoperto e incarcerato, ebbe a gemere per ben 7 mesi in dura prigione, finchè venne confinato a Macao in Cina, da dove il 1598 tornò alle Filippine. Ma «el mes de mayo del mismo año (continua il Padre Huerta) salió segunda vez para Japon y estuvo administrando a los nuevos cristianos ocultamente hasta el mes de diciembre, en cuya epoca fuè llamado por el Emperador Dayfusama, y le concedió licencia para predicar libremente la Fè de Jesucristo en el reino del Quanto, de cuyo reino fu primer apostol, fundando una Iglesia en la ciudad de Yendo, capital de dicho reino, cuya Iglesia dedicó a N. S. del Rosario y en la cual celebró la primera Misa el primer dia de Pentecostes del año de 1599. El mes de noviembre de dicho año fuè nombrado ambajador por el Emperador Dayfusama, para ajustar paces y tratados de comercio con el Señor Gobernador de Filipinas, y con este caracter regresò a Manila en el mes de febrero del año de 1600, trayendo la cruz, donde fuè crucificado S. Martin de la Ascension, con la qual entrò en Manila llevandola sobre sus hombros en medio de un concurso immenso;... El mes de mayo de 1601 volvió a salir para Japon; y habiendo sido bien recibido del Emperador por el despacho de su embajada, obtuvo permiso para entrar en Japon las sagradas Religiones de S. Domingo y S. Agustin de estes islas, y licencia para fundar un Convento en la ciudad de Meaco. Al efecto se trasladò a dicha ciudad, pero asaltole a poco a poco la enfermedad de la muerte, y recibidos los santos Sacramentos por mano de nuestro Fr. Luis Gomez, murió el dia 6 de octubre de 1601, y fuè sepultado en el mismo sitio donde habia estado fundada nuestra Iglesia de Meaco, dejando gran fama de santidad, justamente adquirida por una vida en todo evangelica.» (Marcellino da Civezza, No. 306.)

— *Copia collationata interpretationis processus remissorialis de partibus in causa 26 Martyrum, videlicet Patris Fratris Petri Baptistae, Commissarii Ordinis Discalceatorum Sancti Francisci de Observantia cum suis sociis, Fratribus eiusdem Ordinis, nec non XX laycis Japponensibus christianis. In Nova Hispania ac civitate Mexici fabricati. (Novembre e Decembre 1620.)

E un manoscritto di 165 fogli, che si conservava da' Padri Gesuiti nel Convento del Gesù in Roma. Dei *XX Laycis Japponensibus*, 3 erano affigliati alla Compagnia, e 17 appartenevano come Terziari all' Ordine Francescano. Ora sono annoverati tra' Santi. (Marcellino da Civezza, No. 157.)

— *Fr. Alonso de Valsalobre, Franciscano. — Vida, i Milagros de Fr. Juan (*Pedro*) Paptista, i sus compañeros Martyres en el Japon. Barcelona, Seb. Jaime, 1618, in-8.

Pinelo et Sbaraglia. — Pagès, 148.

— *Cien puntos exemplares de la vida, milagros y martyrio de los gloriosos y bienaventurados Padres Fr. Pedro Baptista y sus compañeros Martyres del Japon: dispuestos por el Padre Fr. Alonso de Balsobre Franciscano. En Barcelona: por Sebastian y Jayme Materad, 1628.

Un volume in-8, di 108 pagine. N'è un esemplare nella pubblica Biblioteca della città di Barcellona. E la vita de' 23 Martiri Francescani martirizzati il 1597 nel Giappone, e il 1862 solennemente canonizzati dal Sommo Pontefice Pio IX. (Marcellino da Civezza, No. 55.)

— *Pascual Torellas, franciscain. — Miracula et icones SS. Martyrum Japonensium. Roma, 1620, in-fol.

— *Breve // compendio // del // martirio, é morte // Delli Ventitre Martiri dell'Ordine Minori di San // Francesco dell' oseruanza della Prouincia di San // Gregorio delle Filippine, e del Giappone. // Con i Nomi, Titoli, e Patrie loro. // Crocifissi nel Regno del Giappone per difesa // della Santa Fede.

// De' quali la Santità di N. S. Papa Vrbano VIII. hà concesso sotto li // 14. Settembre 1627. chesi celebri la Messa, & Offigio. // E la Festiuità il dì 5. Febbraio giorno del loro Martirio. // [*vignette*] // In Milano, // Per l'her. di Gio. Battista Colonna, 1627. In-4, pp. 7 n. ch. + 1 avec une image religieuse.

Retana, 92.

—— *La // Beatification // des premiers martyrs // dv Iappon, // de l'ordre des FF. Minevrs // Reformez Deschaux, ou Recollectz, // de la Prouince S. Gregoire // des Isles Philippines: // Scavoir, // Les RR. PP. Pierre Baptiste, François le Blanc, // Martin de l'Ascension, François de S. Michel, // & les FF. Philippes de Iesus, & Gonsale, // Garçia; auec 17. Iapponnois Oblats, // & domestiques desdits Religieux. // Par N. S. P. le Pape Vrbain VIII. // Auec le discours de leur passage au Iappon, des // fruicts qu'ils y ont faits, & du glorieux martyre // qu'ils y ont souffert pour la Foy. // Auec la licence des Superieurs. // La Feste s'en fera le Iuin. // [I. H. S.] // A Paris, // Chez Antoine de la Perriere, au Mont // Ste Geneuiefue, ruë des Amandiers; // à l'Image S. Iacques, 1628. // Auec Approbation & Permission. In-8, pp. 62.

Une pl. gravée représentant la Scène du martyre.

Bib. nat., O²o 226.

—— [*Vignette*] La vie et mort // de vingt-trois martyrs // de l'ordre // de Sainct Francois, // et de trois Iesvites, tovs // crucifiez & transpercez de lances au Iappon. // Composé par le V. P. F. Samuel Buirette, de l'ordre des Freres Mineurs // Recolé, de la Prouince de Sainct André. // A Roven. // Chez Louys du Mesnil, ruë S. Iean, deuant le grand // Portail, à la Croix d'Or. // — Auec permission & Approbation 1628. In-8, 8 ff. n. ch. p. l. tit., déd., etc. + pp. 201 + 1 f. n. ch. Epigramme aux Martyrs.

La Vignette du titre représente le martyre. — Bib. nat., O²o 135.

—— La Vie // et mort // de vingt-trois martyrs // de l'ordre // de S. François, // et de trois Iesvites, // tous crucifiez & transpercez de

// lance au Iapon. // Ensemble les prodiges // & miracles arriuées deuant & après leur // martyre, recognu par N. S. P. Vrbain // VIII. en Iuillet de l'an 1628. // ov sont conioints les // admirables fruicts produicts par le susdit // Ordre aux Indes Orientales, & Occiden- // tales. // Par vn Religieux de l'Ordre des FF. // Mineurs Recollects, de la Prouince // de S. André. // Seconde edition. // [*fleuron*] // A Dovay, // De l'Imprimerie de Pierre Avroy, // au Pelican d'or, l'an M. DC. XXVIII. In-8, 8 ff. n. ch. en tête p. l. tit., déd. par Samuel Buirette, Recollet, etc. + pp. 191.

Frontispice gravé.

Bib. nat., O²o 135 A.

—— *Francisco del Villar. — Relacion de la fiesta qve celebro el mvy obseruante Conuento de San Francisco de Andujar, al glorioso San Pedro Baptista y sus compañeros, primeros Martyres del Iapon. Granada, Martin Fernandez, 1629, in-4.

9 ff. n. ch., 42 ff. — Pièce rare contenant un certain nombre de compositions *en vers*. Le Père Pierre Baptiste, Commissaire de l'ordre des franciscains, vint au Japon en 1593 comme envoyé du gouverneur des Philippines auprès de Taikau Sama Cambacundono. Il fut martyrisé avec 23 autres personnes à Nangasaqui le 5 février 1597.

Cat. Mourier, No. 522, 80 fr.

—— *M. v. Liguori. — D. Siege d. heiligen Märtyrer worin d. Geschichte d. japanesischen Märtyrer ausführlich mitgeteilt wird. Nebst 1 Anhange. A. d. Italienischen übers. M. 1. Stahlst. Regensburg, 1841.

Antiq. Kat. No 51, A. Buchholz, München, 1911.

—— Histoire des vingt-six Martyrs japonais Dont la canonisation doit avoir lieu à Rome, le jour de la Pentecôte 1862 par Léon Pagès Ancien attaché de Légation en Chine — Extrait de l'Histoire générale du Japon encore inédite par le même auteur. — Paris, Benjamin Duprat [et] Vve Poussielgue Rusand ... Avril 1862, in-12, pp. 109.

Bib. nat., O²o 167.

—— —— Deuxième édition. — Paris, Juin 1862, in-12, pp. 109.

Bib. nat., O²o 167 A.

— Histoire des vingt-six Martyrs du Japon crucifiés a Nangasaqui, le 5 février 1597 avec un Aperçu historique sur les Chrétientés du Japon depuis cette époque jusqu'à nos jours par D. Bouix Docteur en Théologie et en Droit canon. Perisse frères, Paris [et] Lyon, 1862, in-8, pp. VIII-298, front.

Bib. nat., O²o 166.

— *Historie der zes en twintig Martelaren van Japonië, te Nangasaqui gekruist, den 5 den february 1597. Door D. Bouix, doctoor in de godsgeleerdheid. Uit het fransch vertaeld door eenen monnik. Bruxelles, Goemaere, 1862, in-12.

De Backer.

— Les Martyrs du Japon par M. J.-M. Villefranche ...... — Paris, Victor Palmé, 1862, in-12, pp. 118.

Sur la couverture ext. : Les Martyrs du Japon Histoire des vingt-six Martyrs qui vont être canonisés par Pie IX et Aperçu général sur le Christianisme au Japon.

Bib. nat., O²o 169.

— — Quatrième édition ... 1862.

— — Sixième édition .... 1862.

— Les Martyrs du Japon Histoire des 26 Martyrs canonisés en 1862 Et des 205 qui doivent être béatifiés en 1867 par M. Villefranche. — Septième édition. — Paris, Victor Palmé, 1867, in-12, pp. 153.

Bib. nat., O²o 169 C.

— Rome, les martyrs du Japon et les évêques du dix-neuvième siècle, par Augustin Cochin. Paris, C. Douniol, 1862, in-8, pp. 29.

Extrait du *Correspondant*, juin 1862, pp. 408-424.

— *Les vingt-six martyrs du Japon canonisés par Pie IX; par un missionnaire apostolique, 2e édition augmentée. Lyon, impr. Porte et Boisson; libr. Périsse, Briday, 1862, in-18, pp. 36.

De Backer.

— *Histoire populaire illustrée des vingt-six Martyrs du Japon crucifiés à Nangasaki le 5 Février 1597, béatifiés à Rome le 14 et 15 Septembre 1627, canonisés le jour de la Pentecôte, 8 Juin 1862. Sceaux, impr. Dépée; Paris, libr. Dutil, 1862, in-8 à 2 col., pp. 31, vign.

De Backer.

— Les Martyrs du Japon par M. Chapia Curé de Vitel, ... suivis d'un Appendice sur les canonisations, avec l'approbation du T. R. P. Laurent Provincial des Frères-Mineurs Capucins de Rome. Paris, Vve Poussielgue-Rusand, 1862, in-12, pp. X-204.

Bib. nat., O²o 168.

— Récit de la Vie & de la Mort des 26 Martyrs du Japon. — Toulouse, au Bureau de la Bibliothèque, Rue Rivals, 6, 1862, in-16, pp. 64.

Sur la couverture ext. : Juin 1862 — *Bibliothèque Catholique de Toulouse approuvée par Mgr. l'Archevêque*, 2me année.

Toulouse. — Typ. J. Pradel et Blanc.

Bib. nat., O²o 165.

— Récit de la Vie et de la Mort des 26 Martyrs du Japon. — Paris, à la Librairie parisienne, 6, rue de Médicis — 1865, in-16, pp. 64.

Sur la couverture ext.: *Bibliothèque Catholique de Toulouse approuvée par Mgr. l'Archevêque.* Paris, Dupray de la Mahérie, éditeurs, 6, rue de Médicis. — Signé M. L. — Bib. nat., O²o 165 A.

— *Histoire des saints martyrs du Japon. Toulouse, impr. Delsol et Franc; à l'aumônerie de l'hôpital militaire, 1863, in-32, pp. 64, vign.

De Backer.

— De HH. Petrus Baptista en zijne gezellen, eerste martelaers van Japan, gekruisigd te Nangasaki, den 5 Februarij 1597. Bewerkt door N. A. A. Aussems, Priester der Orde vanden H. Franciscus. Breda : J. Hermans & Zoon, 1862, in-12, pp. 267, 1 front.

— *Leben und Martertod der 26 heiligen Blutzeuger aus Japan sowie kurze Lebensgeschichte des heiligen Michael de Sanctis, aus dem Orden der heiligen Dreifaltigkeit zur Loskaufung der Christensklaven. Nebst Beschreibung der Ceremonien bei der Feier einer Heiligsprechung und ihrer Bedeutung. Aus dem Italienischen übersetzt von J. M. Kairunerzind. Mit Zugaben. Lucern, Gebr. Räber, 1862, in-8, pp. VIII-131.

De Backer.

—— The Japanese Martyrs: or a brief sketch of the Lives and Martyrdom of the Franciscan Saints who were canonized at St. Peter's, in Rome, by Pope Pius IX., on Whit-Sunday, June 8th, 1862. — By the Rev. Father Emmanuel Kenners, O. S. F. ... — Manchester: Alex. Ireland, 1862, in-8, pp. 164 + 2 ff. n. ch. er. et tab.

—— *Abrégé des vies, martyres et miracles des vingt-six premiers martyrs au royaume du Jappon, six desquels estoient de l'ordre des ff. mineurs de l'observance reformez, dix sept du tierce ordre de S. François, trois de la Société de Jesus. Tiré du dixieme livre de la quatrieme partie des Chroniques des ff. mineurs. Liège, C. Ouwerx le jeune, pet. in-8, pp. 46, 1 f. d'approb., au verso du titre une grav. de E. Fontan.

La déd. à Hierome Gherinx, doyen de Ste Croix, à Liège, est signée F. Henry Mirwart, guardien des ff. mineurs recollets à Liege. — De Backer.

—— *Les Martyrs Japonais. Notice historique publiée dans l'église Saint-Clément, à Metz. Le Puy, imp. Marchessou; Metz, libr. De Loiez, 1863, gr. in-18, pp. 52-XIX.

De Backer.

Canonisation (8 juin 1862).

—— *Allocution prononcée par S.S. le Pape Pie IX dans le consistoire du 6 Juin 1862, en présence des patriarches, des primats, des archevêques, des évêques assemblés à Rome pour la canonisation solennelle des S.S. Martyrs du Japon et du B. Michel des Saints, et Adresse des prélats au Souverain Pontife. Annecy, Burdet, 1862, in-8, pp. 35.

De Backer.

—— Pieux hommage aux Saints canonisés le 8 juin 1862 — Sommaire: Légendes et glorification des saints Martyrs Japonais et de saint Michel de Sancti; Neuvaine en leur honneur, avec une Indulgence plénière accordée par S.S. Pie IX; Chemin de la Croix sous les auspices et en union de leurs mérites et prières. — Paris, Victor Palmé, 1862, in-16, 4 f. n. ch. f. tit. et préf. + pp. 120.

Bib. nat., O²o 164

—— Relation abrégée et populaire de la canonisation des Martyrs japonais. Bordeaux. Ve Justin Dupuy, 1862, in-16, pp. 60 + 1 f. n. ch. tab.

Bib. nat., O²o 163.

—— Notice sur les Solennités de Rome à l'occasion de la canonisation des Martyrs japonais suivie des documents officiels et du discours de Mgr. Dupanloup évêque d'Orléans. — Marseille, Ve Marius Olive, 1862, in-8, pp. 47.

Bib. nat., O²o 162.

—— Les Fêtes de Rome — Histoire de la canonisation des Saints Martyrs du Japon et de Saint Michel de Sanctis par J. Chantrel. — Paris, Victor Palmé, 1862, in-12, pp. 560 + 1 f. n. ch. tab.

Bib. nat., O²o 161.

—— Les Fêtes de Rome — Canonisation des Saints Martyrs du Japon et de Saint Michel de Sanctis par J. Chantrel. — Deuxième édition. — Paris, Victor Palmé, 1862, in-12, pp. 564 + 1 f. n. ch. tab.

Bib. nat., O²o 161 A.

—— Les Martyrs japonais — Notice historique publiée à l'occasion de leur canonisation. — Le Puy, P. Marchessou, 1862, in-12, pp. 36.

Bib. nat., O²o 170.

—— Les Voix de Rome Impressions et Souvenirs de 1862 Fêtes et Discours, canonisation du 8 juin Traditions et Monuments du droit chrétien par V. de Maumigny ... Paris, Victor Palmé, 1863, in-12, pp. XXVI-459.

Bib. nat., O²o 172.

—— [*Vignette*] Les Martyrs du Japon. S. l. n. d., in-12, pp. 23.

A la fin: Angers, Imp. de E. Barassé, 1863.

Bib. nat., O²o 173.

—— Les Martyrs du Japon Par Victor Delcroix. Rouen, Mégard et Cie, 1863, in-8, pp. 191, front.

Bibliothèque morale de la Jeunesse.

Bib. nat., O²o 174.

—— Les Saints Martyrs du Japon par M. L. Enduran. Limoges, Martial Ardant frères, 1863, in-12, pp. 191, front.

Bibliothèque Religieuse, Morale, Littéraire, pour l'Enfance et la Jeunesse.

Bib. nat., O²o 175.

—— Les Saints Martyrs du Japon par M. L. Enduran. Limoges, Eugène Ardant et C. Thibaut, s. d. [1869], in-12, pp. 144, port. de Pie IX.

Bib. nat., O²o 175 B.

—— Les Saints Martyrs du Japon Pélerinage à Rome en juin 1862 par Maxime de Montrond... Lille, L. Lefort, MDCCCLXIII, in-18, pp. 220, front.

Bib. nat., O²o 176.

—— —— Seconde Édition. L. Lefort, Lille [et] Paris, s. d. [1865], in-8, pp. 216, front.

Bib. nat., O²o 176 A.

—— —— Troisième Édition. Ibid., s. d. [1869], in-8, pp. 224, front.

Bib. nat, O²o 176 B.

Maxime de Montrond = Clément-Melchior-Justin-Maxime Fourcheux de Montrond, né à Bagnols (Gard) le 4 sept. 1805. — Cf. Quérard.

—— Notice historique sur les vingt-six Martyrs du Japon Crucifiés à Nangasaki, le 5 février 1597, béatifiés par brefs du pape Urbain VIII, des 14 et 15 octobre 1627, Et canonisés à Rome, le 8 juin 1862. Lyon, Typographie B. Boursy, C. Jaillet, Succr, 1863, in-16, pp. 35.

Bib. nat., O²o 178.

—— [*Vignette*] Les Martyrs du Japon. S. l. n. d., pièce in-8, pp. 4.

A la fin : Tours, Imp. de J. Bouserez [1864].

Bib. nat., O²o 173 A.

—— [*Tiare*] Une fête à Rome ou Canonisation des Martyrs du Japon. S. l. n. d., pièce in-12, pp. 19.

A la fin : Angers, E. Barassé [1864].

Bib. nat., O²o 183.

—— * Neuvaine en l'honneur des saints martyrs du Japon, canonisés le 8 juin 1862; précédée d'une notice historique sur leurs travaux et leur mort et sur la translation d'une partie de leurs reliques à Pierrelatte (Drôme). Valence, impr. Céas et fils; libr. Favier, 1864, in-32, pp. 112.

De Backer.

MIKI, GOTO, KISAI (5 février 1597).

—— Contrafeitur vnd Na // men der Geistlichen vnd Ordens Perso= // nen / so ausz der Societet Iesv bisshero von den // Hayden / Mahumetanern / Ketzern / vnnd andern // Verfolgern / von wegen des Catholischen Glaubens // wie auch vmb dr liebe Gottes / vnd des Nech= // sten hails willen // vmbgebracht vnd ge= // martert worden. // [*vig.*] // Gedruckt zu Cöllen / Bey Johan Bussemecher /// im Jahr 1609. In-4, pp. 22.

British Museum, T. 758 (4).

—— * Petrus Gomez. — Historia mortis trium martyrum e Societate, qui, anno 1597, in Japonia cum aliis cruci affixi sunt. Romae, Zannettus, 1628, in-8.

Pagès, 196.

—— * Breve // raggvaglio // del // glorioso martirio // Di trè Religiosi della Compagnia di Giesv, // Paolo Michi, Giouanni Goto, Giacomo Quisai, // martirizati nel Giappone; // Et posti nel numero de Santi Martiri da N. S. // Papa Vrbano VIII. // alli 15. Settembre 1627. // [*Marque de l'Imprimeur*] // In Milano, // Per Gio. Battista Paganello, 1628. In-4, pp. 12 n. ch.

Au verso du titre «Die 31. Iannarij 1628. Imprimatur.» — A la fin : «Romae, M.DC.XXVII. // Ex Typographia Reuer. Camerae Apostolicae.» (Retana, 93.)

—— Breve relatione // della gloriosa // morte, e martirio // di trè Religiosi della Compagnia di Giesù. // Paolo, Giovanni, e Giacomo, // Martirizati, e Crocifissi nel Giappone //alli 5. di Febraio 1597. //E dichiarati Beati dalla Santità di Papa // Vrbano VIII. con Breue sotto // li 15 Settembre, 1627. // In Modona, // — Appresso Giulian Cassiani, MDCXXVIII. // Con licenza de'Superiori. // Plaquette in-4 de pp. 15.

Au verso du titre, bois représentant les trois martyrs en croix.

—— * Breve relatione della gloriosa morte di Paolo Michi, Giovanni Goto, e Giacomo Ghisai Giapponesi della Compagnia di Giesù, seguita in Nangasachi alli 5 di Febraro 1597. Cauata da una lettera del P. Pietro Gomez Vice-provinciale al P. Generale della medesima Compagnia, l'anno 1597. In Milano, appresso Gio. Battista Bidelli, MDC.XXVIII. In-8, pp. 13.

De Backer.

—— Breve // Racconto // Della vita, e martirio di tre Re- // ligiosi della Compagnia // di Gesv, // Crocifissi nel Giappone l'anno 1597. // Tratto parte dal 4. Tomo delle Croniche di S. Francesco, // e parte dalle lettere annue del 1597. // [*vig.*] // In Bologna, presso Clemente Ferroni, 1628. // Con licenza de' Superiori. Pièce in-4, 6 ff.

Bib. nat., O²o 136.

—— * Briefve relation de la mort glorieuse de Paul Michi, Jan Goto et Jacques Ghisai Japonnois de la Compagnie de Jesus, arrivée à Nangasachi le 5 Feburier 1597. Tirée d'une lettre du P. Pierre Gomez, Vice-Provincial au P. General de la mesme Compagnie, l'an 1597. A Louvain, chez Henry Haestens, 1628, pet. in-8, pp. 16.

—— * —— —— A Mons, chez Claude Henon, 1628, in-8.

De Backer.

—— * Jean Rho [sous le nom de *Josephus Busonus*]. — † Martyrium trium Beatorum e Societate Jesu, Pauli Michi, Joannis Goto, Jacobi Ghisai, Japonum crucifixorum. Florentiae, apud Simonem Ciottum, 1628, in-8.

Pagès, 199. — Sommervogel.

—— * Martyre du bienheureux Paul Miki, Jean de Goto et Jacques Quisai de la Compagnie de Jesus, Japonnois qui furent les premiers crucifiez au Japon pour la sainte foy, le 5 Février 1597. Bourdeaux, P. de la Court, 1628, in-8.

De Backer.

—— * Cort Verhael van de Heerlycke doodt van de Salighen Paulus Micki, Joannes Goto ende Jacobus Ghisai Japonoisen der Societeyt Jesu. Hen aengedaen tot Nangasachi den 5den February 1597. Getrocken uyt eenen brief van P. Petrus Gomez Vice-Provinciael der selver Societeyt in't jaer 1597. Tot Loven by Hendrick Van Hastens, 1628, in-12, pp. 12.

De Backer.

—— * Alph. de Andrade. — Sermon de los Martyres de Japon, de la Compañia de Jesus. Oriolo, Juan Franco, 1628, in-4.

Sotwel dit : «Sermo de SS. Martyribus Iaponiae ex Ordine S. Francisci et Societatis Jesu.» (Sommervogel). — Andrade, né en 1590 à Tolède; † à Madrid, 20 juin 1672.

—— * Tag-Zeiten, oder Sibenstündige Gemüts-Erhebungen v. d. 3 Martyrern Paulo (Micki), Joanne (Goto) u. Jacobo (Ghisai), d. Gesellsch. Jesu Religiosen, welche in Japon sambt andern 23. Martyrern den 5. Feb. 1597 gemartert worden. München, Rauch, 1674, in-24, pp. 50, 1 gr.

—— * Il martirio trionfante ne' Religiosi della Compagnia di Giesù Paolo Miki, Giovanni Goto, Diego Chisai Pittura celebratissima del Famosissimo Signor Lorenzo Pasinelli descritta dal Dottore Nicolo Baldelli, Academico Unito, Gelato, et Acceso. In Perugia, nella Stampa Episc. per gl' Eredi del Ciani, 1697, in-4, pp. 8; en vers.

De Backer.

—— * Sacrorum Rituum Congregatione Cart. Ptolomeo Japonen. Concessionis et approbationis. Propriarum lectionum recitandarum in Officio S. S. Martyrum Pauli Miki, Jo. de Goto et Jacobi Kisai, e Societate Jesu. Romae, typis Rev. Camerae Apostolicae, 1721, in-fol., pp. 10.

Publication de la «Congregatio sacrorum rituum» à Rome contenant le texte officiel de la liturgie des trois martyrs crucifiés à Nagasaki en 1614. — Il existe deux petites feuilles de la même date contenant le texte de la liturgie, et une plaquette imprimée en 1709 : «Proprium Sanctorum et Beatorum Societatis Jesu.»

Cat. Fred. Muller, 1910, No. 2456, flor. 25.

—— * Vita e Martirio de' Santi Giapponesi Paolo Michi, Gio : di Goto e Jacopo Ghisai della Compagnia di Gesù. Ragguaglio dedicato all' Appostolo dell'Indie S. Francesco Saverio da un Sacerdote della medesima Compagnia. Parma, nella Stamperia Gozzi, 1801, in-18, pp. 124, s. l. t.

Par le P. Jacq. Sanvitale, S. J. — De Backer.

—— Istoria della vita e del martirio dei santi giapponesi Paolo Michi Giovanni Soan de Goto e Giacomo Chisai della Compagnia di Gesù compilata dal P. Giuseppe Boero della medesima Compagnia. Roma, Coi tipi della *Civiltà cattolica,* 1862, in-4, pp. VI-176, front.

—— Histoire de la vie et du martyre des Saints Japonais Paul Miki, Jean Soan de Goto et Jacques Kisaï de la Compagnie de Jésus résumée par le P. Joseph Boero de la même Compagnie et traduite de l'Italien en Français. — Toulouse, Typographie de Bonnal et Gibrac, 1863, in-8, pp. viij-132.

Bib. nat., O²o 179.

—— Les Saints Martyrs japonais de la Compagnie de Jésus Paul Miki, Jean Soan de Gotto et Jacques Kisai par Victor De Buck prêtre de la même Compagnie. Bruxelles F. Haenen, librairie internationale catholique, rue des Paroissiens, 8 — 1863, in-8, pp. 61 + 1 f. n. ch. tab.

—— Abrégé de la vie des trois Saints Paul Miki, Jean de Goto et Jacques Kisai, Martyrs japonais, de la Compagnie de Jésus, récemment canonisés. (Tiré de leur Office.) S. l. n. d., pièce in-12, pp. 4.

A la fin : Strasbourg, typographie Le Roux [1863].

Bib. nat., O²o 180.

—— Les trois Enfants Martyrs du Japon Modèles et Protecteurs de l'Enfance chrétienne. Saint-Brieuc, Guyon frères, 1863, pièce in-18, pp. 36.

Bib. nat., O²o 182.

(Miki, Goto, Kisai [5 février 1597].)

—— Kurzer Bericht über das Leben und den Martertod der heiligen Japanesen Paulus Miki, Johannes von Goto und Jakobus Kisai, aus der Gesellschaft Jesu. (Aus deren Tagzeiten gezogen.) S. l. n. d., pièce in-12, pp. 4.

A la fin : Strassburg, gedruckt bei L. F. Le Roux [1863].

Bib. nat., O²o 181.

Béatification (1627).

—— * Palma tryumfalna w nowo szczepionym Kościoła japońskiego raju, S. J. żywot i smierć B B. trzech Braciey S. J. Pawła, Jana y Jakuba Japończyków, ktorzy za wiarę Chrystusową koronę palmy męczęńską na krzyżu otrzymali y od Urbana VIII, w poczet Swiętych Męczenników wpisanisa R. P. 1624. Kraków, w Dr. Ch. Schedla, in-12, pp. 12 et 83.

De Backer.

—— * Indultum S. D. N. Urbani VIII celebrandi missam et recitandi officium, de tribus martyribus Paulo Michi, Joanne de Goto, et Didaco Quizai e Societate Jesu. Romae, e typographia Rev. Camerae Apostolicae, 1627, feuille in-plano ornée de 4 gravures sur bois.

Indult accordé par le pape Urbain VIII pour la célébration de la messe pour trois martyrs du Japon, crucifiés à Nagasaki.

Cat. Fred. Muller, 1910, No. 2457, flor. 20.

—— La // Beatification // des trois // premiers // martyrs de la // Compagnie de Iesvs au Iappon, // Paul, Iean, & Iacques, // Iaponnois. // Par N. S. Pere le Pape Vrbain VIII. // Et l'Indult de sa Saincteté, leurs Images, & // la Relation de leur Martyre. // [*fleuron*] // A Paris, // Chez Sebastien Chappelet, ruë S. // Iacques, au Chapelet. // - M.DCXXVIII. In-8, pp. 38.

Les p. 10, 11 et 12 ont chacune une gravure représentant un martyr en croix; ces trois grav. sont signées : «Mich. van Cochom fecit et ex.»

Bib. nat., O²o 227.

—— * Retrato del Martyrio de los tres Santos, Pable Miqui, Juan de Goto, y Diego Guisay, Religiosos de la Compañia de Jesus, sacado de las relaciones de Japon,

(Béatification [1627].)

en la fiesta que se consagra a su memoria en la Ciudad de Valladolid, desde el segundo dia de Diziembre de 1628, in-fol., pp. 4.

A la fin : Con licencia del Señor Governador, y Provisor General desta Ciudad de Valladolid. Impresso por la Viuda de Francisco Fernandez de Cordova. Año de 1628.

De Backer.

—— * Sumaria relacion de los Protomartyres de la Iglesia del Iapon de la Serafica Religion de S. Francisco, y de la sagrada Religion de la Compañia de Jesus. Sacada de las historias del Japon, escritas por los Padres de la Compañia de Jesus, Luys Froes, Gaspar de Espitilli, Luys de Guzman, Luys Piñero, Antonio de Vasconcellos, Bartolome Ricio : y del breve de nuestro muy Santo Padre Urbano VIII. Con licencia. En Sevilla. Por Francisco de Lyra, Año 1628. In-4, 6 ff. n. ch.

De Backer.

—— * Sermon en la celebre fiesta, que en la Casa Professa de la Compañia de Jesus de Sevilla, se hizo a la Beatificacion de tres Martyres suyos, Paulo, Juan y Diego. Predicolo el Dotor Don Martin Ascanio de Ugarte, Collegial del Collegio Mayor desta Ciudad, y Catedratico de Visperas de Teulugia, en su Universidad, la qual assistio y hizo la fiesta Domingo Seys de Febrero, de 1628. Al Illustrissimo y Reverendissimo Señor Don Agustin Espinola, Cardenal de la Santa Yglesia de Roma, Arcobispo de Granada. Con licencia a Sevilla por Juan de Cabrera, Año de 1628. In-4, 2 ff. prél., ff. 10.

De Backer.

Canonisation (1862).

—— * Neuvaine aux bienheureux martyrs japonais de la Compagnie de Jésus, Paul Miki, Jean de Goto et Jacques Kisaï (5 février). Paris, impr. Remquet; libr. Douniol, 1861, in-18, pp. 47.

De Backer.

—— * Bvlla Canonizationis Sanctorvm Martyrvm Japonensivm Pavli Michi Joannis Soan sev de Goto et Jacobi Chisai e Societate Jesv. Romae MDCCCLXII. Ex Typographia Reverendae Camerae Apostolicae, in-fol., pp. 16.

De Backer.

Jan Huygen van Linschoten.

—— Itinerario, // Voyage ofte Schipvaert, van Jan // Huygen van Linschoten naer Oost ofte Portugaels In- // dien, inhoudende een corte beschrijvinghe der selver Landen ende Zee-custen, met aen- // wysinge van alle de voornaemde principale Havens, Revieren, hoecken ende plaetsen, tot noch // toe van de Portugesen ontdeckt ende bekent : Waer by ghevoecht zijn, niet alleen die Conter-// feytfels vande habyten, drachten, ende wesen, so vande Portugesen aldaer residerende, als van-// de ingeboornen Indianen. ende huere Tempels, Afgoden, Huysinge, met die voornaemste // Boomen, Vruchten, Kruyden, Speceryen, ende diergelijcke materialen, als ooc die // manieren des selfden Volckes, so in hunnen Godts-diensten, als in Politie // eñ Huijshoudinghe : maer ooc een corte verhalinge van de Coophan-// delingen, hoe cñ waer die ghedreven eñ ghevonden worden, // met die ghedenckweerdichste geschiedenissen, // voorghevallen den tijt zijnder // residentie aldaer. // Alles beschreven ende by een vergadert, door den selfden, seer nut, oorbaer, // ende oock vermakelijcken voor alle curieuse ende Lief-// hebbers van vreemdigheden. // [*planche gravée*] t'Amstelredam. // By Cornelis Claesz. op't Water, in't Schrijf-boeck, by de oude Brugghe. // Anno clɔ. Iɔ. XCVI [1596], in-fol.

—— Navigatio // ac Itinerarivm // Iohannis Hvgonis Lin- // scotani in orientalem sive Lvsitano- // rvm Indiam. // Descriptiones eivsdem terrae ac tractvvm // Littoralium Praecipuorum Portuum, Fluminum, Capitum, Locorumque, Lusita-// norum hactenus navigationibus detectorum, signa & notae. Imagines habi-// tus gestusque Indorum ac Lusitanorum per Indiam viventium, Tem-// plorum, Idolorum, Aedium, Arborum, Fructuum, Herbarum, // Aromatum, &c.

Mores gentium circa sacrificia, Poli-//tiam ac rem familiarē. Enarratio Mercaturę, quo-//modo & vbi ea exerceatur. Memorabilia // gesta suo tempore iis in partibus.// Collecta omnia ac descripta per eundem Belgicè; Nunc vero Latinè reddita, in vsum // commodum ac voluptatem studiosi Lectoris novarvm memoriáque // dignarum rerum, diligenti studio ac operâ. // Hagae-Comitis // — Ex officinâ Alberti Henrici. Impensis Authoris & Cornelii Nicolai, // prostantque apud Aegidium Elsevirum. Anno 1599. In-fol., 4 ff. prél. n. ch. p. l. tit., l. préf., l. déd. et le front. + pp. 124.

Suivi de : *Descriptio totivs Gvineae tractvs*, etc.

—— Histoire // de la Navi- // gation de Iean Hu-//gues de Linscot Hollandois et de // son voyage es Indes Orientales : Contenante diuerses descriptions des // Pays, Costes, Haures, Riuieres, Caps, & autres lieux iusques à présent // descouverts par les Portugais : Obseruations des coustumes des na- // tions de delà quant à la Réligion, Estat Politic & Domestic, de leurs // Commerces, des Arbres, Fruicts, Herbes, Espiceries & autres // singularitez qui s'y trouuent : Et narrations des choses// memorables qui y sont aduenues de // son temps. // Avec Annotations de Bernard Palu- // danus Docteur en Medecine, specialement sur la matiere des plantes & // espiceries : & diuerses figures en taille douce, pour illu-// stration de l'oeuure.// A quoy sont adioustées quelques au-//tres descriptions tant du pays de Guinee, & autres costes d'Ethiopie, // que des nauigations des Hollandois vers le Nord au Vay-//gat & en la nouuelle Zembla.// Le tout recueilli & descript par le mesme// de Linscot en bas Alleman, & nouuellement traduict // en François. // Amstelredam,// De l'Imprimerie de Henry Laurent. // M DC.X [1610], in-fol.

—— —— A Amsterdam, // Chez Iean Evertz Cloppenburch, Marchand libraire, demeu-//rant sur le Water à la Bible Doree. Avec. Privilege pour 12. Ans. 1619, in-fol.

(Jan Huygen van Linschoten.)

—— —— Troixiesme édition // augmentée. // A Amsterdam, Chez Evert Cloppenburgh... 1638, in-fol.

Nous n'indiquons ici que les principales éditions de Linschoten; nous renvoyons pour les autres à Tiele, *Mémoire*, pp. 83-103, et aux volumes suivants :

—— Itinerario Voyage ofte Schipvaert van Jan Huygen van Linschoten naer oost ofte Portugaels Indien 1579-1592 uitgegeven door Prof. Dr. H. Kern. Eerste Deel Met Portret, 3 Kaarten en 3 Platen. — 's-Gravenhage, Martinus Nijhoff, 1910, in-8, pp. L-238 + 1 f. n. ch. er.

—— —— Tweed Deel Met 2 Platen. — 's-Gravenhage Martinus Nijhoff, 1910, in-8, pp. x-266 + 1 f. n. ch. er.

Voir pages 251-266 : Bibliographie (par W. N. [Wouter Nijhoff]) en Lijst van aangehaalde Werken.

Cet ouvrage forme les deux premiers volumes publiés par la *Linschoten-Vereeniging*.

* * *

——* Copia de una carta del Padre Gregorio de Cespedes, escritta de Iapon en las tierras de Arimandono, a 26 de Febrero 1597, al P. Diego Lopez de Mesa.

Dans : *Hist. de la prov. de Filipinas*, du P. Colin, pp. 358-361.

G. de Cespedes né à Madrid en 1550; + au Japon en 1611. (Sommervogel.)

——* Compendio de algvnas Cartas qve este anno de 97. vierão dos Padres da Companhia de Iesv, que residem na India, & corte do Grão Mogor, et nos Reinos da China, & Japão, & no Brasil, em que se contem varias cousas. Collegidas por o Padre Amador Rebello da mesma companhia. Em Lisboa. Com licença do santo Officio, Ordinario, & Desembargadores do Paço. Por Alexandre de Siqueira, Impressor de liuros. Anno de M.D.XC.VIII. In-8, pp. 240. (Figaniere, No. 1439.)

Pasio (1598).

—— Copia ‖ d'vna breve ‖ relatione ‖ della Christianita ‖ di Giappone, ‖ Del Mese di Marzo del M.D.XCVIII. insino ‖ ad Ottob.

(Pasio [1598].)

del medesimo Anno, || Et della morte di Taicosama Signore || di detto Regno. || Scritta del P. Francesco Pasio, al M. R. P. Claudio || Acquauiua Generale della Compagnia || di Giesv. || Et dalla Portoghese tradotta nella lingua Ita- || liana del P. Gasparo Spitilli, di Campli || della Compagnia medesima. || In Venetia, || Appresso Gio. Batt. Ciotti Sanese. || M.DCI. Pet. in-8, pp. 98.

«L'original portugais manuscrit se trouve au Gesù de Rome; il a pour titre : Breve et sumaria informação do estado da Xpamdade de Japão começando desdo março de 1598, ate o principio do outubro do mesmo año. Signé per mandato do P^e V. Provincial, Francesco Pasio.» (Pagès, 85, qui cite des éditions de Venise, 1600 et 1601.)

—— Copia // d'vna breve // relatione // della Christianità // di Giappone, // Del mese di Marzo del M.D.XCVIII. // insino ad Ottob. del medesimo anno, // Et della morte di Taicosama Signore // di detto Regno. // Scritta del P. Francisco Pasio, al M. R. P. Clau-// dio Acquauiua Generale della // Compagnia di Giesv. // Et dalla Portoghese tradotta nella lingua Italiana // dal P. Gasparo Spitilli, di Campli della // Compagnia medesima, // [*fleuron*] // In Roma // - Appresso Luigi Zannetti. M.DCI. // - Con licenza de' svperiori. In-8, pp. 109.

F. 3-25. Nangasachi, 3 d'Ottob. del 1598, Francesco Pasio. — F. 26. Pietro Gomez, 1598. — F. 42. N. Longobardi, 1598. — F. 49. Thaiso fratello minore, che stò al fianco per essere insegnato : batto la testa in terra, & faccio riuerenza al fratello maggiore, il Sig. P. Matteo Ricci... F. 82. Auuisi della missione del Regno del grand Mogor...

Bib. nat., O²o 97.

—— Copia || d'vna breve || relatione || della Christianita || di Giappone, || del mese di Marzo del || M. D. XCVIII. insino ad Ottob. || del medesimo anno, || Et della morte di Taicosama Sign. di detto Regno. || Scritta del P. Francesco Pasio, al M. P. R. Claudio Acqua- || uiua Generale della Compagnia di Giesv. || Et dalla Portoghese tradotta nella lingua Italiana dal P. Gasparo || Spitilli, di Campli della Compagnia medesima. || In Brescia, || Appresso Pietro Maria Marchetti. || Con licenza de' Superiori. In-8, pp. 93.

—— Newe Historische Relation | || Und sehr gûte | || frôliche vnd lustige Bott- || schafft | wass ich in vilen gewalti- || gen Kônigreichen der Orientalischen In- || dien | wie auch inn dem mâchtigen Kônigreich || China | vnd bey dem grossen Kônig Mogor | zuuor- || derst aber in Jappon | vor vñ nach dem Tod desz || altẽ Kônigs Quabacondoni od͂ Taicosame | im 1598. || vnd 99. Jar | zûgetragen | wie jetzt gemelter Ty- || rann abgeleibet | vnd Gott derr Herr den Patribus || Societatis Iesv, grosse gewaltige Thor zû bekôh- || rung der Haidenschafft in gemeldten Kônigrei- || chen | wunderbarlich erôffnet. Auch von den || mercklichen Reichthumben | seltzamen vner- || hôrten Sitten vnnd Gebrâuchen | so wol in || Religions | als Politischen Wesen | || derselben Kônigen vnd || ihrer Reiche. || Alles in etlichen Missiuen obge- || dachtet Patrum | vnd vorgemelten Jaren | || an jhren Hochehrwûrdigen P. Generalem geschri- || ben | vnd thails ausz dem Lateinischen | thails || ausz dem Welschen Exemplar in die || Teutsche Sprach versetzt. || Cum facultate Superiorum. || Dilingen | durch Johannes Mayer. || 1601. Pet. in-8, 186 ff. ch. + 1 f. p. l. tit. + 4 ff. n. ch. pour les errata, la table des Grands Prêtres juifs et celle des Papes.

Contient :

F 1. : Sendschreiben || ausz Jappon P. Francisci || Pasij, an den Hochehrwürdigen P. || Clavdivm Aqvavivam, der Socie- || tet Iesv Generalem, den 3. October || Anno 1598.

F. 71. : Newe Histori- || sche Relation | was in den || Orientalischen Indien | durch die || Patres Societatis Iesv, zur Ehr Gottes || vnd Beförderung desz Christlichen Glaubens || im 1598. vnd 90. sich zû- || getragen. || Von dem Ehrwürdigen P. Nico- || lao Pimenta gemelter Societat Jesv || Visitatore, geschriben an den Hochehrwurdi- || gen P. Claudium Aquauiuam, der || obgedachten Societet Ge- || neraln.

— * Newe historische Relation des Orientalischen Indien und Königreich China im Jahr 1598 und 1599, durch die Patres S. J. gestellt. Dillingen, G. Willern, 1602, in-8. [T. C., 863.]

En latin :

— Dans Busaeus : Recentissima de amplissimo regno Chinae..., Moguntiae, 1601.

— Dans Hay : De rebus japonicis, 1605.

— Dans Oranus : Iaponica, Sinensia, Mogorana, Leodii, 1601.

—— Iesvs. // Cartas qve os // padres e irmãos // da Companhia de Iesus escreue // rão dos Reynos de Iapão & China // aos da mesma

Companhia da In // dia, & Europa, desdo anno de 1549. até o de // 1580. // Primeiro Tomo. //Nellas se conta o principio, socesso, & bondade da Chris- // tandade daquellas partes, & varios costumes, & falsos ritos da gentilidade. // ¶ Impressas por mandato do Reuerendissimo em Christo Padre dom Theo- /// tonio de Bragança Arcebispo d'Euora. // [*armes*] // ¶ Impressas com licença & approuação dos SS. Inquisidores // & do Ordinario. // Em Euora por Manoel de Lyra. Anno de M. D. XCVIII. 2 parties petit in-folio.

La première partie comprend 2 ff. n. ch. + 481 ff. à 2 col. — La dédicace est datée : Em Euora a vinte & seis de Março, de 1598.

Les deux premiers livres renferment les 82 lettres de l'édition de 1570, puis viennent (ff. 240 et seq.) :

Livro Terceiro.

Carta do padre Luis Frões, do Sacày, a doze de Iunho, de 1567, f. 240.

Carta do P. Luis Frões, do Sacay, a oito de Iulho de 1567, f. 242.

Carta do padre Belchior de Figueiredo, de Búngo, aos 27 de Setembro de 1567, f. 242 v.

Carta do irmão Miguel Vaz de Cochinoçú, a vinte & dous de Nouẽbro de 1567, f. 245 v.

Carta do irmão Iacome Gonçaluez pera o padre Cosme de Torres de Firándo a tres de Iulho de 1567, f. 246 r.

Carta do irmão Aires Sanchez de Xiqui a treze de Outubro de 1567, f. 247 v.

Carta do padre Ioão Bautista da ilha do Gotò de 26 de Outubro de 1567, f. 248 v.

Carta de el Rei de Bùngo pera o Bispo de Nicaea dom Belchior Carneiro que estaua na China, Escrita no anno de 1567, f. 249 v.

Carta de el Rei de Bûngo, pera o Bispo de Nicaea dom Belchior Carneiro, escrita em Búngo, a treze de setembro de 1568, f. 250 r.

Carta do padre Luis Frões do Sacáy, a quatro de Outubro de 1568, f. 250 r.

Carta do irmão Miguel Vaz do Xequi do anno de mil & quinhentos & sesenta & oito, f. 251 v.

Carta do irmão Luis Dalmeida, pera o padre & Bispo dõ Belchior Carneiro. De Iapão a 20 de Outubro de 1568, f. 252 v.

Carta do padre Alexãdre Vallarregio da ilha do Gotò a quatro de Setembro de 1568, f. 254 r.

Carta do padre Luis Frõis, do Miáco, pera o padre Belchior de Figueiredo, ao primeiro de Iunho de 1569, f. 256 r.

Carta do irmão Miguel Vaz do Xiqui, a tres de Outubro de 1569, f. 268 r.

Carta do padre Luis Frões, de Miáco, pera o padre Belchior de Figueiredo em Búngo aos doze de Iulho de 1569, f. 269 v.

Carta do padre Belchior de Figueiredo, pera os padres & irmãos da Companhia de Iesv da India de Búngo aos onze de Outubro de 1569, f. 276 v.

Carta do Irmão Luis Dalmeida pera o padre Dom Belchior Carneiro Bispo de Nicaea, de Fità aos vinte & dous de Outubro de 1569, f. 279 r.

Carta de hum homẽ Portugues, cujo nome se não sabe pera os padres, & irmãos da Cõpanhia de Iesus de Portugual, de Iapão aos quinze de Agosto de 1569, f. 281 v.

Carta do padre Luis Frõis, pera hum irmão do collegio de Goa do Miáco ao primeiro de Dezẽbro de 1570, f. 287 v.

Carta do irmão Luis Dalmeida de Iapão pera os padres & irmãos da Companhia de Iesus do Firándo aos vinte & cinco de Outubro de 1570, f. 290 r.

Carta do padre Belchior de Figueiredo de Iapão pera os padres & irmãos da Companhia de Iesvs de Portugal, de Vòmura aos vinte e hũ de Outubro de 1570, f. 296 r.

Carta do irmão Miguel Vaz de Iapão, pera os padres & irmãos da Companhia de Iesus da India : do Xequi a os doze de Outubro de 1570, f. 299 r.

Carta do padre Gaspar Vilela de Cochim vindo de Iapão, pera os padres & irmãos da Cõpanhia de Iesvs de Portugual, aos quatro de Feuereiro de 1571, f. 301 r.

Carta do padre Gaspar Vilela pera hum irmão do collegio de Muora, de Cochim aos quatro de Feuereiro de 1571, f. 304 v.

Carta do padre Luis Frõis pera hum padre da Companhia, do Miáco aos de Março de 1571, f. 305 r.

Carta do padre Luis Frõis de Miáco aos 20. de Março de 1571, f. 305 v.

Carta do padre Luis Frões pera hum padre da C., Reitor do Collegio, do Miáco aos vinte cinco de Maio de 1571, f. 306 v.

Carta do padre Francisco Cabral pera hum padre do Collegio de Malaca : de Cochinoçù a vinte e dous de Setẽbro de 1571, f. 309 v.

Carta do p. Luis Frõis pera o padre Antonio de Quadros Prouincial da India, do Miáco aos vinte e oito de Setembro de 1571, f. 311 r.

Carta do p. Ioão Bautista Ferrariense de Búngo aos vinte quatro de Setembro de 1571, f. 315 v.

De hũa que escreueo o irmão Miguel Vaz do Xiqui em Iapão aos 8 de Outubro de 1571, f. 316 r.

Carta do p. Belchior de Figueiredo, de Vòmura aos dezaseis de Outubro de 1571, f. 316 v.

Carta do p. Gaspar Vilela de Goa a vinte de Outubro de 1571, f. 317 v.

Carta do p. Gaspar Vilela de cousas de Iapão, pera os padres do conuẽto de Auis em Portugal, de Goa aos 6 de Outubro de 1571, f. 319 r.

Carta do p. Luis Frões pera o padre Antonio de Quadros Prouincial da India, de Miáco aos quatro de Outubro de 1571, f. 330 v,

Livro qvarto.

De hũa do padre Alexandre Valeregio Italiano que escreueo da India, vindo de Iapão aos padres da C. de Iesv em portugual; de 1572, f. 333 v.

De hũa do p. Luis Frõis do Miáco oito de Agosto de 1572, f. 337 v.

Copia de hũa que escreueo o p. Francisco Cabral a hum homem secular de Cochinoçũ, a vinte & noue de Setẽbro de 1572, f. 338 r.

Carta do p. Luis Frõis pera o padre Francisco Cabral do Miáco vinte de Abril de 73, f. 338 r.

Carta do p. Luis Frões q̃ escreueo do Miáco ao p. Francisco Cabral a vinte sete de Maio de 1573, f. 343 r.

De hũa do p. Francisco Cabral pera o p. Prouincial de Portugal, de Nãgácaqui a doze de Setẽbro de 1575, f. 350 r.

Carta do p. Gaspar Coelho, de Võmura em Iapão a cinco de Outubro de 75, f. 352 v.

Carta do p. Ioão Frãcisco de Iapão aos quatorze de Setembro de 1575, f. 353 r.

Carta do p. Francisco Cabral que escreueo de Cochinoçù aos irmãos da C. de Iesu, em Portugal a 9. de Setembro de 1576, f. 355 v.

Carta do p. Luis Frõis de Vsuqui no Reino de Bùngo a vinte de Agosto de 1576, f. 363 v.

Carta que escreueo o p. Belchior de Figueiredo da cidade de Facàta a vintoito de Setembro de 1576, f. 368 v.

Carta que escreueo o irmão Luis Dalmeida de Cochinóçu no reino de Arima, aos padres de Bùngo ao derradeiro de Ianeiro de 1576, f. 370 r.

Carta do irmão Miguel Vaz do Reino de Arima, aos tres de Setembro de 1576, f. 371 r.

Carta que o p. Afonso Gonçaluez escreueo do Reino de Arima, a vinte quatro de Setembro de 1576, f. 371 v.

Carta do irmão Aires Sanches de Firándo aos oito de Setembro de 1576, f. 372 r.

Carta do p. Luis Frõis de Vsuqui em Búngo pera os padres, & irmãos da C. de Iesus em Portugal, aos 5. de Iunho de 1577, f. 373 v.

Reposta del rei a estes capitolos, f. 382 v.

De hũa do padre Luis Frões escrita em Vsuqui no reino de Bùngo, dezanoue de Setembro de 1577, f. 387 r.

Carta do p. Ioão Frãcisco, do Miàco pera o p. Luis Froẽs, que então estaua em Búngo aos 28. de Iulho de 1577, f. 394 v.

Carta do p. Ioão Frãcisco, pera o p. Visitador Alexandre Vallerregio, de Sánga aos vinte quatro de Iulho de 1577, f. 395 v.

Carta do p. Luis Frões, pera o p. Visitador aos dez do Agosto de 1577, f. 397 r.

Da hùa do p. Organtino, pera o padre Visitador do Miàco a vinte hum de Setẽbro de 1577, f. 397 v.

Carta de hũa do irmão Miguel Vaz pera os padres da C. de Goa, de Vòmura vinta sete de Outubro de 1577, f. 399 r.

Carta que hum p. da C. escreueo de Facatà em Iapão aos p., & irmãos da C. de Portugal no año de 77, f. 402 v.

Copia de hũa do p. Luis Frões de Vsuqui, em Bũgo, pera hum p. da C., a trinta de Setembro de 78, f. 403 v.

De hũa do p. Organtino do Miáco, de 1577, f. 408 r.

(Cartas [1598].)

Outra do p. Antonio Lopez da residencia de Fondo de 1577, f. 408 v.

Dovtra do p. Sebastiaõ Gonçaluez de Firándo de 1577, f. 409 r.

Dovtra do p. Gonçalo Rebello da cidade de Facàta em o reino de Bungo 1577, f. 409 r.

Dovtra do p. Belchior de Moura do Facàta de 1578, f. 409 v.

Dovtra do p. Baltezar Lopez de Firándo de 1578, f. 409 v.

Dovtra do p. Gregorio de Cespedes de Võmura de 1578, f. 410 r.

Dovtra do p. Ioão Francisco Italiano do Miáco a sete Dabril de 1578, f. 410 v.

Dos irmãos qve visitão os lugares de Facáta, f. 411 r.

Doutra do p. Ioão Francisco de 14. de Ianeiro de 1578. do Miàco, f. 412 r.

Carta do p. Organtino do Miàco, f. 415 r.

Carta do p. Luis Frõis de Vsuqui pera os p., & irmãos da C. de I. em Portugal a 16. de outubro de 1578, f. 415 v.

Carta do p. L. Frões de Vsuqui, pera o p. Francisco Cabral, que estaua em Fiũga em Iapão, em Outubro do anno de 78, f. 428 r.

Outra do mesmo p. L. F. em Outubro de setenta & oito, escrita ao p. Francisco Cabral em Iapão, f. 430 v.

Carta do p. Francisco Carriaõ de Cochinòçu ao nosso padre geral, aos dez de Dezembro de 79. f. 432 r.

Do Reino de Figem, f. 434 r.

Do Reino de Bvngo, f. 435 v.

Dos Reinos de Chicvgem, & Chicṽgó, f. 435 v.

Do Reino de Bvngo, f. 436 r.

Do Miaco e do Reino de Yamànguchi, f. 445 v.

Carta que o p. Francisco Carrião escreueo de Vsuqui aos p., & irmãos que estauão no Ximo, de 1579, f. 447 v.

Carta do p. Organtino do Miáco pera o padre Luis Frões no Iapão anno de 79, f. 450 r.

Carta do p. Ioão Frãcisco do Miáco, pera o p. Manoel Texeira Reitor do Collegio de Bacaim a 22. de Outubro de 1579, f. 452 r.

Carta do p. Francisco Càrrion pera o Illustrissimo senhor dom Theotonio de Bargança Arcebispo de Euora, de Iapão a 25 de Dezembro de 1579, f. 453 v.

Carta do p. Antonio Prenestino, Italiano, que escreuo de Funay sobre sua viagem da China ao Iapão a oito de Nouembro de 1578, f. 454 v.

Carta do p. Lourenço Mexia, pera o p. geral da C. de I., do Iapão no anno de 1580, f. 458 v.

Carta do p. Vsitador Alexandre Valegnano pera o Illustrissimo, & Reuerendissimo senhor dom Theotonio de Bragança...., de Arima a 15 de Agosto de 1580, f. 477 v.

Carta do p. Ioão Frãcisco, escreueo da Miáco ao primeiro de Setembro de 1580, f. 479 v.-481 v.

(Cartas [1598].)

— Segunda Parte das cartas de Iapão que escreuerão os padres, & irmãos da companhia de Iesvs. 267 ff. n. ch. à 2 col.

Livro primeiro.

Carta que o p. Luis Frões escreueo de Miáco a quatorze de Abril de 1581. a outro p. no mesmo Iapão, f. 1 r.

Carta do p. Francisco Cabral Superior dos da C. de I. no Iapão de quinze de Setembro de 1581. pera o p. geral da mesma C., f. 5 v.

Carta do p. Luis Frões, escrita em Quitanòxo no Iapão a dezanoue de Maio de 81. a outro p. no mesmo Iapão, f. 9 r.

Carta que o p. Luis Frões escreueo de Quitanoxo em Iapão a vinte de Maio de 1581, f. 13 r.

Carta do mesmo p. de Quitanoxo a vinta noue de Maio de 1581, f. 13 v.

Carta que o p. Lourenço Mexia escreueo de Funáy ao p. Pero da Fonseca a oito de Outubro de 1581, f. 16 r.

Carta annua de Iapão q̃ escreueo o p. Gaspar Coelho de Nangacàqui, a quinze de Feuereiro do anno de 82 ao p. geral da C. de I. f. 17 r.

Das casas e residencias das partes do Ximo, f. 18 v.

Das casas de Nangacáqui, & Vomura, f. 21 r.

Da casa e Christandade de Firàndo, f. 22 v.

Da casa e Christandade de Amacuçà, f. 23 v.

Das casas e residencias de Búngo, f. 25 r.

Da casa de prouação de Vsuqui, f. 25 v.

De collegio de Fvnày, & das residencias de Yú, f. 28 v.

Das casas e residencias das partes do Miáco, f. 30 r.

Da casa, e residencia do Miáco, f. 32 r.

Das casas e residencias de Anzuchiyama, f. 35 v.

Da casa e Christandade de Tacaccúqui, f. 41 r.

Da residencia e Christandade de Cauáchi, f. 43 r.

Carta annua do Iapão do anno de 1582, pera o Reuerendo p. geral da C. de I., escrita polo p. Luis Froes em Cochinoçu, aos 31. de Outubro de 1582, f. 47 v.

Carta do p. Luis Froes sobre a morte de Nobunànga, pera o muito Reuerendo p. Geral da C. de I., de Cochinoçu, aos cinco de Nouẽbro de 1582, f. 61 r.

Carta que o p. Pero Gomes escreueo de Amacaq a outro padre acerca do seu naufragio que fez indo da China pera Iapão a treze de Dezembro, de 1582, f. 82 v.

Carta do p. Luis Froes de Iapão, do porto de Cochinoçu em Feuereiro, de 1583, f. 85 v.

Carta do p. Alezandro Valegnano Prouincial da India pera o Illustrissimo, & Reu. senhor dom Theotomo de Bragança... De Goa dezasete de Dezẽbro de 1583, f. 88 v.

Carta annua do Iapão do anno de 1583. pera o Reu. p. geral da C. de I., escrita polo p. Luis Froes aos 2. de Ianeiro de 1584, f. 89 v.

Carta do p. Luis Froes pera o padre Alexandre Valegnano, Prouincial da India, de Nangaçàqui, aos vinte de Ianeiro, de 1584. annos, f. 95 r.

Annual de Iapão do ãno de 1584. pera o reu. p. do p. geral da C. de I., escritta pollo p. Luis Froes em Nangaçaqui, aos tres de Setembro de 1584, f. 102 v.

Copia de hũa que o p. Luis Froes escreueo de Iapão pera o p. geral da C. de I.: ao vltimo de Agosto de 1584, f. 110 v.

Do que tem acontecido nas guerras das partes do Miàco, conforme ao que nossos padres de lá nos tem escrito neste anno de 1584, f. 120 r.

Carta que o p. Lourenço Meixia, escreueo de Amaco a 6. de Ianeiro de 84 ao p. Miguel de Sousa Rietor do Colegio de Coimbra, f. 123 r.

Annual das partes do Ximo, do anno de 1585. pera o. Reu. p. geral da C., escrita polo P. Luis Froes de Nangaçaqui, ao 1 de Octubro de 1585, f. 126 v.

Carta do p. Luis Froes, de Nangaçaqui a vinte de Agosto de 1585. pera o p. geral da C. de I., f. 133 v.

Copia de hũa que o p. Francisco Passio escreueo do caminho, indo do reino de Búngo pera o Miaco, f. 149 r.

Carta do p. Luis Froes, de Nangaçaqui, a vinte sete de Agosto de 85. pera o p. geral da C. de I., f. 152 r.

De algumas cousas que acontecerão em as guerras de Búngo, f. 159 v.

Das guerras de Faxiba Chicugendono Senhor da Tenca, & da destruição de tres, ou quatro republicas de Bozos, e dos edificios da noua cidade de Ozaca, f. 160 v.

Copia de hũa do p. Gregorio de Cespedes, pera o p. Prouincial da India, de Vozáca, a trinta de Outubro de mil, & quinhentos, & oitẽta, & cinco, f. 166 v.

De hũa do p. Pero Gomes superior de Búngo, pera o Illustrissimo, & Reuerendissimo Senhor Dom Theotinio de Bragança, Arcebispo Deuora. De Vsuqui aos oito de Nouembro de mil & quinhentos & oitenta & cinco, f. 168 r.

Carta do p. Alexandre Valeinhaño Prou. da C. de I. na India pera o Ill. & Reu. S. Dom Theotonio de Bragança.. De Goa a vinte & tres de Dezembro de mil & quinhentos e oitenta & cinco, f. 168 r.

Livro segvndo.

Carta do p. Luis Frois pera o p. A. Valegnano, Prou. da India, de Ximonoxequi, aos dezasete de Outubro de mil & quinhentos & oitenta & seis, f. 172 r.

Algumas covsas tiradas de hũa carta que o p. Luis Froes escreueo das partes do Iapão ao p. Alex. Valegnano, que ja la escriuera por Visitador, & de outra do p. Pero Gomez superior em Búngo, f. 172 v.

Carta do p. Pero Gomez, pera o mesmo p. f. 186 r.

Carta do p. Luis Frões da C. de I., em a qual dá relação das grandes guerras, alterações, & mudanças, que ouue nos reinos de Iapão, & da cruel perseguição que o rei vniversal de Iapão aleuantou contra os padres da C., & contra todo a Christandade, f. 187 r.

Determinação do Senhor da Tenca, f. 208 v.

Das partes do Miáco escreueo tamben o p. Francisco Passio (que está no Sacáy) hũa carta em que diz assi, f. 212 r.

(Cartas [1598].) (Cartas [1598].)

Outro p. tamben escreueo de Goquinày depois de contar muitas cousas do aparelho & feruor dos Christãos hum capitulo em que diz assi, f. 218 v.

Os indicios que ha pera que aja este tyrano de leuantarnos o desterro, ou ao menos dissimular com nosco, são os seguintes, f. 223 r.

Carta do p. Organtino Italiano de nação Superior das partes do Miàco, a qual escreueo aos padres & irmãos que estauão recolhidos em Firándo no tempo da perseguição & desterro de Iapão, f. 225 v.

Carta do p. Alexandre Valegnhano, pera o Ill. & Reu. Senhor dom Theotonio de Bragança... Da Goa o primeiro de Dezembro de 1587, f. 231 v.

Anval de Iapam do anno de mil & quinhentos & oitenta & oito pera o Reu. p. gêral da C. de I. escrita pollo p. Gaspar Coelho Viceprou. de Iapão aos vinte, & quatro de Feuereiro de mil & quinhentos, & oitenta & noue, f. 234 r.

Ovtros Avisos das mesmas partes do Iapão tirados de hũa carta do p. Luis Frois pera o p. Viceprouincial do vinte & dous de Iulho mil & quinhentos & oytenta, & noue, f. 262 r.

De ovtra carta do p. Francisco Perez, acerca da Christandade da cidade de Arie, f. 264 r.

Do mesmo p. Francisco Perez, acerca do que acontecco em Amánguchi depois da partida dos nossos padres daquella cidade, f. 264 v.

Fini p. 267 recto.

J'ai examiné les ex. de M. Léon Pagès, de la Bibliothèque nationale et du British Museum; il n'y a pas de titre en tête de la seconde partie.

«Sahiu sem folha de rosto. fol. — Da primeira e segunda parte d'estas Cartas existem exemplares na Bibliotheca Nacional de Lisboa, e na Real d'Ajuda, nas Livrarias do Archivo Nacional, et da Academia Real das Sciencias.» (Figaniere, No. 1479).

«Na livraria da Academia Real das Sciencias vi, e existe manuscripta uma collecção ainda mais copiosa, em tres grossissimos volumes de folio grande, da qual foi extrahida a maior parte das cartas, que entraram na collecção impressa de que vou tractando. Mas além d'essas já estampadas contêm o manuscripto muitas, ainda hoje ineditas, e bom numero de relações e noticias até agora não publicadas. Note-se mais, que as cartas do manuscripto começam desde 1544, entretanto que as impressas só principiam de 1549 em diante.

«Estes volumes manuscriptos menos mal conservados, e perfeitamente legiveis, pertenceram n'outro tempo ao collegio dos jesuitas de Evora. Depois da suppressão da ordem em Portugal vieram (ignoro o como) ter á mão do professor Pedro José da Fonseca, que em 19 de Outubro de 1797 os offereceu á Academia, cujo socio era, acompanhados de uma carta sua, que hoje não apparece. Com ella se perdedera até a memoria de tal donativo, por modo que consultando a este respeito o sr. A. J. Moreira, antigo e habilissimo empregado d'aquelle estabelicimento, elle nada soube dizer-me ácerca da proveniencia dos referidos volumes. Mas o facto é como o deixo referido à vista do outros documentos que o comprovam.» (Silva, II, pp. 43-44.)

Silva donne une liste de ces lettres, pp. 44-50.

Luis de Almeyda, + à Amacusa, en octobre 1583, âgé d'environ 60 ans.

William Adams.

Voir John Saris et Richard Cocks et Purchas.

— An Account of a Voyage to the Isle of Japan, through the Magellanick Streights; by Mr. William Adams. Taken out of his Two Letters written upon that Subject. (*Collection of Voyages and Travels*, by John Harris, London, MDCCV, I, pp. 52-55.)

— A succinct Account of the Adventures of Mr. William Adams, an Englishman, who resided many Years in the Empire of Japan, and was the Person who introduced both the English and Dutch to trade thither. (*Collection of Voyages and Travels*, by John Harris, London : M.DCC.XLIV, I, pp. 856-873.)

Réimp. même *Coll.*, I, 1764, pp. 856-873.

— Twee Brieven // van // William Adams; // wegens sijn // Reys // uyt Holland na // Oost-Indien, // Met vijf Schepen; Anno 1596 en vervolgens. // En wat ontmoetingen hem in Japan overgekomen zijn. // Nu aldereerst uyt het Engelsch vertaald. // Met Konst-Print en Register verrijkt // [*vig.*] // Te Leyden, // By Pieter Vander Aa, Boekverkoper, 1706. // — Met Privilege. In-fol., pp. 14 à 2 col.

De *Wijd-Beroemde Voyagien na Oost- en West-Indiën... de Engelsen...* Eerste Deel.

— The Voyage of William Adams Pilot, to Japan, with his Adventures and Promotion there. Written by himself. (*New General Collection of Voyages and Travels*, by Astley, London, M.DCC.XLV, I, pp. 525-531.)

— The probability of an Englishman named Wm. Adams, having made a voyage to Spitzbergen, A. D. 1595. (T. Rundall, *Narratives of Voyages towards the North-West*... London, Hakluyt Soc., M.DCCC.XLIX, in-8, pp. XII-XX.)

— Memorials of the Empire of Japon : in the XVI and XVII centuries. Edited, with notes, by Thomas Rundall. London: Printed for the Hakluyt Society. — M.DCCCL, in-8, pp. xxxviii-186 + 1 f. n. ch., carte, etc.

Part II. — The Letters of William Adams 1611 to 1617, pp. 15-88.

Forme le No. 8 de la première série des publications de l'Hakluyt Society.

«Will Adams's letters have been published by the Hakluyt Society in their «Memorials of Japon» (*sic*), and republished in a cheaper form at Yokohama.» (Chamberlain, *Things Japanese.*)

—— The first Englishman in Japan. By Demetrius Boulger. (*As. Quart. Review*, IV, July-Oct. 1887, pp. 313-333.)

William Adams, né en 1562 à Jeilingham, Kent.

—— *Ludwig Riess. — William Adams und sein «Grab» in Hemimura. (*Mitth. der deutsch. Gesellsch. Ostasiens*, Vol. VIII, Part. 3 (avril 1902), pp. 239-253.)

Notice : *Bull. École française Extrême-Orient*, III, No 2, Avril-Juin 1903, p. 351. Par Cl. E. M.

—— More Queer Things about Japan By Douglas Sladen and Norma Lorimer To which are added «The Letters of Will Adams» written from Japan, 1611-1617, reprinted by special permission from the papers of the Hakluyt Society; and «A Life of Napoleon» written and illustrated by Japanese in the first half of the Nineteenth Century With Frontispiece and Four Double-page Illustrations in Colour; End Papers and Ten Double-page Illustrations by the Celebrated Hokusai and Fourteen other Double-page Illustrations by Japanese Artists. London Anthony Treherne & Co., 1904, in-8, pp. xl-484.

—— Blackie's English School Texts edited by W. H. D. Rouse, litt. D. — Early Voyages to Japan. John Saris and William Adams. — Blackie and Son...... London..... Glasgow and Dublin, 1905, pet. in-8, pp. 111.

—— England's Earliest Intercourse with Japan The first Englishman in Japan 1600-1620 by C. W. Hillary, M. A. With four full-page Illustrations. London and Felling-on-Tyne : The Walter Scott Publishing Co., ... New-York..., 1905, pet. in-8, pp. 23.

Jean Oranus.

—— Iaponica, ‖ Sinensia, Mogo- ‖ rana. ‖ Hoc est, De rebus apud eas Gentes à Pa- ‖ tribus Societatis Iesv, Ann. 1598. ‖ & 99. gestis. ‖ A. P. Ioanne Orano, eiusdem Societatis, in Lati- ‖ nam linguam versa. ..... ‖ Leodii, ‖ Apud Arnoldum de Coersvvaremia, ‖ Typographum juratum. ‖ Anno 1601. In-12; s. pag.

Lettre du P. Longobardi, etc. — Cette trad. latine est du P. Jean Busée, né à Nimègue, en 1547.

—— On retrouvera une partie de cet ouvrage dans : De rebvs iaponicis, indicis, et pervanis epistolae recentiores. A Ioanne Hayo Dalgattiensi Scoto Societatis Iesv in librum vnum coaceruatae, Antverpiae. Ex Officina Martini Nutij, ad insigne duarum Ciconiarum, Anno M. DC. V, pet. in-8.

Voir dans ce dernier livre : De legatione regis Cinensivm ad Taicosamam. pp. 244 et seq. — Amplissimi potentissimiqve Sinarvm regni brevis et lvcvlenta Descriptio, pp. 879 et seq., etc.

Bib. nat., O²o 98.

Jean Oranus, né à Liége, le 12 février 1544; + à Mons, 30 mai 1603.

—— *Les Annales du Japon, de la Chine et du Mogor. C'est-à-dire les choses faictes en ces nations par les Peres de la Société de Iesvs, l'an 1598 et 1599. A Liége, chez Art (*sic*) de Coersvvarem Imp. juré, l'an 1601. Auec grace et Priuilege. Pet. in-8, n. chif., sig. A2-G6.

Contient :

A Tres Serenissime Prince et Seigneur S. Ferdinād Coadiuteur de Colongne, de Liege, de Stauelot, Compte Palatin du Rhein, Duc de l'vne et de l'autre Bauiere, etc. Et son Seigneur tres debonnaire Iean Oranus, de la Société de Iesus.... De Liege, le 18 de Juillet 1601, 3 ff. — Bref discovrs des choses Chrestiennes aduenues au Iapō, depuis le mois de Mars iusques à l'Octobre l'an 1598, et de la mort de Cabacōdono souuerain Monarque dudict royaume. Des lettres du Pere François Pasie, enuoyées au R. P. Claude Aquauiua, general de la Société de Iesvs et du P. Gaspard Spitilli de Cāpli, premieremēt tournées du Portugois en Italien, et freschemēt du Latin en François par vn Pere de la mesme Société.... De Nangasachi le 5 d'Octob. 1598.... François Pasie, 167 ff. — Avcvnes novvelles du Iapon pleines de religion et piété de l'an 1598. Enuoyées du Pere Pierre Gomer (*sic*) Vice-Provincial au R. P. Claude Aquauiua General de la Société de Iesus. Traduites de l'Italien nouvellement en François par vn Pere de la Société de Iesvs. 11½ ff. — Copie d'une lettre du Pere Nicolas Lombard escrite de la Chine, l'an 1598, au Reuerend Pere Claude Aquauiua, General de la Société de Iesus.... De Sciancee le 18 d'Octobre 1598.... Nicolas Lombard, 31 ff. — Bref discovrs des choses faictes par ceux de la

Société de Iesvs, tiré des lettres du Pere Hierosme Xavier de la même Société l'an 1598, et du Pere Emmanuel Pigneiro, l'an 1599, 20 ff.

Alessandro Valignani (1599).

—— Litterae // R. P. Alexandri // Valignano // Visitatoris Societatis Iesv // in Iapponia & China, // Scriptæ 10. Octobris 1599. // Ad R. P. Clavdivum Aqvaviva // eiusdem Societatis Praepositum // Generalem : // A Ioanne Hayo Dalgattiensi Scoto, // eiusdem Societatis, ex Italico in Latinum // conuersa. // [*fleuron*] // Antverpiae // Apud Ioachimum Trognaesium. // — M.DCIII. In-12, pp. 65.

Bib. nat., O²o 101.

—— Lettera ‖ del ‖ P. Alessandro ‖ Valignano. ‖ Visitatore della ‖ Compagnia di Giesù nel Giappone e ‖ nella Cina de' 10. d'Ottobre ‖ del 1599. ‖ al R. P. Clavdio Aqvaviva ‖ generale della medesima ‖ Compagnia. ‖ In Roma, Appresso Luigi Zanetti, 1603, in-8, pp. 102.

—— *Le même ouvrage. Milano, appresso l'Herede del quon. Pacifico Pontio, e Gio. Battista Piccaglia Compagni, 1603, in-8, pp. 40.

—— *Lettera del P. Alessandro Valignano... del 1599... Venetia, 1603, in-12, pp. 102.

K. W. Hiersemann, Cat. 348, No. 216.

—— *Sopplimento dell' Annva del MDC. Nel qval si da ragvaglio di quel ch'è socceduto alla Christianità di Giappone, dal mese d'Ottobre di detto anno, insino à Febraio del 1601. Scritto al R. P. Claudio Acquauiua Generale della Compagnia di Giesv, dal P. Valentino Carvaglio della medesima Compagnia. In Roma, Appresso Luigi Zannetti, 1603, in-8, pp. 41-102.

—— In Milano, per l'Herede del quon. Pacifico Pontio, e Gio. Battista Piccaglia Compagni, 1603, in-8, pp. 42 à 102.

Sommervogel.

—— Novveaux Advis // dv royavme de la // Chine, dv Iappon et de // l'Estat du Roy de Mogor, successeur // du grand Tamburlā & d'aútres Roy-//aumes des Indes à luy subiects. // Tirez de plvsievrs let-//tres, memoires & Aduis enuoyez à Rome : // Et nouuellement traduits d'Italien // en François. // [*marque*] // A Paris, // Chez Clavde Chappelet, ruë // S. Iaques à la Licorne. // — M.DCIIII. In-12, pp. 264.

Bib. nat., O² 6. — Traduit du latin par le P. François Solier.

—— De rebvs // in Iapo-//niae regno, post // mortem Taicosa-//mae, Iaponici Monar-// chae, gestis // Epistolae dvae // ad // R. P. Clavdivm // Aquavivam Socie-//tatis Praepositum Ge-//neralem // x. Octobr. Ann. M.D.XCIX. // et // XXV. Febrva. Ann. MDCI. // Datae // Primum Romae Italico idiomate edita, nunc // autem latino redditae, // Moguntiae // apvd Balthasarem // Lippium. // — Anno M.DCII. // Cum gratia & priu. Sac. Caes. Maiest.

Lettres des PP. A. Valignani et Val. Carvaglio. — Bib. nat., O²o 100.

—— Iapponien-//sis Imperii // admirabilis Commv-//tatio Exposita Litteris Ad // Reuerendum admodum P. Claudium A-//quauiua Praepositum Generalem Soc. Ie-//sv, quas ex Italis latinas fecit Io. Ha-//yvs Dalgattiensis Scotus de // eadem Societate. // [*fleuron*] // Antverpiae // Sumptibus Viduae & Heredum Io : Bel-//leri, sub Insigni Aquilae aureae. // — Anno M.DC.IV. Pet. in-8, pp. 92.

Epitre de J. Hay. — Lettre du P. V. Carvaglio, Nangasachi, XXV Februarii 1601.

Bib. nat., O²o 102. — Voir col. 242.

—— Discovrs // des choses // remarqvables // advenves av royavme // du Iappon depuis la mort // du Roy Taicosama. // En // devx lettres envoyees // au R. P. Claude Aquauiua General de // la Compagnie de Iesvs. // Dv // x. d'Octobre de l'an M.D.XCIX. // et // XXV. Feburier de l'an M.DCI. // A Arras, // De l'Imprimerie de Robert Maudhuy, // Libraire au nom de Iesvs, // M.D.C.IIII. // Auec permission. In-12, pp. 83.

Du Père Alexandre Valignani. — Suivi de :

—— Svpplement // de la lettre // de l'an mil // six cens, // Contenant le discours de ce qui s'est passé en la // chrestienté du Iappon, depuis le mois d'Octo-//bre dudict an, iusques en Feburier de // lan mil six cens vn.

// Escript au R. P. Claude Aquauiua // General de la Compagnie // de Iesvs. // Par le P. Valentin Carauaille de la // mesme Compagnie. // Et nouuellement tourné d'Ita-//lien en François. // par // Le Pere François Solier // Religieux de la mesme // Compagnie. // De l'Imprimerie de Robert Maudhuy. In-12, ch. pp. 86 à 211.

British Museum, 866. a. 1.

—— *Zwey Japponische Sendtschreiben, eins, des E. P. Alexandri Walignani der Societet Jesu in Jappon unnd Cina Visitators, den 10 Octobris 1599. Das ander P. Valentini Carvaglio Priesters, den 25 Februarij 1601. An den Ehrw. P. Claudium Aquaviva, ermelter Societet Generalem. Dariñ, was wunderbarlichs, nach Taicosamae des gantzen Jappons Oberherrens ableiben, so wol mit den newen Christenheit, unnd der Societet Jesu; als mit unversehenen enderungen in zeitlichen Regimenten sich zugetragen, beschrieben wirdt. Gedruckt in der Churfürstlichen Stadt Mayntz, bey Balthasar Lippen, 1603. In-8, pp. 102.

Sommervogel.

* * *

—— *Doctrina Christam. S. l. n. d.

Satow, *Jesuit Mission Press*, No. 9, pp. 38-42.

—— Gvia do Pecador // [*caractères sur trois lignes verticales*] // In Collegio Iaponico // Societatis Iesv. // Cum facultate Ordinarij, & Superiorum. // Anno 1599. Titre encadré; pet. in-fol., feuillets pliés en double à la manière chinoise.

Bib. nat., Chinois 1059. — Ex Bibliotheca Ernesti Brinck. — Exemplaire du Vol. II.

Satow, *Jesuit Mission Press*, No. 10, pp. 43-44, 2 facsimiles.

—— *Doctrina Christam. // Nagasaqvi ex Officina // Gotõ Thome Sôin typographi Societatis Iesv. // Cum facultate Ordinarij, & Superiorum. // Anno 1600. 55 ff.

Satow, *Jesuit Mission Press*, No. 11, pp. 44-45, facsimile.

— Cf. *Trans. Asiat. Soc. Japan*, XXVII, 1900, dans lequel est donné le facsimile du titre et le texte reproduit en entier.

—— *Divi Bernardi Claracvallensis abbatis De Interiori domo. [*monogramme*] In Collegio Iaponico. Societatis Iesv cũ facultate Ordinarij et Superiorũ. Anno Domini 1600. In-16, ff. 119.

Cité par E. M. dans l'*Intermédiaire des Chercheurs et des Curieux*, XXVII, 692, 30 juin 1893; inconnu à Satow. Pagès et de Backer.

—— Liuro do Taiseiqui. S. l. n. d.

Décrit par Satow, *Trans. Asiat. Soc. Japan*, XXVII, 1900.

—— J. de Lucena, 1600. —Voir St. François de Xavier, col. 134-135.

1600-1601.

—— Relaçam annval ‖ das covsas qve ‖ fizeram os padres da com- ‖ panhia de Iesvs na India, & Iapão nos annos ‖ de 600. & 601. & do processo da conuersão, & ‖ Christandade daquellas partes : tirada das ‖ cartas gêraes que de lâ vierão pel- ‖ lo Padre Fernão Guerreiro ‖ da Companhia de ‖ Iesvs. ‖ ¶ Vai diuidada em dous liuros, hum das cousas da India, ‖ & outro do Iapam. ‖ ¶ Impressa com licença do S. Officio, & Ordinario. ‖ Em Euora, por Manoel de Lyra, Anno 1603. In-4, de 136 ff.

Le livre est chiffré par feuillet jusqu'au 13e et par page ensuite; la dernière p. est chif. 259. — British Museum, 493. b. 15.

De Backer, I, col. 2324, écrit : «Evora, por Manoel de Luca, 1603, in-4, pp. 259. Barbosa se trompe en citant une édition de Lisbonne, 1603. Cette partie seule a été traduite en espagnol par le P. Antonio Colaço.»

—— Relacion ‖ anval de las cosas qve ‖ han hecho los padres ‖ de la Compañia de Iesus en la India Oriental ‖ y Iapon, en los años de 600. y 601. y del pro- ‖ gresso de la conuersion y Christiandad ‖ de aquellas partes. ‖ sacada de las cartas generales qve ‖ han venido de ella, por el padre Fernan Guerrero de la Compañia ‖ de Iesvs, natural de Almodouar de Portugal. ‖ Traduzida de Portvgves en ‖ Castellano por el Padre Antonio Colaço Procurador ‖ general de la Prouincia de Portugal, India, Iapon, ‖ y Brasil, de la misma Compañia. ‖ Dirigida a Don Ivan de Boria Conde ‖ de Ficallo, del Consejo supremo de Portugal, y del de Estado || de su Magestad. || Año 1604. || Con privilegio : || En Valladolid, Por Luys Sanchez. In-4, pp. 539 + 11 ff. prél.

On lit p. 539 : *Fin de la relacion annual de las cosas de la India y Iapon, de los años de 600. y 601.*

Au verso de la page 539: En Valladolid, || Por Luys Sanchez || Año M.DC.IIII.

L'ex. que nous venons de décrire est au British Museum, 1369. b. 33; il contient la matière de l'éd. portugaise de 1603, Evora. — Dans un autre ex. 867. f. 18, l'ouvrage au lieu de s'arrêter à la p. 539 continue par une lettre du P. Diego de Pantoja, au P. Luys de Guzman, Provincial de la Province de Tolède, de Peking, 9 mars 1602. Dans cet ex. une nouvelle page 539 est réimprimée et le numérotage des pages va jusqu'à la page 682, fin de la lettre du père D. de Pantoja; enfin l'ex. se termine par l'ancienne p. 539 recto et verso comme dans l'ex. précédent. Somme toute, on a intercalé, entre les pages 538 et 539 de l'éd. de Sanchez, des pages chiffrées 539-682 contenant la lettre du P. D. de Pantoja.

Marcello de Ribadeneyra.

—— Historia || de las Islas || del Archipielago, || y Reynos de la Gran China, Tar || taria, Cvchinchina, Malaca, || Sian, Camboxa y Iappon, || Y de lo sucedido en ellos a los Religiosos Descalços, de la Orden del || Seraphico Padre San Francisco, de la Prouincia de San || Gregorio de las Philippinas. || Compvesta por Fray Marcello de Ribade || neyra, compañero de los seys frayles hijos de la misma Prouincia Martyres glorio || sissimos de Iappon, y testigo de uista de su admirable Martyrio. || Dirigida a nvestro reverendissimo Padre || Fray Francisco de Sosa, Generalissimo de toda la ordē de N. P. S. Francisco. || Con Licencia, y Privilegio. || En Barcelona. En la Emprenta de Gabriel Graells y Giraldo Dotil, Año M.DCI. || In-4, 5 ff. n. ch. p. l. tit., déd., etc. + 725 ff. + 1 f. n. ch. p. l. tab.

Pp. 713 et seq. : Adicion de Francisco Peña Avditor de Rota. De tres capitulos, a la relacion del Padre Fra Iuan de Sancta Maria, en que se muestra que la muerte de los seys padres Descalços, y otros sus allegados, en el Iappon a cinco de Hebrero Año de 1597. fue verdadero Martyrio. [En Roma, Impressa por Nicolas Mucio, 1599. F: 725.]

«Extremae raritatis liber, cuius auctor, Fransciscanus e Hispania oriundus, ipse terras in titulo memoratas obivit. Multis in rebus aliter sentit ac scribit, quam Iesuitae.» (Meusel.)

Cf. Marcellino da Civezza, *Saggio di bibliografia Sanfrancescana*, 570, pp. 495-497. — Pagès cite : 1613, in-4, et 1654, in-fol.

Klaproth (1603), Fr. 29. — Pinelo, I, p. 120, cite : 1601, in-4. — 1613, in-4. — 1654, in-folio.

—— *Marcello de Ribadeneyra. — Actas del martirio de San Pedro Bautista y sus compañeros protomartires del Japon. Barcellona, 1601.

Marcellino da Civezza, 570.

—— *M. de Ribadeneyra. — Vida y hechos de los martyres que han padecido en el Japon. 1602, in-4.

Pagès, 86 *bis*.

Luis de Guzman.

Né à Osorno, diocèse de Palencia, en 1544; † Provincial à Madrid, 10 janvier 1605.

—— Historia // de las missiones // qve han hecho los // religiosos de la Compañia // de Iesvs, para predicar el sancto // Euangelio en la India Oriental, y en los Reynos // de la China y Iapon. // Escrita por el padre Lvis // de Guzman, Religioso de la misma Compañia. // Primera parte // en la qval se contienen seys libros // tres de la India Oriental, vno de la China, y dos de Iapon. // Dirigida a Doña Ana Felix de Gvzman, // Marquesa de Camarasa, Condesa de Ricla, Señora del // Adelantamentio de Caçorla. // Año [*vig.*] 1601 // Con privilegio. // En Alcala, por la Biuda de Juan Gracian. In-fol., 6 ff. n. ch. p. l. tit., perm., priv., etc. + pp. 573 à 2 col.

Au verso du dernier f. : En Alcala, // En casa de Iuan Gracian, que sea en gloria. // Año M.CC.I.

Ce vol. I renferme les livres 1-6, consacrés : I. De la Mission del Padre Francisco Xavier. — II. De la Isla de Salsette, etc. — Pegu. — Camboya, etc. — III. Dinersos Reynos e Islas de la India Oriental. — IV. De la China. — V.-VI. De los Reynos de Iapon.

Bib. nat., O²k 498.

—— Historia // de las missiones // qve han hecho los // religiosos de la compañia // de Iesvs, para predicar el sancto // Euangelio en los Reynos de Iapon. // Compvesta por el padre Lvis // de Guzman, Religioso de la misma Compañia. // Segvnda Parte // en laqval se contienen siete libros // con los quales se remata la Historia de los Reynos de Iapon, hasta el // Año de mil y seyscientos. // Dirigida a Doña Ivana de Velasco, // y Aragon, Duquesa de Gandia, Marquesa de Lombay, // y Condesa de Oliua. Año 1601. // Con privilegio. // En Alcala, por la Biuda de Iuan Gracian. In-fol., 6 ff. n. ch. p. le tit., etc. + pp. 729.

Au verso du f. 729, même colophon que pour la première partie.

Les pages 645-712 renferment : Tratado en qve se responde a algunas objecciones acerca desta historia.

La typographie de cet ouvrage laisse à désirer; p. 644 chiffrée 620, etc.

Ce vol. II renferme les livres 7-13 consacrés au Japon.

—— Historia de las Misiones de la Compañia de Jesus en la India Oriental, en la China y Japon desde 1540 hasta 1600 por el P. Luis de Guzman de la misma Compañia. Bilbao : Administracion de «El Mensajero del Corazon de Jesus», 1891, gr. in-8, pp. 674 à 2 col.

1601.

—— *Lettera Annva di Giappone Scritta nel 1601. e mandata dal P. Francesco Pasio V. Prouinciale Al M. R. P. Claudio Acquaviua Generale della Compagnia di Giesù. In Roma, appresso Luigi Zannetti, 1603. In-8, pp. 77.

—— Lettera // annva di // Giappone // Scritta nel 1601. e mandata dal P. // Francesco Pasio V. Prouinciali. // Al M. R. P. Claudio Acquauiua Generale // della Compagnia di Giesù. // [*vig.*] // Venetia, MDCIII. // – Appresso Gio. Battista Ciotti Sanese, all' Aurora. Pet. in-8, pp. 77.

British Museum, 4767. b. 16.

—— *Lettera annua di Giappone. Scritta nel 1601 e mandata dal Padre Francesco Pasio V. Provinciale. Al M. R. P. Claudio Acquaviva Generale della Compagnia di Giesù. In Milano, per l'herede del quon. Pacifico Pontio, et Giovan Battista Picaglia Compagni, 1604. Con licenza de' Superiori. In-8, pp. 77.

Di Nangasachi ultimo di Settembre 1601.

—— *Litterae annuae Japonicae a Fr. Pasio ad Rev. Claudium Aquavivam S. J. Praepositum Generalem anno 1601 datae. Moguntiae, Albinus, 1604, in-8.

Aussi dans Hay, pp. 587-639.

—— Lettre // annvelle dv // Iapon envoyee // au P. Pasius Prouincial. // Au T. R. P. Claude Aquauiua // General de la Compagnie // de Iesvs. // [*fleuron*] // A Paris. // Chez Clavde Chappelet, // ruë S. Iacques, à la Licorne. // 1605. In-12, ff. 53.

De Nangasachi le dernier de Septembre, 1601.

Bib. nat., O²o 104. — British Museum, 866. a. 21.

* * *

—— Iapponien- // sis Imperii // admirabilis Commv- // tatio Exposita Litteris Ad // Reuerendum admodum P. Claudium A- // quauiua Praepositum Generalem Soc. Ie- // sv, quas ex Italis latinas fecit Io. Ha- // yvs Dalgattiensis Scotus de // eadem Societate. // [*marque*] // Antverpiae // Sumptibus Viduae & Heredum Io : Bel- // leri, sub Insigni Aquilae aureae. // – Anno M.DC.IV. Pet. in-8, pp. 92.

A la fin : Nangasachi, xxv Feb. clɔ. lɔ. ci... Valentinus Carvaglio.

British Museum, 867. e. 21. — Voir col. 236.

Vocabulaire (1603).

—— Vocabvlario // da lingoa de Iapam // com adeclaraçao em Portugues, feito por // algvns padres, e ir- // maõs da Companhia // de Iesv. [*marque*] // com licenca do Ordinario, // & Superiores em Nangasaqui no Collegio de Ia- // pam da Companhia de Iesvs. // Anno M.D.CIII. In-4, tit. + 3 pp. + 330 ff.

—— *Svpplemento deste vo // cabulario impresso no mesmo Collegio da Cõ // panhia de Jesv com // a sobredita licença, & approuação. // Anno 1604.

Satow, *Jesuit Mission Press*, No. 12, pp. 45/46, facsimile du titre. — Retana, *Imprenta en Filipinas*, p. 139, a donné aussi un facsimile du titre.

Un ex. complet à la Bib. Bodléienne, acheté 640 fr. en 1829.

—— Vocabvlario // de Iapon declara-//do primero en portvgves // por los padres de la Com-//pañia de Iesvs de aquel reyno, y ago-//ra en Castellano en el Colegio de // Santo Thomas de Manila // [*armes*] // Con licencia. En Manila // Por Tomas Pinpin, y Iacinto Magauriua. // Año de 1630. In-4, 2 ff. tit. et av. + 617 ff. ch. jusqu'à 316.

Cat. Langlès, No. 1074, 599 fr. — Cat. Turrettini (383).

Il y en a un exemplaire au British Museum et un autre à la Bib. Bodléienne.

Traduction du P. Fr. Jacinto Esquirel, Dominicain. — Retana, reproduit le titre, No. 96; voir également *Imprenta Filipina*, pp. 114 et 143; — Trad. de l'édition de 1603.

—— Dictionnaire Japonais-Français contenant : 1° la transcription des mots et exemples japonais; 2° les caractères japonais; 3° l'interprétation Traduit du Dictionnaire Japonais-Portugais composé par les Missionnaires de la Compagnie de Jésus et imprimé en 1603, à Nangasaki (Le Japonais en caractères romains et le texte en Portugais) et revu sur la traduction espagnole du même ouvrage redigée par un Père dominicain et imprimée en 1630, à Manille (Le Japonais également en caractères romains). Publié par Léon Pagès sous les auspices de Son Excellence Monsieur Drouyn de Lhuys Ministre des Affaires étrangères. — Paris, Chez Firmin Didot frères... — Au Japon à la Procure des Missions étrangères, 1868, gr. in-8, 4 ff. n. ch. + pp. 933 à 2 col.

Publié d'après l'ex. incomplet de la Bibliothèque Impériale qui provenait de Langlès, Cat. No. 1073, 639 fr. — Le Dict. de Pagès a paru de 1862 à 1868 en quatre livraisons à 12 fr. 50, dont la première porte la date du 25 mars 1862.

Cf. *Journal Asiatique*, XVIII, 1861, p. 159, pp. 272 et seq., pp. 287-288; XIX, 1862, p. 532.

*
* *

—— *Belchior Nunes Barreto. — Traité des vertus et des vices. [En langue japonaise.] Nangasaki, 1604, in-4.

Pagès, No. 97.

Ioão Rodriguez.

—— Arte da Lingoa de Ia- // pam composta pello // Padre Ioão Rodriguez Portugues da Cõpa- // nhia de Iesv diuidida em tres // Livros // [*marque*] // Com licença do Ordi-// nario, e Svperiores em // Nangasaqui no Collegio de Iapão da // Companhia de Iesv. // Anno 1604. In-4, tit. + pp. 7 + 239 ff. ch. + 2 p. table.

Com licença do Ordinario, // e Svperiores em Nangasaqvi // no Collegió de Iapam da Companhia // de Iesv. Anno 1608.

Facsimile du titre, Satow, No. 13, p. 46, d'après l'ex. de la Bibliothèque Bodléienne. — Langlès, 1072, 640 fr.

—— Arte breve // Da Lingoa japoa tirada // da arte grande da mesma // lingoa, para os q̃ começam a // aprender os primeiros prĩ= // cipios della // Pello Padre joão Rodriguez da // Companhia de Jesv Portuguez // do Bispado de Lamego. — // Divididas é tres // Livros. // Com Licença do ordinario, e // Superiores. Em Amacao no // Collegio da Madre đ Deos // da Companhia d Jesv. // Anno. clɔ. lɔc. xx. Ms. in-4, 4 ff. n. ch. p. l. tit., licence, App., avis au lecteur, table + 96 ff. chif.

Bib. nat., N. F. Chinois, 1069.

«The Bibliothèque Nationale at Paris (Ms. Department, N. F. Chinois 1069) possesses a Ms. copy of the abridgment, with a title-page, dated 1620, but having Licença, Aprovaçam and Licence to print, dated respectively, 1 (for the first two) and 2 March, 1720, for the last. So it was probably intended to reprint the book. Antonio Ribeiro dos Sanctos in Memorias de Litteratura Portugueza publicadas pela Academia Real das Sciencias de Lisboa (tom. VIII, p. 143), states that a printed copy of this work exists at the Palace of the Necessidades at Lisboa (according to Innocencio da Silva, tom. IV, p. 29), and there is a copy in the Marsden Library at King's College, London.» (Satow.)

—— *Arte breve da lingua japoa tirada da arte grande da mesma lingua, pelo presbytero João Rodrigues Girão, da villa de Alcochete. Macau, no collegio da Madre de Deos, 1624, in-4.

—— Elémens de la Grammaire japonaise, Par le P. Rodriguez; Traduits du Portugais sur le Manuscrit de la *Bibliothèque du Roi*, et soigneusement collationnés avec la Grammaire publiée par le même auteur à Nagasaki en 1604, Par M. C. Landresse, Membre de la Société asiatique; Précédés d'une explication des *Syllabaires* japonais, et de deux planches contenant les signes de ces syllabaires, Par M. Abel-Rémusat. — Ouvrage publié par la Société asiatique.

— Paris, Dondey-Dupré, 1825, in-8, pp. xviij-142 + 1 f. n. ch. errata.

Notice par A. R. [Abel Rémusat]. (*Bul. des Sciences hist.*, Ve Sect., publié par le Bon de Férussac, IV, 1825, pp. 172-176.)

«Les pères Alvarez, Rodriguez et Collado ont composé des grammaires japonaises très étendues, mais à une époque où l'enseignement des langues étrangères était encore dans l'enfance. Celle du P. Collado, la plus imparfaite de toutes, ayant été imprimée à Rome, est la seule qu'il soit possible de se procurer. Les deux autres ont vu le jour au Japon même, et il n'en est venu en Europe qu'un très petit nombre d'exemplaires.

«Un extrait de la longue grammaire du P. Rodriguez, rédigé par l'auteur lui-même, après qu'il eût reconnu l'excessive prolixité de son premier ouvrage, a paru renfermé dans des limites plus appropriées aux besoins des commençants. C'est un manuscrit en portugais, sur papier de la Chine, de 96 feuillets in-4°, rédigé à Macao, en 1620, et qui était destiné à l'impression comme on l'apprend par les approbations des supérieurs qui avaient fait examiner l'ouvrage. Ce manuscrit, appartenant à la Bibliothèque du Roi, méritait de sortir de l'oubli où il était tombé....

«On peut faire à l'abrégé de la grammaire de Rodriguez le même reproche qu'à la grammaire du même auteur, et aux deux autres traités du même genre qui ont été indiqués précédemment; le plan en est peu judicieux; au lieu d'offrir une doctrine grammaticale fondée sur l'examen attentif des propriétés de la langue considérée dans les livres ou dans le langage vulgaire, tous ces ouvrages ne présentent qu'un système étranger, emprunté de celui des grammairiens latins de leur temps, où l'on a fait rentrer, d'une manière plus ou moins forcée, les formes spéciales de l'idiome japonais.....»

Voir aussi la notice de Rémusat dans le *Journal des Savans*, Oct. 1825, pp. 605-611. — *Biog. universelle*, par Abel Rémusat.

— Supplément à la Grammaire japonaise, du P. Rodriguez; Ou Remarques additionnelles sur quelques points du système grammatical des Japonais, tirées de la Grammaire composée en espagnol par le P. Oyanguren, et traduites Par M. C. Landresse, Membre de la Société Asiatique; Précédées d'une Notice comparative des Grammaires japonaises des PP. Rodriguez et Oyanguren, Par M. le Baron G. de Humboldt. — Ouvrage publié par la Société Asiatique. — Paris, Dondey-Dupré, M.DCCC.XXVI, in-8, p. 31.

— Erläuterungen und Verbesserungen zu dem zweiten Theile der *Élémens de la Grammaire japonaise*, von P. Rodriguez. (*Sitzb. d. phil.-hist. Cl.*, XII. Bd., II. Hft., pp. 338-403.)

Sitzung vom 15. Februar 1854.

(Ioão Rodriguez.)

— Rodriguez' System of Transliteration. — By Basil Hall Chamberlain. (*Trans. Asiat. Soc. Japan*, XVI, 1889, pp. 10-16.)

* * *

— Manvale // ad Sacramenta // Ecclesiæ ministranda. // D. Ludouici Cerqueira Japonensis Episcopi // opera ad usum sui cleri ordinatum. // [*marque*] // Cvm approbatione, et facvltate. // Nangasaquij, // In Collegio Japonico Societatis Iesv. // Anno Domini. M.D.CV. In-4, 9 ff. n. ch. + pp. 414 + 2 ff. n. ch. index.

British Museum, C. 52. c. 12.

Satow, *Jesuit Mission Press*, No. 14, pp. 47-50, facsimile.

«Le même prélat a fait imprimer: Manuale casuum conscientiæ, Japonice versum (typis editum in parochorum usum).» (Pagès, No. 100.)

John Hay (1605).

Né à Dalgaty (Écosse) en 1546; † à Pont-à-Mousson, le 21 mai 1607.

— De rebvs // iaponicis, // indicis, et // pervanis epistolæ // recentiores // A Ioanne Hayo Dalgattiensi Scoto Societatis Iesv // in librum vnum coaceruatæ. // [*marque*] // Antverpiæ, // Ex Officina Martini Nutij, ad insigne dua-//rum Ciconiarum, Anno M.DC.V. In-8, pp. 968 + 26 ff. n. ch.

Index et Ordo Epistolarum [40] :

— Primo loco posita est Breuis Iaponiæ Insulae descriptio, cuius auctor ignoratur.

— Epistola prima est Ludouici Froes, scripta Bongi anno Domini 1577.

2. Eiusdem Ludouici, cui annus adscriptus non est. Vtriusq. Epistolæ interpres ignoratur.

3. Organtini Brixiensis, scripta anno Domini 1577, incerto interprete.

4. Francisci Cabralis, scripta anno Domini 1577, incerto interprete.

5. Historica narratio rerum gestarū ā legatis Iaponiorū, interprete Reverend. Domino Henrico Cuyckio, ex Doctore Theologo Louaniensi, Ruremundi Episcopo vigilantissimo, in qua continentur quæ sequuntur.

Acta Cōsistorii publicè exhibiti à S. D. N. Gregorio Papa XIII. Regū Iaponiorum legatis Romæ die xxiij Martij. M.D.LXXXV.

Francisci Regis Bungi ad Gregor. XIIJ. Epist.

(John Hay [1605].)

Protasii Regis Arimanorū ad eūde Gregor.

Bartolome Principis Omuranorum.

Oratio Gasparis Consalui presbyteri Soc. Iesv nomine legatorū Iaponiorum ad summum Pontificem Gregor. XIIJ, & Collegiū Cardinalium habita.

Antonij Buccapadulij summi Pontificis nomine Respōsio ad orationē Gasparis Gōsalui.

6. Extractū ex litteris Roma missis Kal. Aprilis anni 1785 incerto interprete.

7. Epistola est Petri Gomes Rectoris Collegiorū in Būgi Regno an. 1556. incerto interprete.

8. Ludouici Froës, anno Domini 1586. incerto interprete.

9. Alexandri Valignani, anno D. 1587.

10. Petri Martinez, anno 1590. incerto interprete.

11. Don Michaëlis oratoris Don Protasii Regis Arimae, & Don Bartholomaei Principis Omurae, anno 1590. incerto interprete.

12. Don Sancij Domini de Omura, anno 1590. incerto interprete.

13. Don Protasii Regis Arimae ad S. D. N. Sixtum V. anno 1590.

14. Don Michaëlis oratoris Dō Protasii Regis, &c., anno Domini 1590. incerto interprete.

15. Alexandri Valignani anno 1591. incerto interprete.

16. Ludouici Froës anno Domini 1592. incerto interprete.

17. Organtini Brixiensis, anno Domini 1595, incerto interprete.

18. Aloysii seu Ludouici Froës, an. D. 1595.

19. Aloysii Froës, anno Domini 1595.

20. Aloysii Froës de morte 26. Crucifixorum & legatione Regis Cinensiū, anno Domini 1596. incerto interprete.

21. Ludouici Froës, de rebus à PP. Societatis Iesv gestis durante persecutione, anno D. 1596. incerto interprete.

22. Francisci Pasii de morte Taicosamae, anno D. 1597. incerto interprete.

23. Alexandri Valignani, anno D. 1599. interprete Ioanne Hayo.

24. Valentini Caruaglio, an. D. 1601. interprete Ioanne Hayo.

25. Francisci Pasii, an. D. 1601, interprete Ioanne Hayo. Omnes hae Epistolae sunt de rebus Iaponicis.

26. Francisci de Castro ex Hispanica lingua in Latinam conuersa incerto interprete, scripta anno D. 1580.

27. Alexandri Valignani de quinque martyribus Societatis Iesv in India Oriētali, anno D. 1583, incerto interprete.

28. Petri Martinez de naufragio memorabili, interprete Guilielmo Huysmanno linguae Latinae in Collegio Buslidiano Louanii Professore anno D. 1586.

29. Emmanuelis Pinneri de statu magni Regis Mogor, an. D. 1595. incerto interprete.

30. Nicolai Pimentae, an. D. 1599, incerto interprete. In hac Epistola, quae inscribitur Historica Relatio de India Orientali sunt variae Epistolae, nimirum :....

(John Hay [1605].)

31. Nicolai Pimentae, an. D. 1600. interprete Ioanne Busaeo.

32. Hieronymi Xauier, an. D. 1598, & Emmanuelis Pigneiro, an. D. 1598, interprete Ioanne Orano.

33. Alexandri Valignani ut aliqui existimāt incerto interprete, de Regno Sinensi.

34. Antonii Dalmeidae de Regno Sinensi, anno D. 1586. interprete Guilielmo Huysmāno.

35. Prouincialis Indiae, anno D. 1587. incerto interprete.

36. Alexādri Valignani, anno D. 1582. incerto interprete.

37. Nicolai Longobardi ab Sinis, anno D. 1598. interprete Ioanne Orano.

38. De Missione Peruana.

39. Martini Perez ex missione prouinciae Zinaloa, anno D. 1591. incerto interprete.

40. Frācisci Vaez ex Insulis Philippinis, anno D. 1601. incerto interprete.

Bib. nat., O²o 103.

Les traductions de ces lettres sont empruntées à divers écrivains : Henri Cuyck, évêque de Ruremonde; Guill. Huysmann, professeur de langue latine à Louvain; les PP. J. Oranus et J. Busaeus, S. J. Le P. Hay y a inséré les n° 9-11. Mais la plus grande partie des lettres portent : *incerto interprete*. L'ouvrage est dédié à Michel de Monchy, chanoine de Rouen.

Mourier, No. 416, 28 fr.

*
* *

—— Relaçam annal ‖ das covsas ‖ qve fezeram ‖ os padres da companhia ‖ de Iesvs nas partes da India ‖ Oriental, & no Brasil, Angola, Cabo verde, Guine, nos annos ‖ de seiscentos & dous & seiscentos & tres, & do pro- ‖ cesso da conuersam, & christandade daquellas par- ‖ tes, tirada das cartas dos mesmos padres ‖ que de là vieram. ‖ Pelo padre Fernam Guerreiro da mesma ‖ Companhia, natural de Almodouuar ‖ de Portugal. ‖ Vay diuidido em quatro liuros. O primeiro de Iapã ‖ O II. da China & Maluco. O. III. da India. ‖ O IIII. do Brasil, Angola, & Guiné. ‖ Em Lisboa : Per Iorge Rodriguez im- ‖ pressor de liuros. ‖ Anno M.D.CV. 140 ff. (dern. ch. 142 par erreur) + 3 ff. prél. p. l. perm. et l. errata.

Inséré au t. II, pp. 502-556, de : *Memorias para a Historia do extincto Estado do Maranhao*, de Candido Mendes de Almeida, Rio-de-Janeiro, 1860, 2 vol. in-8. (Sommervogel.)

(John Hay [1605].)

1602-1605.

— Litterae // Societa- // tis Iesv, anno // MDCII. et M.DCIII. // e // Sinis, // Molvcis, // Iapone // datae, // progressvm rei chri- // stianae in ijs oris, aliaq3 memora- // tu iucunda complexae. // [*vig.*] // Cum Caesareae Maiest. Priuilegio, & Supe- // riorum concessu. // Mogvntiaci, E Typographeo Balthasari Lippii. // Anno M.DC.VII. In-8, pp. 259.

British Museum, 295. g. 38.

— Lettera ‖ annva ‖ di Giappone ‖ del M.DC.III. ‖ Scritta dal P. Gabriel de Matos, al R. P. ‖ Claudio Acquauiua Generale della ‖ Compagnia di Giesv. ‖ Con vna della Cina e delle Mollucche. ‖ In Roma, ‖ appresso Luigi Zanetti, M.DC.V. In-8, pp. 143.

— — In Milano, per gli heredi di Pacifico Pontio, et Gio-Battista Piccaglia, 1606, in-8, pp. 126.

— Lettre ‖ annvelle dv ‖ Iapon ‖ de l'an mil six ‖ cens et trois. ‖ Escrite par le P. Gabriel de Matos ‖ av ‖ R. P. Clavde Acqvaviva Gene- ‖ ral de la Compagnie de Iesvs. ‖ Auec vne Epistre de la Chine, & ‖ des Moluques. ‖ Translaté d'Italien en nostre langue ‖ vulgaire. ‖ Suyuant l'exemplaire imprimé à Rome l'an 1605. ‖ A Dovay, ‖ De l'Imprimerie Baltazar Bellere, ‖ au Compas d'Or, l'An 1606. ‖ Auec congé des Superieurs. In-12, pp. 187.

Grenville, 6691.

— Annvae // Litterae // Societatis // Iesv. // Anni M.DC.III. // Ad Patres & Fratres eiusdem // Societatis. // [*marque*] // Dvaci, // Ex Officina Viduae Lavrentii Kellami, // & Thomae filij eius Typogr. Iurati, // sub signo Agni Paschalis. // M.DC.XVIII. In-8, pp. 706.

Europe. — British Museum, 4785. c. 15.

— Annvae // Litterae // Societatis // Iesv. // Anni M.DC.IV. // Ad Patres & Fratres eiusdem // Societatis // [*marque*] // Dvaci, // Ex Officina Viduae Lavrentii Kellami, // & Thomae filij eius Typogr. Iurati, // sub signo Agni Paschalis. // — M.DC.XVIII. In-8, pp. 758.

Pérou, Mexique, Philippines en plus de l'Europe, mais pas Japon. — British Museum 4785. c. 16.

— Annvae // Litterae // Societatis // Iesv. // Anni M.DC.V. // Ad Patres & Fratres eiusdem // Societatis. // [*marque*] // Dvaci, // Ex Officina Viduae Lavrentii Kellami, // .... M.DC.XVIII. In-8, pp. 978.

Philippines, etc.. Europe, pas Japon.

British Museum, 4785. c. 17.

Antonio de Herrera.

— Primera Parte // de la Historia General // ral del Mundo, de XVII. años del tiempo del // señor Rey don Felipe II. el Prudente, desde el año de // M.D.LIIII. hasta el de M.D.LXX. // Escrita por Antonio de Herrera // Coronista mayor de su Magestad de las Indias, y su // Coronista de Castilla. // Dirigida a Don Ivan de Zvniga, // Auellaneda, y Baçan, Conde de Miranda, Marques de la Bañe // ça, señor de la Valduerna, Presidente del Consejo supremo de Castilla, y // de los Consejos de Estado, y Guerra, nueuamente // impressa, y añadida. // Año [*armes*] 1606. // Con priuilegio. // En Valladolid, Por Iuan Godinez de Millis. In-fol., 4 ff. n. ch. tit., er., app., etc. + pp. 820 à 2 col. + 21 ff. n. ch. colophon et table à 2 col.

Bib. nat., Oc. 175. A. — Retana, No. 62.

— Segunda Parte // de la Historia General // ral del Mundo, de XV. años del tiempo del se- // ñor Rey don Felipe II. el Prudente, desde el año de // M.D.LXXI. hasta el de M.D.LXXXV. // Escrita por Antonio de Herrera // .... Ibid., in-fol., 3 ff. n. ch., tit., etc. + pp. 630 à 2 col. + 20 ff. n. ch. colophon et tab. à 2 col. + 1 f. blanc.

Entrée des Augustins en Chine. — Attaque de Li Ma-hong à Manille.

— Tercera // Parte de la Histo- // ria general del Mvndo, // de XIIII. años d'l tiempo del señor Rey don Fe- // lipe II. el prudente, desde el año de 1585. hasta el de

1598. // que passò a mejor vida. // Escrita por Antonio de Herre- // ra. . . . . // Año [*armes*] 1612. // Con privilegio. // — En Madrid, Por Alonso Martin de Balboa. // A costa de Alonso Perez mercader de libros. In-fol., 4 ff. n. ch. tit., etc. + pp. 780 à 2 col. + 17 ff. n. ch. tab. à 2 col. + 1 f. blanc.

A voir sur le Japon.

1603-1606.

—— Tre lettere // annve // del // Giappone // de gli anni // 1603.1604.1605. // e parte del 1606. // Mandate dal P. Francesco Pasio V. Prouin- // ciale di quelle parti al M. R. P. Claudio // Acquauiua Generale della Com- // pagnia di Giesv. // [*fleuron*] // In Roma, Appresso Bartholomeo Zannetti, 1608. // — Con Licenza de' Superiori. In-8, pp. 318.

Bib. nat., O²o 107.

—— Tre // Lettere // annve // del Giappone // de gli anni // 1603.1604.1605. // e parte del 1606. // Mandate dal P. Francesco Pasio V. Prouin- // ciale di quelle parti al M. R. P. Claudio // Acquauiua Generale della Com- // pagnia di Giesv. // [*marque*] // In Milano, // — Appresso Pietro Martire Locarni. 1609. // Con Licenza de' Superiori. In-8, pp. 313 + 13 ff. n. ch. p. l. tab.

British Museum, G. 6682.

—— Tre Lettere // annve // del Giappone. // De gli Anni // 1603.1604.1605. e parte del 1606. // Mandate dal P. Francesco Pasio V. Prouinciale di // quelle parti al M. R. P. Claudio Acquauiua // Generale della Compagnia di Giesv. // [*marque*] // In Bologna, Appresso Gio. Battista Bellagamba. 1609. // Con Licenza de' Superiori. // Ad instanza di Simone Parlascha. In-8, pp. 292.

Contient :

1° Lettera annva scritta dal Giappone al P. Clavdio Acqvaviva... dell' anno 1603, p. 1.

Nangasachi il di 6. d'Ottobre 1603... Matteo Couros.

2° Lettera... dell' anno 1604, p. 66.

Nangasachi, 23 di Nouembre 1604 .. Gio. Rodriguez Giron.

3° Lettera... dell' anno 1605, p. 126. Gio. Rodriguez Giron.

Au bas du dernier verso : In Roma, Et poi in Bologna, per Gio : Battista Bellagamba, 1609. Con licentia de' Sup.

British Museum, 867. f. 19.

—— Relatio historica // rervm in Ia- // poniae Regno ge- // starvm anno Domini // 1603. 1604. 1605. & parte 1606. // ternis annuis litteris com- // prehensa, // et // a P. Francisco Pasio // illarvm partivm V. Provin- // ciale ad R. P. N. Clavdivm Aqva- // vivam Societatis Iesv Praepositum // Generalem missa. // [*fleuron*] // Edita primum Romae Anno 1608. apud Bartholomæum // Zannettum Italicè, nunc verò Latinè // reddita. // Mogvntiae, // Ex Officina Balthasari Lippij, // — Anno M.DC.X. In-8, pp. 300 + 1 f. n. ch. er.

Bib. nat., O² o 109.

—— Lettres // annales dv // Iapon. // Enuoyées par le R. P. François Pasio, // Vice Prouincial de ces quartiers là. // Au R. P. Clavde Aqvaviva, // General de la Compagnie de Iesvs. // Nouuellement traduictes d'Italien en François, par // les Peres de la mesme Compagnie. // [*fleuron*] // A Lyon, // Chez Pierre Rigavd, en ruë Merciere, au // coing de ruë Ferrandiere, à l'Horologe. // — M.DC.IX. // Auec Priuilege du Roy. In-12, 2 ff. n. ch. p. l. tit., et le priv. + pp. 496 + 8 ff. n. ch. p. l. tab.

Bib. nat., O² o 108.

—— *Trois lettres annvelles dv Iapon des années 1603. 1604. 1605. 1606. Escriptes par le R. P. Francois Pasivs Vice-Prouincial de la Compagnie de Iesus, en ces quartiers la au R. P. Claude Aquauiua General de ladicte Compagnie de Iesus. Iouxte l'exemplaire imprimé à Rome l'an 1608. Chez Barthlemy (*sic*) Zannetti. A Douay, Chez Iean Bogart, M.D.CIX. In-8, pp. 68-231.

La lettre de 1603 est écrite par le P. Mathieu de Couros. — Puis vient un nouveau titre :

—— *Lettre annvelle dv Iapon de l'an 1604. envoyée par le P. Francois Pasio vice-provincial de ces qvartiers la av R. P. Claude Aquauiua, General de la Compagnie de

Iesus, et traduite de l'Italien. A Dovay, Chez Iean Bogart M. DC. IX. Suyuant l'exemplaire imprimé à Rome l'an 1608. Chez Barthlemy Zannetti, pp. 231.

La lettre de 1604 s'arrête à la p. 66 et est signée : *Iean Rodriguez Giron*. Celle de 1605, signée de même, n'a qu'un titre de départ. De 1606, il y a, p. 189-206, une lettre du P. Louis de Cerqueira, évêque du Japon, datée du 10 mars. (Sommervogel.)

La lettre du P. de Couros parut seule : Paris, Chappelet, 1605, in-12. (Sommervogel.)

Six Martyrs (Janvier 1604).

—— * Relação da morte que VI Christãos Japoes padeceram pela fe de Christo, escripta e enviada a el Rey aos de 20 de janeiro de 1604 (par D. Luis de Cerqueira, év. du Japon).

Impression chinoise d'un seul côté, 40 p. in-4. — Torre do Tombo. Voir Fig. 1460. (Pagès, No. 99.)

«The courteous director of the Torre do Tombo assured me that no printed book with such a title existed in the archives under his charge, nor was there any indication of it in the catalogue. But he showed me a *manuscript*, which bears the following title : —

«Relação da morte q̃ seis christãos Iappões pádecerаõ polla fee de Christo, Escrita E enuiada à el Rei Nosso S̃ por dom Luis cerqueira Bispo de Iappão aos vinte E cinco de Jan.° de 1604. «It is signed
«O Bsp̃o de Jappaõ
de Nangassaqui quinze de Nouembro de mil e seis centos e cuatro anos.» (Satow, pp. 51-52); MS. in-4, de pp. 40.

—— Relatione // della gloriosa // morte, // Patita da sei Christiani Giaponesi // per la fede di Christo // Alli 25. di Gennaro 1604. // Mandata da Monsignor D. Lodouico Cerquera // Vescouo di Giapone, // Al R. Padre // Claudio Acquauiua Generale della Compagnia // di Giesv. // [*fleuron*] // In Roma, // Appresso Bartolomeo Zannetti. M DC VII. // — Con licenza de'Svperiori. In-8, pp. 70 + 1 f. n. ch. App.

Bib. nat., O² n 342 (2).

—— Relatione // della gloriosa // morte // Fatta di sei Christiani // Giapponesi // per la fede di Christo. // Alli vinticinque di Gennaro 1604. // Mandata da Monsignor D. Lodouico // Cerquera Vescouo di Giappone // Al Reuer. Padre Claudio Acquauiua, // Generale della Compagnia di Giesv'. Pet. in-8, pp. 77.

Au bas du recto du f. 77 : In Parma, nella Stampa d'Erasmo Viotti, & in Bologna, Per Gio. Battista Bellagamba. 1607.

British Museum, 4767. b. 13 (2).

—— Relatione // della gloriosa // morte // Patita da sei Christiani Giaponesi per la // fede di Christo, // Alli 25. di Gennaro 1604. // Mandata da Monsignor D. Lodouico Cerquera // Vescouo di Giapone, // Al Reuer. Padre // Claudio Acquauiua Generale della // Compagnia di Giesv. // [*marque*] // In Milano, // Appresso gli Stampatori Archiepiscopali, 1607. Pet. in-8, pp. 64.

British Museum, G. 6681 (5).

—— * Palermo, Ant. de Franceschi, 1607, in-8. (Sommervogel.)

—— * Historische Relacion von sechs adelichen Christen Mann- und Weibs Personen, so in Japon im Königreich Fingo, von dess heiligen Catholischen Glaubens wegen, denn 8 unnd 7 Decembris anno 1603, theils enthaupt, und theils gecreutziget worden. Gezogen aus etlichen Spanischen Schreiben dess Don Luis de Sequeira (*sic*), Bischoffen zu Nangasaqui in Japon : welche P. Joan Masquera (*sic*) der Societet Jesu zu Toledo anno 1606 in offenen Truck gegeben. Gedruckt zu Münster in Westphalen bey Lambert Rassfeldt, im Jahr 1607. In-8, 26 ff. n. ch., dern. sig. D ij après C V.

Le traducteur espagnol est Jean Mosquera, Frère coadjuteur, S. J. (Sommervogel.)

—— * De morte gloriosa sex martyrum qui, anno 1604, in Japonia pro fide passi sunt. Romae, apud Bartholomaeum Zannetti, 1607, in-8.

—— * Nowinny z Japonu. Kraków, Loba, 1608.

Sommervogel.

—— * Histoire veritable de la glorieuse mort, que six nobles chrestiens Japonais, ont constamment endurée pour la Foy de Iesvs-Christ. Envoyée par M. Louys Cerquera, Evesque du Iapon, avec une autre semblable du P. François Passio, là Vice-

Provincial de la Compagnie de Iesus. Au R. P. Claude Aquaviva General de la mesme Compagnie. Maintenant traduite d'Italien en François. A Lyon, par Iean Pillehotte, M. DCVII. In-12, pp. 116, s. l. ff. prél.

La déd. est signée : «La Comp. de Iesus»; mais, dans la préface du n. 20, le P. Coyssard dit qu'il est l'auteur de cette traduction, il faut donc supprimer le *pourrait être* de mon article *Cerqueira* (t. I, col. 1001, n. 1). (Sommervogel.)

— Histoire // veritable // de la glorievse // mort, qve six nobles // Chrestiens, Iaponois, ont constam- // ment enduré pour la Foy de Iesvs- // Christ. // Enuoyee par Monsieur Louys Cerquera Eues- // que du Iapon, auec vne autre semblable // du P. François Passio, là Vicepro-// uincial de la Compagnie de // Iesvs. // Au R. P. Claude Aquauiua, General de la // mesme Compagnie. // Maintenant traduitte de l'Italien en François. // [*marque*] //. A Paris, // Chez Clavde Chappelet ruë // sainct Iacques, à la Licorne. // M. DC VII. // Auec Priuilege du Roy. In-12, pp. 108.

Bib. nat., O² n 6.

— Histoire // veritable // de la glorievse // mort, qve six nobles // Chrestiens, iaponois, ont // constamment enduré pour la Foy de // Iesvs-Christ. // Enuoyee par Monsieur Louys Cerquera Eues- // que du Iapon, auec vne autre semblable du // P. François Passio (*sic*), là Viceprouincial de la // Compagnie de Iesvs. // Au R. P. Claude Aquauiua, General de la // mesme Compagnie. // Maintenant traduitte de l'Italien en François. // [*fleuron*] // A Arras, // De l'Imprimerie de Guillaume de la Riuiere, à // l'Enseigne dv Bon Pastevr. // M. D. C. VIII. // Auec Priuilege. In-12, pp. 107.

Bib. nat., O² o 106 A.

—* Nieuwe ende waerachtige historie van ses glorieuse Martelaers die in Japonien voor't Catholyck geloove ghedoot zyn in't jaer 1604. Overgheset uyt het Françoysche door L. Makeblyde. 't Hantwerpen, by Hieronymus Verdussen, 1609, in-12.

Sommervogel. — Louis Makeblyde, né le 24 mars 1565, à Poperingue; † à Delft, le 17 août 1630.

1605.

—* P. Fernão Guerreiro. — Relação Annval das covsas que fizeram os Padres da Companhia de Iesvs nas partes da India Oriental, e em algumas outras da conquista d'este Reyno, nos annos de 604 e 605, e do processo da conuersão e christandade d'aquellas partes. Tirada das Cartas dos mesmos Padres que de là vieram. Dividida em quatro Livros : o primeiro do Japão; o segundo da China; terceiro da India; quarto da Ethiopiá e Guiné. Lisboa, impresso por Pedro Craesbeeck, 1607. Pet. in-4, ff. 158.

Figaniere, No. 1448. — Sommervogel. — Mourier, No. 407, 75 fr.

1606.

— Lettera // di Giappone // dell' Anno // M. DC. VI. // del P. Giovanni Rodrigvez della Compagnia di Giesv. // Al Molto R. P. // Clavdio Acqvaviva // Generale della medesima // Religione. // [*marque*] // In Milano, // — Per l'her. di Pacifico Pontio, & Gio. Battista // Piccaglia Stampatori Archiep., 1610. Pet. in-8, pp. 79.

British Museum, G. 6681 (7).

— Drey newe Relationes // — Erste / ausz Japon / // was sich darinn / so wol in Geist= als // Weltlichen Sachen im Jahr Christi 1606. // denckwürdige zugetragen. // Andere / von Missionibus oder Rei= // sen so etliche Priester der Societet Jesu / im Jar // 1607. in das Königreich Mexico angestelt. // Dritte / von ableiben desz mächtigen Königs Mo= // gor / vnd wie nach selbigem in seinem Reich das Reli- // gion vnd Politisch wesen beschaffen. // Ausz vnderschidlichen der Societet Iesu Lateinischen / Ita= // lianischen vnd Portugesischen Schreiben verteutscht. // M. DC. [*vig.*] XI. // Gedruckt zu Augspurg / bey Chrysostomo // Dabertzhofer. Pet. in-4, 4 ff. n. ch. tit., pref. + pp. 170 + 1 f. n. ch. p. le colophon.

British Museum, 4767. e. 2.

Voir : Relation auss Japon von Anno 1606 P. Joannis Rodriguez.

— * Relaçaõ da morte de Belchior Bugondono, e Damiaõ Cego mortos no Japaõ pela Fe por mandado de Murindono tirano de Amanguchi escrito a 8. de Março de 1606 ao P. Geral Claudio Aquaviva.

Du P. L. de Cerquiera? ou du P. J. Rodriguez Giram? — (Sommervogel.)

— Trad. en italien avec d'autres lettres : Roma, Bart. Zannetti, 1608, in-8.

— En polonais : Cracovie, N. Lob, 1608.

Pagès, 107.

1606-1607.

— Relaçam ‖ annal das cov- ‖ sas qve fezeram os pa- ‖ dres da Companhia de Iesvs nas partes ‖ da India Oriental, & em algũas outras da ‖ conquista deste reyno no anno de 606. & ‖ 607. & do processo da conuersaõ, & ‖ Christandade daquel- ‖ las partes. ‖ Tirada das cartas dos mesmos padres que de là vie- ‖ rão : Pelo padre Fernão Guerreiro da Compa- ‖ nhia de Iesv natural de Almodou- ‖ uar de Portugal. ‖ Vai diuidida em quatro liuros : ‖ O primeiro da Prouincia de Iapão & China. ‖ O segundo da Prouincia do Sul. ‖ O terceiro da Prouincia do Norte. ‖ O quarto de Guiné, & Brasil. ‖ Em Lisboa. ‖ Impresso cõ licença : Por Pedro Crasbeeck ‖ Anno M. DCIX. In-4, 204 ff. ch. + 1 f. n. ch. prél. pour la perm.

Mourier, No. 408, 100 fr.

— Litterae ‖ Japonicae ‖ anni M. DC. VI. ‖ Chinenses ‖ anni M. DC. VI. & M. DC. VII. ‖ Illae à R. P. Ioanne Rodrigvez, ‖ hae à R. P. Matthaeo Ricci, ‖ Societatis Iesv Sacerdotibus, ‖ transmissae ‖ ad admodum R. P. Clavdivm Aquavivam ‖ eiusdem Societatis Praepositum Generalem, ‖ Latinè redditae ‖ à Rhetoribus Collegij Soc. Iesv Antuerpię. ‖ [*fleuron*] ‖ Antverpiae, ‖ Ex Officina Plantiniana, ‖ Apud Viduam & Filios Io. Moreti. ‖ M. DC. XI. Pet. in-12, pp. 201 + 1 f. n. ch. [*marque*].

Bib. nat., O² o 111.

Cet ouvrage fut publié aussi sous la direction du P. Hugo. (Sommervogel.)

— Lettres // Annales // des royavmes // dv Iapon, et de // la Chine, des Annees // 1606. & 1607. // Escrites par les Peres Iean Rodriguez, & // Matthieu Ricci, de la Compagnie // de Iesvs. // Au R. P. Clavde Aquaviva // leur General. // Traduittes de l'Italien (imprimé à Rome l'an 1610) // par vn Pere de la mesme Compagnie. // [*marque*] // A Paris, // Chez Clavde Chappelet, ruë // Sainct Iacques, à la Licorne. // — MDCXI. In-12, pp. 188.

Le dernier f. n. ch. porte au recto la signature de Matthiev Ricci.

Bib. nat., O² o 110.

— Historischer Bericht | ‖ Was sich in dem ‖ grossen | vnd nun je lenger je mehr ‖ bekandten Kônigreich China | in verkûndigung ‖ desz H. Euangelij vnd fortpflantzung des Catholi- ‖ schen Glaubens | von 1604. vnd volgenden Ja- ‖ ren denckwûrdigs zugetragen. ‖ Ausz Portugesischen zu Lisabona ‖ gedruckten Exemplaren ins Teutsch ‖ gebracht. ‖ M. DC. XI. Gedruckt zu Augspurg | bey ‖ Chrysostomo Dabertzhofer. In-4, 4 ff. n. ch. tit., etc. + pp. 131.

Traduit de F. Guerreiro et de Matteo Ricci; on n'a traduit que ce qui concerne la Chine.

*
* *

— Historia // Indiae // Orientalis, // ex variis avctori- // bvs collecta, et iuxta // seriem topographicam regno- // rum, Prouinciarum & Insularum, per Africae, // Asiaeque littora, ad extremos vsque Ia- // ponios deducta, // . . . Avtore // M. Gotardo Arthus // Dantiscano. // Coloniae Agrippinae. // Svmptibus Wilhelmi // Lutzenkirch. // Anno M. DC. VIII. Petit in-8, 10 ff. n. ch. tit., etc. + pp. 616.

Cap. XXXVI. De Svperiore India, maxime vero de regno Pegu, & Regis Peguani potentia, p. 309.

Cap. XXXVII. De Superstitionibvs, solemnitatibus & bellis Peguanorum varijs, p. 319.

Cap. XXXVIII. De Siano regno potentissimo, eiusque ad Peguanorum Regem translatione, Itemque de Patane regno inter Sianum & Malacam medio, p. 329.

Cap. XXXIX. De Malacae Vrbis et Regni initio, progressu, & ad Lusitanos transitu, p. 340.

Cap. XLIX-LIII. China, p. 465.

Cap. LIV-LVIII. Japonia, p. 528.

1607-1608.

—* P. Fernão Guerreiro. Relação Annual das cousas que fizeram os Padres da Companhia de Jesus na Partes da India Oriental, e em algumas outras da conquista d'este Reino, nos annos de 607 et 608, e do processo da conversãoe christandade d'aquellas partes; com mais uma addição á Relação de Ethiopia. Tirado tudo das Cartas dos mesmos Padres que de là vieram. Dividida em cinco Livros : o primeiro da provincia de Goa, em que se contém as Missões de Monomotapa, Mogor e Ethiopia; o segundo da provincia de Cochim, em que se contém as cousas do Malabar, Pegú e Maluco; o terceiro das provincias de Japão e China; o quarto em que se referem as cousas de Guiné e Serra Leoa; o quinto em que se contém uma addição á Relação de Ethiopia. Lisboa, por Pedro Craesbeeck, 1611. In-4, 344 ff. ch. l. prél., etc. (Figaniere, No. 1448.)

Mourier, No. 410, 75 fr.

Traduit en espagnol :

— * Historia y Anal Relacion de las cosas que hizieron los Padres de la Compañia de Jesus por las partes de Oriente y otras en la propagacion del Santo Evangelio los Años passados de 607 y 608. Sacada, limada, y compuesta de Portugues en Castellano por el Doctor Christoval Suarez de Figueroa. A Don Geronymo Carella y Mendoça, Conde de Cocentagna, Marques de Almenara, etc. En Madrid, en la Imprenta Real, 1614. Pet. in-4, pp. 566, s. l. tab., &c. A la fin : En Madrid, en la Imprenta Real MDCXIII (*sic*).

Le traducteur ne dit pas de qui il a traduit. Sotwel et Antonio disent que cette traduction a été faite par le P. Ant. Colaço, ce qui n'est pas; ce Père n'a traduit que la 1re partie. Ces relations sont rares et recherchées. (De Backer, I, col. 2324-2325.)

Mourier, No. 411, 40 fr.

Et en allemand :

—Indianische Newe Relation | ‖ Erster theil. ‖ Was sich inder ‖ Goanischen Prouintz | vnd in ‖ der Mission Monomotapa | Mogor | ‖ auch in der Prouintz Cochin | Malabaria | Chi-‖na | Pegu vnnd Maluco | so wol in Geistlichen ‖ als Weltlichen Sachen | vom 1607. 1608. ‖ vnd folgenden zugetragen. ‖ Vom ‖ R. Patre Fernando Guerreiro, der ‖ Societet Iesv, in Portugesischer ‖ Sprach beschriben. ‖ Nachmals ausz dem zu Liszbona ge- ‖ truckten Exemplaren ins Teutsch ‖ gebracht. | ‖ Gedruckt zu Augspurg | bey Chryso- ‖ stomo Dabertzhofer. ‖ — Anno : MDCXIII. Pièce in-4, 4 ff. n. ch. p. le tit., etc. + pp. 111.

* * *

— Histoire // des choses // plvs memorables // advenves tant ez Indes // Orientales, que autres païs // de la descouuerte des // Portugais, // En l'establissement & progrez de la foy // Chrestienne. & Catholique : // Et principalement de ce que les Religieux // de la Compagnie de Iesvs y ont faict, // & enduré pour la mesmefin, // Depuis qu'ils y sont entrez jusques // à l'an 1600. // Le tout recueilly des lettres, & autres Histoires, qui en ont esté // escrites cy deuant, & mis en ordre par le P. Pier- // re dv Iarric, Tolosain, de la mes- // me Compagnie. // [*fleuron*] A Bovrdeavs, // Par S. Millanges Imprimeur ordinaire du Roy. // — M. DC. VIII. // — Auec Priuilege de sa Majesté. 3 vol. in-4, 6 ff. n. ch. p. l. tit., déd. à Henri IIII, av. et priv. + pp. 699 + 8 ff. n. ch. table, titre encadré.

On lit dans l'advertissement av lectevr : «... Ces années passees il en vint vne [Histoire] entre les mains de nostre R. P. Prouincial escrite en Espagnol, par le P. Louys de Guzmã, sous le tiltre d'*Histoire des missions, que les Religieux de la Compagnie de Iesus ont faict pour prescher le S. Euangile en l'Inde Orientale*, & *Royaumes de la Chine* & *du Iapon* : laquelle m'ayant esté baillée pour la traduire en nostre langue, j'y employay ce peu de temps, qui me restoit de mes lectures journalieres de Theologie. Or comme je lisois cepēdant quelques autres Historiens, qui auoient traicté la mesme matiere, je voyois que mon Aucteur laissoit à part beaucoup de poincts remarquables, que les autres racontoyent, & ne sçachant la cause, trouuant aussi quelques difficultéz en son liure, je lui en escriuis; mais je ne sçai s'il reçeut mes lettres, ou s'il fut decedé, auant qu'elles y arriuassent (car il mourust bien tost apres estant Prouincial de la Prouince de Toledo) à tout le moins je n'eus point de respōce de ce costé là. Ie m'addressay donc a vn Pere de Portugal que j'auois entendu estre bien versé dans ces matieres. C'estoit le P. Fernand Guerreiro, qui est maintenant Superieur de la maison des Profes à Lisbone, & a mis en lumiere trois ou quatre liures en Portugais des choses, qui sont aduenuẽs ez Indes Orientales depuis l'an 1599, la ou finit l'histoire de Guzman.» Quoiqu'il eut traduit les quatre premiers livres de Guzman, Du Jarric se décida donc à écrire un nouvel ouvrage avec les matériaux qui lui arrivèrent du Portugal, ainsi que du Provincial de l'Inde Albert Laërtius italien, etc.

— Seconde Partie de l'Histoire... Dediee av roy tres-chrestien de France & de Nauarre Lovis XIII... 1610. In-4, tit. gravé, 4 ff. n. ch. + pp. 699 + 20 ff. n. ch. p. la tab.

— Troisiesme Partie de l'Histoire... Despuis l'an 1600. jusques à 1610. Dediée à la Royne Regente, mere du Roy... cIↄ Iↄ.c xIIII. In-4, titre encadré, 5 ff. n. ch. + pp. 1067 + 18 ff. n. ch. p. l. tab., l'ep. et la perm.

Bib. nat., O² k 260.

* * *

— Sommario // istorico // del dottor Michele // Zappvllo napolitano. // Ove con occasione di celebrare // i successi di quattro gran Città, cioè di Gerusalem, di// Roma, di Napoli, e di Venetia, e dell'Indie. // Si viene atrattar dei regni del // Giappone, della Cina, dell' Egitto, e della Soria. // De tvtti i popoli, che fvrono soggetti // all' Imperio Romano, & altresi di Saracini, di Turchi, e di Tartari. // Onde s'ha lvce con ordine di tempi, e con non // minor chiarezza, che breuità, di quasi tutte l'Istorie del Mondo. // Segve poi vn discorso intorno // alle Tauole Astronomiche. // Dallo stesso avtore in qvesta // terza impressione corretto, ampliato, e migliorato. // [*vig.*] // In Napoli, Appresso Gio: Giacomo Carlino. & Costantino Vitale. // M. DC. VIIII. In-4, 5 ff. n. ch. tit., etc. + pp. 587 + 12 ff. n. ch. tavola.

— *Triumphvs Iesv Christi crvcifixi, per Bartholomævm Riccivm a Castro Ficardo, Societatis Iesv Presbytervm. Antverpiae, Adrianus Collaert figuras sculpsit. Narrationem historicam, qua Triumphus illustratur, typis Plantinianis excudit Joannes Moretus, cIↄ. Iↄc. VIII. In-8, pp. 70, correspondant à autant de gravures, s. l. prél., etc.

Dédié au P. Ch. Aquaviva.

Les figures représentent autant de martyrs qui ont été crucifiés comme Jésus-Christ; elles sont d'Adr. Collaert; elles ont été retouchées par Ch. de Mallery pour l'ouvrage du P. Pierre de Bivero, *Sacrum Sanctuarium Crucis*, Antverpiae, 1634, in-4.

Traduit en allemand, Ingolstadt, 1609, in-8, par Charles Stengelius. (Sommervogel.)

Barthélemi Ricci, né en 1542 à Castelfidardo; † à Rome 12 janvier 1613.

Cornelis Matelief.

— Historiale || ende ware || Beschrijvinge vande reyse des || Admiraels Cornelis Matelief de Jonghe | naer || de Oost-Indien | wtghetrocken in Mayo 1605. Mitsgaders || de belegheringhe voor Malacca, als ooc den flach ter || Zee teghen de Portugijssche armade | || ende andere discourssen. || Tot Rotterdam, || By Jan Janssz. Anno 1608. In-4, en tout 6 ff. n. ch.

Sur le titre une grav. sur bois : navires dans le port d'une ville qu'on voit au second plan.

British Museum, T. 1713.23. — Muller, 1882, fl. 12. — Tiele, 165.

— An || Historicall and true || discourse, of a voyage made by the || Admirall Cornelis Matelife the || yonger, into the East Indies, who departed || out of Holland, in May 1605. || With the besieging of Malacca, || and the battaile by him fought at Sea against the || Portugales in the Indies, with other || discourses. || Translated out of the Dutch, according || to the coppie printed at || Rotterdam. || [*fleuron*] || Imprinted at London for William Barret, and are to be || sold at his shop in Paules Church-yard, at || the signe of the greene Dragon, 1608. In-4, pp. 25, sig. A_3-D_2.

British Museum, 582. e. 35.

— Breeder verhael ende klare be- || schrijvinge van tghene den Admirael Cornelis || Matelief de Jonge inde Oost-Indien voor de Stadt Malacca, ende || int belegh der zelver wedervaren is : als ooc den vreesselijc || ken strijdt ter Zee | tusschen den Admirael voorsz || ende de Portugijsen | ende andere ghe- || schiedenissen meer. || Overgheschreven by eenen der Commisen inde Vlote. || [*vig.*] || Tot Rotterdam, || By Jan Janssz. Anno 1608. In-4, 9 ff. n. ch.

Tiele, 166. — Muller, 1882, fl. 8.

—— *Breeder verhael...

Même éd., autre tirage. — Tiele, 166.

—— Historische Verhael | || Vande treffelijcke Reyse, gedaen naer de Oost-Indien || ende China, met elf Schepen. || Door den Manhaften Admirael || Cornelis Matelief de Ionge. || In den Jaren 1605. 1606. 1607 ende 1608.

Occupe 191 pages dans *Begin ende Voortgangh*, Vol. II; voir *Beschrijvinge van China*, pp. 91 et seq.—Planches.

—— Journael, || Ende || Historische Verhael | van de || treffelijcke Reyse | gedaen naer Oost-Indien, ende || China, met elf Schepen. || Door den Manhasten Admirael || Cornelis Matelief || de Jonge. || Uyt-ghévaren in den Jare 1605. En wat haer in de volghende Ja- || ren 1606. 1607. ende 1608. wedervaren is. — || Een seer Vreemde en Wonderlijcke Reyse || [*vig.*] || t'Amstelrdam, || Door Joost Hartgers... || 1648. In-4, pp. 142.

Réimp. du précédent sans les suppléments. — Tiele, 167. Muller, 1882, fl. 5.

— Voir Vol. V et VI de la Collection de Renneville, 1725.

—— Zehende || Schiffahrt oder Reyse || der Hollander vnnd Seelander in Oost In- || dien beschehen vnder dem Admiral Cornelis Matelief || dem Jungen | so mit eylff grossen Schiffen Anno 1605. den 12. || Maij ausz Hollandt abgeloffen vnd in Mertzen dieses || 1608. nach gehaltener Schlacht vor Malacca || wider mit zweyen Schiffen wol ist || ankommen. || Zusammen gebracht vnnd beschrieben ausz Ni= || derlandischer Verzeichnusz durch einen Lieb= || haber der Schiffahrten. || [*vig.*] || Gedruckt zu Franckfurt am Mayn | durch Matthis || Bockern : in Verlegung Leuini Hulsij || Wittib | im Jahr || M. DC. VIII. In-4, pp. 52.

British Museum, 1028. d. 33.

—— Le même... M. DC. XIII. In-4, pp. 52.

British Museum, 1028. d. 33.

iré des deux publications de Janssz, Rotterdam, 1608.

—— Voiage de Corneille Matelief le Jeune aux Indes Orientales, En qualité d'Amiral d'onze vaisseaux, pendant les Années 1605. 1606. 1607. & 1608. (*Recueil des Voiages qui ont servi à l'établissement..... de la C. des Indes Orientales*... Amsterdam, Etienne Roger, M. D. CCV, t. III, pp. 205-605; cartes.)

—— Voiage de l'amiral Pierre Willemsz Verhoeven aux Indes Orientales, Au Japon &c. L'an 1607. & les Années suivantes: Avec une Rélation de ce qui s'est passé en ce tems-là dans l'isle Borneo, & une description de l'état où étoient l'isle d'Amboine & les Moluques l'An 1627. (*Rec. des Voiages qui ont servi a l'établissement ... de la C. des Indes Orientales* ... Amsterdam, ... Etienne Roger ... M.D.CCV, t. V, pp. 1-305; cartes.)

Voiage au Japon, pp. 114-170. — Voir col. 315.

*
* *

—— Raccolta // di relationi // De' Regni del Giappone, // nelle qvali si intende // non solo il frutto, & progresso de' nuoui Christia- // ni dell' India, ma si raccontano ancora molti par- // ticolari auuisi degni di memoria, // intorno alle cose // successe in quei paesi, // Di Casi strani, mutationi di Stati, rouine, // morti di gran Personaggi, & d'altre // materie notabilissime. // Con Licenza de i Superiori. // [*vig.*] // In Venetia, M. D. C. VIII. // — Appresso Bernardo Giunti, & Gio. Battista Ciotti, // & Compagni. Pet. in-8, pp. 75.

Di Macao alli 25. di Gennaro 1602. La p. 17 est ch. par erreur 14. — British Museum, 4767. b. 12.

ANTONIO DE MORGA.

—— Svcesos de las || islas Philipinas || Dirigidos || A Don Christoval Gomez || de Sandoval y Rojas Dvqve || de Cea || Por el Doctor Antonio di Morga || Alcalde del Crimen de la Real || Avdiencia de la Nveva España Cõ- || svltor del S^to^ Officio de la Inqvisicion || In-4, 6 ff. n. ch. p. l. tit. etc., + ff. 172.

Le front. *ut supra* et gravé; on lit au coin à gauche, *Samuel Estradanus Antuerpiensis Faciebat*, et au coin à droite : *Mexici ad Indos. Anno 1609*. Extrêmement rare. British Museum, C. 32. f. 31.

Cat. 375, K. W. Hiersemann, Leipzig, 1909, 665, M. 10800.

Parlant de l'ouvrage de Morga, Retana, 68, écrit : «Libro estimadisimo y de mucha rareza. Hay ejemplares con frontis grabado y otros con la portada tipográfica. Esto últimos son aún más raros que los primeros.» Retana donne le facsimile du titre en caractères typographiques :

—— Svcesos de las // Islas Filipinas. // dirigido. // a Don Cristoval Gomez de // Sandoual y Rojas, Duque de Cea. // Por el Doctor Antonio de Morga. //Alcalde del Crimen, de la Real Audiencia de la Nueua Es-// paña, Consultor del santo Oficio de la Inquisicion. // [*armes*] // En Mexico. // En casa de Geronymo Balli. Año 1609. // Por Cornelio Adriano Cesar.

Ce facsimile a été également reproduit par Retana, p. 154, de ses *Orígenes de la Imprenta Filipina*, 1911.

—— *[Antonio de Morga. — Sucesos de las Islas Filipinas. Nueva edición. Madrid, Imprenta de M. Ginès Hernandez.] In-4, 7 ff. prél.+ 201 (qui finit la signature 26).

Hásele añadido una hoja por delante, que reproduce la port. grab. de la edición original, y otra á lo último, con la que acaba el texto, en muy diferente tipografia... Esta es la edición de D. Justo Zaragoza, que imprimió hacia 1888, y que por las vicisitudes del Editor y del que debió prologarla, no llegó á quedar enteramente concluida. — Vindel annunció este ejemplar como *único*; pero es lo cierto que tuvo dos; el otro lo posee Mr. Ayer. — No sabemos de la existencia de ningún otro de esta edición, que, sin las circunstancias imprevistas apuntadas, se habria anticipado á la hecha por Rizal.» (Retana, 4214.)

—— Sucesos // de las // Islas Filipinas // por el // Doctor Antonio de Morga // Obra publicada en Méjico el año de 1609 // Nuevamente sacada á luz y anotada // por // José Rizal // y precedida de un prólogo del // Prof. Fernando Blumentritt. // Paris, 1890, in-8, pp. XXXVI (prél.) + 1 n. ch. + pp. 374.

A la dernière page : «Tip. de Garnier Hermanos.» — Retana, 2891.

—— Vida y Escritos del Dr. José Rizal por W. E. Retana — Edición ilustrada con Fotograbados — Prólogo y Epílogo de Javier Gómez de la Serna y Miguel de Unamuno respectivamente. Madrid, Victoriano Suárez, 1907, in-8, pp. XVI-512, 16 pl.

José Rizal né à Calamba, province de la Laguna, île de Luzón, 19 juin 1861; exécuté le 30 décembre 1896.

Sur l'édition de Morga, voir pp. 172-179.

—— Sucesos de las Islas Filipinas por el Dr. Antonio de Morga — Nueva Edición enriquecida con los escritos inéditos del mismo autor ilustrada con numerosas notas que amplían el texto y prologada extensamente por W. E. Retana. — Madrid, Victoriano Suárez, 1909, in-8, pp. 180*-589.

Colophon, p. 589. : Aquí fenece la presente nueva edición de los Sucesos de las Islas Filipinas por el Dr. Antonio de Morga...Hecha en la Imprenta de Fortanet, de Madrid, calle de la Libertad, 29. Dió comienzo la impresión á los últimos del año de 1908, y se acabó á los últimos de 1909.

Apéndice. — Escritos inéditos del Dr. Morga, pp. 231 seq.

—— Cinco Notas al capítulo octavo de los «Sucesos de las Islas Filipinas» del Dr. Antonio de Morga (en su nueva edición de W. E. Retana) por Epifanio de los Santos Cristóbal C. de la Real Academia de la Historia. — Tirada de veinte ejemplares. — Madrid, Fortanet, 1909, in-8, pp. 24.

—— The Philippine Islands, Moluccas, Siam, Cambodia, Japan, and China, at the close of the Sixteenth Century. By Antonio de Morga. Translated from the Spanish, With Notes and a Preface, and a letter from Luis Vaez de Torres, describing his voyage through the Torres Straits. By Hon. Henry E. J. Stanley. — London : Printed for the Hakluyt Society, M. DCCC. LXVIII, in-8, pp. XXIV-431.

—— *A de Morga. — History of the Philippine Islands from their discovery by Magellan in 1521 to the beginning of the 17th century; with descriptions of Japan, China and adjacent countries; translated into English, annotated and edited by Emma H. Blair and J. A. Robertson. Cleveland (Ohio) Clark & Co., 1907, 2 vol. in-8, pp. 331, 209.

*
* *

—— * Le Livre de l'Imitation de J. C. (désigné alors sous le titre de Gerson), traduit et publié en japonais vers l'an 1609, par Jean Canaya, qui fut martyr.

Pagès, No. 116.

—— * Aegidius Albertinus, Historische Relation, was sich inn etlichen Jaren hero im

Königreich Japon in geist- als weltlichen Wesen zugetragen. Zum andern von dem Standt und Gelegenheit der gantzen Ost-Indien. Drittens kurze Beschreibung des Landts Guinea und Sierra Lioa in Africa ligendt. München, 1609, in-4.

De Backer.

Nicolas Trigault.

—— * Coppie de la lettre dv R. P. Nicolas Trigavlt Dovysien de la Compagnie de Iesvs Contenant L'accroissement de la Foy Catholique aux Indes, Chines et lieux voisins. Ensemble L'assiegement de Mozambic, Malaca, Amboin, etc. par la Flotte Hollandoise. Escrite av R. P. François Fleron, Prouincial de la mesme Compagnie, en la Prouince des Pays-Bas, datée de Goa en l'Inde Orientale, la veille de Noël, 1607. En Anvers, Chez Daniel Vervliet, 1609. Pet. in-12, pp. 113.

Vervliet avait le privilège pour «le latin, le françois et le flamen». — Sommervogel. — Les pp. 106-109 sont relatives au Japon. — Cat. Mourier, 515, 35 fr.

—— * Coppie de la lettre dv R. P. Nicolas Trigavt Dovysien de la Copag. (*sic*) de Iesvs. Escrite au R. P. François Fleuron, Prouincial de la mesme Compagnie en la Prouince des Païs bas, dattée de Goa en l'Inde Orientale, la veille de Noël 1607. A Paris, Chez Clavde Chappelet, M.DC.IX. In-12, pp. 108.

Sommervogel.

—— * Copie de la lettre du P. Nic. Trigaut douysien, dattée de Goa en l'Inde Orientale, la veille de Noël 1607. Rouen, Romain de Beauvais, 1609, in-12. — Lyon, Rivoire, 1609, in-12.

Insérée au t. III, liv. 1, chap. 41, de l'ouvrage du P. du Jarric; — et dans la *Vie du P. Trigault*, par l'abbé Dehaisnes. — Sommervogel.

—— * Copye des briefs ghescreven vanden E. P. Nicolaes Trigavlt Priester der Societeyt Iesv, Aenden E. P. Franciscvm Fleron, Prouincial der seluer Societeyt inde Nederlanden. Wt Goa in Oost-Indien op Kersmis-auont. 1607. Waer in verhaelt wordt de vermeerderinghe des Christen gheloofs in Indien, Chinen, Iaponien, etc. Mitsgaders, Het belech van Mozambic, Malaca, Amboin, ende meer andere plaetsen, door de Hollantsche Vlote. T'Hantwerpen, By Daniel Vervliet, 1609. In-8, pp. 79, goth.

Sommervogel.

1609-1610.

—— Lettera Annva del Giappone del 1609. e 1610. scritta al M. R. P. Clavdio Acqvaviva Generale della Compagnia di Giesv. Dal P. Giouan Rodriguez Girano. In Roma, Appresso Bartolomeo Zannetti, 1615. In-8, pp. 147.

—— Lettera // annva // del Giappone // del 1609. e 1610. // scritta al M. R. P. // Clavdio Acqvaviva // Generale della Compagnia // di Giesv. // Dal P. Giouan Rodriguez Girano. // [*fleuron*] // In Milano, // Per l'her.di Pacifico Pontio, & Gio. Battista Piccaglia, // Stampatori Archiepiscopali, MDCXV. In-8, pp. 141.

Bibliothèque de l'Institut.

—— Litterae ‖ Iaponicae ‖ annorum M.DC.IX. et X. ‖ ad R. admodvm piae mem. ‖ P. Clavdivm Aqvavivam ‖ Generalem Praepositvm ‖ Societatis Iesv ‖ a R. P. Prouinciali eiusdem in Iapone ‖ Societ. missae. ‖ Ex Italicis Latinae factae ab ‖ And. Schotto Antuerp. eiusdem Societ. ‖ Sacerdote. ‖ Antverpiae, ‖ Apud Petrvm & Ioannem Belleros.‖ CIↃ.IↃC.XV. ‖ Superiorum permissu. In-8, 12 ff. n. ch. p. l. tit., ded., etc. + pp. 111.

Bib. nat., O²o 113.

—* Augustae Vindelicorum, Christ. Mangius, 1615, in-8. (T. C., 1159.)

—— Litterae Iaponicae ‖ a R. P. Provinciali ‖ Societatis Iesv ‖ in Iapone, ‖ ad R. admodvm P. ‖ Clavdivm ‖ Aqvaviva ‖ Praepositvm Genera- ‖ lem eivsdem Societatis ‖ nuperrimè transmissae. ‖ Anno s. 1609. & 1610. mense Martio. ‖ In quibus nouem Iaponum in regnis Fingo, ‖ Sassuma, & Firando pro fide Catholica in- ‖ teremptorum, res praeclarè gestae, & mors ‖ preciosa continentur. ‖ Vertit ex Italico Romae impresso in La- || tinum sermonem || P. Petrvs Halloix Sac. Soc. Iesv. || Dvaci, || Typis Baltazaris Belleri. || Anno M.DC.XII. Pet. in-12, pp. 136.

—— * Lettres annuelles dv Iappon povr les années M.DC.IX et M.DC.X envoyees av R. P. Clavde d'Aqvaviva General de la Compagnie de Iesvs, en langve italienne. Par le R. P. Iean Rodriguez Girano, Et traduites en François par P. R. S. D. F.-A Lille, De l'Imprimerie de Rache, l'an 1615. In-8, pp. 226, s. l. déd. à Philippe Cavereel, abbé de S. Vaast.

Sommervogel.

Neuf Martyrs (1609 et 1610).

—— Relationi // della gloriosa // morte di nove // Christiani Giaponesi, // Martirizzati per la Fede Cattolica ne i Regni // di Fingo, Sassuma, e Firando, // Mandate dal P. Prouinciale della Compa- // gnia di Giesv in Giapone, nel // Marzo del 1609. e 1610. // Al Molto R. P. Clavdio // Acquauiua Generale della mede- // sima Religione. // [*marque*] // In Roma, // Appresso Bartolomeo Zannetti. M.DC.XI. // - Con Licenza de' Superiori. Pet. in-8, pp. 124.

Nangasachi, 10 di Marzo, 1610.

British Museum, 4767. aaa. 3.

—— Relationi // della gloriosa // morte di nove // Christiani Giaponesi, // Martirizzati per la Fede Cattolica ne à Regni di // Fingo, Sassuma, e Firando. // Mandate dal P. Prouinciale della Compagnia // di Giesv in Giapone, nel Marzo // del 1609. e 1610. // Al Molto R. P. Clavdio // Acquauiua Generale della mede- // sima Religione. // [*marque*] // In Milano, // - Per l'heredi di Pacifico Pontio, & Gio. Battista // Piccaglia. M.DC.XI. Pet. in-8, pp. 64.

British Museum, G. 6681 (8).

—— Relationi // Della gloriosa morte // di nove Christiani // Giapponesi // Martirizzati per la Fede Cattolica // ne i Regni di Fingo, Sassuma, // e Firando; Mandate dal P. Prouinciale della Compagnia di Gie- // sù in Giapone, nel Marzo del 1609. e 1610. // Al molto Reu. P. Clavdio Acqvaviva // Generale della medesima Religione. // [*marque*] // In Roma, & in Bologna, per Bartolomeo Cochi. // Con licenza de' Superiori. 1611. // - Ad instanza di Simone Parlasca. Pet. in-8, pp. 75 + 1 f. n. ch.

British Museum, 4767. b. 13 (1).

—— New Historischer Bericht /// Wessicher mãsseñ // etliche Christen in Japon / in den Kô= // nigreichen Fingo, Sassuma vnd Firando, // wegen desz Catholischen Glaubens gemar= // tert worden. // Geschriben durch // R. P. Prouincialem der Societet Iesv // in Japon / im Mertzen desz 1609. vnd 1610. // Jahrs. // An den // Hochehrwürdigen Herrn P. Clavdivm // Aquauiuam, erstgemeldter Societet // Generalen. // Ausz dem zu Rom jüngstgedruck= // ten Italianischen Exemplar ins // Teutsch gebracht. // Gedruckt vnd verlegt zu Augspurg / durch // Chrysostomum Dabertzhofer. // — Anno M.DC.XI. Pet. in-4, 3 ff. n. ch. + pp. 60.

—— Relacion de los succesos del Japon y muerte de nueve martyres, 1611, in-8.

Sommervogel.

—— Relationes de // gloriosa // morte novem // Christianorvm // Iaponensivm, // qvi // Pro Fide Catholica, // in regno Fingensi, // Sassumano, & Firandensi occu- // buerunt. // a // Praeposito Provinciali // Societatis Jesu in Japone, mense Martio // anni MDCX. // Ad Reverendum admo- // dum in Christo Patrem Clavdivm Aqvavivam Societatis eiusdem Praepositum Gene- // ralem missae, & iam primùm Lati- // nè redditae. // M.D.CXII. // Mogvntiae // Ex officina typographica Ioannis Albini. In-8, pp. 117 + 1 f. n. ch. App.

Bib. nat., O²o 112. — Voir P. Halloix, Duaci, 1612.

—— Histoire // de la glorievse // mort de nevf // Chrestiens Iaponois, // martirisez povr la // foy Catholique, ès Royaumes de // Fingo, Sassuma, & Firando. // Enuoyez par le R. P. Prouincial de la Compagnie // de Iesvs, estant au Iapon, le mois de // Mars, des ans 1609. & 1610. // Au R. P. Claude Aquauiua, General de // la mesme Compagnie. // [*vig.*] // A Paris

Chez Ioseph Cottereav, ruë // sainct Iaques à la Prudence. // — M.D.CXII. In-12, pp. 106.

British Museum, 1370. a. 20.

—— La glorievse mort // de neuf Chrestiens // Iapponois // martyrizez povr // la Foy catholiqve // avx royavmes de // Fingo, Sassvma, et Firando. // Enuoyée du Iapon l'an 1609. & 1610 au mois // de Mars, par le R. P. Provincial // de la Société de Iesvs, au R. P. Clav- // de Aqvaviva General de la // mesme Compagnie. // A Douay, // De l'Imprimerie de Pierre Avroy, // au Pelican d'or, l'an 1612. Pet. in-8, 3 ff. n. ch. + pp. 60.

—— * Opisanie chwalebnego męczenstwa dziewięci chrześcian Iapońskich podjętego dła wiary chrześćiańskiey w królestwach tamecznych, w Fingu, Sussamie i Firandzie, przesłane od Wieleb. Ojca prowincyała Soc. Jesu w Japonii miesiąca Marca w r. 1609 i 1610. przewielebnemu Ojcu Claudiusowi Aquaviva generałowi tegoż zakonu. W Rzymia, językiem włoskim wydane, a teraz na polski przetłumaczone. W. Krakowie, w drukarni Mikoł. Loba : r. p. 1612. In-4, 24 ff. n. ch.

Trad. de la relation de Pasio, par le P. Simon Wysocki, S. J.

1611.

—— Lettera // annva // del Giappone // del M.DC.XI. // Al Molto Reueren. Padre // Clavdio Acqvaviva, // Generale della Compagnia di // Giesv. // Scritta dal P. Giouanni Roderico Giram, // della medesima Compagnia di Giesv. // [*vig.*] // In Roma, // Appresso Bartolomeo Zannetti. 1615. // — Con Licenza de' Superiori. Pet. in-8, pp. 120.

Nangasachi, li 10. di Marzo 1612. — British Museum, 4767. c. 12.

—— Lettera // annva // del Giappone // del M.DC.XI. // Al Molto Reueren. Padre // Clavdio Acqvaviva. // Generale della Compagnia di // Giesv. // Scritta dal P. Giouanni Roderico Giram, della medesima // Compagnia di Giesv. // [*fleuron*] // — In Milano. // Per l'her. di Pacifico Pontio, & Gio. Battista Piccaglia Stam- // patori Archiepiscopali. M.DC.XVI. In-8, pp. 238.

Bibliothèque de l'Institut.

Trad. en latin par le P. And. Schott.

1612.

—— Lettera // annva // del Giappone // del M.DC.XII, // Al Molto Reueren. Padre // Clavdio Acqvaviva, // Generale della Compagnia di // Giesv. // Scritta dal P. Giouanni Roderico Giram, // della medesima Compagnia di Giesv. // [*vig.*] // In Roma, // Appresso Bartolomeo Zannetti. 1615. // — Con Licenza de' Superiori. Pet. in-8, pp. 168.

Datée : Nangasachi, 12 janvier 1613.

British Museum, 4765. a. 4.

—— * Milano, Hered. di Pacif. Ponzio e Gio. Batt. Piccaglia, 1616, in-12. (Pagès, 135.)

—— * Rei christianae apvd Iaponios Commentarivs Ex litteris annuis Societatis Iesv annorum 1609. 1610. 1611. 1612. collectus. Avctore P. Nicolao Trigavtio eivsdem Societatis. Avgvstae Vindelicorvm apud Christophorum Mangium, MDCXV. In-8, pp. 296, s. l. prél.

Dédié à l'empereur Mathias. — Sommervogel. — Rédigées d'après les lettres annuelles du P. Rodriguez Giram. — En polonais, Cracovie, 1616, in-4. (Pagès, 132).

—— * Relacão da Perseguição que tene a Christandade do Japaõ desde Mayo de 1612. até Novembro de 1612, tirada das Cartas Annuaes, que se enviaraõ ao P. Geral da Companhia de Jesus. Lisboa, por Pedro Crasbeeck, 1616, in-12.

Sommervogel.

Mexique.

—— Relation inédite d'un voyage au Japon; par Don Rodrigo de Vivero y Velasco, Gouverneur général des îles Philippines. (*Revue des Deux Mondes*, ... IIe série. — 1er janvier 1830, pp. 101-119; Fév. et Mars 1830, pp. 310-325; Avril 1830, pp. 7-32.)

«Le morceau suivant que nous pouvons donner comme *inédit*, puisqu'il n'a jamais été traduit, est extrait d'un recueil espagnol, dont il n'a été imprimé que le premier volume et quelques cahiers du second qui n'ont pas même été publiés. Visitant, en 1823, la précieuse bibliothèque de l'Escurial, nous fûmes assez heureux pour obtenir du Père bibliothécaire l'exemplaire sur lequel est faite la traduction que nous offrons aux lecteurs de ce recueil. Nous prîmes en même temps connaissance du manuscrit *original* donné à cet établissement par le lieutenant-colonel d'artillerie D. Diego Panès.»

Signé C....

Traduit dans l'*Asiatic Journal* de juillet 1830.

—— Summary of a Narrative by His Excellency Don Rodrigo de Vivaro y Velasco, Governor general of the Philippine Islands, of his residence in the Empire: A. D. 1608-1610. (T. Rundall, *Memorials of the Empire of Japon*, 1850, App., pp. 171-186.)

Reproduit de l'*Asiatic Journal*, July, 1830.

—— Primera Relaciones Oficiales entre el Japón y España tocantes á México por C.A. Lera Enviado extraordinario y Ministro plenipotenciario de México en el Japón y en China. (*Bol. de la Real Soc. Geog. Madrid*, t. XLVIII, 1906, pp. 64-80.)

—— University of California. Publications. American Archaeology and Ethnology, Vol. 4, No. 1. — The Earliest Historical Relations between Mexico and Japan from Original Documents preserved in Spain and Japan. By Zelia Nuttall. Berkeley, The University Press, April 1906, in-8, pp. 47.

Notice : *T'oung Pao*, Mai 1906, pp. 296-301, par Henri Cordier.

1613.

——* Lettera annva del Giappone dell' Anno M.DC.XIII. Nella quale si raccontano molte cose d'edificatione, e martirij occorsi nella persecutione di questo Anno. Scritta dal P. Sebastiano Vieira della Compagnia di Giesv. Al molto R. P. Generale dell' istessa Compagnia. In Roma, Per Bartolomeo Zannetti, 1617, in-8, pp. 72.

Nangasaqui, 16 mars 1613.

Vieira, né 1574 à Castro-Dairo, diocèse de Lamego; brûlé vif au Japon, le 6 juin 1634.

Sommervogel.

——* Annuae litterae ex Japonia 16 Martii 1613. Romae, apud Bartholomaeum Zannettum, 1617, in-8.

—— Lettre // annvelle dv // Iappon // de l'an mil six cens treize, // Contenant plusieurs exemples de rare vertu, & di- // uers actes des Martyrs qui y ont souffert pour // la confession de la foy Chrestienne durant // la mesme année. // Escripte par le Pere Sebastien Vieira de la // compagnie de Iesvs. // Av // Reuerend Pere General de la mesme compagnie. // Traduitte d'Italien en François par le Pere Francois // Solier de la mesme compagnie. // [*fleuron*] // A Paris, // Chez Sebastien Chapelet, ruë sainct // Iacques, à l'enseigne de l'Oliuier. // M.DC.XVIII. // — Auec approbation des superieurs. In-8, pp. 89.

Bib. nat., O²o 121.

——* Lettre annvelle dv Iappon de l'an mil six cens treize. Contenant plusieurs exemples de rare vertu, et diuers actes des Martyrs, qui y ont souffert pour la confession de la foy Chrestienne durant la mesme année. Escripte par le Pere Sébastien Vieira de la Compagnie de Iesvs. Av Reuerend Pere General de la mesme compagnie Traduitte d'Italien en françois par le Pere François Solier de la mesme compagnie. A Bovrdeavs, par Simon Millanges, s. a., in-8, pp. 92. (Permission du 19 août 1617.) — Av Pont-à-Movsson, Par Melchior Bernard, M.DC.XVIII, in-4, pp. 89.

Sommervogel.

1612, 1613 ET 1614.

—— Histoire de l'estat // de la // chrestienté // av Iapon, // et dv glorieux // martyre de plv- // sievrs Chrestiens // En la grande persecution de l'an // 1612. 1613. & 1614. // Le tout tiré des lettres enuoyees à Rome par les // Peres de la Compagnie de Iesvs au Iapon, // & tourné d'Italien en François par un Pe- // re de la mesme compagnie. // [*fleuron*] // A Dovay, // De l'Imprimerie de Baltazar Bellere, // au Compas d'or. L'an 1618. In-12, pp. 543 + 1 f. n. ch. ép.

Bib. nat., O² o 122.

*
* *

—— Thresor de l'histoire des Langves de cest Vnivers. Contenant les Origines, Beautés, Perfections, Decadences, Mutations, Changemens, Conuersions, & Ruines des langues Hebraique, Chananeenne,... Chinoise,... Indienne des Terres neuues, &c. Les Langves des Animaux & Oiseaux, par M. Clavde Dvret Bovrbonnois, President à Moulins. Nous auons adiovsté Devx Indices : L'un des Chapitres; L'autre des principales matieres de tout ce Thresor. Imprime a Cologny, par Matth. Berjon, Pour la Société Caldorienne. cIↃ. IↃc. xiii. Auec Priuilege du Roy Tres-Chrestien. In-4, pp. 1030, s. la tab., la préf., &c.

Chap. LXXVII, pp. 900-909 : De la langue des Chinois en général; chap. LXXVI, pp. 909-912 : De la grande isle du Iapan ou Giapan. — Alphabet de la Chine & du Gyapon, pp. 913-916.

On a cru que cet ouvrage était le premier dans lequel on ait employé en Europe des caractères chinois; c'est une erreur; des caractères chinois se trouvent sur la page 72 *b* de *Cartas que los Padres*... Alcala, 1575, in-4; dans le *Theatrum Orbis* d'Ortelius, Anvers, 1584, et dans le Mendoça de 1585.

—— Le Même. — Yverdon, M.DC.XIX. In-4, 16 ff. n. ch. + pp 1030.

1613-1614.

—— * Lettera annva del Giappone del M.DCXIV. Al molto Reuer. Padre Generale Della Compagnia di Giesv. Scritta dal Padre Gabriel di Mattos della medesima Compagnia di Giesv. In Roma, Appresso Bartholomeo Zannetti, MDCXVII. In-12, pp. 205.

Aussi avec le titre suivant :

—— * Lettera annva del Giappone del M.DCXIV. Al Molto Reverendo Padre Mvtio Vitelleschi generale della Compagnia di Giesv. Scritta dal Padre Pietro Morecion (*sic*) della medesima Compagnia di Giesv. In Roma, Per Bartolomeo Zannetti, MDCXVII. In-8, pp. 205.

Sommervogel.

—— Lettres // annales // dv Iappon, // Des Annees M. DC. XIII. & M. DC. XIV. // Où plusieurs choses de tres grande edification // sont fidelement racontees, avec les Martyres // admirables, arriuez durant la persecution // du Roy Cubo Idolatre, ez desdictes Années, // Escrites au R. P. General de la Com- // pagnie du Nom de Iesvs. // Mises d'Italien en François, & de nouueau reueües // par le P. Michel Coyssard, de la // mesme Compagnie. // Auec quelques autres Aduis des Indes, & de la // Chine de l'An 1616. // Le tout enrichi d'vne table des choses principales. // [*vig.*] // A Lyon, // Par Iean Lavtret // – Auec Priuilege. 1619. In-12, pp. 486 + 18 ff. n. ch. p. l. tab., er. et priv.

Bib. nat., O² o 124.

——* Lettres annales dv Iappon, Des Annees M.DC.XIII. et M.DC.XIV. Où plusieurs choses d'edification sont racontees fidelement et les Martyres arriuez durant la persecution des dictes Annees, Escrites au Reuerend Pere General de la Compagnie de Iesvs, par le P. Sebastien Viera, de la mesme Compagnie. Mises d'Italien en François, au Collège de Lyon, par le Pere Michel Coyssard. A Lyon, Par Clavde Morillon, Libraire et Imprimeur de Madame la Duchesse de Montpensier. M. DC. XVIII. Avec Permission et Priuilege. In-8, pp. 280.

Dans l'avertissement au Lecteur qui termine cet ouvrage, le P. Coyssard dit : «...comme ie preuuay l'an 1617 en l'Epistre dedicatoire, à feu Monseigneur l'Archeuesque de Lyon, deuant l'Histoire des cinq nobles Martyrs Iapponois...» Je n'ai pas rencontré cet ouvrage et je ne vois pas à quelle relation il se rapporte, à moins que ce soit le No. 14, mal indiqué pour la date, *1617* pour *1607*, et *cinq* nobles pour *six*.

La lettre de 1614, traduite par le P. Coyssard, est du P. Gabriel de Mattos, ou du P. Pierre de Moreion. — Sommervogel.

John Saris.

—— The Eighth Voyage set forth by the East-India Company, with three Ships, the *Clove*, the *Hector*, and the *Thomas*, under the Command of Capt. John Saris : His Course to, and Actions in the Red Sea, Java, Molucca's, and the Isle of Japan, where first began and settled an English Trade. Taken out of his own Journal. (*Collection of Voyages and Travels*, by John Harris, London, M DCC V, I, pp. 116-129.)

—— A Supplement to Chap. XXIII. Concerning divers Customs of the Japonese, and some Remarkable Occurrences at Firando

Taken out of the Relation of Mr. Richard Cocks, Cape-Merchant, and chief Resident in the English Factory there. (*Collection of Voyages and Travels*, by John Harris, London, M. DCCV, I, pp. 130-131.)

—— The Voyage of Captain John Saris to the Red Sea, the Molukkos, and Japan, in 1611. Being the eighth Voyage set forth by the East India Company. Collected out of the Captain's own Journal. (*New General Collection of Voyages and Travels*, by Astley, London, M. DCC. xlv, I, pp. 451-496.)

—— History of the English Factory at Hirado (1613-1622) with an introductory chapter on the Origin of English Enterprise in the Far East. By Dr. Ludwig Riess. (*Trans. Asiat. Soc. Japan*, XXVI, 1898, pp. II-218.)

—— The Voyage of Captain John Saris to Japan, 1613. Edited from Contemporary Records by Sir Ernest M. Satow... London : Printed for the Hakluyt Society, M. DCCCC, in-8, pp. VIII-LXXXVII-242.

Forme le No. 5 de la seconde série des publications de l'Hakluyt Society.

— Memorials of the Empire of Japon... Thomas Rundall, 1850, pp. 46 seq.

—— Calendar of State Papers, Colonial Series, East-Indies, China and Japan, 1513-1616, Preserved in Her Majesty's Public Record Office, and elsewhere. Edited by W. Noël Sainsbury, Esq., of the Public Record Office,... London : Longman... 1862, gr. in-8, pp. LXXVII-553 + 1 f. n. ch. er. + pp. 11.

—— —— 1617-1621... 1870, gr. in-8.

—— —— 1622-1624... 1878, gr. in-8.

—— Calendar of State Papers, Colonial Series, East-Indies, China and Persia, 1625-1629. Preserved in Her Majesty's Public Record Office, and elsewhere. Edited by W. Noël Sainsbury, of the Public Record Office... London : Longman... 1884, gr. in-8.

—— —— 1630-1634... 1892, gr. in-8.

(JOHN SARIS.)

—— Report on the Miscellaneous Old Records of the India Office. November 1, 1878. Br. in-fol.

Préparé par G. Birdwood en 1878. — Henri Cordier a réimprimé, *Revue de l'Extrême-Orient*, III, pp. 571-642, une partie de ce rapport. — Réimp. en 1889 par F. C. Danvers.

—— Report on The Old Records of the India Office, with supplementary Note and Appendices, by Sir George Birdwood, M. D., K. C. I. E., ... Second Reprint. London : W. H. Allen & Co. — 1891, in-8, pp. XII-316.

—— Report to the Secretary of State for India in Council on the Records of the India Office. By Frederick Charles Danvers, Registrar and Superintendent of Records. — Records relating to Agencies, Factories, and Settlements not now under the Administration of the Government of India. London : Printed for Her Majesty's Stationery Office, by Eyre and Spottiswoode. — 1888, in-8, pp. 296-XXXVII.

Une grande partie (190-XXXVII) de ce volume forme un volume parlementaire de 1887, sous la cote C. — 5055.

Frederick Charles Danvers, 74 ans; † 17 mai 1906 à Addlestone, Surrey.

*
* *

—— * Accademia Giapponica del R. M. Pandulfo Ricasoli Baroni Patrizio Fiorentino, nella quale per modo di dialogo si provano la verità della fede catolica, e si reprovano le false opinioni de gentili trattate in tre parti. Prima parte (*seule parue*). Bologna, Her. Rossi, 1613, in-fol.

Minerve. — Pagès, 125.

RICHARD COCKS.

—— An Account of some remarkable Occurences, and divers things relating to the State of the English Trade in Japan, taken out of the Letters of two English-men, a long time resident there, Mr. Cocks and Mr. Sayer. (*Collection of Voyages and Travels*, by John Harris, London, M DCCV, I, pp. 135-137.)

—— An Account of some things Historical and Civil, relating to the great Empire of Japan,

(RICHARD COCKS.)

taken out of some later Letters of Mr. Richard Cock, English Factor at Firando, and Mr. Arthur Hatch Minister, who also lived in the Country some time. (*Collection of Voyages and Travels*, by John Harris, London, M. DCCV, I, pp. 205-206.)

—— A Relation of what past at Firando in the General's Absence, at the Emperor's Court. Written by Richard Cocks, Cape-Merchant. (*New General Collection of Voyages and Travels*, by Astley, London, M. DCC. XLV, I, pp. 509-517.)

—— Several Particulars relating to the Affairs of Japan, from 1614, to 1620, extracted from the Letters of Mr. Cocks. To which is added, the Substance of two Letters from Mr. Sayer; and a Letter from the Emperor of Japan, to the Prince of Orange. (*New General Collection of Voyages and Travels*, by Astley, London, M. DCC. XLV, I, pp. 517-525.)

— Memorials of the Empire of Japon... Thomas Rundall, 1850.

* * *

—— *Tratado de la nueva cristiandad del Japon, y trabajos de la plantacion de la santa Fe : por el Padre Fr. Ricardo de Santa Ana de la Observante Provincia de Flandes.

Manoscritto che il Padre Huerta (*Estado, ec.*) dice firmato il 2 di maggio del 1614. Di questo beato e gloriosissimo martire Francescano del Giappone, nativo di Nivelle nelle Fiandre, è stato largamente scritto nell'occasione che co'suoi Compagni venne solennemente dichiarato beato dal Sommo Pontefice Pio IX. Anche l'Huerta ne dà una larga biografia. — Marcellino da Civezza, No. 641.

De Feynes.

—— An // exact and // cvriovs svrvey // Of all the East Indies, euen to Can- // ton, the chiefe Cittie of China : All // duly performed by land, by Monsieur // de Monfart, the like whereof was // neuer hetherto, brought // to an end. // Wherein also are described the // huge Dominions of the great Mogor, // to whom that honorable Knight, Sir // Thomas Roe, was lately sent // Ambassador from // the King. // Newly translated out of the // Trauailers Manuscript. // London, // Printed by Thomas Dawson, for William // Arondell, in Paul's Church-yard // at the Angell // 1615. Pet. in-4, 5 ff. n. ch. p. l. t., l'ép. et la préf. + pp. 40.

Monsieur de Monfart = Henry Defeynes. Il y a un extrait du voyage de Monfart dans le Vol. III, Lib. III, C. 8, pp. 410-411 des *Pilgrimes* de Purchas, 1625.

Cf. Pyrard de Laval, 3e éd., 1616, II, pp. 292-293. — Mocquet, *Voy.*, 1645, p. 353.

—— Voyage faict par terre depuis Paris jusques a la Chine. Par le Sr. de Feynes gentilhomme de la maison du Roy, Et ayde de Mareschal de Camp de ses armées. Avec son retour par mer. A Paris. Chez Pierre Rocolet en la gallerie des prisonniers aux armes de la Ville. 1630. In-8, tit. gravé + 8 ff. n. ch. + pp. 212.

Au roy. — Au lecteur. — Table des royaumes où j'ay voyagé. — A monsieur de Feynes sur ses voyages. — Privilege. — Voyage.

—— Voyage qui a esté fait par terre de Paris à la Chine : Par le Sieur de Monferran.

Ms. du XVIIe siècle, pet. in-fol. de 37 pages. — Bib. nat., Fr. 22982 (Fonds de l'Oratoire, 121).

Un autre ms. de cette relation existe à la Bibliothèque de l'École de médecine de Montpellier, No. 104, dans le Cat. de cette collection. (*Cat. des Ms. des Bib. des Dép.*, I, p. 323). Publié sous le titre de :

—— Le Voyage de Montferran de Paris à la Chine publié d'après un manuscrit de la Bibliothèque de la Faculté de Médecine de Montpellier par L.-Marcel Devic. Paris, Maisonneuve Frères et Ch. Leclerc, 1884, br. in-8, pp. 36.

Extrait du *Bulletin de la Société Languedocienne de géographie* (Mars 1884).

Notice par Henri Cordier, *Revue critique*, 8 déc. 1884, n° 50, pp. 469-471, et *Revue de l'Extrême-Orient*, III, pp. 332-334.

Deuxième Ambassade Japonaise.

Envoyée par Date Masamune. Reçue par le Pape le 3 nov. 1615.

—— * Relacion // breve, y svmaria, del // Edito que mãdó publicar en todo su Reyno del // Bojû, vno de los mas poderosos del Iapon, el Rey // Idate Masamune, publicando la Fè de Christo, y // del Embaxador que embio a España, en cōpañia// del Reuerendo.Padre Fray Luys Sotelo, Re- // coleto Frācisco, que viene cō embaxada del // Emperador del Iapō, hijo de Seuilla, y // lo que en viage le sucedio. *A la fin :* Con licencia, en Seuilla, por Alonso Rodriguez // Gamarra. Año de 1614. In-folio, 2 ff. n. ch.

Retana, 76. — Pagès, 127.

—— * Copia // de vna carta qve // embió Ydata Macamune Rey del // Bojú en el Iapon, a la ciudad // de Seuilla, en que dá cuē-ta de su conuersion,//y pide su amistad, //y otras cosas. // [*Écu imperial*] // ¶ Con licencia, en Seuilla, por Alons*a* Rodriguez Gamarra, en la // calle de la Muela. Año de mil y seysciētōs y catorze. // Donde se venden. In-fol., 2 ff. n. ch.

Retana, 76.

—— * Relatione // della solenne entrata // fatta in Roma // da D. Filippo Francesco Faxicura, // Con il Reverendiss. Padre // Fra Lvigi Sotelo // Descalzo dell' Ordine Min. Osser. // Ambasciadori per Idate // Massamune Re di Voxu nel Giapone. // Alla Santità di N. S. Papa Paolo V. // l'Anno XI. del suo Ponteficato. // — // In Roma, Appresso Giacomo Mascardi MDCXV. // Con licenza de' Superiori. In-4, pp. 8.

Retana, 76.

—— * Relatione dell'entrata fatta a Roma da D. Filippo Francesco Faxicura, con il P. Luigi Sotelo, descalzo dell'ordine Minor. Osser., ambasciatori per Idate Massamune, Re di Voxu nel Giappone. In Roma e Firenze, 1615, in-4.

Pagès, 129.

—— L'arrivee // e entree // pvbliqve de l'am-// bassadevr dv roy dv // Iappon dans la ville de Rome, // le 2. Nouembre 1615. // Envoyé par son roy povr // rendre obeyssance au Pape. // Avec levr sorte d'habillements & maniere de viure, ayant // demeuré deux ans en son voyage. // [*fleuron*] // A Paris, // Chez Ioseph Guerreau, deuant la grand porte // du Palais, au Griffon, pres S. Barthelemy. // M. DC. XV.// Avec permission. Pièce in-8, pp. 7.

Bib. nat., O² o 114. — Réimprimé, pp. 158-160, par H. Ternaux-Compans, *Archives des Voyages*, I, Paris, Arthus Bertrand.

—— Recit de // l'entree // solemnelle et re- // marquable faicte à Rome, à Dom // Philippe François Faxicura, & au // Reuerend Pere Frere Louys Sotello // de l'Ordre des Freres Mineurs Ob- // seruantins deschaussez, Ambassa- // deurs pour Idate Massamune Roy // de Voxu au Iappon. Sur sa Con- // uersion au Christianisme & re- // cherche de l'alliance des Princes // Chrestiens. // Vers la Sainctetéde N. S. P. Paul V. l'an XI. // de son Pontificat. Le 25. iour d'Octobre 1615.// Traduit de l'Italien Imprimé à Rome par Iacques // Mascardi, enuoyé au sieur d'Alleri, Gentil- // homme Poicteuin, Domestique de //la maison du Roy. //A Paris, // Chez Abraham Savgrain, // ruë S. Iacques au dessus // de S. Benoist. // M. DC. XVI. // Auec Priuilege du Roy. // Pet. in-8, pp. 16.

—— Histoire // remarqvable // arriuee le vingt-cinquiesme d'O- // ctobre dernier, au grand Benefice // la Chrestienté. // [*fleuron*] // A Paris, // Chez Abraham Savgrain, // ruë S. Iacques au dessusde S. Benoist. // — M. DC. XVI. // Auec Priuilege du Roy. Pièce in-8, pp. 16.

Bib. nat., O² o 117.

Le titre de départ, p. 3, porte : «Récit de l'entrée solennelle faite à Rome aux ambassadeurs de Idate Massamune, Roi de Voxu au Japon, vers la Sainteté de notre S. P. Paul V.»

—— *Acta Avdientiae // pvblicae // a S· D· N· Pavlo V· // Pont. Opt. Max. // Regis Voxu Iaponi // Legatis. // Romae die iij, Nouembris in Palatio Apo- // stolico apud S. Petrum exhibitae, // M DC XV. // — // Romae, // Apud Iacobum Mascardum, M DC XV. // Superiorum Permissu. In-4, pp. 12.

Retana, 76. — Pagès, 130. — Cat. Mourier, No. 359, 16 fr. — Jacques Rosenthal, Munich, Cat. 39, 1905, No. 109, M. 27.

—— * Acte de l'audience publique prestee par N. T. P. (*sic*) le Pape V (*sic*) aux ambassadeurs du roy de Voxu au Japon en Rome le 3. de Novembre au palais apostolique pres de S. Pierre l'an 1615 (trad. par N. Oranus). Avec le recit de leur joyeuse entree et reception en la cite de Rome (trad. par Mart. de la Motte). Liège, chez L. Streel, jouxte la copie imprimée à Rome, par J. Mascard, 1615, ff. 18.

Cat. 39, Jacq. Rosenthal, Munich, 1905, No. 110, M. 18.

—— * Actos de la audiencia publicadada de Paulo V. pontifice maximo, a los Embajadores del Rey Vexu Xapon. Mexico 1626.

—— * Le même en latin... 1626.

De Backer.

—— Harangve // celebre et re- // marquable, prononcée le 27. // Nouembre dernier, deuant le // Pape, & Messieurs les Cardi-// naux : // Ensemble la res- // ponce du Pape & les Actes de // l'Audiance publique. // [*Armes de France et de Navarre*] // A Paris, // Chez Abraham Savgrain. ruë // S. Iacques, au-dessus de S. Benoist. // — M. DC. XVI. Pièce in-8, pp. 24.

Bib. nat., O² o 116.

Par Monseigneur Pierre Strozius.

—— Historia // del regno di Voxv // del Giapone, // dell'antichita, nobilta, // e valore del svo re // Idate Masamvne, // delli favori, c'ha fatti // alla Christianità, e desiderio che tiene d'esser Christiano, // e dell' aumento di nostra santa Fede in quelle parti. // E dell'Ambasciata che hà inuiata alla S^tà di N. S. Papa Paolo V. // e delli suoi successi, con altre varie cose di edificatione, // e gusto spirituale de i Lettori. // Dedicata alla S.^tà di N. S. Papa Paolo V. // Fatta per il Dottor Scipione Amati Romano, Interprete, // & Historico dell' Ambasciata. // [*armes*] // In Roma, Appresso Giacomo Mascardi, M. DC XV. // — Con licenza de'Superiori. In-4, 8 ff. n. ch. tit., déd., etc. + pp. 76.

Bib. nat., Rés. O² o 241.

Cat. Mourier, No. 365, 30 fr. — Pagès, 131, cite une autre édition de 1618.

—— * Relation von der frewdenreiche Bekehrung der Königreichs Voxu in Japon. Item Indianischer Religionstand der gantzen newen Welt, bey der Indien gegen Auf und Niedergang der Sonnen, Aus dem Italienischen durch Th. Hendschel. Ingolstadt, 1617, in-4, 2 vol.

—— * Relation von der frewdenreiche Bekehrung des Königreichs Yota in Japonien. Augsburg, 1617, in-4.

De Backer.

—— Conversion // merveillevse // a la foy catholiqve, // apostoliqve, et romaine, // de Idate Masamvne, Grand // & Puissant Roy de Voxu, à // l'Empire du Iappon. // Auec la lettre du dict Sieur Roy à N. S. P. le Pape // Paul V. pour sadicte conuersion. // Ensemble l'entree solemnelle à Rome de ses // Ambassadeurs, le 29. d'Octobre 1615. // [*armes*] // A Lyon, // Par Leon Savine, iouxte la coppie // imprimée à Rome, // — M. D. C. XVI. // Avec permission des Supérieurs. Pièce in-8, pp. 31.

Bib. nat., O² o 115.

—— Conversion // dv roy Ydata Maca-//mvne, et de l'edict qv'il a // fait pubblier par tout son Royaume de Boju // au Iappon, commandant à tous ses vassaux // de receuoir la Foy Chrestienne; & de // l'Ambassade que pour cest effect il a en- // uoyé vers nostre S. Pere le Pape & le Roy // d'Espagne. // Le tout fidellement extraict & traduit des copies // imprimees en Espagnol, auec licence à Seuille, // & à Sarragosse ceste presente année. // [*Armes de France*] // A Tolose, // De l'Imprimerie de Iean Bovde, // à l'enseigne S. Iean. 1618. // Auec Permission. Pièce in-8, pp. 8.

Bib. nat., O² o 120.

—— Fidelle et // notable recit // de la conuersion du Roy Ydata Macamu-//ne, & de l'Edict qu'il a faict publier par // tout son Royaume de Boiu au Iappon // commandãt à tous ses vassaux de reçeuoir // la Foy Chrestiẽne, & de l'Ambassade que // pour c'est effect il à enuoyé vers Nostre // S. Pere le Pape, & le Roy d'Espaigne. // Le tout fidellement extraict & traduit des copies // Imprimée en Espagnol, auec licence à Seuille, // & à Sarragosse ceste presente année. // [*fleuron*] // A Tolose, // De l'Imprimerie de Iean Boude, // à l'enseigne S. Iean, 1618. Pièce in-8, pp. 14.

Bib. nat., O²o 224.

—— *Relacion qve // propvso el embaiador // Iapon, a el Rey nuestro Señor, // y la respuesta de su // Magestad. *A la fin*, p. 3 : Con licencia // Impresso en Seuilla, por Diego Perez. [1616]. In-folio, 2 ff. n. ch.

Retana, 76.

—— Le antiche ambasciate giapponesi in Italia Saggio storico di Guglielmo Berchet con documenti. — Estratto dall' *Archivio Veneto*, Tom. XIII e XIV. — Venezia Tip. del Commercio di Marco Visentini 1877, in-8, pp. 138.

—— Le Japon et Rome au XVIIe siècle par M. Drouyn de Lhuys Membre de l'Institut. — Paris, 1877, br. in-8, pp. 16.

Ext. du Compte-rendu de l'*Ac. des Sc. morales et politiques*.

—— A Sketch of the Life of Date Masamune and an account of his embassy to Rome by C. Meriwether. (*Trans. Asiat. Soc. Japan*, XXI, Nov. 1893, pp. 3-105.)

—— Breve Cenno di quattro Ambasciate inviate a Roma negli ultimi anni del sedicesimo secolo da Gamō Ugisato feudatario d'Aidzu. Per Carlo Valenziani. (*Actes Xe Cong. Int. Orient.*, Genève, 1894, 4e Partie, pp. 107-112.)

—— Les Daimyo chrétiens ou un siècle de l'histoire religieuse et politique du Japon 1549-1650 par M. Steichen M. A. Hongkong, Imprimerie de la Société des Missions étrangères, 1904, in-12, pp. IX-454.

1614-1615.

—— Relacion // de la Perse-//cvcion qve vvo en la ygle-//sia de Iapon : y de los insignes // Martyres, que gloriosamente dieron su vida en de-//fensa de nr̃a santa Fè, el Año de 1614. y 615. // – Sacada de la Avthentica qve // truxo P. Pedro Moreion Procurador General de // la Prouincia de la Compañia de Iesvs de aquel Reyno. // Año [*marque*] 1616. // – En Mexico. // ¶ Impresso. Con licencia : Por Ioan Ruyz. Pet. in-4, 4 ff. n. ch. dont 1 blanc p. l. tit., etc. + pp. 103 + 96.

British Museum, 4767. ccc. 3.

La seconde partie :

—— Relacion del // martyrio de qvarenta y cin//co christianos qve padecieron // por nuestra San Fe, en las tierras de Arima en Noviembre // de 1614. sacada del processo authentico, // que se hizo con juramento sobre ello : y de // otras personas fide dignas, pp. 96.

—— *Relaçaõ da ditosa morte de quarenta y cinco Christaõs, que em Japaõ morreram pela confissaõ da Fé Catholica, em Novembro de 614. Tirada de hum processo authentico pelo P. Jorge de Gouvea S. J. Procurador das Provincias Orientaes da mesma Companhia. Lisboa, por Pedro Craesbeeck, 1617, in-8.

Sommervogel. — Silva, IV, p. 172.

—— *Relacion de la Persecucion que huvo estos años contra la Iglesia de Japon y los ministros della (desde el año de 1612 hasta el de 1615). Sacada de la Carta anua, y de otras informaciones q (*sic*) truxo el P. Pedro Morejon, de la Compañia de Jesus, Procurador de la Provincia de Japon. Roma, 1615, in-4.

Sommervogel.

—— Relacion // de la persecvcion qve // huuo estos años contra la Iglesia de // Iapon, y los ministros della, // Sacada de la carta anua, y de otras informaciones au-//thenticas q̃ truxo el padre Pedro Morejon de la Com-//pañia de Iesus, Procurador de la Prouincia de Iapon. // Dirigida a Doña Luysa de Padilla y Manrique, // Condesa de Aranda, Vizcõdesa de Viota, y Rueda, // Señora de la Tenencia de Alcalaten, y de las // Baronias de Veniloba, Mizlata, y Cortes. // Año [*armes*] 1617. // Con priuilegio en Çaragoça. Por Iuan de Larumbe. // — A costa de Iuan de Bonilla mercader de libros. Pet. in-8, 8 ff. n. ch. tit., déd. + pp. 263 [ch. 262] + 4 ff. n. ch. table et colophon.

British Museum, 4766. a. 12. — Bib. nat., O²o 118.

—— Trivnfo // de la Fee, en // los reynos del Iapon. // Por los años de 1614. // y 1615. // Al ilvstrissimo // y Reuerendissimo señor el Cardenal de // Sandoual, Dean de Toledo. // Por Lope de Vega // Carpio, Procurador fiscal de la Camara // Apostolica en el Arçobispado // de Toledo. // Año [*fleuron*] 1618. // Con licencia. // Madrid, Por la viuda de Alonso Martin. // A costa de Alõso Perez Mercader de libros. Pet. in-8, tit. encad. + 7 ff. n. ch. appr., prol., etc. + 104 ff. ch. + 8 ff. n. ch. p. les ind.

Au verso du dernier f.: En Madrid. — Por la viuda de Alonso Martin de Balboa.

Bib. nat., O² o 123.

Cat. Mourier, No. 437, 30 fr. — Pagès, 143, cite aussi : Madrid, 1617, in-8.

—— A briefe // Relation // of the Persecvtion // lately made // Against the Catholike Christians, in the // Kingdome of Iaponia, // Diuided into two Bookes. // Taken out of the Annuall Letters of the Fathers of // the Society of Iesvs, and other Authenticall // Informations. Written in Spanish, and prin-//ted first at Mexico in the West Indies, the // yeare of Christ M.DC.XVI. // and // Newly translated into English by W. W. Gent. // The First Part. // [*vig.*] // Permissu Superiorum, M.DC.XIX. Pet. in-8, p. 350 + 1 f. n. ch. tab.

British Museum, 867. e. 12.

1615, 1616, 1617, 1618, 1619.

—— * Historia de las Islas Filipinas, Japon, China y otros Reinos de la India; por el Padre Fr. Pedro Bautista de la Provincia de S. José.

—— *Relacion de la persecucion contra los Cristianos en el reino del Japon desde 1615 a 1617.

Il Padre Huerta (*Estado ec.*) che ci dà notizia di questi Manoscritti, dice che il primo è firmatoil 12 gennaio 1605, e il secondo il 24 Maggio 1617. Non è da confondere questo Pier Battista con quello testè nominato, che fu il capo de' 23 Martiri Giapponesi. Figlio, questo, della Provincia di san Giuseppe «pasò a Filipinas (dice lo stesso Huerta) el año de 1600, y en 1602 partiò para las misiones de Japon. Alli trabajò con infatigable celo en la conversion de las almas... Este varon apostolico quedò escondido en dicho reino de Japon cuando salieron desterrados casi todos los ministros evangelicos el año de 1614, pero siendo preso poco despues por la predicacion, fuè desterrado tambien, saliendo de Japon el 30 de setiembre de 1616, y llegando a Mejico el 25 de febrero de 1617. Nombrado por sus prelados Procurador de la causa de la beatificacion de los santos Protomartyres de Japon (Pietro Battista e compagni) pasò de Mejico a las Cortes de Madrid y Roma, regresando a Filipinas el año de 1621. El siguiente año de 1622 saliò segunda vez para España y Roma, y habiendo conseguido la beatificacion de dichos sanctos Martires, volviò a Filipinas el año de 1629. Tercera vez partiò para España el año de 1630, y el Señor quiso premiar sus trabajos llevandole para si el dia 30 de diciembre del citado año 1630, en alta mar, y poco antes de llegar a la America. (Marcellino da Civezza, No. 65.)

—— Lettere annve del Giapone, China, Goa, et Ethiopia. Scritte al M. R. P. Generale della Compagnia di Giesù. Da Padri dell' istessa Compagnia ne gl' anni 1615. 1616. 1617. 1618. 1619. Volgarizate dal P. Lorenzo delle Pozze della medesima Compagnia. In Milano, Appresso l'her. di Pacifico Pontio, & Gio. Battista Piccaglia Stampatori Archiepiscopali, 1621. In-8, pp. 368.

—— Lettere ‖ annve ‖ del Giappone ‖ China, Goa, ‖ et Ethiopia. ‖ Scritte. ‖ Al M. R. P. Generale ‖ Della Compagnia di Giesù. ‖ Da Padri dell' istessa Compagnia ne gli an-‖ ni 1615. 1616. 1617. 1618. 1619. ‖ Volgarizati dal P. Lorenzo delle Pozze della ‖ medesima Compagnia. ‖ in Napoli ‖ Per Lazaro Scoriggio. M.DC.XXI. Pet. in-8, pp. 404 + 2 ff. n. ch. p. les errata.

Contient :

Lettera annva del Giapone scritta da Padri della Compagnia di Giesù al M. R. P. Generale dell' istessa Compagnia gli anni 1615. e 1616, ... Di Macao 13 di Decembre 1616 ... [sig.] Gio. Vreman, ff. 3-93.

Lettere annve di Goa, scritte da i Padri della Compagnia di Giesù al molto R. P. Mutio Vitelleschi Generale l'anno 1618. e 1619. ... Di Goa il 1. di Febraro 1619. ... [sig.] Gasparo Luis, ff. 94-109.

Lettera annva di Goa dell' anno 1619. Al Mol. R. P. Mutio Vitelleschi Generale della Compagnia di Giesù, ff. 110-131.

Missione del Mogor ... Di Goa il 1. Feb. 1620 ... [sig.] Gasparo Luis, ff. 131-137.

Lettera scritta d'Etiopia al M. R. P. Mutio Vitelleschi Generale della Compagnia di Giesù l'anno 1617. dal Padre Pietro Paez della stessa Compagnia ..., ff. 138-147.

Lettera annva della Missione d'Etiopia l'anno 1619. Scritta da Goa al Molto Reuerendo Padre Mutio Vitelleschi Generale della Compagnia di Giesù ... Da Goa 18. di Febraro 1620 ... [sig.] Michele della Pace, ff. 148-172.

Lettera annva scritta al M. R. P. Mutio Vitelleschi Generale della Compagnia di Giesù dalla Cina per ordine del Padre Francesco Viere Visitatore l'anno 1618 ... Di Macao li 15. di Gennaio 1618 ... [sig.] Camillo di Costanzo, ff. 173-254.

Lettera della Cina al medesimo R. P. Generale nel 1618... Di Macao 20. di Nouembre del 1618 ... [sig.] Alfonso Vagnone, ff. 255-276.

Lettera annva del Giapone. Al medesimo Padre Generale, nel 1618 ... Da Mecao a i 28 di Decembre 1618 ... [sig.] Camillo Costanzo, ff. 277-355.

Relatione d'alcvn' altre cose notabili occorse nel Giapone, ff. 356-363.

Relacione d'alcune cose, che sono accadute questo anno 1618. nel Giapone raccolte da uarie lettere inuiate da quelle parti alla Citta di Maniglia, ff. 365-372 [du P. M. de Couros].

Lettera annva del Collegio di Macao, Porto della Cina. Al M. R. Padre Mutio Vitelleschi, Generale della Compagnia di Giesù l'anno 1617 ... Di Macao li 8. di Gennaio 1618 ... [sig.] Antonio di Souza, ff. 373-386.

Lettera annvale del Collegio di Macao. Al molto Riuerente Padre Mutio Vitelleschi Generale della Compagnia di Giesù l'anno 1618 ... Da Macao Porto della Cina il di 21. di Gennaio 1619 ... [sig.] Francesco Eugenio, ff. 387-404.

«Cette édition est plus complète que l'autre.» (De Backer, II, Col. 2141.)

Cat. Mourier, No. 436, 30 fr.

—— Relacion // del martirio del // B. P. F. Alonso Nauarrete, de la Orden // de Predicadores, Y de su Compañero el B. P. F. Her- // nando de S. Ioseph, de la Orden de S. Agustin, // En Iapon. Año 1617. // Ordenada por el // P. F. Domingo Gonçalez, de la Orden // de Predicadores. Comissario del Santo Oficio // en el Arçobispado de Manila, // En Philippinas // Con licencia. // En Philippinas, Año 1618. // Por Antonio Damba impressor de libros. *A la fin :* Con licencia, en Philippinas, // Por Antonio Damba. In-4, pp. 51 + 1 f. b.

Retana, *Imprenta*, donne un facsimile du titre, p. 150; il dit, p. 95, que c'est une fausse impression philippine, qu'elle paraît mexicaine. Finit :

— Esta relacion esta fielmente saca- // da de vna que embio de Iapon a esta Prouincia // de Filipinas, de la Orden de Predicadores, el P. Fray // Francisco de Morales de la misma Orden, per- // sona de mucha satisfacion, y confiança, // y que se halló presente a mucho de // lo que escriue. // 1618. // Honra, y gloria, y alabanças sin fin // sean dadas a Dios nuestro Señor Autor destas mara- // uillas, y a su Benditissima Madre Nuestra // Señora del Rosario, Madre, y Patro- // na nuestra. // Con licencia, en Philippinas, // Por Antonio Damba.

—— Historia ‖ y Relacion ‖ de lo svcedido ‖ en los Reinos de Iapon ‖ y China, en la qual se continua la ‖ gran persecucion que ha auido ‖ en aq̃lla Iglesia, desde el año ‖ de 615. hasta el de 19. ‖ Por el Padre Pedro Morejon de la ‖ Compañia de Iesus, Procurador de ‖ la Prouincia de Iapon, natural ‖ de Medina del Campo. ‖ Año 1621. ‖ Con licēcia en Lisboa por Iuan Rodriguez. In-4, ff. 193 ch. [le der. f. ch. par erreur 200] + 2 ff. à la fin [table] et 3 ff. au com.

Iyeyasu († 1616).

—— The Legacy of Iyeyas, (deified as Gongensama). A posthumous Manuscript in one hundred chapters. Translated from three collated copies of the original by John Frederic Lowder, Esq., Barrister-at-Law, Legal Adviser to the Board of Revenue and the Customs in Japan. — Printed at the «Japan Daily Herald» Office, s. d. [1874], pet. in-8, pp. 37.

Avait paru en 1867 dans le *Japan Times*.

—— The Legacy of Iyeyas. By W. E. Grigsby. (*Trans. Asiatic Soc. Japan*, III, Pt. I, 1875, pp. 131-142.)

—— Le testament de Iye-yasu Lecture inaugurale faite à la Société des Études japonaises par C.-A. Pret, avocat à la Cour de Paris. (*Mém. de la Soc. des Étud. jap., etc.*, IV, Juillet 1885, pp. 212-233.)

* * *

—— *Manuel du Saint Rosaire, en japonais, imprimé en 1616.

Minerva. — Pagès, No. 139.

«With the courteous assistance of the officials of the Minerva Library (Biblioteca Casanatense) at Rome, I have examined the catalogue of that collection, but failed to find any indication of this book. Perhaps it may have been in the possession of the convent of the Minerva. The Library, which has long been a public institution, on being searched, yielded the «Confessionarium» and Doctrina Christam, which form Nos. 8 and 11 of the preceding pages.» (Satow, p. 52.)

—— *Sommaire de la Confrérie du Saint Rosaire et ses indulgences, mis en japonais par les Pères dominicains.

Probablement le même ouvrage que le *Manuel du Saint Rosaire*, de 1616. — «Une image fut dessinée d'après les idées du P. Navarrete : c'était Notre-Dame avec le divin Enfant entre ses bras. Elle et le divin Enfant répartissaient le Saint Rosaire à des pontifes, cardinaux, rois, etc. — Pour bordure étaient les mystères du Rosaire, et au bas il était écrit que Saint-Dominique avait institué la confrérie du Rosaire. — L'image fut fondue, et on en tira des empreintes.» Pagès, No. 139 *bis*.

Luis Piñeyro.

Né en 1560 à Talavera (Nouvelle Castille); † à Lisbonne en 1620.

—— Relacion // del sucesso // qve tvvo nvestra

Santa // Fe en los Reynos del Iapon, desde // el año de seyscientos y doze hasta el de seyscientos // y quinze, Imperando Cubosama. // Dirigida a la Magestad Catolica // del Rey Filippo Tercero nuestro Señor. // Compvesta por el padre Lvys Piñey-//ro, de la Compañia de Iesus. // Año [*armes*] 1617. // Con Privilegio. // En Madrid, Por la viuda de Alonso Martin de Balboa. In-fol., 8 ff. n. ch. p. le tit. et l. prél. + pp. 516 + 4 ff. p. l. tab.

Bib. nat., O²o 119.

—— La novvelle // histoire // dv Iapon // divisee en cinq livres, // ov il est traicte // amplement de l'estat de Sa // Chrestienté, du progrés de la foy Catholique, des // grandes persecutions qui y sont arriuees aux // Chrestiens, & des diuers Martyres qu'vn grand // nombre, tant religieux que seculiers ont souf-//fert soubs l'Empire de Cobusama, iusques à l'an-//née mil six cens quinze. // Composée en Espagnol par le R. P. Lovys // Pigneyra de la compagnie de Iesvs // Et traduicte en François par I. B. // A Paris // chez Adrian Tavpinart ruë // S. Iacques à la Sphere. // — M.DC.XVIII. // Avec privilege dv Roy. In-8, pp. 16-879 + 5 ff. n. ch. tab.

Epistre à Monsieur des Hayes Sievr de Cormenin signée I. F. A. T.

Le Privilege du 4 aout 1618 est accordé à Iean Fouët et Adrien Taupinart, Marchands Libraires à Paris.

Bib. nat., O²o 52.

Des exemplaires portent : A Paris, chez Iean Fouët, rue S. Jacques au Rosier, MDCXVIII.

*
* *

—— Relacion // de el martyrio de // el S. F. Hernando de S. Ioseph. // en Iapon, y del Santo F. Nicolas // Melo en Moscouia, de la Orden nřo P. S. Augustin. // 16 [*marque*] 18. // Con Licencia de los Superiores // En Bacolor Por Antonio Damba. Pet. in-4, pap. de Chine, pp. 3 n. ch. + 1 bl. + 59 + 1 n. ch.

Colophon à la fin : Con licencia. // Impresso en el Convento de S. Guillermo de' Bacolor. // Por Antonio Damba Pampango y Miguel Saixo Iapon. // Año de 1618.

Retana, *Imprenta Filipina*, donne p. 148, un facsimile de ce titre d'après l'exemplaire de la Bibliothèque nationale de Madrid.

Retana, *l. c.*, No. 19, p. 94, donne l'en-tête du texte :

Relacion de el Martyrio. // Relacion de el // Martirio de el Santo F. Her-//nando de S. Joseph en Iapon, y de el Santo F. Nicolas // Melo en Moscouia Religiosos de la Orden de // nuestro Padre S. Augustin, hijos de la // Prouncia de el Santissimo nombre de // Iesus de las Islas Philipi-//nas. // // Sacada de las originales autori-// zadas, que se an embiado de aquellas partes, y orde-// nada por el Padre Fray Hernando Beçerra Pri-//or del conuento de Bulacan, por mandado // de nřo Padre Fray Alonso Barona // Prouincial de la dicha pro-// uincia.

Retana ajoute que, suivant Ossinger, cette *Relacion* du P. Becerra a été réimprimée à Cuenca, par Juan de Borja, in-8, mais sans donner la date.

Lettre de N. Trigault (1618).

—— *Epistola R. P. Nicolai Trigavtii e Societate Iesv de felici sva in Indiam nauigatione : itemque de Statu rei Christianae apud Sinas et Iaponios. Coloniae Agrippinae Apud Ioannem Kinckivm. Anno M.DC.XX. In-8, pp. 19.

Goae, 29 Dec. 1618.

—— *Histoire dv massacre de plvsievrs religievx de S. Dominiqve, de S. François, Et de la Compagnie de Jesvs, Et d'autres Chrestiens, aduenu en la rebellion de quelques Indois de l'Occident contre les Espagnols. Item Diuerses Lettres escrites par aucuns de ladite Compagnie, qui du Païs-bas ont esté enuoyez aux Indes Occidentales en l'an 1615. Et Vne du P. Nicolas Trigavlt, enuoyée depuis son retour aux Indes Orientales. A Valencienne, de l'imprimerie de Iean Vervliet, 1620, in-8, 3 parties, pp. 31, 80 et 59.

Il y a deux titres, le second de plus : «Histoire ... contre les Espagnols. Le tout tiré du memorial presenté au Roy d'Espagne, jouxte la copie imprimée à Barcelone, 1616 ...» Les extraits sont fort courts : la lettre du P. Trigault, datée de Goa, 29 Décemb. 1618, donne des détails sur sa navigation de l'Europe dans l'Inde. Suivent des extraits de lettres de Missionnaires belges, entre autres un d'Élie Trigault daté de la mer Oceane, le 13 Juin 1618, pp. 57 et 58.

Dans la 3ᵉ partie se trouvent des lettres du P. Martin Spilleheen ou Martin de Bruges, p. 5-38 et 53-59; la plupart sont datées de Mexico 1617; la dernière, datée de la même ville, 28 avril 1618, contient une partie du Salve Regina et le Pater *en langage du Peru.*

Sommervogel.

—— Indianische Raisz // Von dreyen Ehrwürdi // gen Priestern der Societet Iesv, welche // im Jar Christi 1618. neben andern mehr von der // Societet / nach Goa in India geschifft / mit beuelch von dannen in // das grosse Kônigreich China zuraisen / den Christlichen Glauben // bey denselben Heydnischen Vôlckern fortzupflantzen vnnd // auszzubreiten / in etlichen Missiuen kurtzlich be=// schriben. // Ausz Italienischer vnd Frantzôsicher // Sprach verteutscht. // *Ego elegi vos & posui vos vt eatis, & fructum afferatis & // fructus vester maneat.* IOH. 15. 16. // Ich hab euch erwôhlt und gesetzt / das jhr hingehet / vnd frucht // bringet / vnd ewr frucht bleibe. // Getruckt zu Augspurg / bey Sara // Mangin Wittib. // 1620. In-4, pp. 58.

Voir p. 51 : Copia eines Schreibens von dem Ehrwürdigen Herrn P. Nicolao Trigautio / so er den 29. Decembris Anno 1618. zu Goa datirt / ausz dem Lateinischen verteutscht.

*
* *

—— *Estado, i Svccesso de las cosas de Iapon, China, i Filipinas. Dase cuenta de la cruel persecucion que padece la christiandad de aquellas partes, i del numero de martyres que en ellas â avido de diferentes religiones ... Escrito por un religioso de la cõpañia, que assiste en las Filipinas, a otro de Mexico, i de alli embiado en el auiso a los desta ciudad de Seuilla. Sevilla, Francisco de Lyra, 1621, in-4.

Pièce fort rare écrite par les missionnaires de la Compagnie de Jésus et adressée aux Pères de Séville (*Cat. de la Bib. Jap. de M. Mourier*, Paris, 1887, No. 397, 70 fr.).

1621-1622.

—— *Litterae annuae Japoniae, ann. 1621 et 1622. Antverpiæ, 1625, in-8.

Pagès, 182.

—— Lettere // annve // del Giappone // Dell' Anno MDCXXII. // e della Cina // Del 1621. & 1622. // Al molto Reu. in Christo // P. Mvtio Vitelleschi // Preposito Generale della Com-//pagnia di Giesv. // [*fleuron*] // In Roma, // Per Francesco Corbelletti. MDCXXVII. // Con Licenza de' Superiori. In-8, pp. 312.

Bib. nat., O²o 129. — Réimp. : Milano, 1627, in-12. (Carayon, 875.)

—— De Novis // Christianæ // Religionis // progressibvs, // et certaminibvs // in Iaponia, // anno M.DC.XXII. // In regno Sinarvm, // M.DC.XXI. et M.DC.XXII. // Litterae; // Ad Reuerendum in Christo Patrem // Mvtivm Vitellescvm Praepositvm // generalem Societatis Iesv. // [*fleuron*] // Monasterii Westphaliae, // Ex Officina Typographica Michaelis Dalii. // Anno M.DC.XXVII. In-4, 2 ff. n. ch. p. l. tit. et la déd. + pp. 177 + 1 f. n. ch. ind.

Bib. nat., O²o. 131.

—— Histoire // de ce qvi s'est passé es royavmes // du Iapon, // et // de la Chine. // Tirée des Lettres escrites és années 1621. & 1622. // Addressée au R. P. Mvtio Vitelleschi, // General de la Compagnie de Iesvs. // Traduite de l'Italien en François, par vn Pere de la // mesme Compagnie. // [*marque*] // A Paris, // Chez Sebastien Cramoisy, ruë // Sainct Iacques, aux Cigoignes. // - M.DC.XXVII. // Avec Privilege dv Roy. In-8, 4 ff. n. ch. p. l. tit., ép. + pp. 226 + 1 f. n. ch. permis., etc. + 261.

Bib. nat., O²o 130 et 130 A. — La traduction est du P. Jean-Baptiste de Machault, S. J.

*
* *

— *Le P. Pedro Paulo Navarro traduisit en japonais l'ouvrage du P. Pietro Antonio Spinelli, *Thronus Dei, Maria Deipara*, publié à Naples, en 1613. — A Nangasaki, s. d. (av. 1622).

Pagès, No. 158.

— *Le même père publia aussi en japonais une Apologie de la Foi contre les calomnies des Gentils. A Nangasaki, s. d. (av. 1622).

Pagès, No. 159.

— * Le P. Fr. Francesco Galve, dominicain, traduisit en japonais trois vol. in-fol. espagnols : Les Fleurs des Saints et une Doctrine chrétienne. D'après Diego de S. Francesco qui les a vus (av. 1623).

Pagès, No. 168.

—— * Jacques Antoine Giannoni. — Lettera al P. Franc. Pavone, Arima, 3 aprile 1623. (*Historia della Provincia di Napoli*, par le P. Santagata, S. J., IV, pp. 239-246.)

Né à Bitonto, dans les Pouilles, 7 déc. 1577; martyrisé 28 août 1633. — Sommervogel.

NICOLAS TRIGAULT (1623).

—— De Christianis apvd Iaponios // Trivmphis // sive de gravissima ibidem contra Christi // fidem persecvtione exorta // anno MDCXII // vsq. ad annvm MDCXX. // Libri qvinq. // In annos totidem summa cum fide ex annuis Societatis // Iesv litteris continua historiae serie distributi // ad serenissimos principes // Gvlielmvm Parentem, // Ferdinandvm et Maximilianvm // S. R. I. Septemviros Electores, Albertvm // FFF. // Com. Pal. Rheni vtrivsq. // Bavar. Dvces. // Auctore P. Nicolao Trigautio // eiusdem Societatis Sacerdote // Belga Duacensi, // cum // Raderi // avctario et iconibvs // Sadelerianis // Monachii // cIↃ IↃc. XXIII. // Cum Priuilegio Summi Pontificis et Sac. Cæsareae Maiest. ad decennium. In-4, front. grav., 8 ff. n. ch. tit., etc. + pp. 518 + 1 f. n. ch.

Bib. nat., O²o 125.

La dédicace se termine par : Vlyssiponensi ex portu cum Socijs ad Sinas soluturus. Anno salutis MDCXVIII. Mense April.

—— Histoire // des Martyrs // dv Iapon // Depuis l'an MDCXII. // iusques a MDCXX // Composee en Latin par le R. P. // Nicolas Trigault. de la // Compagnie de Jesvs. // Et traduite en francois par // le P. Pierre Morin, de // la mesme Compagnie. // Auec Priuilege du Roy. // A Paris // Chez Sebastien Cramoisy, // rue S. Iaques. aux Cigognes. // MDCXXIV. In-4, 10 ff. n. ch. p. l. tit., etc., tab. + pp. 638 + 14 ff. n. ch. p. l. tab.

Titre gravé signé : Van Lochoem fec. — 5 fig. gravées pour chacun des livres.

Bib. nat., O²o 126. — Traduit aussi par l'abbé de Pure... 1655, in-4. (Pagès, 169.)

* * *

—— Verissima relacion, en que se da quenta en el estado en que estan las guerras en las Filipinas, y reynos de el Japon, cõtra los Olandeses. Y los famosos hechos de Don F. de Silva Sargento Mayor, con la gran vitoria q̃ tuvieron los Españoles, degollando quatrocientos Olandeses. Sevilla, 1626, in-fol.

British Museum.

PIERRE D'AVITY,

SEIGNEUR DE MONTMARTIN.

—— Les // Estats. Empires. // Et Principavtez // dv Monde. // Representez par la // Description des Paijs. // moeurs des habitans. // Richesses des Prouinces. // les forces, le gouuernement // la Religion, et les Princes // qui ont gouuerné // chacun Estat. // Auec L'origine de toutes les // Religions et de tous les // Cheualiers et ordres // Militaires. // Par le S^r. D. T. V. Y. gentilhomē // ord^re. de la Chambre du Roy // A Paris, // Chez Pierre Cheualier // ruë S^t. Iacques à l'en- // seigne Sainct Pierre // pres les Mathurins // 1619. In-4, 9 ff. n. ch. p. l. prél. + pp. 1467.

Front. gravé : Iaspar Isac fecit.

XXV. De l'Estat du Roy de la Chine, f. 847. — XXVI. De l'Estat du Roy du Iappon, f. 888. — XXVII. De l'Estat du Roy de Brame, ou de Pegu, f. 896.

Bib. nat., G. 1038. Réserve.

—— Les // Estats, // Empires, Royavmes, // et // Principavtez // dv Monde, // ... Par le sieur D. T. V. Y... // Et depvis exactement reveve, corrigee et // augmentee en ceste nouuelle edition, d'vn grand nombre de tres-curieuses recherches // de tous lesdits Estats, Genealogies & Maisons Imperiales, Royales, & Souueraines y // adioustees de nouueau, sans iusques à maintenant auoir esté mises en lumiere. // A Paris, // Chez Pierre Chevalier, ruë S. Iacques, // à l'Image sainct Pierre. // - M. DC. XXV. // Avec Privilege dv Roy. In-folio.

Front. gravé : Crisp de Pas in. — Avec un Plan de Paris.

Bib. nat., Inv. G. 504.

—— Les // Estats, // Empires, et // Principavtez dv // Monde, // ... Derniere edition. // Reueuë & augmentee par le Sieur D. T. V. Y. Gentil-homme // ordinaire de la Chambre du Roy. // [*vig.*] A Geneve. // Par Iaqves Stoer. // M. D. C. XLVIII. In-8, 12 ff. n. ch. tit., ded., tab. + pp. 1869 + 20 ff. n. ch. tab.

Bib. nat., Inv. G. 3157.

— Les // Estats // Empires, royavmes, // et // Principavtez dv Monde. // Representez par l'ordre, & veritable description des Pays, Moeurs des Peuples, // Forces, Richesses, Gouuernemens, Religions, Princes, Magistrats & Souue- // rains qui ont gouuerné & gouuernent auiourd'huy châque Estat, selon que // le tout subsiste à présent, apres la mort des Princes, & les changemens qui // sont arriuez à l'occasion des guerres dernieres. // Illvstré de l'Institvtion de tovtes les Religions, // Compagnies regulieres, Monasteres, Conuents, Ordres, Seminaires & Societés, // tant de l'vn que de l'autre sexe, auec quels voeux, en quel temps, sous // quels Papes, Monarques, Republiques & Souuerainetez, elles // ont commencé par le Monde jusqu'à ce jour. // Auec la noble et celebre origine de tovs les Ordres // Militaires & de Cheualerie de toute la Chrestienté, tant Anciens que Modernes, leurs statuts, // armes, deuises, & sous quels Empereurs, Roys & Souuerains ils ont esté // establis & continués dans les Estats jusqu'a présent. // Par le Sieur D. T. V. Y. Gentil-homme Ordinaire de la Chambre du Roy. // Exactement revev, corrigé et avgmenté en cette derniere // Edition, Enrichy d'vn grand nombre de tres-curieuses recherches de tous lesdits Estats, // & Genealogies des Maisons Imperiales, Royales, & Souueraines. // [*vignette*] A Geneve, // Pour Iean Antoine & Samuel De Tournes. // - M.DC.LXV. In-folio, 4 ff. n. ch. faux tit., tit., ep. et tab. + pp. 930 à 2 col. + 14 ff. n. ch. à 2 col. p. l. table générale.

Discovrs dv Roy dv Iapon, pp. 792-795.

— The // Estates, Empires, & Principallities // of the World, // Represented by ỹ descrip- // tion of Countries, maners // of Inhabitants, Riches of Pro- // uinces, forces, Gouernment, // Religion; and the Princes // that haue gouerned // in euery Estate. // With the begiñing of all Mi- // litarie and Religious Orders. // Translated out of French // by Edw : Grimstone, // Sargeant at // Arms. // London // Printed by Adam // Islip : for Mathewe : // Lownes; and Iohn : // Bill. // 1615. In-fol., 8 ff. n. ch. + pp. 1234.

Titre gravé sig. Ren. Elstracke.

British Museum, 581. k. 18.

— * Wereld spiegel waer in vertoont word de beschrijvinge der Rijken, Staten ende Vorstendommen des gantsen Aertbodems door D. T. V. Y. Amsterdam, 1621, in-fol., cartes et portraits.

Cat. Fred. Muller, 1910, n° 371, vélin, tit. et faux-titre doublés, flor. 30.

— Archontologia cosmica, // sive // Imperiorvm, // Regnorvm, Princi- // patvm, rervmqve pvblica- // rvm omnivm per Totvm // Terrarum Orbem // Commentarii lucvlentissimi, //. . . Opera & studio // Jo. Lvdovici Gotofredi, // qvi eos primo gallice per D. T. V. Y. . . // conscriptos : Nuper verò ex nouissimo & auctio- // re exemplari Parisiensi in sermonem Latinum conuertit, nouisque accessionibus // locupletauit, & in tres Libros diuisit, // . . . [*marque*] // Francofvrti, // Sumptibus Matthaei Meriani. // - Anno M.DC.XXXVIII. In-fol., front. grav., pl. et cartes.

Bib. nat., G. 505.

— Neuwe // Archonto- // logia // cosmica, // Das ist // Beschreibung aller Käy- // serthumben / Königreichen vnd Re- // publicken der gantzen Welt / die keinen Höhern erkeinnen : //. . . Alles. . . // verfasset // Durch Johann Ludwig Gottfried. // . . . vnd verlegt von // Matthaeo Merian. // [*marque*] // Getruckt zu Franckfurt am Mayn / in Wolffgang Hoffmans // Buchtruckerey / im Jahr nach Christi Geburt // M.DC.XXXVIII. In-fol., pp. 760 s. les ff. prél. et la tab., front. grav. : Ioachimo Sandrart designauit; pl.

Gottfried = Jean Philippe Abelin.

Bib. nat., G. 506.

— Le Monde. . . // par Pierre d'Avity Seigneur de Montmartin, // Gentilhomme ordinaire de la Chambre du Roy // [*fig.*] // A Paris. // Chez Clavde Sonnivs, ruë sainct Iacques, à l'Escu de Basle, & au // Compas d'or. // - M.DC.XXXVII. // Auec

Approbation & Priuilege du Roy. 7 tomes formant 5 vol. in-fol.

Bib. nat., G. 1744-1748.

—— Le Monde ou la Description Générale de ses quatre Parties... Composé par Pierre d'Avity, seigneur de Montmartin ... Seconde Edition.

Le Vol. II de la Collection a pour titre : Description générale de l'Asie. Première Partie dv Monde avec tovs ses empires, royavmes, estats, et Repvbliques... Faicte par Pierre d'Avity... A Paris, chez Claude Sonnivs, & Denys Bechet, MDC. XLIII, in-fol.

—— Novveau // Theatre // dv Monde, // contenant // les Estats, Empires, // Royavmes et Principavtez, //... Par le Sieur D. T. V. Y. Gentil-homme ordinaire de la Chambre du Roy. // Auec vn nouveau Supplement. // A Paris, // Chez Pierre Menard, Libraire Iuré en l'Vniuersité de Paris, // ruë de la Bouclerie, au bon Pasteur. // - M. DC. LV. // Avec Privilege dv Roy. In-folio, 4 ff. n. ch. + pp. 1414 + 1 f. n. ch. avert. au lecteur.

Chine, p. 1085. — Pegu, p. 1120. — Iapon, p. 1147.

Bib. nat., Inv. G. 99. Réserve.

—— Novveau // Theatre // dv Monde, // contenant // les Estats, Empires, // Royavmes et Principavtez, //... Par le Sieur D. T. V. Y. ...// Auec un nouueau Supplement. // A Paris, // Chez Avgvstin Covrbé, Marchand Libraire, au Palais, en la Gallerie // des Merciers, à la Palme. // - M. DC. LV. // Avec Privilege dv Roy. In-fol.

Bib. nat., Inv. G. 1755.

—— Le Monde... // Composé premierement par Pierre Davity... //; Et dans cette // Novvelle Edition, Reueu, Corrigé & augmenté, tant pour les Descriptions // Geographiques, que pour l'Histoire, iusques à nostre temps. // Par Iean Baptiste de Rocoles, Conseiller & Aumosnier du Roy. // & Historiographe de sa Majesté. // [*marque*] // A Troyes, & // a Paris, // Chez // Denys Bechet, au Compas d'Or. // et // Lovis Billaine, à S. Augustin. // ruë S. Iacques. // - M. DC. LX. // Auec Approbation & Priuilege du Roy. 7 tomes en 6 vol. in-fol.

Bib. nat., G. 512-517.

(PIERRE D'AVITY.)

1619, 1620, 1621.

—— Relatione // di alcvne cose // Cauate dalle lettere scritte // ne gli anni 1619. // 1620. & 1621. // dal Giappone. // Al molto Reu. in Christo // P. Mvtio Vitelleschi // Preposito Generale della Com- // pagnia di Giesv. // In Roma, Per l'Erede di Bartolomeo // Zannetti. M. DC. XXIV. // — Con Licenza de' Superiori. In-8, pp. 232.

—— Relatione ‖ di alcvne cose ‖ Cauate dalle lettere scritte ne gli anni ‖ 1619. 1620. & 1621. ‖ dal Giappone. ‖ Al molto Reu. in Christo ‖ P. Mvtio Vitelleschi ‖ Preposito Generale della Compa- ‖ gnia di Giesv. ‖ In Milano, Per gl'her. di Pacifico Pontio, & Gio. Bat- ‖ tista Piccaglia. Stampatori Ar- ‖ chiepiscopali. 1625. Pet. in-8, pp. 203.

—— Histoire // de ce qvi s'est // passé av Iapon. // Tirée des lettres escrites ès années 1619. // 1620. & 1621. // Adressées au R. P. Mvtio Vitelleschi // General de la Compagnie de Iesvs. // Traduicte de l'Italien en François par le P. // Pierre Morin de la mesme // Compagnie. // [*marque*] // A Paris, // Chez Sebastien Cramoisy, ruë // sainct Iacques aux Cicognes. // - M. DC. XXV. // Auec Priuilege du Roy. In-8, 2 ff. n. ch. tit., priv. + pp. 380.

Bib. nat., O²o 130.

Relation de l'année 1619, pp. 1-95, par Emanuel Diaz. De Macao, le 7 Décembre 1619.

Relation de l'année 1620, pp. 96-158, par Venceslas Pantaleon. De Macao, ce 28 Nov. 1620.

Relation de l'année 1621, pp. 159-384, par Nicolas Trigault. De Hancian, 24 Août 1622.

—— Rervm // memorabilivm // in // regno Iaponiae // gestarvm // Litterae an. M. DC. XIX. XX. XXI. XXII. // Societatis Iesv. // Ad Reu. Admodum in Christo Patrem // P. Mvtivm Vitelleschi // Praepositum Generalem eiusdem // Societatis. // [*fleuron*] // Antverpiae, // Ex Officina Hieronymi Verdvssii. // M. DC. XXV. In-8, pp. 136-288.

La pag. de ce dernier saute de la p. 99 à la p. 200. — Contient les lettres de 1619, 1620, 1621 et 1622.

Bib. nat., O²o 128.

Par le P. Adrien van den Cruyce, S. J. (Sommervogel.)

(1619, 1620, 1621.)

—— Kurtze Relation, || was inn den Königreichen Iapon vnnd || China, In den Jahren 1618. 1619. vnd 1620. mit || auszbreittung desz Christlichen Glaubens sich begeben | Auch was || massen vil Christen | so wol Geistliche als Weltliche | darûber || jhr Blut vergossen vnd die Marter Cron || erlangt. || Darbey auch etwas Berichts | was || in den Insuln Filippinen sich || begeben || Alles ausz glaubwûrdigen Hispanischen schreiben || vnd Relationen in die Teutsche Sprach || vbergesetzt. || Gedruckt zu Augspurg | bey Sara || Mangin | Wittib || — M.DC.XXI. Pièce in-4, 14 ff. n. ch.

—— * Relazione del Regno di Yezo. In Roma // e in Messina, appresso il Bianco, 1625, in-8.

Aussi pages 217-32 de *Relatione...ne gli anni 1619. 1620. et 1621.*

Le bienheureux Jerôme de Angelis, né en 1567 à Castro-Giovanni (Sicile); martyrisé au Japon le 4 déc. 1623. (Sommervogel.)

Martyrs (1622).

—— Relacion verdadera del insigne // excelente Martyrio, q̄ diez Religiosos de la sagrada Or- // den de Predicadores, padecieron en el populoso Imperio de Iapon, por // Christo nuestro Señor, el año pasado de 1622; i de otro Religioso de // la mesma Orden que padecio el año de 1618, en el dicho Reino. // Por el Padre Fr. Melchor de Mançano, Prior del Conuento de Santo // Domingo de Manila; colegida asi de Relaciones fide dignas en- // viadas del dicho Reino de Iapon, como de testigos // oculares q̄ asistieron al dicho Martyrio. // [*armes*] // Con licencia del Ordinario. // En el Hospital de S. Gabriel de Binondoc, por Tomas Pinpin // impresor de libros. Año 1623. In-4, 67 ff. encadrés.

Retana, *La Imprenta Filipina*, p. 155, donne le facsimile du titre d'après l'ex. de la Biblioteca Nacional de Madrid; Retana, *ibid.*, p. 103, donne la table des chapitres; il y a un autre ex. avec le titre détérioré dans le Collège des Augustins de Valladolid.

—— Historia // del insigne, y ex- // celente martyrio qve // diez y siete religiosos de la // Prouincia del santo Rosario de Filipinas, de la Orden de // Santo Domingo, padecieron en el populoso Imper- // rio de Iapon, por la predicacion del santo // Euangelio de Iesu Christo // nuestro Dios. // por el R. P. Fr. Melchor Man- // çano de Haro, Comissario del santo Oficio en dichas Islas, Pro- // uincial que fue de la misma Prouincia, y Vicario general // de la de santa Catalina Martyr // de Quito. // Colegidas de relaciones fidedignas embiadas del dicho Imperio // de Iapon, y de testigos oculares que assistieron al // dicho martyrio. // Año 1629. // Con privilegio. // En Madrid, Por Andres de Parra. In-4, 6 ff. n. ch. + 88.

Retana, 95. — Dans une des licences, qui se lit en tête du volume, il est dit que cet ouvrage a été composé par deux religieux, le P. Mançano de Haro et le P. Francisco Carrero, de l'Ordre de S. Dominique. (*Cat.* Mourier, 439, 80 fr.)

—— * Relacion verdadera y breve del Excelente // martirio que onze Religiosos de la sagrada Orden de Predicadores padecieron por // Christo nuestro Señor, en el Imperio del Iapon los años de 1618. y 1622. [Madrid? vers 1623.] In-fol., pp. 4 n. ch.

Retana, 184.

—— * Relatione del Martirio d'vndici Religiosi dell' Ordine di S. Domenico, seguito nel Giappone del 1618. e 1622. Hauuta per lettere dal P. P. Melchior Manzano Prior di Manila. Co l'aggiuta della vita del Martire F. Angelo Orsucci. Roma, Erede del Zannetti. E di nouo in Viterbo, per il Discep., 1625. Figure gr. s. b. sur le titre, in-12, pp. 23.

Cat. 39, Jacques Rosenthal, Munich 1906, No. 71, M. 48.

—— Relacion breve de los // grandes y rigurosos martirios que el año passado de 1622. die // ron en el Iapon, a ciẽto y diez y ocho ilustrissimos Martyres, sacada principal // mente de las cartas de los Padres de la Compañia de Iesus que alli residẽ: y de // lo que han referido muchas personas de aquel Reyno, que en dos Nauios // llegaron a la Ciudad de Manila a 12. de Agosto de 1623. // Impresso con licencia, en Madrid por Andres de Parra, año 1624. In-fol., 2 ff. n. ch.

Manila 16. de Agosto de 1623.

British Museum, 4767. f. 6.

—— * *Même titre* : . . . ciento y diez y ocho. . . residen . . . 1623. *A la fin* : Lisboa, por Giraldo da Vinha. Anno 1624. In-fol., 2 ff.

Daté Lisboa, 19 Julio 1624. (De Backer.)

—— * Relacion // admirable // de los grandes y rigvrosos // martirios que el año passado dieron enel Iapon, a ciento y diez y ocho mar // tyres de valor insigne. Tomado por fe por personas fidedignas q̄ // de alla vinieron de aquel Reyno. Comprovado por las Car // tas que les vinierō a los Padres de la Compañia // de la Ciudad de Manila este año passado // de 1623. *A la fin* : Por Iuan de Cabrera Impresso en Sevilla. Con licencia del se- // ñor Oydor Veas Vellon. Frontero del Correo Mayor. // Año de 1624. In-fol., pp. 4 n. ch.

«Estra coriosa relación se imprimió, dentro del mismo año de 1624, en tres lugares distintos : Madrid, Sevilla y Lisboa; y en el mismo también, traducida al Francés, en Paris, en-8. (Medina, Bibl. de Filipinas, núm. 81).» Retana, 88.

—— * Relacion de la Persecvcion qve hvevo en la Iglesia de Iapon. Y de los Insignes Martyres qve gloriosamente dieron sus vidas en defensa de nuestra Santa Fè, el año de 1622. Por el Padre Garcia Garces de la Compañia de Iesus, antiguo Ministro del Santo Euangelio en aquella Christiandad. En Mexico en la Imprenta de Diego Garrido, Año de 1624. In-4, 45 ff. s. l. prél.

Garcia Garcès, né en 1560 à Molina, diocèse de Ségovie; † à Macao en 1628. — Sommervogel.

—— Relacion // de la persecvcion // qve hvvo en la igle- // sia de Iapon. // Y de los insignes martires // Que gloriosamente dieron sus vidas en defensa // de nuestra Santa Fè, el año de 1622. // Por el Padre Garcia Garces // de la Compañia de Iesus, antiguo ministro del Santo // Euangelio en aquella Christiandad. // Año [*fleuron*] 1625. // Con licencia, // En Madrid, Por Luis Sanchez. In-4, 4 ff. n. ch. tit., déd. + 33 ff. ch. + 1 f. n. ch.

Bib. nat., O²o 127. — Cat. Mourier, n° 403, 60 fr.

—— Relation des // crvels martyres // que 118. Chrestiens, ou enuiron, // endurerent au Iapon l'an 1622. // Tirée principalement des lettres des Peres // de la Compagnie de Iesvs, qui resi- // dent là, & de ce que plusieurs person- // nes qui vindrent du Iapon en ceste ville // de Manile en deux vaisseaux, ont rap- // porté. // Le tout traduit de l'Espagnol imprimé à // Madrid auec permission. // [*marque*] // A Paris, // Chez Sebastien Cramoisy, ruë sainct // Iaques, aux Cicognes. // - M. DC. XXIV. Pièce in-8, pp. 16.

Bib. nat., O²o 233.

—— Breve // Relatione // De gli atroci, & rigorosi martirij, // Che l'Anno 1622. dettero nel Giappone // A cento, & dieciotto Illustrissimi Martiri, // Tratta principalmente dalle lettere delli Padri della Compagnia // di Giesù, i quali iui erano residenti, & da ciò, che è stato // riferto da molte persone di quel Regno, le quali in // due naui arriuorno alla Città di Manila // à 12. d'Agosto 1623. // [*vig.*] // — In Milano, nella Reg. Duc. Corte per Gio. Battista Mala- // testa, Stampatore Regio Camerale. 1624. In-4, pièce, 4 ff. [pp. 7 à 2 col.].

—— * Theatrum Japoniensis Constantiae qua supra centum octodecim illustrissimi Martyres atrocissimis suppliciis excruciati anno M. DC. XXII. pro fide Jesu Christi per ignem et gladium et aquam coronam gloriae reportarunt. Bruxellis, apud Joannem Pepermannum, Bibliopolam juratum. Typog. civitatis, sub Bibliis aureis, 1624. In-8, pp. 35.

British Museum. — De Backer.

—— * Theatrvm Iaponensis constantiae qua svpra centum octodecim Illustrissimi Martyres atrocissimis svppliciis excruciati anno M. DC. XXII. pro fide Iesv Christi per ignem et gladivm et aquam coronam gloriae reportavervnt. Coloniae Agrippinae, apud Ioannem Kinkium, anno M. DC. XXIV. In-8, pp. 26. Approb. Bruxellae 30 Julij 1624.

De Backer.

—— * Teatro de la constancia Japona en que se refiere el martyrio de mas de 118 martyres, etc., 1624, in-8.

De Backer.

—— *Theatre de la constance japonoise ou Martyre de cent et dix-huict valeureux champions de Jesus-Christ cruellement occis pour la foy chrestienne au Japon, l'an 1622. A Mons, de l'imprimerie de François Wandré, à la Bible, 1624, in-8, pp. 30.

De Backer.

—— The // Theater // Of Iaponia's Constancy: // in which // An Hundred & Eighteene Glorious Martyrs // suffered Death for Christ, in the yeare // of our Lord 1622. // — Also // A briefe Relation of the many, and wonderfull Miracles, it // hath pleased God lately to worke, by the Merits and Inter-//cession of S. Ignativs, Founder of the Society of Ie- // svs, at Munebrega a Towne in Spayne, in the Moneths of // Aprill and May of the yeare 1623. // Both faithfully Translated out of the Spanish Originalls, // lately printed at Madrid. // *Mirabilis Deus in Sanctis suis. Psal.* 67. // Permissu Superiorum, M. DC. XXIIII. Pet. in-4, pp. 47.

Suivi de 4 ff. n. ch. pour le catalogue des livres vendus par «Dorman Newman, at the King's Arms in the Poultry».

—— *Widok stateczności japonskiey w R. 1623. Poznán, Dr. J. Wolraba, 1625, in-4.

De Backer.

*
* *

—— Trivnfo del Santo // Rosario y Orden de S. Domingo en // los Reynos del Iapon desde el año del Señor de mil // seis ciẽtos y diez y siete, hasta el de mil seis // çientos y veinte y quatro. // Por el Padre F. Francisco Carrero // Religioso de la misma Orden, Vicario de Binõdoc, // y Ministro del Santo Euangelio en las lenguas // China, Tagala, y Cagayana. // Dedicado a la devotissima Imagen de N. // Señora del Rosario del cõuento de S. Domingo de la ciudad de Manila. // [*marque*] // Con Licencia // En Manila en el Colegio de S. Thomas de Aquino // Por Thomas Pinpin impresor. Año de 1626. In-4, pp. 183, papier de riz.

Retana, *Imprenta Filipina*, p. 160, a donné un facsimile du titre d'après l'exemplaire de la Bibliothèque nationale de Paris; Bib. nat., Inv. H 4482.

Pagès, No. 188. Ex. provenant du couvent de l'Annonciation de Paris, procuré à ce couvent par le P. Quétif, en 1702.

—— Triunfo // del Santo Rosario // y Orden de // Santo Domingo // en los reinos del Japon, // desde el año de el Señor // 1617 hasta el de 1624. // Por // el P. Fr. Francisco Carrero, // Religioso de la misma Orden, Vicario de Binondo, // y Ministro del Santo Evangelio en las lenguas // china, tagala y cagayana // Dedicado // á la devotísima imagen de Nuestra Señora del Rosario // del Convento de Santo Domingo de la ciudad de Manila. // Segunda edicion. // Manila // Imprenta del Colegio de Santo Tomás, // á cargo de D. Babil Saló. // 1868, in-8, pp. 302 + 18 n. ch., fig. hors texte.

Voir page [263] :

—— Relacion del martirio // del B. P. Fr. Pedro Vazquez // de la Orden de Santo Domingo // hijo del Convento de Nuestra Señora de Atocha // de Madrid // Ordenada // por el P. Fr. Francisco Carrero, Religioso // de la misma Orden, Vicario del pueblo de Binondo, // y Ministro del Santo Evangelio en las lenguas // china, tagala y cagayana // (E. de la O.) // Manila // Segunda edicion // 1868.

Retana, No. 31.

—— Relacion del Mar- // tyrio del B. P. Fr. Pedro Vazquez // de la Orden de Santo Domingo, hijo del Con- // uento de nuestra Señora de Atocha // de Madrid. // Ordenada por el P. F. Francisco // Carrero Religioso de la misma Orden, Vicario del pueblo de // Binondoc, y Ministro del Santo Euangelio en las lenguas // China, Tagala, y Cagayana. // [*marque*] // Con Licencia // En Manila, en el Collegio de Santo Thomas, // por Thomas Pinpin. Año 1625. // In-4, 15 f. n. ch. tit. + 14 ff. n. ch., papier de riz.

Titre; A, B, C × 4 = 12 ff.; D × 2 = 2 ff.; total 14 ff.

Bib. nat., Inv. H 4482 (2). — Retana, *Imprenta*, p. 156, reproduit ce titre d'après l'ex. de la Bib. nationale de Paris. — Retana, *l. c.*, No. 28.

*
* *

—— Carta nveva- // mente embiada a los Padres de la // Compañia de Iesus, en que dà quenta de los grandes martirios q̄ en // el Iapon, an padecido muchos padres de muchas Religio- // nes. Y las grandes novelas y revolucion que ay // en aquellas Provincias. // Por ser mucha la materia q̄ aqui no cabe, se queda imprimiendo segunda parte. In-fol., 2 ff. n. ch.

Au verso du dernier f. : En Seuilla por Iuan de Cabrera, año de 1625.

British Museum, 593. h. 18.

—— A General Collection and Historicall representation of the Iesuites entrance into Iapan and China, vntill their admission in the Royall Citie of Nanquin. (Purchas, *Pilgrimes*, III, 1625, pp. 316 seq.)

I. Of Francis Xavier, Melchior Nvnnes, Valignanvs, Rvggiervs and Pasivs, pp. 316-322.

II. Iaponian Embassage to the Pope; of Nabunanga and Quabacondono their gouerment; Corai inuaded, Embassage from China, Taicosamas Temple, and Ogoshosamas succession, pp. 322-327, etc.

—— A Letter touching Iapon with the Gouernment, Affaires and later Occurrents there written to me, by Master Arthur Hatch Minister, lately returned thence. (Purchas, *His Pilgrimes*, Second Part, 1625, pp. 1696-1702.)

—— * Relacion de los martyres que este Año passado de 1624. han padecido Martyrio por nuestra S. Fè, en la Corte del emperador de Iapon, por el Padre Francisco Crespo, Procurador general de la Compañia de Jesus de las Indias. Sacada de las cartas que han embiado el P. Provincial, y otros religiosos de la misma Compañia, que están en Mision en aquellos Reynos. S. l. et a., in-fol., ff. 4.

A la fin : En Madrid, por Andres de Parras, año 1625. — Sommervogel.

Diego de San Francisco.

—— ¶ Relacion verdade- // ra, y breve de la persecvcion, // y Martyrios, que padecieron por la con- // fession de nuestra sancta Fee catholica // en Iapon quince Religiosos de la // Prouincia de S. Gregorio de // los descalsos del orden de // N. Seraphico P. S. Frā- // cisco de las Islas // Philipinas. // (✠) // ¶ Adonde tambiē se trata de otros muchos // Martyres Religiosos de otras Religíones, y seculares de differen- // tes estados. Todos los quales padecieron en Iapon desde el año // de 1613. hasta el de 1624. ∽ // ¶ Dirigida por la misma Prouincia á la S. R. Y. C. M. // de D. Philipe. IIII. N. S. Rey de España. ∽ // ¶ La Qval escribio, y inuió a la dicha Prouincia F. Diego de // S. Francisco Predicador de la misma Prouincia, y Cōmisario de Iapō. // (E. de O., con esta leyenda : Signasti Dñe. serūu tuū Franc. Signis redemptionis nostro ∽) // ¶ Con licencia en Manila en el Colexio de S. Thomas de Aquino, // por Thomas Pinpin impresor de libros. Año de M.DC.XXV. ∽ In-4, 3 ff. prél. n. ch. + pp. 88, papier de riz.

Retana, *Imprenta Filipina*, No. 29, p. 158, donne un facsimile du titre suivant l'ex. de la Bibliothèque nationale de Mexico.

89. — Esta Relacion no // se pvdo acabar de imprimir, // en la Ciudad de Manila, porque el despacho de las // naues del año 1615. se hizo vn mes antes de // lo acostumbrado, y assi quedaron los qua- // dernos que se siguen, por falta de tiempo // por imprimir. // ¶ Y agora por el mes de Febrero de // 1626. se continuo la impresion de esta Relacion. Con licen- // cia especial del señor Doctor Pedro Garzes de Portillo, Go- / uernador, y Prouisor de este Arçobispado // de Mexico. // (E. de la O. Franciscana entre adornos tipográficos.) Con liçēcia, en la Emprenta del Bachiller Iuā de Alcaçar. In-4, V (page 90), pp. 91-126 + 1 f.

Retana, No. 29.

— Actos de la // Audiencia pvblica // dada de Nvsetro (*sic*) Sancti // ssimo P. Paulo Quinto Pontifice Maximo, // à los Embajadores del Rey Voxu Xapō. // En Roma a 3 de Nobiembre // de 1625. en el Palacio Apostolico. // (Escudo de las armas pontificias grab. en madera, entre adornos tipográficos.) Mexico. // Por el Bachiller Ihoan de Alcaçar 1626. Cō licēcia. In-4, pp. 16.

Retana, No. 29.

— Acta Avdien // tiae pvblicae // a S. D. N. Pavlo. // v. Pont. Opt. Max. // Regis Voxv Iaponi Le- // gatis. // ¶ Romae dia III. Nouembris in Palatio Apostolico, // apud S. Petrum exhibitae, M.DC.XV. // (Escudo de las armas pontificias entre adornos tipográficos.) ¶ Mexici, apud B. Ioannem de Alcaçar, permissu Superiorum. In-4, pp. 16.

Retana, No. 29.

—— Relacion verda- // dera, y breve de la perse- // cucion y martyrios que padecieron por la confes- // sion de nuestra S. Fè Catholica en Iapon, quinze // Religiosos de la Provincia de S. Gregorio de los // Descalços del Orden de nuestro Seraphico P. S. Francisco de las Islas Philippinas. Y otros muchos // Martyres Religiosos de otras Religiones, y secu- // lares de diferentes estados. Todos los quales // padecieron en Iapon desde el año de // 1613. hasta el de 1624. // Dirigida por la misma Provincia a la S. R. y C. Ma- // gestad de Don Philipe Quarto nuestro señor // Rey de España. // Escrita por el Padre Fray Diego de San Franciss- // co Predicador de la misma Provincia, y Co- // missario del Iapon. // [*marque*] // Con licencia. // En Manila, por Thomas Pimpin impressor de li- // bros. Años de 1625. In-8, 3 ff. n. ch. + pp. 136.

Retana, *Imprenta*, p. 157, donne le facsimile du titre d'après l'ex. du British Museum. «Segunda edición, siquiera saliese á luz antes que la primera, por cuanto la primera se acabó de imprimir en México, 1626.» Retana, *Imprenta*, No. 30, p. 109.

—— Relacion verda- // dera, y breve de la persecvcion, // y Martirios que padecieron por la confession de // nuestra Santa Fee Catholica en Iapon, quinze // Religiosos de la Prouincia de S. Grego- // rio, de los Descalços del Orden // de nuestro Seraphico P. // S. Francisco de las // Islas Phili- // pinas. // Adonde tambien se trata de otros // muchos Martires Religiosos de otras Religiones, y seculares de // diferentes estados. Todos los quales padecieron en // Japon desde el año de 1613. hasta el // de 1624. // Dirigida por la misma Prouincia a la S. R. y C. Magestad de Don Philipe // Questo nuestro señor Rey de España. // La qual escriuio, y embió a la dicha Prouincia Fray diego de San Francisco // Predicador de la misma Prouincia, y Comissario del // Iapon // [*marque*] // Con licencia, en Manila en el Colegio de S. Thomas de Aquino, // por Thomas Pimpin impressor de libros. Año de M.DC.XXV. *A la fin de l'imp.* : [Mexici, apud Ioannem de Alcaçar, permissum Superiorum. // Anno Domini 1626.] In-4, 4 ff. n. ch. + 70.

— F. 58 : Actos // de la avdiencia // pvblica, dada de Nvestro // Santissimo P. Paulo Quinto, Pontifice Max- // imo, á los Embaxadores del // Rey Voxu Iapon. // En Roma a 3 de No- // viembre de 1615, en el Palacio Apostolico. // Imprimase, si pareciere al Reverendissimo Pa- // dre Maestro del Sagrado Palacio Apostolico. // Caesar fièl, que tiene las veces. // Fray Gregorio Donaio Romano, compañero // del Reverendissimo Padre Fr. Iacinto Petro- // no, maestro del Romano Sacro Palacio Apo- // stolico, de Orden de Predicadores. // Con licencia, En Mexico, Por el Bachiller Ioan de Alcaçar. — [Au F. 65 :]

— Acta // avdientiae // publicae a S. D. N. Pav- // lo V. Pont. Max. Regis // Voxu Iaponi Legatis... (Ut supra, puesto en latin.) // Mexici, apud Ioannem de Alcaçar, permissum Superiorum. // Anno Domini 1626.

Retana, No. 29.

Retana, 91, et *Imprenta*, p. 159, No 30, facsimile du titre d'après l'ex. de la Cie. générale des Tabacs des Philippines, Barcelone. — La première édition de cette pièce rare est de Manille 1625; il y en a un ex. à la Biblioteca San Isidro de Madrid et au Musée Britannique.

Le P. Diego de S. Francisco, né à Membrilla dans la Vieille-Castille, Commissaire de son ordre au Japon, martyr en 1633.

— Cf. Marcellino da Civezza, No. 623. Il a laissé plusieurs ouvrages ms. entre autres : Estado de la Cristiandad del Japon en 1612. — Refutacion de las Sectas del Japon y esplicacion de la doctrina cristiana, en idioma Japon, el año de 1613. — Catecismo de la doctrina cristiana, en el mismo idioma. — Relacion de la persecucion y Martires del Japon desde 1624 a 1628. — Continuacion desde 1628 hasta el 25 setiembre de 1630.

—— *Breve relatione della persecutione e morte — che han patito per la confessione della santa Fede cattolica nel Giappone, quindici Religiosi della provincia di san Gregorio, delli scalzi riformati dell' ordine del nostro Serafico Padre S. Francesco nell' Isole Felippine. — Ove anche si tratta di molt' altre morti per la medesima causa d' altri religiosi, d'altre Religioni, e secolari di differenti stati, quali tutti patirno nel Giappone dall' anno 1613 sino al 1624. Descritta dal P. Fra Diego de San-Francesco, etc., e tradotta dalla lingua spagnola nella italiana, da un religioso del medesimo ordine della riforma de Napoli. Napoli, Ottavio Beltrano, 1630, in-4.

Pagès, 182.

1624.

—— *Lettera annva del Giappone Dell' Anno 1624. Al molto Reuerendo Padre Mvtio Vitelleschi Generale della Compagnia di Giesv. In Roma. Per l' Eredi di Bartolomeo Zannetti, MDCXXVIII. In-8, pp. 150.

Di Macao 28 di Marzo, 1625... Giovanni Roiz Giram. — Sommervogel.

—— *Lettera annva del Giappone Dell' anno 1624. Al molto Reverendo Padre Mutio Vitelleschi Generale della Compagnia di

Giesu. In Milano. Appresso Gio. Battista Cerri, 1628, in-8, pp. 111.

—— —— *Roma et Bologna, Ferroni, 1628, in-8.

—— —— *Napoli, Egidio Longo, 1628, in-8.

Sommervogel.

—— Histoire // de ce qvi // s'est passé av // royavme dv Iapon // l'annee 1624. // Traduicte d'Italien en François, par vn // Pere de la Compagnie de Iesvs. // [*marque*] // A Paris, // chez Sebastien Chappelet, ruë // S. Iacques, au Chapelet. //- M. DC. XXVIII. // Auec Priuilege, & Approbation. In-8, pp. 16-390.

Bib. Mazarine, 33517. — Bib. nat., O²o 134. Traduit par le P. Jean Vireau?

—— Jaerlijcken Brief van Japonien // Van het Iaer 1624. // Xenden Seer Eerweerdighen // P. Mvtivs Vitellescvs // Generael vande Societeyt // Iesv. // Van Hondert, en vijf en-sestich // Martelaers die int selue iaer, // op verscheyde manieren, voor // het H. Catholijck Ghelooue // Kloeckelijck ghestoruen sijn. // [*vig.*] // Tot Mechelen, // Gedruckt by Hendrick Jaye / 1628. Pet. in-8, 4 ff. n. ch. + pp. 232.

Macao den 28 Meert 1625... Ian Roiz Giram.

Par le P. Gér. Zoes, S. J.

British Museum, 4767. aaa. 6.

—— *Historia Iaponensis Anni M. DC. XXIV. continens Felicem Christianae Fidei Progressvm, et varia Iaponensivm Christianorum pro Fide Certamina. Ex literis R. P. Ioannis Froes (*sic*) Giram, Societ. Iesv, Datis ad Adm. R. Patrem in Christo P. Mvtivm Vitellescvm Societ. Iesv Praeposit. Generalem. Ex Italico idiomate in Latinum traslata. Mogvntiae, Sumptibus Hermanni Mylii Birckmanni, Excudebat Hermannus Merosius, 1628, in-4, pp. 80.

Sommervogel.

—— Litterae annvae // Iaponiae // anni M. DC. XXIV. // datae ad // admodvm R. P. Mv- // tivm Vitelleschi Socie- // tatis Iesv Praepositvm // generalem. // Ex italico in latinvm // translatae, nvnc primvm // in lvcem editae. // M. DC. [*fleuron*] XXIIX. // Cum priuilegio Sac. Caes. Maiest. & superiorum. // Dilingae, // Impensis Caspari Svtoris. In-8, pp. 149.

Bib. nat., O²o 133.

—— The // Palme // of // Christian // Fortitvde. // Or the glorious combats of Chri- // stians in Iaponia. // Taken out of letters of the Society of Iesvs // from thence. Anno 1624. //..... With permission of Superiours. // Anno 1630. Pet. in-8, 8 ff. n. ch. tit. et préf. + pp. 170 + 2 ff. n. ch. tab.

British Museum, 866. e. 4. — Par Edmond Sale, ou Neville, S. J., + 18 juillet 1647. (Sommervogel.)

—— Gloriosvs || Franciscvs || Redivivvs || Sive || Chronica || Observantiae || Strictioris, Reparatae. || Redvctae, ac Reformatae; || eiusdem'que per Christianos Orbes, non solùm, sed || & Americam, Perù, Chinas, Iapones, Chichemecas, || Zatachecas; Indos Orientis, & occidui solis, || Turcas, & Barbaras gentes, diffusae, & || Euangelio fructificantis. || Distincta VI. Libris, & 28. figuris aeneis ornata. || Cum Facultate Superiorum. || Ingolstadii, || Ex officina Wilhelmi Ederi, Anno 1625. || In-4, 28 ff. prél. n. ch. + pp. 852 + 7 ff. n. ch. p. l'index, etc. Titre gravé.

Un deuxième titre gravé porte :

— Mirabilia || Seraphica || novi, ac ve- || teris orbis || *id est*, || Gesta genvinae || familiae francisca- || nae, Reformatae || Et Beatorum Ze- || lotum in eâ, iam inde à centum Annis, & aliquot lustris, argumẽ- || to à veritate, deducta, & || debitè censurata. || F. F. ac Patribus Custodiae Seraphicae || Boiariae Ditionis cooperatoribus || Authore & Compilatore || R. P. Mariano.

Le P. da Civezza, *Saggio di Bib. S. Francescana*, écrit, p. 372 : «Ne vidi un bell' esemplare in Parigi, che già appartenne al *Kloster Bildhausen*, e un altro nella Biblioteca del nostro Convento di S. Anna di Monaco in Baviera, in fine del quale sono scritte a mano le parole seguenti : *Author huius libri est R. Pater Marianus Orsceler Gandavus, natione Belgus, olim S. Theologiae et utriusque iuris doctor, mire ab haeresi ad fidem conversus, deinde alumnus Provinciae Bavariae, in famâ sanctitatis mortuus die 16. iulii 1539. Vide Martyrolog. R. P. Fortunati Hueber ad 16. iulii.*»

Cat. Mourier, No. 440, 100 fr.

François Solier.

—— Histoire // ecclesiastiqve // des isles // et royavmes // dv Iapon. // Recueillie par le

P. François // Solier, Religieux de la // Compagnie de Iesvs. // Auec Priuilege du Roy. // A Paris // Chez Sebastien Cramoisy // rue S. Iaques, aux Cicognes. // MDCXXVII. In-4, tit. gravé + 13 ff. n. ch. + pp. 802 + 9 ff. n. ch. p. l. tab. et 1629.

Dédicace signée : A S. Macaire sur Garonne ce 2. iour de Mars 1626. — Bib. nat., O²o 132. — François Solier, né à Brives (Corrèze) en 1558; † à la résidence de S. Macaire (Gironde) le 16 oct. 1628.

*
* *

—— *Due casi strani e miserabili, cavati dalle lettere della Compagnia di Giesu, scritte dall' Indie al R. P. Claudio Acquaviva, generale di detta Compagnia. Milano, per Gio. Batt. Paganello, s. d. Pet. in-8, pp. 16.

Les deux événements étranges sont l'histoire d'un lettré japonais, qui après avoir reçu le baptême, ne laissait pas de rester dans l'incrédulité; ensuite la fin tragique d'une jeune fille de seize ans, laquelle fut damnée pour avoir caché des péchés en confession.

De Backer.

Peter Heylin.

—— *Μικρόκοσμος.* // A // Little Descrip- // tion of the // Great World. // Augmented and reuised. // — By Peter Heylin. — // . . . // Oxford, // Printed by Iohn Lichfield and William // Turner, and are to be sold by W. Tvrner // and T. Hvggins, An. Dom. 1625. In-8, 8 ff. prél. tit., déd., tab., etc. + pp. 812 + 1 f. n. ch.

British Museum, 570. d. 1.

Cet ouvrage a eu un grand nombre d'éditions; nous citerons d'après le catalogue du British Museum :

Third edition. Revised. J. Lichfield and W. Turner, Oxford, 1627, in-4.

Fourth edition. Printed by W. Turner for W. Turner and T. Huggens, Oxford, 1629, in-4.

Sixth edition. W. Turner and R. Allott, Oxford, 1633, in-4.

Seventh edition. W. Turner, Oxford, 1636, in-8.

—— Cosmographie // In Four Bookes. // containing the // Chorographie // and // Historie // Of the whole World, // And all the principall Kingdomes, Pro- // vinces, Seas, and Isles thereof. // – By Peter Heylyn. // ... London, // Printed for Henry Seile, and are to be sold at his Shop over // against Saint Dunstans Church in Fleetstreet. // MDCLII. In-fol., front. gravé.

L'Asie forme le livre III; voir Brama, p. 238; Cauchin-China, p. 239; Camboia, p. 240; Jangoma (Laos), p. 240; Siam, p. 241; Pegu, p. 243; Japan, p. 247.

China, pp. 206-212.

British Museum, 10003. f. 15.

Autre édition du *Microcosmos*; cette nouvelle édition a été plusieurs fois réimprimée :

Second ed., London, 1657, in-fol. — Third ed., London, 1666, in-fol., etc.

1625, 1626, 1627.

—— *Lettere annve del Giappone de gl' anni 1625. 1626. 1627, aggiontova la dichiaratione d'una pietra antica scritta e scolpita con lettere, retrovata nel regno della Cina. Roma, Corbelletti, 1631, in-8. [T.-C., 1465.]

—— Lettere ‖ annve ‖ del Giappone ‖ de gl' anni M DC XXV. ‖ M DC XXVI. M DC XXVII. ‖ Al Molto Reu. in Christo ‖ P. Mvtio Vitelleschi ‖ Preposito Generale della Compa- ‖ gnia di Giesv. ‖ In Roma, ‖ Appresso Francesco Corbelletti. M DC XXXII. ‖ Con Licenza de' Superiori. In-8, pp. 328.

Pagès, 223, cite une édition de la lettre de 1626, seule: Roma, Corbelletti, 1632, in-8.

—— *Lettere annve del Giappone de gl' anni M DC XXV. M DC XXVI. M DC XXVII. Al Molto Rev. in Christo P. Mvtio Vitelleschi Preposito Generale della Compagnia di Giesv. In Roma, et in Milano, Appresso Filippo Ghisolfi, M DC XXXII. In-8, pp. 261.

Sommervogel.

—— Iaerliicksche Brieven ‖ van ‖ Iaponien ‖ Der jaren 1625. 1626. 1627. ‖ Aen den seer Eervveerdighen Vader ‖ in Christo ‖ P. Mutivs Vitellescvs ‖ Generael der Societeyt Iesv. ‖ T'Antwerpen, ‖ By Jan Cnobbaere ‖ by het Professen-huys der ‖ Societeyt Iesv, in Sinte Peeter. ‖ Anno 1632. In-8, 5 ff. n. ch. p. le tit., etc. + pp. 3 à 390 + 1 f. p. l'app.

Trad. par le P. Jacques Susius. (Sommervogel.)

—— Histoire // de ce qvi s'est // passé av royavme // dv Iapon, // es annees 1625. 1626. & 1627. // Tirée des Lettres adressées au R. Pere Mvtio // Vitelleschi, General de la Compagnie // de Iesvs. // Traduite d'Italien en François par vn Pere // de la mesme Compagnie. // [*marque*] // A Paris, // Chez Sebastien Cramoisy, ruë // sainct Iacques, aux Cicognes, // — M. DC. XXXIII. // Avec Privilege dv Roy. In-8, 4 ff. n. ch. tit., ép., priv., etc. + pp. 465.

Bib. nat., O²o 138. — Bib. Mazarine, 33517 XI, incomplet. — Trad. par le P. J. Vireau, S. J. (Sommervogel.)

C'est la traduction du recueil publié par le P. J.-B. Bonelli. Mais il y a en plus, de la p. 474 à 485 :

Relation de la glorieuse mort des PP. Roch Gonzales, Alphonce Rodriguez, et Jean de Castillio, de la Compagnie de Iesus, occis pour la Saincte Foy par les Indiens de la Province d'Uruay, appartenant au Paraguay, l'an 1628.

*
* *

—— *Extrait des lettres addressées au général de la Comp. de Jesus, contenant ce qui s'est passé de plus mémorable depuis 1621 iusques à 1626 ès Indes au grand Mogor / et principalement en Ethiopie, au royaume de Tibet et en la Chine. Pont-à-Mousson, Fr. Gaunault, 1628, 4 ff., pp. 242.

De Backer, Nouv. éd., I, 331. — Recueil très rare et intéressant, contient e. a. : Lettre du P. L. d'Azevedo, p. 156; — Fr. Machado, p. 160; — Emman. Lameira, p. 171; — Michel Rodriguez, p. 190; — Louis Mariano, p. 191; — Fr. Godin, p. 232.

Cat. 39, Jacq. Rosenthal, Munich, 1905, 81, M. 80.

—— *Guillaume de los Rios. — Triunfos, Coronas y Palmas de la Iglesia del Japon. En Mégico, por Garrido, 1628, in-4.

Sommervogel.

*
* *

—— Voiage de l'amiral Pierre Willemsz Verhoeven aux Indes Orientales, Au Japon &c. L'An 1607. *&* les Années suivantes; Avec une Rélation de ce qui s'est passé en ce tems-là dans l'isle Borneo, *&* une description de l'état où étoient l'isle d'Amboine *&* les Moluques l'An 1627. (*Recueil des Voiages qui ont servi à l'Établissement .... de la C. des Indes Orientales*... Amsterdam, ... Étienne Roger... M. D. CCV, t. IV, pp. 1-305.)

Le Japon, pp. 114-170. — Voir col. 264.

Carlo Spinola.

Né à Gênes (à Prague, suivant Pagès) en 1564; martyrisé le 10 septembre 1622; béatifié 7 juillet 1867. — Alfred Hamy, *Galerie illustrée de la C. de Jésus*, Paris, 1893, VIII. — Voir Béatification de 1867, à cette date.

—— *Fabii Ambrosii Spinvlae e Societate Iesv Oratio in Parasceve ad Vrbanvm VIII. Pont. Max. habita in Sacello Vaticano. Romae, Typis Francisci Corbelletti, MDCXXVI, in-4, pp. 11. — Oratio habita coram S. D. N. Urbano VIII. P. M. die Parasceues anni Domini 1626 à R. P. Fabio Ambrosio Spinola S. I. Parisiis, apud Petrum de Bresche, 1644, in-8. — Dans les *Orationes quinquaginta de Passione Domini.*

—— Vita // del P. Carlo // Spinola // della Compagnia // di Giesv' // morto per la santa fede // nel Giappone // del P. Fabio Ambrosio Spinola // dell' istessa Compagnia. // [*fleuron*] // In Roma, Appresso Francesco Corbelletti. // MDCXXVIII. // — Con Licenza de' Superiori. In-8, 4 ff. n. ch. tit., etc. + 1 f. représentant le martyr par S. Bolswert + pp. 223.

Pagès, n° 208, cite une édition : Roma, Mascardi, 1628, in-8.

— *Ibid., Roma e Bologna, 1629, in-12, pp. 238.

Hiersemann, Cat. 348, 1908, No. 622, M. 220.

— *Ibid., 1630, in-8. — Ibid., MDCXXXVIII, in-8, port. et plan de la prison. (Sommervogel.)

—— Vita // P. Caroli // Spinolae // Societatis Iesv, // pro Christiana religione // in Iaponia mortvi : // italice scripta // a P. Fabio Ambrosio Spinola, // latine reddita // a P. Hermanno Hvgone, // vtroq. Soc. Iesv sacerdote. // [*vig.*] // Antverpiae, // Ex officina Plantiniana // Balthasaris Moreti. // M.DC.XXX. In-8, 7 ff. n. ch. tit., etc. + 1 pl. représentant le martyr + 1 plan de la prison + pp. 186 + 2 ff. n. ch.

On doit trouver dans ce livre un plan : «Delineatio carceris P. Caroli Spinolae ex Soc. Iesv, desumpta ex autographo ipsiusmet P. Caroli, quod P. Sebastianus Viera ad eius patriam Genuam detulit.» (Sommervogel.)

—— * Vita del P. Carlo... di Giesv, Morto... nel Giappone. Scritta dal P. Fabio... In Bologna, Per l'Herede del

Benacci, s. a. (1647), in-24, pp. 205, sldet. — Ibid., id., MDCXLVII, in-24, m. page. — (Titre de 1628) : In Roma, Per gli Eredi del Corbelletti, 1671, in-16, pp. 336, s. l. d., portr. et plan. — In Bologna, MDCCVI, per l'erede del Benacci, in-24, pp. 224.

Fabio Ambrogio Spinola, S. J., né à Gênes, le 3 oct. 1593; + 28 août 1671, dans cette ville.

—— *La vie du P. Charles Spinola de la C. de J., mort pour la Foy chrestienne au Japon, mise en François par le P. Robert Michiel de la Compagnie de Jesus. A Valenciennes, Chez Jean Bougher (*sic*), 1661, in-8, pp. 266, s. l. d.

Portrait et plan de la prison. — Privilège à Jean Boucher, Mons, 10 décembre 1660. (Sommervogel.)

Robert Jacques Michiel, né à Valenciennes, en juillet 1614; + à Douai, le 15 avril 1673.

—— La // Vie // du Pere Charles // Spinola // de la Compagnie // de Jesus. // Par le P. Pierre Joseph d'Orleans de la mesme // Compagnie. // [*fleuron*] // A Paris, // Chez Estienne Michallet // ruë S. Jaques, à l'Image S. Paul. // — M.DC.LXXXI. // Avec Privilege & Approbation. In-12, 6 ff. n. ch. tit., etc. + pp. 223.

— *La Vie du Pere... Paris, 1693, in-12. — A Paris, Chez Marc Bordelet, MDCCXXXII, in-18, 6 ff. + pp. 212. (Sommervogel.)

— Voir col. 148-149.

—— *R. P. Eugène Séguin, S. J. — Le Bienheureux Charles Spinola de la Compagnie de Jésus et ses compagnons (missionnaires au Japon) morts pour la Foi le 10 septembre 1622. Notice historique et biographique. Paris, 1868, in-12, pp. XXXIII-264.

—— *Vie du B. Charles Spinola, de la Compagnie de Jésus et notice sur les autres martyrs du Japon béatifiés le 7 juillet 1867, par Joseph Broeckaert S. J. Bruxelles, H. Goemare, 1868, in-12, pp. 262, 1 grav.

—— *Leven van den gelukzaligen Carolus Spinola, van het Gezelschap van Jezu, en Schets der andere Martelaren van Japan, zaligverklaard den 7 Juli 1867, door Joseph Broeckaert, S. J. Uit het fransch vertaald. Brussel, H. Goemare, Uitgever en drukker van Zyne Heiligheid den Paus, 1868, in-12, pp. VIII-294.

—— Het Leven van den gelukzaligen Martelaar Carolus Spinola, van de Sociëteit van Jesus, verhaald door A. Duffels, S. J. — Met twee platen. — 's Hertogenbosch, G. Mosmans, 1868, in-12, pp. 353 + 1 f. n. ch. tab.

—— *Giuseppe Boero. — Vita del B. Carlo Spinola, martire della Compagnia di Gesù, scritta dal P. Fabio Ambrogio Spinola, della medesima Compagnia. Novissima edizione corretta ed accresciuta. Roma, coi tipi della Civiltà Cattolica, 1869, in-16, pp. 248. [Avec des lettres inédites.] — Monza, L. Annoni, 1876, 2 vol. in-16, pp. 166 et 191.

Sommervogel.

—— *Litterae a Beato Martyre Carolo Spinola e Societate Jesu ad R. P. Mutium Vitelleschi, Praepositum generalem die 28 septembris anni 1621 e carcere Omurensi datae. — Dans les *Analecta Bollandiana* (1887), t. VI, pp. 52-62.

Elle y est suivie d'un *Appendix biographica* par le P. Sommervogel, et d'un *Appendix biographica* par le P. A. Lallemand. Toutes ces pièces ont été tirées à part: «Bruxellis, typis Polleunis, Ceuterick et Lefébure, 1887», in-8, pp. 22.

Voir sur cette lettre : «Une lettre inédite du B. Charles Spinola de la Compagnie de Jésus par le P. A. Lallemand, S. J.» Extrait des *Precis historiques*, 1887, Bruxelles, Alfred Vromant, in-8, pp. 16.

Elle est traduite en anglais; dans : *Letters and Notices* de Roehampton, novembre 1887, pp. 199-205.

——Lettre du R. P. Charles Spinola, Jésuite, martyrisé au Japon en 1622; adressée au R. P. Pompilius Lamberteng, Jésuite, à Milan. Lisbonne, 31 Mars 1598. [En italien.]

Avec une traduction française imprimée. — A la bibliothèque d'Amiens (*Catalogue des MSS.*, 1893), n. 568.

Dans cette lettre écrite en italien et datée de Lisbonne, 21 mars 1598, il annonce son départ pour la terre australe où il va prêcher l'évangile.

—— Lettera all' Illmo e Ecc^mo^ Sign. il Sig. Alb. Cybo Principe del Sacro Romano Imperio e di Massa-Genova, di Nangasachi 12 di Novembre 1618. — Dans : *Lettere inedite di Personnagi illustri nella Chiesa di Dio*... Modena, 1872, in-4, pp. 31.

—— Lettera inedita (*sic*) del beato Carlo Spinola ad Alberico I, Cybo-Malaspina, principe di Massa-Genova, tip. de Sordimuti, 1892, in-4, pp. 15. — Publié par G. Sforza. (Extrait de : *Atti della Società Ligure di Storia Patria*, t. XXIII [1891], pp. 701-713.)

C'est la même lettre. — Sommervogel.

—— * Congregatione sacrorum Rituum Sive Em. ac Rev. D. Card. Azzolino Japponen. Canonizationis, seu declarationis Martyrii Vener. servorum Dei Fr. Alphonsi Navarrete Ordinis praedicatorum, Petri de Avila ordinis Minorum S. Francisci, Petri de Zunica Ordinis Eremitarum S. Augustini, Caroli Spinulae Societatis Jesu, ac sociorum respective tam eorumdem ordinum, quàm etiam saecularium pro fide catholica in Japponia iterenptorum. Positio super dubio an constet de martyrio, et causà martyrii in casu, etc. Romae, ex typographia Rever. Cam. apostolicae, 1675, in-fol., pp. 473, 51, 70, 35, 46.

Gesù, Minerve, et autres bibl. de Rome. — Pagès, No. 326.

—— * Documents imprimés dans le procès de la canonisation ou déclaration de martyr de Alph. Navarrette, P. de Avila, P. de Zuniga et C. Spinola, morts au Japon en 1614. Imprimés à Rome, à l'Imprimerie de la *Camera Apostolica*, 1684, in-fol., plus de 100 pages imp.

Cat. Fred. Muller, Amst., 1910, No. 2455, flor. 60.

—— * Sac. Rituum congregatione Emin. et Reverentissimo Domino card. Colloredo Japponen. beatificationis, et canonisationis, seu declarationis martyrii Ven. Servorum Dei Alphonsi Navaretae ord. praedic.; Petri de Avila ord. minorum S. Francisci; Petri de Zunica ordinis Eremit. sancti Aug.; Caroli Spinulae Soc. Jesu, ac sociorum respective, tam eorumdem ordinum, quam etiam secularium pro fide catholica diversis temporibus in Japponia interemptorum. Positio super dubio an constet de martyrio, et causa martyrii in casu, etc. Romae, typis Reverendissimae Camerae apostolicae, 1690, in-fol., pp. 36, 219, 55, 55.

Gesù, Minerve, et autres bibl. de Rome. — Pagès, No. 353.

*
* *

—— * Relacion de algunas de las cosas tocantes a la vida, y glorioso martyrio, que con su provincial y otros siete religiosos de la C. de Jesus, padeciò el S. P. Baltasar de Torres; sacada de las cartas autenticas, que han venido del Japon; de lo sucedido el año de 1626, en la cruel persecucion, que en aquel imperio padece la christiandad. In-4 ? pp. 63.

Sans nom d'auteur : probablement par le P. Ant. de Torres; sans nom de lieu : paraît, d'après les approbations, être de *Salamanca*; sans date : probablement de 1631, d'après la date des approbations, décembre 1630. En tête est une image du saint martyr. — Se trouve au Gesù. — Pagès, No. 219.

—— * Breve Relacion de // la grande crueldad de Gentiles y // Moros, contra los predicadores Euangelicos del Or- // den de Santo Domingo, y Cofrades del Santissimo // Rosario, en las Filipinas, Iapon, y en las Indias // Orientales, de*n*de el Año 1617. // hasta 1627. // *A la fin* : Con Licencia de los Superiores. // En Barcelona per Esteuan Liberòs en la Calle de San- // to Domingo. Año M.DC.XXXI. In-4, pp. 8 n. ch.

Retana, 97.

—— * Fransciscus a S. Augustino de Macedo. — Historia de los Nuevos Martyres del Japon. Madrid, 1632, in-4.

« Cet ouvrage, omis par Sotwel, est cité par Antonio et se trouve dans le catalogue que Macedo donne de ses œuvres. » (Sommervogel.) — Pagès, 225.

Seyger van Rechteren.

—— Journael, ‖ Ghehouden door Zeyger van Rechteren : ‖ Op zyne gedane voyagie naer Oost-Indien. ‖ [*Portrait*] ‖ Tot Zwolle, ‖ Ghedruckt by Frans Jorrijaensz ende Jan Gerritsz, Boeck- ‖ druckers. Anno 1635. ‖ Met consent der selver Heeren. In-4, pp. 90 + 4 ff. prél.

Le port. sur le titre semblable à celui de l'éd. suivante; poème *Sie hier*; ép. déd. aux Etats d'Over Yssel, différente de celle de l'éd. suivante, et les autres pièces de l'éd. suivante, sauf l'avis au lecteur qui diffère. Carte et pl. (voir éd. suivante).

Très rare; l'ex. de Tiele n'avait ni la carte ni la pl. que nous avions dans notre ex. que nous avions acheté de Muller, 1882, fl. 12.50.

—— Iournael, ‖ Gehouden op de reyse ende wederkomste ‖ van ‖ Oost-Indien ‖ door ‖ Seyger van Rechteren ‖ Voor desen Kranck-besoecker in de voor-genoemde Lan- ‖ den, ende nu Geweldige Generael van de Landen van ‖ Over-Yssel. ‖ Den tweeden druck | van nieuws verbetert ‖ ende vermeerdert. ‖ t'Zwolle, ‖ Ghedruckt by Jan Gerritsz ende Frans Jorrijaensz ‖ Boeck-druckers | Anno 1639. In-4.

Pp. 111 + 7 ff. prél. n. ch. : 1 pour le titre *ut supra;* recto 2e f., port. de S. v. R. en buste comme pour l'éd. préc.; verso 2e f., poésie commençant par *Siet hier dit is de Man;* recto 3e f.-recto 4e f., ép. déd. aux habitants d'Over-Yssel; verso 4e f., poème : *Tot den Berispers ofte spotters;* recto 6e f., poème com. : *Al die nae Rijckdom;* recto et verso 7e f. : *Tot den Lief-hebbende Leser.*

Carte p. 56 : *Af Conterfeijting van Diẽ groote vermaerde Riuier Chincheo ghelegen Int groot Conincryck Chijna.*

Pl. p. 66 : *Af Conterfeijtinge vant fort Zeelandia in taijovang gelegen Op de N breete van 22 graden bijt koninckrijck van China in Oostindien Ao 1629.*

British Museum, 566. b. 31. — Muller, 1882, fl. 10.

—— Iournael ‖ Gehouden op de reyse ende wederkomste ‖ van ‖ Oost-Indien ‖ door ‖ Seyger van Rechteren ‖ Voor desen Kranck-besoecker in de voor-genoemde Lan- ‖ den, ende nu Geweldige Generael van de Landen van ‖ Over-Yssel. ‖ Den tweeden druck | van nieuws verbetert ‖ ende vermeerdert. ‖ t'Zwolle, ‖ Gedruckt by Ian Gerritsz ende Frans Iorrijaensz ‖ Boeck-druckers | Anno 1639. In-4.

La description de cette éd. répond tout à fait à celle de la précédente quoique le tirage en soit absolument différent. M. Tiele ne cite qu'une éd. de Zwolle, 1639.

British Museum, 10057. dd.

—— Journael | ‖ Ghehouden op de Reyse ende weder-komste van ‖ Oost-Indien. ‖ Door ‖ Seyger van Rechteren, Voor desen Kranck-besoecker in de voor- ‖ ghenoende Landen | ende nu Geweldige Generael vande Landen van ‖ Over-Yssel.

Dans le Vol. II de *Begin ende Voortgaugh*, à la suite du voyage de Wybrandt Schram, pp. 19-89. — Pl. — Cette éd. est augmentée de différentes pièces sur la Chine : exp. de Cornelis Reyersz, racontée aussi par Bontekoe; Formose par Candidius; une description de Macao; et un mémoire sur les marchandises introduites au Japon par les Portugais, en 1637.

— Seyger van Rechteren était aumonier au service de la Compagnie des Indes Orientales. «L'auteur, dit Tiele, p. 252, a inséré dans le journal de ses voyages un «court récit concernant la Chine» (*Kort verhael van't groot Koningkrijck van China*), suivi d'un «récit succinct concernant Tayowang» (*Kort verhael van Tayovang*), une petite île près de Formosa, et d'un «court récit» concernant le commerce des Hollandais en Chine et au Japon (1re éd. pp. 45-67, 2e éd. pp. 57-80). Van Rechteren prétend que c'est le résumé d'entretiens fréquents avec des officiers qui avaient été prisonniers en Chine pendant près de cinq années; mais en réalité les deux dernières insertions sont tirées d'un mémoire officiel que Pieter Nuyts, troisième gouverneur de Formosa (1627-1629), présenta au gouvernement des I. O. le 10 février 1629, et qui se trouve dans l'ouvrage de Valentijn (*Oud en Nieuw Oost-Indien*, IV, 2, pp. 63-70).»

—— Voyage de Seyger van Rechteren en 1628 [à Formose en 1630]. (*Rec. des Voy. de la Cie. des Indes*, IX, p. 199.)

Trad. en anglais dans le Vol. III de la Col. des Voyages d'Astley.

—— Voiage de Seyger van Rechteren consolateur des malades, Et depuis Prévot général d'Overissel, aux Indes Orientales. Avec une Rélation de l'état de l'isle Formose, par George Candidius Pasteur, & une Description de la ville de Macao, ou Macau. (*Rec. des Voiages qui ont servi à l'établissement... de la C. des Indes Orientales...* Amsterdam... Etienne Roger... M. D. CCVI, t. V, pp. 1-155; cartes.)

1627.

—— Compendio de lo que escrivẽ los Religiosos de la Compañia en cartas de 627. de lo que passa en los Reynos de Iapon. Pièce in-fol. de 2 ff. n. ch.

Titre ut supra en haut, recto f. 1. — Verso f. 2 : Con Licencia, en Sevilla, Por Manuel de Sande, Impressor, y Mercader de Libros, en Caldegenova.

British Museum, 593. h. 17 (75). — Par Christ. Freyre. (Sommervogel.)

—— Relacion // de los Martyres // del Iapon del Año de 1627. // ¶ Por el Padre Pedro Moreion rec-// tor del Collegio de la Compañia de Iesvs de Macan. // Hazela imprimir el // Padre Iuan Lopez Procurador general de la misma // Compañia de la Prouincia de Philipinas. // y dedicala // al general D. Ivan de Arcarasso // Gouernardor de las

(Seyger van Rechteren.) (1627.)

IMPRIMERIE NATIONALE.

fuerças de Isla hermosa frontera de la // gran China, y de los Reynos del Iapon por su Magestad, &c. // Año [*armes*] 1631. // ¶ En Mexico. // Impresso con licencia. En la imprenta de Iuan Ruyz. In-4, 8 ff. n. ch. tit., etc. + 56 ff. ch.

Fol. 52 : Relacion Sumaria del estado de las cosas de Japon en los años de 1628, 29 y 30.

British Museum, c. 58. e. 10. — Juan Lopez, né à Moratalla, diocèse de Murcie, le 27 déc. 1584; + à Manille, le 3 sept. 1639.

—— Relacion de // l'admirable // constance // des chrestiens // iaponnois // a endvrer le martyre, // et des miracles qve Diev a // faict pour les honorer, tirée des lettres des // RR. PP. de la Compagnie de Iesvs, // qui trauaillent en ces quartiers, de l'an- // née 1627. // Traduit d'Espagnol en François ioux- // te la copie imprimée à Madrid. // [*vig.*] // A Lille, // De l'Imprimerie de Pierre de // Rache, à la Bible d'Or, 1630. Pet. in-12, pp. 22 + 1 f. n. ch. app., etc.

British Museum, 4532. a. 17.

1628, 1629, 1630.

—— Relatione // delle persecvtioni // mosse contro la fede // di Christo // in varii regni del Giappone // Ne gl'Anni MDCXXVIII. // MDCXXIX. e MDCXXX. // Al Molto Reu.do in Christo // P. Mvtio Vitelleschi // Preposito Generale della Compagnia // di Giesv. // [*vig.*] // In Roma. // Appresso Francesco Corbelletti. MDCXXXV. // — Con Licenza de' Superiori. Pet. in-8, pp. 187.

British Museum, 295. g. 37.

—— *Relatione delle persecvtioni mosse contro la Fede di Christo. In varii regni del Giappone negli anni MDCXXVIII, MDCXXIX e MDCXXX. Al Molto Rev. in Christo P. Mutio Vitelleschi Preposito Generale della Compagnia di Giesù. In Roma et in Milano, per Philippo Ghisolfi. MDCXXXV. Con Licenza de' Superiori. In-8, pp. 218.

Ces deux relations sont anonymes, mais elles sont du P. Christ. Ferreira; il le dit lui-même dans sa petite lettre sur les souffrances du Mont Ungen en 1631. — Sommervogel.

—— Narratio // Persecvtionis // adversvs // Christianos // excitatae // in variis Iaponiae regnis // ann. M.DC.XXVIII. M.DC.XXIX. M.DC.XXX. // Ad Admodum R. dum in Christo Patrem // P. Mvtivm Vitelescvm // Praepositum Generalem Societ. Iesv. // Italicè Romae excusa : ac Latinè reddita à quodam // eiusdem Societatis Sacerdote. // [*fleuron*] // Antverpiae, // Apud Ioannem Mevrsivm. // Anno M.DC.XXXV. // Superiorum permissu. In-8, pp. 141 + 1 f. n. ch. app., priv., etc.

Bib. nat., O²o 141. — Traduit par le P. Jean Bollandus.

—— Relation // de la persecvtion // dv Iapon. // Pour les années mil six cens vingt- // huict, vingt-neuf, trente. // Enuoyée au R. P. Mvtio Vitelleschi, // General de la Compagnie de Iesvs. // Traduicte de l'Italien imprimé à Rome, // par un Pere de la mesme Compagnie. // [*marque*] // A Paris, // Chez Sebastien Cramoisy, // Imprimeur ordinaire du Roy, // ruë S. Iacques, aux Cicognes. // – M.DC.XXXV. // Auec Priuilege, & Approbation. In-8, 2 ff. n. ch. tit. et app. + pp. 290.

Bib. nat., O²o 139. — Bib. Mazarine, 33517[12].

Cat. Mourier, No. 452, 20 fr.

—— Relation // des persecvtions // sovslevees contre la foy // de Iesvs Christ // en divers royavmes // dv Iapon // es annees 1628 1629 & 1630 // au Tres-reud. Pere en N. S. le P. Mutius // Vitelleschi General de la Com- // pagnie de Iesvs, // Traduitte fidelement d'Italien en François. // [*fleuron*] // A Dovay. // Chez Barthelemy Bardov, // à l'enseigne de S. Ignace 1635. In-12, pp. 297.

Bib. nat., O²o 140.

Diego Collado.

—— Historia // eclesiastica // de los svcessos de // la Christiandad de Iapon, // desde el año de 1602. Qve // entro en el la Orden de // Predicadores, hasta // el de 1620. // Compvesta por el Padre Fray // Iacinto Orfanel, de la Misma Orden, y Ministro antiguo del Santo // Euangelio en aquel Reyno. Y añadida hasta el fin del año de // 1622. por el Padre Fray Diego Collado, Vicario Prouincial // de la dicha Orden en el dicho Reyno. // Año [*armes*] 1633. //

Con privilegio. // — En Madrid, Por la viuda de Alonso Martin. In-4, 6 ff. n. ch. tit., &c., prolog. + 184 ff + 4 ff. n. ch. tab.

Bibl. nat., O²o 137. — Cat. Mourier, No. 446, 30 fr.

—— Ars // Grammaticae // Iaponicae // Linguae. // in gratiam et adivtorivm // eorum, qui praedicandi Euangelij causa ad // Iaponiae Regnum se voluerint conferre. // Composita, & Sacrae de Propaganda Fide Congregationi // dicata à Fr. Didaco Collado Ordinis Praedicatorum // per aliquot annos in praedicto Regno // Fidei Catholicae propagationis // Ministro. // [*vig.*] // Romae, // Typis & impensis Sac. Congr. de Propag. Fide. // MDCXXXII. // Svperiorvm Permissv. In-4, 75 pages chif., titre compris.

Le Ms. portugais est à la Propagande. — Traduit en espagnol par le frère Juan de Jesus de la province de S. Pablo en 1682 : resté manuscrit. (M. da Civezza, p. 248.)

—— Dictionarivm // sive // Thesavri // lingvae iaponicae // compendivm // Compositum, & Sacrae de Propaganda Fide Con-// gregationi dicatum à Fratre Didaco Col-// lado Ord. Praedicatorum Romae // anno 1632. // [*vignette*] // Romae, // Typis & impensis Sacr. Congr. de Prop. Fide. // MDCXXXII. // Svperiorvm permissv. In-4, pp. 355.

P. 159 seq. : Additiones ad Dictionarivm iaponicvm. Auctore Fr. Didaco Collado Ordinis Praedicatorum.

Bib. nat., Rés. X. 970 (2). — Bib. Mazarine, 10207 F.

—— Niffon no cotōbani // yô confesion, // Vo mósu yōdai to màta Confesor yori gòxensà cu me-// sarùru tàme nò canyônàru giô giô nocòto dànguixà // no monpa no Fr. Diego Collado to yu xucque Roma // ni voite còre voxitàte mòno nàri. 1632. // *Modvs confitendi // et examinandi //* Poenitentem Iaponensem, formula suamet lingua Ia-// ponica. Auctore Fr. Didaco Collado Ord. Praed. // Romae à die 20. Iunij, anni 1632. // [*vignette*] // Romae, // Typis & impensis Sacr. Concreg. de Propag. Fide. // MDCXXXII. // Svperiorvm permissv. In-4, pp. 66.

Bib. nat., Rés. X. 970. (3). — Bib. Mazarine, 10207 F.

(Diego Collado.)

—— Niffon // no cotōbani // yô confesion // Vo mósu yodaito màta Confesor yori gòxensà cu mesarùru tàme no canyô // nàru giô giô nocòto dànguixà no monpa no Fr. Diego Collado to // yu xucque Roma ni voite còre voxitàte mòno nàri. 1632. // Modus confitendi // et examinandi // Poenitentem Japonensem, formula suamet lingua Japonica. // Auctore Fr. Didaco Collado Ord. Praed. Romae à die // 20 Junii, anni 1632. // Parisiis // ex typis Lainé et Havard // MDCCCLXVI. // Juxta exemplar impressum // Romae // Typis et impensis Sac. Congreg. de Propag. Fide. // MDCXXXII. In-12, pp. 91.

Bib. nat., D. 56441.

—— *Collado. — Mémorial adressé au Roy et relatif aux attaques dirigées par les PP. Jésuites de la Mission du Japon, contre les autres religieux établis dans ce pays. (Madrid, 1633), in-fol. de 8 ff.

Cat. Mourier, No. 392, 30 fr.

Sotelo.

— Voir Marcellino da Civezza, *Saggio di Bibliografia Sanfrancescana*, pp. 575-576.

—— Fr. Lvdovici Soteli // Minoritae // Regii ad Apostolicam sedem Legati & Regni Oxensis Apo-// stoli ac designati Martyris // ad Vrbanvm // VIII. Pont. Max. // De Ecclesiae Iaponicae statu Relatio, Imperatoris Augu- // sti, Principum, Electorum, omniumque statuum Imperii cuiusque // Ordinis lectione digna. // Accessit // Fr. Jvniperi de Ancona Mino- // ritae Consultatio de causis & modis Religiosae discipli- // nae in Societate Iesu instaurandae, Ex Italico latine conuersa. // [*marque*] // Anno M.DC.XXXIV. In-4, pp. 93 + 1 f. n. ch. index.

Bib. Mazarine, A. 11474. — Pagès, d'après Wadding, cite : Madrid, 1634, in-4; Parisiis, 1634, in-4; Francofurti, 1634, in-8.

—— *Le même ouvrage : Gravis, christiana, doctaque epistola ad Paulum V, summum Pontificem. Aeniponte, 1635, in-4.

Cura Scioppii.

Se trouve traduite en la Morale pratique, T. II.

(Sotelo.)

Juan de S. Antonio publie trois lettres du P. Sotelo dans la *Chronique de la province de S. Paul*, T. II, pp. 241, 3, 4. — Pagès, nº 232 *bis*.

—— *Relacion verdadera que embiò el Padre Fray Luys Sotelo de la Orden de San Francisco, a su Hermano D. Diego Cavallero de Cabrera beintiquatro de Sevilla, en que se da quenta del bautismo que se hizo a el Embajador Japon.

«Stampa rarissima, di due carte: e in fine dell' ultima si legge: «Con licencia. Impresso en Sevilla, por Diego Perez.» N'è un esemplare nella Biblioteca Colombina di Siviglia.» (M. da Civezza.)

*
* *

—— Relation // de l'estat de l'eglise // vniverselle dv Iapon. // Et des Martyrs qui y ont souffert depuis son // commencement iusques en l'année 1630. // Ensemble vn miracle arriué dans le College // des R. P. D. L. C. D. I. de Naples en l'an- // née 1634. par sainct Francois Xauier, // extraict des registres de l'Archeuesché. // Le tout mis en François par le S. D. B. // [*fleuron*] // A Paris, // Chez George Iosse, rüe sainct Iacques, // à la Couronne d'Espines. // —M.DC.XXXV. In-8, pp. 158.

Bib. nat., O² o. 228. — Un autre ex. sans titre, O² o. 230.

—— Relacion verdadera // del martirio qve dieron en el Iapon a veyte y nueve martyres // Religiosos del Orden del Serafico Padre San Francisco, Frayles, y Terceros, niños, y mugeres nue- // uamente conuertidos. De las persecuciones grandes que padecen los Christianos en aquel Rey- // no. Auisase tambien de la Embaxada que embió el Emperador Iapon al Virrey de Mexico. // Refierese tambien el transito dichoso de la santa Madre Geronima de la Assuncion, Fundadora // de Descalças de santa Clara de la ciudad de Manila, tia del señor don Pedro Pantoja, // Alcalde de la Real Audiencia de Seuilla. Y las solenes honras que los Cabildos // de aquella Ciudad le hizieron, y otras cosas particulares. // Escrito todo por el Padre Fray Gines de Quesada Lector del Conuento de san Francisco de Ma- // nila, al muy Reuerendo Padre Fray Francisco de Apodaca Comissario General de // Nueva España, del Orden de san Francisco, en las Naos de Filipinas, que lle- // garon al puerto de Acapulco, el mes de Enero de 1633. // Impresa en Seuilla, con licencia del señor Alcalde don Pedro Pantoja, por Simon Faxardo // en la calle de la Sierpe. Añe de 1633. In-fol., pp. 4 n. ch.

Retana, 102, qui la reproduit.

—— *Relacion sucinta // del dichoso fin // de los // 205 martires // muertos en el Japon // a principios del siglo 17 // Escrita // por el P. Ramon Garcia // de la Compañia de Jesus. // Tolosa: // Imprenta de Modesto Gorosabel y compañia. // Año de 1868. In-8, pp. 288 + 8 n. ch. (ind. et er.)

—— *Compendio de lo sucedido en el Japon desde la fundacion de aquella Christiandad, que empeço año de 1549, y relacion de los Martyres que padecieron los años de 1629 y 1630, sacada de las Cartas de los Padres de la Compañia que alli assisten. Madrid, en la Imprenta del Reino, 1633. In-4, 44 ff.

Le nom de l'auteur est à la dédicace: Mathias de Sousa, né en 1596, à Amarante; † à Lisbonne, 1er juin 1647. — Sommervogel. — Pagès, 229.

—— Relation // veritable, // De la Prodigieuse, Constance, & // presque incroyable Martyre, souf- // fert par les Augustins Deschaussez // au Iapon & aux Philippines. // Selon la Lettre enuoyée du Prouincial de par // delà en l'année 1633. & 1634. au Vicai- // re General des Augustins Deschaussez de // France, estant à present residant au faux- // bourg de Montmartre à Paris. // Ensemble le nombre de cent trente cinq // Martyrisez, auec leurs noms. // Et la Conuersion de huict cent quarante Ia- // ponnois, à la foy Catholique. // — A Paris, // Chez Matthiev Colombel, près le Palais, // ruë neufue Saincte Anne, à la Colombe. // M.DC.XXXIV. // Auec Permission, & Approbation des Superieurs. In-8, pp. 16.

Bib. nat., O² o. 231.

Francisco Rodriguez.

—— *Catalogo dos religiosos da Companhia de Jesus, que foram martyrisados no Japão pela fé de Christo, em os annos de 1632 e 1633. Madrid, por André de la Parra, 1633, in-fol.

Silva, III, p. 46.

—— *Catalogo de los Religiosos de la Compañia de Iesus, que fuerõ atormentados, y muertos en Iapon por la Fé de Christo, año de 1632 y 1633. Sacado de las cartas annuas que llegaron este año de 1635 a Lisboa, con la Naue Capitana de la India Oriental. Al Illustrissimo, y Reuerendissimo señor D. Lorenço Campeggi, obispo de Senegalla, Nuncio, y Colector general de N. S. P. Vrbano VIII. en los Reynos de España. Por el P. Francisco Rodriguez de la Compañia de Iesus, y su Procurador general en Corte, de las Prouincias de la Corona de Portugal. Con licencia en Madrid por Andres de Parra. Año de 1635. In-fol., 2 ff.

Antonio dit: «Lisboa. Eodem anno 1635», et l'attribue à tort à un François Rodriguez différent de celui-ci. Machado donne le titre en portugais; d'après lui cette plaquette aurait aussi paru à Madrid, chez Parra, mais en 1633, ce qui est faux. Sotwel dit que ce *Catalogo* est en espagnol. (Sommervogel.)

—— *Catalogo de' Religiosi della Compagnia di Giesv, che furono tormentati, e fatti morire nel Giappone per la fede di Christo l'Anno 1632. e 1633. Cauato dalle Lettere annue, che sono arriuate quest' anno 1635. in Lisbona con la naue Capitana dell' India Orientale. In Roma, Per Francesco Corbelletti, M.DC.XXXVI. Con Licenza de' Superiori. In-8, pp. 16.

—— *Catalogus religiosorum Societatis Jesu qui anno MDCXXXII et MDCXXXIII. in Japonia pro Christi fide crudeliter interfecti sunt, ex litteris annuis, anno MDCXXXV Praetoria Lusitanorum navi ex India Ulyssipponem allatis. Illustrissimo et Reverend^mo Domino D. Laurentio Campeggio, Episcopo Senogalliensi Urbani VIII. Pontificis Maximi apud regem Catholicum Nuntio Apostolico dedicatus A. R. P. Francisco Rodericio, Provinciarum Societatis Jesu quae sub corona Lusitanica sunt, in Aula Madritensi Procuratore generali. Juxta exemplar Hispanice excusum Madriti typis Andreae Parrae. Antverpiae, apud Joannem Meursium. In-8, pp. 12.

(Approb. Antver., 30 Januari 1636.) Sommervogel.

—— *Cort verhael van den glorieusen strydt van XXXV. Religieusen der Societeyt Jesu die in Japonien in't jaer 1632 ende 1633. voor de belydenisse van het geloof Christi wreedelyck ghedoodt zyn: Ghetrocken uyt de jaerlyksche brieven van Japonien, in't jaer 1635 uyt ost Indien tot Lisboa aenghecomen. Ghedruckt eerst in't Spaensch tot Madril (*sic*) ende aen den Doorluchtichsten ende Eerweerdichsten Heer Laurentius Campeggio Bischop van Sinigallia, Nuntius van den Paus by syne Catholycke Maiesteyt van Spaegnien, opghedraghen ende vereert door P. Franciscus Roderiguez, aldaer Procureur generael van de provincien der selver Societeyt die onder de Kroone van Portugal staen. t'Antwerpen, by Joannes van Meurs. In-8, pp. 14.

(Approb. Antv., 30 Januari 1636.) Sommervogel.

F. Rodriguez, né en 1594 à Monte-mór o velho, diocèse de Coimbre, province de Beira; † 26 mai 1654, recteur de Faro et de Braga.

Reyer Gysbertz.

—— De // Tyrannije ende Wreedtheden // der // Iappanen. // Beschreven door // Reyer Gysbertsz voor de Gouverneur // Cornelis van Nieuwerode, voor de // Hollandtsche Compagnie. // [*vig.*] // T'Amsterdam, // — Ghedruckt by Ian Fredericks Stam, in de Hope by de // Zuyder-Kerck. Anno CIↃ IↃ C XXXVII. In-4, pp. 26.

Réimprimé:

—— *Historie der Martelaeren, die in Japan om de Roomsche Catolijcke Religie, schrickelijcke, ende onverdraghelycke pynen geleeden hebben, ofte ghedoodt zyn. Beschreven door Reyer Gysbertsz.

Dans *Bogin ende Voortgang*, Vol. II, pp. 176-188. — Tiele.

—— Récit de la persecution des Chrestiens du Iapon. Par Reyr Gysbertz, Traduit de l'original Hollandois. (Dans *Relations de divers Voyages cvrievx*..... Seconde Partie; Paris, André Cramoisy, 1673.)

*
* *

—— *Le P. Michael de Preces écrivit un Arte japonais et des catéchismes en japonais et en tagale. (Avant 1639.)

«Le P. de Preces, Espagnol de Valencia de el Cid, de la province des Dech. de S.-Jean-Baptiste, résida plusieurs années au Japon, fut prisonnier à Firando, puis exilé aux Philippines; il retourna en Espagne, et mourut à Madrid en 1639. — Pinelo, 163, et Sbaraglia.» Pagès, No. 257.

Marcelo Francesco Mastrilli (17 oct. 1637).

Né à Naples, le 14 sept. 1603.

—— *Vie du P. Mastrilli, publiée à Goa, du vivant même du Père, par le P. Emmanuel de Lima. (Vers 1637.)

Pagès, 246. — Il y a peut-être confusion avec l'ouvrage suivant du P. E. de Lima : Relaçaõ de hum prodigioso milagre que o glorioso S. Francisco Xavier Apostolo do Oriente obrou na cidade de Napoles no anno de 1634. No Collegio do Rachol, 1636, in-8.

—— Relacion del // insigne martyrio, qve pa- // decio por la Fe de Christo el Milagroso // P. Marcelo Francisco Mastrilli de la Compañia de // Iesvs en la Ciudad de Nangasaqui de los // Reynos del Iapõ a 17. dias del mes de // Octubre deste año pasado // de 1637. Pièce in-4 de 7 ff. n. ch., s. l. n. d.

Le titre *ut supra* en haut du recto du f. 1. — British Museum, c. 32. d. 20.

Nicolas de Acosta.

—— //Breve relacion del // Martirio del Padre Francisco Marcelo Mas- // trillo de la Compañia de Iesus, martirizado en // Nangasaqui, Ciudad del Xapon, en 17. de Octu- // bre de 1637. embiada por el Padre Nicolás de // Acosta, Procurador del Xapon, al Padre // Francisco Manso Procurador general de las // Prouincias de Portugal de la dicha // Compañia en Madrid. [Madrid, 1638?], in-4, 8 ff. ch.

Biblioteca de Ultramar. — Retana, 104.

—— *Relacion breve del Martirio del Padre Francisco Marcello Mastrillo, de la Compañia de Iesvs, Martirisado en Nangasaqui, ciudad del Xapon, en 17 de Octobre, de 1637, embiado por el Padre Nicolas de Acosta, Procurador del Xapon, al Padre Francisco Manso, Procurador General de las Provincias de Portugal de la dicha Compañia de Iesvs. Va al principio añadido el insigne Milagro que hizo, el Apostol de las Indias San Francisco Xavier en Napoles à 3. de Enero, de 1634. dando Salud al mismo Venerable Mastrillo. Al muy Reverendo P. Nicolas Mastrillo Duran, Provincial de la Compañia de Iesvs en el Peru. Con licencia del Excellentissimo Señor Marques de Manzera. Y del Ordinario. Impresso en Lima; por Pedro de Cabrera, Año de mil seyscientos y quarenta. In-4, pp. 13.

—— *Relation avthentiqve dv glorievx martyre dv R. P. Francois Marcel Mastrilli de la Compagnie de Iesvs martyrise en Nangasaqvi Ville du Japon le 17. d'Octobre 1637. enuoyée par le P. Nicolas de Acosta, Procureur du Japon, au P. François Manso Procureur General des Prouinces de Portugal de la mesme Compagnie à Madrid traduite de l'Espagnol. A Dovay, De l'Imprimerie (*sic*) de Barthelemy Bardov, M.DC.XXXIX. In-4, pp. 22.

—— *Briefue Relation du Martyre du P. Francois Marcel Mastrilli de la Compagnie de Jesus Martyrisé en Nangazaqui ville du Iapon le 17. d'Octobre 1637, ennoyee par le Pere Nicolas de Acosta, Procureur du Iapon, au pere Francois Manso Procureur General des... Espagnol. S. l. et a., in-4, pp. 22.

Cette traduction ne serait-elle pas du P. Gaspar Wiltheim? A la p. 22 il y a une lettre à son adresse à Luxembourg. Cette édition serait peut-être de cette ville. (Sommervogel.)

Le P. de Backer (I, 1402) dit qu'il y a une traduction française de Luxembourg, 1634 (*sic*); le P. Mastrilli ayant été martyrisé en 1637, il y a là une erreur. (Sommervogel.)

Ignace Stafford.

—— *Historia // De la celestial Vocacion, Missiones apostolicas, y gloriosa // Muerte; del Padre, Marcelo Fran^co^ Mastrilli, Hijo del Marques // de S. Marsano, Indiaticoplissimo de la Compañia de // I. H S. // A Antonio Telles de Silva. // [*armes*] // Por el P. Ignacio Stafford // de la Compañia de Jesus. // *A la fin :* Con todas las licencias necesarias. // En Lisboa // Por Antonio Aluarez, Año de 1639. In-4, 2 ff. (tit. et scène du martyre) + 2 ff. n. ch. + 136.

Retana, 104.

Vincent Barrantes (*Guerras Piraticas de Filipinas*, Madrid, 1878, p. 364) dit : «Impressa (en Burgos?) en castellano, y traducida en italiano en 1642; otra edicion castellana en 1667.» (Sommervogel.)

— *Histoire de la miracvleuse gverison, celeste vocation, missions apostoliques, et glorievse mort dv Pere Marcel Francois Mastrilli de la Compagnie de Iesvs, Fils du Marquis de S. Marsano. Composée en Espagnol par le R. P. Ignace Stafford de la Compagnie de Iesvs. Et mise en François par le R. P. Lavrent Chifflet, de la mesme Compagnie. A Dovay, Chez la Vefve Baltazar Bellere, 1640, in-8, pp. 148 (*pour* 176), s. l. d. e. l. t. — Lyon, 1640, in-4.

Laurent Chifflet, né à Besançon en 1598; + à Anvers le 9 juillet 1658. (Sommervogel.)

— *Istoria // della celeste vocatione, // missioni apostoliche, e gloriosa morte del // P. Marcello Francesco Mastrilli // Indiano felicissimo della Compagnia di Giesù. // Composta dal // Padre Ignatio Stafford // Della medesima Compagnia in lingua Castigliana, // e dedicata al Sig. Antonio Tellez // de Silua, // Hora trasportata in Italiano, & dedicata // All' Illustrissimo Sig. // Carlo Bancacio. // [*armes*] // In Viterbo, // Appresso Bernardino Diotalleni. M.DC.XXXXII. In-4, pp. 1 n. ch. + 94 + 1 n. ch. (er.).

Retana, 108.

* * *

— Relacion de // lo qve asta agora se a // sabido de la vida, y Martyrio del milagro-// so Padre Marcelo Francisco Mastrili de la Compañia de Iesus, // martyrizado en la ciudad de Nāgasaqui del Imperio del Iapō // a 17. de Octubre de 1637. sacada de informaciones autenticas, // echas a instancia del P. Bartholome de Reboredo de la Com-// pañia de Iesvs Procurador de los Santos Martyres de // Iapon en la Ciudad de Manila, y Macan, de los que // le conocieron, y trataron en vida, y // se hallaron presentes a su // dichosa muerte. // Por el Padre Geronimo Perez de la // misma Compañia. // [*armes*] // Con licencia del Ordinario, y // Govierno. // En Manila, en el Collegio de la Compañia de Iesus, // Impressor Tomas Pimpin, Año 1639. In-4, 2 ff. + pp. 76.

Retana, *Imprenta*, p. 175, donne un facsimile du titre d'après l'ex. de D. Antonio Graíño, Madrid. — Le P. César de Vivo, S. J., en laissa une traduction italienne Ms. (Sommervogel.)

— *Del estado de la Persequucion del Japon, y ilustre muerte del Padre Marcello Mastrilli. En Zaragoza, por Domingo de Puyada, 1639, in-4.

Par Martin de la Naja, né à Saragosse, le 1er janvier 1606; + dans cette ville, le 5 octobre 1696. — Sommervogel.

— *Vida del Padre Francisco Marcello Mastrilli de la C. de J. por Jeronymo Velez de Lacerda. Madrid, 1640, in-4.

Pagès, 259.

J. E. Nieremberg.

— *Vida // del dichoso y // Venerable Padre Marcelo Fran- // cisco Mastrilli, de la Compañia // de Iesus, // que murió en el Iapon // por la Fè de Christo, sacada de // los processos Autenticos // de su vida y muerte... // En Madrid, // por Maria de Quiñones. // Año M.DC.XXXX. In-4, 4 ff. n. ch. + 134 + 2 n. ch., grav. représentant le martyre.

Au verso du titre, nom de l'auteur : Juan Eusebio Nieremberg. — Retana, 107.

Le Ms. d'une traduction italienne de cette biographie se trouve à la Bibliothèque du Collège de Palerme. (Sommervogel.)

— *Honor del Gran Patriarca San Ignacio de Loyola, Fvndador de la Compañia de Jesvs, En que se propone su vida, y la de su discipulo el Apostol de las Indias S. Francisco Xavier. Con la milagrosa Historia del admirable Padre Marcelo Mastrilli, y las noticias de gran multitud de Hijos del mismo S. Ignacio, varones clarissimos en santidad, dotrina, trabajos, y obras marauillosas en seruicio de la Iglesia ...

Por el P. Juan Eusebio Nieremberg. Año 1645. En Madrid : Por Maria de Quiñones. In-fol., pp. 12 n. ch. + 784 + 12 n. ch.

Retana, 112.

—— *La Vie dv P. Marcel François Mastrilli de la Compagnie de Iesvs. Guery miraculeusement par sainct François Xauier, et mort depuis au Japon, pour la defense de la Foy le 17. d'Octobre 1637. Composée en Espagnol, par le Pere Evsebe Nieremberg, de la mesme Compagnie. Et traduite nouuellement en François par le P. Lovys Conart, de la mesme Compagnie. A Paris, Chez Mathvrin Henavlt et Iean Henavlt, M.DC.XLVI. In-12, pp. 271.

«Sur l'exemplaire déposé au Musée des Bollandistes se trouve une note autographe de J. Bollandus : «Haec vita «versa est ex Hispanica R. Jo. Eusebij Nierembergij, «quam in Galliam misi, manu Auctoris quibusdam locis «correctam et auctam. Sed interpres inuidiam veritus, «quaedam in laudem Hispanorum, dedecus Hollando-«rum scripta, dissimulauit, et obscurauit.» — Le texte espagnol du P. Nieremberg se trouve dans : *Ideas de Virtud de algunos Claros Varones de la C. de J.*» (Sommervogel.)

Le P. Louis Conart, né à Paris; † 8 sept. 1648, en soignant les pestiférés dans l'île de S. Christophe.

—— *P. Marcellvs Mastrillvs, Neapolitanvs Societatis Iesv. Ex Marchionum S. Marciani familia Año M.DC.XXXIV à S. Francisco Xaverio, ingenti miraculo, è lethali morbo vitae redditus : Anno M.DC.XXXVII. in Iaponia pro Fide Catholica exquisitis tormentis interemptus. A. R. P. Ioanne Eusebio Nierembergio ex authenticis Instrumentis calamo Hispanico luci datus. Nunc ab alio eiusdem Societatis latino Idiomate Orbi propositus. Addito LXXIX. Martyrum Iaponensium syllabo. Ed Capitum ac Rerum Indicibus. Cum facultate Superiorum. Dilingae, Formis Academicis, Anno M.DC.XLVIII. In-8, pp. 340, s. l. l.

Par le P. Henri Lampard (Lamparter), né à Lucerne, le 16 nov. 1591 ; † à Augsbourg, 14 oct. 1670. (Sommervogel.)

Pagès, 258 *bis*, cite une édition : Dilingae?, 1647, in-8.

*
* *

—— *Vita e morte del Padre Marcello Francisco Mastrilli della Compagnia di Gesù, composta del Padre Leonardo Cinami (*sic*) della medesima Compagnia. In Viterbo, per il Diotallevi, M.DC.XXXXV. In-4, pp. 176, s. l. d. e. l. p.

La dédicace au Cardinal Franç. Marie Brancacci est datée «de Lisbonne, 15 février 1644, au moment où l'auteur allait partir pour les Indes. Dans la préface, il dit qu'il a écrit cet ouvrage, *currente calamo*, en partie à Naples, en partie à Florence et à Lisbonne». (Sommervogel.)

Le P. Cinnamo, Napolitain ; † peu après 1664.

— La même, abrégée, par Giov. Accolito. — In Bologna, erede del Benacci, s. d. (vers 1655), in-12. (Pagès, 273.)

—— *Ragguaglio istorico della vita, virtù e morte del Padre Marcello Francesco Mastrilli della Compagnia di Gesù descritto e ricavato da ciò che ne scrissere diversi Storici ne' loro libri. In Firenze, per Gio. Battista Stecchi, M.DCCXXXXIX. In-8, pp. 156 s. l. ff. lim.

Par le P. Antonio Maria Ambrogi, S. J., né à Florence, le 13 juin 1713 ; † à Rome, le 11 février 1788. — Sommervogel.

—— Compendio // della vita, e morte del // P. Marcello Mastrilli // Della Compagnia di Giesù, vcciso da Idolatri // nel Giappone, cauato dalla seconda parte // dell' Istoria dell' Asia, scritta dal P. Da- // niello Bartoli della medesima // Compagnia. // Dedicata All' Illustriss. & Eccellentiss. Signore // Don Federico // de Toledo Ossorio // Marchese di Villafranca.... // .., e Capitan Generale di questo Regno. // Dal P. Fra' Gio : Battista Mastrilli // da Napoli Prouinciale de Cappuccini. // In Napoli, Per Luc' Antonio di Fusco, 1671. // Con licenza de' Superiori. In-4, 10 ff. n. ch. tit., etc. + pp. 176 + 1 f. n. ch. er.

Bib. nat., H. 4620.

—— Ristretto del miracolo operato da S. Francesco Saverio in persona del P. Marcello Mastrilli della Compagnia di Giesù nell' Anno 1633. E della di lui gloriosa morte nel Giappone nell' anno 1637. Cavato della seconda parte dell' Istoria dell' Asia nel libro quinto descritto dal P. Daniello Bartoli della medesima Compagnia. In Napoli, nella stamperia di Felice Mosca, 1714. In-12, pp. 33.

Sommervogel.

—— P. Francesco Saverio Goffredo S. J. — Vita del Venerabile P. Marcello F^{sco} Mastrilli della Compagnia di Gesù Prediletto Cliente di S. Francesco Saverio e Martire nel Giappone Compilata sull'Opera del Pouplard e di altri Scrittori ed illustrata con fototipie.... Napoli, R. Tipographia Francesco Giannini & Figli... MCMX. In-8, pp. XII-329 + 1 f. n. ch. er., portrait.

—— A Martyr of Japan (Father Mastrilli). By Ymal Oswin. London, Catholic Truth Society.— Price One Penny, s. d. [1901], in-12, pp. 32.

— Voir St. François Xavier, col. 177.

*
* *

—— * Relatio martyrii V. P. Fr. Joannis a S. Martha, del P. Fr. Luigi Gomez da Beja in Andalusia, e dipoi appartenente alla Provincia Francescana di S. Gregorio nelle Filippine.

Cosi in una recente Bibliografia Francese (di cui non ricordo l'Autore) trovai segnata questa relazione, non so se scritta in latino od in ispagnuolo, a stampa o manoscritta. Il nostro erudito confratello, P. Fr. Felix de Huerta (*Estado*, ec.) dice che il P. Luigi Gomez scrisse *Actas del Martirio de Fr. Juan de S. Marta*, che certo sono la stessa cosa; ma anch' egli ci lascia nella stessa oscurità riguardo alla lingua e alla stampa. Lo stesso fa nella sua *Chronica manuscrita de la Provincia de Cathalaunia* il Padre Batle, che scrisse una compiuta e commoventissima storia di quel martirio, ch' io feci estrarre in Barcellona. Nel cap. 45 intitolato : *Relacion del glorioso Martirio con todas las circunstancias hecha por el Padre Luis Gomez,* si ristringe a dire, che il Gomez ne raccolse tutti i particolari, alcuni de' quali egli accenna, con ciò ponendo fine al suo racconto. È chiaro che egli si servì largamente della relazione del Gomez : ma nulla dice della sua persona. Il Padre Huerta ne somministra le notizie seguenti : «Fr. Luis Gomez Palomino, Predicador, profesò en la santa Provincia Observante de Andalucia, pasò a Filippinas el año de 1594, y fuè destinado a la conversion del partido de Camarines. El año de 1598 partiò para las Misiones del Japon, donde se ejercitò con fervoroso celo por espacio de 35 años, sufriendo con admirable constancia todos los trabajos de una continuada persecucion. Por los años de 1619 escriviò : *Actas del Martirio de Fr. Juan de Santa Maria.* Siendo y a de 70 años de edad fuè preso y encerrado en la carcel de Osaca, y despues de sufrir el tormento que llamaban de las cuevas, el qual consistia en poner en el cuello una tabla, y colgando de los pies a los Martyres, meterlos la cabeza en una olla llena de sabandijas venenosas, y quando se hinchaban por efecto del veneno, los separaban y daban contraveneno; despues de sufrir, repito, por seis dias tan cruel tormento, fuè quemado vivo por la confesion de nuestra santa Fé en la referida ciudad de Osaca, el dia 6 de Junio de 1634 a la edad venerable de 70 años.» Che eroi! scrittori ad un tempo delle gloriose lotte de' loro compagni di missione e di martirio!

Qui dobbiamo ricordare un altro Gomez (Francesco), celebre Missionario in America, i cui scritti andaron perduti. Nativo di Valladolid, era partito per il Nuovo Mondo l'anno 1533, e si recò ad evangelizarre in Guatemala col suo confratello Alonso Escalona. Il nostro Torquemadá (*Monarq. Indian,* ec.) dice che : «en aquella tierra (Guatemala) aprendiò brevemente la lengua Achi; que es la de sus naturales, y muy difficultuosa de aprender porque le avia comunicado Dios el don de lenguas, que refiere su apostol san Pablo, y en ella aprovechò algunos años». (Marcellino da Civezza, No. 261.)

HENDRICK HAGENAER.

Parti sur la corvette *Grol* en décembre 1631.

—— * Verhael // Van de Reyze gedaen inde meeste deelen // Van de // Oost-Indien, // Door den Opper-Coopman // Hendrick Hagenaer, // Uyt gevaeren in den Jaere 1631. Ende weder gekeert A°. 1638. // Met // Een besondere Beschryvinge eeniger // Indiaensche Coninckrycken, // Ende Landen.

Dans *Begin ende Voortgang*, Vol. II, pp. 1-33. — Tiele.

—— Voiage de Henri Hagenaar, aux Indes Orientales. Commencé l'an 1631. & achevé l'an 1638 pour le service de la Compagnie des Indes Orientales des Provinces Unies. Avec une Description de l'Empire du Japon, & et une Rélation de la persécution qui y a été faite, pendant certaines années, aux Chrétiens Romains; & avec quelques autres pièces qui concernent les afaires des Hollandois dans ce même Empire. (*Recueil des Voiages qui ont servi à l'Etablissement... de la C. des Indes Orientales...* Amsterdam, ...Etienne Roger ... M.D.CCVI, t. V, pp. 156-458.)

—— Voyage du yacht hollandais *Grol* au Tonquin (31 janvier 1637, 8 août 1637), par A.-J.-C. Geerts. (*Excursions et Reconnaissances*, Saïgon, 1882, No. 13, p. 5.)

—— Voyage of the Dutch Ship «Grol» from Hirado to Tongking. Translated from the French by J. M. Dixon, M. A. (*Trans. As. Soc. Japan*, Vol. XI, Pt. II, 1883, pp. 180-215.)

D'après la trad. française de Geerts publiée à Saïgon.

François Caron.

—— * Beschrijvinghe van het machtigh Coninckrijck Japan, gestelt door Francoys Caron, Directeur des Compagnies negotie aldaer, ende met eenige aenteeckeningen vermeerdert door Hendrick Hagenaer.

Dans *Begin ende Voortgang*, Vol. II, pp. 134-175. — Tiele.

—— Beschrijvinge vande Regeeringe, Macht, Religie, Costuymen, Traffijcquen, ende andere remercquable saecken, des Coninghrijcks Siam. Gestelt inden Jaere 1636 door Ioost Schouten, Directeur weghens de geoctr. Oost-Ind. Comp. aldaer.

Pages 203-207 de : *Begin ende Voortgang*, Vol. II.

Cet ouvrage a été réimprimé avec celui de F. Caron dans les éditions suivantes:

—— Notitie // van de // Sitvatie, // Regeeringe / Macht / Religie / Costuymen / // Traffijcquen / ende andere remercquable // saecken / des Coninghrijcks // Siam. // [*marque*] // In s'Graven-hage, // — Gedruckt by Aert Meuris Boeckverkooper woonende // in de Papestraet in den Bybel / Anno 1638. In-4, pp. 24.

A la fin : «Actum in India / op't Comptoir Siam /. vltimo November / Anno 1636.» Par Ioost Schouten.

—— Voyagien, // Ende // Beschryvinge //
van { 't Koninckrijck van Siam. // Moscovien, oste Rus-landt. // Ys-landt ende Groen-landt. // }
Yder vertoonende in't bysonder // De Gelegenheyt, Religie, Maght, Regerin-//ge, Costumen, Koopmanschappen, ende // andere aenmerckens-weerdige sa-//ken der selver Landen. // Tot Dordrecht, // — Voor Vinçent Caeymacx, Boeck-verkooper // vvonende by de Wijn-brugh, 1652. In-24, pp. 48.

A la fin : «Actum in India, op't comptoir Siam, ultimo November, Anno 1636.» Par Joost Schouten.

«La seconde partie (p. 1-162) renferme la description de la Moscovie de J. Danckaert; la troisième (p. 163-214) le Voyage en Islande et au Groënland de D. Bleskenius.

«Ce recueil est ajouté comme second tome à d'autres voyages, sous ce titre collectif : «Verscheyde Voyagien ofte Reysen : gedaendoor Jr. Joris vander Does na Constantinopolen. Heer Adriaen de Vlaming na Hierusalem. Den Factoor van den Koning van Portugael door verscheyde Landen. Nicolaes Clenard na Turckyen, &c. Als mede door't Koninckrijck van Siam Moscovien, ofte Rus-landt, Yslandt ende Groen-lande. Alle by een versamelt door een lief-hebber her selver. Tot Dordrecht, Voor V. Caeymacx... 1652.» — L'éditeur du recueil se nomme Adriaen van Nispen. (Tiele, *Mém.*, p. 262.)

—— Beschrijvinghe // Van het Machtigh Coninckrijcke // Japan, // Vervattende // Den aert eñ eygenschappen van't Landt, // manieren der Volckeren, als mede hare grouwelijcke // wreedtheydt tegben de Roomsche // Christenen, gesteldt // Door François Caron. // [*marque*] // T'Amsterdam, // — Door Ioost Hartgers, Boeck-verkooper in de Gasthuys-steegh / in de // Boeck-winckel / bezijden het Stadt huys, 1648. In-4, pp. 78.

Bibl. nat., O²o 2 (Pièce 3 dans Inv. G. 6865 bis).

—— * Beschrijvinge // Van het Machtigh Koninckrijcke // Japan... // t'Amsterdam. // Voor Joost Hartgers..... 1649 // In-4, pp. 78.

Tiele.

—— Beschrijvinghe // Van het Machtigh Koninghrijcke // Japan, // Vervattende // Den aerdten eyghenschappen van't Landt, // manieren der Volckeren, als mede hare grouwelijcke // wreedtheydt teghen de Roomsche Chri-//stenen, ghesteldt // Door Françoys Caron. // [*vignette*] // t'Amsterdam, // — Door Joost Hartgers, Boeckverkooper op den Dam / in de Boeck-// winckel / bezijden het Stadt-huys, 1652. In-4, pp. 78.

Bibl. nat., O²o 2.

—— * Rechte Beschryvinge // Van het Machtigh Koninghrijck van // Iappan, Bestaende in verscheyde Vragen, betreffende des selfs Re-//giering, Coophandel, maniere van Leven, strenge Justitie // &c. voorgestelt door den Heer Philips Lucas, Directeur // Generael wegens den Nederlandsen Staet // in India, ende door de Heer // Francoys Caron, // President over Comp. ommeslach in Iappan, beantwoort inden Iare 1636. // Welcke nu door den selven Autheur oversien, vermeerdert en uytgelaten is de Fa-//buleuse aentekeningen van Hendrick Hagenaer, soo dat nu alles met zijn voo-// rige Origineel komt te accorderen, en met

Kopere Figueren verrijckt // [*pl. gravée*] // In's Gravenhage, by Johannes Tongerloo, Boeckverkooper, 1661. // In-4, pp. VIII-96, carte, 3 pl.

Tiele.

— *Rechte Beschryvinge, etc... s. d.

Même éd. que la précédente. — Tiele.

— *Rechte Beschryvinge... so dat nu alles... In's Gravenhage, by Johannes Tongerloo, Boeckverkooper, 1662, in-4.

Réimpression textuelle du précédent. La 3e feuille porte la signature 00 3. — Comme la souscription de la planche, p. 32, avait été coupée dans l'édition précédente, afin que la planche même pût servir pour le titre, elle porte dans cette édition une inscription imprimée. L'épreuve est d'ailleurs très fatiguée. (Tiele, p. 269.)

Cat. Mourier, No. 375, 10 fr.

— *Rechte Beschryvinge, etc... s. d.

Même éd. que la précédente. — On la distingue de l'autre éd. précédente s. d. par la pl. 32 qui porte, comme dans celle de 1661, l'inscription *gravée*. — Les éditions de Caron, publiées chez Tongerloo sont les seules authentiques. Il paraît, d'après la préface, que Haguenaer l'avait fait imprimer [*Begin ende Voortgang*] avec ses notes sans l'autorisation de l'auteur.

— Fr. Carons, und Jod. Schouten // Wahrhaftige // Beschreibungen // zweyer mächtigen Königreiche // Jappan // und // Siam. // Benebenst noch vielen andern / zu beeden Kö-//nigreichen gehörigen / Sachen; welche im Vorbe-//riche zu finden. // Alles aus dem Niederländischen übersetzt / und // mit Kupferblätern geziert. // Denen noch beygefüget // Johann Jacob Mercklems // Ost-Indianische Reise / // welche er im Jahr 1644. löblich angenommen / und im // Jahr 1653. glücklich vollendet. // Samt einem völligen Register. // Mit Röm. Käis. Majest. Freyheit. // Nürnberg // Jn Verlegung Michael und Joh. Friedrich Endters. // - Jm Jahr 1663. In-8, front. gravé, 11 ff. n. ch. + pp. 520 + 11 ff. n. ch. p. l. tab.

Japon, par Caron. — Siam, par Schouten.

Bibl. nat., O² o 3.

— Wahrhaftige // Beschreibungen // dreyer mächtigen Königreiche /// Japan, // Siam, // und // Corea // Benebenst noch vielen andern / im Vorbe-//riche vermeelden Sachen : // So mit neuen Anmerkungen / und schönen // Kupferblättern / // von // Christoph Arnold / // vermehrt / verbessert / und geziert. / denen noch beygefüger // Johann Jacob Merkleins /// von Winsheim // Ost-Indianische Reise : // Welche er im Jahre 1644 löblich angenommen / und im // Jare 1653 glücklich vollendet. // Samt einem nothwendigen Register. // Mit Röm. Kays. Majest. Freyheit. // Nürnberg / // Jn Verlegung Michael und Joh. Friederich Endters. // — Jm Jahre M. DC. LXXII. Pet. in-8.

Comprend 17 relations dont le Japon de Fr. Caron, H. Hagenaer, Schouten, Hamel, etc.

British Museum, 10055. a. 26.

— A true Description // of the // Mighty Kingdoms // of // Japan // and // Siam. // — Written Originally in Dutch by // Francis Caron // and // Joost Shorten [*sic*] : // And now rendred into English by // Capt. Roger Manley. // — London : // Printed by Samuel Broun and John de l'Ecluse, at // the Sign of the Queens Arms, near the little // North-Door of St. Paul's Church, 1663. Pet. in-8, 4 ff. n. ch. + pp. 152, carte et ill.

British Museum, 979. b. 28.

— A true // Description // of the // Mighty Kingdoms // of // Japan // and // Siam. // — Written Originally in Dutch by // Francis Caron and Joost Schorten [*sic*] : // — And now rendred into English // By Capt. Roger Manley. // London, // Printed for Robert Boulter, at the Turks-head // in Cornhill, over against the Royall // Exchange. 1671. Pet. in-8, 4 ff. n. ch. + pp. 152 [chiffrée par erreur 112], carte.

British Museum, 571. a. 32.

— Caron's Account of Japan. [Translated from the Dutch.] Extract from Hagenaar's Voyage to and in the East Indies, from 1631 to 1638; with Caron's Account of Japan. (*General Collection of Voyages and Travels*, by John Pinkerton, London, 1811, t. VII, pp. 607-641.)

— Relation de l'Empire dv Iapon. Comprise dans les responses que François Caron President de la Compagnie Holandoise en ces païs, fit au sieur Philippe Lucas Directeur General des affaires de la mesme Compagnie des Indes Orientales. Reueuë & augmentée par l'Autheur, & purgée des fausses remarques & additions que Henry Hagenaer y auoit insérées; tellement qu'elle est maintenant en toutes ses parties conforme à son original. (Dans *Relations de divers Voyages cvrievx*... Seconde Partie, Paris, André Cramoisy, 1673.)

—— Relation concernant l'Empire et le Gouvernement du Japon. Par François Caron Président de la Compagnie Hollandoise du Japon, dressée par ordre de Monsieur Lucas Directeur Général des affaires de la même Compagnie des Indes Orientales.

Cette Relation est revue par l'auteur, *&* l'on y a retranché les fausses remarques *&* additions que Henry Hagenaer y avoit insérées. Ainsi elle est maintenant conforme à l'Original Hollandois, sur lequel on vient de la revoir encore tout nouvellement. (*Recueil de Voyages au Nord*, ... Amsterdam, J. F. Bernard, ... M.DCC.XXXII, t. IV, pp. 32-141; carte.)

—— Additions et Memoires touchant le Japon. (*Recueil de Voyages au Nord*, ... Amsterdam, J. F. Bernard, ... M.DCC.XXXII, t. IV, pp. 142-149.)

—— Memoire Pour l'Etablissement du Commerce au Japon, Dressé suivant l'ordre de Monseigneur Colbert Par Mr. Caron. (*Recueil de Voyages au Nord*, ... Amsterdam, J. F. Bernard, ... M.DCC.XXXII, t. IV, pp. 150-242.)

*
* *

—— * Resumen de las noticias extraidas de las cartas que han escrito los venticinco Missioneros Espanoles hijos de esta Santa Provincia de San Gregorio de Filipinas de Religiosos Descalzos de N. S. P. San Francisco; que a espensas de nuestro gran Monarca Felipe V (que Dios guarde) se mantienen en el Imperio de la Gran China y en el adyacente de Conchinchina eyercitando su apostolico zelo en la conversion de las almas, predicacion del santo Evangelio y administracion de los Santos Sacramentos a los convertidos los que llegaron a estas Islas este año de 1632.

Manoscritto dell' Archivio del nostro Convento di Manila, di cui m'inviarono copia que' nostri Padri; e conta quattro carte in foglio. — Marcellino da Civezza, 567.

—— * Doctrina christiana en idioma Japon : por el P. Fr. Geronimo de la Cruz, de la Provincia de S. Gregorio de Filipinas.

—— Platicas doctrinales en idioma Japon.

—— Traduccion del Castellano al Japon del *Flos Sanctorum*.

Ms. — Così l'Huerta (*Estado*, ec.). Nativo del Giappone, il P. Fr. Geronimo venne quivi battezzato dai Francescani, che lo ammaestrarono del castellano e del latino, e lo inviarono dipoi alle Filippine, ove si rese sacerdote. Il 1628 tornato al Giappone, abbracciò l'istituto Francescano, e ne fece la solenne professione nelle mani del P. Fr. Diego da S. Francesco, dandosi tutto alla conversione de'suoi connazionali. Scoperto e catturato, fu rinchiuso nelle carceri di Nangazaqui, da dove poi lo trasportarono ai bagni bollenti di Ungen, immergendovelo per cinque continui giorni. Ma non bastando quel tormento a vincere la sua costanza, rimenatolo a Nangazaqui, quivi lo abbruciarono il 3 settembre del 1632. La S. Congregazione lo dichiarava martire il 21 aprile del 1668, e il decreto veniva approvato dal Sommo Pontefice.

Vuolsi qui avvertire, che vi fu un altro Frate Geronimo della Cruz, distinto Missionario in America, del quale fanno menzione anche gli Editori delle *Cartas de Indias*. Nativo di Andalusia, venne inviato dall' obbedienza alla Nuova Spagna, e propriamente alla Custodia di Guadalajara, ove imparò a perfezione le lingue de' nativi, e n'ottenne numerose conversioni. L'anno 1569 era Definitore nel Convento di Tarecuato della Provincia de' santi Apostoli Pietro e Paolo, Vescovado di Michoacan nella Nuova Galizia, e quivi morì in avanzata età il 22 febbraio del sopradetto anno 1569. — Marcellino da Civezza, No. 173.

—— * Relacion de mi mision y trabajos en el reino de Mongami en Japon : por el P. Fr. Diego de la Cruz.

Ms. — Così l'Huerta (*Estado*, ec.), aggiungendo che è segnata il 12 di maggio del 1625. Il Padre della Cruz era nativo di Palomares : passò dalla Spagna alle Filippine il 1609, onde il 1619 si recò alle Missioni del Giappone. Quando nel 1634 quell' imperio venne severissimamente chiuso a tutti gli stranieri, egli vi si nascose dentro : e dipoi non se ne seppe più nulla, tranne alcune vaghe notizie che fosse stato martirizzato. — Marcellino da Civezza, N° 172.

Thomas Herbert.

Voir *Bibl. Sinica*, col. 2081-2082. — *Bibl. Indosinica*, col. 874-875.

—— A Relation of some yeares Travaile, begunne *Anno* 1626. Into *Afrique* and the greater *Asia*, especially the Territories of the *Persian* Monarchie : and some parts of the Orientall *Indies*, and Iles adiacent. Of their religion, language, habit, discent, ceremonies, and other matters *concerning them*. Together with the proceedings and death of the three late Ambassadeurs : Sir *D. C.* Sir *R. S.* and the *Persian Nogdi* Beg; As also the two great Monarchs, the King of *Persia*, and the Great *Mogol*. By T. H. Esquier. London, Printed by William Stansby, and Jacob Bloome, 1634. Pet. in-fol., fig., pp. 6 + 225 et tab.

D. C. = Dodmore Cotton. — R. S. = Robert Shirley. — T. H. = Thomas Herbert.

— Some yeares||travels||into||divers parts of||Asia and Afrique. || Describing especially the two famous Empires, || the *Persian*, and great *Mogull* : weaved with||the History of these later Times || As Also, many rich and spatious Kingdomes in||the Orientall India, and other parts of Asia; Together with the adjacent Iles. ||Severally relating the Religion, Language, Qualities, ||Customes, Habit, Descent, Fashions, and other||Observations touching them.||With a revival of the first Discoverer of America. || Revised and Enlarged by the Author. London, ...1638. In-fol., pp. 364 & tabl. fig. & 2 pl.

Dédicace signée : Tho. Herbert.

— Some years||travels || into || divers parts || of || Africa and Asia the Great||describing||More particularly the Empires of Persia and||Industan : Interwoven with such re-||markable Occurences as hapned in those || parts during these later Times || As also, many other rich and famous Kingdoms in||the Orientall India, with the Isles adjacent.||Severally relating their Religion, Language, Customs and Habit:||As also proper observations concerning them.||Third Impression much Enlarged, with many Additions, nigh a third || part more then was in any of the former Impressions, besides the addi-||tion of many new and lively Brass-cuts; all by the Author now living. London... MDCLXV. In-fol., pp. 420 & tabl., fig., pl. & carte dans le texte.

Dédicace signée : Tho. Herbert.

— The Same... In this fourth Impression are added (by the Author now living) as well many Addi- || tions throughout the whole work, as also several sculptures, never before printed. London, 1677, in-fol., pp. 399 & tabl. fig. pl.

Dédicace signée : Tho. Herbert.

— John Harris, *Col. of Voyages*, I.

—— Th. Herbert's Zee- en Lant-Reyse, Na verscheyde Deelen van Asia en Africa : beschryvende Voornamelijck de twee beroemde Rijcken van den Persiaen, en den Grooten Mogul. Als mede | verscheyde Machtige en Groote Koninckrijcken van Oost-Indien | en andere Gedaelten van Asia | te samen met de aenleggende Eylanden : Byzonderlijck verhandelende de Godtsdientst | Tale | Eygenschappen | Gewoonten | Drachten | Afkomsten | Manieren | en andere aenmerckingen omtrent deselve. Beneffens een Verhael van den eersten Vinder van America. Uyt het Engels in de Nederlandtsche Tale overgeset door L. V. Bosch. Tot Dordrecht... 1658. Pet. in-4, pp. 8 de diverses pièces + pp. 292; ill. dans le texte.

—— —— Amst., Ar. Gtsz. van den Heuvel... 1665, in-4, pp. (VIII)-183, pl.

Tiele, col. 107.

—— Relation dv Voyage de Perse et des Indes Orientales. Traduite de l'Anglois de Thomas Herbert. Avec les Revolvtions arrivees au Royaume de Siam l'an mil six cens quarante-sept. Traduites du Flamand de Ieremie Van Vliet. A Paris, chez Iean dv Pvis, ruë S. Iacques, à la Couronne d'or. M. DC. LXIII. Avec Privilege dv Roy. In-4, pp. 632, s. l'ep. au lecteur et la tabl.

Japon, pp. 522-527.

*
* *

—— The Arima Rebellion and the conduct of Koeckebacker. — By Dr. Geerts. (*Trans. Asiatic Soc. Japan*, Vol. XI, Pt. I, 1883, pp. 51-116.)

Papiers de F. C. Rose, chef de la factorerie de Deshima, 1849-1853.

Treize lettres écrites par Koeckebacker sur l'insurrection d'Arima (Shimabara) et d'Amakusa (1638). — Texte hollandais et traduction anglaise.

Diego Aduarte.

—— * Relacion de los Martires // que ha hauido en Iapon desde el año de 1626. hasta el // de 28. en particular de seys de ellos de la religion de Sancto Domingo, // dos Sacerdotes Españoles, y quatro legos Iapones, collegida de algu-//nas q̃ han enuiado de alla a estas Islas Philippinas algunos religiosos de // differentes ordines. Que enuia la prouincia de nuestra Señora // del Rosario de Philippinas al M. R. P. Prouincial, y Re-//ligiosos de la Provincia de

España. // ¶ Compuesta por el Padre Fr. Diego Aduarte Prior del Conuento de // nuestro Padre Sancto Domingo de Manilá. // Año de [*armes*]; 1629. // Con licencia. // En Manila en la Emprenta del Collegio de Sancto Thomas de Aquino // ∽ por Iacinto Magarulau ∽. In-4.

Retana, No. 35.

—— *Diego Aduarte. — Relacion de los martyres que ha avido en Japon desde el año de mil seiscientos y veinte y seis, hasta el año de veite y ocho, en particular de seis dellos de la religiõ de S. Domingo... Sevilla, 1632, in fol.

British Museum.

—— *Diego Aduarte. — Segunda relacion de los mil ciento y treinta y seis martyres que ha avido en Japon, desde el año de mil seiscientos y veinte y seis, hasta el año de veinte y ocho. Sevilla, 1632, in-fol.

British Museum.

—— * Relazione di molti che hanno patito con titulo di Christiani nel Giappone dell' anno 1626 sino aquello del 1628, ed in particolare di sei di loro della religione di san Domenico, due sacerdoti, e quattro laici Giaponesi, composta dal P. F. Diego Aduarte, priore del convento del nostro P. S. Domenico di Manila. Romae, Steph. Paolini, 1632, in-8, pp. 43.

Pagès, 224.

—— Relacion de lo que han padecido los cristianos del Iapon desde 1628 á 1630, acompañada de la vida del religioso Fr. Mateo de Cobisa, dominico, que murió en Isla Hermosa. Por Fr. Diego Aduarte. Manila, Imprenta del Colegio de Santo Tómas, por Jacinto Magarulau, 1631, in-4, pp. 48.

Retana, *Imprenta*, No. 38.

—— Relacion // de los gloriosos // martirios de seis religiosos de S. // Domingo desta Prouincia del Santo Rosario de las Filipinas, que // han padecido este año, y el passado de 33. los quatro en Iapon, con // otros muchos de otras Ordenes, y muchos mas de los naturales del // mismo Reino. Sus nombres son Fr. Domingo de Erquicia, y Fr. Lu-//cas del Espiritu Santo; Españoles, Fr. Iacobo de S. Maria, y vn her-//mano lego, Iapones de Nacion. Los otros dos en otras partes deste // nueuo mundo; sus nombres son, Fr. Iacinto de Esquibel, y Fr. Fran-//cisco de S. Domingo, también Españoles. Contiene mas algunas // entradas que han hecho Religiosos de la misma Prouincía, // por tierras nueuas de infieles : y el fruto que // dellas se ha seguido. // Y nueuamente copiada en esta ciudad de Valladolid, a instancia del // Capitan don Diego de Esquibel, Cauallero de la Orden de Santia-//go, Regidor de la ciudad de Vitoria, hermano de dicho Marzir. // Dirigese a la muy noble, y muy leal ciudad de // Vitoria, cuyos hijos son. // Sacada y colegida de bvenos textos, // y ciertos, por don Fray Diego Aduarte, Obispo de // la nueua Segouia. // (E. de la O. de Predicadores.) // Con licencia del ordinario. // En el Colegio de S. Tomas de Manila, por Raimundo Magisa, y Iacinto Magaru-//lao, año de 1634. Y nueuamente con licencia del Ordinario en Valladolid por // Iuan Gonçalez Mogrouejo. Año de 1637. In-4, 1 f. n. ch. + 35.

Retana, *Imprenta*, No. 40. — Cat. Mourier, No. 361, 130 fr.

*
* *

—— * ∽ El ∽ // Admirable y Ex-//celente Martirio en el Reyno // de Iapon de los Benditos Padres fray Bartolome Gutierrez, // fray Francisco de Graçia, y fray Thomas de S. Augustin, // Religiosos de la orden de San Augustin nuestro // Padre y de otros compañeros suios // hasta el año de 1637. // Por fray Martin Clauer Religioso de la misma orden y Prior del Con-//uento de San Guillermo de Pasig en la prouincia de Pintados. // A. N. M. R. P. Fray Martin de Errazti Prouinçial en // esta prouinçia de Philipinas. // [*armes*] Con licencia // Del ordinario en Manila en el Colegio de Sãto Tomas // por Luis Beltran Impressor de Libros, año de 1638. In-4, pp. 4 n. ch. + (77).

Retana, No. 50, donne, p. 171, *Imprenta*, un fac-simile du titre suivant l'ex. de la Bib. nat. de Madrid.

Pagès, 249, indique une autre édition donnée par Lechuga, Mexico, 1666.

—— * Relacion del // Ilvstrissi- // mo martyrio de los // Padres Fray Antonio Gonzalez, // Fr. Guillermo Cortet, Fr. Miguel de Aozaraza, y Fr. Vicen- // te de la Cruz, Religiosos de la Orden de N. P. S. Domin- // go, y dos Compañeros suyos seglares el año // passado 1637. // Compuesta por el Padre Fr. Domingo Gonçalez Comissa- //rio del Santo Oficio de la Orden de N. P. S. Domengo. // [*armes*] // Con licencia, // En Madrid, Por Diego Diaz de la Carrera. // Año M. DC. XXXIX. In-4, pp. 20 n. ch. + 36.

Retana, *Imprenta*, No. 51.

—— Relation envoyéé novvellement des Indes, de la mort glorieuse du R. P. Guillaume Courtet, natif du Languedoc, Religieux de l'Ordre des Freres Prescheurs, et d'autres trois peres du mesme ordre, et de deux Iapponois, occis cruellement dans le Iappon pour la confession de la Foy. Traduite de l'espaignol par vn religieux du mesme ordre. (*Nouv. Ann. des Voyages*, CVI, 1845, pp. 171-195; CVII, 1845, pp. 169-192.)

—— *Abbé G. Tarniquet. — Le Premier Français martyrisé au Japon ou Vie du Vénérable Guillaume Courtet Religieux Dominicain. Paris, 1891, in-8, figures.

*
* *

—— Mathys Quast und Abel Janszoon Tasman. 1639. Ihre Aussendung zur Entdeckung der Gold- und Silberinseln. — Ihr Logebuch. — Die Entdeckung der Bonin-Shima und Izu-shi-chi-to. (Teleki, *Atlas*, pp. 46-95.)

—— Die geographischen Ergebnisse der Quastchen Fahrt. — Die Entdeckung der Bonin- und Vulkan-Inseln mit einem Rückblick auf ihre frühere Entdeckung durch die Spanier. — M. G. Vries' Entdeckungen im Bereiche Südjapans im Jahre 1643. (*Ibid.*, pp. 95-98.)

Voir Siebold, 1843.

BARTOLOMEO PEREIRA.

Né à Monção en 1599; † à Coïmbre, nov. 1650.

—— * Paciecidos Libri dvodecim. Decantatur Clarissimus P. Franciscus Paciecus, Lusitanus, Põtilimensis, è Societate Iesu, Iapponiae Prouincialis, eiusdē Ecclesiae Gubernator, ibique viuus pro Christi fide lento igne concrematus Anno 1626. Parentem associant qvotquot ex eadem Societate in Iapponia pro Christo gloriose occubuerunt. S^{mo} Patri Vrbano Octavio Iapponia D. et C. Avthore P. Bartholomaeo Pereira, Societatis Iesu, Lusitano, Monsonensi, olim in Conimbricensi. Academia Primario Rhetorices Professore. Conimbricae, Expensis Emmanuelis de Carualho Vniversitatis Typographi, Anno 1640. In-12, pp. 218, sans la vie du P. Pacheco, ss. les ff. prél.

—— * Genuae, ex typographia Corsanega, 1750.

Sommervogel.

—— La Paciécide épopée en douze livres en l'honneur du très illustre père François Pacheco Portugais de Ponte-de-Lima provincial de la Société de Jésus au Japon et gouverneur de cette église, lentement brûlé vif, en 1626, pour la foi de Jésus Christ et de tous ceux de la même Société, glorieux compagnons de son martyre. Au très saint Pére Urbain VIII, hommage de l'Eglise du Japon, par le P. Barthélemy Pereira, S. J. portugais de Monçao, ancien professeur de rhétorique à l'Université de Coïmbre, traduction par A. Guichon de Grandpont Commissaire général de la marine. — Paris, Ernest Leroux... Guillard, Aillaud et Cie, ... Brest, J.-B. et A. Lefournier..., in-16, pp. 455.

Imp. de Citeaux (Côte-d'Or). — Texte latin et traduction.

DIEGO ADUARTE.

—— Historia de la pro-//vincia del Sancto Rosa-//rio de la Orden de Predicadores en Phi-//lippinas, Iapon, y China. // Por el Reverendissimo Don Fray Diego // Aduarte Obispo de la Nueva segovia. Añadida por el muy Reverendo // Padre Fray Domingo Gonçalez Comissario del sancto Officio, // y Regente del Colegio de Sancto Thomas de la // misma Provincia. // [*marque*] // Con licencia, en Manila // En el Colegio de Sacto Thomas, por Luis // Beltran impressor de libros. Año de 1640. In-fol., 4 ff. prél. n. ch. tit., app., etc. + ff. 437 et 427 chif. + 17 ff. n. chif. p. l. tab. à 2 col.

Les pages et le titre sont encadrés d'un double filet.

Bib. nat., Inv. H. 1707. — Retana, 106, donne un fac-simile du titre. — Hiersemann, Leipzig, Cat. 302, 1904, No. 1295, M. 650.

—— Tomo primero // de la Historia de la // Provincia del Santo Ro- // sario de Filipinas, Iapon y China, // de la Sagrada Orden de Predicadores. // Escrita // por el ilvstrissimo Señor Don Fray Diego // Aduarte, natural de la Imperial Ciudad de Zaragoça, y Obispo // meritissimo de la Nueva Segovia. // Añadida // por el mvy R. P. Fray Domingo Gonzalez, // Comissario del Santo Oficio, y Regente del Colegio de // Santo Thomas de Manila. // Se Dedica // a la Excelentissima Señora Doña Maria Henriqvez de // Guzman, Duquesa de Villa-Hermosa.. &c : // Y saca a lvz de orden de Nvestro Reverendissimo Padre // Maestro General Fr. Antonino Cloche; El M. R. P. M. Fr. Pedro Martyr de Buenacasa, // Prior del Real Convento de Predicadores de la Ciudad de Zaragoça, //....... Año [*marque*] 1693. // — Con licencia : En Zaragoça, Por Domingo Gascon, Infançon, Impressor del Santo // Hospital Real, y General de Nuestra Señora de Gracia. Año 1693. In-fol., 4 ff. n. ch. tit., déd., etc. + pp. 767 à 2 col. + 26 ff. n. ch. p. l'ind.

Bib. nat., Inv. H. 1708.

—— Tomo segvndo // de la Historia de // la Provincia del Santo // Rosario de Filipinas, Iapon, y China // del Sagrado Orden de Predicadores. // Escrito // por el M. R. P. Fr. Baltasar de Santa Crvz, // Catedratico de Prima en la Vniversidad, y Colegio de Santo Tomas // de Manila, Prior del Convento de dicha Ciudad, Retor del Colegio // Provincial de la Provincia, y Comissario // del Santo Oficio. // Se dedica // al ilvstrissimo, y reverendiss. Señor // Don Fray Miguel Geronimo Fuenbuena, del Consejo // de su Magestad, y Obispo de la Santa Iglesia // de Albarracin. // y le saca a lvz // de Orden de Nvestro Reverendissimo Padre // Maestro General Fr. Antonio Cloche, el M. R. P. M. Fr. Pedro Martir // de Buenacasa, Prior del Real Convento de Predicadores de Zaragoça, //.... Año [*marque*] 1693. // — Con licencia : En Zaragoça por Pasqval Bveno, Impressor del Reyno. In-fol., 4 ff. n. ch. tit., déd., etc. + pp. 531 à 2 col.

Bib. nat., Inv. H. 1709.

—— Historia // de la Provincia de el // Santissimo Rosario // de Philipinas, // China, y Tvnking, de el Sagrado // Orden de Predicadores. // Tercera parte, // en que se tratan los svcesos de // dicha provincia desde el año de 1669, hasta el de 1700. // Compvesta por el R. P. Fr. Vicente // de Salazar, // Rector de el Collegio de Santo Thomas de la Ciudad // de Manila, // y Chancellario de su Vniversidad. // Dedicase a la soberana Reyna // de los Angeles // Maria Santissima // en sv milagrosa Imagen // de el Rosario, // qve con devocion vniversal de el // Pueblo se venera en la Iglesia de Santo Domingo // de dicha Ciudad de Manila. // Impressa en la Imprenta de dicho Collegio, y Vniversidad de Santo // Thomas de la misma Ciudad. [Manila] Año de 1742. In-fol., pp. 36 n. ch. + 746 + 36 n. ch.

Troisième partie de la Chronique d'Aduarte.

—— Historia // de la Provincia del Santi- // simo Rosario de Filipinas, China, // y Tunquin Orden de Predi- // cadores. // Qvarta Parte // desde el año de 1700. // hasta el de 1765. // Por // el M. R. P. Fr. Domingo // Collantes, Calificador del Sto. Oficio, // Rector, y Cancelario del Colegio : Real, // y Pontificia Vniversidad de Santo // Tomas de Manila. // Con permiso de los Svperiores. // En la Imprenta de dicho Colegio, y Vni- // versidad : por Iuan Franc. de los Santos. // Año de 1783. [Manila]. In-fol., pp. 94 n. ch. + 659 + 1 n. ch. (errata).

Quatrième partie d'Aduarte.

Retana, 377, donne un facsimile du titre et d'un cul de lampe de la fin du volume.

*
* *

— *Relacion completa de muchos Portugueses, que derramaron su Sangre por la Fé de Christo en el Japon. En Manila, in-4.

Par le P. Jérôme Perez de Nueros, né à Saragosse en 1595 + à Puebla, 27 sept. 1675.

— *Saverio Orientale ò vero Istorie de' Cristiani illvstri dell' Oriente Li quali nelle parti Orientali sono stati chiari per virtù, e pietà cristiana, dall'Anno 1542. quando S. Francesco Sauerio Apostolo dell' Indie, e con esso i Religiosi della Compagnia di Giesù penetrarono à quelle parti, fino all' Anno 1600; Raccolta dalle Lettere scritte in Europa da' medesimi Religiosi, i quali si sono iui affaticati nella conuersione de' gentili, e da altri Autori. Dal R. P. Bernardino Ginnaro Napolitano della Compagnia di Giesù. Tomo primo Del Giappone, e de' Cristiani illustri di quei Regni. Parte prima. Dello stato temporale del Giappone. In Napoli, Per Francesco Sauio, M. DC. XLI. In-4, pp. 320, front. gravé par Perrey et carte du même; dédié au Cardinal Barberini.

— Parte Seconda. De' Religiosi della Compagnia di Giesù, chiarj per virtù, nel Giappone. Ibid., pp. 382.

— Parte terza. Dei Fedeli di christiana pietà illustri nel Giappone, pp. 300.

— Parte qvarta. Dei casi marauigliosi succeduti in quella Christianità, pp. 40, s. l. tab.

Bernardino Ginnaro, né à Naples en 1577; + à Naples, maison professe, 17 déc. 1644. (Sommervogel.)

— In Dei filio sibi dilectis // vniuersis Patribus, & Fratribus // Ordinis Praedicatorum. // Fr. Nicolavs Rodvlfivs // Sacrae Theologiae professor, ac totius eiusdem // Ordinis Generalis Magister, & seruus. // Salutem, & Fidei zelum. // .... [*Fini p. 21* :] Datum Romae in Conuentu nostro S. Mariae super Mineruam. In festo Omnium Sanctorum 1641.... Pièce in-4, s. l. n. d., pp. 21.

Bib. nat., O²o 142. — 1° page : titre *ut supra*.

— *Nicol. Rodulfius, O. Praed. — (Epistola de missionibus in Japonia, Philippinis, Sina, etc. 1617-1638 scripta ad patres et fratres Ordinis Praedicatorum.) Romae, ap. Manelph. Manelphium, 1641, in-4, pp. 32.

Cat. XLII, J. Halle, Ant., Munich, M. 150.

— *Gloriosa coroa d'esforçados religiosos da Companhia de Jesu. Mortos polla Fe Catholica nas Conquistas dos Reynos da Coroa de Portugal. Composta pello P. Berthol. Guerreiro da mesma Companhia em Lisboa. Com todas as licencias necessarias. Por Antonio Alvarez Impressor del Rey nostro Sñor. Anno 1642. In-fol., tit. et 1 f. gravé pour les armes de Portugal, par A. Suarez Florian + 6 ff. n. ch. + pp. 736 + 1 f. p. la marque de l'imp. + 6 ff. n. ch.

Ce Martyrologe est divisé en quatre parties : la 1re contient une histoire générale de la Compagnie et son établissement en Europe, surtout en Portugal; la 2de est relative aux Missions de l'Afrique et des Indes Orientales; la 3e traite des Missions du Brésil; la 4e, du Japon.

Le P. Emmanuel Fernandez aida le P. Guerreiro pour cet ouvrage, ainsi qu'il le déclare, p. 884, t. III de son *Alma Instruida*. (Sommervogel.)

Barthélemi Guerreiro, né à Almodovar en 1560; + à Lisbonne, le 24 avril 1642.

Cat. Mourier, No. 406, 300 fr.

— Relacion // verdadera // de todo lo svcedido // en los reynos de España, y Francia, // Inglaterra, Flandes, Alemania, y demas partes // de la Europa. // Dase cuenta de algunas cosas prodi- // giosas que han sucedido en las Islas de Canaria, y en las // Filipinas. // [*armes*] // Con licencia del Excelentissimo Señor Marques de Mancera, Virrey // de estos Reynos del Perù, &. Lo imprimio Luis de Lyra : // Año de 1643. [Lima.]. In-fol., 6 ff.

Retana, 110.

Castricum (1643).

— Journael // Ende // Historis verbael van de // Reyse gedaen by Oosten de Stract le // Maire, naer de Custen van Chili, onder // het beleyt / van den Heer Generael // Hendrick Brouwer, // Jnden Jare 1643 voor gevallen / // Vervatende // Der Chilesen manieren, handel ende ghewoonten. // Als mede // Een beschryvinghe van het Eylandt Eso, ghelegen // ontrent dertigh Mylen van het machtigh Rijcke van // Japan, op de hooghte van 39 graden, 49 minu- // ten, Noorder breete; soo alst eerst in't // selvige jaer door het Schip *Castri-* // *com* bezeylt is. // Alles door een Liefhebber uyt verscheyden Journalen ende // Schriften te samen gestelt / ende met eenighe // Kopere Platen verrijckt. // [*fleuron*] // Tot Amsterdam, // Gedruckt by Broer Jansz, woonende op de Nieu-zijds // Achter-burghwal / inde Silbere Kan. Anno 1646. In-4, pp. 104, 3 pl.

Voir pp. 95-104 :

Korte beschrijvinghe van het Eylandt by de Iapanders *Eso* genaemt, nevens de manieren, zeden, ommegangh, ende gestalte des selfs Inwoonderen; soo als het eerst inden Jare 1643. van't Schip *Castricom* bezeylt ende ondervonden is.

Bib. nat., Inv. G. 6865 bis.

—— *Journael // Ende // Historis verhael etc....... Tot Amsterdam, // Gedruckt by Jan I. Bouman Boeckverkooper, woont op't // Water, tegen over de Koorn-Marckt, inde Lelye onder de Doornen [vers 1660]. // In-4, pp. 104, 3 pl.

Tiele, 205.

Cf. Charlevoix, VI, p. 65.

—— Relation de la decouverte de la terre de Jesso, Ou d'Eso, au Nord du Japon, par le vaisseau *Castricom* en 1643. — Traduite du Hollandais (*Recueil de Voyages au Nord,* .... Amsterdam, J. F. Bernard,... M. DCC. XXXII, tome IV, pp. 1-17.)

—— Relation de la découuerte de la Terre d'Eso, au Nord du Iapon. Tradvite de l'Holandois. (Dans *Relations de divers Voyages cvrievx,*... Seconde Partie, Paris, André Cramoisy, 1673.)

(Castricum [1643].)

—— Reize van Maarten Gerritsz. Vries in 1643 naar het noorden en oosten van Japan, volgens het journaal gehouden door C. J. Coen, op het schip *Castricum*. Naar het handschrift uitgegeven en met belangrijke bijlagen vermeerderd door P. A. Leupe, Kapitein der mariniers. — Met de daarbij behoorende kaart en eenige facsimilés, en geographische en ethnographische aanteekeningen, tevens dienende tot een zeemansgids naar Jezo, Krafto en de Kurilen, en stukken over de taal en voortbrengselen der Aino-landen, van Jonkheer P. F. von Siebold. Uitgegeven van wege het Koninklijk Instituut voor taal-, land- en volkenkunde van Neder-landsch Indië. — Amsterdam, Frederik Muller, 1858, in-8, pp. 440, 1 pl., 1 carte.

Werken van het Koninklijk Instituut voor Taal-, Land- en Volkenkunde van Nederlandsche Indië. — Tweede Afdeeling. Afzonderlijke Werke.

—— Aardrijks-en Volkenkundige Toelichtingen tot de ontdekkingen van Maerten Gerritsz. Vries, met het fluitschip *Castricum* A°. 1643, in't Oosten en't Noorden van Japan, dienende tot zeemansgids langs de oostkust van Japan, naar de eilanden Jezo, Krafto en de Kurilen. Benevens eene verhandeling over de Aino-taal en de voortbrengselen der Aino-landen. Door Jhr. Ph. F. von Siebold. Amsterdam bij Frederik Muller, 1858, in-8, pp. 178.

—— Geographical and Ethnographical Elucidations to the Discoveries of Maerten Gerrits Vries Commander of the flute Castricum A. D. 1643. In the East and North of Japan; to serve as a Mariners's Guide in the Navigation of the East Coast of Japan, and to Jezo, Krafto, and the Kurils. By P. F. von Siebold. — Translated from the Dutch of F. M. Cowan, Interpreter to the British Consulate General in Japan. — With a reduced Chart of Vries'Observations. — Amsterdam, Frederik Muller. — London : Trubner, 1859, in-8, 3 ff. n. ch. p. l. tit., préf. du trad. + pp. 186.

Il y a un long mémoire sur les Aïnos, pp. 97-178.

(Castricum [1643].)

Antonio Francisco Cardim.

Né à Viana d'Alentejo, près d'Evora, en 1596; + à Macao, 30 avril 1659.

—— Relacion // del illvstre, // y glorioso martyrio de // quatro Embaxadores Portugueses de la // Ciudad de Macan con cinquenta, y siete Christianos de // su Compañia de differentes naciones degollados por // nuestra Sancta Fe en la Ciudad de Nangasaqui // del Reyno de Iapon a tres de Agosto // del año de mil y seys cientos // y quarenta. // Sacada de las informa- // ciones avthenticas, y ivridicas, hechas // por el Padre Governador del Obispado de China // ainstancia del Cabildo de la Ciudad // de Macan. // Dada a la estampa por ordẽ de la misma // civdad. // [*marque*] // Con licencia del ordinario desta civdad. // De Manila en la Compñia de Iesvs por Raymundo // Magisa Año de 1641. In-4, pp. 2 n. ch. + 54.

Retana, 102, p. 103.

—— *Relaçaõ da gloriosa morte de quatro Embaixadores Portuguezes da Cidade de Macao com cincoenta e sete de seus companheiros Christiãos da sua companhia degolados todos pela Fè de Christo em Nangasachi Cidade do Japaõ a 3 de Agosto de 1640. Pello Padre Antonio Francisco Cardim da C. de J., procurador géral da provincia de Japão. Em Lisboa, Lourenzo de Anveres, 1643. In-4, 6 ff. n. ch.

Réimprimé à la suite des *Elogios*. — Sommervogel.

— Autre édition portugaise: Romae, typis Andreae Fei, 1646, in-8. (Pagès, 263.)

—— *Relatione della gloriosa morte di quattro Ambasciatori Portughesi della Città di Macao con altri cinquantasette Christiani della sua Compagnia decapitati tutte per la fede di Christo in Nangasaqui Città del Giapone alli tre d'Agosto 1640. con tutte le circostanze della sua Ambasciata di vere Relationi, e Testimonij oculari. Composta per il Padre Antonio Francesco Cardim della Compagnia di Giesù Procuratore Generale della Provincia Giapponese. S. l. et a., in-fol., pp. 13.

A la suite de: *Animadversiones additionales*, pour la canonization des BB. Alphonse Navarette, Charles Spinola, etc. (Sommervogel.)

—— Mors // felicissima // qvatvor Legatorvm // Lvsitanorvm // et // Sociorvm // Quos Iapponiae Imperator // occidit // in // Odium Christianae Religionis. // Auctore // P. Antonio Francisco Cardim // è Societate Iesv // Procuratore ad Urbem Prouinciae // Iapponiae. // Romae, Typis Heredum Corbelletti. 1646. // Svperiorvm Permissv. In-4, pp. 40.

Bib. nat., H. 4647.

—— *Coert verhael vande glorieuse doodt, van vier Portugiesche Ambassadeurs vande Stadt Macao met seven-en-vijftich Christenen van hun gheselschap, onthalst voor het Christen gheloof binnen Nangassaqvi een Stadt in Iaponien den 3. Augusti 1640. Met alle de circuntantien van hunne Ambassade, ghetrocken uyt waerachtighe informatien ende ghetuyghen die het met hunne ooghen hebben gesien. Door den E. P. Antonius Franciscus Cardim vande Societeyt Iesv Procurator generael vande Provincie van Iaponien. Naer het Portugiesche tot Lisboa ghedruckt 1643. t'Antwerpen, by Hendrick Aertssens inde Cammer-straet inde witte Lelie 1644. Pet. in-8.

Sommervogel.

—— *Nova Indica sive memorabilis virtvs Christianorvm LXI. in Iaponia anno CIƆ. ICƆ. XXXIX. (*sic*) pro fide christiana Interfectorvm. Christiano et curioso lectori, Pro felicibus Noui Anni M. DC. XLIV. avspiciis oblata. Ingolstadii, typis Gregori Haenlini, in-4, pp. 14.

Sommervogel.

—— *La mort glorievse de soixante et vn chrestiens de Macao, decapitez povr la confession de foy à Nangazaqvi, av Royavme dv Iapon le 4. d'Aoust, l'an M.DC.XL. Extraicte de la Relation faite en langue Portugaise, par le R. P. Antoine François Cardin de la Compagnie de Iesvs, Procureur general de la Prouince du Iapon. Imprimée à Lisbone l'an M.DC.XLIII. Auec la Copie d'vne lettre de Hollande touchant la glorievse Confession de qvatre Peres de la mesme Compagnie, et de trois autres Chrestiens mis à mort au mesme Royaume du Iapon, sur la fin de l'an M.DC.XLII. Le tout mis en François par vn Pere de ladicte Compagnie. A Lille, De l'Imprimerie de Pierre de Rache, 1643, in-12, pp. 45.

«La lettre de Hollande est extraite du Journal d'Elsdracht, président du commerce à Nangasaqui, et contient, en particulier, le récit du martyre du P. Rubino, traduit d'une lettre du P. André Xavier, c'est-à-dire du P. André Wolfgang Kofler.» (Sommervogel.)

—— La mort glorievse // de // soixante et vn Chrestiens // de Macao, // decapitez povr la confession // de nostre Sainte Foy // a Nangazaqvi, av royavme // du Iapon le 4. d'Aoust l'an M.DC.XL. // Extraicte de la Relation faicte // en langue Portugaise, par le R. P. Antoine François // Cardin de la Compagnie de Iesvs, Procureur // General de la Prouince du Iapon. // Imprimée à Lisbone l'an M.DC.XLIII. // Auec la Copie d'vne lettre de Hollande touchant la // Glorieuse Confession de qvatre // Peres de la mesme Compagnie, // & de trois autres Chrestiens mis à mort au mesme // Royaume du Iapon, sur la fin de l'an 1642. // Le tout mis en François par un Pere de // ladicte Compagnie. // [*fleuron*] // A Rouen, // chez Iean de Manneville, près le // College des PP. Iesuites. S. d., in-8, pp. 46 + 1 f. n. ch. p. l'app.

Bib. nat., O² o 225. — Cet ex. est rogné. Date? — L'app. est datée : «Faict à l'Isle le 1. Septembre 1643.»

—— Relatione ‖ Della Prouincia ‖ del Giappone, ‖ scritta dal padre ‖ Antonio Francesco Cardim ‖ Della Compagnia di Giesv, Procu- ‖ ratore di quella Prouincia. ‖ Alla Santità di Nostro Signore ‖ Papa Innocentio X. ‖ In Roma, Nella Stamperia di Andrea Fei. ‖ M.DC.XLV. ‖ — Con licenza de' Superiori. Pet. in-8, 6 ff. n. ch. p. le tit., etc. + pp. 160.

«Le P. Cardim, né à Viana en 1595 [le P. Sommervogel dit 1596], entra au noviciat à l'âge de 16 ans. Envoyé aux Indes comme missionnaire il visita toute l'Indo-Chine et mourut à Macao en 1659. Sa relation écrite en portugais ne fut pas imprimée dans cette langue, quoi qu'en disent les PP. de Backer. La version italienne (*Cat. de la Bib. Jap. de M. Mourier*, Paris, 1887) est due au P. Giacomo Diaceto.»

Cat. Mourier, No. 373, 25 fr.

—— —— *Milano, Filippo Ghilosofi, 1645, pet. in-8, pp. 111.

Réimp. du précédent. — Cat. Mourier, No. 374, 18 fr.

—— Relation // de la province // dv Iapon // escrite // En Portugais par le Pere François // Cardim de la Compagnie de Iesvs // Procureur de cette Prouince. // dediee // a la Sainteté // d'Innocent X. // tradvitte // Du Portugais en Italien à Rome, & de la // Coppie Italienne, en François, par // le P. François Lahier // de la même Compagnie. // [*fleuron*] // A Tovrnay, // De l'Imprimerie d'Adrien Qvinqve. // M.DC. XLV. In-12, 5 ff. n. ch. tit., déd., etc. + pp. 184.

Bibliothèque de l'Institut.

—— Relation // de ce qvi s'est // passé depvis qvelqves // années, iusques à l'An // 1644. au Iapon, à la Co- // chinchine, au Malabar, // en l'Isle de Ceilan, & en // plusieurs autres Isles & // Royaumes de l'Orient // compris sous le nom des // Prouinces du Iapon & // du Malabar, de la Com- // pagnie de Iesvs. // Diuisée en deux Parties, selon // ces deux Prouinces.

Titre ut supra, recto, f. 1. — Verso, 1re f. blanc. — Recto, 2e f. :

—— Premiere partie // Relation // de la // Province // dv Iapon // Escrite en Portugais par le Pere. // François Cardim de la Com- // pagnie de Iesvs, Procureur // de cette Prouince. // Traduicte & reueuë en François. // [*fleuron*] // A Paris. // Chez // Mathvrin Henavlt, // ruë sainct Iacques. // et // Iean Henault, au Pa- // lais, dans la Salle Dauphine. // A l'Ange Gardien. // M. DC. XLVI. // Auec Priuilege & Approbation. Pet. in-8, 8 ff. n. ch. p. l. tit., déd. à Victor Le Bovthillier, conseiller dv Roy, sig. l. M. de la Comp. de Iesvs, Au lecteur, App., Priv ... et Port. de S. Xavier + pp. 182.

Relation de la Province dv Iapon.

Traduit par le P. Jacques de Machault.

— Seconde Partie. // Relation // des Missions // de la Province // de Malabar, // de la // Compagnie de Iesvs. // escrite // En Italien par le Pere François Bar- // retto Procureur de cette // Prouince à Rome. // Et puis traduite & corrigée en François. // [*fleuron*] // A Paris, // De l'Imprimerie de Mathvrin et // Iean Henavlt. // M. DC. XLV. // Avec privilege. Pet. in-8, ch. 185 à 514 + 8 ff. n. ch. p. l'app. et la tab.

Bib. nat., O² o 143.

— Relatione // delle Missioni, // e Christianità // che appartengono alla Prouincia di // Malavar // della Compagnia di Giesv // scritta // Dal P. Francesco Barretto dell' istessa Compag. // Procuratore di quella Prouincia. // [*fleuron*] // In Roma, Appresso Francesco Caualli. 1645. // Con licenza de' Superiori. Pet. in-8, 2 ff. n. ch. p. l. tit. et l. déd. + pp. 132.

— Fascicvlvs // e Iapponicis Floribvs, // svo adhvc madentibvs sangvine, // Compositvs // a P. Antonio Francisco Cardim // è Societate Iesv // Prouinciae Iapponiae ad Urbem // Procuratore. // Qvi legitis Flores, // hos legite, // sic qvoniam positi svaves // miscentur odores. // Romae, Typis Heredum Corbelletti. 1646 // Svperiorvm Permissv. In-4, 4 ff. n. ch. p. le tit., déd., etc. + pp. 252.

Carte du Japon.

Bib. nat., H. 4645.

Front. 'gravé : Le Pourtraict des premier 23 Martire mis en Croix par la predicaon de las. foy au Giappo soubs l'Em. — Taicosam en la Cité de Mongasachi de lordre des freres mineurs Obseruantin de S. francois. Callot fec. — Carte du Japon. — 87 grav. représentant les martyrs; la première signée D. Miotte, représente S. François-Xavier.

— Catalogvs // Regvlarivm, // et // Secvlarivm, // Qui in Iapponiae Regnis vsque à fun- // data ibi // a S. Francisco Xaverio // Gentis Apostolo Ecclesia // ab ethnicis // In odium Christianae Fidei // Sub quatuor Tyrannis violenta morte sublati // sunt. // Collectus // a P. Antonio Francisco Cardim // è Societate Iesv // Prouinciae Iapponiae ad Urbem // Procuratore. // Romae, Typis Heredum Corbelletti, 1646. // Svperiorvm Permissv. In-4, pp. 79.

Bib. nat., H. 4646.

— *Elogios e Ramalhete de flores, borrifado com o sangue dos Religiosos da Companhia de Jesus, a quem os Tyrannos do Imperio do Japaõ tiraram as vidas por odio da Fé Catholica, com o Catalogo de todos os Religiosos e Seculares, que por odio da mesma Fè foram mortos n'aquelle Imperio atè o anno de 1640. Lisboa, por Manuel da Silva, 1650, in-4, pp. 259 et 87 grav.

Traduction par le P. Cardim lui-même du *Fasciculus*.

— *Batalhas da Companhia de Jesus na sua gloriosa Provincia do Japaõ. Dedicadas à Magestade de el Rey D. Joaõ. IV nosso Senhor. In-4.

Manuscrit du P. Cardim. — Sommervogel.

— Sociedade de Geographia de Lisboa — Batalhas da Companhia de Jesus na sua gloriosa Provincia do Japão pelo Padre Antonio Francisco Cardim da mesma Companhia de Jesus, Natural de Vianna do Alemtejo — Inedito destinado á X Sessão do Congresso Internacional dos Orientalistas por Luciano Cordeiro S. S. G. L. Lisboa Imprensa Nacional 1894, in-8, 8 ff. n. ch. + pp. 293.

Bib. nat., O² o 356.

Le P. Cardim fit graver, en 1646, à Rome, le portrait du P. Sebastien Vieira, martyrisé au Japon, in-folio. La légende est ainsi conçue : «Eminentiss. et Reverendiss. Dom. D. Io. Baptistae S. R. E. Car. Pallotto Effigiem hanc R. P. Sebastiani Vieirae Lusitani, Provinciae Iapponiae Vice-provincialis, Societ. Iesv, et illius Episcopatus Administratoris Apostolici, pro Fide interempti. 6. Iun. 1634. P. Antonius Francisc' Cardim Soc. Iesv, Iapponiae Procurator D. D. Romae, 1646, Superior pmissu.» (Sommervogel.)

— *Relação da viagem da Galeão de S. Lourenço, e sua perdição nos baixos de Monxicale em 3. de Setembro de 1649. Lisboa, por Domingos Lopes Rosa, 1651, in-4, pp. 27.

Reproduit dans la *Collecção dos Naufragios*. — Sommervogel. — Silva.

Jean-Albert de Mandelslo.

— *Albert von Mandelslohe. Schreiben von seiner Ost-Indischen Reise aus der Insel Madagascar anno 1639 abgelassen, samt einen kurtzen Bericht von dem jetzigen Zustand des äussersten orientalischen

Königreichs Tzina mit etlichen Anmerkungen. Schleswig, 1645, in-folio. (Ternaux.)

«Cette première édition reparut à la suite des voyages d'Oléarius; l'ouvrage fut ensuite augmenté d'après les manuscrits de l'auteur et divers matériaux fournis par Oléarius. Il fut intitulé *Voyage aux Indes*, etc. Sleswig, 1658, 1 vol. in-folio, avec figures; *ibid.*, 1668; Hambourg, à la suite d'Oléarius, 1696, in-fol. Il fut traduit en hollandais, Amsterdam, 1658, in-4. (*Biog. univ.* — Art. d'Eyriès.)

— Des Welt=berühmten // Adami Olearii// colligirte und viel vermehrte // Reise=Beschreibungen // Bestehend in der nach // Muszkau und Persien /// Wie auch // Johann Albrechts von Mandelslo // Morgenländischen /// und // Jürg : Andersens und Volq : Yversens // Orientalischen Reise : // Mit angehängter//Chinesischen Revolution,// Und wie solch mächtiges Reich vor Kurtzen Jahren von den Tartarn überwältiz // get und eingenommen : Auch : Wie de flüchtende Chinesische Mandarin und See= Räuber // Coxinga, die von den Holländern besetzte Insul Formosa angefallen und erobert : // Nebenst beygefügten // Persianischen // Rosen=Thal und Baum=Garten : // Beyde voller Lust= und Lehr=reichen Sententzen und Sprüchen; // Und ist der letzte/ derBaum=Garten/nun erst aus der Persischen Sprache // in die Holländische / und aus derselben in die Teutsche übersetzet / und seiner herzlichen // Moralien wegen dem Rosen=Thal hinzu gesetzet worden. // Ein Werck voller Wunder= und seltzamen Historien und Begebenheiten / so da in // Beschreibung frembder Oerther und Länder / und derselben Gewohnheiten / Natur / Leben /// Sitten / Geist= Welt= und Häuszlichem Stand / u. d. gl. vorgestellet worden.// Durchgehends mit vielen / meist nach dem Leben in Kupffer gestochenen Figuren / Abbil-// dungen und Land=Taffeln geziehret/ und ein jedes Werck mit seinem nöthigen Register // und Anmerckungen versehen.// — Hamburg, // Jn Verlegung Zacharias Herteln und Thomas von Wiering. // Anno MDCXCVI. // In-fol., front., grav., pl. hors et dans le texte.

Mandelslo porte le titre suivant, précédé d'un frontispice gravé :

(JEAN-ALBERT DE MANDELSLO.)

— Des Hoch=Edelgebohrnen // Johann Albrechts von Mandelslo // Morgenländische // Reise=Beschreibung : // Worinnen zugleich die Belegenheit und heutiger Zustandt etlicher // fürnehmen Jndianischen Länder/ Provintzien / Städte und Jnsulen / sampt deren // Einwohner Leben / Sitten / Glauben und Handthierung; wie auch die Beschaffen= // heit der Seefarth über das Oceanische Meer / zu sehen / und // anmuthig beschrieben worden. // [*portrait*] // Herauszgegeben // durch // Adam Olearium, // Und mit desselben unterschiedlichen Notis oder Anmerckungen / wie auch // mit vielen Kupffer=Stücken gezierct. // — Hamburg, // Gedruckt Anno MDCXCVI. // In-fol., ill., pp. 174 + 5 ff. n. ch. tab.

A la suite : *Adami Olearii Anhang und Beschreibung.* — Voir : Vom Königreich Pegu, p. 140. — Vom Königreich Siam, p. 141. — Cambodia, p. 143. — Malays oder Malacca, p. 143.

— Beschrijvingh ‖ Vande Nieuwe Parciaensche ofte O- ‖ rientaelsche Reyse, welck door gelegentheyt ‖ van een Holsteynsche Ambassade, aen den ‖ Koningh in Persien gheschiet is. ‖ Waer inne ‖ De ghelegentheyt der plaetsen en Landen, door welcke de ‖ reyse gegaen is, als voornamelijck Ruslant, Tar- ‖ tarien en Persien. ‖ Mitsgaders, ‖ Der selver inwoonders nature, Leven, wesen ‖ en Religie, vlytigh beschreven is. ‖ Item : Een schrijven van den Wel-Edelen, &c. Jo- ‖ han Albrecht van Mandelslo, waer in de Oost-Indische ‖ Reys van den selven over den Oceanus verhaelt wort. ‖ Als oock een Kort bericht van de tegenwoordige gele- ‖ gentheydt van 'tuyterste Orientaelsche Koningh-rijck ‖ China : in 't Hooghduyts beschreven ‖ Door Mr. Adamus Olearius, ‖ Van Aschersleben uyt Saxen, Mathematicus van ‖ 't Vorstelijk Schleswijk Holsteynsche Hof. ‖ Ende nu in onse Tael overgeset, ‖ Door ‖ Dirck van Wageninge. ‖ Met een Register verbetert, en kopere ‖ Platen verciert. ‖ Tot Utrecht, ‖ — Gedruckt by Lambert Roeck, wo- ‖ nende in de Lange-Nieustraet, 1651. Pet. in-12, 7 ff. n. ch. p. l. tit., avert., tab. + pp. 924; front. gravé et 10 port. ou pl.

Suivi de :

(JEAN-ALBERT DE MANDELSLO.)

— Hier volght het schrijven van den ‖ Wel Ed. Getrouwen en Vesten ‖ Iohan Albrecht ‖ van Mandelslow, ‖ Welck hy uyt 't Eyland Madagascar ‖ Aen ‖ Mr. Adamus Olearius ‖ Gedaen heeft, in welcken hy sijn Reyse ‖ uyt Persien nae Oost-Indien, door ‖ den Oceanus, Sumarischer ‖ wijse verhaelt. ‖ Tot Utrecht, ‖ — Gedruckt by Lambert Roeck, wo-‖nende in de Lange-Nieustraet, 1651. In-12, pp. 66.

— Persiaensche Reyse ‖ ‖ Uyt Holsteyn, door Lijflandt, Moscovien, Tartarien in Persien. ‖ Door ‖ Philippus Crusius, en ‖ Otto Brughman, Gesanten, ‖ Des Doorl : Hoogh : Heere, Heer ‖ Frederick, ‖ Erf-Heer in Norwegen, Hertog van Sleswijck en Holsteyn, &c. ‖ Aen de Koninck van Persien : En van daer te landt naer Oost-Indien. ‖ Waer in veel vreemde ontmoetingen en gelegentheden der voor- ‖ noemde Landen en Volckeren beschreven zijn. ‖ Int Hoogduyts beschreven door ‖ Adam Olearius; ‖ Secretarius der Vorstelijcke Gesanten. ‖ En nu int Neder-duyts overgeset. ‖ [*marque*] ‖ t'Amsterdam, ‖ — Voor Joost Hartgers, Boeck-verkooper op den Dam ‖ bezyden het Stadt-huys | ‖ op de hoeck van de Kalverstraet | in de Boeck-winckel | Anno 1651. In-4, front. grav. + pp. 134.

Suivi de :

— Beschrijvinghe des ‖ Koninckrijcx ‖ Persien. ‖ Zijnde het tweede Deel van de Persiaensche Reyse uyt Holsteyn, door Lijflant, Moscovien, ‖ en Tartarien, door Philippus Crusius, en ‖ Otto Brughman, Gesanten, des ‖ Doorl : Hoogh : Heere, Herr ‖ Frederick, ‖ Erf-Heer in Noorwegen, Hertogh van Sleswijck en Holsteyn, &c. ‖ Met een Reyse van daer te Lande ‖ Naer ‖ Oost-Indien. ‖ Door ‖ Johan Albreght van Mandelslo. ‖ Waer in veel vreemde ontmoetingen en gelegentheden der voornoemde ‖ Landen en Volckeren beschreven zijn. ‖ Int Hooghduyts beschreven door ‖ Adam Olearius. ‖ Secretarius der Vorstelijcke Gesanten. ‖ En nu int Neder-duyts overgeset. ‖ t'Amsterdam; ‖ — Voor Ioost Hartgers, Boeck-verkooper op den Dam | besyden het Stadt-huys op ‖ de hoeck van de Kalverstraet | in de Boeck-winckel | Anno 1651. In-4, pp. 120.

— Persiaensche Reyse | ‖ Uyt Holsteyn, door Lijflandt, Moscovien, Tartarien in Persien. ‖ Door ‖ Philippvs Crvsivs, ‖ en ‖ Otto Brvghman, ‖ Gesanten des Doorl : Hoogh : Heere, Herr ‖ Frederick, ‖ Erf-heer in Norwegen, Hertog van Sleswijck en Holsteyn, &c. ‖ Aen den Koninck van Persien : En van daer te Landt naer Oost-Indien. ‖ Waer in veel vreemde Ontmoetingen en Gheleghentheden der ‖ voor-noemde Landen en Volckeren beschreeven zyn. ‖ In't Hooghduyts beschreven door ‖ Adam Olearius, ‖ Secretarius der Vorstelijcke Ghesanten. ‖ En nu in't Neder-duyts over-geset : En desen tweeden Druck met ‖ eenige Caerten daer toe dienende vermeerdert en verbeetert. ‖ t'Amsterdam, ‖ — Voor Jan Jansz. Boeck-verkooper op't Water in de Pas-Caert. ‖ Anno 1651. In-4, front. grav. + pp. 134.

— Beschrijvinghe des ‖ Koninckrijcks ‖ Persien. ‖ Zijnde het tweede Deel van de Persiaensche ‖ Reyse uyt Holsteyn, door Lijflandt, Moscovien, ‖ en Tartarien, door ‖ Philippus Crusius, ‖ en ‖ Otto Brughman, ‖ Gesanten des Doorl : Hoog : Heere Heer ‖ Frderick, ‖ Erf-Heer in Norwegen, Hartogh van Sles- ‖ wijck en Holsteyn, &c. ‖ Met een Reyse van daer te Lande naer ‖ Oost-Indien. ‖ Door Johan Albreght, van Mandelslo. ‖ Waer in veel vreemde Ontmoetingen en Gholegentheeden der ‖ voornoemde Landen en Volckeren beschreven zijn. ‖ In't Hooghduyts beschreven door ‖ Adam Olearius, ‖ Secretarius der Vorstelijcke Ghesanten. ‖ En nu in't Neder-Duydts overgheset. ‖ t'Amsterdam, ‖ — Voor Jan Jansz, Boeck-verkooper op't Water in de Pas-Caert. ‖ Anno 1651. In-4, pp. 120.

— Beschryvingh van de gedenk- ‖ waerdige Zee- en Landt- ‖ Reyze, ‖ Deur ‖ Persien naar Ooost-Indien; ‖ Gedaan van den wel-Ed. ‖ Johan Albrecht ‖ van Mandelslo. ‖ Door ‖ M. Adam Olearius, ‖ Auteur van de Persiaansche Reyze, uyt des zelfs dagelijksche ‖ Aanteekeningen t'zamen gestelt. ‖ Uyt het Hoog- in't Nederduyts vertaalt | en met schone ‖ kopere Platen verciert. ‖ [*fleuron*] ‖ t'Amsterdam, ‖ — By Jan Hendriksz. en Jan Rieuwertsz. ‖ Boekverkoopers. In't Jaar 1658. Pet. in-4, 4 ff. prél. n.ch. [front. grav., avis au lecteur] + pp. 150, grav.

A la fin : t'Amsterdam, ‖ Ter Drukkerye van Tymon Houthaak, op de Nieuwezijds ‖ Kolk | in de Vogel Struys. 1658.

— Relation dv Voyage de Moscovie, Tartarie, et de Perse, fait à l'occasion d'vne Ambassade, Enuoyée au Grand-Duc de Moscouie, & du Roy de Perse; Par le Duc de Holstein : Depuis l'an 1633. iusques en l'An 1639. Traduite de l'Alleman du Sieur Olearivs, Secretaire de la dite Ambassade. Par L. R. D. B. A Paris, chez Francois

Clovzier... M.DC.LVI. In-4, pp. 543 sans l'ép. et l'itinéraire.

L. R. D. B. = le Résident de Brandebourg : de Wicquefort.

—— Relation // du // Voyage // d'Adam Olearius // en Moscovie, Tartarie, // et Perse, // augmentee en cette nouvelle edition // de plus d'un tiers, & particulierement d'une seconde Partie; // contenant le voyage de Iean Albert de Mandelslo // aux Indes orientales. // Traduit de l'Allemand par A. de Wicquefort, // Resident de Brandebourg. // Seconde edition. // A Paris, // Chez Antoine Dezallier, rüe Saint Jacques, // à la Couronne d'or. // — M. DC. LXXIX. // Avec Privilege du Roy. // 2 vol. in-4, pp. 686 s. l. ff. prél., cartes; — pp. 648 s. l. ff. prél.; cartes.

Voir II : Le Royaume de Pegu, p. 232. — Le Royaume de Siam, p. 299. — Description du Royaume de Cambodia, p. 317. — Malacca, p. 319.

—— Voyages Celebres & remarquables, Faits de Perse aux Indes Orientales, Par le Sr. Jean-Albert de Mandelslo, Gentilhomme des Ambassadeurs du Duc de Holstein en Moscovie & Perse. Contenant une Description nouvelle & très-curieuse de l'Indostan, de l'Empire du Grand-Mogol, des Iles & Presqu'îles de l'Orient, des Royaumes de Siam, du Japon, de la Chine, du Congo, &c. Où l'on trouve la situation exacte de tous ces Pays & États. & où l'on rapporte assez au long le Naturel, les Mœurs, & les Coutumes de leurs Habitans; leur Gouvernement Politique & Ecclesiastique; les Raretez qui se rencontrent dans ces Pays; & les Ceremonies qu'on y observe Mis en ordre & publiez, après la mort de l'Illustre Voyageur, par le Sr. Adam Olearius, Bibliothecaire du Duc de Holstein, & Mathematicien de sa Cour. Traduits de l'Original Par le Sr. A. de Wicquefort, Conseiller des Conseils d'Etat & Privé du Duc de Brunswick, Lunebourg, Zell, &c. Resident de l'Electeur de Brandebourg, & Auteur de l'Ambassadeur & de ses Fonctions. Divisez en deux Parties. Nouvelle Edition revûe & corrigée exactement, augmentée considérablement, tant dans le corps de l'Ouvrage qu'aux Marginales, & surpassant en bonté & en beauté les précédentes Éditions. On y a encore ajouté des Cartes Géographiques, des Représentations des Villes, & autres Taille-douces très-belles & très-exactes. On y trouve à la fin une Table fort ample & fort exacte. A Amsterdam, Chez Michel Charles Le Cêne, MDCCXXVII. 2 vol. in-folio.

—— The Voyages and Travels of the Ambassadors sent by Frederick, Duke of Holstein, to the Great Duke of Muscovy, and the King of Persia, begun in the year MDCXXXIII, and finish'd in MDCXXXIX. Containing a compleat History of Muscovy, Tartary, Persia, and other adjacent Countries... Whereto are added, The Travels of John Albert de Mandelso (a gentleman belonging to the Embassy), from Persia into the East Indies... Written originally by Adam Olearius, Secretary to the Embassy...; Faithfully rendered into English, by John Davies, of Kidwelly. London, 1662, pet. in-folio.

—— The Voyages and Travels of Mr. John-Albert de Mandelslo (a Gentleman belonging to the former Embassy) into the East-Indies, in the years 1638, 1639 and 1640. Containing a Particular Description of the Empire of the Great Mogul, the Kingdom of Decan, Calicut, Cochin, Zeylon...... the Chinese Empire..... &c. In three Parts. (Harris' *Coll.*, II, pp. 113–176.)

B. Varenius.

—— Descriptio // Regni Iaponiae // Cum quibusdam // affinis materiae, // Ex variis auctoribus collectae // et ordinem redacta per // Bernhardvm Varenivm // Med. D. // Amstelodami, // Apud Ludovicum Elzevirium. // Anno M.DC.XLIX. In-16, 22 ff. n. ch. + pp. 267 [lire 287], titre gravé.

Suivi de :

—— Tractatvs // In quo agitur. // De Iaponiorum religione. // De Christianae religionis intro-//ductione in ea loca. // De ejusdem extirpatione. // Adjuncta est de diversa diversarum // gentium totius telluris Religio-//ne brevis informatio. // Auctore Bernbardo Varenio, // Med. D. // Amstelodami, // Apud Ludovicum Elzevirium MDCXLIX. 4 ff. n. ch. + pp. 120 [lire 320].

—— Bernhardi Vareni // Med. D. // Descriptio // Regni Japoniae // et // Siam. // Item // De Japoniorum Religione & Siamensium. // De Diversis omnium Gentium Religionibus. // Quibus, praemissâ Dissertatione de variis Re-//rum publicarum generibus, adduntur quae-//dam de Priscorum Afrorum fide excerpta // ex Leone Africano. // — Cantabrigiae, // Ex Officina Joan. Hayes, celeberrimae Academiae Ty-//pographi 1673. // Impensis Samuelis Simpson Bibliopolae Cantab. In-8, 6 ff. n. ch. p. l. tit., déd., etc., tab. + pp. 292.

Bibl. nat., O²o 8.

—— Descrizione de' i regni del Giappone, del Signor Bernardo Vareno Dottore in Medicina, Scritta nella lingua Latina dal medesimo Autore. (Anzi, *Il Genio Vagante*, Parma, 1693, IV, pp. 113-126.)

— Descrizione del Regno di Siam di Ivdoco Scovtenio Portata nella lingua Latina Dal Signor Bernardo Vareni Dottore, e Professore di Medicina. (Anzi, *Il Genio Vagante*, Parma, 1693, IV, pp. 135-138.)

— Lebensnachrichten von Bernhard Varenius. Von Dr. A. Breusing. (*Petermann's Mitth.*, XXVI Bd., 1880, pp. 136-141.)

*
* *

—— Relation ‖ de ce ‖ qvi s'est passé ‖ dans ‖ les Indes orientales ‖ en ses trois provinces ‖ de Goa, de Malabar, dv Iapon, ‖ de la Chine, ‖ & autres païs nouuellement ‖ descouuerts. ‖ Par les Peres de la Compa ‖ gnie de Iesvs. ‖ Presentée à la Sacrée ‖ Congregation de la Propagation de la Foy, ‖ Par le P. Iean Maracci Procureur de la Prouince de Goa, au mois d'Auril 1649. ‖ A Paris, ‖ chez Sebastien Cramoisy... ‖ et ‖ Gabriel Cramoisy. ‖ M. DC. LI. ‖ Av. Priv. dv Roy. Pet. in-8, 3 ff. n. ch. + pp. 114.

Cette trad. est du P. Jacques de Machault.

Ternaux-Compans cite No. 1856 : Relation de ce qui s'est passé dans les Indes orientales, dans les trois provinces de Goa, Malabar, Japon, de la Chine et autres pays nouvellement descouverts par les Pères de la Compagnie de Jésus. Paris, 1657, in-8.

(B. Varenius.)

—— Le // Tableav // de // l'Asie. // ov sont representez // les Royaumes, Republiques, Prin-// cipautez, Isles, Presqu'Isles, Forts, // & autres places considerables de // cette Premiere Partie du Monde. // Auec vne description plus estenduë des // lieux S. S. où se sont acheuez les prin-//cipaux Mysteres de nostre Redem-//ption : Et les progrez de nostre Foy // Catholique dans les Terres les plus // reculées. // Par le Sieur Chavlmer. // A Paris, // Chez Lovis Chambovdry au // Palais, proche la Sainte Chapelle, // au Bon-Marché. // M. DC. LIV. // Avec Privilege dv Roy. In-12. 17 ff. n. ch. + pp. 475.

Du Royaume de Pegu, p. 276. — Du Royaume de Siam, p. 278. — Du Royaume de Camboye, p. 280. — Du Royaume de la Chine, p. 323. — ... de la Cochinchine, p. 355. — Du Royaume de Malaca, p. 442. — Du Iapon, p. 462.

Alexandre de Rhodes.

Né à Avignon, le 15 mars 1591; + à Ispahan, 5 nov. 1660.

—— Relation // de ce qvi s'est passé // en l'année 1649. // Dans les Royaumes où les Peres de // la Compagnie de Iesvs de la // Prouince du Iapon, publient // le Saint Euangile. // Dediee a la Reyne de // Pologne & de Suede. // [*fleuron*] // A Paris, // Chez Florentin Lambert, ruë // Saint Iacques vis à vis S. Yues. // à l'Image S. Paul. // M. DC. LV. // Auec Permission. In-8, pp. 120.

Bib. nat., O²o 145. — Ex. incomplet de l'épistre.

C'est une traduction de l'italien du P. Cittadelli. (Sommervogel.)

—— Relation // de // ce qvi s'est passé // novvellement, // Dans les Royaumes où les Peres de // la Compagnie de Iesvs de la // Prouince du Japon, publient // le Saint Euangile. // Dediee a la Reyne de // Pologne & de Suede. // [*fleuron*] // A Paris, // Chez Florentin Lambert, ruë // Saint Iacques vis à vis S. Yues. // A l'Image S. Paul. // — M. DC. LVII. // Auec Permission. In-8, 4 ff. n. ch. p. l. tit. et l'ep. + pp. 120.

Epistre signée par Alexandre de Rhodes. — Même éd. que celle de 1655, avec un titre différent. — Bibl. nat., O²o 145 A.

(Alexandre de Rhodes.)

—— *Verhael van t'gheen in't jaer 1649, geschiet is in de nycken Daer de Patres der Societeyt Iesu van Iaponien het H. Evangelie vercondighen. Wt het Franchoys overgheset door R. P. Franciscus de Smidt Priester der selver Societeyt. t'Antwerpen, By Cornelis Woons. Anno M. DC. LVII. In-12, pp. 79, s. l. déd. à Phil. Dareels, échevin de Malines.

—— *Breve relatione della gloriosa morte che il P. Antonio Rubino, della C. di G., visitatore della prov. del Giappone, e Cina, sofferse nella cittá di Nangasachi dello stesso regno del Giappone, con IV altri Padri della m. Comp. Cioè il P. Antonio Capece, il P. Alberto Micischi, il P. Diego Morales, e il Padre Francesco Marquez, con tre secolari. Di marzo nel 1643. Roma, heredi Corbelletti, 1652. In-4, pp. 88, avec une gravure du martyre.

L'original portugais inédit est du P. Pedro Marquez, Japonais, né à Nangasaki, mort probablement au Tonkin. La version italienne est attribuée au P. Fr. Rosini, par l'auteur de la vie du P. Meçinski. Au Gesù se trouve une copie manuscrite de la version italienne. Elle diffère très peu de l'imprimé. (Pagès, 285.)

—— Histoire // de la vie, // et de la // glorievse mort, // de cinq peres // de la Compagnie // de Iesvs, qui ont souffert // dans le Iapon. // Auec trois Seculiers, en l'Année 1643 // Par le R. P. Alexandre de Rhodes, // de la Compagnie // de Iesvs // [*fleuron*] // A Paris, // Chez // Sebastien Cramoisy, // Imprimeur du Roy & // de la Reyne. // et // Gabriel Cramoisy. // ruë sainct // Iacques // — M. DC. LIII. // Avec privilege dv Roy. In-8. pp. 12 + 218.

Bib. nat., O²o 144.

——*—— A Douay, Chez Iean Serrvrier, 1654, in-8, pp. 133, s. l. déd. de Serrurier à Guillaume Deschamps, prélat de l'abbaye de Heynien Lietard.

Sommervogel.

—— *La vie et le martyre des RR. PP. Antoine Rubin, Albert Miciski, Ant. Capeche, Jacques Morales, et François Marquez. De la Compagnie de Jesus Par le R. P. Alexandre de Rhodes de la même Compagnie.

A Bordeaux, Chez J. Mongiron-Millanges, M. DC. LXXXVII. In-12, pp. 163.

« Ce serait une traduction de l'ouvrage italien du P. Fr. Rosini, composé d'après la relation portugaise du P. P. Marquez. Le P. de Rhodes ne le dit cependant pas. — Je n'ai pu trouver de P. Rosini dans nos archives. » (Sommervogel.)

*
* *

—— Appendix de Regno Japoniae. (*Novus Atlas Sinensis a Martino Martinio descriptus* [1655], in-folio, pp. 169-171.)

—— Aenhang van't Koninckrijck Japon. (*Novus Atlas Sinensis a Martino Martinio desc.*, VI D. *v. d. Nieuwe Atlas oft Toonneel des Aerdrijcx, Uytgegeven door Joan Blaeu*, pp. 210-212, carte.)

Pour la bibliographie de l'*Atlas Sinensis*, du P. Martini, qui a été traduit dans plusieurs langues, voir la *Bibliotheca Sinica*, col. 182.

—— Copie d'vne lettre dv pere Matthias de Maya, // touchant l'estat present des Missions du Iapon, & de la Viceprouince de la Chine, // écrite de Macao le troisième de Ianvier de l'année 1656. Pièce in-4 de 2 ff. (4 pages ch.)

En haut de la page 1, titre ut supra. — Au bas de la p. 4: Le 3. de Ianuier 1656... Matthias de Maya.

Bib. nat., Recueil Thoisy, 272, in-4, f. 462.

Daniel Bartoli.

—— Dell' historia // della Compagnia // di Giesv // L'Asia // descritta // dal P. Daniello // Bartoli // Della medesima Compagnia. // Parte prima. // All' Illmo Sig. e. Padron mio col. il Sig. // Tomaso Fransone. // [*fleuron*] // In Genova, M. DC. LVI. // — Nella Stamperia di Benedetto Guasco, Libraro á Banchi. // Con licenza de' svperiori. In-4, 4 ff. n. ch. p. l. tit., déd., etc. + pp. 894 à 2 col. + 5 ff. n. ch. tab.

Dell'Asia. — Bib. nat., H. 4597.

—— Dell' Historia // della Compagnia // di Giesv // il Giappone // Seconda parte // dell' Asia // Descritta // dal P. Daniello Bartoli // Della medesima Compagnia. // [*marque*] // In Roma, M. DC. LX. // — Nella Stamperia d'Ignatio de' Lazzeri. // — Con licenza de'

Superiori. In-fol., 2 ff. n. ch. tit. et perm. + pp. 839.

Bib. nat., Inv., H. 1770.

—— Dell' Historia della Compagnia di Giesu. La Cina. Terza Parte dell' Asia Descritta dal P. Daniello Bartoli della Medesima Compagnia. In Roma, Stamp. del Varese, 1663. In-folio.

—— Dell' Istoria // della Compagnia // di Giesv // L'Asia // Descritta // dal P. Daniello Bartoli // Della medesima Compagnia. // Parte Prima. // Edizione Terza accresciuta // della Missione al Mogor // E della Vita e Morte // del P. Ridolfo Aqvaviva. // Composta dal medesimo Autore. // [*marque*] // In Roma, Nella Stamperia del Varese. MDCLXVII. // — Con licenza de' Svperiori. In-fol., 2 ff. n. ch. tit. et perm. + pp. 663 + 4 ff. n. ch. tavola.

Bib. nat., Inv., H. 1769.

—— Dell' Istoria della Compagnia di Gesù L'Asia descritta dal P. Daniello Bartoli della Medesima Compagnia. Parte prima. Piacenza dalla tipografia del Majno, 1819, 8 vol. in-8.

Bib. nat., O² 440.

—— Dell' Istoria della Compagnia di Gesú. La Cina. Terza Parte dell' Asia descritta dal P. Daniello Bartoli della medesima Compagnia. Libro primo. Torino, per Giacinto Marietti, 1825. — Libro secondo, Ibid. — Libro terzo, Ibid. — Libro quarto, Ibid. — 4 vol. in-4.

* * *

—— *Missi evangelici ad Sinas, Japoniam et oras confines, Integri doctrinae labisque puri, nec ex admissa locutionum mente restrictarum honestate, in foveam acti. Leodegarius Quintinus Heduus s. t. d., innoxios texit, baubantem lyciscam compescuit, veritati misere dilaceratae praesto fuit. Antuerpiae, 1659, in-8, pp. 137.

Léon Pagès. — Ternaux-Compans, No. 1893.

— En français : Missions des JJ. aux Indes-Orientales, Paris, 1659, in-8.

(Daniel Bartoli.)

Giovanni Filippo de Marini.

Voir Préface de la *China illustrata*, du P. A. Kircher.

Jean Philippe de Marini, né en 1608 à Taggia (Gênes); † à Macao, 17 juillet 1682.

—— Delle // Missioni // de' Padri // della Compagnia di Giesv // Nella Prouincia del Giappone, e partico-//larmente di quella di Tumkino. // Libri cinqve. // del P. Gio : Filippo de Marini // della medesima Compagnia. // Alla Santita di N. S. // Alessandro // PP. Settimo. // [*fleuron*] // In Roma, Per Nicolò Angelo Tinassi. MDCLXIII. // — Con licenza de' Superiori. In-4, 8 ff. n. ch. p. l. tit., déd., tab., etc. + pp. 548 + 3 ff. n. ch. p. l'indice + 1 f. n. ch. Registro.

Front. gravé signé A. Clowet. — Figures sig. Campanili, 1662.

Permission du P. Oliva, Romae 4 Aprilis 1663.

Contient : Libro I. Dello Stato presente delle Missioni della Prouincia del Giappone sotto la cura de Padri della Compagnia di Giesù. Del Giappone. — Libro II. Stato della Christianità in Generale. — Libro III. Dello stato della Christianità in Tunchino dell'anno 1655. Sino all'anno 1659. — Libro IV. Della Cocincina dell'altre Missioni della Prouincia del Giappone dell'anno 1655. Sino al 1658. — Libro V. Del Regno del Lao. Planches.

Voir en tête pp. 1-2 : *Nomi de' Padri Della Compagnia di Giesv nel regno di Tvnchino. dal 1626. sino al 1660* :

Giuliano Baldinotti Italiano. — Pietro Marquez Portoghese. — Alessandro Rhodes Auignonese. — Antonio de Fontes Portoghese. — Gaspare di Amaral Portoghese. — Antonio Cardim Portoghese. — Raymundo de Gouea Aragonese. — Girolamo Maiorica Italiano. — Felice Morelli Italiano. — Martino Coeglio Portoghese. — Antonio Barbosa Portoghese. — Bernardino Oreggio Italiano. — Tomasso Rodriquez Portogh. — Pietro Alberti Portoghese. — Gioseppe Mauro Italiano. — Manoello Monteiro Portoghese. — Baldassar Caldeira Macaense. — Luigi Pigneiro Portoghese. — P. Onofrio Borges Heluetio. — Paulo Caloprese Italiano. — Gio : Filippo de Marini Italiano. — Francesco Montefuscoli Ital. — Stanislao Torrente Ital. — Francesco Rangel Portoghese. — Francesco Figueira Portoghese. — Gioseppe Agnese Ital. — Carlo Rocca Ital. — Barnaba di Oliueira Macaense. — Gioseppe Tessanier Francese. — Pietro Albier Francese il quale dopo quest'vltima persecutione è stato ammesso dal Re di Tũchino, come si raccoglie da vna lettera che dal detto Tunchino scriue al P. Assistente di Francia a' 15. di Nouembre 1661. — Edmondo Ponset Francese, del cui naufragio, che fece in questi vltimi anni alle Spiaggie di Cocincina, non hò scritto per non saperne le particolarità, che il Padre mandò scritte in Francia.

Padri che di passagio sono stati nella Missione di Tunchino :

Gio. Battista Bonelli Ital. Visitatore. — Gaspare Luis Prouinciale Portughese. — Gio : Cabral Prouinciale Portoghese. — Gio : Maria Leria Ital. — Benedetto de Mattos Portoghese. — Michele Boym Polácco. — Andrea Lubelli

(Giovanni Filippo de Marini.)

Ital. — Gio: Nvnes Portoghese. — Matthias de Maya Portoghese.

Fratelli Coadiutori:

Giulio Piani Giapponese. — Benedetto Peiscioto Portoghese. — Antonio de Torres Portoghese. — Gio: Pereira Macaense.

«Le P. de Backer cite une édition de 1657. Existe-t-elle? La permission du P. J. Paul Oliva est de 1663.

«Des exemplaires ont le frontispice gravé sur papier rouge du Japon et la dernière grande gravure, représentant le bateau du Roi, sur papier jaune avec fleurs d'argent. (Cat. Rosenthal, No. LXXX (1892), p. 149, No. 2362.)» (Sommervogel.)

— Historia // et relatione // del Tvnchino // e del Giappone // Con la vera Relatione ancora d'altri Regni, e Prouincie // di quelle regioni, e del loro gouerno politico. // *Con le Missioni fatteui dalli Padri della Compagnia di Giesú, & // Introduttione della fede Christiana, & Confutatione di // Diuerse Sette d'Idolatri di quelli habitatori,* // divisa in cinqve libri // Opera del P. Gio: Filippo de Marini // Della medema Compagnia. // Alla Santitá di N. S. // Alessandro // Papa settimo. // In Roma, Nella Stamperia di Vitale Mascardi, MDCLXV. // Con Licenza de' Svperiori. // In-4, 8 ff. n. ch. p. l. tit. &c. + pp. 2 + pp. 548 + 4 ff. n. ch. p. l'ind. et le *registro*. Front. gravé et pl.

Même édition que celle de 1663 avec un titre différent; on lit au recto du dernier f. comme à celui de 1663: In Roma, Per Nicolò Angelo Tinassi. MDCLXIII.

— Historia // et relatione // del Tvnchino // e del Giappone, // Con la vera Relatione ancora d'altri Regni, // e Prouincie di quelle regioni, e del // loro gouerno Politico. // *Con le Missioni fatteui dalli Padri della Compagnia // di Giesú, & Introduttione della fede Christiana, // & confutatione di diuerse Sette d'Idolatri // di quelli habitatori*: // Divisa in dve parti // Opera del Padre // Gio: Filippo de Marini // Della medema Compagnia. // Alla Santita di N. S. // Alessandro VII. // [*vig.*] // In Venetia, M. DC. LXV. // Appresso gl' heredi di Francesco Storti // Con licenza, e privilegio. In-12, pp. XXIV-640, front. gravé.

Cette édition diffère de l'autre de la même date de Venise, 1665, en ce qu'elle porte sur le titre: «heredi di Francesco Storti» au lieu de «Heredi Storti» et qu'à la p. 336 l'en-tête est imprimé sens dessus dessous, ce qui n'est pas le cas pour l'autre édition.

(GIOVANNI FILIPPO DE MARINI.)

Ces éditions de Venise, 1665, devaient former 2 vol. in-12; je ne les ai jamais vus; tous les ex. que j'ai examinés n'avaient qu'un seul volume.

— Historia // et relatione // del Tvnchino // e del Giappone, // Con la vera Relatione ancora d'altri Regni, // e Prouincie di quelle regioni, e del // loro gouerno Politico. // Con le Missioni fatteui dalli Padri della Compagnia // di Giesù, & Introduttione della fede Christiana, // & confutatione di diuerse Sette d'Idolatri // di quelli habitatori. // Divisa in dve Parti. // Opera del Padre // Gio: Filippo de Marini // Della medema Compagnia. // Alla Santita di N. S. // Alessandro VII. // [*vig.*] // In Venetia, M. DC. LXV. // — Appresso gli Heredi Storti. // Con licenza, e privilegio. In-12, pp. XXIV-640, front. gravé et planches.

— *Delle // Missioni // de' Padri // della Compagnia di Giesv // nella Prouincia del Giappone, e partico-//larmente di quella del Tunkino. // Del P. // Gio: Filippo de Marini // Della medesima Compagnia. // En Venetia M. DC. LXV. // Per li Heredi di Francesco Storti. // Con Licenza, e Privilegio. In-12, pp. 600 + pp. 9 n. ch. p. l'Indice.

Bibliothèque de l'École française d'Extrême-Orient.

— Relation // novvelle // et cvrievse // des royavmes // de Tvnqvin // et de Lao. // Contenant vne description exacte // de leur Origine, Grandeur, Estenduë, de leurs Richesses, // & de leurs Forces; des Mœurs, & du naturel de leurs Habi-//tans; de la fertilité, & des Riuieres qui les arrosent de tous // costez, & de plusieurs autres particularitez vtiles & necessai-//res pour l'Histoire, & la Géographie. // Ensemble la Magnificence de la Cour des Roys de Tunquin, & des // Ceremonies qu'on obserue à leurs Enterremens. // Traduite de l'Italien du P. Mariny Romain. // Par L.P.L.C.C. // A Paris, // Chez Gervais Clovzier, au Palais, sur les Degrez en montant // pour aller à la Sainte Chappelle, à la seconde Boutique, // à l'Enseigne du Voyageur. // — M. DC. LXVI. // Avec privilege dv Roy. In-4, 4 ff. n. ch. p. le tit. et la tab. + pp. 436.

(GIOVANNI FILIPPO DE MARINI.)

—— Histoire // novvelle // et cvrievse // des royavmes // de Tvnqvin // et de Lao. // Contenant vne description exacte // de leur Origine, Grandeur & Estenduë; de leurs Richesses, // & de leurs Forces; des Mœurs, & du naturel de leurs Habi-//tans; de la fertilité de ces contrées, & des Riuieres qui les // arrosent de tous costez, & de plusieurs autres circonstances // vtiles & necessaires pour vne plus grande intelligence de la // Géographie. // Ensemble la Magnificence de la Cour des Roys de Tunquin, & des // Ceremonies qu'on obserue à leurs Enterremens. // Traduite de l'Italien du P. de Marini Romain. // A Paris, // Chez Gervais Clovzier, au Palais, sur les Degrez en montant // pour aller à la Sainte Chappelle, à la seconde Boutique, // à l'Enseigne du Voyageur. // — M.DC.LXVI. // Avec privilege dv roy. In-4, 5 ff. n. ch. p. l. tit., tab. + pp. 436.

La dédicace est signée : F. Le Comte, Cel.

—— Nouvelle // Relation // des Indes // Orientales, // Contenant une Description exacte des // Royaumes de Tunquin & de Lao. // Avec des Observations tres-curieuses de leur Origine, de // leur Estenduë, de leurs Forces, de leurs Richesses, // de leur Commerce, Mœurs & Coûtumes. // Ensemble plusieurs remarques utiles à la Geographie. // Nouvellement traduite en François, de l'Italien du P. M. // A Paris, // Chez la Veuve Gervais Clouzier, au Palais, sur // les degrez en montant pour aller à la Sainte // Chapelle, au Voyageur. // — M. DC. LXXXIII. // Avec privilege dv Roy. In-4, 2 ff. n. ch. tit. et ép. à Monsieur Dv Houssay + pp. 436 + 3 ff. n. ch. p. la tab.

Épitre signée : F. Le Comte, Cel.

—— Relation nouvelle et curieuse du Royaume de Lao. Par G. F. de Marini. (*Revue Indochinoise,* Août 1910, pp. 152–181; Sept. 1910, pp. 257–271; Oct. 1910, pp. 358–365.)

—— Notice biographique et bibliographique sur G. F. de Marini, Auteur d'une Relation du Royaume de Lao. Par Charles B. Maybon. (*Revue Indochinoise,* Juillet 1910, pp. 15-25.)

* * *

—— Relatio ‖ rervm notabilivm ‖ Regni Mogor ‖ In Asiâ : ex ‖ R. P. Henrici Roht Dilingani Soc. Iesv, inde anno ‖ M DC LXIV & in Germaniam, & hinc eodem ‖ revertentis, narrationibus coram ‖ Sereniss. Dvce Neoburgico ‖ habitis Neoburgi excerpta. Complectitur ‖ Imperij Mogor ‖ religionem ‖ regionem ‖ regimen : ‖ Tum Ritus varios & inaudita de Regno ‖ Cabvl Christianorum, ‖ Potente Ethnicorum ‖ incognito hactenus : de Christianitatis statu in ‖ Iaponia, China : ‖ Item de Monocerote, Arca Noe, Crocodilis, Faunis, ‖ ac demum Regis Mogor eiusque Liberorum ‖ Tragoedia cruentissima. ‖ — Aschaffenbvrgi ‖ Typis Johannis Michaelis Stravb ‖ MDCLXV. Pièce in-4, pp. 15.

Manuel de Faria e Sousa.

—— Asia ‖ Portvgvesa. ‖ Tomo I. ‖ de Manvel de Faria y Sovsa ‖ Cauallero de la Orden de Christo, ‖ y de la Casa Real. ‖ Dedicala su hijo el Capitan Pedro de ‖ Faria y Sousa. ‖ Al Rey N. S. ‖ Don Alonso VI. ‖ de Portugal, &c. ‖ Lisboa. ‖ En la Officina de Henrique Valente de ‖ Olіueira Impressor del Rey N. S. ‖ Año 1666. In-fol., 396 pp. ch. + 16 ff. n. ch. au com. pour le tit. encadré, la déd., &c.+ 21 ff. n. ch. à la fin pour la table.

Réimp. en 1703, Lisboa, por Bernardo da Costa Carvalho.

—— Asia ‖ Portvgvesa. ‖ Tomo II. ‖ ... ‖ Dedicala ... ‖ al Princepe N. S. ‖ D. Pedro Regente, ‖ y gobernador destos ‖ Reynos de Portvgal, &c. ‖ Lisboa ‖ En la Officina de Antonio Craesbeeck ‖ de mello Impressor de sua Alteza ‖ año 1674. In-fol., pp. 968 ch. dont 883 pour le texte et le reste pour la table + 4 ff. n. ch. au com. pour le titre encadré, etc. et 1 à la fin pour la fin de la table et les errata.

—— Asia ‖ Portvgvesa. ‖ Tomo III. ‖ ... Lisboa ... Año 1675. In-fol. de pp. 564 ch. + 4 ff. n. ch. au com., et 3 ff. n. ch. à la fin pour la table et les errata.

—— The Portugues Asia : ‖ or, the ‖ History ‖ of the ‖ Discovery and Conquest ‖ of ‖ India ‖ by the ‖ Portugues; ‖ containing ‖ All their Discoveries from the Coast of ‖ Africk, to the farthest Parts of China and ‖ Japan; all their Battels by Sea and Land, ‖ Sieges and other Memorable Actions; a ‖ Description of those Countries, and many ‖ Particulars of the Religion, Government ‖ and Customs of the Natives, &c. ‖ In Three Tomes. ‖ Written in Spanish by Manuel de Faria y Sousa, ‖ of the Order of Christ. ‖ Translated into English by Cap. John Stevens. ‖ London, Printed for C. Brome, at the Sign of ‖ the Gun, at the West-End of St. Pauls. 1695. 3 vol. in-8.

British Museum, 582. e. 6.

*
* *

—— *Kerckelycke Historie van de gheheele wereldt, naemelyck van de voor-gaende ende teghenwoordighe eevwe, Inde welcke verhaelt worden de ghelegentheden, der Landen, manieren, ceremonien, ende religien der inwoonderen, maer namelyk de verbreydinghe des H. Gheloofs, Martelaren ende anderekloecke roomsche catholycke daeden in de vier Ghewesten des wereldts, met verscheyden copere platen verciert. Beschreven door den Eerw. P. Cornelius Hazart, Priester der Societeyt Jesu. Het eerste deel vervattende de rycken ende landen van Japonien, China, Mogor, Bisnagor, Peru, Mexico, Brasilien, Florida, Canada, Paraquarien, Maragnon. T'Antwerpen, by Michiel Cnobbaert, M. DC. LXVII. In-fol., pp. 184, spl.

Front. gr. par Lommelin, d'après Abr. à Diepenboeck; — portr. de S. Fr. Xavier, des mêmes; — 41 grav. par A. Melaer, Bouttats, I. Neefs, Jac. Bruynel, Lommelin, P. de Iodde, d'après Diepenboeck, Lamorlet, H. Herregauts.

Collection P. Brahe.

—— Een kort Beskriffning Uppå Trenne Resor och Peregrinationer / sampt Konungarijket Japan : I. Beskrifwes een Reesa som genom Asia / Africa och många andra Hedniska Konungarijken / ... aff Nils Matson Kiöping. II. Förstelles thet stoora och machtiga Konungarijke Japan / III. Beskrifwes een Reesa till Ost-Indien / China, och Japan giordhoch beskrefwen aff Oloff Erickson Willman. IV. Vthföres een Reesa ifrån Musscow till China, genom Mongul och Cataija etc. Wisingsborgh, Johann Kankel, anno 1667. In-4, pp. 257 + 1 f. prél.

Première édition très rare de cette collection intéressante. (Cat. Sobolewski, No. 1627.)

—— Een kort Beskrffning Vppå Trenne Reesor och Peregrinationer / sampt Konungarijket Japan : I. Beskrifwes een Reesa / som genom Asia / Africa och många andra Hedniska Konungarijken / sampt öijar : Med flijt är förrättat aff Nils Matson Kiöping, fördetta Skepz Lieutnat. II. Beskrifwes een Reesa till Ost Indien, China och Japan : III. Med Förtälliande. Om förbenembde stoora och mächta Konungarijketz Japan Tillstand / sampt thesz Inwanares Handel och Wandel : Förrättat och Beskrefwin aff Olof Erickson Willmann / Kongl : Mayst : tz Skepz=Capitaien. IV. Vthföres een Reesa ifrån Musscow till China / genom Mongul och Cataia / öfwer Strömen Obij : Förrättat aff een Rysk Gesandt / som till then stoore Tartaren Niuki war skickad... Tryckt på Wijsingzborg / aff Hans Hög Grefl : Nåd : Rijkz Drotzens Booktryckare Johann Kankel. Anno MDCLXXIV. In-4, pp. 304 et 2 ff. prél. pour le titre et la préface.

La page 304 contient une notice que la première édition de cette collection a été imprimée en 1667 et qu'on ajouta à cette nouvelle édition les traités suivants, ayant chacun un titre et une pagination spéciaux :

Mart. Martinj, S. J., Historia om thet Tartariske Krijget uthi Konungarijket Sina... förswenskat aff Ambr. Nidelberg, *Joh. Kankel*, 1674.

Mich. Hemmersam, West-Indianisk Reese-Beskriffning, från ahr 1639 till 1645, ifran Amsterdam till St. Joris de Mina. *Ibid.*, 1674.

Kort Berättelse om Wäst Indien eller America, som elliest kallas Nya Werlden. *Ibid.*, 1675.

Jobst Schouten, Sanfärdig Beskrijffning. Om Konungarijket Siam... uthi Holländska Språket åhr 1636 forfattat. *Ibid.*, 1675.

Un ex. avec ces suppléments marqué 200 flor. dans la col. de Müller, Amst., 1882; sans les supp. la collection vaut de 70 à 80 fr., ce qui est peu, car elle est excessivement rare, même en Suède, et vient de l'imprimerie privée du comte P. Brahe.

—— D. D. Dissertatio de Libris in typographia Wisingsburgensi impressis, quam consent. ampliss. ord. philos. Ups. publico examini offerunt Mag. Samuel Gestrin, ad Biblioth. Acad. Amanuensis extraord. atque Daniel Axner, Gestricii. In audit. Gust. Maj. Die xi Dec. MDCCXCIII : H. A. M. S. — Upsaliae, Litteris Viduae Direct. Joh. Edman. Br. in-4, pp. 27.

— Nils Mathson Köping. (*Litteratur der älteren Reisebeschreibungen*... von Johann Beckmann... Göttingen, I, 1807, pp. 61-69.)

*

* *

—— R. P. Didaci // de Avendaño // Societatis Iesv, // Segoviensis, // In Pervvio iam pridem publici & primarij S. Theologiae Professoris, // & in Sacro Inquisitionis Sanctae Tribunali adlecti Censoris, // Thesavrus Indicvs, // sev Generalis Instrvctor // pro regimine conscientiae, in iis quae ad Indias spectant, // Tomvs primvs, // Ea continens, quae ad Ciuilem praesertim conducunt Gubernationem. // [*marque*] // Antverpiae, // Apud Iacobvm Mevrsivm. // Anno M. DC. LXVIII. 5 vol. in-fol.

Le dernier vol. est de 1675.

Bib. nat., Rés. D. 438 et 439.

—— Erasmi Francisci || Ost= und West=Indischer wie auch || Sinesicher || Lust= und Stats=Garten | || Mit einem || Vorgespräch || Von mancherley lustigen Discursen; || In Drey Haupt=Theile unterschieden. || Der Erste Theil || Begreifft in sich die edelsten Blumen | Kräuter | || Bäume | Meel= Wasser= Wein= Artzney= und Gifft=gebende || Wurtzeln | Früchte | Gewürtze | und Specereyen | in Ost=Indien | || Sina und America : || Der Ander Theil || Das Temperament der Lufft und Landschafften daselbst; die Beschaf= || fenheit der Felder | Wälder | Wüsteneyen; die berühmten natür= und künstliche Berge | || Thäler | Hölen; imgleichen die innerlichen Schätze der Erden und Gewässer; als Mineralien | || Bergwercke | Metallen | Edelgesteine | Perlen und Perl=Fischereyen; folgends unterschiedliche wun= || dersame Brunnen | Flüsse | Bäche | lust=reiche Seen | schau=würdige Brücken; allerley || Meer=Wasser | abentheurliche Meer=Wunder; Lust= Spatzier= || Zier= Kauff= und Krieg=Schiffe : || Der Dritte Theil || Das Stats=Wesen | Policey=Ordnungen | Hofstäte | Paläste | denckwürdige || Kriege | Belägerungen | Feldschlachten | fröliche und klägliche Fälle | Geist= und Weltliche || Ceremonien | merckwürdige Thaten und Reden der Könige und Republicken daselbst. || Wobey auch sonst viel leswürdige Geschichte | sinnreiche Erfindungen | verwun= || derliche Thiere | Vögel und Fische | hin und wieder mit eingeführet werden. || Aus den fürnemsten | alten und neuen | Indianischen Geschicht= Land= und Reisbeschrei= || bungen | mit Fleisz zusammengezogen | und auf annehmliche Unterredungs= Art || eingerichtet. || Nürnberg | || Jn Verlegung Johann Andreae Endters | und Wolfgang || desz Jüngern Sel. Erben. || Anno M. DC. LXVIII. In-fol., 18 ff. prél. n. ch. + pp. 1762 à 2 col. + 18 ff. n. ch. p. la tab. de la fin; front. gravé, nombreuses pl.

—— Neu=polirter || Geschicht= Kunst= || und || Sitten=Spiegel || ausländischer Völcker | || fürnemlich || Der Sineser | Japaner | Indostaner | Javaner | Malabaren | || Peguaner | Siammer | Peruaner | Mexicaner | Brasilianer | Abyssiner | || Guineer | Congianer | Asiatischer Tartern | Perser | Armenier | || Türcken | Russen | und theils anderer Nationen mehr : || welcher | || in sechs Büchern | || sechserley Gestalten weiset; || als || I. Mancher seltsamer Geschichte | anmercklicher Fälle | wie auch etlicher wundersamer || Berge | Hölen | und Flüsse : || II. Der Policey= und Kriegs=Ordnungen | Gebräuchen | Sitten | und Gewonheiten | || Tugenden und Laster : || III. Der Geistlichen Ceremonien und Kirchen=Gebräuchen | aberglaubischer Gottes= || diensten | Götzen=Bilder | prächtigen Tempel; standhaffter Bekenntnis= || sen und feindlicher Verfolgungen Christliches Glaubens | wie auch wah= || rer und falscher Märtyrer : || IV. Der heidnischen Wissenschafften | Künsten | und Handwercken | wie auch Lust= und || Freuden=Spiele | so heutiges Tages | unter oberzehlten Völckern getrie= || ben werden : || V. Der Asiatischen und Americanischen Jagten | imgleichen mancher wilden Thiere | || nebenst andren dahin zielenden Discursen : || VI. Der letzten

Ehren=Dienste | Leich=Begångnissen | Grab=Besuchungen | etlicher || alter Monumenten | fürnemer und gemeiner Gråber : || Dem Schau=begierigem Leser dargestellt || von || Erasmo Francisci. || Nůrnberg | || Jn Verlegung Johann Andreae Endters | und Wolfgang desz Jůngern Seel. Erben. || Anno M. DC. LXX. In-fol., 14 ff. prél. n. ch. + pp. 912 à 2 col.; front. gravé. pl.

—— De // Beschryving // der // oostindische // Reizen // van // Albrecht Herport van Bern. // Sedert zijnuitvaart, in't jaar 1659. tot zijn wederkering // in dat van 1668. // Daar in hy, beneffens het geen, dat hem bezonderlijk bejegent // is, ook veel voorname zaken, die in Indiën gebeurt zijn, verhaalt; // en de verövering van verscheide steden in die gewesten voor // d'Oostindische Maatschappy, en bezonderlijk de bele- // gering en't verlies der vestingen op Formosa // en Taijowan, als zelfs by deze voor- // vallen geweest zijnde, // vertoont. // In de Hoogduitsche Taal uitgegeven, en door J. H. Glaze- // maker vertaalt. // Met Kopere platen verçiert. // t'Amsterdam, // – By Jan Rieuwertsz. en Pieter Arentsz. // Boekverkopers, 1670. In-4, chif. 133 - 198, planches.

Arnold Montanus.

—— Gedenkwaerdige // Gesantschappen // der // Oost-Indische Maetschappy // in't Vereenigde Nederland, // aen de // Kaisaren van Japan : // Vervaetende // Wonderlijke voorvallen op de Togt der Neder- // landsche Gesanten : // Beschryving // Van de Dorpen, Sterkten, Steden, Landschappen, Tempels, Gods-diensten, Dragten, // Gebouwen, Dieren, Gewasschen, Bergen, Fonteinen, vereeuwde en nieuwe // Oorlogs-daeden der Japanders : // Verçiert met een groot getal Afbeeldsels in Japan geteikent : // Getrokken uit de Geschriften en Reis-aentekeningen der zelve Gesanten, // door // Arnoldus Montanus. // [*fleuron*] // t'Amsterdam, // By Jacob Meurs, Boek-verkooper en Plaetsnijder, op de Keisars-graft, // schuin over de Wester-markt, in de Stad Meurs, 1669. In-fol., 3 ff. n. ch. tit., préf. + pp. 456 à 2 col. + 8 ff. n. ch. p. l. tab., front. grav. et 25 pl. hors texte; fig. dans le texte.

Bibl. nat., O²o 4, mar. r. aux Armes.

—— Denckwůrdige // Gesandtschafften // der // Ost-Indischen Gesellschaft // in den Vereinigten Niederlåndern / // an unterschiedliche // Keyser von Japan : // Darinnen zu finden // nicht allein die wunderlichen Begåbnůsse auf der Reyse der // Niederlåndischen Gesanten; // sondern auch // Eine Beschreibung // der Dôrffer / Festungen / Städte / Landtschafften / Gôtzengebeue / Gôtzen- // dienste / Kleider = trachten / Heuser / Thiere / Gewåchse / Berge / Brunnen / als auch // der alten und itzigen Kriegsthaten der Japaner : // Mit einer grossen anzahl Kupferstůcken / in Japan selbsten abgerissen / gezieret : // Aus den Schriften und Reyseverzeichnůssen gemelter Gesanten gezogen / // Durch // Arnold Montanus. // Mit Keyserlicher Mayest : Freyheit. // [*armes*] // Zu Amsterdam / // – Bey Jacob Meurs / . . . . . 1669. In-fol., 3 ff. n. ch. + pp. 443 à 2 col. + 4 ff. n. ch. p. l. tab., 25 pl. hors texte; front. gravé.

Bibl. nat., O²o 238. — Amsterdam, 1670, in-fol. — Amsterdam, 1680, in-fol.

—— Atlas Japannensis : // being // Remarkable Addresses // by way of // Embassy // from the // East-India Company // of the // United Provinces, // to the // Emperor of Japan. // Containing // a Description // of their several // Territories, Cities, Temples, and Fortresses; // their // Religions, Laws, and Customs; // their // Prodigious Wealth, and Gorgeous Habits; // the // Nature of their Soil, Plants, Beasts, Hills, Rivers, and Fountains. // With // The Character of the Ancient and Modern // Japanners. // Collected out of their several Writings and Journals // by // Arnoldus Montanus. // – English'd and Adorn'd with above a hundred several Sculptures, // By John Ogilby Esq; // Master of His Majesties Revels in the Kingdom of Ireland. // – London, // Printed by Tho. Johnson for the Author, and are to be had at his // House in White Fryers. M.DC.LXX. In-fol., front. gravé, 2 ff. n. ch. tit. et déd. + pp. 488 + 1 f. n. ch. tab.

illust., 25 ill. hors texte, et ill. dans le texte.

Bibl. nat., O² o 7.

—— Ambassades // mémorables // De la Compagnie des Indes Orientales // des // Provinces unies, // Vers les // Empereurs // du // Japon. // Contenant // Plusieurs choses remarquables arrivées // pendant le voyage des Ambassadeurs; // Et de plus, la Description // Des Villes, Bourgs, Châteaux, Forteresses, Temples & // autres bâtimens : Des animaux, des Plantes, Montagnes, Rivières, Fon-// teines; Des mœurs, coutumes, Religions & habillemens des Japo-// nois : Comme aussi leurs exploits de guerre, & les révolutions // tant anciennes que modernes que ces Peuples ont essuyées. // Le tout // Enrichi de Figures dessinées sur les lieux, & tiré des Mémoires // des Ambassadeurs de la Compagnie. // [*vig.*] // A Amsterdam, // Chés Jacob de Meurs, Merchand Libraire. // M.DC.LXXX. In-fol., 3 ff. n. ch. tit., ép. à Louis le Grand, préf. + 227 + 4 ff. n. ch. p. l. tab.. + pp. 146 pour l'ambassade + 3 ff. n. ch. p. l. tab.

Il y a une table des 15 figures hors texte de la première partie au verso de la p. 227 et une table des 11 fig. hors texte de la seconde partie au verso du dernier f.; il y a également un front. gravé et de nombreuses fig. dans le texte.

Bibl. nat., O² o / 5, mar. r. aux Armes.

—— Ambassades // de // la Compagnie // Hollandoise des Indes d'Orient, // vers // l'Empereur // du // Japon // Divisées en trois parties; // Avec // Une Relation exacte des guerres Civiles de // ce Païs-là. // [*marque*] // A Leyde, // Chés Henry Drummond, 1686, 2 vol. in-12, front. grav., 3 ff. n. ch. tit., préf. + pp. 455, 520.

Bib. nat., O² o 6. — Leyde, 1685, in-fol. (Pagès.)

—— Ambassades // de // la Compagnie // Hollandoise // des Indes d'Orient, // vers // l'Empereur // du // Japon, // Divisées en trois parties; ornées de figures // en taille-douce. // Avec une relation exacte des guerres civiles // de ce pays-là. // [*fleuron*] // A Paris, // Chez Pierre Witte, rue Saint-Jacques, // à l'Ange Gardien. //– M.DCCXXII. // avec Approbation & Privilege du Roy. 2 vol. in-12, pp. 257, 137-158 + 1 f. n. ch. p. l'app. et le priv.; pl.

La Relation qui occupe les 158 dernières pages a un titre spécial : Relation des guerres civiles du Japon où l'on voit ce qui s'est passé de plus important pendant trente-huit ans qu'elles ont duré.

Bibl. nat., O² o 6 B.

—— Ambassades // de // la Compagnie // hollandoise // des Indes d'Orient, // vers // l'Empereur // du Japon, // Divisées en trois parties; ornées de Figures // en taille-douce. // Avec une relation exacte des guerres civiles // de ce pays-là. // [*vig.*] // A Amsterdam, // Chez Claude Jordan, Libraire // dans le Wyde steegh sur le Rokin. //– M.DCCXXII. 2 vol. in-12, pp. 257, 137-158; pl.

Ces 158 dernières p. renferment avec un titre spécial :

—— Relation // des // guerres civiles // du Japon, // Où l'on voit ce qui s'est passé de plus important // dans cet Empire pendant trente-huit ans // qu'elles ont duré. // [*fleuron*] // A Amsterdam, // chez Claude Jordan...//...// M.DCCXXII.

Bib. nat., O² o 6 A.

—— *Sot uyt de Mauw dat is Arent Montanvs. Geuschen Predikant binnen Schoonhoven wederom op de been Met sijn Iapansche ghesantschappen Onlanckx ghedruckt' t' Amsterdam by Iacob van Meurs. Wordt tot spot ghestelt, en weder leydt, door P. Cornelivs Hazart Priester der Soc. Iesv. T'Antwerpen. By Michiel Cnobbaert, 1670, in-8, pp. 90.

* * *

—— Borts ‖ Voyagie, ‖ Naer de Kuste van ‖ China ‖ en ‖ Formosa. ‖ By een gestelt, en Berijmt ‖ door ‖ Malthijs Cramer, t'Amsterdam, ‖ Gedruckt by Pieter Dircksx. ‖ Boeteman, op de Negelantiers ‖ graft, voorden Autheur, 1670. In-8, pp. 132, port. et 13 pl. grav.

—— Discovrs svr le profit et svr les auantages que la Compagnie Hollandoise des Indes Orientales pourroit tirer du commerce du Iapon, si elle auoit la liberté de trafiquer à la Chine. Par Leonard Camps, Traduit de l'Hollandois. (Dans *Relations de divers Voyages cvrievx*. . ., Seconde Partie, Paris, André Cramoisy, 1673.)

—— Thesavri ‖ rervmpvblicarvm ‖ Pars Prima. ‖ Continens Regna Hispaniae, Lvsitaniae; Regna ‖ Asiae; Regnum Iaponicvm; Tartaricvm; Chinen- ‖ se; Magni Mogoris; Persiae, Tvrciae; Tarta- ‖ riae; Regnum Fessanvm & Maroccanvm, denique ‖ Regnum Abyssinorvm. ‖ In hoc pernecessario, utilissimo, pariter ac jucundissimo Opere ‖ Historico-Politico, ad hodiernum Seculi genium directo, quid Rerum ‖ Civilium studiosissimis & curiosissimis Rimatoribus exhibeatur, ac ‖ repraesentetur, indicabit Praefatio ad perbenevolos Lectores. ‖ Cura & Studio ‖ Philippi Andreae Oldenbvrgeri, ‖ ICti, & Iurisprudentiae tam Publicae, quàm Privatae ‖ in Inclyta Genevensi Republica Professoris. ‖ Cum Gratia & Privilegio Serenissimi ac Potentissimi Electoris Saxoniae. ‖ Genevae. ‖ Apud Samvelem De Tovrnes. ‖ — M. DC. LXXV. In-8, 15 ff. n. ch. prél. + pp. 827 + 42 ff. n. ch. p. l'index.

. . . . De regno Iaponico, pp. 393-406. — De regno Tartarico, pp. 407-446. — De regno Chinensi, pp. 447-501.

Le titre général de l'ouvrage est: *Thesavrvs rervmpvblicarvm totivs orbis qvadripertitvs*. Il comprend 4 vol. in-8, tous de 1675.

Jan Janszoon Struys (J. J. Strauss).

—— Drie aanmerkelijke Reizen door Italien, Griekenlandt, Lijflandt, Moscovien, Tartarijen, Meden, Persien, Oost-Indien, Japan, etc. ‖ Met verscheydene curieuse Koopere Platen, door den Auteur selfs na het leven geteekent, verçiert. ‖ Amsterdam, by Jacob van Meurs, 1676. In-4, pp. 377 + 34 & ind., pl. & cartes.

— *Le même. Amsterdam, 1686, in-4.

— *Le même. Haarl., 1741-2, in-4.

—— J. J. Struys Drie aanmerkelyke Reizen, Door Italien, Griekenland, Lyfland, Moscovien, Tartaryen, Meden, Persien, Oost-indien, Japan, en verscheiden andere Gewesten. Waar in vertoont werden, behalven een naauwkeurige, en omstandige beschryvinge der gemelde Landen, en't geen tot haar natuur behoort, zeer wonderlyke, en waarachtige toevallen den Schryver overgekomen door Schipbreuken, Plonderingen, Slavernye onder de Turken, en Persiaanen, zwaare Hongersnood, Pyniging, en andere ongemakken. Gedurende den tyd van Zes en Twintig Jaren. Nevens twee Brieven, inzonderheid verhandelende het overgaan van Astracan, en't geene daar omtrent is voorgevallen; als ook een verhaal der elenden, en zwaare ongemakken, uitgestaan by D. Butler, door hem zelfs geschreven uit Ispahan. Laaste Druk. Waar in alle de Kopere Plaaten zyn vernieuwt, die door den Schryver zelfs in zyn tyd na het leven zyn getekent. Hier is noch by gevoegt Frans. Jansz. van der Heiden vervaarlyke Schipbreuk van't Oostindisch Jacht *ter Schelling*, onder het Land van Bengalen. Te Amsterdam, By Steeve van Esveldt, Boekverkooper, 1746. In-4, front. et planches gravées.

— Éd. allemande d'And. Müller, Amsterdam, Jac. van Meurs, 1678, in-fol.

— *Reysen door Lyfland, Moscovien, Tartarien, Persiën en Oost-Indiën. Amst., G. de Groot, 1705, in-4.

— *Le même. Amst. (1713), In-4.

Ces deux dernières éd. sont des éd. populaires du troisième voyage de Struys. — Cat. de Fred. Müller, 1882 (2055-2056), fl. 2 chacune.

—— Johann Jansen Strauszens Reise durch Italien, Griechenland, Liefland, Moskau, die Tatarei, Medien, Persien, die Türkei, Japan und Ostindien. Worin, auszer den Schicksalen des Verfassers, die Merkwürdigkeiten, Lebensarten, Sitten und Gebräuche der durchreis'ten Länder beschrieben werden. — Angefangen im Jahr 1647 und veendigt 1673. — Aus dem Holländischen übersetzt und mit berichtigenden Anmerkungen aus neuern Reisen versehen. — Gotha und Erfurt, Henning'sche Buchhandlung. — 1832. In-8, pp. XIV-458.

—— Les ‖ Voyages ‖ de ‖ Jean Struys, ‖ en Moscovie, en Tartarie, en Perse, ‖ aux Indes, & en plusieurs autres païs ‖ étrangers; ‖ Accompagnés de remarques particulières sur la qualité, ‖ la religion, le gouvernement, les coutumes et le négoce ‖ des lieux qu'il a vus; avec quantité de figures en ‖ taille-douce dessinées par lui-même; & deux ‖ lettres qui traitent à fond des malheurs d'Astracan. ‖ A quoi on a ajouté une chose digne d'être suë, la ‖ Relation d'un Naufrage, dont les suites ont produit des effets ‖ extraordinaires. ‖ Par ‖ Monsieur Glanius. ‖ A Amsterdam, chés la Veuve de Jacob van Meurs. M. DC. LXXXI. Titre rouge & noir. In-4, préf., 2 pp., table, 8 pp. texte, pp. 360, autre table pp. 14 & relation du Naufrage, pp. 80, pl. & carte.

— Les Voyages de Jean Struys, en Moscovie, en Tartarie, en Perse, aux Indes, & en plusieurs autres Païs étrangers : Accompagnez de remarques particulieres sur la Qualité, la Religion, le Gouvernement, les Coutumes & le Négoce des lieux qu'il a vus; avec quantité de figures en taille douce dessinées par luy-même; & deux lettres qui traitent à fond des malheurs d'Astracan. A Lyon, chez Tomas Arnaulty, M.DC.LXXXII, 3 vol. in-12.

Le cat. de A. Claudin, de Paris, Sept. 1887, indique (No. 45879) une éd. de Lyon, 1684, 3 vol. in-12.

— Les Voyages de Jean Struys, en Moscovie, en Tartarie, en Perse, aux Indes, & en plusieurs autres Païs étrangers; Accompagnez de remarques particulieres sur la qualité, la Religion, le Gouvernement, les Coutumes & le Négoce des lieux qu'il a vûs; avec quantité de figures en taille douce, dessinées par lui-même; & deux Lettres qui traitent à fond des malheurs d'Astracan. Par Mr Glanius. A Amsterdam, Aux dépens de la Compagnie, MDCCXVIII, 3 vol. in-12.

— Les mêmes. Amst., 1720, 3 vol. petit in-8. (M. Nijhoff, 1877, Cat. No. 154.)

— Les // Voyages // de // Jean Struys, // en Moscovie, // En Tartarie, en Perse, aux Indes, // & en plusieurs autres Païs Etrangers; // Accompagnez de remarques particulieres sur la qualité, // la Religion, le Gouvernement, les Coûtumes & le // Négoce des lieux qu'il a vûs; avec quantité de figures // en taille-douce, dessinées par lui-même; & deux // Lettres qui traitent à fond des malheurs d'Astracan. // Par Mr. Glanius. // [*fleuron*] // A Rouen. // Chez Robert Machuel derrière le Choeur // de S. Martin sur Renelle. // — MDCCXXIV // Avec Approbation & Privilege du Roy. 3 vol. in-12, front. grav.; 4 ff. n. ch. tit. et préf. + pp. 258 + 3 ff. n. ch. tab., pp. 232 + 4 ff. n. ch. tab., pp. 232 + 1 f. n. ch. tab.

Voir Vol. I. Premier Voyage, chap. III-X pour le Siam, et le chap. XI pour le Japon.

(Jan Janszoon Struys.)

— Les mêmes. Paris, Pierre Ribou, 1719, 3 vol. in-12, fig.

Brunet et Ebert citent éd. françaises, trad. de Glanius : Lyon, 1684, 3 vol. in-12; — Amst. 1718 et 1720, 3 vol. in-12; — Brunet donne Lyon, 1683, 3 vol. in-12, mais ne cite pas l'éd. de 1682 que nous avons vue.

— The ‖ Voiages and Travels ‖ of ‖ John Struys ‖ through ‖ *Italy, Greece, Muscovy, Tartary, Media, Persia, East-* ‖ *India, Japan,* and other countries in *Europe,* | *Africa,* and *Asia* : ‖ containing ‖ Remarks and Observations ‖ Upon ‖ the Manners, Religion, Politics, Customs and Laws of the Inhabitants; ‖ and a ‖ Description ‖ of other several ‖ Cities, Towns, Forts and Places of Strength : ‖ Together with ‖ An Account of the Authors many Dangers by Shipwreck, Robbery, ‖ Slavery, Hunger, Torture and the like. And Two Narratives of the Taking of *Astracan* by the *Cossacks*, sent from ‖ Captain D. *Butler*. ‖ Illustrated with Copper plates, designed and taken from the Life ‖ by the Author himself. Done out of *Dutch*, By John Morrison. London... 1684. In-4, pp. 378, mêmes planches & cartes que dans l'édition de 1676.

On cite également une édition de 1683 que je n'ai pas vu. — *Biog. universelle*, art. d'Eyriès; Ebert, II; 849, p. 24.

— *A // new voyage // To the // East-Indies : // Containing // An Account of several of those // Rich Countries, and more par- // ticularly of the Kingdome of // Bantam. // Giving an exact Relation of the // extent of that Monarch's Dominions, // the Religion, Manners and Customes of the // Inhabitants; their Commerce, and the Pro- // duct of the Country, and likewise a faith- // ful Narrative of the Kingdome of Siam, // of the Isles of Japan and Madagas- // car, and of several other Parts, with such // New Discoveries as were never yet made by // any other Traveller. // By Mr. Glanius. // London, // Printed for H. Rodes next door to the // Bear Tavern near Bride Lane in // Fleetstreet, 1682, in-12.

«This is an epitome of Struys, but the date of his voyage is placed in 1677, instead of 1647.» (Satow.)

* * *

— Relation de l'estat où se trouvent les missions de la Compagnie de Jésus à la Chine,

(Jan Janszoon Struys.)

au Tunkin, au Japon et à la Cochinchine en 1677.

Ms. du P. Tissanier qui se trouvait à la biblioth. pub. de Lyon. Voir le recueil décrit par Delandine. (Léon Pagès.)

JEAN-BAPTISTE TAVERNIER.

Né en 1605; mort à Smolensk dans le courant de février 1689.

—— Les Six // Voyages // de Jean Baptiste // Tavernier, // Ecuyer, Baron d'Aubonne, // qu'il a fait // en Turquie, en Perse, // et aux Indes, // . . . . . // Seconde Partie, // Où il est parlé des Indes, & des Isles voisines. // A Paris, // Chez // Gervais Clouzier... // et // Claude Barbin . . . . . // M.D.C.LXXVI. // avec privilege du Roy, in-4.

Bib. nat., Inv. G. 6773.

—— Les Six // Voyages // de Jean Baptiste // Tavernier, // Ecuyer, baron d'Aubonne, // . . . . . // Seconde Partie, // Où il est parlé des Indes, & des Isles voisines. // A Paris, // chez // Gervais Clouzier . . . // et // Claude Barbin . . . // M.D.C.LXXVII. // avec privilege dv Roy, in-4.

Inv. G. 6774.

—— *Les Six Voyages de J.-B. Tavernier, écuyer, baron d'Aubonne, en Turquie, en Perse et aux Indes, pendant l'espace de quarante ans et par toutes les routes que l'on peut tenir, etc., suivant la copie imprimée à Paris. Amsterdam, chez Johannes van Someren, l'an 1678, 2 vol. petit in-12.

—— Les Six // Voyages // de // Jean Baptiste // Tavernier, // Ecuyer Baron d'Aubonne, // Qu'il a fait // en Turquie, en Perse, // et aux Indes, // Pendant l'espace de quarante ans, & par tou-// tes les routes que l'on peut tenir : accompagnez // d'observations particulieres sur la qualité, la // religion, le gouvernement, les coûtu-// mes & le commerce de chaque païs // avec les figures, le poids, & la // valeur des monnoyes qui // y ont cours. // Seconde partie. // Où il est parlé des Indes, & des Isles voisines. // Suivant la Copie, // Imprimée à Paris. // M.DC.LXXIX, in-12.

Bib. nat., Inv. G. 29.553.

—— Les Six // Voyages // de Jean-Baptiste // Tavernier, // Chevalier baron d'Aubonne, // . . . . . Seconde Partie, // Où il est parlé des Indes, & des Isles voisines. // Nouvelle Edition, reveuë, corrigée, & augmentée de // diverses choses curieuses. // A Paris, // Chez Gervais Clouzier . . . . // M.DC.LXXXI. // Avec privilege dv Roy, in-4.

Bib. nat., Inv. G. 6776.

—— *Les Six Voyages de J.-B. Tavernier, baron d'Aubonne, etc. Utrecht, 1712, 2 vol. in-12.

— *Les Six Voyages de J.-B. Tavernier, etc. Rouen, Machuel, 1713, 6 vol. in-12.

— — *La Haye, 1715, 3 vol. in-12.

— — *Amsterdam [Rouen], 1718, 6 vol. in-12.

— — *Rouen, Machuel le Père, 1724, 6 vol. in-12.

— — *Rouen, Machuel le Jeune, 1724, 6 vol. in-12.

—— *Les Six Voyages de J.-B. Tavernier, etc. Edition entièrement refondue et corrigée, accompagnée d'éclaircissements historiques et critiques, etc., par J. B. J. Breton. Paris, veuve Lepetit, 1810, 7 vol. in-18.

—— Les Voyages de J.-B. Tavernier en Perse et aux Indes racontés par lui-même — Édition réduite, annotée et accompagnée d'une notice biographique, par Maxime Petit. Paris, Maurice Dreyfus, s. d. [1882], in-12, pp. 278.

Bibliothèque d'Aventures et de Voyages.

Bibl. nat., O²h 364.

—— Beschreibung // Der // Sechs Reisen / // Welche // Johan Baptista Tavernier, // Ritter und Freyherr von Aubonne. // . . . . . Genff / // Jm Jahr M.DC.LXXXI. In-folio à 2 col.

Bib. nat., Inv. G. 1492.

—— *Joh. B. Tavernier weyl. Ritters und Freyherrn von Aubonne in der Schweiz, Beobachtungen über das Serrail des Grossherrn. — Auf seiner sechsmaligen Reise nach der Türkey gesammelt. — Nebst vielen eingestreuten Bemerkungen über die Sitten und Gewohnheiten der Türken. Memmingen, 1789, bey Andreas Seiler. In-12, pp. 179.

—— Parte Seconda // de' // Viaggi // nella Turchia, // nella Persia, // e nell' Indie // Fatti, e descritti in Lingua Francese // da // Gio: Battista Tavernier // Barone d'Avbonne // Tradotti // da Giovanni Lvetti // Sacerdote francese, // E fatti stampare in Italiano // da Givseppe Corvo Libraro: // Nella qual Parte narra l'Autore i Viaggi all'Indie // con varie cose curiose di que' Paesi // non descritte da altri. // In Roma, Con licenza de' Superiori, e Priuilegio. M DC LXXXII. // — Stampati sotto la direzione di Givseppe Corvo Libraro. In-4.

Bib. nat., Inv. G. 6771.

— *Bologna, 1680-1690, 5 vol. in-24.

—— De zes // Reizen // Van de Heer // J. Bapt. Tavernier, // Baron van Aubonne; // . . . . . Door J. H. Glazemaker vertaalt. . . // t'Amsterdam, // . . . Johannes van Someren, . . . // 1682, 2 vol. in-4.

—— Collections // of // Travels // through // Turky into Persia, and the East-Indies //..... Together // With a Relation of the Kingdom of Japan and Tunkin, // and of their particular Manners and Trade. //..... Being the Travels of Monsieur Tavernier Bernier, // and other great Men: Adorned with many Copper Plates. //..... London, // Printed for Moses Pitt at the Angel in St-Pauls Church-yard. //- M. DC. LXXXIV. 3 volumes in-folio.

—— *J. B. Tavernier. — Travels in India. New English Translation, by Dr. V. Ball, with Biography, Notes, Bibliography. — Facsimile Maps and Illustrations, 1889, 2 vol. in-8.

—— Recueil // de plusieurs // Relations //..... de J. B. Tavernier //..... Divisé en cinq parties..... // A Paris, // Chez Gervais Clouzier, au Palais, sur les degrez en montant // pour aller à la Sainte Chapelle, à l'Enseigne du Voyageur. //- M. DC. LXXIX. // Avec privilege dv Roy, in-4.

Relation du Japon, pp. 1-72.

Relation... du Royaume de Tunquin, pp. 1-96.

Bib. nat., G. 6777.

—— *[Amsterdam.] Suivant la copie imprimée à Paris, 1681, in-12.

—— Recueil de plusieurs // Relations // Et Traitez singuliers & curieux, // de Mr. Tavernier, // Ecuyer Baron d'Aubonne, // Qui n'ont point été mis dans ses six // premiers Voyages. // Divisé en cinq parties. // I. Une Relation du Japon, & de la cause de // la persecution des Chrétiens dans ses Isles: // Avec la carte du Païs. // II. Relation de ce qui s'est passé dans la Ne-// gociation des Députez qui ont été en Per-// se & aux Indes, tant de la part du Roi, // que de la Compagnie Françoise, pour l'é-// tablissement du Commerce. // III. Observations sur le Commerce des In-// des Orientales, & sur les fraudes qui s'y // peuvent commettre. // IV. Relation nouvelle & singuliere du Ro-// yaume de Tunquin: avec plusieurs Figu-// res & la Carte du Païs. // V. Histoire de la Conduite des Hollandois // en Asie. // Tome V. // Imprimé à Roüen, & se vend // A Paris, // Chez Pierre Ribou, à l'Image S. Loüis // Avec Approbation & Privilege. // M. DCC. XIII. In-12.

Relation du Japon, pp. 1-66.

Relation... de Tunquin, pp. 209-267 (267 défectueux).

Bib. nat., Inv. G. 29.563.

—— Recueil de Plusieurs // Relations //... de Mr. Tavernier. // Divisé en cinq parties... // Tome V. // A Rouen. // Chez J. B. Machuel le Jeune, ruë Damier. // M.DCC.XXIV. // Avec Approbation & Privilege du Roy, in-12.

Relation du Japon, pp. 1-66.

Relation... de Tunquin, pp. 209-301.

Bib. nat., Inv. G. 29.575; un autre Inv. G. 29.569.

—— Bibliothèque portative des Voyages, traduite de l'Anglais par MM. Henry et Breton. Tome XLVII – Voyage de Tavernier Tome V. Paris. Chez Mme Ve Lepetit, 1817, in-24.

Relation du Japon, pp. 56-120.

—— *J. B. Tavernier. — Collection of [five] Several Relations and Treatises of Tonquin, Japan, East India Trade, &c., published by Edmund Everard, 1680, in-fol.

— *Verscheide Beschryvingen van de heer J. B. T..... namentlijk I Van Japan.... II Van de verrichting der Fransche Afgevaerdigden in Persien en in d'Indien. III Van de waarneemingen op den koophandel in d'Indiën. IV Van 't Kon. Tunkin. V Van 't beleit der Hollanders in Asia. VI Van de versch. munten Van die landen... Derde deel. Door J. H. Glazemaker vertaalt.... Amsterdam. Wed. Joh. van Someren.... 1682. In-4, pp. (IV) et 307.

Tiele, 1081.

— Henrick van Quellenburghs // Vindiciae Batavicae // Ofte // Refutatie // Van het Tractaet van J. B. Tavernier, Che- // valier, Baron d'Aubonne &c. // In de welcke niet alleen de valsheydt van veele lasteren en- // de leugenen, den Staet, de Ed. Hoogh Achtb. Compa- // gnie ende de natie aengevreven, werdt aengewesen, // maer oock light gegeven in veele saecken in d'Asia- // tische Gewesten voorgevallen, welcke ken- // nisse geven aen die geene die haer vermaeck // ende nut soecken te trecken uyt het lesen // der Indische Voyagien. // [*fleuron*] // t'Amsterdam. // By Jan Bouman, Boeckverkooper in de Kalverstraet, // over de Kapel, 1684. In-4, 3 ff. n. ch. + pp. 318 + 1 f. n. ch., front. gravé.

— Jean-Baptiste Tavernier écuyer, baron d'Aubonne chambellan du Grand Électeur d'après des documents nouveaux et inédits par Charles Joret professeur à la Faculté des Lettres d'Aix. Paris, Librairie Plon, 1886, in-8, pp. 413.

Notice : *Revue historique*, XXXV, 1887, pp. 386-397, par G. Guibal.

— Le voyageur Tavernier (1670-1689) Un manuscrit des «Voyages» relations de Tavernier avec le Grand Electeur le lieu de sa mort et de sa sépulture par Charles Joret Professeur à la Faculté des Lettres d'Aix. Paris, F. Vieweg.... 1889, in-8, pp. 39.

Extrait de la *Revue de Géographie* (Mars, Avril, Mai 1889).

* * *

— *Vida, // Martyrio, // y Beatificacion // del invicto proto-martyr // de el Japon // San Felipe // de Jesus, // Patron de Mexico, su patria, // imperial corte de Nueva España, // en el Nuevo Mundo : // que escrivió // Fray Balthasar de Medina, su compatriota, // Lector de Teologia, Difinidor habitual y Chronista de la // Santa Provincia de San Diego, de Religiosos Descalzos de // N. P. S. Francisco, en Nueva España, y Comissario Visi- // tador, que fue, de la de S. Gregorio de Philipinas. // Segunda impression. // A expensas de la devota, noble, // y generosa Plateria de Mexico, à quien se dedica. // Con licencia : En Madrid, en la Imprenta de los Herede- // ros de la Viuda de Juan Garcia Infanzon. Año de 1751. In-4, pp. 28 n. ch. + 176, une grav.

Première édition : Mexico, por Juan de Ribera, 1683. — Retana, 293.

— ✠ // Carta que escriviò el Padre Procurador General de Filipinas de los Religiosos // Descalços de N. S. P. S. Francisco, en que dà quenta à su Provincial de // las cosas sucedidas en Filipinas, China, Iapòn, y otras partes del Asia; y // de como se apareciò N. Señora de la Concepcion en Cabite, enzima del Texa- // do del Convento de San Diego, que lo estavan acañoneando, y recibiendo // en sus Manos las valas, las bolvia à los enemigos. *A la fin* [entre deux lignes d'ornements typographiques] : Con Licencia en Madrid. Año de 1683. In-fol., pp. 4 n. ch. sur 2 col.

Segunda edición, con variantes, de la que, con el nombre de Fr. Juan García Racimo, publicada en Madrid, 1671, hemos descrito en el *Ap. B.* del *Estadismo* (número 185) y reimpreso integramente en el vol. IV. del *Archivo del Bibliófilo*. De ésta de 1683 no conocemos más ejemplar que el que aquí se registra, que ha debido de ser del duque de T' Serclaës, anunciado por Vindel (no 2246) de su *Biblioteca Filipina*, en 1,200 pesetas. — Retana, 151.

* * *

— An Account of a Voyage for the Discovery of the N. E. Passage to China and Japan, in his Majesties Ships, the Speedwel and Prosperous Pink, in the Year 1676, where is shewed the Probability of that Passage, before the Attempt, with divers useful Observations made in that Voyage, by Captain John Wood. (*Collection of Voyages and Travels*, by John Harris, London, MDCCV, I, pp. 610-611.)

—— A Brief Discourse of a Passage by the North-Pole to Japan, China, *&c.* pleaded by three Experiments. And Answers to all Objections that can be urged against a Passage that way; By Joseph Moxon, Fellow of the Royal Society. (*Collection of Voyages and Travels*, by John Harris, London, MDCCV, I, pp. 616-617).

—— *Discours, ein kurtzer, von der Schiff-Fahrt bey dem Nord-Pol nach Japan ‖ China ‖ und so weiter. Durch drey Erfahrunge dargethan und erwiesen ‖ nebenst Beantwortungen aller Einwürffe ‖ welche wieder die Fahrt auff diesen Weg können eingewendet worden. Als 1. durch eine Schiffahrt von Amsterdam in den Nord-Pol. 2. durch eine Schiffahrt von Japan ‖ nach den Nord-Pol. 3. durch einen Versuch, den der Grossfürst in der Moskau thun lassen ‖ wordurch erscheinet ‖ dass gegen Norden von Nova Zembla eine frey und offene See ist biss nach Japan, China und so weiter. Sampt einer Land-Charte so alle Länder nechst dem Polo anweiset. Aus dem Englischen ins Hochdeutsche übersetzet. Hamburg, 1676. 7 pages in-4.

Cat. 302, Hiersemann, lib. Leipzig, 1904, M. 120.

Morale pratique des Jésuites (1682).

—— La Morale pratique des Jésuites, Divisé en sept Parties. Où l'on représente leur conduite dans la Chine, dans le Japon, dans l'Amérique, & dans l'Ethiopie. Le tout tiré de livres très-autorisez, ou de pieces tres-authentiques. M. DC. LXXXII. In-12.

—— La Morale pratique des Jesuites, Divisé en sept Parties. Où l'on represente leur conduite dans la Chine, dans le Japon, dans l'Amerique, & dans l'Ethyopie. Le tout tiré de livres trés-autorisez, ou de pieces trés-authentiques. A Amsterdam, Aux Depens de la Compagnie, MDCCXLVI. 3 vol. in-12.

—— Morale pratique des Jésuites. Troisième volume. Contenant *La Justification des deux premiers Volumes de cette Morale*. Contre Le livre faussement intitulé, Defense *des nouveaux Chrétiens & des Missionnaires de la Chine, du Japon & des Indes*. Avec la Réponse à la II. Partie de cette Défense qui vient de paroître. Nouvelle edition. A Nancy, chez Joseph Nicolai, 1734. In-12, 4 ff. n. ch. p. le tit., préf., &c. + pp. 578 + 3 ff. n. ch. p. la tab.

—— Defense des Nouveaux Chrestiens et des Missionnaires de la Chine, du Japon & des Indes contre deux Livres intitulez la Morale pratique des Jesuites, et l'Esprit de M. Arnaud. A Paris, chez Estienne Michallet. M. DC. LXXXVII. Avec Approbation & Privilege de Sa Majesté. In-12, pp. 568, s. la préf., la table, etc.

Ne contient que la première partie. — En tête de la préf., vignette de C. Vermeulen, représentant la mort de St. François-Xavier. — Par le P. Michel le Tellier, S. J., né à l'Enanderie, paroisse du Vast, près Cherbourg, 16 déc. 1643; † à La Flèche, le 2 sept. 1719.

—— Defense des Nouveaux Chrestiens et des Missionnaires de la Chine, du Japon, & des Indes. *Contre deux livres intitulez*, La Morale pratique des Jesuites, & l'Esprit de M. Arnauld. Seconde Edition. Avec une Réponse à quelques plaintes contre cette Defense. A Paris, Chez Estienne Michallet, M. DC. LXXXVIII. Avec Approbation & Privilege de Sa Majesté. In-12, pp. lı + 4 ff. n. ch. + pp. 570 + 6 ff. n. ch. p. la table, etc.

—— *Ibid.* Seconde partie. A Paris, chez Estienne Michallet.... M. DC. LXXXX. In-12, pp. 507 s. l'av., etc.

—— Défense des Nouveaux Chrestiens et des Missionnairfs [*sic*] de la Chine, du Japon, & des Indes... Troisieme Edition Avec une Réponse à quelques plaintes contre cette Défense. A Paris, Chez Robert Pepie... et Nicolas Pepie... M. DC. XCVIII. Avec Approbation & Privilege de Sa Majesté. In-12.

Même tirage, avec l'Addition de 3 ff. n. ch. à la fin.

Cet ouvrage a été mis à l'index, le 22 déc. 1700, *donec corregatur*.

—— Defensa de los nuevos christianos, y missioneros de la China, Japon, y Indias, contra dos libros intitulados, *La Practica Moral de los Jesuitas*, y *El Espiritu de Mr. Arnaldo*. Traducida de Frances en Español... Por Don Gabriel de Parraga. Madrid, Antonio Roman, 1690. In-8, 14 ff. n. ch. + pp. 246 + 2 ff. n. ch.

Cette trad. contient seulement la première partie de l'ouvrage; c'est la seule qui ait été imprimée. — Le P. Sommervogel donne comme traducteur le P. Echaburu, né à Murcie, le 6 sept. 1640, † à Madrid, le 26 fév. 1697.

Cat. Mourier, No. 434, 25 fr.

Andreas Cleyer.

«Le docteur Andreas Cleyer, qui, en 1683, avait visité la cour de Yédo, en qualité d'ambassadeur de Hollande, demeura jusqu'en 1686 à Nagasaki comme chef de la factorerie du commerce hollandais, et de retour à Java publia, jusqu'en 1700, une série de traités sur les plantes japonaises, dans les Ephémérides de l'Académie *Naturæ curiosorum*, et après avoir fait dessiner au Japon, par des indigènes, treize cent soixante figures, les envoya à Berlin, au docteur A. Menzel, lequel en composa une Flore japonaise, qui se trouve jusqu'aujourd'hui inédite dans la Bibliothèque royale de Berlin.» (J. Hoffmann et H. Schultes, *Noms indigènes... de plantes du Japon*, Paris, 1853, p. 2.)

*
* *

—— Curieuse Aenmerckingen Der bysonderste Oost en West-Indische Verwonderenswaerdige Dingen;... Door S. de Vries. Utrecht, Johannes Rebius, M.DC.LXXXII. 4 vol. in-4.

Ternaux-Compans, No. 2431. — Pinelo, p. 149.

—— Thesaurus Exoticorum, oder eine mit Ausländischer Raritäten und Berichten wolversehene Schatz-Kammer furstellend die Asiatische, Africanische und Americanische Nationes. der Perser | Indianer | Sineser | Tartarer | ... von Everhardo Guernero Happelio. Hamburg, Thomas von Wiering, 1688, in-fol.

—— *Japonia Felix seu Incrementum Ecclesiae Japonicae. 1689.

Collège de Munich, 227. — Sommervogel.

Jean Crasset.

Né à Dieppe, le 3 janvier 1618; † à la Maison professe de Paris, le 4 janvier 1692.

—— Histoire // de // l'eglise // du Japon. // Par Mr l'Abbé de T. // A Paris, // Chez Estienne Michallet, premier // Imprimeur du Roy, ruë S. Jacques, à l'Image // S. Paul, prés la Fontaine S. Severin. // M.DC.LXXXIX. // Avec privilege de Sa Majesté. 2 vol. in-4, 14 ff. n. ch. p. l. tit., Préf., Argum., Priv. + pp. 659 + 5 ff. n. ch. p. l. tab.; 5 ff. n. ch. p. l. tit. et les argumens + pp. 678 + 3 ff. n. ch. p. l. tab., fig.

Le vol. I comprend les livres I-X; le vol. II, les livres XI-XX.

Sommervogel écrit: «J'ai vu citer: *Histoire... par M. l'abbé de Tersac*, qui serait l'anagramme de l'auteur. Le P. Crasset a tiré en grande partie son ouvrage de celui du P. Solier: *Histoire ecclésiastique des iles et royaumes du Japon*... 1627; il l'a continué de 1624 à 1658.»

Bib. nat., O²o 148.

Journ. des Sav., 1689, pp. 318-331. — *Acta Eruditor.*, Lips., 1690, pp. 173-182, 239-249.

—— Histoire // de // l'eglise du Japon. // Par le R. P. Crasset de la Compagnie de Jesus. // Seconde edition // [*fleuron*] // A Paris, // chez Estienne Papillon, ruë saint Jacques, aux // Armes d'Angleterre. // M.DCC.XV. // Avec Approbation & Privilege du Roy. 2 vol. in-4, 14 ff. n. ch. + pp. 659 + 5 ff. n. ch. p. l. tab., 5 ff. n. ch. + pp. 678 + 3 ff. n. ch. p. l. tab., fig.

Bib. nat., O²o 148 A.

—— Histoire // de // l'eglise // du Japon. // Par le R. P. Crasset de la Compagnie de Jesus. // Seconde Edition // [*fleuron*] // A Paris, // Chez François Montalant, à l'entrée du Quay // des Augustins, du côté du Pont S. Michel. // M.DCC.XV. // Avec Approbation & Privilege du Roy. 2 vol. in-4, 14 ff. n. ch. p. l. tit., Pref., Arg., Priv. + pp. 659 + 5 ff. n. ch. p. l. tab., 4 ff. n. ch. p. l. tit. et les arg. + pp. 678 + 3 ff. n. ch. p. l. tab.

Bib. nat., O²o 148 A.

Mém. de Trévoux, mars 1717, pp. 423-427.

—— The // History // of the // Church of Japan. // Written Originally in // French // By Monsieur l'abbé de T. // And now // Translated into English. // By N. N. // Volume I. // London, Printed in the Year MDCCV. In-4, pp. 544, s. l. ff. prél.

—— Volume II. // London, Printed in the Year M DCC VII. In-4, 6 ff. n. ch. tit. et tab., pp. 549 + 3 ff. n. ch. tab.

—— La // storia // della // chiesa // del // Giappone // del rev. padre // Giovanni Crasset // Della Compagnia di Gesù. // Traduzione dal Francese Di Selvaggio Canturani. // Venezia, MDCCXXXVII. Nella Stamperia Baglioni. // Con Licenza de' Superiori, e Privilegio. 4 vol. in-12, pp. 590 + 5 ff. n. ch. p. l. t.; 495 + 4 ff. n. ch. p.l. t.; 587 + 4 ff. n. ch. p. l. t.; 484 + 4 ff. n. ch. p. l. t.

—— Auszführliche Geschicht // Der // In dem äussersten Welt-Theil // Gelegenen // Iaponesischen Kirch / // Worinn // Die glückliche Vertilgung der Abgötterey, // Einführung / Fortpflantzung / Verfolgung / // Und // Letztens gäntzliche Verbannung // Des // Heiligen Römisch // Catholischen Glaubens // In disem grossen Reich nach denen besten Urkunden // erzehlet wird / // Von // R. P. Joanne Crasset, der Gesellschafft IE su Priestern / // Anjetzo aber // Auf viler Verlangen in die teutsche Sprach übersetzt worden. // Mit Röm. Käyserl. und Königl. Cathol. Majestät allergnädigsten Privilegio. // Und // Genehmhaltung der Oberen. // Augspurg / // In Verlag Frantz Antoni Ilger / Cathol. Buchhandlern. // Gedruckt bey Antoni Maximilian Heisz, Hochfürstlichen Bishöfflichen Constantzischen // Hoff-Buchdruckern. 1738. 2 parties in-fol., 12 ff. n. ch. p. l. tit., préf., etc. + pp. 534 à 2 col.; pp. 559 à 2 col.

—— *Historia da Igreja do Japaõ, em que se da noticia da primeira entrada da Fé naquelle Imperio, dos Costumes daquella Naçaõ, gentes, suas terras, e cousas muito curiosas, e raras para os eruditos estimaveis, e para todos gratas, composta pelo P. Joaõ Crasset da Companhia de Jesus, que a escreveo em a lingua Franceza. Lisboa, 1749, in-4, 3 vol. — T. I, na Offic. de Manuel de Silva 1749, pp. XL-612. — T. II, *ibid.*, 1751, pp. XII-560. — T. III, na Offic. de Manuel Soares, 1755, pp. XII-643, fig.

(Par Dona Maria Antonia de S. Bonaventura e Menezes.) Sommervogel.

«Je tiens d'un Prêtre de la Mission que, vers 1878, le gouvernement Japonais en fit faire une traduction, qui fut imprimée.» (Sommervogel.)

(Jean Crasset.)

*
* *

—— Q. D. B. V. // De // Persecutionibus // Christianorum // in // Japan, // consensu // Facultatis Philosophicae, // Disputabunt // Praeses // M. Jo. Godofredus Hilscher // // Waldheim. Misn. Al. El. // & // Respondens // Carolus Gvilelmus Jacobi, // Gomeranus Saxo. // d. 20. Decembr. Anno 1690. // H. L. Q. C. // Lipsiae, // Literis Christophori Guntheri. Pièce in-4, 20 ff. n. ch.

Sig. A, B, C, D, E×4 = 20 ff.

Bib. nat., O²o 149.

Hendrik Hamel.

(Voyage du *Sperwer* [*l'Épervier*].)

—— Journael, ‖ Van de Ongeluckige Voyagie van't Jacht de *Sperwer* | van ‖ Batavia gedestineert na Tayowan | in't Jaar 1653. en van daar op Japan; hoe't selve ‖ Jacht door storm op't Quel-paarts Eylant is ghestrant | ende van 64. personen | maar 36. ‖ behouden aan't voornoemde Eylant by de Wilden zijn gelant: Hoe de selve Maats door ‖ de Wilden daar van daan naar't Coninckrijck Coeree sijn vervoert | by haar ghenaamt ‖ Tyocen-koeck; Alwaar zy 13. Jaar en 28. daghen | in slavernije onder de Wilden hebben ‖ ges worven | zijnde in die tijt tot op 16. na aldaar gestorven | waar van 8. Persoonen in ‖ 't Jaar 1666. met een kleen Vaartuych zijn ontkomen | latende daar noch acht ‖ Maats sitten | ende zijn in't Jaar 1668. in't Vaderlandt gearriveert. ‖ Als mede een pertinente Beschrijvinge der Landen | Provin- ‖ tien | Steden ende Forten | leggende in't Coninghrijck Coeree: Hare Rechten | Justitien ‖ Ordonnantien | ende Koninglijcke Regeeringe: Alles beschreven door de Boeck- ‖ houder van't voornoemde Jacht de *Sperwer* | Ghenaamt ‖ Hendrick Hamel van Gorcum. ‖ Verciert met verscheyde figueren. ‖ [*Vig. représentant le naufrage.*] ‖ Tot Rotterdam, ‖ Gedruckt by Johannes Stichter | Boeckdrucker: Op de Hoeck ‖ van de Voghele-

(Hendrik Hamel.)

sangh | inde Druckery | 1668. In-4, pp. 20-12; 7 fig. dans le texte du Journal.

Les douze dernières pages comprennent: Beschryvinge || Van't Koninghrijck || Coeree, || Met alle hare Rechten, Ordon- || nantien, ende Maximen, soo inde Politie, als || inde Melitie, als vooren verhaelt. || [*fleuron*] Anno M.DC.LXVIIj.

Bib. de l'Université de Leyde.

—— * Journael || Van de ongeluckige Reyse van't Jacht de || *Sperwer*, || Varende van Batavia na Tyowan en Fer- || mosa, in't Jaer 1653. en van daer na Japan, daer || Schipper op was Reynier Egbertsz. van Amsterdam. || Beschrijvende hoe het Jacht door storm en onweer ver- || gaen is, veele Menschen verdroncken en gevangen sijn : Mitsgaders || wat haer in 16. Jaren tijdt wedervaren is, en eyndelijck hoe || noch eenighe van haer in't Vaderlandt zijn aen geko- || men Anno 1668. in de Maendt July. || (*gravure sur bois*) || t'Amsterdam, Gedruckt || By Gillis Joosten Saagman, in de Nieuwe-straet, || Ordinaris Drucker van de Zee-Journalen en Landt-Reysen || In-4.

«Titre avec la gravure en bois ordinaire; au verso, la Renommée, grav. en bois, avec souscription en vers de six lignes.

Texte imprimé en deux colonnes, p. 3-40. Signat. A2-E3.

Planches dans le texte (tirées d'autres ouvrages) au nombre de six, dont cinq sont gravées en taille douce.

Réimpression du précédent, avec quelques variantes dans le style et quelques phrases ajoutées au commencement et à la fin, entre autres la date du départ et du retour. La description de la Corée est insérée dans le Journal (p. 18-33). Les noms des marins évadés et de ceux restés prisonniers se trouvent à la fin de l'ouvrage.» (Tiele.)

—— *t'Oprechte Journael, || *etc.* (*comme le précédent*) . . . Beschrijvende hoe het Jacht door storm en onweer op Quelpaerts Ey- || lant vergaen is, op hebbende 64. Man, daer van 36. aen Lant zijn geraeckt, en gevan- || gen genomen van den Gouverneur van't Eylant, die haer als Slaven na den Coninck || van Coree dede voeren, alwaer sy 13. Jaren en 28. dagen hebben in Slaverny moeten blij- || ven, waren in die tijdt tot op 16. nae gestorven: Daer van acht persoonen in't Jaer 1666. || met een kleyn Vaertuygh zijn't ontkomen, achterlatende noch acht van haer Maets : || En hoe sy in't Vaderlandt zijn aengekomen Anno 1668. in de Maent July. || (*gravure en bois*) || t'Amsterdam, Gedruckt || By Gillis Joosten Saagman, *etc.* (*comme le préc.*). In-4.

«La planche du titre représente un seul vaisseau.

«Les planches aux pp. 7, 31 diffèrent; comme la dernière est plus grande, le texte des pp. 30, 31 a été plus ou moins changé. Du reste, cette édition est en tout conforme à la précécente (40 pp.).» (Tiele.)

—— * Journael, || Van de ongeluckige Reyse, *etc.*, (*comme le précédent*) . . . t'Amsterdam, || By Gillis Joosten Zaagman, *etc.* (*comme le précédent*). In-4.

«Titre avec la même figure que l'éd. préc. — La planche à la p. 22 manque, mais elle est remplacée, p. 23, par une planche tirée du journal de Linschoten. Aux pp. 30, 31 aussi les planches manquent dans cette édition, de sorte que le texte a subi quelques changements, afin de conserver intact le nombre des pages.» (Tiele.)

«Parti des Pays-Bas le 10 Janvier 1653, le Yacht *de Sperwer* (l'Épervier) arriva le 1er Juin de la même année à Batavia, d'où il fut envoyé 18 jours après à l'île de Formose. Surpris par une tempête, le navire fit naufrage sur la côte de l'île Quelpaert, près de la Corée. La moitié des hommes de l'équipage, parmi eux le capitaine, y périrent. Les autres furent faits prisonniers par les Coréens et amenés devant le roi. Ils restèrent dans ce pays plus de 13 ans. Le récit de leurs aventures, quoique très simple et nullement scientifique, ne manque pas d'intérêt. Huit de ces hommes, entre autres Hendrick Hamel, l'auteur du récit, réussirent enfin à s'échapper au Japon, où on les mena à Nangasacki, auprès de leurs compatriotes. Ils furent de retour à Amsterdam en Juillet 1668. Les meurtres & autres excès sont bien plus rares dans ce récit que dans celui du voyage de Pelsaert. Aussi est-il devenu beaucoup moins populaire ... Avec tout cela c'est le seul ancien ouvrage connu qui donne de première source des détails importants concernant la Corée et ses habitants. Voir Ritter, *Erdkunde*, IV, 3, p. 604.» (Tiele.)

—— Relation || du || naufrage || d'un vaisseau holandois, || Sur la Coste de l'Isle de Quel- || paerts : Avec la Description || du Royaume de Corée : || Tradvite dv Flamand, || Par Monsieur Minutoli. || A Paris, || Chez Thomas Jolly au Palais, || dans la Salle des Merciers, au coin || de la Gallerie des prisonniers, à la || Palme & aux Armes d'Holande. || M.DC.LXX, avec privilege dv Roy. In-12, 4 ff. n. ch. p. le tit. et l'av. + pp. 165.

—— Relation || du || naufrage || d'un vaisseau holandois, || Sur la Coste de l'Isle de Quel- || paerts : Avec la Description || du Royaume de Corée : || Tradvite dv Flamand, || Par

Monsieur Minutoli. || A Paris, Chez Louys Billaine, au second || Pilier de la grand Salle du Palais, || à la Palme, & au grand Cesar. || M.DC.LXX. || Avec Privilege dv Roy. In-12, 4 ff. n. ch. + pp. 165.

Ces deux éd. sont semblables.

— Bernard, *Recueil de Voyages au Nord*, IV, 1715 et 1732.

—— Voyage de quelques Hollandois dans la Corée, avec une relation du Pays & de leur naufrage dans l'Isle de Quelpaert. (Prevost, *Hist. gén. des Voy.*, VIII, La Haye, 1749, pp. 412-429.)

— «Hendrik Hamel et sa Captivité en Corée», article de Léon de Rosny (*Variétés Orientales*, 3e éd., pp. 157-162).

—— Journal ... darinnen alles dasjenige was sich mit einem Holländischen Schifft, das von Batavien aus, nach... Japan reisfertig, durch Sturm, im 1653. Jahre, gestrandet, und mit dem Volk darauf, so in das Königreich Corea, gebracht worden, nach und nach begeben, ordentlich ... erzehlet wird... Aus dem Niederländischen verteutschet. (Arnold [C.], *Wahrhaftige Beschreibungen, etc.*, 1672, in-8.)

— Schwabe, *Allg. Hist. der Reisen*, Bd. 6, 1747.

—— An Account of the Shipwreck of a Dutch Vessel upon the Coast of the Isle of Quelpaert; with a Description of the Kingdom of Corea in the East Indies. (Harris' *Coll.*, II, App., pp. 37 et seq.)

—— An Account of the Shipwreck of a Dutch Vessel on the coast of the Isle of Quelpaert, together with the Description of the Kingdom of Corea. Translated out of French. (Churchill, *Col. of Voy.*, 3rd ed., IV, 1745, pp. 719-742.)

Dans l'édition de 1704, ce voyage se trouve dans le Vol. IV, pp. 607-632. Imp. également dans l'éd. de 1752.

Cette traduction anglaise est reproduite dans la *Coll.* d'Astley, IV, pp. 329-347.

—— Travels of some Dutchmen in Korea; with an account of the country, and their shipwreck on the Island of Quelpaert. By Henry Hamel. Translated from the French. (Pinkerton, VII, p. 517, d'après Astley, IV, p. 329.)

*
* *

—— Der Orientalisch=Indianische || Kunst= || und || Lust=Gårtner | || Das ist : || Eine aufrichtige Beschreibung || Derer meisten Indianischen | als auf Java Major, Malacca und || Jappon, wachsenden Gewůrtz=Frucht= und Blumen=Båume | wie auch || anderer raren Blumen | Kråuter und Stauden=Gewåchse | sampt ihren || Saamen | nebst umbståndigen Bericht deroselben Indianischen Nahmen | so || wol ihrer in der Medicin als Oeconomie und gemeinem Leben mit sich || fůhrendem Gebrauch und Nutzen; || Wie auch || Noch andere denckwůrdige Anmerckungen | was || bey des Autoris zweymahliger Reise nach Jappan, von Java || Major, oder Batavia, långst derer Cůsten Sina, Siam, und růck= || werts ůber Malacca, daselbsten gesehen und fleissig observiret worden; || Auch || Vermittelst unterschiedlicher schöner ins Kupffer gebrachter || Indianischer Figuren | von Båumen | Gewåchsen | Kråutern | || Blumen und Nationen entworffen und || fůrgestellet durch || George Meistern | || Dieser Zeit Churft. Sächs. bestallten Indianischen || Kunst= und Lust=Gårtner ||. Mit Churft. Sächs. Durchl. gnådigstem Privilegio || DRESDEN | In Verlegung des Autoris, || druckts Johann Riedel | Anno 1692. In-4, port., front. grav., 9 ff. n. ch. pour le tit. et la préf. + pp. 310 à 2 col. + 5 ff. n. ch. pour la table.

MM. de Möllendorff citent des éd. de Leipzig, 1713 et 1730, in-4.

—— Alcvne Osservazioni intorno al Giappone fatte da Persona, che vi à dimorato molti anni. (Anzi, *Il Genio Vagante*, Parma, 1693, IV, pp. 127-133.)

—— *Petri de Marque e Societate Jesu ad Patrem Generalem pro obtinenda Missione Japonica Epistola. Duaci, Typis M. Mairesse, Anno 1696. In-12, pp. 23.

C'est une épître en 400 vers élégiaques. (Sommervogel.) — Pierre de Marcq, né à Lille, le 30 août 1611; † à St.-Joseph du Parana, en 1643.

—— Christiandad // del Japon, // y dilatada persecvcion // qve padecio. // Memorias sacras, // de // los martyres de las ilvstres // Religiones de Santo Domingo, San Francisco, // Compañia de Jesvs; y crecido numero de // Seglares : Y con especialidad, de los Religiosos // del Orden de N. P. S. Augustin. // Sv avtor, // el P. M. Fr. Joseph Sicardo, de dicha orden, // Doctor en Theologia, por la Real Vniversidad de Mexico, // Examinador Synodal, y Visitador del Obispado de Mi- // choacan, Maestro de las Provincias de Castilla, y Mexico; // Theologo, y Examinador del Tribunal de la Nunciatura // de España, y Predicador de su Mag. // Dedicalas // Al Exc^mo Señor D. Rodrigo Manvel // Fernandez Manrique de Lara, Conde de Frigiliana, y de // Aguilar, del Consejo de Estado, y Governador del // Sacro Supremo, y Real de Aragon, &c. // Año (✠) de 1698. // (§) // con privilegio : (§) // En Madrid : Por Francisco Sanz, Impressor del Reyno, y Portero // de Camara de su Magestad. In-folio, 8 ff. n. ch. p. l. tit., etc. + pp. 448 à 2 col. + 7 ff. n. ch. p. l. tab. & l'ind.

—— Some Curious Remarks upon the Potent Empire of Japan. (*Collection of Voyages and Travels*, London : John Churchill, MDCCIV, I, pp. 534-539.)

—— Relation // de la decouverte du nouveau royaume, // & les maniere [*sic*] de vivres du Pays. S. l. n. d. Pièce in-4, pp. 4.

Au bas de la p. 4 : Permis d'imprimer. Fait ce dixième Janvier 1702, M. R. Voyer d'Argenson.

Japon et Tong-King.

Bib. nat., Recueil Thoisy, 354.

PSALMANAZAR.

PSALMANAZAR (*George*) = N. F. B. de Rodes. Il est nécessaire, en traitant de l'ile de Formose, de parler de cet imposteur pour mettre en garde ceux qui pourraient considérer comme un ouvrage sérieux sa description de ce pays lointain. Boucher de la Richarderie, dans sa *Bibliothèque universelle des voyages*, V, pp. 289-291, dont la valeur a été autrefois grandement surfaite, n'a cité qu'un seul ouvrage sur Formose : celui de Psalmanazar qui fournit au naïf bibliographe le sujet d'un long article sur Formose. Le repentir de Psalmanazar est aussi célèbre que son imposture; «il avait composé, pour un traité de géographie qui fut publié en 1747 (*Complete System of Geography*, 1747, ii, p. 251), l'article *Formose* uniquement afin d'avoir occasion de rétablir la vérité sur ce qui concernait cette île».

La *Description de l'île de Formose* parut d'abord en anglais :

—— An Historical and Geographical Description of Formosa, an Island subject to the Emperor of Japan. Giving an account of the Religion, Customs, Manners etc. of the Inhabitants. Together with a Relation of what happen'd to the Author in his Travels; particularly his Conferences with the Jesuits, and others, in several Parts of Europe. Also the History and Reasons of his Conversion to Christianity, with his Objections against it (in defence of Paganism) and their Answers. To which is prefix'd, a Preface in Vindication of himself from the Reflections of a Jesuit lately come from China, with an Account of what passed between them. By George Psalmanaazaar, a Native of the said Island, now in London. Illustrated with several Cuts. London : Printed for Dan. Brown, at the Black Swan without Temple-Bar; G. Strahan, and W. Davis, in Cornhill; and Fran. Coggan, in the Inner-Temple-Lane, 1704. In-8, pp. XIV-331 (ch. par erreur 131) + 4 ff. prél. p. l. tit. et la préf. + 2 ff. n. ch. à la fin pour la tab.

— Deuxième édition, London, 1705 in-8.

—— Description de l'ile Formosa en Asie. Du Gouvernement, des Loix, des Mœurs & de la Religion des habitans : Dressée sur les Mémoires du Sieur George Psalmanaazaar, Natif de cette Ile : Avec une ample & exacte Relation de ses Voiages dans plusieurs endroits de l'Europe, de la persécution qu'il y a soufferte, de la part des Jesuites d'Avignon, & des raisons qui l'ont porté à abjurer le Paganisme, & à embrasser la Religion Chrétienne Reformée. Par le Sieur N. F. D. B. R. Enrichie de Cartes & de Figures. A Amsterdam, Aux Dépens d'Estienne Roger, . . . MDCCV. In-12, pp. XLIV-406 + 2 ff. p. l. tab.

Trübner, Sept. 1874, ex. aux armes du Comte de Hoym, 10s. 6d.

— Description de l'isle Formosa en Asie. Du Gouvernement, des Loix, des Mœurs & de la Religion des habitants : Dressée sur les Mémoires du Sieur George Psalmanaazaar, Natif de cette Isle : avec une ample & exacte

Relation de ses voyages... Par le sieur N. F. D. B. R. Enrichie de Cartes et de Figures. A Amsterdam. Chez Pierre Mortier, & Compagnie, MDCCVIII. In-12, pp. XLIV-406, s. l. t.

— Description dressée sur les Mémoires du Sieur George Psalmanaazaar, contenant une ample Relation de l'Isle Formosa en Asie, du Gouvernement, des Loix, des Mœurs, de la Religion de ses habitants & de ses Voyages dans plusieurs Endroits de l'Europe. Enrichie de Cartes & de Figures. A Paris, aux dépens de la compagnie, MDCCXXXIX. In-12, pp. XLIV-406, s. l. t.

Quérard, *France littéraire*, VII, 1836, p. 367, et *Supercheries littéraires dévoilées*, 2e éd., III, 1870, col. 269, cite des éditions in-12 de 1712, Amsterdam; et 1737, Paris.

«This fictitious narration, dit Allibone, written by Psalmanazar in Latin, and translated for him into English as it went through the press, was partially compiled from the genuine account of Candidius (see Churchill's Voyages, i, 503, 1704) and Dr. Varenius's Latin *Descriptio Japoniae et Siam*, &c., Amst., 1649, in-24; Cantb., 1673, in-8.»

— Herrn // Georg. Psalmanaazaars // eines gebohrnen Formosaners // Historische und Geographische // Beschreibung // der Insul // Formosa, // Nebst beygefügten Ursachen /// warum sich derselbe zur Christl. // Religion bekannt. // Mit verschiedenen Kupffern. // Aus dem Englischen übersetzt // von // Philipp Georg Hübnern. // — Franckfurt und Leipzig /// Verlegts // Daniel Walder / Buchhändl. in Augspurg. // Coburg / druckts Moritz Hagenn 1716. In-8, 8 ff. n. ch. tit., déd., etc. + pp. 561 + 6 ff. n. ch. p. l'index.

— Cf. Nachrichten von einer unter dem Namen Georg Psalmanaazar bekannten Person, aus dem *Gentleman's Magazine*; dans *Neuen Bremischen Magazin* (1766), Vol. I, P. I. (Meusel.)

— Beschryvinge // van het // Eyland // Formosa // in Asia, // En der Regering, Wetten, Zeden, en Gods- // dienst der inwoonders // Uit de gedenkschriften van den Hr. // Georgius Psalmanaazaar // Aldaar geboortig, t'zamengestelt. // Mitsgaders // Een breet, en net verhaal zijner Reizen door ver- // scheide Landen van Europa, en van de ver- // volging, welke hy door toedoen der Jesuiten // van *Avignon*, geleden heeft; benevens de re- // denen, die hem tot het afzweren van het Hei- // dendom, en het aannemen der hervormde Chri- // stelyke Godsdienst gebragt hebben. // Door d'Hr. N. F. D. B. R. // Met Kopere Platen verciert. // Uit het Frans vertaalt. // — Te Rotterdam, // By Pieter vander Veer Boekverkooper // 1705. In-12, 30 ff. n. ch. p. l. tit. et la préf. + pp. 494 + 3 ff. n. ch. p. la tab. des chap. + le Cat. du libraire; pl. hors texte.

— Memoirs of ****. Commonly known by the Name of George Psalmanazar; a Reputed Native of Formosa. Written by himself in order to be published after his Death. Containing An Account of his Education, Travels, Adventures, Connections, Literary Productions, and pretended Conversion from Heathenism to Christianity; which last proved the occasion of his being brought over into this kingdom, and passing for a Proselyte, and a Member of the Church of England. London : Printed for the Executrix. MDCCLXIV. In-8, pp. ii-364.

— Memoirs of ****. Commonly known by the Name of George Psalmanazar; a Reputed Native of Formosa. Written by himself In order to be published after his Death. Containing an Account of his Education, Travels, Adventures, Connections, Literary Productions, and pretended Conversion from Heathenism to Christianity; which last proved the Occasion of his being brought over into this kingdom, and passing for a Proselyte, and a Member of the Church of England. Dublin; Printed for P. Wilson, J. Exshaw, E. Watts, S. Cotter, J. Potts, and J. Williams. M,DCC,LXV. In-12, pp. ii-234.

— An Enquiry into the Objections against George Psalmanaazaar of Formosa. In which the Accounts of the People, and Language of Formosa by Candidius, and the other European Authors, and the Letters from Geneva, and from Suffolk, about Psalmanaazaar, are proved not to contradict his Accounts: With Accurate and authentick Maps of Formosa and the Isles adjacent, as far as Leuconia, China, and Japan. With two other very particular Descriptions of formosa. To which is added, Gеorge [*sic*] Psalmanaazaar's Answer to Mons. D'Amalvy of Sluice. London : Printed for Bernard Lintott at the Cross-Keys between the two Temple Gates in Fleet-street. In-8, pp. 78 + 5 ff. prél. p. le tit., l'ép., et les addenda.

Walckenaer, dans la *Biog. universelle* et dans «*Vies de plusieurs personnages célèbres*», Laon, 1830, II, pp. 80-99. — *Biog. générale*. — Quérard, *locis citatis*. — *Bib. Britannica*. — Brunet. — Allibone, II, col. 1701-1702. — Lowndes, col. 1989. — Disraeli, *Curiosities of Literature*, 1851, 487-488. — Boswell's *Johnson*, by Croker, 1848, 2 vol. in-8, 213, 602, 720, 754. — *Handbook of Fictitious Names*, by Olphar Hamst Esq. (Ralph Thomas), 1868, in-8, 104. — Philarète Chasles, *Revue des Deux-Mondes*, 1er juin 1844, article sur les pseudonymes anglais; et les *Études sur l'Angleterre*.

On ajoutera à la *Description de Formose* :

—— Eclaircissemens // Necessaires pour bien entendre ce que // le Sr N. F. D. B. R. // dit être arrivé à l'Ecluse en Flandres, par // rapport à la Conversion // de Mr. George // Psalmanaazaar // Japonois, // Dans son Livre intitulé, // Description // de // l'Isle Formosa. // Donné au Public // par Isaac // d'Amalvi. // Pasteur de l'Eglise Wallonne de // ladite Ville. // A la Haye, // Chez Pierre Husson, Mar- // chand Libraire, au coin du Capel-Brug. // — M.DCC.VI. In-12, 4 ff. n. ch. p. l. tit. et l'ep. + pp. 64.

Bib. nat., O²o 150.

—— A // Dialogue // Between A // Japonese // and a // Formosan, // About some Points of // The Religion of the Time. // —By G. P—m—r. // — Quid rides —// Fabula —//— London : // Printed for Bernard Lintott // at the Cross-Keys next Nando's // Coffee-House, Fleetstreet. 1707. In-8, 5 ff. n. ch. f. tit., préf. + pp. 41.

—— J. Vinson. — Psalmanaazaar et la langue formosane. (*Revue de linguistique*, XXI, 2, pp. 191-197.)

— Augustin Thierry. — Les Grandes Mystifications littéraires. — XX. Psalmanazar ou le Japonais fantastique. (*Le Figaro*, Supp. litt., 31 août 1912.)

*
* *

—— * Historia del Japon por el P. Fr. Juan de Jesus de la Provincia de S. Pablo.

Ms. in-fol. — Juan de Jesus † à Manille en 1706. — Cf. M. da Civezza, 301.

Engelbert Kaempfer.

—— Amoenitatum // exoticarum // politico-physico- // medicarum // Fasciculi V, // Quibus continentur // Variae Relationes, Observationes // & Descriptiones // Rerum Persicarum // & // Ulterioris Asiae, // multâ attentione, in peregrinationibus per universum Orientem, collectae, // ab // Auctore // Engelberto Kaempfero, D. // [*marque*] // Lemgoviae, // Typis & Impensis Henrici // Wilhelmi Meyeri, Aulae Lippiacae Typographi, 1712. In-4, front., 9 ff. prél. n. ch. p. le tit., déd., préf., etc. + pp. 912 + 16 ff. n. ch. pour l'index; planches.

Front. : D. Marot jnv. J. Gole sculp.

Comprend 5 parties ou fascicules :

Fasc. I complectens relationes de aulae Persicae statu hodierno.

16 relationes.

Fasc. II continens relationes & observationes historico-physicas de rebus variis.

14 relationes.

Relatio XIII. Chartopoeia Japonica, pp. 466-478 (caractères chinois). — *Relat.* XIV. Regnum Japoniae optimâ ratione, ab egressu civium, & exterarum gentium ingressu & communione, clausum, pp. 478-502 (caract. chinois).

Fasc. III continens Observationes physico-medicas curiosas.

16 observationes.

Obs. XI. Curatio Colicae per Acupuncturam, Japonibus usitata, pp. 582-589. — *Obs.* XII. *Moxa*, praestantissima Cauteriorum materia, Sinensibus Japonisbusq; multùm usitata, pp. 589-605 [chiffré 505 par erreur] (caract. chinois). — *Obs.* XIII. Theae Japonensis historia, pp. 605- [chiffré 505 par erreur] 631 (caract. chinois et planches).

Fasc. IV continens Relationes Botanico-historicas de Palma dactylifera in Perside crescente.

10 relationes.

Fasc. V continens Plantarum Japonicarum, quas Regnum peragranti solum natale conspiciendas objecit, nomina & characteres sinicos; intermixtis, pro specimine, quarundam plenis descriptionibus, unà cum Iconibus.

Contient :

Catalogus Plantarum Fasciculi V in quinque Classes distributi, quarum exhibet.

Classis 1. Plantas vulgò dictas Bacciferas & Pruniferas.
2. Pl. Pomiferas & Nuciferas.
3. Pl. Oleraceas & Frugiferas.
4. Pl. specioso flore conspicuas.
5. Pl. Miscellaneas.

Cat. Mourier, No. 429, 10 fr.

—— Voyages // de // Corneille Le Brun // par la // Moscovie, en Perse, // et aux // Indes Orientales. // Ouvrage enrichi // De plus de 320. Tailles douces, des plus curieuses, // representant // Les plus belles vuës de ces Païs; leurs principales Villes; les differens habillemens des Peu- // ples, qui habitent ces Regions eloignees; les Animaux, les Oiseaux, les Poissons // & les Plantes extraordinaires, qui s'y trouvent.

Avec les Antiquitez // de ces Païs, & particulierement celles du Fameux // Palais de Persepolis. // Que les Perses appellent Chelminar. // Le tout dessiné d'après Nature sur les Lieux. // On y a ajoûté la route qu'a suivie // Mr. Isbrants, Ambassadeur de Moscovie, // En traversant la Russie & la Tartarie, pour se rendre à la Chine. // Et quelques Remarques contre // M^rs. Chardin & Kempfer. // Avec une Lettre écrite à l'Auteur sur ce sujet. // [*fleuron.*] // A Amsterdam. // Chez les Freres Wetstein, 1718. 2 vol. in-fol.

Dans les remarques sur Chardin et Kaempfer, il s'agit seulement de Persepolis.

—— Icones selectae Plantarum, // quas // in Japonia collegit // et // delineavit // Engelbertus Kaempfer; // ex archetypis // in Museo Britannico // asservatis. // — Londini : // — 1791. In-fol., pp. 3 + 59 pl. en noir.

Publié par Sir Joseph Banks. — Sur le faux-titre dédicace aux Conservateurs du Musée britannique.

—— The // History of Japan, // giving // An Account of the ancient and present State and // Government of that Empire; // of // Its Temples, Palaces, Castles and other Buildings; // of // Its Metals, Minerals, Trees, Plants, Animals, Birds and Fishes; // of // The Chronology and Succession of the Emperors, // Ecclesiastical and Secular; // of // The Original Descent, Religions, Customs, and Manufactures of the // Natives, and of their Trade and Commerce with the Dutch // and Chinese. // Together with a Description of the Kingdom of Siam. // Written in High-Dutch by Engelbertus Kaempfer, M. D. // Physician to the Dutch Embassy to the Emperor's Court; and translated from his // Original Manuscript, never before printed, by // J. G. Scheuchzer, F. R. S. and a Member of the // College of Physicians, London. // With the Life of the Author, and an Introduction. // Illustrated with many copper plates. // Volume I. // London : // Printed for the Translator, MDCCXXVII. In-fol., 4 ff. n. ch. tit., tab., etc. + pp. lII + 2 ff. n. ch. + pp. 391 + 2 ff. n. ch. expl. des pl. + 20 pl.

En tête un titre latin gravé :

—— Historia Imperii // Japonici // Germanicè scripta ab // Engelberto Kaempfero // . . . Ex Autoris Autographo nunquam // antea edito, Anglicè vertit. . . // Johannes Casparus Scheuchzer. . . // Londini // Impensis Editoris // MDCCXXVII.

—— —— Volume II. // London : // Printed for the Translator, MDCCXXVII. In-fol., 2 ff. n. ch. + pp. ch. 393 à 612 + pp. 75 Appendix + 2 ff. n. ch. expl. des pl. + pl. 21 à 45.

British Museum, 677. h. 15 et 16.

—— An account of the Moxa, an excellent Caustic of the Chinese and Japanese, with a Scheme shewing what parts of the human body are to be burnt with that Plant in several distempers. (Kaempfer's *Hist. of Japan*, Vol. II, 1727, app. IV, pp. 34-46.)

—— Abstract of « Historia Imperii Japonici germanicè scripta ab Engelberto Kaempfer, Londini, 1727 ». — Read by R. G. Watson, Esq., before the Asiatic Society of Japan, on the 22nd October, 1873. (*Trans. Asiat. Soc. Japan*, II, 1874, pp. 1-22.)

—— The // History // of // Japan : Giving an Account of // The antient and present State and Government // of that Empire; // of // Its Temples, Palaces, Castles, and other Buildings; // of // Its Metals, Minerals, Trees, Plants, Animals, Birds and Fishes; // of // The Chronology and Succession of the Emperors, // Ecclesiastical and Secular; // of // The Original Descent, Religions, Customs, and Manufactures of the Natives, and of // their Trade and Commerce with the Dutch and Chinese. // Together with a Description of the Kingdom of Siam. // Written in High Dutch // by Engelbertus Kaempfer, M. D. // Physician to the Dutch Embassy to the Emperor's Court; // And translated from his Original Manuscript, never before printed, // By J. G. Scheuchzer, F. R. S. // And a Member of the College of Physicians, London. // With the Life of the Author and an Introduction. // To which is added, // Part of a Journal of a Voyage to Japan, made by the English in the Year 1673. // Illustrated with many copper plates. // London : // Printed for the Publisher, and sold by Thomas Woodward at the // Half-Moon overagainst St. Dunstan's Church Fleetstreet, and Charles Davis // in Pater-Noster Row. MDCCXXVIII. 2 vol. in-fol., front. gravé, 6 ff. n. ch. tit., déd., etc. + pp. LII-391 + 2 ff. n. ch. exp. des pl.; 2 ff. n. ch. tit. et tab. + pp. ch. 393 à 612 + pp. App. 75-11 + 6 ff. n. ch. index, planches.

Bib. nat., $\frac{O^2 o}{53}$. — Le front. gravé porte le titre en latin.

— A Copy of the Japan Diary : Received per a Danish Ship, July 18, 1674, and given to Sir Robert Southwell by Sir Nathanael Hearne. (*General Collection of Voyages and Travels*, by John Pinkerton, London, 1811, VII, pp. 641-651.)

From Kempfer's *History of Japan*.

Signé : Simon Delboe, Hamond Gibben, William Ramsden.

— The History of Japan. By Engelbert Kempfer, M. D. Physician to the Dutch Embassy to the Emperor's Court; And translated from his original Manuscript, in the German Language, never before printed. By J. G. Scheuchzer, F. R. S. And a Member of the College of Physicians, London. (*General Collection of Voyages and Travels*, by John Pinkerton, London, 1811, VII, pp. 652-821.)

Abrégé.

— An Account of Japan by Engelbert Kaempfer, M. D. Physician to the Dutch Embassy to the Emperor's Court. Abridged and arranged from the Translation of J. G. Scheuchzer, F. R. S. — London : Ingram, Cooke, and Co., 1853, in-8, pp. XVI-105.

Part X. — The Universal Library. — Voyages. — Vol. I, Part 2.

— The History of Japan Together with a Description of the Kingdom of Siam 1690-92 by Engelbert Kaempfer, M. D. Physician to the Dutch Embassy to the Emperors's Court and translated by J. G. Scheuchzer, F. R. S. — Glasgow, James Mac Lehose and Sons, MCMVI. 3 vol. in-8, pp. LXXXIX-337, X-397, IX-386 ; ill.

Dans le vol. I, pp. XV-XIX, Biographical Note on the Scheuchzer Family. By Sir Archibald Geikie.

— Histoire // naturelle, civile, // et // ecclesiastique // de // l'empire du // Japon : // Composée en Allemand // Par Engelbert Kaempfer, // Docteur en Médecine à Lemgow; // & traduite en François sur la Version Angloise // de Jean-Gaspar Scheuchzer, // Membre de la Société Roiale, & du College des Médecins, à Londres. // Ouvrage enrichi de quantité de Figures dessinées d'après le naturel par // l'Auteur même. // [*vig.*] // A la Haye, // Chez P. Gosse, & J. Neaulme, // M.DCC.XXIX. 2 vol. in-fol., 4 ff. n. ch. p. l. tit., tab., ép. + pp. lii p. l. préf. de l'aut., la vie de l'auteur par le trad. anglois, le discours prél. du trad., l'expl. des pl. + pp. 217, 2 ff. n. ch. p. l. tit. et l. tab. + pp. 313 + 96.

Il y a 18 pl. p. l. T. I. et les pl. 19-45 p. l. T. II: le T. I contient les Livres I-III; le T. II les Livres IV et V.

Les 96 dernières pages du tome II renferment :

APPENDICE ou Supplément de l'Histoire du Japon :

I. Histoire Naturelle du Thé du Japon, avec une exacte Description de cette Plante, de sa Culture, de son Accroissement, de sa Préparation, & de ses Vsages.

II. Des Manufactures de Papier du Japon.

III. De la Cure de la Colique par la Piquure d'une Eguille, telle qu'elle est en usage parmi les Japonnois.

IV. Relation du Moxa, excellent Caustique des Chinois & des Japonnois; avec une Représentation pour montrer quelles sont les Parties du Corps Humain où l'on doit appliquer le Feu avec cette Plante en divers genres de Maladies.

V. Observations sur l'Ambre-gris.

VI. Réflexions sur la Question s'il est avantageux, pour le bien de l'Empire du Japon, d'être fermé, comme il est, aux Etrangers, & à ses Habitans, à qui l'on ne permet point d'avoir aucun commerce, ni dedans ni dehors l'Empire, avec les Nations Etrangeres.

APPENDICE second de l'Histoire du Japon.

Partie d'un Journal authentique du Voyage que les Anglois firent au Japon en 1673.

Table des Matières.

Bib. nat., $\frac{O^2 o}{55}$. — Un ex. dans la Réserve sur grand papier. — Traduit par Naudé. — Cat. Mourier, No. 426, 35 fr.

— Histoire // naturelle, civile, // et // ecclesiastique // de // l'Empire du // Japon : //

Composée en Allemand // Par Engelbert Kaempfer, // Docteur en Medecine à Lemgow; // Et traduite en François sur la Version Angloise de // Jean-Gaspar Scheuchzer, // Membre de la Société Royale, & du College // des Medecins, à Londres. // Ouvrage enrichi des Plans & des Cartes nécessaires. // [*fleuron*] // A la Haye, // Chez P. Gosse, & J. Neaulme. // M.DCC.XXXII. 3 vol. in-12, front. gravé, pp. lxx + 1 f. n. ch. tab. + pp. 312, 2 ff. n. ch. + pp. 416, 1 f. n. ch. + pp. 379 + 8 ff. n. ch. tab., planches.

Bib. nat., $\frac{O^2 o}{55A}$. — Réserve : Aux Armes de la Comtesse de Verrue. — Cat. Mourier, No. 428, 10 fr.

—— De // Beschryving // van // Japan, // behelsende // een verhaal van den ouden en tegenwoordigen // Staat en Regeering van dat Ryk, // van // deszelfs Tempels, Paleysen, Kasteelen en Andere // Gebouwen; van deszelfs Metalen, Mineralen, Boomen, Planten, // Dieren, Vogelen en Visschen. // Van de Tydrekening, en Opvolging van de Geestelyke // en Wereldlyke Keyzers. // Van de // Oorspronkelyke Afstamming, Godsdiensten, Gewoonten en Handwerkselen // der Inboorlingen, en van hunnen // koophandel met de Nederlanders en de Chineesen. // Benevens eene // Beschryving van het Koningryk Siam. // In't Hoogduytsch beschreven door // Engelbert Kaempfer, M. D. Geneesheer // van het Hollandsche Gezantschap na't Hof van den Keyzer, // Uyt her oorspronkelyk Hooghduytsch Handschrift, nooit te vooren gedrukt, // in het Engelsch overgezet, door // J. G. Scheuchzer, Lidt van de Koninklyke Maatschappy, // en van die der Geneesheeren in London. // Die daar by gevoegt heeft het Leven van den Schryver. // Voorzien met kunstige Kopere Platen, // Onder het opzicht van den Ridder Hans Sloane uytgegeven, // En uyt het Engelsch in't Nederduytsch vertaalt. // [*fleuron*] // In's Gravenhage, // Ent' Amsterdam, // By // P. Gosse en J. Neaulme. // Balthasar Lakeman. // MDCCXXIX. In-fol., pp. 50 + pp. 500 à 2 col., front. gravé et planches.

Bib. nat., $\frac{O^2 o}{54}$.

(ENGELBERT KAEMPFER.)

Il y a des ex. de cette même édition qui portent la date de 1733 dont le titre a été réimprimé et porte : t'Amsterdam, by Jan Roman de Jonge; et le front. gravé porte l'adresse : t'Amsterdam, by Arent van Huyssteen :

—— De Beschryving van Japan... Amsterdam, Roman de Jonge, 1733, in-fol., front gravé.

Cat. Mourier, No. 427, 15 fr.

— Engelbert Kämpfers Reise nach Japon (P. 501, Cap. XXXVI, *Allgem. Hist. d. Reisen*, XI, 1753). — Beschreibung der japonischen Inseln (P. 561, Cap. XXXVII, *Ibid.*)

—— Nachricht // die // Urschrift // der // Kämpferischen // Beschreibung von Japan // betreffend //— von // Christian Wilhelm Dohm. // – Lemgo, // in der Meyerschen Buchhandlung, 1774, in-8, pp. 40.

Bib. nat., $\frac{O^2 o}{56}$.

—— Engelbert Kämpfers Weyl. D. M. und Hochgräfl. Lippischen Leibmedikus Geschichte und Beschreibung von Japan Aus den Originalhandschriften des Verfassers herausgegeben von Christian Wilhelm Dohm... Lemgo, im Verlage der Meyerschen Buchhandlung, 1777-1779, 2 vol. in-4, pp. lxviii-310, 4. ff. n. ch. p. l. tit., av. et tab. + pp. 478 + 1 f. n. ch.; carte et planches grav. sur cuivre.

— Les grands voyageurs au Japon. Essais bio-bibliographiques. Par Pierre Bons d'Anty-Engelbert Kaempfer (1651-1716). (*Revue de l'Ext.-Orient*, II, Oct.-Déc. 1884, pp. 494-504; *ibid.*, III, n° 1, janv.-mars 1885, pp. 144-158.)

—— Engelbert Kaempfer, sa vie, ses écrits, ses voyages. (L. de Rosny, *Variétés orientales*, 1868, pp. 98-122.)

—— Un voyageur du XVIIe siècle au Japon : Kaempfer. Conférence de M. Bellessort, Professeur au Lycée Janson de Sailly. (*Bul. Soc. normande de Géog.*, XXI, 1899, pp. 123-149.)

—— Kaempfer as an Authority on Shinto. By W. G. Aston, C. M. G. (*Man*, 1902, No. 127, pp. 182-184.)

* * *

—— *Universus terrarum orbis scriptorum calamo delineatus, hoc est auctorum fere

(ENGELBERT KAEMPFER.)

omnium, qui de Europae, Asiae, Africae et Americae Regnis, Provinciis, Civitatibus, Oppidis... et de Aliis tam super, quam subtus Terram Loci... de gentium quoque Moribus, Religione, Legibus, Idiomate... Quovis Tempore, et Qualibet Lingua Scripserunt, cum anno, loco, et forma editionis eorum uberrimus elenchus... studio et labore Lasor a Varea. Patavii, Ex Typographia Olim Frambotti, 1713 2 vol. in-fol.

Vol. I, 38 ff. n. ch., pour la dédicace, la table des auteurs, etc., 535 pp. de texte avec cartes géographiques et costumes. Vol. II, 687 pp., cartes géographiques.

Cet ouvrage important et peu commun renferme un catalogue étendu d'une nombreuse série d'ouvrages imprimés relatifs à l'histoire des pays, des villes, etc., du monde entier. L'Amérique s'y trouve assez bien représentée. C'est aussi un vocabulaire géographique descriptif par ordre alphabétique, et à chaque article se trouve jointe une liste des ouvrages y relatifs. Il y a deux index : le premier contenant les noms d'environ 12 à 13.000 écrivains, le second, une table des matières.

C'est le livre le plus complet dans ce genre, et malgré ses lacunes, on peut le consulter avec fruit et le regarder avec raison comme une bibliothèque géographique et historique. Il contient, en outre, plus de 1.000 pl.

Cat. Mourier, No 433, 45 fr.

ANTONIO FRANCO.

Né à Montalvão (Alentejo) en 1662; + à Evora, le 3 mars 1732.

—— *Imagem da Virtude. Em o Noviciado da Companhia de Jesus no Real Collegio do Espirito Sancto de Evora do Reyno de Portugal. Na qual se contèm a fundaçam desta Santa Casa, vida de seu Fundador, e mais servos de Deos, que nella, ou foraõ Mestres, ou Discipulos. Offerecida à Virgem Senhora dos Martyres na sua devotissima Imagem, que se venera na Capella grande do Santo Noviciado de Evora, copia da que pintou S. Lucas. Pelo Padre Antonio Franco da Companhia de Jesvs, que foy Novizo et Mestre na mesma Casa. Lisboa, Na Officina Real Deslandesiana, M.DCCXIV. In-fol., pp. xx-886.

Sommervogel. — Silva.

—— Imagem // da // Virtude // Em o Noviciado da Companhia de // Jesus // na Corte de Lisboa, // em qve se contem a fundaçam da Caza. & os Religiosos de virtude, que em Lisboa foraõ Noviços. // Offerecida // a // Virgem Senhora // da // Assumpçaõ // Padroeyra do mesmo Noviciado. // Pello // P. Antonio Franco // Da Companhia de Jesus // Noviço, que foy na mesma Caza. // [*fleuron*] // Coimbra : // No Real Collegio das Artes da Companhia de Jesu. // Anno M.DCC.XVII, // Com todas as licenças necessarias. In-fol., 8 ff. n. ch. titre, etc. + pp. 979.

—— Imagem // da // Virtude // em o Noviciado da Companhia // de // Jesus // no Real Collegio de // Jesus de Coimbra // em Portugal // Na qual se contem as vidas, & sanctas mortes // de muitos homens de grande Virtude, que na- // quella Sancta caza se criaram. // Offerecida // a Senhora // da // Victoria, // Padroeira do mesmo Noviciado, // pello P. Antonio Franco // da Companhia de Jesus. // [*fleuron*] // Primeiro tomo. // Evora, // na Officina da Universidade. Anno de 1719. 2 vol. in-fol., 8 ff. n. ch. tit., etc. + pp. 856 à 2 col., 8 ff. n. ch. tit., etc. + pp. 785 à 2 col. + 1 f. n. ch.

Bibl. nat., Oy. 23 A.

—— *Annus gloriosus Societatis Jesu in Lusitania, Complectens Sacras Memorias illustrium Virorum, qui virtutibus, sudoribus, sanguine, Fidem, Lusitaniam, et Societatem Jesu, in Asia, Africa, America, ac Europa felicissimè exornarunt, Succinctâ narratione congestas a R. P. Antonio Franco Ejusdem Societatis Theologo. Viennae Austriae, Sumptibus Joan. Mich. Christophori, Typis Joannis Baptistae Schilgen, Anno M.DCCXX. In-4, pp. 780 à 2 col. s. l. l. e. l. t. (L'App. du Provincial de Portugal est d'Evora, 1717; celle du Prov. d'Autriche, Vienne, 1719.)

Sommervogel.

—— *Synopsis annalium Societatis Jesu in Lusitania ab Anno 1540, usque ad Annum 1725. Authore R. P. Antonio Franco Societatis ejusdem Sacerdote. Augustae-Vindelicorum et Graecii. Sumptibus Philippi, Martini, et Joannis Veith, Haeredum,

Anno M.DCC.XXVI. In fol., 6 ff. pp. 466, 21 ff. pour les Catalogues, etc.

Sommervogel.

Sidoti.

—— *Relacion del viage, que hiço el Abad D. Juan Baptista Sidoti desde Manila al Japon, embiado par el Papa Clemente XI; por el Rev. P. Fr. Augustin de Madrid. 1717.

Ms. cité par Marcellino da Civezza, No. 368.

—— *Breve relazione estratta da varie lettere per il Reverendo Padre Fr. Agostino da Madrid, dell' Ordine Serafico, Commissario e Procuratore Generale della Provincia di San Gregorio e Missioni de' Francescani Scalzi nell' isole Filippine, China, ed altri regni del gentilesimo : sopra l'arrivo nelle città di Manila, partenza per l'impero del Giappone, arrivo e dimora in quello dell' abate Gio. Battista Sidoti : con un esatto diario del viaggio del Giappone e stato in cui si trova : tradotto dall' idioma spagnuolo nell' italiano da Gio. Francesco Sangermano Corvo. Roma, Bernàbò, 1718, in-4, pp. 45.

—— The Capture and Captivity of Père Giovanni Batista Sidotti in Japan from 1709 to 1715. — Translated trom the 西洋紀聞 of Arai Haku-seki, by the Rev. W. B. Wright. (*Trans. Asiatic Soc. Japan*, Vol. IX, Pt. II, Aug. 1881, pp. 156-172.)

Charlevoix.

—— Histoire // de // l'établissement, // des progrès // et de // la décadence // du // Christianisme // dans l'Empire // du Japon. // Où l'on voit les différentes Révolutions qui ont // agité cette Monarchie pendant plus d'un siècle. // Par le R. P. de Charlevoix, // de la Compagnie de Jesus. // A Rouen, // Chez Jacques Joseph Le Boullenger, // Imprimeur-Libraire, ruë des Jésuites, près le Collège. // — M.DCC.XV. // Avec privilege du Roy. 3 vol. pet. in-8, tit. + 20 ff. n. ch. préf., approb., etc. + 1 f. n. ch. Sommaire + pp. 337 + 12 ff. n. ch. tab., pp. 398 + 17 ff. n. ch. tab., pp. 460 + 11 ff. n. ch. tab.

Bib. nat., O²o 151.

—— Histoire // de // l'établissement, // des progrès // et de // la décadence // du // Christianisme // dans l'Empire // du Japon. // Où l'on voit les différentes Révolutions qui ont // agité cette Monarchie pendant plus d'un siècle. // Par le R. P. de Charlevoix, // de la Compagnie de Jesus. // A Rouen, // Chez Guillaume Behourt, Imprimeur de // Monseigneur l'Archevêque, proche S. Lo. // M.DCC.XV. // Avec Privilege du Roy. 3 vol. pet. in-8.

Même éd. que celle de Le Boullenger, mais sans la préface. — Bib. nat., O² o 151 A.

—— Histoire // et // Description // generale // du Japon; // où l'on trouvera // tout ce qu'on a pu apprendre // de la nature & des Productions du Pays, du Caractere & des Coûtumes // des Habitans, du Gouvernement & du Commerce, des Révolutions // arrivées dans l'Empire & dans la Religion; // et l'examen de tous les auteurs, // qui ont écrit sur le même sujet. // Avec les Fastes chronologiques // de la decouverte du Nouveau Monde. // Enrichie de Figures en taille-douce. // Par le P. de Charlevoix, de la Compagnie de Jesus. // . . . A Paris, // Chez Julien-Michel Gandouin, Quai de Conti, // aux trois Vertus. // — M.DCC.XXXVI. // Avec approbation et Privilege du Roy. 2 vol. in-4, 2 ff. n. ch. p. l. déd. au Cardinal de Fleury + pp. lviij pour l'avert., projet, fastes, table + pp. 667 à 2 col., table; XII-746 + 1 f. n. ch. permis., appr. priv.

Voir II, p. 617 : Description des Plantes du Japon, divisées en cinq classes, & leurs Usages; avec les Figures des principales.

P. 681 : Liste & Examen des Auteurs qui ont écrit du Japon.

Bib. nat., O² o 152.

Mém. de Trévoux, 1737, pp. 1076-1107, 1396-1425, 1721-1746. — *Journ. des Savans*, 1736, pp. 687-694; 1737, pp. 56-61. — *Journal de Verdun*, 1736, août, pp. 83-90. — *Observat. sur les écrits modernes*, X, pp. 49-68, 289-306; XI, pp. 109-186. (Sommervogel.)

—— *Histoire et Description generale du Japon..... Paris, François Giffart, 1736, 2 vol. in-4.

Cat. Mourier, No. 380 et 381, 30 fr. et 40 fr.

—— *Histoire et Description générale du Japon..... Paris, 1736, 9 vol. in-12.

Cat. Mourier, No. 382, 25 fr.

—— Histoire // du // Japon; // ou l'on trouvera // tout ce qu'on a pu apprendre de // la nature & des productions du Pays, du caractere // & des Coutumes des Habitants; du Gouvernement // & du Commerce, des Revolutions arrivées dans // l'Empire & dans la Religion; & l'examen de tous // les Auteurs, qui ont écrit sur le même sujet. // Nouvelle édition. // Enrichie de Figures en taille-douce. // Par le Pere de Charlevoix, de la Compagnie // de Jesus. // Revûe, corrigée, augmentée, & mise dans un // nouvel ordre par l'Auteur. // A Paris // Chez Giffart, Libraire, rue Saint // Jacques, à Sainte Therese. // — M.DCC.LIV. // Avec Approbation & Privilege du Roi. 6 vol. in-12.

Même éd. que celle de Rollin. — Bib. nat., O² o 153.

—— Histoire // du // Japon; // ou l'on trouvera // tout ce qu'on a pu apprendre de // la nature & des productions du Pays, du caractere // & des Coûtumes des Habitants, du Gouvernement // & du Commerce, des Révolutions arrivées dans // l'Empire & dans la Religion; & l'examen de tous // les Auteurs, qui ont écrit sur le même sujet. // Nouvelle Edition. // Enrichie de Figures en taille-douce. // Par le Pere de Charlevoix, de la Compagnie // de Jesus. // Revûe, corrigée, augmentée, & mise dans un // nouvel ordre par l'Auteur. // A Paris. // Chez Rollin, Libraire, Quai des Augustins, à S. Athanase. // — M.DCC.LIV. // Avec Approbation & Privilége du Roi. 6 vol. in-12, pp. XXIV-417, lxxxv + 1 f. n. ch. + pp. 429, 558 + 1 f. n. ch., 534 + 1 f. n. ch. er., 479, 386 + 3 ff. n. ch. er., permis., app. et priv.

Bib. nat., O² o 484.

(CHARLEVOIX.)

—— Histoire // du // Japon, // ou l'on trouvera // tout ce qu'on a pu apprendre de // la nature & des productions du Pays, du caractere // & des Coutumes des Habitants; du Gouvernement // & du Commerce, des Revolutions arrivées dans // l'Empire & dans la Religion; & l'examen de tous // les Auteurs, qui ont écrit sur le même sujet. // Nouvelle édition. // Enrichie de Figures en taille-douce. // Par le Pere de Charlevoix, de la Compagnie // de Jesus. // Revûe, corrigée, augmentée, & mise dans un // nouvel ordre par l'Auteur. // A Paris. // Chez Nyon fils, Libraire, Quay des // Augustins, à l'Occasion. // M.DCC.LIV. // Avec Approbation & Privilége du Roi. 6 vol. in-12.

Bibl. nat., O²o 153 A Réserve. — Ex. en mar. r. aux Armes de Marie-Antoinette; un autre aux Armes de Mesdames, incomplet des T. 4 et 5.

—— * A Paris, chez Ganeau, Bauche, d'Houry, 1754, 6 vol. in-12.

Journ. des Savans, 1755, pp. 223-226. — *Supp. ad Nova Acta Eruditor.*, V, pp. 385-395. — *Année littéraire*, 1754, III, pp. 283-288.

Sommervogel.

—— Histoire de l'établissement, des progrès et de la décadence du Christianisme dans l'Empire du Japon, ou l'on voit les différentes révolutions qui ont agité cette monarchie pendant plus d'un siècle. Par le R. P. de Charlevoie [*sic*], de la Compagnie de Jésus. Paris, Bureau de la Bibliothèque catholique, Rue Saint-Guillaume, N° 15. 2 vol. in-12, pp. XXIV + 1 f. n. ch. som. + pp. 362, 476.

Faux-titre : *Bibliothèque catholique dédiée à N. S. P. le Pape...* Paris... 1828.

Bib. nat., O² o 151 B.

—— Histoire du Christianisme au Japon, où l'on voit les différentes révolutions qui ont agité cette monarchie pendant plus d'un siècle. Par le P. de Charlevoix de la Compagnie de Jésus. Nouvelle Edition, devant servir de complément aux divers recueils de Lettres édifiantes. A Paris, Rusand, 1828, 2 vol. in-8, pp. XXX-469, 467.

Bib. nat., O² o 154.

(CHARLEVOIX.)

— *Louvain, Vanlinthout et Vanderzande, 1828-29, 2 vol., pp. XXIV-410, 540. (Sommervogel.)

—— Histoire du Christianisme au Japon, d'après le R. P. de Charlevoix; par M. D. L. C. — Paris, Gaume frères, 1836, 2 vol. in-16, pp. 287, 284.

Bib. nat., O²o 155.

—— Histoire et description du Japon, d'après le P. de Charlevoix. Tours, A^d Mame, 1839, in-12, pp. 308; front. grav. et pl.

Bibliothèque de la Jeunesse Chrétienne approuvée par Mgr l'Archevêque de Tours.

Bib. nat., O²o 156.

—— Histoire et description du Japon, d'après le P. de Charlevoix. Deuxième Edition. Tours, A^d Mame, 1841, in-12, pp. 308; front. grav. et pl.

Bibliothèque de la Jeunesse Chrétienne approuvée par Mgr l'Archevêque de Tours.

Bib. nat., O²o 156 A.

—— Histoire et description du Japon d'après le P. de Charlevoix. Quatrième Edition. Tours, A^d Mame, 1844, in-16, pp. 288; front. grav. et planches.

Bibliothèque des Écoles chrétiennes approuvée par Mgr l'Evêque de Nevers.

Bib. nat., R. 28893.

—— Histoire et description du Japon d'après le P. de Charlevoix. — 6e édition. — Tours, A^d Mame, 1852, in-16, pp. 288.

Bibliothèque de la Jeunesse chrétienne approuvée par Mgr l'Archevêque de Tours.

Bib. nat., O²o 156 B.

—— Le Christianisme au Japon 1542-1660 d'après le R. P. de Charlevoix, par M. L. D. C. Deuxième édition. Lille, L. Lefort, 1853, in-8, pp. VIII-324, front. grav.

Bib. nat., O²o 157.

—— Historia del Japon y sus Misiones. Escrita en Frances por el P. Charlevoix, traducida al Español, y aumentada con notas geográficas é históricas de Cochinchina, Filipinas y otras muchas poblaciones, lista de los Mártires y pais natal de cada uno. Valladolid, Imp. de D. Juan de la Cuesta, 1860. In-12, pp. 4 n. ch. + 294; grav. dans le texte.

Retana, 962.

—— *Historia del Cristianismo en el Japon, segun el R. P. Charlevoix, por M. D. L. C. Barcelona, 1858, in-12.

(Par Fréd. Titeu.)

—— *The History of the Church of Japan, written in French, and now translated into English by N. N. London. Printed in the Year 1715, 2 vol. in-4.

*
* *

—— *Antonio Caetano de Sousa. Catalogos dos Arcebispos de Goa, Primazes do Oriente; dos Bispos de Cochim, Meliapor, China, Japão, Macau, Nankim, e Malaca; Patriarchas de Ethiopia; Arcebispos de Cranganor e Serra.

«Sahiram impressos no tom. 2. da *Collec. dos Docum. e Mem. da Academ. Real da Hist. Port.* Lisboa-Occidental na Officina de Paschoal da Silva. 1722, in-fol.» (Figaniere, No. 896.)

VALENTIJN (1724).

—— Oud en Nieuw // Oost-Indiën, // vervattende // Een Naaukeurige en Uitvoerige Verhandelinge van // Nederlands Mogentheyd // In die // Gewesten, // Benevens // Eene wydlustige Beschryvinge der Moluccos, Amboina, Banda, Timor, // en Solor, Java, en alle de Eylanden onder dezelve Landbestieringen // behoorende; het Nederlands Comptoir op Suratte, en de // Levens der Groote Mogols; // als ook // Een Keurlyke Verhandeling van 't wezentlykste, dat men behoort te weten van // Choromandel, Pegu, Arracan, Bengale, Mocha, Persien, Malacca, // Sumatra, Ceylon, Malabar, Celebes of Macassar, China, // Japan, Tayouan of Formosa, Tonkin, Cambodia, Siam, // Borneo, Bali, Kaap der Goede Hoop en van Mauritius. // Te zamen dus behelzende niet alleen eene zeer nette Beschryving van alles, wat Nederlands Oost- // Indiën betreft, maar ook 't vornaamste dat eenigzins tot eenige andere Europeërs, in die Ge- //

westen, betrekking heeft. // Met meer dan thien honderd en vyftig Prentverbeeldingen verrykt. // Alles zeer naaukeurig, in opzigt van de Landen, Steden, Sterkten, Zeden der Volken, // Boomen, Gewasschen, Land- en Zeè-dieren, met alle het Wereldlyke en Kerkelyke, van // d'Oudste tyden af tot nu toe aldaar voorgevallen, beschreven, en met veele zeer nette // daar toe vereyschte Kaarten opgeheldert // door // François Valentyn, // Onlangs Bedienaar des Goddelyken Woords in Amboina, Banda, enz. // in vyf deelen. //

Te { Dordrecht, Amsterdam, }
by { Joannes van Braam, Gerard Onder de Linden, } Boekverkoopers.
MDCCXXIV.
Met privilegie.

5 parties in-folio en 8 volumes.

—— Beschryving ‖ van ‖ Groot Djava, ‖ ofte ‖ Java Major, ‖ behelzende ‖ Een zeer fraaje Landbeschryving van dit magtig Eyland, ‖ Benevens een aanwyzing der Landen onder den Keyzer van Java, onder den ‖ Koning van Bantam, onder Soerapati, en den Prins van Balamboang, ‖ Behoorende, met de Zaaken tot alle die Vorsten betrekkelyk, ‖ En voornamentlyk een Verhaal van het Koningryk Jakatra, of van de Landen, ‖ onder de E. Nederlandsche Maatschappy behoorende; ‖ Mitsgaders een omstandige Beschryving der Stadt Batavia, haare Verove- ‖ ring, en Grondvesting, benevens de ‖ Levens der Opperlandvoogden van Indien, ‖ Als ook een Beschryving van het Nederlands Comptoir in ‖ Suratte, ‖ En van de Levens der ‖ Groote Mogols; ‖ Mitsgaders een Verhaal der Zaaken van China, ‖ Nevens een Beschryving van 't Eyland, Formosa, ofte Tayouan, en de ‖ Zaaken daar toe behoorende; waar agter gevoegt zyn des Schryvers ‖ Uyt-en T'Huys-reyzen, ‖ Met verscheide Teekeningen, en Landkaarten, daar to dienende. ‖ Door ‖ François Valentyn, ‖ Onlangs Bedienaar des Goddelyken Woords in Amboina, Banda, enz. ‖ Vierde Deel. ‖ Te Dordrecht, Amsterdam, by Joannes van Braam, Gerard onder de Linden, Boekverkoopers. ‖ MDCCXXVI. ‖ Met Privilegie. In-folio.

F. Valentyn, IV. Deel.

—— Keurlyke Beschryving van ‖ Choromandel, ‖ Pegu, Arrakan, Bengale, Mocha, ‖ Van't Nederlandsch Comptoir in Persien; en eenige fraaje ‖ Zaaken van Persepolis overblyfzelen. ‖ Een nette Beschryving van ‖ Malakka, ‖ 't Nederlands Comptoir op 't Eiland Sumatra, ‖ Mitsgaders een wydlustige Landbeschryving van 't Eyland ‖ Ceylon, ‖ En een net Verhaal van des zelfs Keizeren, en Zaaken, van ouds hier voorgevallen; ‖ Als ook van't Nederlands Comptoir op de Kust van ‖ Malabar, en van onzen Handel in Japan, ‖ En eindelyk een Beschryving van ‖ Kaap der Goede Hoope, ‖ En 't Eyland Mauritius, ‖ Met de Zaaken tot alle de voornoemde Ryken en Landen behoorende. ‖ Met veele Prentverbeeldingen, en Landkaarten opgeheldert. ‖ Door ‖ François Valentyn, ‖ Onlangs Bedienaar des Goddelyken Woords in Amboina, Banda, enz. ‖ Vyfde Deel. ‖ Te Dordrecht, Amsterdam, by Joannes Van Braam, Gerard onder de Linden, Boekverkoopers. ‖ MDCCXXVI. ‖ Met Privilegie. In-folio.

F. Valentyn, V. Deel.

—— *Rosas do Japão, candidas Açucenas, e ramalhete de fragantes e peregrinas flores, colhidas no Jardim da Igreja do Japão, etc. (por Fr. Agostinho de Santa Maria). Lisboa, Pedrosa Galrão, 1699, in-4.

—— Rosas do Japão, e da Cochinchina, candidas Açucenas, etc. Parte 2e, Lisboa occidental, Pedro Ferreira, 1724, in-4.

Pagès, 363. — Marcellino da Civezza.

Thomas Salmon (1725).

—— Modern History; or Present State of all Nations, 1725-1739, 32 vol. in-8.; 2d. ed., 1739, 3 vol. in-4.

—— Modern History: or, the present state of all Nations. Describing their respective Situations, Persons, Habits, and Buildings;

Manners, Laws and Customs, Religion, and Policy; Arts and Sciences, Trades, Manufactures and Husbandry; Plants, Animals, and Minerals. By Mr. Salmon. Illustrated with Cuts and Maps, accurately drawn according to the Geographical Part of this Work, By Herman Moll. The third edition. With considerable Additions and Improvements, interspersed in the Body of the Work: Also the History and Revolutions of each Country brought down to the present Time. In Three Volumes. London : Printed for T. Longman, etc. MDCCXLIV to MDCCXLVI. 3 vol. in-fol.

Voir dans le Vol. I : The Present State of the Empire of China. — The Present State of Japan. — The Present State of Tonquin. — The Present State of Cochinchina. — The Present State of Siam.

—— The Universal Traveller : or, a compleat Description Of the several Nations of the World. Shewing, I. The Situation Boundaries, and Face of the respective Countries. II. Number of Provinces and Chief Towns in each. III. The Genius, Temper, and Habits of the several People. IV. Their Religion, Government, and Forces by Sea and Land. V. Their Trafick, Produce of their Soil, Animals, and Minerals. VI. An Abstract of the History of each Nation. Brought down to the present Time. And Illustrated with a great Variety of Maps and Cuts. By Mr. Salmon. London : Printed for Richard Baldwin, at the Rose in Pater-Noster-Row. M. DCC. LII-LIII. 2 vol. in-fol.

Autre édition de l'ouvrage précédent avec de grandes modifications.

—— Lo Stato presente // di tutti i Paesi // e Popoli del Mondo // naturale, politico, e morale // con nuove osservazioni, // e correzioni degli antichi, // e moderni viaggiatori. // Volume II. // *Del Giappone, // Isole Ladrone, Filippine, e Molucche, // Regni di Kochinchina, e Tonkino // e della Provincia di Quansi.* // Edizione Seconda. // In Venezia, // Presso Giambatista Albrizzi Q. Gir. // MDCCXXXVIII. In-8, 7 ff. n. ch. tit., etc. + pp. 382, front. gravé, cartes et ill.

—— Histoire moderne ou l'etat present de tous les peuples du monde.... Traduit de l'Anglois de Mr. Salmon.... Tome Premier, Premiere Partie, Contenant une Description de l'Etat present de l'Empire de la Chine... A Amsterdam, Chez Isaac Tirion... MDCCXXX. In-8, pp. 276 s. l. p. et l. t.

La trad. franç. n'a pas été terminée.

—— Hedendaagsche // Historie, // of // tegenwoordige staat // van // alle Volkeren; // In opzigte hunner Landsgelegenheid; Personen, Klederen, // Gebouwen, Zeden, Welten, Gewoontens, Godsdienst, // Regering, Konsten en Wetenschappen, Koophandel, // Handwerken, Landbouw, Landziektense Planten, // Dieren, Mineralen en andere zaken tot de natuur- // lyke Historie dienende. // Eerst in't Engelsch beschreven door // Th. Salmon. // Nu vertaald en merkelyk vermeerderd door // M. van Goch, M. D. // I. Deel. // Behelzende de Tegenwoordige Staat der Keizerryken China // en Japan, als mede van de Ladrones, Filip- // pynsche en Molukkische Eilanden, // en van Makassar. // Met naaukeurige Landkaarten en Platen versiert. // Te Amsterdam, // By Isaak Tirion, Boekverkooper op // den Nieuwendyk, by den Dam, in // Hugo Grotius, 1736. // Met Privilegie. In-8, front. gravé.

Tegenwoordige Staat van Japan, pp. 201-441.

Avec un titre spécial portant la date de 1728.

—— Hedendaagsche // Historie // of het vervolg // van de // Algemeene Historie; // Beschreven door een Gezelschap van // geleerde Mannen // in Engeland. // Uit het engelsch vertaald, enz. // IXde Deel, Iste Stuk. // Behelzende de verdere // *Oostersche Historie*; // en byzonderlyk die van *Japan*, enz. //

Te Leiden, by { P. van der Eyk, en // Daniel Vygh. // J. Le Mair. // }

Te Leeuwarden, by H. A. de Chalmot. // MDCCLXXVII. In-4, pp. 268.

En tête, 1 f. n. ch. *Verklaaring van de Titelplaat*, sig. P. van den Bosch, et front. gravé.

—— Hedendaagsche // Historie // of het vervolg // van de // Algemeene Historie; //

Beschreeven door een Gezelschap van // geleerde Mannen // in Engeland. // Uit het engelsch vertaald, enz. // IX[de] Deel, I[ste] en II[de] Stuk. // Behelzende eene // BESCHRYVING VAN JAPAN ; // Benevens de bezittingen der Portugeezen en // Spanjaarden in de Indien. // - Te Leiden, by P. van der Eyk, en // Daniel Vygh. // J. Le Mair. // Te Campen, by J. A. de Chalmot. // MDCCLXXVIII. // Pet. in-4 pp. VII + pages chif. 269-956, front. gravé.

—— Hedendaegsche Historie of Tegenwoordige Staat alle volkeren.... Eerst in 't Engelsch beschreven door Th. Salmon. Nu vertaelt en merkelijk vermeerdert door M. van Goch. M. D. [Vervolgd door J. Wagenaar en anderen]... Amsterdam, Is. Tirion [puis Wed. Is. Tirion et autres], 1729-1803, 43 deel., in-8.

Voir Tiele, *Nederl. Bibliog.*, p. 227.

—— * Salmon's Heutige Historie, oder der gegenwärtige Staat von allen Nationen, aus dem englischen Original übersetzt, und mit den Zugaben des Herrn (M. von) Goch, aus der Holländischen Edition vermehret, 1ter Teil 6 Stück. m. Karten. a) Von China, Tonquin und Kochinchina. Altona, 1732, in-4. [Stuck, 1261.]

Il y en a 6 éd., la plupart publiées à Altona. (Boucher, I, 92.)

*
* *

—— De droevige Shipbreuk van het Flintschip den Arion, op de reize uit Japan naer Batavia, door A. Bogaert. Amsterdam, 1723, in-8.

ALEXANDER HAMILTON (1727).

—— A New Account of the East Indies, being the Observations and Remarks of Capt. Alexander Hamilton, Who spent his Time there from the Year 1688. to 1723. Trading and Travelling, by Sea and Land, to most of the Countries and Islands of Commerce and Navigation, between the Cape of *Good-hope*, and the Island of *Japon*. Edinburgh, Printed by *John Mosman* One of His Majesty's Printers, and sold at the King's Printing-house in *Craig*'s Closs. MDCCXXVII. 2 vol. in-8, pp. XXIX-VIII-396, VII-309-10.

—— A New Account of the East Indies. Giving An exact and copious Description of the Situation, Product, Manufactures, Laws, Customs, Religion, Trade, &c. of all the Countries and Islands, which lie between the Cape of Good Hope, and the Island of Japon. Interspersed with An entertaining Relation not only of the principal Events, which happened during the Author's Thirty Years Residence in those Parts; but also of the most remarkable Occurrences and Revolutions in those vast Dominions, for this Century past. Comprehending also Many curious and interesting Particulars relating to our Commerce with those Countries, and the Affairs of the East India Company. Illustrated with Maps and Sculptures. By Captain Alexander Hamilton. In two volumes. London : Printed for C. Hitch... and A. Millar..., M.DCC.XLIV. 2 vol. in-8.

*
* *

—— ✠ // Franciscos // Descalzos // en Castilla // la Vieja, // Chronica // de la Santa Provincia // de // San Pablo // de la mas estrecha regular observancia // de N.S.P.S. Francisco, // formada de las maravillas de Dios en sus religiosos Con- // ventos, Santos, y Venerables Hijos, por el Menor Fr. Juan de San Antonio // (Salmantino) Lector de Theologia, Revisor por el Santo Tribunal de las // Bibliothecas del Obispado de Zamora, Visitador Vice de las Santas Provin- // cias Descalzas de San Gabriel, y San Diego, Difinidor actual y Chro- // nista de la nombrada Provincia del Apostol... // En Salamanca : En la Imprenta de la Santa Cruz, Año de 1728. 2 vol. in-fol., pp. 41 + 531 + 1 n. ch. + 36 n. ch., pp. 36 n. ch. + 514 + 33, texte à 2 col.

Titre du Tome II :

— Chronica // de la // Santa Provincia // de // San Pablo, // de la mas estrecha regular // Observancia de Nuestro

Séraphico Padre // San Francisco. // Dedicada // al Señor Don Ventura de Pinedo, // Cavallero de el Orden de Santiago, Conde // de Villa-Nueva, y Marquès de Perales del Rio, de el Consejo de su // Magestad, en el Tribunal de la Contaduria Mayor de Quentas, // Director de la Renta General de el Tabaco, y Ministro // de la Junta de ella. // Tomo II. // Formado de las maravillas de Dios en los // Religiosos Conventos de San Franciscos Descalzos en // Castilla la Vieja : // Por el menor // Fr. Jvan de San Antonio (Salmantino) // Lector de Theologia, Revisor por el Santo Tribunal de las Bibliothecas de // Zamora, y fu Obispado, Chronista de dicha Provincia, Ex-Difinidor, Vi- // sitador-Vice de las Santas Provincias Descalzas de S. Gabriel // y San Diego, y Chronista General de todo // el Orden Seraphico. // Con licencia : // En Madrid : en la Oficina de la Viuda de Juan Garcia Infanzòn. // Año de M.DCC.XXIX.

Retana, 232.

—— Salutaris ‖ lux Evangelii ‖ toti orbi per divinam gratiam exoriens, ‖ sive ‖ notitia historico chronologica ‖ literaria et geographica ‖ propagatorum ‖ per orbem totum ‖ christianorum sacrorum : ‖ delineata a ‖ Jo. Alberto Fabricio, ‖ SS. Theol. D. & Professore Publ. in Gymnasio Hamburgensi. ‖ — Accedunt Epistolae quaedam ineditae Juliani Imp. ex. ‖ Bibl. illustrissimi Comitis Christiani Danneshiold de ‖ Samsoa, τοῦ μακαρίτου : & 2) Gregorii Habessini Theologia ‖ Aethiopica, nec non 3) Index Geographicus Episcopatuum Orbis ‖ Christiani, additâ notitiâ Scriptorum, e quibus plerorumque ‖ historia & successio Episcoporum peti potest. ‖ — Hamburgi, Sumtu Viduae Felgineriae, ‖ Typis Stromerianis, A. C. cIↃ Iↄ cc xxxI. In-4, 3 ff. n. ch. p. l. préf. + pp. 796 + pp. 234 + 1 f. n. ch. p. les addenda; front. gravé.

Les pp. 234 renferment *Index geographicus episcopatuum orbis christiani.....; Index locorum et rerum; Index auctorum.*

—— Chronica // de la Santa Provincia // de San Joseph. // Vida portentosa // del penitente admirable, // y contemplativo altissimo // San Pedro de Alcantara, // fundador de toda la Descalzez Seraphica; // redemptor // de la observancia mas estrecha // de la Regla de nuestro Gran Padre San Francisco : // Padre espiritual // de la Seraphica Doctora Santa Teresa de Jesus : // Confundador // de la Reformada, Descalza, y Religiosa Orden // de Nuestra Señora del Carmen // . . . . // En Madrid, En la Imprenta de Manuel Fernandez . . . // Año de M. D. CC. XXXVI. 2 vol. in-fol.

El P. Torrubia, en sus *Siestas de San Gil*, rebate algunas aserciones de esta Crónica. — Retana, 249.

—— Chronicas // de la // Apostolica Provincia // de San Gregorio // de Religiosos Descalzos de N. S. P. // San Francisco // En las Islas Philipinas, // China, Japon &c. // Parte primera, // en que se inclvye // la descripcion // de estas Islas, // que consagra // á la S. C. R. Magestad de // D. Phelipe V. // El Animoso, // Nues // tro Cathólico Rey, y Augusto Emperador de // las Españas, y de las Indias, // la misma Santa Provincia, // y en sv nombre sv Ministro Provincial. // Escrita // por el P. Fr. Jvan Francisco de S. Antonio, // Matritense // Lector de Theologia Escolástica, y Moral, Ex- // Diffinidor, y Chronista General de dicha Provincia. // Impressa en la Imprenta del vso de la propria Provincia, sita en el Con- // vento de Nra. Señora de Loreto del Pueblo de Sampaloc, Extra-muros de // la Ciudad de Manila : Por Fr. Juan del Sotillo. Año de 1738. 3 vol. in-fol. — T. I, pp. 64 n. ch. + 782 + 42 n. ch.

Tomo II :

— Chronicas // de la // Apostolica Provincia // de // San Gregorio, Papa, // El Magno, Doctor de la Iglesia : // de Religiosos descalzos de N. S. P. // San Francisco // en las Islas Philipinas, // China, Japon &c. // Parte segunda. // Del vltimo estado de la Cvstodia, // y // desde sv ereccion de Provincia // en Roma, // hasta sv execvcion en Manila. // Consagrada // al mismo Santo D.r // como á sv *Patri-Madre*, y Titvlar. // Escrita // por el P. Fr. Jvan Francisco de S. Antonio . . . . . // Año de 1741, pp. 30 n. ch. + 579 + 64 n. ch.

Tomo III :

— Chronicas // de la // Apostolica Provincia // de // San Gregorio, // de Religiosos descalzos de N. S. P. // S. Francisco, // en las Islas Philipinas, // China, Japon, &c. // Parte tercera, // De la celeberrima seraphica // Mission de Japon : // con // la descripcion de aqvel Imperio : // glorioso trivmpho de nvestros // proth-martyres invictos, // S. Pedro Bautista, // y sus compañeros, // svs vidas, sv beatificacion, y cvltos // A qvienes // la consagra sv avtor, // El P. Fray Jvan Francisco de San Antonio, // Matritense, Lector , ... // Año de 1744, pp. 38 n. ch. + 839 + 113 n. ch.

Retana, 258.

—— Livre de desseins chinois, tirés d'après des originaux de Perse, des Indes, de la Chine et du Japon, dessinés et gravés en taille-douce par le Sr Fraisse, Peintre de S. A. S. Monseigneur le Duc... Paris, 1735.

Dedicace de Fraisse. Privilége. 53 Planches sans titres ni légendes.

Format 0.38×0.49, 1 vol. reliure aux Armes de France. — Bib. nat., Dép. des Estampes, OL 147. — Cat. Courant 5633.

—— Histoire générale des Cérémonies, Mœurs, et Coutumes religieuses de tous les Peuples du Monde Représentées en 243. Figures dessinées de la main de Bernard Picard : Avec des Explications Historiques, & curieuses; Par M. l'Abbé Banier... & par M. l'Abbé le Mascrier. T. VI. A Paris, Chez Rollin fils, M.DCC.XXXVI, in-fol.

Seconde partie, *Où il est traite des Cérémonies Religieuses des Peuples du Japon*, pp. 1-59.

—— Réponse à M. d'Anville sur le pays de Kamtchatka et de Jeço. Paris, 1737, in-12.

Par le P. Castel.

— Lettre de d'Anville au Père Castel, au sujet des pays de Kamtschatka et de Yeço et réponse du Père Castel. (Paris) 1737, in-12, pp. 46, carte. (*Mém. de Trévoux*, 1733, pp. 357-359.)

—— Dissertation sur la célèbre terre de Kamtschatka et sur celle d'Yéço : sur l'étendue de la domination moscovite : sur la Tartarie Moscovite et Chinoise : sur la communication ou non communication des continents de l'Asie et de l'Amérique, et le passage dans les mers d'Orient par les mers du Nord. Par le P. Castel, S. J. (*Mémoires de Trévoux*, juillet 1737, pp. 1156-1226 et une carte.)

— Réponse de M. Bellin, Ingénieur... à la Dissertation du R. P. Castel, Jésuite, imprimée dans le Journal du mois de Juillet de cette année, contre la Carte qu'il a faite du païs de Kamtschatka pour la nouvelle histoire du Japon. Par le P. de Charlevoix D. L. C. D. J. (*Ibid.*, 1737, pp. 1383-1396.)

— Lettre de M. Bellin à M. d'Anville (au sujet de la lettre au P. Castel). (*Mercure*, 1738, Mars, pp. 449-464; Avril, pp. 613-626.)

—— Arte // De la Lengua Japona, // dividido en quatro libros // segun el arte de Nebrixa. // Con algunas voces proprias de la escritura, y otras de // los lenguages de Ximo, y del Cami, y con algunas // perifrases, y figuras : // a mayor honra, y gloria de Dios, // y de la Inmaculada Concepcion de Nra. Sra. // Patrona con este Titulo del Japón, y para con mayor // facilidad divulgar Nra. Sta. Fè Catholica // en aquellos Reynos dilatados : // compuesto // por el hermano Pr. Fr. Melchor // Oyanguren de Santa Ines, // Religioso Descalzo de Nro. S. P. San Francisco, ex // Missionero Apostolico nombrado para los Reynos de // Cochinchina, ex Guardian de los Conventos de la // Inmaculada Concepcion de Aguas Santas, y de Nro. P. // S. Francisco de Sariaya en las Islas Philippinas, // y Ministro en el Idioma Tagalog. // — Impresso en Mexico con licencia // por Joseph Bernardo de Hogal, // Ministro, ê Impressor del Real, y Apostolico Tribunal // de la Sta. Cruzada en todo este Reyno, // Año de 1738. Petit in-4, titre encadré + 9 ff. n. ch. p. l. dédic., etc. + 200 pages encadrées d'un filet + 1 f. n. ch. index.

Au bas du verso du dernier f., à la suite de l'Index :

«Se acabò este Arte de la lengua Japòna à 12. de Marzo, de 1738.» — Bibliothèque de l'Institut. — Cat. Mourier, No. 449, 250 fr.

—— *Grammaire japonaise, en partie traduite en allemand, en partie extraite de celle du P. Oyanguren, avec des rapprochemens tirés des grammaires du P. Collado et du P. Rodriguez, par J. S. Vater.

Ms. in-4, d. rel. mar. r. Cat. Klaproth, 2e partie, No. 221, 80 fr. à Dondey-Dupré.

Voir Rodriguez, col. 243-246.

—— Las Siestas // de San Gil. // Analysis historico-critica // de un Arbol puesto en la Porteria de // el Real, y Venerable Convento // de San Gil de esta Corte. // Su autor // el R. P. Fr. Joseph Torrubia, // Predicador, y Missionero Apostolico, Calificador, y Revissor // General de Librerias por el Supremo Consejo de la Inquisicion, // Chronista General del Orden de San Francisco en el Assia, // Custodio actual, y Procurador General de la Provincia de San // Gregorio de Philipinas de Franciscos Descalzos, y Comis- // sario de las

Apostolicas Missiones. // . . . En Madrid, en la Imprenta de Alonso Balvàs. // Año de 1738. In-4, pp. 72 n. ch. + 112.

«Las últimas *siestas* (ó capítulos) están consagradas á los misioneros del Japón y de Filipinas.» (Retana, 259.)

— Vida maravillosa // de San Martin // de la Ascension, // y Aguirre, // proto-Martyr del Japon, // Natural de la muy noble, // y muy leal villa de Vergara, // Disertacion historica // de la identidad de su patria, // y apellido. // Su author // el Reverendo Padre Fr. Marcos de Alcala, // Lector de Theologia, Missionero Apostolico, Predicador de su // Magestad, Calificador del Consejo de la Suprema, y General // Inquisicion, y de sus Juntas secretas, Revisor General // de Librerias, Difinidor actual y Chronista de la Santa // Provincia de San Joseph, de Religiosos Descalzos // de N. P. S. Francisco. // Dedicada // al Illustrissimo Señor Don Andres // de Orbe, y Larreategui, Inquisidor General // de todos los Reynos, y Señorios // de España, &c. // — Con licencia. En Madrid : En la Imprenta, y Libreria // de Manuel Fernandez, frente de la Cruz de Puerta // Cerrada. Año M. DCC. XXXIX. In-4, 56 ff. n. ch. tit., etc. + pp. 312 + 8 ff. n. ch. index.

Frontispice représentant le martyr signé P. a Palom°. — British Museum, 4827. bb. 3.

«E un libro di preziosi documenti per la storia delle nostre Missioni nel Giappone. Tanto viemaggiormente che ci dà ragguaglio (come già fanno quasi tutti i nostri scrittori di Spagna e Portogallo) degli Autores, e delle loro opere, que sirvieron de fundamento a la historia ; e sono el V. Fr. Juan Pobre (Laico) compañero del santo Martire, e la sua Historia Eclesiastica del Japon : Fray Francesco de Montilla, que vivió con el Santo en Manila, e la sua Relacion Historica di quanto era avvenuto : el P. Fray Antonio de la Llave nella sua Chronica de la Provincia de San Gregorio de Philipinas : Fray Alonso de Jesus, coetaneo del santo Protomartyr, e il suo Memorial a la santidad da Gregorio XV : Fray Balthasar de Medina, e la sua Chronica di S. Diego de Mexico con la Vida, Martyrio, y Beatificacion del invito Proto-Martyr del Japon, san Phelipe de Jesus, Patron de Mexico : Fray Nicolas Serrate e il suo Compendio historico de la Seraphica Descalzès : Fray Jacobo de Castro e le sue Chronicas de la Provincia de Santiago (2 volumi). Un asemplare di questa Vita trovasi nella Biblioteca della Reale Accademia di Storia di Madrid.» (Marcellino da Civezza, No. 14.)

— ✠ // El Hijo // de Besain // San Martin // de la Ascencion, // y Loynaz. // Dissertacion // historico-critica // apologetica, // por su patria, y naturaleza. // Su Autor // el Muy R. P. Fr. Joseph Torrubia, // Religioso Descalzo, y Chronista General de la Orden // de San Francisco en el Asia. // Dedicala // a la Muy Noble, y Muy Leal Provincia // de Guipuzcoa. // Con Licencia. // En Marid [*sic*] : En la Oficina de Juan de San Martin. // Año de M. DCC. XLII. In-4, pp. 100 n. ch. + 290, grav. représent. le martyr.

«Fr. Martin de la Ascensión murió en el Japón, mártir de su celo apostólico. Ya Torrubia habia escrito algo acerca de dicho mártir en su obra *Las Siestas de San Gil* [V. col. 436]; pero su antagonista Fr. Marcos de Alcalà [V. col. 433] sostuvo en la obra que publicó en 1739 (V. col. 437) que Fr. Martin de la Ascención, ni era de Besain, ni se llamaba *Loynaz*, sino *Aguirre*. Torrubia, molesto, y en su deseo de consagrar todo un libro al asunto, escribió éste, muy curioso y lleno de datos interesantes; pero se equivocó; la razón estaba de parte de Alcalá; y á mayor abundamiento, en 1745 publicaron Bazterrica y Ozaeta todo un in-folio (V. infra) que demuestra superabundantemente cómo estaba en lo firme Fr. Marcos de Alcalá y no lo estaba Fr. José Torrubia.» — Retana, 272.

— ✠ // Nueva demonstracion // del derecho // de Vergara, // sobre la patria, y apellido secular // de San Martin // de la Ascension y Aguirre. // Refutacion seria // del Hijo de Besain : // obra joquiseria del Padre Torrubia. // Por // Don Agustin de Bazterrica, // Presbytero, Cura, y Beneficiado de la Iglésia Parroquial // de San Pedro de la Villa de Vergara, en la M. N. y M. L. // Provincia de Guypuzcoa : y Don Joseph Hypolito // de Ozaeta, Alcalde, y Juez Ordinario de dicha Villa, // por aussencia de su Tio el Excelentissimo Señor Don Ga- // briel Joseph de Zuloaga y Moyua, Conde de la Torre- // Alta, Theniente General de los Exercitos de su Magestad, // Governador, y Capitan General de la Provincia // de Venezuela. // Dedicase al Señor Don Francisco Antonio // de Orbe y Larriategui. // En Madrid : En la Imprenta de Manuel Fernandez. Año de M. DCC. XLV. In-fol., pp. 24 n. ch. + 431 et une grav. représentant le martyr.

Retana, 275.

— A curious and concise Description of the Country, History of the Inhabitants, and Account of the present State of the Kingdom of Corea; together with some Hints

(Martin de la Ascension.)

of the Ease with which Commerce might be established in its Ports, the Benefits that might be expected from thence, the great Likelihood of Gaining an Entrance from thence into Japan, or at least an Intercourse with the Japonese; and many others entertaining and instructive Particulars relative to this Subject, and the Trade that is or might be carried on in the Dominions and Dependencies of the Emperor of China. Collected chiefly from Memoirs hitherto unpublished, and compared with all the printed Histories and Travels, in which any Mention is made of this Country, its Commerce or Inhabitants. (*Collection of Voyages and Travels*, by John Harris, London, M.DCC.XLVIII, II, pp. 1000-1015.)

Réimp. Harris, 1764, II, pp. 1000-1015.

—— Mémoire sur les îles Lieou-kieou par le P. Gaubil. (*Lettres édifiantes*, XXIII, 1781, pp. 182-145.)

Voir *Bib. Sinica*, col. 935.

—— De la situation du Japon et de la Corée manuscrit inédit du Père A. Gaubil S. J. publié avec des Notes par Henri Cordier. (*T'oung Pao*, IX, No. 2, Mai 1898, pp. 103-116.)

Tirage à part: Leide, E.-J. Brill, 1898, in-8, pp. 16, 1 pl.

—— Relation d'un grand Tremblement de Terre au Japon. Pièce in-4 (1 p.) s. l. n. d. [Paris].

Au bas de la p. : «Vu l'Approbation. Permis d'imprimer & distribuer le 24 Novembre. HERAULT. Chez Gonichon rue de la Huchette.»

Bib. nat., O²o 62.

—— Lettre de Mr. de Lisle sur la question, si le Japon est une Ile. (*Recueil de Voyages au Nord*, ... Amsterdam, J. F. Bernard ..... M.DCC.XXXII, t. IV, pp. 17-31.)

—— * Описаніе о Японѣ, содерж. въ себѣ: Извѣстіе о Японѣ, и о винѣ гоненія на христіанъ, въ Японѣ, и послѣдованіе странствованія Г. Гагенара; Ф. Карона, С. Коровинъ-Симбиринъ и И. Горлицкій; съ картою и фигурами. Спб., 1734, in-8, pp. 10.

Mejov, 3199.

—— Описаніе о Японѣ, содержащее въ себѣ три части, то есть : Извѣстіе о Японѣ и о винѣ гоненія на христіянъ, Исторію о гоненіи христіянъ въ Японѣ и послѣдованіе странствованія Генрика Гагенара, которое исправною ландкартою и изрядными фигурами украшено. Напечатано вторымъ тисненіемъ. — Въ С. Пет. Импер. Акад. Наукъ 1768 года, in-8, pp. 163 + 128 + 62.

Bib. nat., O²o 10.

—— * Histoire moderne des Chinois, des Japonois, des Indiens, des Persans, des Turcs, des Russes, etc.; pour servir de suite à l'Histoire ancienne de Rollin. Paris, Saillant (Vᵉ Desray), 1754-1778, 30 vol. in-12.

Les douze premiers volumes sont de l'abbé François-Marie de Marsy, et les dix-huit derniers de Richer [*France littéraire*].

—— * Nya Historien om Chineserne, Japoneserne, Indianerne, Persianerne, Turkarne, Ryssarne. o. s. w. Traduit du français par J. Röding. Stockholm, 1758-65, 6 vol. in-8.

Trad. d'une partie de l'ouvrage de Marsy.

—— ✻ // Compendio // historico // de la Apostolica Provincia // de San Gregorio de Philipinas, // de Religiosos Menores Descalzos // de N. P. San Francisco, // en que se declaran sus heroycas empressas, // para la dilatacion de nuestra Santa fé, // por varios Reynos, y Provincias del Assia : // Con las vidas, martyrios, y hechos en comun, // y en particular de sus Venerables Hijos, correspondientes à la sucession // de los Trienios, y Missiones, desde su Fundacion, hasta los años // del Señor de mil setecientos y ocho. // ... Obra que dexó escrita // el Reverendo Padre Fray Domingo Martinez, // Predicador, Ex-Difinidor, Chronista General de la Provincia, y Comissario // del Santo Oficio. // Sacalo a luz la misma Provincia // en el trienio de el R. P. Fr. Alexandro Ferrer, // .... En Madrid : En la Imprenta de la Viuda de Manuel Fernandez, // y del Supremo Consejo de la Inquisicion. Año de M. DCC. LVI. In-fol., pp. 28 + 342 + 116 + 248.

Texte à 2 colonnes. — La obra va dividida en tres libros, á saber : «El primero compendia todo lo que toca á esta Provincia, é Islas Philipinas. El Segundo á la Gran China, Cochinchina, y otros Reynos. Y el tercero de lo perteneciente á el Japon.» Retana, 309.

—— Johann Christoph Gatterers ordentlichen Lehrers der Geschichte zu Göttingen,... ... Handbuch der Universalhistorie nach ihrem gesamten Umfange von Erschaffung der Welt bis zum Ursprunge der meisten heutigen Reiche und Staaten. Nebst einer vorläufigen Einleitung von der Historie überhaubt, und der Universalhistorie insonderheit, wie auch von den hieher gehörigen Schriftstellern. Zwote vermehrte und verbesserte Ausgabe. Göttingen, im Verlag der Wittwe Vandenhoeck, 1763-1764, 2 Th. in-8.

La deuxième partie du Th. 2 qui a une pagination à part comprend :

Erstes Buch. Geschichte der Chineser. Vom Ursprunge des Chinesischen Reichs, das ist, ungefähr seit dem 2ten Jahrhundert nach der Sündflut bis auf unsere Zeiten, pp. 3-345. — Zweytes Buch. Geschichte der Coreaner und Tibetaner, pp. 346-412. — Drittes Buch. Geschichte der Japaner. Von dem Ursprunge der Nation an, bis auf die neuern Zeiten, pp. 413-522.

—— Die Allgemeine Welthistorie die in England durch eine Gesellschaft von Gelehrten ausgefertiget worden. — In einem vollständigen und pragmatischen Auszuge. — Von D. Friedrich Eberhard Boysen Ihrer königl. Hoheit der Prinzessinn in Preussen &c. Oberhofprediger, Consistorialrath, ... Mit gnädigster Churfürstl. Sächsis. Freyheit. Halle, bey Johann Justinus Gebauer, 1767-1772, 10 vol. in-8.

Voir dans cet ouvrage : *Alte Historie*, IX. Band, 1771 : Drey und zwanzigstes Hauptstück. Geschichte der Chineser, vom Ursprunge ihres Reichs an, bis auf unsre Zeiten, pp. 1-533. — Vier und zwanzigstes Hauptstück. Geschichte der Koreaner, pp. 534-578. — Fünf und zwanzigstes Hauptstück. Geschichte der Tibetaner, pp. 579-609. — Sechs und zwanzigstes Hauptstück. Geschichte der Japaner, pp. 610-730.

Alte Historie, X. und letzter Band, 1772 : Beschreibung der grossen Tartarey, pp. 1-25. — Sieben und zwanzigstes Hauptstück. Geschichte der Hunnen, pp. 26-120. — Acht und zwanzigstes Hauptstück. Geschichte der Türken, pp. 121-274. — Neun und zwanzigstes Hauptstück. Geschichte der Mongoln, pp. 275-498....

—— Exports to, and Imports from, Japan, 1767. (Dalrymple, *Oriental Repertory*, I, p. 288.)

—— Geschichte der Schiffahrten und Versuche welche zur Entdeckung der Nordöstlichen Wege nach Japan und China von verschiedenen Nationen unternommen worden. Zum Behufe der Erdbeschreibung und Naturgeschichte dieser Gegenden entworfen von Johann Christoph Adelung Herzoglich Sächsischem Rath. Halle, bey Johann Justinus Gebauer, 1768, in-4, pp. 8-740, grav. et cartes.

—— * Historya prześladowania wiary chrześciańskiey w Japonii z dziejów Towarzystwa Jezusowego od Józefa Juwencyusza, tegoż Zakonu Kapłana, po łacinie opisana, na polski język przez X. Franciszka Rzepnickiego S. J. przełożona. Poznań, Dr. S. J. 1763, in-8, pp. 29-204 et 7. [Historia persecutionis Fidei christianae in Japonia ex historia S. J. a Josepho Juvencio, ejusdem Ordinis Sacerdote, latine conscripta, in linguam polonam a P. Francisco Rzepnicki S. J. versa.] — Posnaniae, typ. S. J., 1769, in-8.

Sommervogel.

—— * Краткая исторія о япон. государствѣ, изъ достовѣрныхъ извѣстій собран. проф. Рейхелемъ. Переводъ съ нѣм. Москва, 1773, in-8.

Mejov, 3152.

—— Anecdotes ‖ chinoises, ‖ japonoises, siamoises, ‖ tonquinoises, &c.; ‖ Dans lesquelles on s'est attaché prin- ‖ cipalement aux Mœurs, ‖ Usages, ‖ Coutumes & Religions de ces différens ‖ Peuples de l'Asie. ‖ A Paris, ‖ Chez Vincent, Imprimeur-Libraire, rue ‖ des Mathurins, hôtel de Clugny. ‖ MDCCLXXIV. ‖ Avec Approbation, & Privilége du Roi. ‖ In-8, pp. 422-234-52-32.

Par J. Castillon.

— Van // Japan : // met betrekking // tot de // Hollandse Natie, // en de // christelyke // Gods-dienst. // door Jonkheer // Onno Zwier van Haren, // fries edelman, // directeur van 't Zeeuwsch Genoodschap // der Weetenschappen te Vlissingen. // Tot Zwolle // By Simon Clement, // MDCCLXXV. In-8, pp. 107.

— Recherches // historiques // sur l'état // de la // religion chrétienne // au Japon, // Relativement à la Nation Hollandoise, // Traduites du Hollandois, de M. le Baron // Onno-Swier de Haren, // Gouverneur de West-Stellingwerf, Com-// missaire-Général de l'Infanterie Suisse // de la République de Hollande, Directeur // de la Société des Sciences de Flessingue, // &c. &c. // A Londres, // Et se trouve à Paris, // Chez D. C. Couturier pere, aux Galeries // du Louvre. // — M. DCC. LXXVIII. In-12, 3 ff. n. ch. p. l. tit. et la préf. + pp. 220.

Bib. nat., O²o 158. — Trad. par H. Jansen, d'après Barbier. — Mourier, No. 413, 7 fr.

— Un projet de conquête du Japon par l'Angleterre et la Russie en 1776, par Germain Lefèvre-Pontalis. (*Ann. de l'École des Sciences Politiques*, 15 juillet 1889, pp. 433-457.)

C.-P. Thunberg.

— Intrådes-Tal, // Om de // Mynt-Sorter, // Som i åldre och sednare tider blifvit Slagne // och varit gångbare // Uti // Kejsaredômet Japan; // Hållet fôr // Kongl. Vetenskaps-Akademien, // Den 25 Aug. 1779, af Carl Peter Thunberg, // .... [*vig.*] // Stockholm, // Tryckt hos Johann Georg Lange, 1779, in-8, pp. 32, 4 pl.

— Traité des Monnoies, Poids et Mesures du Japon. (Thunberg, *Voyages*, II, pp. 482-499.)

Lu à l'Académie de Stockholm le 25 août 1779.

Trad. en hollandais et imp. à Amsterdam, 1780.

— * C. P. Thunberg. — Verhandeling over de Japansche natie, bare Zeden, Gebruiken en Munten. Uit het sweedsch. Amsterdam, 1780, in-8, avec pl. color.

— Hrn. Carl Peter Thunberg // ... Abhandlung // von den // Můnzsorten, // welche // in åltern und neuern Zeiten // im // Kaiserthum Japan // geschlagen worden // und gangbar gewesen sind. // Mit acht Kupfern. // Aus dem Schwedischen ůbersetzt. // Stendal, // bei Franzen und Grosse. 1784, in-8, 8 ff. n. ch. + pp. 46.

Bib. nat., O²o 195.

— Tal, // Om // Japanska Nationen, // hållet fòr // Kongl. Vetensk. Academien, // vid Praesidii nedlåggande // den 3 novemb. 1784, // Af Carl Peter Thunberg, // Med. och Botan. Professor. // [*vig.*] // Stockholm, År 1784. // Tryckt hos Johan Georg Lange, in-8, pp. 48.

— * K. P. Thunberg. — Ueber die Japanische Nation. Aus dem Schwed. übers. von K. G. Gröning. Leipzig, 1795, in-8.

Pagès, 430.

— * Подлинныя извѣстія о японцахъ, читан. въ корол. Швед. академіи г. Тунбергомъ, профес. ботаники и врач. науки въ Упсалѣ (*Перевелъ* Василій Зуевъ). Новыя ежем. соч Ч. XVII (ноябрь 1787), pp. 32-55.

Mejov, 3333.

— Caroli Petri Thvnberg // .... // Flora // Iaponica // sistens // plantas // insvlarvm iaponicarvm // secvndvm // systema sexvale emendatvm // redactas // ad // xx classes, ordines, genera // et species // cvm // differentiis specificis, synonymis pavcis, // descriptionibvs concinnis et // xxxix iconibvs adiectis. // — Lipsiae // in bibliopolio I. G. Mülleriano // 1784. In-8, pp. LII-418 + 1 f. n. ch. Index Plantarum et Errata, fig.

L'Auteur a donné à part un recueil de 40 planches : *Icones Plantarum Japonicarum*, Upsal, 1794-1805, in-fol. (Pagès, 435 *bis.*)

— C. P. Thunberg. — Observationes in linguam Japonicam. (*Nova Acta Upsal.*, V, pp. 258-273, 1792.)

—— Carl Peter Thunberg. — Botanical Observations on the Flora Japonica [1793]. (*Linn. Soc. Trans.*, II, 1794, pp. 326-342.)

—— Betula japonica. (Upsala, *Nov. Acta Soc. Sc.*, VI, 1799, p. 45.)

—— Examen Liliorum Japonicorum [1810]. (*St. Petersb.*, *Acad. Sc.*, *Mém.*, III, 1811, pp. 200-209.)

—— Plantae Japonicae nonnullae illustratae. (Upsala, *Nova Acta Soc. Sc.*, VII, 1815, pp. 140-145.)

—— Resa // uti // Europa, // Africa, Asia, // fórråttad // Åren 1770-1779. // – Fórsta Delen, // innehållande // Resan til sódra Europa och // Goda Hoppets udde i Africa, // åren 1770, 1771, 1772, 1773, af Carl Peter Thunberg... // – Upsala, // Tryckt hos Directeur, Joh. Edman, 1788, in-8, 12 ff. n. ch. + pp. 389, pl.

—— —— Andra Delen, // inne hållande // tvånne långa Resor inåt sódra Africas Hórn, och sedan til // ón Java, åren 1773, 1774, 1775... // Ibid., 1789, in-8, 15 ff. n. ch. + pp. 384, pl.

—— —— Tredje Delen, // innehållande // Resan och uti // Kejseredómet Japan, // åren 1775 och 1776. // ... Ibid., 1791, in-8, 6 ff. n. ch. + pp. 414.

—— —— Fjerde Delen, // innehållande // Resan uti // Kejsaredomet Japan, // på Java och Ceilon samt // hemresan, // ... Ibid.. 1793, in-8, 17 ff. n. ch. + pp. 341, pl.

—— Karl Peter Thunbergs, Ritters des Wasa-Ordens, Professors der Botanik in Upsala und Mitgliedes vieler Akademien und gelehrten Gesellschaften, Reisen in Afrika und Asien, vorzüglich in Japan, während der Jahre 1772 bis 1779 auszugsweise übersetzt von Kurt Sprengel, Doktor und Professor der Arzneikunde auf der Friedrichs-Universität und Mitglied der Róm. Kaiserl. Akademie der Naturforscher, und mit Anmerkungen begleitet von Johann Reinhold Forster, Doktor und Professor der Weltweisheit und Arzneikunde auf der Friedrichs-Universität, Mitglied der Akademie der Wissenschaften in Berlin, u. s. w. Berlin, 1792, In der Vossischen Buchhandlung, in-8, pp. VIII-230.

—— Karl Peter Thunbergs... Reise durch einen Theil von Europa, Afrika und Asien, hauptsåchlich in Japan, in den Jahren 1770 bis 1779. — Aus dem Schwedischen frey übersetzt von Christian Heinrich Groskurd, Rector des Gymnasiums zu Stralsund. [*vig.*] Berlin, bey Haude und Spener, 1792-1794. 2 vol. in-8, 10 ff. n. ch. + pp. 292 + 9 ff. n. ch. + pp. 266 et 5 pl., pp. XVI + 6 ff. n. ch. + pp. 242 + 7 ff. n. ch. + pp. 263.

—— Travels in Europe, Africa, and Asia. Performed between the years 1770 and 1779. — In three volumes. — Vol. I. containing a Voyage to the Southern Parts of Europe, and to the Cape of Good Hope in Africa, in the years 1770, 1771, 1772, 1773. — By Charles Peter Thunberg, M. D.... London, W. Richardson,... and J. Egerton, in-8, pp. XII-317-XVII, ill.

—— —— Vol. II. containing two Expeditions to the Interior Part of the country adjacent to the Cape of Good Hope, and a Voyage to the Island of Java; performed in the years 1773, 1774, and 1775... Ibid., in-8, pp. XIV + 1 f. n. ch. + pp. 316 + 8 ff. n. ch. index, ill.

—— —— Vol. III. containing a Voyage to Japan, and Travels in different parts of that Empire, in the years 1775 and 1776... Ibid., in-8, pp. XIII + 1 f. n. ch. + pp. 285 + pp. XV index + pp. 31 Vocabulary of the Japanese Language.

—— Travels in Europe, Africa, and Asia, made between the years 1770 and 1779. — In four volumes. — Volume IV. containing Travels in the Empire of Japan, and in the Islands of Java and Ceylon, together with the Voyage home. By Charles Peter Thunberg, M. D. — London: F. and C. Rivington, 1795, in-8, pp. XIX + 2 ff. n. ch. + pp. 293 + 8 ff. n. ch. index.

—— Travels in Europe, Africa, and Asia, made between the years 1770 and 1779. — In four volumes... The Second edition. — By Charles Peter Thunberg, M. D. — London : Printed for F. and C. Rivington, 1795, 4 vol. in-8.

British Museum, G. 2786.

—— Voyage en Afrique et en Asie, principalement au Japon pendant les années 1770-1779. Servant de suite au Voyage de D. Sparmann; Par Charles-Pierre Thunberg, Chevalier de l'Ordre de Wasa, Professeur de botanique à l'Université d'Upsal, et Membre de plusieurs Sociétés savantes. Traduit du Suédois, Avec des Notes du Traducteur. A Paris, Chez Fuchs, Libraire, Quai des Augustins, n° 28. L'an troisième de la République [1794]. In-8, pp. VII-VIII-532.

British Museum, 532.

—— Voyages // de // C. P. Thunberg, // au Japon, // par le Cap de Bonne-Espérance, // les Isles de la Sonde, &c. // Traduits, rédigés et augmentés de notes considérables sur la Religion, // le Gouvernement, le Commerce, l'Industrie et les Langues de ces // différentes contrées, particulièrement sur le Javan et le Malai; // Par L. Langlès,... // Et revus, quant à la partie d'Histoire naturelle, par J. B. Lamarck, Professeur // d'Entomologie et d'Helmentologie au Museum national d'Histoire naturelle. // Avec des Planches. // - A Paris, // Chez Benoît Dandré... // Garnery.... // Obré.... // - An IV [1796]. 2 vol. in-4, pp. XLIV-510, 4 pl.; VIII-544, 8 pl.

Bib. nat., O² o 12.

—— Voyages de C. P. Thunberg, au Japon, Par le Cap de Bonne-Espérance, les îles de la Sonde, &c. Traduits, rédigés et augmentés de notes considérables sur la Religion, le Gouvernement, le Commerce, l'Industrie et les Langues de ces différentes contrées, particulièrement sur le Javan et le Malai; Par L. Langlès...; Et revus, quant à la partie d'Histoire naturelle, par J. B. Lamarck... Avec des Planches. — A Paris, Chez Benoît Dandré,... Garnery,... Obré..., An IV [1796]. 4 vol. in-8, pp. LXIV-417; VIII + 1 f. n. ch. + pp. 430; VI + 1 f. n. ch. + pp. 445; pp. XII-462.

Bib. nat., O² o. 12 A.

—— [VIII] Note sur une boîte en laque japonaise, portant le monogramme de Linné et donnée par M. H. Deyrolle au Museum d'histoire naturelle, par M. E.-T. Hamy. — Extrait du *Bulletin du Muséum d'histoire naturelle.* — 1896, No. 4, in-8, pp. 2.

Imprimerie nationale. — Juin 1896.

*
* *

—— Observations // critiques // et philosophiques, // sur le Japon, // et sur les Japonnais. // [*fleuron*] // A Amsterdam, // Et se trouve a Paris, // Chez Knapen & fils, Lib.-Imp. de la Cour // des Aydes, au bas du Pont S. Michel. // - M.DCC.LXXX. In-12, pp. XX-266 + 1 f. n. ch. table.

Bib. nat., O² o. 11. — Par l'abbé P.-C. Le Jeune (Barbier). — Catalogue Langlès, No. 3580.

—— Kritische und Philosophische Bemerkungen über Japan und die Japaner, [*vig.*] Aus dem Französischen. — Breslau, bey Gottlieb Löwe, 1782, in-8, 8 ff. n. ch. + pp. 200.

Isaac Titsingh.

—— Teidreekening (*sic*) der Chineesen na het Gevoele der Japanners, Oorspronk der Japanners, en Jaartelling van de Opvolging der Chineese en Japanse Vorsten tot 1784. In-folio.

Cet ouvrage provenant de M. Titsingh a été acheté 23 fr. à la vente de Klaproth (2ᵉ part., No. 100) par Dondey-Dupré; il figure au No. 7667 du Cat. 285, Sept. 1872 de B. Quaritch auquel j'emprunte le titre ci-dessus et la note suivante : «The Japanese words in both native and roman characters, autograph MS. of Titsingh, sent to his brother in 1789, with some lines of continuation to 1795. 128 pp. with preface and Index, completely ready for the press, 1795, 20s.»

—— Bereiding van de Soya door den heer Mr. Isaac Titsing. (*Verhand. v. h. Batav. Gen. K. en Weten.*, III, 1787, pp. 245-246.)

—— Cérémonies usitées au Japon pour les Mariages et les Funérailles suivies de détails sur la poudre Dosia, de la préface d'un livre de Confoutzée sur la Piété filiale, le tout traduit du japonais par feu M. Titsingh, Chef supérieur de la Compagnie hollandaise à Nangasaki, et Ambassadeur en Chine; deux volumes in-8°, dont un cartonné oblong, renfermant seize planches d'après des gravures ou des dessins originaux japonais. — A Paris, Chez A. Nepveu, M.DCCC.XIX. In-8, pp. XLII-262 + 1 f. n. ch. tab.

—— Cérémonies usitées au Japon pour les Mariages et les Funérailles. *Planches.* A Paris, Chez Nepveu, MDCCCXIX. Atlas in-8 oblong, 19 planches.

Bib. nat., O² o. 196.

—— Cérémonies usitées au Japon, pour les Mariages, les Funérailles, et les principales Fêtes de l'année; Suivies d'Anecdotes sur la Dynastie régnante des Souverains de cet Empire. Ouvrage traduit du japonais Par Feu M. Titsingh Ambassadeur de Hollande en Chine. Orné de 24 gravures, faites d'après des peintures japonaises. Paris, Nepveu, 1822, 3 vol. in-12, pp. XXX [Avert. et Ext. de Charlevoix]-IV-127, 139, 206.

Bib. nat., O² o. 196 A. — Le T. III contient les *Mémoires et Anecdotes sur la dynastie régnante.*

—— Mémoires et Anecdotes sur la dynastie régnante des Djogouns, Souverains du Japon, avec la description des fêtes et cérémonies observées aux différentes époques de l'année à la Cour de ces princes, et un appendice contenant des détails sur la poésie des Japonais, leur manière de diviser l'année, etc.; ouvrage orné de planches gravées et coloriées, tiré des originaux japonais par M. Titsingh; publié avec des notes et éclaircissemens par M. Abel Rémusat,... A Paris, Chez A. Nepveu, MDCCCXX. In-8, pp. XXVIIJ-301.

On trouvera dans ce vol. le plan de la factorerie hollandaise et le plan de la factorerie chinoise à Nangasaki. A la suite des *Mémoires des Djogouns*, on trouvera : Remarques sur les poids et mesures du Japon, p. 269. — Fragmens des poésies japonaises, p. 271. — Division de l'année chez les Japonais, p. 285. — Sur le Suicide légal des Japonais, p. 298.

Bib. nat., O² o. 57.

—— Sur une collection d'ouvrages relatifs au Japon, formée par Titsingh. (Abel Rémusat. *Nouv. Mél. Asiatiques*, I, 1829, pp. 266-282.)

—— Nipon o Daï Itsi ran, ou Annales des Empereurs du Japon traduites par M. Isaac Titsingh, avec l'aide de plusieurs interprètes attachés au Comptoir hollandais de Nangasaki; Ouvrage revu, complété et corrigé sur l'Original japonais-chinois, accompagné de notes, et précédé d'un Aperçu de l'Histoire mythologique du Japon, par M. J. Klaproth. Paris. Printed for the Oriental Translation Fund of Great Britain and Ireland. Sold by Parbury, Allen and Co., Leadenhall Street, London, M.DCCC.XXXIV. In-4, pp. VIII-XXXVJ-460.

Au verso du faux-titre : «Imprimé, par autorisation de M. le Garde des Sceaux, à l'Imprimerie royale de France, pour le compte du Comité des traductions orientales de la Grande-Bretagne et de l'Irlande; et se vend à Londres chez Parbury, Allen et Cie, Leadenhall Street.»

日本王代一覽

Bib. nat., O² o. 59.

—— Illustrations of Japan; consisting of Private Memoirs and Anecdotes of the reigning Dynasty of the Djogouns, or Sovereigns of Japan a Description of the Feasts and Ceremonies observed throughout the year at their Court; and of the Ceremonies customary at Marriages and Funerals : to which are subjoined, Observations on the legal Suicide of the Japanese, remarks on their Poetry, an explanation of their mode of reckoning time, particulars respecting the Dosia powder, the preface of a work by Confoutzee on Filial Piety, &c. &c. By M. Titsingh, Formerly Chief Agent to the Dutch East India Company at Nangasaki. — Translated from the French, by Frederic Shoberl. — With coloured plates, faithfully copied from Japanese Original Designs. — London : Printed for R. Ackermann... — MDCCCXXII. Gr. in-4, pp. XVI-325 + 1 f. n. ch. tab. des pl., 10 pl.

Bib. nat., O² o. 58.

(ISAAC TITSINGH.)

(ISAAC TITSINGH.)

—— Titsingh. — Bijzonderheden over Japan, behelzende een verslag van de huwelijksplegtigheden, begrafenissen en feesten der Japanezen, de gedenkschriften der laatste Japansche Keizers en andere merkwaardigheden. Uit het Engelsch met gekleurde platen naar Japansche originalen. 's Hage, 1824, 2 deelen.

*
* *

—— * Японія. Лекарство отъ скуки. 1786. Ч. 1, pp. 117-121, 131-133, 162-164.

Mejov, 3201.

—— Bedenkingen over Tartaryen en Japan, en de Ontdekkingen der Russen, aan de Ooster-Kusten van Azia, en Wester-Kusten van America. (*Verhand v. h. Batav. Gen. K. en Weten.*, IV, 1786, pp. 373-396.)

J. C. M. Radermacher.

—— Bydraagen tot de Beschryving van Japan, door Mr. J. C. M. Radermacher. (*Verhand. v. h. Batav. Gen. K. en Weten.*, III, 1787, pp. 203-236.)

—— Eenige Japansche Woorden. [Rotterdam, R. Arrenberg, 1787.] (*Verhand. v. h. Batav. Gen. K. en Weten.*, III, 1787, pp. 247-270.)

—— Voyage de La Pérouse autour du Monde publié conformément au décret du 22 avril 1791, et rédigé par M. L. A. Milet-Mureau. Paris, Imprimerie de la République, an V [1797]. 4 vol. in-4, et atlas in-fol.

—— ✠ // Historia general de // Philipinas.// Conqvistas espiritvales y tem- // porales de estos Españoles Dominios, estable- // cimiemtos Progresos, y Decadencias. // Comprehende // Los Imperios Reinos y Provincias de Islas y Con- // tinentes con quienes há havido Communicacion, // y Comercio por immediatas Coincidencias. // Con // Noticias universales Geographicas Hidrographicas de // Historia Natural de Politica de Costumbres y de Religio- // nes, en lo que deba interesarse tan universal. // Titvlo. // Por El P. Fr. Juan de la Concepcion Recoleto Agusti- // no Descalzo Lector Iubilado Ex-Provincial Exami- // nador Sinodal de el Arzobispado de Manila, y Coronis- // ta de su Provincia de San Nicolas de las Islas // Philipinas. // Socio Numerario de la regia Sociedad de Manila. — Con permiso de los Svperiores. // — En Man. en la Impr. del Seminar. Conciliar, y Real de S. // Carlos: Por Agustin de la Rosa, y Balagtas. Año de 1788. Titre encadré, 14 vol. in-4.

Ce grand ouvrage forme 14 vol. in-4 imprimés à Manille-Sampaloc, 1788-1792; à Sampaloc depuis le T. VI: En el Conv. de Nr̃a-Sra, de Loreto del Pueblo de Sampaloc: // Por el Hermano Balthasar Mariano, Donado Franciscano. // Año de 1788.

Retana, 401, donne le facsimile du titre du vol. I et du nouveau colophon du T. VI.

—— * Plants and Seeds wanted from China and Japan... London, 1789, in-8.

Jackson.

M. Beniovski.

Maurice Louis Auguste, † 23 mai 1786.

—— The Memoirs and Travels of Mauritius Augustus Count de Benyowsky; Magnate of the Kingdoms of Hungary and Poland one of the Chiefs of the Confederation of Poland, &c., &c. Written by himself. Translated from the Original Manuscript. In two volumes. London: Printed for G. G. J. and J. Robinson, Pater-Noster-Row, M,DCC,LXXXIX. 2 vol. in-4.

Même éd. avec titre différent que celle de 1790.

—— Memoirs and Travels of Mauritius Augustus, Count de Benyowsky; Magnate of the Kingdoms of Hungary and Poland, one of the chiefs of the confederation of Poland, etc., etc. Consisting of his military operations in Poland, his exile into Kamchatka, his escape and voyage from that Peninsula through the Northern Pacific Ocean, touching at Japan and Formosa, to Canton in China, with an Account of the French Settlement he was appointed to form upon the island of Madagascar written by himself translated from the original manuscripts. London, 1790, 2 vol. in-4; port. et grav.

Lowndes cite les prix : Roxburghe, 7170, £1.1/3; Fonthill, 3076, £5. 7/6.

— The Memoirs and Travels of Mauritius Augustus Count de Benyowsky in Siberia, Kamchatka, Japan, the Liukiu Islands and Formosa from the Translation of his original Manuscript (1741-1771), by William Nicholson, F. R. S., 1790. Edited by Captain Pasfield Oliver. Illustrated. London : T. Fisher Unwin. New York : Macmillan & Co. M.DCCC.XCIII. In-8, pp. 399.

Forme le Vol. 17 de *The Adventure Series*.

— Le *Canton Register* a publié des extraits des voyages de Benyowsky: 1834, 30 Déc.; 1835, 6 Jan., 17 Feb. et une notice : 1839, July 30.

— E. Stevens a consacré à ce voyageur dans le *Chin. Rep.*, III, pp. 496 et seq., un long article reproduit en partie dans *The N. C. Herald*, 1851, Nos. 45 et 52.

— Voyages et Mémoires de Maurice-Auguste, Comte de Benyowsky, Magnat des Royaumes d'Hongrie et de Pologne, etc., etc. Contenant ses Opérations militaires en Pologne, son exil au Kamchatka, son Evasion et son Voyage à travers l'Océan pacifique, au Japon, à Formose, à Canton en Chine, et les détails de l'Etablissement qu'il fut chargé par le Ministère François de former à Madagascar. En deux volumes. A Paris, chez F. Buisson, Imprimeur-Libraire, rue Hautefeuille, n° 20 (1791), 2 vol. in-8, pp. VIII-466, 486.

— Vie et Aventures du comte Maurice-Auguste Beniowski, résumées d'après ses mémoires (années 1767-1786) par N. A. K. Nouvelle édition. Tours. A^{d} Mame et Cie. MDCCCLXIII. In-12, pp. 187.

Fait partie de la *Bibliothèque de la Jeunesse chrétienne approuvée par Mgr. l'évêque de Nevers*, 4° série, in-12.

— Des Grafen Moritz August v. Beniowski. Reisen durch Sibirien und Kamtschatka über Japan und China nach Europa. Nebst einem Auszuge seiner übrigen Lebensgeschichte. — Aus dem Englischen übersetzt. Mit Anmerkungen von Johann Reinhold Forster.. Mit Kupfern. Berlin, 1790. Bei Christian Friedrich Voss und Sohn, in-8, pp. XXII-447.

— Des Grafen Moritz August von Benyowsky, Ungarischen und Pohlnischen Magnaten, und Eines von den Häuptern der Pohlnischen Conföderation, Schicksale und Reisen; Von ihm selbst beschrieben. Uebersetzt von Georg Forster, Churfürstl. Mainzischen Hofrath. Leipzig, im Verlage der Dykischen Buchhandlung, 1791, 2 vol. in-8.

Erster Band. Dessen Kriegsoperationen in Pohlen und Gefangenschaft in Kamtschatka.

Zweyter Band. Fahrt durch das stille Meer über Japan und Formosa nach China; und Errichtung einer französischen Colonie zu Madagascar.

— Il y a une autre édit. allemande de Benyowsky, Berlin, 1793, in-8.

— Flucht des Grafen Benyowsky aus Kamtschatka nach Franckreich (Bruchstück aus der Geschichte der geographischen Entdeckungen der Russen von Herrn v. Berg). (*St. Petersburgische Zeitschrift*, herausg. von Aug. Oldekop, I, 1822, pp. 56, 108, 163, 193, 256.)

— *Historya podróży i osobliwszych zdarzeń sławnego Maurycego Augusta Hr. Beniowskiego szlachcica polskiego i węgierskiego, zawierająca w sobie jego czyny wojenne w czasie konfederacyi barskiej; wygnanie jego najprzód do Kazanu, potém do Kamczatki; waleczne jego z téj niewoli oswobodzienie się; jego podróż da Kalifornii, potém przez Ocean Spokojny do Japonii, Formozy, Kantonu w Chinach; założenie przez niego osady na wyspie Madagaskarze z zlecenia francuzkiego rządu; jego na téj wyspie wojenne wyprawy, uznanie nareszcie jego najwyższym jego rzadcą. Z francuzkiego wydania J. H. Magellana tłumaczona. Warszawa, Lebrun, 1802, 4 vol. in-8.

— *Tož. Edycya nowa Warszawa, w drukarni Gazety Warszawskiéj i sukc. Tomasza Le Brun, 1806, 4 vol. in-8.

— *Maur. Augusta hrab. Beňowského památné příhody, na wětššim díle od něho samého sepsané, we wýtah pak uwedené a přeložené od Sam. Čerňanskeho. W Prešpurku, 1808, in-8.

Estreicher.

— Gróf Benyovszky Móricz életrajza [par M. Jókai], saját emlékiratai és útleírásai. Képekkel, Térképekkel, Autographokkal stb. Budapest, 1887 [et seq.], Kiadja Ráth Mór, in-8.

Trad. de l'anglais; a paru en livraisons in-8.

Voir A. Jal, *Dict. critique*.

*
* *

—— Herbier colorié // du Japon // Faisant Suite à L'Herbier Colorié // des Plantes de la Chine // Gravé d'après des Desseins Coloriés // au Japon // Et dirigé par les soins // de J. P. Buchoz // Auteur de l'Histoire Générale // et Œconomique des 3 Regnes. // A Paris // Chez l'Auteur, Rue S^t. André des Arcs, N° 44. //-1792. In-fol., tit. gravé et pl. coloriées 39.

John Meares.

—— Voyages made in the Years 1788 and 1789. From China to the North West Coast of America. To which are prefixed, an introductory narrative of a Voyage performed in 1786, from Bengal, in the Ship *Nootka*; Observations on the probable existence of a North West Passage; and some account of the trade between the north west coast of America and China; and the latter country and Great Britain. By John Meares, Esq. London : Printed at the Logographic Press; and sold by J. Walter... MD.CCXC. In-4.

Langlès (2162), Fr. 29. — 2d ed., 1796, 2 vol. in-8.

— Remarks on the Voyages of John Meares, Esq. In a letter to that Gentleman, by George Dixon, late Commander of the Queen Charlotte, in a Voyage round the World. London... MDCCXC, in-4, pp. 37.

— An Answer to M. George Dixon, late Commander of the Queen Charlotte in the service of Messrs. Etches and Company; By John Meares, Esq. In which the remarks of Mr. Dixon on the voyages to the North West coast of America, &c. lately published, are fully considered and refuted. London... MDCCXC, in-4, pp. 32.

— Further Remarks on the Voyages of John Meares, Esq., in which several important Facts, misrepresented in the said Voyages, relative to Geography and Commerce, are fully substantiated. To which is added a letter from Captain Duncan, containing a decisive Refutation of several unfounded Assertions of Mr. Meares, and a final Reply to his Answer. By George Dixon, late Commander of the Queen Charlotte in a voyage round the world. London... MDCCXCI, in-4, pp. 80.

British Museum, 454. h. 18.

—— Voyages de la Chine à la Côte nord-ouest d'Amérique. faits dans les années 1788 et 1789; Précédés de la relation d'un autre Voyage exécuté en 1786 sur le vaisseau le *Nootka*, parti du Bengale; D'un Recueil d'Observations sur la Probabilité d'un Passage Nord-Ouest; Et d'un Traité abrégé du Commerce entre la Côte Nord-Ouest et la Chine, etc. etc. Par le Capitaine J. Meares, Commandant le Vaisseau la *Felice*. Traduits de l'Anglois par B. L. J. Billecocq, Citoyen Français. Avec une collection de Cartes géographiques, Vues, Marines, Plans et Portraits, gravés en taille-douce. A Paris, chez F. Buisson. An 3e de la République. 3 vol. in-8 et atlas in-4.

Langlès (2162 *bis*), Fr. 15.

—— Viaggi dalla China alla Costa Nord-ovest d'America fatti negli anni 1788 e 1789 dal capitano G. Meares. Prima traduzione italiana arricchita di note istoriche, scientifiche, di vedute, marine, ritratti, carta geografica ec. Firenze MDCCXCVI. A spese di Giovacchino Pagani Con Approvazione. 4 vol. in-8.

On a ajouté au titre du t. II : *Estratto della Relazione dell' Ambasciata di Lord Macartney alla China;* du t. IV : *Un breve Vocabolario di Marina.*

—— *Tvänne Resor från Ostindien till Americas Nordvästra Kust, åren 1786, 1788 och 1789, af Johan Meares. Sammandrag utur Engelska originalet. Stockholm, 1797, in-8, pp. 404.

Trád. abrégée de l'anglais.

— * Trad : Italien, Torino, 1798, 4 vol. in-8. — Allemand, par G. Forster, Berl., 1796, 3 part. in-4.

*
* *

—— * Изображеніе японцевъ. Перев. съ франц. Алексѣя Боувера. (*Иртышъ, превращ. въ Ипокрену*. 1791, No. 2, pp. 31-36.)

Mejov, 3334.

—— * Ant. Eglauer. — Die Missionsgeschichte Späterer Zeiten, oder gesammelte Briefe der Katholischen Missionare aus allen Theile der Welt....

Der Briefe aus Japan. Erster Theil, vom Jahre 1548 bis 1564. Augsburg, bey Nicolaus Doll, 1795, in-8, pp. LXIV-372. — Zweyter Theil, vom Jahre 1565 bis 1580. Ibid., 1796, pp. LVI-379. — Dritter Theil vom Jahre 1581 bis 1585. Ibid., 1798, pp. XXXIV-411.

Sommervogel. — Antoine Eglauer, né à Lintz, le 12 juin 1752; † à Vienne, 1822.

W. R. Broughton.

— A Voyage of Discovery to the North Pacific Ocean : in which the Coast of Asia, from the lat. 35° North to the lat. of 52° North, the island of Insu (commonly known under the name of the Land of Jesso), the North, South, and East Coast of Japan, the Lieuchieux and the adjacent isles, as well as the coast of Corea, have been examined and surveyed. Performed in His Majesty's Sloop *Providence* and her tender, in the years 1795, 1796, 1797, 1798. By William Robert Broughton. London : Printed for T. Cadell and W. Davies in the Strand, 1804, in-4, pp. xx-393-9; cartes et grav.

— Voyage de découvertes dans la partie septentrionale de l'Ocean Pacifique, fait par le capitaine W. R. Broughton, Commandant la corvette de S. M. B. *la Providence* et sa conserve, pendant les années 1795, 1796, 1797 et 1798; Dans lequel il a parcouru et visité la côte d'Asie, depuis le 35e degré nord, jusqu'au 52e; l'île d'Insu, ordinairement appelée Jesso; les côtes Nord, Est et Sud du Japon; les îles de Likenjo et autres îles voisines, ainsi que la côte de Corée. Traduit par ordre de S. E. le Ministre de la marine et des colonies, par J. B. B. E**** [Eyriès]. Paris, Dentu, M.D.CCC.VII. 2 vol. in-8, pp. xxxij + 1 f. n. ch. + pp. XVI-243, 5 cartes ou pl., 341 + 1 f. n. ch. er., 2 cartes ou pl.

— Deux Documents inédits tirés des papiers du Général Decaen par Henri Cordier. I. L'ambassade hollandaise dirigée par Titsingh à Peking, d'après un missionnaire contemporain à la Chine (1794-1795). II. Récit par un Hollandais d'une mission russe au Japon (1804). (*T'oung Pao*, 2e Sér., I, No. 5, Déc. 1900, pp. 451-467.)

Tirage à part : Leide, 1900, br. in-8, pp. 19; 25 ex. sur papier ordinaire; 100 ex. sur papier Van Gelder.

— Извѣстіе о первомъ Россійскомъ Посольствѣ въ Японію, подъ начальствомъ порутчика Адама Лаксмана. Москва, въ Тип. Платона Бекетова, 1805, in-4, pp. 30.

Adam Jean, baron Krusenstern.

Né à Haggud en Esthonie, le 8 nov. 1770; † à Revel (Esthonie), le 12 août 1846.

— *О россійскомъ посольствѣ въ Японію. Статья Ф. Ф. П. (*Вѣстникъ Европы*, 1803, Ч. 9, No. 11, pp. 159-171.)

Mejov, 3173.

— Путешествіе вокругъ свѣта въ 1803, 4, 5, и 1806 годахъ, по повелѣнію..... Александра Перваго, на корабляхъ Надеждѣ и Невѣ. Санктпетербургъ, 1809-1812, 3 vol. in-4.

— — Атласъ. 1813, in-folio.

— Reise um die Welt in den Jahren 1803, 1804, 1805 und 1806 auf befehl Seiner Kaiserlichen Majestät Alexander des Ersten auf den Schiffen Nadeshda und Newa unter dem Commando des Capitains von der Kaiserlichen Marine A. J. von Krusenstern. — St. Petersburg, gedruckt in der Schnoorschen buchdruckerei, 1810, 1811, 1812. — Auf Kosten des Verfassers, 3 vol. in-4, 5 ff. n. ch. + pp. XX + pp. 353, 436, IV-376 + 1 f. n. ch.

Avec un Atlas grand in-folio.

— Reize om de Wereld gedaan in de jaren 1803, 1804, 1805, en 1806, op bevel van Alexander den Eersten, Keizer van Rusland, door den Kapitein der Keizerlijke Marine, A. J. von Krusenstern... Uit het Hoogduitsch vertaald. [*portrait.*] Te Haarlem, bij A. Loosjes Pz. MDCCCXI-MDCCCXII. 3 vol. in-8, pp. XII-317, X-290, XII-363, carte.

—— Voyage autour du Monde, fait dans les années 1803, 1804, 1805 et 1806, par les ordres de Sa Majesté Impériale Alexandre Ier, Empereur de Russie, sur les vaisseaux la *Nadiejeda* et la *Neva,* commandés par M. de Krusenstern, capitaine de vaisseau de la Marine impériale; traduit de l'aveu et avec des additions de l'auteur; la traduction revue par M. J.-B.-B. Eyriès, l'un des rédacteurs des *Nouvelles Annales des Voyages*. Paris, Gide fils, 1821, 2 vol. in-8, pp. XII-418, 531, et Atlas.

— Traduction du voyage de M. de Krusenstern autour du monde. (*Nouv. Annales des Voyages,* X, 1821, pp. 207-208.)

— Voyage de Découvertes autour du Monde. (*Ibid.*, XIV, 1811, pp. 113-126; XV, 1811, pp. 120-129, par Rosenstein.)

—— Voyage round the World, in the years 1803, 1804, 1805, and 1806; by order of his Imperial Majesty Alexander the first, on board the ships Nadeshda and Neva; ...translated from the original German by A. B. Hoppner. London, John Murray, 1813, 2 vol. in-4.

— Traduit en suédois, 1811-1812.

—— Собранiе сочиненiй служащихъ разборомъ и изъясненiемъ Атласа Южнаго Моря. (Дополненiе, etc.) Спб., 1823-36, 3 Част. in-4.

—— —— Атласъ. 1826 [1860], in-fol.

—— Recueil de Mémoires hydrographiques, pour servir d'analyse et d'explication à l'Atlas de l'Océan Pacifique. (Supplément au Recueil, etc.) Saint-Pétersbourg, 1824-35, 3 vol. in-4.

—— —— Atlas. 1827, in-fol.

(ADAM JEAN, BARON KRUSENSTERN.)

—— * Reise um die Erde, gemacht von Krusenstern und Langsdorff, nebst Golownins Gefangenschaft in Japan. Für die Jugend bearbeitet Wilh. Harnisch. Leipzig, 1823, in-8.

Mejov, 3321.

*
* *

—— Russian Descents in Saghalien and Itorup in the years 1806 and 1807. By W. G. Aston, Esq. Read before the Asiatic Society of Japan, on the 7th June, 1873. (*Trans. Asiatic Soc. of Japan from* 30th Oct. 1872 *to* 9th Oct. 1873, pp. 86-95.)

D'après des sources japonaises.

—— Histoire naturelle du thé de la Chine, de ses différentes espèces, de sa récolte, de ses préparations, de sa culture en Europe, de l'usage qu'on en fait, comme boisson, chez différens peuples, principalement en Angleterre, de ses bons et mauvais effets, et de ses propriétés en médecine, dans les cas d'indigestion et de transpiration supprimée; A laquelle on a joint un Mémoire sur le Thé du Paraguay, de Labrador, des Isles, du Cap, du Mexique, d'Oswego, de la Martinique, du Japon, et des Notices sur différentes plantes de l'Europe, propres à remplacer le vrai Thé; suivie d'une Notice sur le Cachou, le Ginseng et l'Huile de Cajeput. Par J. P. Buc'hoz, Médecin. A Paris, Chez la Dame Buc'hoz, épouse de l'Auteur, rue de l'École de Médecine, No. 20. 1806. in-8, pp. 92 + 1 f. n. ch. en tête et 2 f. n. ch. à la fin pour la liste des ouvrages de Buc'hoz.

—— Mithridates oder allgemeine Sprachenkunde mit dem Vater Unser als Sprachprobe in bey nahe fünfhundert Sprachen und Mundarten, von Johann Christoph Adelung..... Berlin, in der Vossischen Buchhandlung, 1806-1817, 4 parties in-8.

Japan, I, pp. 567-577.

—— H. M. S. «Phaeton» at Nagasaki in 1808. By W. G. Aston. (*Trans. Asiat. Soc. Japan,* VII, Pt. IV, 1879, pp. 323-338.)

(ADAM JEAN, BARON KRUSENSTERN.)

H. J. Klaproth.

—— Sprachproben von Lieu-kieu. (Klaproth, *Archiv für Asiat. Lit.*, St. Petersburg, 1810, pp. 151-158.)

—— Description des iles Lieou-khieou, Extraite de plusieurs ouvrages chinois et japonois; par M. J. Klaproth. (*Nouv. Ann. Voyages*, XXI, 1824, pp. 289-316.)

—— Description des iles de Lieou khieou, extraite d'ouvrages japonais et chinois. (Klaproth, *Mém. rel. à l'Asie*, II, 1826, pp. 157-189, carte.)

—— Description des îles Mou nin sima, c'est-à-dire des îles inhabitées; traduite de l'ouvrage japonais intitulé *San kokf tsuran*, imprimé à Yedo en 1785. (Klaproth, *Mém. relat. à l'Asie*, II, 1826, pp. 190-199.)

Cf. Abel Rémusat, *Journal des Savans*, sept. 1817.

—— * Изображеніе міра по мнѣнію японцевъ. Изъ «Mémoires relatifs à l'Asie». *Клапротъ*. (*Москов. Телеграфъ*, 1830, Ч. 35, No. 20, pp. 498-508.)

Mejov, 3142.

—— Eclaircissemens sur une Carte chinoise et japonaise de l'Asie et de l'Inde. (Klaproth, *Mém. relat. à l'Asie*, II, 1826, pp. 411-432, carte.)

—— Notice d'une mappemonde japonaise, conservée dans le Musée britannique à Londres. (Klaproth, *Mém. relat. à l'Asie*, III, 1828, pp. 471-481, carte.)

Mappemonde rapportée par Kaempfer.

—— Fookoua Siriak, ou Traité sur l'origine des richesses au Japon, écrit en 1708, par Arraï Tsikougo no Kami sama, autrement nommé Fak Sik Sen See, instituteur du Daïri Tsuna Ioosi et de Yeye mio tsou; traduit de l'original chinois et accompagné de notes, par M. Klaproth. Paris, Schubart et Heideloff, 1828, in-8, pp. 24.

Extrait du *Nouveau Journal Asiatique*.

—— On a Japanese and Chinese Chronology. By J. Klaproth. (*As. Jour.*, N. S., 1831, VI, p. 24.)

—— Notice d'une chronologie chinoise et japonaise, par M. Klaproth. (*N. J. As.*, XII, 1833, pp. 402-427.)

Tirage à part : Paris, Imp. Roy., 1833, in-8, pp. 28. — Klaproth (1215), Fr. 2.10.

—— 三國通覽圖說 *San Kokf Tsou Ran To Sets*, ou Aperçu général des Trois Royaumes. — Traduit de l'original japonais-chinois, par Mr. J. Klaproth. — Ouvrage accompagné de cinq cartes. — Paris : Printed for the Oriental Translation Fund... MDCCCXXXII. Gr. in-8, pp. VI + 1 f. n. ch. + pp. 288.

Préface du traducteur, I-VI. — Introduction, pp. 1-4. — Préface de l'auteur, pp. 5-10. — Description de la Corée, pp. 11-23. — Description de la Corée, d'après le *Tai tsing i tong che* (section CCCLIII de l'éd. de 1716), pp. 24-168. — Notice des îles Lieou khieou, appelés en japonais Riou-kiou, pp. 169-180. — Description du Pays des Yeso, pp. 181-255. — Description des îles inhabitées, pp. 256-262. — Explication des lettres de renvoi placées sur les cartes qui accompagnent cet ouvrage, pp. 263-286. — Contenu, pp. 287-288.

Paris. Imprimé chez Paul Renouard, rue Garancière, N° 5.

Cet ouvrage publié à Yedo en 1786 a été rédigé par le Japonais *Rinsifée*.

Notice : *Nouv. Ann. des Voy.*, XXX, 1833, pp. 95-110, par E.

—— Plates and Maps to accompany the *San kokf tsou ran to sets*, ou Aperçu général des Trois Royaumes. Traduit de l'original japonais-chinois, Par Mr. J. Klaproth. Paris : Engraved and Printed for the Oriental Translation Fund. — MDCCCXXXII. Gr. in-4.

—— Notice sur le Japon extraite des livres japonais et autres sources, par M. Klaproth. (*Nouv. Ann. des Voyages*, LX, 1833, pp. 281-311.)

—— Catalogue des Livres imprimés, des manuscrits et des ouvrages chinois, tartares, japonais, etc., composant la Bibliothèque de feu M. Klaproth. Prix 4 francs. Paris, R. Merlin, 1839, in-8, en deux parties, pp. XII-308, XII-80.

*
* *

—— Description du Ginkgo biloba, dit Noyer du Japon, Par Antoine Gouan, Professeur honoraire en la Faculté de Médecine de Montpellier,.... Montpellier, Chez Delmas, Libraire, Place St. Pierre — 1812, in-4, pp. 11.

— *Сужденіе о вѣрѣ япон. государя. Перев. съ иностр. Восточныя Извѣстія, 1814, No. 4, pp. 38-40.

Mejov, 3104.

Golovnin et Rikord.

— *Освобожденіе капит. Головнина изъ Японск. плѣна. Рикордъ. (*Сынъ Отечества*, 1815, Ч. 20, No. 10, pp. 137-154; No. 11, pp. 199-207; No. 12, pp. 242-252; Ч. 21, No. 21, pp. 41-56; Ч. 24, No. 35, pp. 79-90; No. 37, pp. 159-176; No. 38, pp. 199-209; Ч. 25, No. 39, pp. 3-18; No. 40, pp. 43-52.)

Mejov, 3203.

— *Государственное правленіе въ Японіи. Кап. Головнинъ. (*Вѣстникъ Европы*, 1816, Ч. 89, Nos. 17 et 18, pp. 129-141.)

Mejov, 3368.

— *Отрывки изъ записокъ капит. Головнина. (*Сынъ Отечества*, 1816, Ч. 29, No. 7, pp. 170-178.)

Mejov, 3204.

— *Двухлѣтній плѣнъ въ Японіи Головнина и сопутниковъ его. (*Русск. Вѣстникъ*, 1817, Nos. 11 et 12, pp. 5-48.)

Mejov, 3205.

— Begebenheiten des Capitains von der Russisch-Kaiserlichen Marine Golownin, in der Gefangenschaft bei den Japanern in den Jahren 1811, 1812 und 1813, nebst seinen Bemerkungen über das japanische Reich und Volk und einem Anhange des Capitains Rikord. — Aus dem Russischen übersetzt von Dr. Carl Johann Schultz. — Leipzig, Gerhard Fleischer den Jüngern, 1817, 2 vol. in-8.

Erster Theil, Mit einem Kupfer und einer Karte, pp. 480.

Zweiter und letzter Theil, Mit fünf Planen, pp. IV-268.

Bib. nat., O²o 13.

Journal des Savans, août 1817, pp. 493-503, par Vanderbourg.

— *Erzählung des Russischen Flott-Capitains Rikord von seiner Fahrt nach den japanischen Küsten in den Jahren 1812 und 1813, und von seinen Unterhandlungen mit den Japanern. Aus dem Russischen... übersetzt von... Ritter von Kotzebue. Leipzig, 1817, in-8.

British Museum.

Journal des Savans, Avril 1818, pp. 241-245, par Vanderbourg.

— * Leben und Leiden eines russischen Seebefehlshabers und seiner sechs Gefährten während einer mehr als zweijährigen Gefangenschaft unter den Japanern. W. Golownine. Zürich, s. d., in-8.

Mejov, 3323.

— * Mijne lotgevallen in mijne Gevangenschap bij de Japanners. W. Golovnine. Uit het Russisch door Steenbergen van Goor. Dordrecht, 1817-1818, 2 vol. in-8.

Mejov, 3327.

— * Berättelse om en resa till Japanske Kusterne åren 1812 och 1813. Paul Rikord. Öfwersatt från Ryskan på Tyska af A. V. Kotzebue och derifrån på Swenska af N. B. Åbo, 1818, in-8.

Mejov, 3319.

— * Begivenheder i hans Fangenskab hos Japanerne i Aarene 1811, 1812 og 1813. W. Golovnine. Oversatte ved N. T. Brunan. Kjøbenhavn, 1818, in-8.

Mejov, 3328.

— Voyage de M. Golovnin, capitaine de vaisseau de la Marine impériale de Russie, contenant le récit de sa captivité chez les Japonois, pendant les années 1811, 1812 et 1813, et ses Observations sur l'Empire du Japon; suivi de la relation du voyage de M. Ricord, capitaine de vaisseau de la

Marine impériale de Russie, aux côtes du Japon en 1812 et 1813, etc.; traduit sur la version allemande; par J.-B.-B. Eyriès. — A Paris, Gide fils, 1818, 2 vol. in-8, pp. VI-III-396, 452.

Bib. nat., O²o 14.

— Le Japon, ou Voyage de Paul Ricord, aux iles du Japon, En 1811, 1812 et 1813 sur la corvette russe la *Diane*, pour la Délivrance du capitaine Golownin. Traduit de l'allemand, Par M. Breton. Accompagné de planches inédites, d'après les dessins du cabinet de feu M. Titzingh, ambassadeur hollandais en Chine, et résident au Japon. Paris, Nepveu, 1822, 2 vol. in-12, pp. VIII-271, 214 + 1 f. n. ch.

Bib. nat., O²o 15.

— Narrative of my Captivity in Japan, during the years 1811, 1812 & 1813; with Observations on the Country and the People. By Captain Golownin, R. N. To which is added an account of Voyages to the Coasts of Japan, and of Negotiations with the Japanese, for the release of the Author and his Companions, by Captain Rikord. — London : Printed for Henry Colburn, Public Library, Conduit Street, Hanover Square, 1818, 2 vol. in-8, pp. IV-302, 348 + 1 f. n. ch.

Notice : *Quarterly Review*, Nov. 1819, pp. 107-129.

— Recollections of Japan, comprising a particular account of the Religion, Language, Government, Laws and Manners of the People, with Observations on the Geography, Climate, Population & Productions of the Country. // By Captain Golownin, R. N...to which are prefixed Chronological Details of the Rise, Decline, and Renewal of British Intercourse with that country. — London : Printed for Henry Colburn, 1819, in-8, pp. VIII-LXXXIX-302.

Pages 251-302. Account of the Voyages of Messrs. Chwostoff & Dawidoff.

— Memoirs of a Captivity in Japan, during the years 1811, 1812, and 1813; with Observations on the Country and the People. By Captain Golownin, of the Russian Navy. — Second Edition. — In three volumes. — London : Printed for Henry Colburn and Co., 1824, 3 vol. in-8, pp. lxxxix-315, 356 + 1 f. n. ch., VIII-302.

Bib. nat., O²o 16.

— Japan and the Japanese : comprising the Narrative of a Captivity in Japan, and an Account of British Commercial Intercourse with that Country by Captain Golownin of the Russian Navy. New and Revised Edition. London, Colburn & Co., 1852, 2 vol. in-8, pp. x-334, VIII-286.

Préface signée S. R.

— Golownin's Captivity in Japan (N. Hale), *North American Review*, X, 33. — *Quart. Rev.*, XXII, 107. — *Monthly Rev.*, XCI, 39. — *Dennie's Portfolio*, XX, 208, 244. — *Eclectic Review*, XXVIII, 379; XXIX, 244.

— * Uwagi o Japonii. Golovnine. Tłomaczone przez G. Buczyńskiego. Warszawa, 1823, in-8.

Mejov, 3315.

— * Записки флота кап. Рикорда о плаванiи его къ Япон. берегамъ въ 1812 и 1813 г. и о сношенiяхъ его съ японцами. Съ портр. и картами. Спб., 1851, in-8.

Mejov, 3222.

— * Записки В. М. Головнина въ плѣну у Японцевъ въ 1811, 1812 и 1813 г. и жизнеописанiе автора. Съ портретомъ и картами. Спб., 1851, in-8.

Mejov, 3221.

— Записки флота капитана Рикорда о плаванiи его къ Японскимъ берегамъ въ 1812 и 1813 годахъ и о сношенiяхъ съ японцами. Изданiе Вдовы Адмирала Л. И. Рикордъ, ... St. Pétersbourg, 1875, in-8, pp. 111.

William Milburn.

— Oriental Commerce; containing a geographical Description of the principal places in The East Indies, China and Japan, with Their Produce, Manufactures, and Trade, including the coasting or country trade from port to port; also the rise and progresse of the trade of the various European Nations with the Eastern World, particularly that of the English East India Company, from the discovery of the passage round the Cape of Good Hope to the present period; with An Account of the Company's Establishements, Revenues, Debts, Assets, &c. At Home and Abroad. Deduced from authentic Documents, and founded upon practical Experience obtained in the Course of Seven Voyages to India and China. By William Milburn, Esq. Of the Honourable East India Company's Service. London : Printed for the Author, and published by Black, Parry & Co., 1813, 2 vol. in-4.

—— Oriental Commerce; or the East India Trader's Complete Guide; containing a Geographical and Nautical Description of the Maritime Parts of India, China, Japan and neighbouring countries, including the Eastern Islands, and the trading Stations on the Passage from Europe; With an Account of their respective commerce, productions, coins, weights, and measures; their port regulations, duties, rates, charges, &c. And a Description of The Commodities imported from thence into Great Britain, and the Duties payable thereon; together with a mass of miscellaneous information, collected during many years' employment in the East India Service, and in the course of seven voyages to India and China. Originally compiled by the late William Milburn, of the Honourable East India Company's service : A careful Digest having been made from the Papers left with his Executor, and the whole incorporated with much additional and valuable Matter, by Thomas Thornton, M. R. A. S. London : Printed for Kingsbury, Parbury, and Allen, Leadenhall Street, 1825, gr. in-8, pp. 586 + 2 f. prél., préf. — Cartes.

* * *

—— Le costume ancien et moderne ou Histoire du gouvernement, de la milice, de la

religion, des arts, sciences et usages de tous les peuples anciens et modernes, d'après les monumens de l'antiquité et accompagné de dessins analogues au sujet par le docteur Jules Ferrario. Milan de l'imprimerie de l'éditeur, MDCCCXVI.

Le titre des deux premiers vol. consacrés à l'Amérique est imprimé en français; à partir du vol. 3 qui commence l'Asie le titre court ainsi :

—— Il costume antico e moderno o storia del governo, della milizia, della religione, delle arti, scienze ed usanze di tutti i popoli' antichi e moderni provata coi monumenti dell' antichita e rappresentata cogli analoghi disegni dal Dottore Giulio Ferrario. Milano dalla tipografia dell' editore, MDCCCXVI.

Dans ce premier vol. de l'Asie (Vol. III de l'ouvrage), il est traité de la Chine, par le Dr. Giulio Ferrario; de la Corée, du Japon et des îles Lieou kieou, par le prof. Ambrogio Levati; on trouvera les pays de l'Indo-Chine par le Dr. Giulio Ferrario dans le vol. II de l'Asie. — L'Asie comprend en tout 4 vol.; l'ouvrage complet forme 18 vol. in-4, Milano, 1816-1834. Il y a des ex. sur grand papier. — Une autre éd. a été imprimée, Firenze, 1826-28, 26 vol. in-8, avec un supplément, Firenze, 1833-1837, 3 vol. in-8.

Alceste.

—— Voyage of His Majesty's Ship *Alceste*, along the Coast of Corea, to the island of Lewchew; with an account of her subsequent shipwreck. By John M'Leod, Surgeon of the *Alceste.* Second Edition. London : John Murray, 1818, in-8, pp. 323 + 2 f. prél.

—— Voyage of His Majesty's Ship *Alceste*, to China, Corea, and the Island of Lewchew, with an Account of her Shipwreck. By John M'Leod, M. D., Surgeon of the *Alceste.* The Third Edition. London : John Murray, 1819, in-8, pp. VII-339.

First ed., 1817. — Langlès (2381), Fr. 20.

—— Voyage du Capitaine Maxwell, Commandant l'*Alceste*, vaisseau de S. M. B. Sur la mer Jaune, le long des côtes de la Corée, et dans les îles de Liou-tchiou, avec la relation de son naufrage dans le détroit de Gaspar, ayant à bord l'ambassade angloise, à son retour de la Chine. Par John Mac-Leod, chirurgien de l'équipage.

Traduit de l'anglois, Par Charles-Auguste Def.[auconpret.] Avec cinq Planches. Paris, Chez Gide, 1818, in-8, pp. 359.

L'app. sur les îles Liou-tchiou, — pris dans le Mém. du P. Gaubil, — imprimé dans l'éd. ang., n'est pas réimp. dans la trad. française.

— Zeereis van het Engelsche oorlogsfregat de *Alceste*, langs de stranden van Corea, naar het eiland Loochoo; benevens een Verhaal betreffende de schipbreuk van genoemde fregat. Uit het Engelsch, van John M'Leod, wondheeler op de *Alceste*. Te Rotterdam, by Arbon & Krap, 1818, in-8, pp. II + 1 f. n. c. + pp. 215.

— *Capitaine Maxwells Resa på Gula Hafvet, längs kusterne af Corea och öarne Liu-tchiu... beskrifven af John Mac-Leod. Öfvers. fr. Franskan. Upsala, 1820, in-8, pp. 168.

Basil Hall.

— Account of a Voyage of Discovery to the West Coast of Corea, and the Great Loo-choo Island; with an Appendix containing Charts, and various hydrographical and scientific Notices. By Captain Basil Hall, Royal Navy, F. R. S. Lond. & Edin... And a Vocabulary of the Loo-choo Language, By H. J. Clifford, Esq. Lieutenant Royal Navy. London : John Murray..., 1818, in-4, pp. XVI-222, sans l'App., etc. Grav., etc.

Pub. à Livres 2.2 —.

Notices : *Quart. Rev.*, XVIII, 1818, pp. 308 et seq. — *Edinb. Rev.* (F. Jeffrey), XXIX, pp. 475-497. — *Eclectic Rev.*, XXVII, p. 513. — *North Am. Rev.* (Jared Sparks), XXVI, pp. 514-538. — *Month. Rev.*, CXXV, p. 59; CXXVII, 592; CXXXIV, p. 143. — *Fraser's Mag.*, VIII, p. 593.

— Vocabulary of the Language spoken at the Great Loo-choo Island, in the Japan Sea. Compiled by Herbert John Clifford, Esq. Lieutenant, Royal Navy, In two Parts. In-4.

A la suite du Voyage de Basil Hall, 1818.

— Voyage to Corea and the Island of Loo-chow by Captain Basil Hall. — A new ed. London, Murray, 1820, pet. in-8.

«The First Ed. [1818, 4°] of this work which gives a full account of the Voyage to Corea and Loochoo, is divided into a Narrative — an Appendix, containing Charts and various nautical and scientific Notices and a Vocabulary of the Loochoo Language. The present Edition is confined to the narrative alone to the exclusion of all technical and other details, not calculated to interest the general reader.» (*Preface.*)

— Voyage to Loo-choo, and other places in the Eastern Seas, in the year 1816. including an account of Captain Maxwell's attack on the Batteries at Canton; and notes of an interview with Buonaparte at St. Helena, in August 1817. By Captain Basil Hall, R.N., F.R.S. Edinburgh : Printed for Archibald Constable & Co.; and Hurst, Robinson & Co.; London, 1826, in-12, pp. II-322.

Forme le Vol. I de *Constable's Miscellany of Original and Selected Publications.*

— Narrative of a Voyage to Java, China, and the Great Loo-choo Island. With accounts of sir Murray Maxwell's Attack on the Chinese Batteries, and of an interview with Napoleon Buonaparte, at St. Helena. By Captain Basil Hall, R. N., F. R. S. London : Edward Moxon, MDCCCXL. In-8 à 2 col., pp. 81 + 4 ff. prél. n. ch. p. le f. tit., tit., tab.

Forme le premier numéro d'un volume intitulé : *Voyages and Travels*, London : Edward Moxon, MDCCCXL, qui comprend quatre voyages avec pagination spéciale.

— Verhaal eener ontdekkingsreis langs de westkust van Corea en het Groot Loochoo eiland in de Japansche Zee door Kapitein Basil Hall. Uit het Engelsch. Te Rotterdam bij Arbon & Krap, MDCCCXVIII. In-8, pp. III-286.

Sur le titre gravure : *Gezigt van het Zwavel eiland, bladz 80.*

— Entdeckungsreise nach der Westküste von Korea und der grossen Lutschu-Insel von dem Capitän Basil Hall. Aus dem Englischen übersetzt, und mit Anmerkungen begleitet von Friedrich Rühs. Mit zwei Charten. Weimar, 1819, in-8.

Dans le Vol. XIX de la *Neue Bibliothek der wichtigsten Reisebeschreibungen.*

— *B. Hall. — Relazione d'un viaggio di scoperte alla costa occidentale della Corea ed alla grand' isola Lutsciù. Prima trad. dall' inglese di F. Contarini. Milano,

Raccolta di viaggi, Sonzogno, 1820, in-16, fig. col., carte géog.

*
* *

— Le Japon, ou Mœurs, Usages et Costumes des Habitans de cet Empire, D'après les relations récentes de Krusenstern, Langsdorf, Titzing, etc., et ce que les Voyageurs précédens offrent de plus avéré; suivi de la relation du voyage et de la captivité du capitaine russe Golownin. Par M. Breton. Ouvrage orné de 51 gravures, dont plusieurs d'après des peintures japonaises inédites. Paris, A. Nepveu, 1818, 4 vol. in-12, pp. xxiv-187, 231, 226 + 1 f. n. ch. tab., 272 + 1 f. n. ch. tab.

Bib. nat., O²o 17.

— *Rozprawa o przyczynach prześladowania Chrześcian w cesarstwie japońskim. [Dissertatio de causis persecutionis Christianorum in imperio japonensi.] (*Miesiecznik polocki* [Ephemerides polocenses], Polociae, 1818, in-8, I, pp. 201-216.)

Par Stanislas Piotrowicz, né le 14 nov. 1780; † à Judenhoven, le 26 nov. 1826. (Sommervogel.)

Peter Gordon.

— Japan. A letter to the Editor, from a gentleman who lately visited the coast of Japan. By Peter Gordon. (*Indo-Chinese Gleaner*, III, February 1818, pp. 52-53.)

— Voyage au Japon. (*Nouv. Annales des Voy.*, III, 1819, pp. 427-440.)

Cap. Gordon.

— Japan. By Peter Gordon. (*Indo-Chinese Gleaner*, IV, May 1818, pp. 94-99.)

— Ochotsk. By Peter Gordon. (*Indo-Chinese Gleaner*, IV, May 1818, pp. 99-101.)

*
* *

— Short Visit to Loo-choo in Nov. 1818 [in the brig *Brothers*] By. W. Eddis. (*Indo-Chinese Gleaner*, No. VII, Jan. 1819, pp. 1-4.)

— Account of a short visit to Japan in 1818. (*Indo-Chinese Gleaner*, VIII, April 1819, pp. 53-59.)

— Chinese Account of Loo-choo [taken from a continuation of the Chinese Official Memoirs, concerning the Loo-choo, first published in the reign of Kang-ke (about A. D. 1700) and now extended to the 13th year of the reign of Kea-king (A. D. 1808). Printed at Peking, with moveable Chinese types. P. Gaubil, in the *Lettres édifiantes* gave an account of the former memoirs]. (*Indo-Chinese Gleaner*, No. VII, Jan. 1819, pp. 4-8.)

— *Японя и Австралія. (*Историч., Статистич. и Географич. журналъ*, 1819, Ч. 1, No. 3, pp. 227-231.)

Mejov, 3206.

— *О Морскихъ людяхъ и орденѣ слѣпыхъ въ Японіи. (*Казанскія Извѣстія*, 1819, No. 9.)

Mejov, 3336.

— *Путешествіе въ Японію. (*Историч., Статистич. и Географич. журналъ*, 1820, Ч. 4, No. 12, pp. 218-224.)

Mejov, 3207.

— *Новѣйшія историко-географ. извѣстія о Японіи. Статья С. (*Русскій Инвалидъ*, 1823, No. 212 et 213.)

Mejov, 3153.

— Die Lieou-Kieou-Inseln. (*St. Petersburgische Zeitschrift*, herausg. von Aug. Oldekop, VIII, 1822, pp. 291-306.)

— Observations chinoises et japonaises sur la chute des corps météoriques (1819). (A. Rémusat, *Mél. As.*, I, pp. 184-208.)

James Morss Churchill.

— A Treatise on Acupuncturation; being a Description of a surgical operation originally peculiar to the Japonese and Chinese, and by them denominated Zin-King, Now introduced into European Practice, with directions for its performance, and cases illustrating its success. — By James Morss Churchill, Member of the Royal College of Surgeons in London. — London: Published by Simpkin and Marshall... s. d. [1821], in-8, pp. 86.

— Traité de l'Acupuncture, ou Zin-king des Chinois et des Japonais; ouvrage destiné à faire connaître la valeur médicale de cette opération, et a donner les documens nécessaires pour la pratiquer. Par James Morse Churchill, Membre du Collége royal des Chirurgiens de Londres. Traduit de l'Anglais Par M. R. Charbonnier, Docteur en Médecine de la Faculté de Paris. A Paris, chez Crevot, 1825, in-8, pp. III-44.

— Mémoires sur L'électro-puncture, considérée comme moyen nouveau de traiter efficacement la goutte, les rhumatismes et les affections nerveuses, et sur l'emploi du Moxa japonais en France; suivis d'un Traité de l'Acupuncture et du Moxa, principaux moyens curatifs chez les peuples de la Chine, de la Corée et du Japon; ornés de figures japonaises. Par le chevalier Sarlandiere, Docteur en médecine, membre de plusieurs Académies et Sociétés savantes. A Paris, chez l'Auteur, 1825, in-8, pp. IV-150 + 1 f. n. ch. p. l. tab. + 2 pl.

Abel-Rémusat. — *Nouv. Mél. Asiat.*, I, 1829, pp. 358-380.

— Cases illustrative of the immediate effects of acupuncturation, in rheumatism, lumbago, sciatica, anomalous muscular diseases, and in dropsy of the cellular tissue; Selected from various Sources, and intended as an Appendix to the author's treatise on the subject. By James Morss Churchill, F. L. S.... — London : Callow and Wilson..., 1828, in-8, pp. 101.

*
* *

— Iles Lieou-Kieou. (*Nouv. Ann. des Voyages*, XIII, 1822, pp. 302-317.)

— Reise des Lieutenants Adam Larmann nach Japan. (Auszug aus der Geschichte der geographischen Entdeckungen der Russen von Berg.) (*St. Petersburgische Zeitschrift*, VIII, 1822, pp. 132, 175, 213.)

— Sur le plus petit volcan du Globe, c'est à dire sur la petite isle de Coosima, situé dans l'Archipel du Japon près du Cap Sangar par Tilesius. (Accomp. de 4 planches.) Présenté à la Conférence le 9 juin 1824. (*Mém. de l'Acad. Imp. des Sciences*, T. X, pp. 309-332.)

— L'île de Ko-Sima, ou le plus petit volcan du globe. (*Nouv. Ann. des Voyages*, XXXVII, 1828, p. 198.)

Ph. Franz von Siebold (1796-1866).

B. H. Chamberlain, *Things Japanese*. — Gerhard Schirnhofer, *Japan Weekly Mail*, 27th. dec. 1879.

— De // Historiae naturalis // in Japonia // statu, // nec non // de augmento emolumentisque // in decursu perscrutationum // exspectandis // Dissertatio, // cui accedunt // Spicilegia Faunae Japonicae. // Auctore // G. T. de Siebold, // Med. Doc. // complurium Societatum membro. // — Bataviae // 1824. In-8, pp. 16.

A la fin : Dabam in insulâ Dezima prope Nangasaki. Die mensis Novemb. 11 mâ 1823.

— De historiae naturalis in Japonia statu. (Oken, *Isis*, 1826, col. 135-143.)

— Einige Worte über den Zustand der Botanik auf Japan. [1825.] (*Acad. Caes. Leop. Nova Acta*, XIV, 1828, pp. 670-696.)

— Nachrichten aus Japan. (*Flora*, XI, 1828, pp. 753-762.)

— Synopsis plantarum oeconomicarum universi regni Japonici. (*Batav. Genootsch. Verhand.*, XII, 1830, pp. 1-73.)

— Jets over de Acupunctuur in Japan. (*Batav. Genootsch. Verhand.*, XIV, 1833, pp. 381-389.)

— Ueber das Schiefstehen der Augen bei den Japanern und einigen andern Völkerschaften. [Trad.] (Froriep, *Notizen*, XLVI, 1835, col. 150-151.)

— Beantwoording van eenige vragen over de Japansche Vroekunde, door mijnen leerling Mimazunzo geneesheer te Nagasaki. Met eenige aamerkingen, aangeboden aan het Bataviaasch Genootschap van Kunsten en Wetenschappen door den Med. Dr. von

Siebold. (*Verhand v. h. Batav. Gen. K. en Weten.*, X, 1825, pp. 191-208.)

—— Verhandeling over de Afkomst der Japanners; door Dr. von Siebold. (*Verhand. v. h. Batav. Gen. v. K. en Weten.*, XIII D., 1832, pp. 185-275.)

—— Voyage au Japon, exécuté pendant les années 1823 à 1830, ou Description physique, géographique et historique de l'Empire japonais, de Iezo, des iles Kuriles méridionales, de Krafto, de la Corée, des iles Liu-Kiu, etc., etc.; Par M. Ph. Fr. de Siebold. Édition française Rédigée par MM. A. de Montry et E. Fraissinet et publiée sous les auspices de S. A. R. Mgr le Duc d'Orléans. — Paris, chez Arthus Bertrand, MDCCCXXXVIII-MDCCCXL. 5 vol. in-8.

A la fin du Vol. 5, il y a 55 pages autog. de caractères japonais.

Bib. nat., O² o 21, incomplet.

—— *Описаніе обрядовъ и церемоній установленныхъ для голландскаго посольства, отправляемаго изъ Нангазаки въ Іеддо. Зибольдъ. Сынъ Отечества, 1840, Т. I, кн 2, pp. 376-428.

Mejov, 3178.

—— *Путевыя записки Зибольдо, описаніе обрядовъ и церемоній, установл. для голланд. посольства, отправл. изъ Нангазаки въ Іеддо. (Журн. для чт. воспит. военно-учебн. завед., 1840, Т. 25, No.97, pp. 13-73.)

Mejov, 3337.

—— Manners and Customs of the Japanese, in the Nineteenth Century. From recent Dutch Visitors of Japan, and the German of Dr. Ph. Fr. von Siebold. — London: John Murray,... 1841, in-12, pp. XI-423.

Bibl. nat., O² o 23.

——*—— —— Ibid., 1852, in-8.

Cat. Mourier, No. 424, 5 fr.

—— Manners and Customs of the Japanese, in the Nineteenth Century from the Accounts of recent Dutch Residents in Japan, and from the German work of Dr. Ph. Fr. von Siebold. New-York: Harper & Brothers, 1845, in-12, pp. 298.

—— El Japon y los Japoneses en el siglo diez y nueve. Estractado de las relaciones hechas por los viajeros holandeses, especialmente de las del Doctor Siebold. (N. Fernandez Cuesta, *Nuevo Viajeros Universale*, II, Madrid, 1860, pp. 616-682.)

—— Lettre sur l'utilité des musées ethnographiques et sur l'importance de leur création dans les Etats européens qui possèdent des Colonies, ou qui entretiennent des relations commerciales avec les autres parties du monde, A M. Edme-François Jomard, Conservateur-Administrateur du Dépôt géographique de la Bibliothèque Royale, Membre de l'Institut Royal de France. Par M. Ph. Fr. de Siebold. Paris, Benjamin Duprat,... 1843, gr. in-8, pp. 22 + 1 f. n. ch. ouvrages de Siebold.

—— Urkundliche Darstellung der bestrebungen von Niederland und Russland zur Eröffnung Japan's für die Schiffahrt und den Seehandel aller Nationen. Von Philipp Franz von Siebold. Bonn, auf kosten des Verfassers, 1854, gr. in-8, pp. 34 + 2 f. n. ch. liste des pub. de S. + 1 carte.

— *Castricum* (1643). — Voir col. 354-356.

—— Open Brieven uit Japan door Jhr. Ph. F. von Siebold. Met het Portret van den Schrijver. — Desima, ter Nederlandsche Drukkerij, 1861, in-8, 2 ff. n. ch. + pp. 66.

Bib. nat., O²o 35.

—— Handleiding bij het bezigtigen der Verzameling van Voorwerpen van Wetenschap, Kunst en Nijverheid en Voortbrengselen van het Rijk Japan bijeengebragt, gedurende de Jaren 1859 to 1862, door Jhr. Ph. F. von Siebold, en tentoongesteld in het lokaal der Vereeniging voor Volksvlijt te Amsterdam. Ter verspreiding van de kennis van *Land- en Volkenkunde* en van voorwerpen, geschikt voor den *Uitvoerhandel*. — Prijs 25 Cents. — Gedrukt bij C. A. Spin & Zoon, s. d. [1863], in-8, pp. 63.

— *Kau Shiu Rok*, or « my silent grief », Memoir by a Naval Officer of Prince Tosa on the Promulgation of the Christian Faith in Japan. (5th Month (April), 1867.) (*Phœnix*, No. 6, Dec. 1870, pp. 79-80.)

Translation by Mr. von Siebold.

— *Ph. Fr. von Siebold. — Der Erforscher Japans. Sein Leben und Werken. By Dr. S. Kure. Translated from the Japanese by Heinrich Freiherr von Siebold. Woerl, Leipzig, M. 1.

Notice : *Lond. & China Express*, June 18, 1900.

— *Baron A. von Siebold. — Ph. Fr. von Siebold's Letzte Reise nach Japan, 1859-62. Berlin, 1903, in-8, pp. 130.

Notice : *Lond. & China Express*, Jany 23, 1903.

— Nippon. Archiv zur Beschreibung von Japan und dessen neben- und schutzländern : Jezo mit den Südlichen Kurilen, Krafto, Kooraï und den Liukiu-Inseln, nach japanischen und europäischen Schriften und eigenen Beobachtungen bearbeitet von Ph. Fr. von Siebold,.... Ausgegeben unter dem schutze Seiner Majestät des Königs der Niederlande. Leyden, bei dem Verfasser. Amsterdam bei J. Muller & Comp. Leyden bei C. C. van der Hoek. 1832. Gedruckt bei J. G. La Lau, zu Leyden. Sept parties en 20 livraisons gr. in-4.

Nippon I. — *Mathematische und Physische Geographie von Japan.* — Entdeckung, Namen, Lage, Grösse und Eintheilung des japanisches Reiches, pp. 32, 4 pl. ou cartes.

Nippon I. — Firato und Dezima, Factoreien der Niederländer auf Japan, pp. 9, 2 pl.

Nippon I. — *Land und Seereisen.* — Reise von Batavia nach Japan im Jahre 1823, pp. 52, 6 pl.

— Geschichtliche Uebersicht der Entdeckungen der Europaeer im Seegebiete von Japan und dessen neben- und Schutzlaendern, chif. p. 57 à 122.

— Geschichtliche Uebersicht der Entdeckungen der Japaner von ihrem eigenen Lande und ihren neben- und Schutzlaendern, chif. pp. 122-145.

— Anmerkungen, pp. 146-174, Cartes.

Nippon II. — *Land und Seereisen.* — Reise nach dem Hofe des Sjôgun zu Jedo im Jahre 1826, pp. 146, 38 et 15 pl.

Nippon II. — *Volk und Staat.* — Beschreibung der Bewohner von Japan, pp. 6, 18-4-31-25-12-12-15-15-5 planches.

Nippon II. — *Volk und Staat.* — Von den Waffen, Waffenübungen und der Kriegskunst, pp. 52.

Nippon III. — *Beiträge zur Geschichte von Japan.* — Mythen von der Schöpfung der Welt. Urgeschichte von Japan. Begründung der Dynastie der Mikado durch Zin-mu, pp. 16, 6 pl.

Nippon III. — *Archäologie.* — Magatama, die Schätze der frühesten Bewohner der japanischen Inseln, pp. 9, 6 pl.

— 契年和 *Wa nen kei*, oder Geschichtstabellen von Japan aus dem originale übersetzt von J. Hoffmann, chif. pp. 21-154, planches de texte

Il a été fait une autre édition des pages 22-100 de cet ouvrage :

契年和 *Wa nen kei*, oder Geschichtstabellen von Japan, von *Zin Mu*, dem Eroberer und ersten Mikado, bis auf die neueste Zeit [667 vor Chr. bis 1822 nach Chr. geb.], aus dem Originale übersetzt von D[r]. J. Hoffmann, pp. VIII-80, 25 p. de texte japonais.

Nippon IV. — *Künste und Wissenschaften.* — Langen-, Flächen- und Körpermass, Gewicht und Münzfuss des Reiches Japan, pp. 8, planches.

Nippon V. — *Pantheon von Nippon*, pp. 186, 74 planches.

Nippon VI. — *Landwirthschaft, Kunstfleiss und Handel.* — Vom Japanischen Handel, pp. 72.

Nippon VI. — *Landwirthschaft u. s. w.* — Anbau des Theestrauches und Bereitung des Thee's auf Japan, pp. 19, 12 pl.

Nippon VII. — *Die neben- und schutzländer von Japan.* — Nachrichten über Kooraï, pp. 43, 18 p. de texte en app. + pages chif. 45 à 161.

Voir :

Pages 61-86 : *Lui Hŏ* eine schinesische wörtersammlung mit koraischer übersetzung und Angabe des Koraisch Schinesischenn Dialects. — Kritisch bearbeitet und verdeutscht von J. Hoffmann. Pages 87-152 : Japan's Bezüge mit der Koraischen Halbinsel und mit Schina. Nach Japanischen Quellen von J. Hoffmann.

Les pages 149-152 comprennent : Legenden von der Expedition der Japaner nach Sinra im Jahre 200 n. Chr. Geb.

Nippon VII. — *Die neben- und schutzländer von Japan.* — Nachrichten über Jezo, die Kurilen, Krafto und das Amurland, pages ch. 167 à 204, planches.

— 文字千 *Tsiän dsü wen*, oder Buch von Tausend Wörtern, aus dem schinesischen, mit berücksichtigung der Koraischen und Japanischen übersetzung, ins deutsche übertragen von Dr. J. Hoffmann, p. chif. 165 à 191.

Index Operum Japonian. spectantium cura et sumptibus Ph. Fr. de Siebold editorum, 1 f.

Inhalt.

Bib. nat., O[2] o 213.

Il y a des ex. en grand papier. — Il y a en tout 364 pl. et cartes.

— Nippon. Archief voor de Beschrijving van Japan en deszelfs toegevoegde en cijnsbare landen : Jezo met de Zuidelijke Kurilen, Krafto, Kooraï en de Liukiu-Eilanden, volgens Japansche en Europische geschriften en eigene waarneming bewerkt door Ph. Fr. von Siebold, ... Uitgegeven onder bescherming van den Koning. Leyden, bij den Schrijver. Amsterdam bij J. Muller & Comp. Leyden bij C. C. van der Hoek, 1832. — Gedrukt bij J. G. La Lau, te Leyden. Gr. in-4, 6 ff. n. ch. tit., déd., prosp., etc. + pp. IV-32-9-15-9.

—— Nippon-Archiv zur Beschreibung von Japan und dessen Neben- und Schutzländern: Jezo mit den südlichen Kurilen, Sachalin, Korea und den Liukiu Inseln von Ph. Fr. von Siebold. Herausgegeben von seinen Söhnen. — Erster Band. — Zweite Auflage. — Würzburg und Leipzig, Leo Woerl, 1897, gr. in-8, pp. XXXV-421, 1 tab., 1 carte.

—— —— Zweiter Band. — Zweite Auflage. — Ibid., 1897, gr. in-8, pp. VII + pp. 342.

—— Tentoonstelling van Japansche Voortbrengselen en Voorwerpen van Nijverheid, op last van Z. M. den Koning, Ten voordeele van de armen der Stad Leyden. — Te Leyden, Gedrukt bij J. G. la Lau, 1845, in-8, pp. 23, 1 plan de Dezima.

Contient : Firato en Dezima, Factorijen der Nederlanders op Japan. (Overgenomen uit den *Nippon*, Archief voor de beschrijving van Japan.)

—— The Conquest of the Island Tai-wan (Formosa) by the Chinese Kŏsenya or Coshinga, A. D. 1662 [from the *Nippon* of Von Siebold, Translated by J. S.]. (*Chin. & Jap. Repos.*, April 3, 1864, art. III, pp. 424-428.)

J. S. = Rev. James Summers.

—— The Culture of the Tea-plant in Japan. (From the *Nippon* of Von Siebold.) (*Chin. & Jap. Repos.*, Sept. 12, 1864, pp. 54-58.)

—— L'Empire Japonais et les Archives de M. de Siebold, par Léon de Rosny.... Paris, Imprimerie impériale — MDCCCLXII. in-8, pp. 32.

Extrait No. 11 de l'année 1861 du *Journal asiatique*.

—— Le Nippon ou Archives japonaises de M. von Siebold. (L. de Rosny, *Études asiatiques*, 1864, pp. 283-335.)

—— Fauna Japonica sive Descriptio animalium, quae in itinere per Japoniam, jussu et auspiciis Superiorum, qui summum in India Batava Imperium tenent, suscepto, annis 1823-1830 collegit, notis, observationibus et adumbrationibus illustravit Ph. Fr. de Siebold. Conjunctis studiis C. J. Temminck et H. Schlegel pro vertebratis atque W. de Haan pro invertebratis elaborata. — Regis auspiciis edita. Lugduni Batavorum, 1833 [-1850], Apud auctorem. Amstelodami apud J. Müller et C°.

Comprend en volumes gr. in-4 :

Coup d'œil sur la faune des iles de la Sonde et de l'Empire du Japon. — Discours préliminaire destiné à servir d'introduction à la Faune du Japon, par C. J. Temminck, pp. XXX.

Mammalia, avec 30 lithog. en couleurs, Thlr. 24.

Aves, avec 120 lithog. en couleurs, Thlr. 96.

Reptilia, 1838, avec 30 lithog. en noir, Thlr. 20.

Pisces, avec 160 lithog. en couleurs, Thlr. 128.

Texte français.

Crustacea elaborante W. de Haan, 1850, avec 70 lithog. en noir, Thlr. 46.

Texte latin.

—— Flóra Japonica sive Plantae, quas in Imperio japonico collegit, descripsit, ex parte in ipsis locis pingendas curavit Dr. Ph. Fr. de Siebold, ordinis regii Leonis Belgici, Coronae civilis Bavaricae, imperialis Russici S. Wladimiri quartae classis eques, plurium academiarum societatumque doctarum sodalis. Regis auspiciis edita. Sectio prima continens plantas ornatui vel usui inservientes. Digessit Dr. J. G. Zuccarini Botanices oecon. et saltuar. in univ. Maximil. Ludov. Professor P. O., Academiae Reg. Monac. aliarumque Societ. doct. sodalis. Lugduni Batavorum apud auctorem, 1835-1844.

Explication en latin et en français.

En 1854, on annonçait que la première partie (*Centuria prima*) de la *Flora Japonica* était terminée depuis plusieurs années, mais que l'achèvement de la seconde, dont cinq livraisons avaient paru, avait été interrompu par la mort de Zuccarini. Cette partie contenant les conifères et les plus merveilleuses plantes d'ornement et d'utilité en grande partie introduites par Siebold en Europe devait être continuée cette année par Siebeld lui-même.

Centuria prima forme un vol. gr. in-4 avec 100 lithog. en couleurs, Thlr. 80; en noir, Thlr. 40.

Centuria secunda forme 5 livraisons avec 25 lithog. en couleurs, Thlr. 20; en noir, Thlr. 20.

«Malheureusement, la publication de la *Flore du Japon* s'est arrêtée, en 1844, à la vingt-cinquième livraison, et un des plus beaux travaux de nos jours reste inachevé. La promesse que Zuccarini avait faite de publier les familles monocotylédones n'ayant pas pu se réaliser, les *Familiae naturales* de Zuccarini eurent le même sort. Il mourut en 1848, et avec lui s'évanouit l'espérance de voir s'achever cet ouvrage.» (J. Hoffmann et H. Schultes, *Noms indigènes*, p. 7.)

—— Flora Japonica, sive plantae in imperio Japonico collectae. (*Ann. Sc. Nat.*, VI (Bot.), 1836, pp. 76-82.)

—— Plantarum, quas in Japonia collegit Dr. Ph. Fr. de Siebold genera nova, notis characteristicis delineationibusque illustrata proponunt Dr. Ph. Fr. de Siebold et Dr. J. G. Zuccarini. — Fasciculus primus. (*Abhand. d. II. Cl. d. Ak. d. Wiss.*, München, III, Bd., Abt. III, pp. 719-749, pl.) In-4.

—— Florae Japonicae familiae naturales, adjectis generum et specierum exemplis selectis. Sectio prima. *Plantae dicotyledoneae polypetalae.* — Auctoribus Dr. Ph. Fr. de Siebold et Dr. J. G. Zuccarini. (*Abhand. d. II. Cl. d. k. Ak. d. Wiss.*, IV. Bd., Abt. II, pp. 111-204, pl.) In-4.

—— Florae Japonicae familiae naturales, adjectis generum et specierum exemplis selectis. Sectio altera. *Plantae dicotyledoneae (gamopetalae, monochlamydeae) et monocotyledoneae.* — Auctoribus Dr. Ph. Fr. de Siebold et Dr. J. G. Zuccarini. (*Ibid.*, Abt. III, pp. 125-240, pl.) In-4.

JOSEPH GERHARD ZUCCARINI.

—— Ueber die Flora Japonica. (München, *Gelehrte Anz.*, XIII, 1841, col. 241-269.)

—— Notizen über die Flora von Japan und die bisher hierüber vorliegenden wissenschaftlichen Leistungen. (München, *Bull. Akad.*, 1844, col. 134-176; München, *Gelehrte Anz.*, XVIII, 1844, col. 430-472.)

—— Bestimmungen einiger Japanischen Pflanzen der Göring'schen Sammlung. (*Flora*, XXIX, 1846, pp. 33-35.)

—— Ueber einige in den Systemen zweimal aufgeführte Pflanzengattungen aus Japan. (München, *Gelehrte Anz.*, XXII, 1846, col. 313-317.)

WILLEM HENDRIK DE VRIESE.

—— Over de Ster-anijs (*Illicium anisatum*, Linn.). (Hoeven en Vriese, *Tijdschrift*, I, 1834, pp. 31-45; Wiegmann, *Archiv*, I, 1835 (Hft. 2), pp. 233-244.)

—— Het Gezag van Kaempfer, Linnaeus, Thunberg en anderen, omtrent den botanischen oorsprong van den Ster-anijs, gehandhaafd tegen Dr. Ph. F. von Siebold en Prof. J. G. Zuccarini. (Hoeven en Vriese, *Tijdschrift*, III, 1836, pp. 115-142; Wiegmann, *Archiv*, III, 1837, pp. 111-118.)

—— Ph. Fr. von Siebold's Erwiederung auf W. H. de Vriese's Abhandlung: «Het Gezag van Kaempfer, Thunberg, Linnaeus en anderen, omtrent den botanischen oorsprong van den Ster-Anijs des Handels, gehandhaafd tegen Dr. Ph. Fr. von Siebold en Prof. J. G. Zuccarini.» — Mit bezug auf die von J. Hoffmann Mitgetheilten angaben schinesischer und japanischer naturgeschichten. — Leiden, bei dem Verfasser, — Leipzig, bei L. Voss, 1837, in-4, pp. 19 + 1 f. n. ch. er.

—— Die Angaben schinesischer und japanischer naturgeschichten von dem *Illicium religiosum* (dem *Mang thsao* der Schinesen *Sikimi noki* der Japaner) und dem davon verschiedenen Sternanis des handels mitgetheilt durch J. Hoffmann. — Leiden, 1837, in-4, 1 p. imp + 16 p. lithog.

—— Sur les plantes du Japon introduites en Europe par M. de Siebold, Membre honoraire..... Par M. Chatin. (*Bull. Soc. Zool. Acclim.*, IIe Sér., I, 1864, pp. 412-415.)

—— Etablissement d'Introduction de Plantes du Japon et de la Chine. — Catalogue et Prix-courant des Plantes cultivées dans le Jardin d'Acclimatation de Feu Mons. Ph. Fr. von Siebold à Leide (Hollande). — 1876-1877, in-8, pp. 55.

Leide: Imprimerie de A. W. Sijthoff.

—— Bibliotheca Japonica, sive Selecta quaedam opera Sinico-Japonica in usum eorum, qui literis Japonicis vacant. In lapide exarata a sinensi Ko Tsching Dschang et edita curantibus Ph. Fr. de Siebold et J. Hoffmann Libri sex. (Annexo systemate scripturae Japonicae et Kôraïanae ac librorum catalogo.) Lugduni Batavorum, ex officina lithographica editoris. 1833-1838. Impressa C. exempl.

Comprend :

Liber primus.

—— 增新篇玉林字 *Sin zoo zi lin gjŏk ben* Novus et auctus literarum ideographicarum Thesaurus, sive Collectio omnium literarum Sinensium secundum radices disposita, pronuntiatione Japonica adscriptâ, Opus Japonicum in lapide exaratum a Sinensi 章成郭 Ko Tsching Dschang et redditum curante Ph. Fr. de Siebold. Lugduni Batavorum. Ex officina editoris. 1834. (Impressa C. exempl.) Gr. in-4, 164 p. lithog.

Pub. à Thlr. 36.

Liber secundus.

—— 釋音漢和考字言書 *Wa Kan won seki sio gen zi ko,* Thesaurus Linguae Japonicae, sive illustratio omnium quae libris recepta sunt verborum ac dictionum loquelae tam japonicae quam sinensis addita synonymarum literarum ideographicarum copia. Opus japonicum in lapide exaratum 章成郭唐 sinensi Ko Tsching Dschang. Editum curante Ph. Fr. de Siebold. Lugduni Batavorum. Ex officina editoris. 1835. (Impressa C. exempl.) Gr. in-4, 227 pp. lithog. et 4 pl.

Pub. à Thlr. 70.

Liber tertius.

—— 文字千 *Tsián dsŭ wên* sive Mille literae ideographicae Opus Sinicum origine cum interpretatione Kooraiana, in peninsula Kooraï impressum in lapide exaratum a sinensi 章成郭 Ko Tsching Dschang et redditum curante Ph. Fr. de Siebold. (Annexo systemate scripturae Kooraianae.) Lugduni Batavorum Ex officina lithographica Editoris. 1833. Impressa cxxv exempl. Gr. in-4, pp. 18 lith. et 1 pl.

Pub. à Thlr. 10.

Liber quartus.

—— 合類 *Lui Hŏ,* sive Vocabularium sinense in Kôraïanum conversum, Opus Sinicum origine in peninsula Kôraï impressum in lapide exaratum a sinensi Ko Tsching Dschang et redditum curante Ph. Fr. de Siebold. (Annexa appendice vocabulorum Kôraïanorum Japonicorum et Sinensium comparativa.) Lugduni Batavorum, ex officina lithographica Editoris. 1838. Impressa C. exempl. Gr. in-4, pp. 10 + 8 lithog.

Pub. à Thlr. 6.

Liber quintus.

—— Insularum Japonicarum tabulae geographicae secundum opus *Nippon jo tsi roo tei sen tsu.* Grand Colombier, 4 pl. lithog.

Pub. à Thlr. 6.

Liber sextus.

—— *Wa non kei,* sive succincti Annales Japonici. (Opus originale cum interpretatione Germanica.) In-4, pp. 25 lithog. et 5 pl.

Pub. à Thlr. 10.

—— Catalogus librorum et manuscriptorum japonicorum a Ph. Fr. de Siebold collectorum, annexa enumeratione illorum, qui in Museo regio Hagano servantur. Auctore Ph. Fr. de Siebold libros descripsit J. Hoffmann. Accedunt tabulae lithographicae XVI. — Lugduni-Batavorum, apud auctorem. 1845. Impresso CXXV exempla. Gr. in-4, pp. VI-35 et 16 pl.

Pub. à Thlr. 6.

—— Isagoge in Bibliothecam japonicam et studium literarum japonicarum, auctore Ph. Fr. de Siebold. — Lugduni-Batavorum apud Auctorem. 1841. Gr. in-4, pp. XXXVII + 1 f. n. ch. + 2 tab.

Pub. à Thlr. 1.

—— Epitome Linguae japonicae Auctore Ph. Fr. de Siebold, Med. Doct[e]. — Cum tabulis IX xylographicis, in ipsa Japonia incisis. (*Verhand. v. h. Batav. Gen. K. en Weten.*, XI, 1826, pp. 63-136, 10 tables.)

—— Atlas von Land- und Seekarten vom Japanischen Reiche und dessen Neben- und Schutzländern, bearbeitet und herausgegeben von Ph. Fr. von Siebold, nebst Geschichte der Entdeckungen im Seegebiete von Japan und Erklärung der Karten, Leyde, 1841, in-fol.

Trente cartes en partie coloriées avec titre et feuille d'ensemble dans le format grand aigle dans une couverture cartonnée, avec un volume de texte, gr. in-4. Thlr. 20.

Le même ouvrage avec une carte originale japonaise en quatre feuilles coloriées et une feuille d'ensemble de la Division de l'Empire *Dai Nippon* (en japonais et en chinois). Thlr. 26.

La carte du Japon a été publiée séparément; elle est semblable à celle qui a paru dans la cinquième partie de la *Bibliotheca Japonica;* 25 ex. réservés.

—— Karte vom Japanischen Reiche nach Originalkarten und astronomischen Beobachtungen der Japaner. — Die Inseln Kiu Siu, Sikok und Nippon Dem Kaiserl. Russ. Admiral von Krusenstern, aus Hohachtung und Dankbarkeit gewidmet von Siebold. 1840. Von A. Bayly & J. M. Huart in Steingestochen.

—— Catalogue de sa bibliothèque apportée au Japon. Dezima, Imprimerie néerlandaise, 1862, in-12.

Catalogue Mourier, 506, 10 fr.

En 1854, Siebold annonçait comme étant sous presse :

— Seemann's Wegweiser von Java nach Japan, mit hydrographischen Tabellen, Plänen und Seekarten.

—— *Ф. Ф. Зибольдъ и его соч. о Японіи. (*Московъ. Вѣдомости*, 1853, No. 37.)

Mejov, 3225.

*
* *

—— Beautés de l'Histoire de la Chine, du Japon et des Tartares, ou Tableau des principaux événemens de l'Histoire de ces peuples, belles Actions et Maximes de leurs Grands-Hommes et de leurs Sages; Traits singuliers de vertu et de piété filiale; Notions sur le Gouvernement, la Religion, les Mœurs, les Usages, les Sciences, les Arts et le Commerce de ces pays. Ouvrage consacré à l'instruction de la jeunesse, orné de douze planches en taille douce; par F.-M. de Beaumont. Deuxième édition, revue et corrigée. Paris, Alexis Eymery, 1825, 2 vol. in-12.

La première édition est de 1818, 2 vol. in-12.

—— *Сношенія русскихъ съ Японіею или образцы Японской дипломатики. Сообщено В. Н. Берхомъ. (Сѣв. Архивъ, 1826, Ч. 22, pp. 212-223.)

Mejov, 3175.

—— J.[ules] de Bl.[osseville]. — Note sur la pêche du Cachalot dans le Grand Océan, et particulièrement sur les côtes du Japon et de l'Amérique. (*Annales marit. et colon.*, 1830, 2e part., 1, pp. 77-80.)

—— *Путешествіе по Японіи Донъ Родрига де Виверо и Веласка, испан. ген.-губернатора Филиппин. островъ. (*Спбурскія Вѣдомости*, 1830, No. 94, 95, 98, 99, 102, 103, 108 et 109.)

Mejov, 3209. — Voir col. 272-273.

—— Japan. Voorgesteld in schetsen over de zeden en gebruiken van dat ryk, byzonder over de Ingezetenen der Stad Nagasaky. door G. F. Meijlan. Opperhoofd aldaar. Uitgegeven door M[r] J. H. Tobias.... — Met Platen. — [*figure col.*] Te Amsterdam, bij M. Westermann & Zoon. MDCCCXXX. In-8, 5 ff. n. ch. + pp. 190.

Bib. nat., O[2]o 18.

—— Geschiedkundig Overzigt van den Handel der Europezen op Japan, door G. F. Meijlan, Opperhoud van den Nederlandschen Handel in Japan, besturend lid van het Bataviaasch Genootschap van Kunsten en Wetenschappen. (*Verhand. v. h. Batav. Gen. v. K. en Weten.*, 14 D., Batavia, 1833.)

—— Lettres // des // Missions du Japon, // ou // Supplement // aux Lettres de S. François Xavier; // Par Mr. A. F. //.... — A Lyon, // chez M. P. Rusand et Cie., libraires. // A Paris,.... Rusand et Cie., // 1830, in-8, pp. xxij-560.

Choix de 50 lettres de 1549 à 1575.

D'après Barbier, A. F. = Antoine Faivre, de Lyon.

Bib. nat., O²o 159.

—— An English and Japanese and Japanese and English Vocabulary. Compiled from native works, by W. H. Medhurst. — Batavia: Printed by Lithography. 1830, in-8, pp. VIII + 1 f. n. ch. p. l. déd. + pp. 344.

Déd.: To His Excellency J. van den Bosch, Governor-General of Netherland India.... — Walter Henry Medhurst 麥都思 né à Londres, 29 avril 1796; London Missionary Society; + 24th Jan. 1857, à Londres; n'avait pas été au Japon, lorsqu'il composa son dictionnaire. «This which was the first and until recently the only English work, on the Japanese language, has been reproduced by the Japanese themselves, *verbatim et literatim.*» (*Mem. of Prot. Miss.*, p. 37.)

Notice: *Chin. Repository*, I, July 1832, pp. 109-110, by E. C. Bridgman.

—— *О Японіи. (*Спбургскія Вѣдомости*, 1830, No. 119, pp. 773-774.)

Mejov, 3208.

—— *Изысканія ученыхъ о Японіи. (*Спбугскія Вѣдомосmu*, 1831, No. 135.)

Mejov, 3210.

—— *Japan. Eine Schilderung von dem Umfange der Lage, Staatsverwaltung, Kriegsmacht dieses Reichs und von den Sitten, Gebraüchen Religion..... seiner Bewohner. Mit zwanzig illuminirten Kupfern. Berlin, [1831], in-16.

—— *Dumont. — Notes sur le Japon, Edifices et monuments, fleuves et montagnes. 1831, in-8.

—— *Нѣкоторыя свѣдѣнія о городахъ Японіи (*Спбугскія Вѣдомости*, 1832, Nos. 152 et 153.)

Mejov, 3211.

Miroirs magiques.

—— Note on the Magic Mirrors of Japan. By James Prinsep, Sec. Ph. Cl. As. Soc. (*Journ. As. Soc. of Bengal*, I, June, 1832, pp. 242-245.)

— Sur les anciens miroirs des Japonais. Par M. Fr. Sarazin. (*Cte. rendu 1re Sess. Cong. des Orient.*, 1873, I, pp. 81-82.)

— Japanese Mirrors. By R. W. Atkinson. (*Nature*, XVI, 1877, p. 62.)

— Japanese Mirrors. By R. D. Darbishire. (*Ibid.*, pp. 142-143.)

— Japanese Mirrors. By Silvanus P. Thompson. (*Ibid.*, p. 163.)

— Japanese Mirrors. By J. Parnell. (*Ibid.*, pp. 227-228.)

— Japanese Magic Mirrors. By T. C. A. (*Ibid.*, XXXI, 1884-5, p. 264.)

—— Sur les miroirs magiques du Japon; Par MM. W.-E. Ayrton et John Perry, Professeurs au Collège impérial des Ingénieurs, au Japon. — Présenté à la Société Royale de Londres, le 2 octobre 1878. (*Ann. de Chimie et de Physique*, Paris, 5e Sér., XX, 1880, pp. 110-142.)

—— Production artificielle des miroirs magiques; Par MM. A. Bertin et J. Duboscq. (*Ibid.*, pp. 143-144.)

Voir *Bib. Sinica*, col. 3149-3150.

* * *

—— *Іеддо, главн. городъ Японіи. (*Спбгскія Вѣдомости*, 1833, No. 238.)

Mejov, 3212.

—— *Hend. Doeff, Nederl. opperhoofd in Japan in 1799-1817. — Herinneringen uit Japan.... Haarlem, Bohm, 1833, in-8, pp. VIII-268.

Tiele.

— Souvenirs du Japon, par Hendrik Doeff, Ex-président du comptoir hollandais à Desima. (*Nouv. Ann. des Voyages*, LXXI, 1836, pp. 257-300.)

— Doeff's Recollections of Japan. (*Quarterly Rev.*, LVI, 415, by Sir J. Barrow.)

Karl Gützlaff.

—— *The Journal of two Voyages along the coast of China, in 1831 and 1832; the first in a Chinese Junk, the second in the British Ship *Lord Amherst*: with notices of

Corea, Lewchew, &c. By Charles Gutzlaff. New York, 1833, in-12, pp. 322.

Notice par E. C. Bridgman dans *The Chin. Rep.*, II, pp. 528-553.

Karl Friedrich Gützlaff 郭實獵, né à Pyritz, Poméranie, 8 juillet 1803; † à Hongkong, le 9 août 1851.

—— Journal of Three Voyages along the Coast of China, in 1831, 1832, & 1833, with Notices of Siam, Corea, and the Loo-choo Islands. By Charles Gutzlaff. To which is prefixed, an introductory-Essay on the Policy, Religion, etc. of China, By the Rev. W. Ellis, Author of «Polynesian Researches, etc.». London: Frederick Westley and A. H. Davis, 1834, in-12.

The first voyage was published in the *Chinese Repository*, Vol. I, pp. 16, May 1832, et seq.

The second voyage was made with Mr. Lindsay on board the «Lord Amherst». *Vide supra* col. 488.

The third voyage was made in the «Sylph». This account of it appeared originally in the *Canton Register*. (*Vide* Note, p. xcii.) It was also published in *The Chinese Repository*, Vol. II, p. 20, May 1833.

Il y a une notice de l'ouvrage complet dans le *Ch. Rep.*, Vol. III, pp. 406-416.

Mrs. Gützlaff mourut le 16 Février 1831 (p. lxxxv).

— Voir *Quarterly Review*, LI, 1834, p. 468.

—— * Karl Gützlaff. — Verslag van den driejarig verblijf in Siam en van eene reize langs de Kust van China naar Mantchou-Tartarije. Rotterdam, 1833, in-8.

—— Reizen langs de Kusten van China, en bezoek op Corea en de Loo-choo-eilanden, in de jaren 1832 en 1833, door K. Gutzlaff, benevens een overzigt van China en Siam en van de verrigtingen der protestantsche zendelingen, in deze en aangrenzende landen, door W. Ellis, en twee andere historische bijlagen. Met Plaat en Kaart. Te Rotterdam, bij M. Wijt & Zonen, 1835, in-8, pp. VI-354.

*
* *

—— Bijdrage tot de Kennis van het Japansche Rijk, door J. F. van Overmeer Fisscher, Ambtenaar van Neêrlandsch Indië, laatst te Japan. — Met Platen. — Te Amsterdam, bij J. Müller & Comp. MDCCCXXXIII. — Gedruckt bij C. A. Spin, in-4, pp. VII-320.

École des Langues Orientales. — Bib. nat., O²o 20.

— Notice de deux Voyages au Japon. Par M. Klaproth. (*Nouv. Ann. des Voyages*, LIX, 1833, pp. 88-102.)

Van Overmeer Fisscher. — Siebold.

—— Dr. G. H. Burger. — Religious Worship of the Japanese. (*Chinese Rep.*, II, 1834, pp. 318-324.)

—— Extrait des *Annales des Sciences naturelles*. Décembre 1834. — Observations sur la Flore du Japon, suivies de la monographie du genre *Epimedium*, par MM. Ch. Morren et J. Decaisne, in-8, pp. 15, 3 pl.

—— * Японія. (Изъ *Quart. Review.*) (Библ. для Чтенія, 1835. Т. 10, pp. 1-27.)

Mejov, 3213.

—— E. C. Bridgman. — Japan: its geographical situation, extent, and divisions; its mountains, rivers, lakes, climate, and natural productions; origin of the Japanese, their early history and national character. (*Chinese Rep.*, III, 1835, pp. 145-160, 193-211.)

—— Japan: its Political State; its People, Laws, Prisons, &c. [Reprinted from the «Chinese Repository.»] (*Chin. & Jap. Repos.*, Jan. 4, 1864, art. III, pp. 315-321; *ibid.*, Feb. 3, 1864, art. III, pp. 350-356.)

—— Translation of a Comparative Vocabulary of the Chinese, Corean, and Japanese languages: to which is added the Thousand Character Classic, in Chinese and Corean; the whole accompanied by copious indexes, of all the Chinese and English words occurring in the work. By Philo Sinensis. Batavia: Printed at the Parapattan Press, 1835, in-8.

Philo-Sinensis = Medhurst.

Pub. à Dol. 4. — Pauthier (246), Fr. 42.

Notice dans *The Chinese Repository*, IV, pp. 195-6.

—— *Исторія Японіи, или Японія въ настоящемъ видѣ. Сочин. Горлова.

2 Ч. Москва. Въ тип: Пономарева, 1835, in-8. Съ картою Японіи.

Mejov, 3154.

—— *Еще объ исторіи Японіи. Соч. Горлова. Статья От-ко. (*Сѣверная Пчела*, 1835, Nos. 120 et 121.)

Mejov, 3155.

—— *Японское государство. (*Спбургскія Вѣдомости*, 1835, Nos. 38 et 39.)

Mejov, 3156.

—— *Замѣчанія о Японіи, извлеч. изъ извѣстій новѣйш. путешественниковъ. Г. Фреймундъ. Сѣв. Пчела. 1836, No. 21.

Mejov, 3214.

—— Volcans du Japon. (Pl. XIII, Atlas, *Histoire naturelle des îles Canaries* par MM. P. Barker-Webb et Sabin Berthelot.... Paris, 1836, gr. in-fol.)

—— *Русское посольство въ Японіи. Журн. для чт. воспит. военно-учебн. заведеній, 1837, T. 7, No. 28, pp. 502-509.

Mejov, 3176.

—— Trade with China. — A Letter addressed to the British Public on some of the advantages that would result from an occupation of the Bonin Islands. By G. Tradescant Lay, Naturalist in Capt. Beechey's Expedition; (Now Agent of the British and Foreign Bible Society for Eastern Asia). London: Published by Royston & Brown..., 1837, br. in-8, pp. 17.

—— *Lewkew kwŏ che leŏ*: a brief history of Lewchew, containing an account of the situation and extent of that country, its inhabitants, their manners, customs, institutions, &c. By E. C. Bridgman. (*Chin. Rep.*, Vol. VI, July, 1837, pp. 113-118.)

«The work, the title of which stands at the head of this article, was written by Chow Hwang after his return from Lewchew, whither he was sent as an envoy in the 21st year of Keenlung A. D. 1757.» P. 114.

(Divers.)

—— Narrative of a Voyage of the Ship *Morrison*, Captain D. Ingersoll, to Lewchew and Japan, in the months of July and August, 1837. By S. Wells Williams. (*Chin. Rep.*, Vol. VI, 1837, pp. 209-229, 353-380. — Réimp. dans le *N. C. Herald*, No. 445, Feb. 5, 1859 et seq.)

— Nautical Observations made during the voyage. (*Chin. Rep.*, Vol. VI, 1837, pp. 400 et seq.)

— Notices of some of the specimens of natural history. (*Ibid.*, pp. 406 et seq.)

—— The Claims of Japan and Malaysia upon Christendom, exhibited in Notes of Voyages made in 1837, from Canton, In the Ship *Morrison* and Brig *Himmaleh*, under direction of the Owners. — In two volumes. — New-York: E. French.... — 1839, 2 vol. in-12, pp. xxii + 1 f. n. ch. + 216, xv-295, carte.

Le second volume renferme: Notes made during the Voyage of the *Himmaleh* in the Malayan Archipelago. By G. Tradescant Lay.

—— Les Droits du Japon et de la Malaisie à la connaissance de la religion chrétienne, tirés des notes écrites pendant des voyages faits en 1837, en partant de Canton sur le navire le *Morrison* et le brick l'*Himmaleh*. (*Bul. Soc. Géog.*, 2e sér., XVII, 1842, pp. 23-42.) Par P. Daussy.

—— *Японія. Нангазаки. Іеддо. Журн. для чт. воспит. военно-учебн. заведеній, 1838, T. 13, No. 49, pp. 13-60; No. 50, pp. 147-179.)

Mejov, 3215.

—— Verzeichniss der Chinesischen und Japanischen Münzen des K. K. Münz- und Antiken-Cabinetes in Wien. Nebst einer Uebersicht der Chinesischen und Japanischen Bücher der K. K. Hofbibliothek, von Stephan Endlicher. Wien, 1837, in-8, pp. vi-140.

Voir à la suite de ce Catalogue des médailles chinoises du Cabinet des Antiques de Vienne, in-8, 1837:

Eine Übersicht der Chinesischen und Japanischen Bücher der K. K. Hofbibliothek von Stephan Endlicher, pp. 115-138.

(Divers.)

— Journal of an Expedition from Sincapore to Japan, with a Visit to Loo-choo; descriptive of these Islands and their inhabitants; in an attempt with the aid of natives educated in England, to create an opening for missionary labours in Japan. By P. Parker, M. D. Medical Missionary from the American Missionary Board. Revised by the Rev. Andrew Reed, D. D. London: Smith Elder & Co, MDCCCXXXVIII, pet. in-8, pp. VIII-75.

British Museum, 791. d. 20. — Bib. nat., O²o 22.

— Dr. W. R. van Hoëvel. — Franciscus Xaverius, de Apostel van Indië. (*Tijdschft. v. Neerl. Indie*, 1839, I, pp. 297-320.)

— Narrative of facts attending the wreck of the Transport «Indian Oak» on the Loo-choo Islands; communicated from the Political Secretariat Office, Government of India. To C. B. Greenlaw, Esq., Secretary to the Marine Board, Calcutta. (*Journ. As. Soc. Bengal*, IX, Pt. II, 1840, pp. 916-923.)

— *Японія по разсказамъ горбуна. (*Литерат. Газета*, 1841, No. 110-112.)

Mejov, 3216.

* * *

— Les petits Voyageurs en Chine et au Japon, ou Tableau géographique, industriel, monumental et historique de ces belles contrées; par M. D. Prieur de Sombreuil, Auteur de: Le Voyageur Européen, Asiatique, Américain, etc. Paris, Librairie enfantine et juvénile de Pierre Maumus, 1841, in-12, pp. 232.

Otto Lorenz fait erreur dans le t. IV de son Catalogue, 1871, p. 138, lorsqu'il écrit que la 1re éd. de cet ouvrage est de 1842.

— Le même, 1841 (1844), P. Maumus, in-12, autre tirage.

— Les Nouveaux Voyageurs en Chine et au Japon. Beautés et merveilles de ces délicieuses contrées; par le Chanoine de Sabine. Ouvrage revu, corrigé et augmenté, par V[r] Doublet... Nouvelle Édition. Paris [et] Dijon, 1847, in-8, pp. 295, s. l. t.

Par D. Prieur de Sombreuil.

— Les nouveaux Voyageurs en Chine et au Japon Beautés et merveilles de ces délicieuses contrées par le chanoine de Sabine. Ouvrage revu, corrigé et augmenté par Victor Doublet. Nouvelle édition Paris Librairie de l'enfance et de la jeunesse P.-C. Lehuby, in-8, pp. 298, front.

— Les jeunes Voyageurs dans la Chine et le Japon, ou Détails intéressants sur les productions naturelles et industrielles, les monuments, les curiosités, les mœurs et usages des habitants de ces contrées. Par Prieur de Sombreuil, Librairie des Bons Livres. Limoges [et] Paris, Martial Ardant Frères, 1852, in-12, pp. 232, s. l. t.

— 1851, Paris, in-18. — 1854 et 1858, Limoges, Martial Ardant frères, in-18.

— Voyages en Chine et au Japon ou Détails intéressants sur les productions naturelles et industrielles, les monuments, les curiosités, les mœurs et usages des habitants de ces contrées. Par Prieur de Sombreuil. Limoges [et] Paris, F. F. Ardant frères, 1860, in-12, pp. 234.

— 1861, *Ibid.*, in-12. — 1863, *Ibid.*, in-8.

— La Chine et ses merveilles ou Détails intéressants sur les productions naturelles et industrielles, les monuments, les curiosités, les mœurs et usages des habitants de ces contrées. Par Prieur de Sombreuil. Limoges [et] Paris, F. F. Ardant frères [1866], in-12, pp. 142, s. l. t., 1 gr.

Fait partie de la «Bibliothèque chrétienne de l'adolescence et du jeune âge».

Les cinq ouvrages précédents sont semblables; dans le dernier on a supprimé les chapitres relatifs au Japon.

* * *

— Voyages dans l'Asie méridionale (Hindoustan, Indo-Chine, Sindhy, Lahore, Caboul et Afghanistan), depuis les temps les plus reculés jusqu'à nos jours. Par E. Garnier. Deuxième Édition. — Tours, A. Mame, 1841, in-16, pp. 311, front. grav., 4 fig. sur acier.

Bib. nat., O² 144.

— Voyages dans l'Asie méridionale... Par E. Garnier. Troisième Edition. Tours, A. Mame, 1843, in-16, pp. 311, 4 grav. sur acier, front.

Bib. nat., O² 144 A.

— Voyages dans l'Asie méridionale... Par E. Garnier. Cinquième Edition. Tours, A. Mame, 1851, in-16, pp. 282.

Bib. nat., O² 144 B.

* * *

— Recueil de Monnaies de la Chine, du Japon, de la Corée, d'Annam et de Java, au nombre de plus de mille, précédé d'une introduction historique sur ces monnaies, par le Baron S. de Chaudoir... St. Pétersbourg, F. Bellizard & Co,... 1842, in-folio, pp. 80, s. l. table.

Suivi de :

Catalogue des Monnaies de cuivre chinoises, japonaises, coréennes, d'Annam, et incertaines, à trous carrés, ronds, &c.; des lingots d'or et d'argent et des papiers-monnaie, comme aussi des médailles des temples ou amulettes de la Chine et du Japon, des sectes de Fo et des Tao ssé. (Avec 61 pl.)

Notice par M. F. Brosset, *Revue étrangère*, St.-Pétersbourg, février 1844, t. XLIX, pp. 310-318.

— * Положеніе голландцевъ въ Японіи. Библ. для Чтенія, 1843, Т. 57, pp. 101-116.

Mejov, 3177.

— * Японія какъ полиц. государство. (*Московс. Вѣдомости*, 1843, Nos. 147, 148 et 150; — 1844, Nos. 3 et 4.)

Mejov, 3369.

Samarang.

— Notes of a visit of H. M. Ship *Samarang*, under Capt. Sir E. Belcher, C. B., to the Batanes and the Madjicosima groups, in 1843-44. (*Chinese Rep.*, XIII, 1844, pp. 150-163.)

— Notes on the Batanes and Madjicosima Islands. (*Chin. & Japan. Rep.*, July 1865, pp. 313-326.)

Visite du *Samarang*, 1843.

— Narrative of the Voyage of H. M. S. *Samarang*, during the years 1843-46; employed surveying the islands of the Eastern Archipelago; accompanied with a brief vocabulary of the principal Languages. Published under the Authority of the Lords Commissioners of the Admiralty. By Captain Sir Edward Belcher, R. N., C. B.,... Commander of the Expedition. With Notes on the Natural History of the Islands, By Arthur Adams, Assistant-Surgeon, R. N. London: Reeve, 1848, 2 vol. in-8, pp. xl-358, 574 + 1 f. n. ch. Cartes et gravures.

Chap. IX et XI sur les *Loo choo*. — Chap. X sur *Quelpart and the Korean Islands*. — Le chap. VIII de l'*Hist. nat.*, est consacré à *Loo choo, Korea, Japan*.

— The Zoology of the Voyage of H. M. S. *Samarang*; under the command of Captain Sir Edward Belcher, C. B., F. R. A. S., F. G. S., during the years 1843-1846. By John Edward Gray, F. R. S., Sir John Richardson, M. D., F. R. S.; Arthur Adams, F. L. S.; Lovell Reeve, F. L. S.; and Adam White, F. L. S., Edited by Arthur Adams, F. L. S., Assistant-Surgeon to the Expedition. Published under the authority of the Lords Commissioners of the Admiralty. London: Reeve and Benham, 1850, in-4.

L'ouvrage a été publié en 7 parties de 1848 à 1850.

— Extract from Captain Beechey's Narrative. Vol. II. — p. 228. — The Bonin Islands. (*Trans. Asiat. Soc. Japan*, Vol. VI, Pt. III, 1878, pp. 478-485.)

*
* *

— Commerce avec le Japon. (*Nouv. Ann. des Voyages*, CIII, 1844, pp. 56-70.)

D'après une lettre de Trieste adressée à la *Gazette de Cologne*.

— Correspondence between William II. of Holland and the Shōgun of Japan. A. D. 1844. (*Trans. Asiat. Soc. Japan*, XXXIV, 1906, pp. 99-132.)

— Neueste Verbindungen der Russen mit Japan*. (Erman, *Arch. f. wiss. Kunde v. Russl.*, IV, 1844.)

Aus der *Sjéwernaja Ptschelà* (nordischen Biene).

— Campagne de la corvette l'*Alcmène* sur la côte nord de Chine et aux îles Liou-tchou, en avril, mai, juin, juillet et août 1844, par un élève de la marine. [Grivel.] (*Annales maritimes et coloniales*, 30e année. — 3e série. Partie officielle. — Tome I. — 1re Section. — Sciences et Arts, [T. 90 de la collection], 1845, pp. 325-341, 749-788.)

— Campagne de l'*Alcmène* en Extrême-Orient (1843, 44, 45, et 46) D'après le

Journal du Commandant Fornier-Duplan. (*Bull. Soc. Géog. de Rochefort*, XXIX, Année 1907, No. 4, Oct.-Déc., pp. 289-313; *ibid.*, XXX, Année 1908, No. 1, Janv.-Fév.-Mars, pp. 17-37; No. 2, Avril-Juin, pp. 91-115.)

—— Sir John Richardson. — Report on the Ichthyology of the Seas of China and Japan. (*Brit. Assoc. Rep.*, 1845, pp. 187-320; Froriep, *Notizen*, XXXV, 1845, col. 117-118; *Nuovi Ann. Sci. Nat.*, IX, 1848, pp. 465-471.)

—— Register of Indian and Asiatic Earthquakes for the year 1843. By Lieutenant R. Baird Smith, F. G. S., Bengal Engineers. (*Journ. As. Soc. Bengal*, XIV, Pt. II, 1845, pp. 604-622.)

J.-J. HOFFMANN.

— Voir Ph. F. von Siebold, col. 478, 483-484.

—— Mededeelingen uit het Gebied der Chineesche en Japansche taal- en Letterkunde, door Dr. J. Hoffmann, te Leiden. I. Iets over het werk: Anfangsgründe der Chinesischen Grammatik, von Stephan Endlicher. Wien, 1845, in-8, pp. 11.

Leiden, 13 Octob. 1846.

(Overgenomen uit den *Algem. Konst- en Letterbode*, No. 50 en 51 van het jaar 1846.)

—— 錄秘蠶養 *Yo-san-Fi-rok.* L'Art d'élever les vers à soie au Japon par Ouekaki-Morikouni, annoté et publié par Matthieu Bonafous, Membre-Correspondant de l'Institut; avec cinquante planches gravées d'après les dessins originaux. — Ouvrage traduit du texte japonais par le docteur J. Hoffmann Interprète de S. M. le roi des Pays-Bas. — Paris, Veuve Bouchard-Huzard. — Turin, Joseph Bocca, MDCCCXLVIII, in-4, pp. 152 + les pl. et 1 carte.

—— Dello sviluppo naturale delle uova e primo nutrimento dei bachi da seta e della conservazione e bagno della semente Studio del Dottor Pasquale Mauro Vitali sul Jo-san-fi-rok di Morikuni interpretato da Hoffmann — col testo francese in fronte. — Milano Presso Carlo Brigola, Editore-Librajo 1870, pet. in-8, pp. 48.

—— Sur la culture du ver à soie sauvage au Japon (*Bombyx Yama-maï*), traduit du japonais par le Dr Hoffmann, et traduit en français par M. F. Blekman, Interprète de la Légation de France au Japon. (*Bull. Soc. Zool. Acclim.*, IIe Série, I, 1864, pp. 523-529, pp. 592-598.)

—— Das Buddha — Pantheon von Nippon, 佛像圖彙 Buts zo dsu i (*Fŭ siang t'û wei*), aus dem japanischen originale übersetzt und mit erläuternden anmerkungen versehen, von Dr. J. Hoffmann. — [*fig.*] — Leyden, 1851. (Aus dem Nippon, Archiv zur Beschreibung von Japan und dessen Neben- und Schutzländern besonders abgedruckt.) Gr. in-4, pp. chif. 45 à 186 et planches.

Mourier, No. 421, 60 fr.

—— Noms indigènes d'un choix de Plantes du Japon et de la Chine déterminés d'après les échantillons de l'Herbier des Pays-Bas, par MM. J. Hoffmann et H. Schultes. (*Journ. Asiatique*, Oct.-Nov. 1852, Vol. XX, pp. 257-370.)

—— Noms indigènes d'un Choix de Plantes du Japon et de la Chine, déterminés d'après les échantillons de l'Herbier des Pays-Bas, par MM. J. Hoffmann et H. Schultes. — Paris, Imprimerie impériale, M DCCC LIII, in-8, pp. 114.

Extrait N° 10 de l'année 1852 du *Journal asiatique*.

—— Noms indigènes d'un choix de plantes du Japon et de la Chine, déterminés d'après les échantillons de l'Herbier des Pays-Bas à Leyde. Par MM. J. Hoffmann et H. Schultes. Nouvelle édition augmentée. — Leyde, E. J. Brill, 1864, in-8, pp. XIII-90.

Double titre et préface en français et en hollandais :

—— Inlandsche Namen eener reeks van japansche en chinesche Planten, bestemd naar de op's Rijks Herbarium te Leyden aanwezige exemplaren. Door J. Hoffmann en H. Schultes. Nieuwe vermeerderde uitgaaf. Leyden, E. J. Brill, 1864.

—— Het chinesche knolgewas 薯蕷 *Tsch'ú-yú*, de *Naga-imo* oe *Yamano-imo* van Japan. (*dioscorea batatas* DCNE, *dioscorea japonica* Thunb.), een onlangs aangeprezen surrogaat van den aardappel. Volgens japansche bronnen toegelicht; door Dr. J. Hoffmann. Medegedeeld door en met een naschrift van W. H. de Vriese. (*Tuinbouw-Flora*, Eerste Deel-Tiende Aflevering, Leyden, 1854, pp. ch. 289 à 300, 1 pl.)

—— Mémoire sur les principales fabriques de porcelaine au Japon, traduit du japonais par M. le docteur J. Hoffmann Professeur à Leyde, Interprète du Gouvernement des Indes Néerlandaises pour la langue japonaise. (*Hist. et fabrication de la Porcelaine chinoise*..., par M. Stanislas Julien, 1856, pp. 275-296.)

Tiré du 山海名産圖會 *San kaï mei san dzou ye*, 1799, par Kimoura Kô-kyô.

—— The Manufacture of Porcelain in Japan. Translated from Japanese Writings by Dr. J. Hoffmann. (*Chin. & Jap. Repos.*, Oct. 12, 1864, pp. 108-118.)

—— Proeve eener Japansche Spraakkunst, van Mr. J. H. Donker Curtius, Nederlandsch Commissaris in Japan,... Toegelicht, verbeterd en met uitgebreide bijvoegselen vermeerderd door Dr. J. Hoffmann,... uitgegeven op last van Zijne Excellentie den Minister van Koloniën. — Te Leyden, bij A. W. Sythoff. — 1857, in-8, pp. XXII-230 + 1 f. n. ch. er.

—— Essai de grammaire japonaise composé par M. J. H. Donker Curtius Commissaire néerlandais au Japon enrichi d'éclaircissements et d'additions nombreuses par M. le Dr J. Hoffmann, professeur de japonais et de chinois, interprète du Gouvernement des Indes Néerlandaises (publié en 1857, à Leyde), traduit du hollandais Avec de nouvelles Notes extraites des Grammaires des PP. Rodriguez et Collado. Par Léon Pagès. — Paris, Benjamin Duprat... Rue Fontanes, 7. — 1861, gr. in-8, pp. XV-281 + 1 f. n. ch. er.

Le Ms. de Donker Curtius avait été envoyé du Japon en 1856; il a été déposé dans la Bibliothèque de la Société néerlandaise des sciences littéraires à Leyde.

—— Het Japansche Cursiefschrift Firagana. Overzigt zijner meest gebruikelijke vormen met opgave der Chinesche Karakters waarvan zij zijn afgeleid, door J. Hoffmann 1857. — Tweede Druk. Verbeterd en vermeerderd volgens de opgaven van de heeren Mats Moto Japansch Ambtenaar te Nagasaki en W. J. C. Jhr. Huyssen van Kattendyke, Kapitein-Luitenant ter Zee. — Leyden, A. W. Sythoff, 1861, un tableau plié dans une couverture in-8.

—— Shopping-Dialogues in Dutch, English and Japanese. Published by J. Hoffmann, Japanese Interpreter to the Government of the Dutch East-Indies. 1861. — On sale by Trübner & Co., London. — Martinus Nijhoff, at the Hague, Price 3 sh., in-8 oblong, pp. XIII + pp. 44 à 3 col.

Titre hollandais : Winkelgesprekken in het Hollandsch, Engelsch en Japansch bewerkt en met voorkennis van Z. E. den Minister van Koloniën Jhr. J. P. Cornets de Groot van Kraaijenburg.

—— Yokohama, de nieuwe japansche haven en handelsplaats nabij Yedo. Naar eene Japansche schets toegelicht door J. Hoffmann, 1862. (*Bijd. Taal-, L.-, Volk. Ned. Ind.*, 1862, IV, N. S., pp. 415-430.)

—— The Japanese Treaties, concluded at Jedo in 1858 with the Netherlands, Russia, Great-Britain, the United States and France. — Fac-simile of the Japanese Text. — The Hague, Martinus Nijhoff, 1862, in-4.

Titre également en hollandais; avec introduction par J. Hoffmann de pp. 4 sur 2 col. en anglais et en hollandais.

Bib. nat., O²o 65.

—— The Grand Study (Ta Hio or Dai Gaku). — Part I. The Chinese Text with an interlineary Japanese Version, edited by Dr. J. Hoffmann. — Leiden, on sale by E. J. Brill, 1864, in-8, pp. V + pp. 26 texte.

Avec un titre hollandais également : *De Groote Studie*...

—— Blikken in de Geschiedenis en Staatkundige betrekkingen van het eiland Groot-Lioe-Kioe. Naar Chinesche en Japansche Bronnen, door J. Hoffmann. (*Bijd. Taal-*,

L., *Volk. Ned. Ind.*, I, 3e Sér., 1866, pp. 379-395.)

— Opmerking aangaande de taal van Lioe-kioe. (*Ibid.*, pp. 396-401.)

Tirage à part, br. in-8, pp. 23.

— A Japanese Grammar. By J. J. Hoffmann, Phil. Doc. Member of the Royal Academy of Sciences, etc., etc. Published by command of His Majesty's Minister for Colonial Affairs. Printed by A. W. Sythoff with the Government Chinese and Japanese Types. — Leiden, 1868. — Sold by E. J. Brill and A. W. Sythoff. Gr. in-8, 6 ff. n. ch. p. l. tit., etc. + pp. 348 + 2 ff. n. ch. p. l'ap. et les add.

Only 500 copies printed. L'éd. hollandaise a été publiée la même année sous le titre de *Japansche Spraakleer*.

— A Japanese Grammar. By J. J. Hoffmann, phil. doc. member of the Royal Academy of Sciences, etc., etc. Second edition. Leiden, E. J. Brill, 1876, gr. in-8, 7 ff. n. ch. p. l. tit., etc. + pp. 367 + 2 pl.

— *J. J. Hoffmann. — Japanische Sprachlehre. Nach. d. holländ. ausg. ins deutsche übertragen. Leide, 1877, in-8.

— Japanische Studien Erster Nachtrag zur Japanischen Sprachlehre von Prof. Dr. J. J. Hoffmann... Leiden, E. J. Brill, 1878, gr. in-8, 2 ff. n. ch. + pp. 64.

— De Rijstbier-of Sakebrouwerij in Japan naar Japansche Bronnen. Door J. J. Hoffmann. (*Bijd. Taal-, L.-, Volk. Ned. Ind.*, 1871, V, 3e Sér., pp. 179-191.)

— Rice-beer, or Sake brewing in Japan. From Japanese sources By J. J. Hoffman, Ph. D., Professor of Japanese at the University of Leiden. (*Phœnix*, No. 11, May 1871, pp. 200-201.)

— Johann Joseph Hoffmann (1805-1878). Ein Würzburger Orientalist. Mit Bildnis. — Von Franz Babinger. (*Archiv des histor. Vereins*, Bd. LIV, 1912, pp. 219-232.)

Tirage à part. — Port. et Bibliographie. — Hoffmann né 16 fév. 1806; + 19 janvier 1878.

(J.-J. Hoffmann.)

Hoffmann et Serrurier.

— Japanese-English Dictionary by the late Prof. Dr. J. J. Hoffmann... — By Order of the Dutch Government elaborated and edited by Dr. L. Serrurier, Acting-Director of the State's Ethnographical Museum at Leyden. Volume I. — Leyden, E. J. Brill, 1881, in-4, pp. x-189 à 2 col.

— — Vol. II. — Ibid., 1881, in-4, pp. 77 à 2 col.

— — Completed and prepared for publication by Dr. L. Serrurier, ... — Leyden, E. J. Brill, 1892, in-4.

— Japansch Nederlandsch Woordenboek door Prof. G. Schlegel. — Overgedrukt uit de *Bijd. tot de Taal-, Land- en Volkenkunde van Ned.-Indië*, 5e volgr., VIIIe deel, br. in-8, pp. 8.

Leiden, 12 Nov. 1892.

— Prof. Schlegel's Zoogenaamde Kritiek van het Japansch-Nederlandsch en Japansch Engelsch Woordenboek Deel III, door Mr. L. Serrurier. (*Bijd. Taal-, L.-, Volk. Ned. Ind.*, XLII, 1893, pp. 189-190.)

— Vindicatio, door G. Schlegel. (*Ibid.*, p. 191.)

— Prof. Schlegel's Zoogenaamde Kritiek van het Japansch-Nederlandsch en Japansch-Engelsch Woordenboek Deel III in de Bijdragen tot de Taal- Land- en Volkenkunde van Nederlandsch-Indië 5e Volgreeks, 8e Deel. Ie Aflev. 1893. bl. 33 en volgg. beantwoord door Mr. L. Serrurier. S. l. n. d., in-8, pp. 8.

Sig. : Leiden, 13 Januari 1893.

— Prof. Schlegel's Criticism of *Japanese-English Dictionary according to the annotations of the late Dr. J. J. Hoffmann, extraordinary Professor at the University of Leyden*; etc., by order of the Dutch Government completed and prepared for publication by Dr. L. Serrurier, Director of the State's Ethnographical Museum at Leyden... Vol. III, Leyden, E. J. Brill, 1892, *T'oung-Pao*, 1892,

(Hoffmann et Serrurier.)

n° 5, Bulletin critique p. 521. Pièce in-8, pp. 4.

Signée : Serrurier, Leyden, 10 Feb. 1893.

— Lindor Serrurier. Nécrologie par G. S. [chlegel]. (*T'oung Pao*, 2e Sér., II, N° 4, Oct. 1901, pp. 279-282.)

Né à Dordrecht, 21 déc. 1846; + 7 juillet 1901, à Batavia.

頭書增補訓蒙圖彙大成 Kasira gaki zoụ vo kīn moụ dzụ wi taï séi. — Encyclopédie japonaise Le Chapitre des Quadrupèdes avec la première partie de celui des Oiseaux. Traduction française sur le texte original avec facsimile par L. Serrurier. — Leyde, E. J. Brill, 1875, in-4, pp. VIII + 1 f. n. ch. + pp. 60.

Accompagné d'un volume de facsimile.

Théodore Augustin Forcade.

Né à Versailles, 2 Mars 1816; parti 14 Déc. 1842, pour les îles Lieou-Kieou; évêque de Samos; vic. ap. du Japon, 1846; quitte la Société des Miss. ét., 1852; évêque de la Guadeloupe, puis de Nevers, et archevêque d'Aix; + 12 Sept. 1885, du choléra.

— Lettre de la Grande Loutchou (12 Août 1845). Par le P. Forcade. (*Rev. de l'Orient*, X, 1846, pp. 257-258.)

— Voir également la lettre de M. Forcade sur la grande Loutchou dans les *An. Prop. Foi*, XVIII, 1846, pp. 363-383.

— Le premier Missionnaire du Japon au XIXe siècle par Mgr. Forcade, archevêque d'Aix. (*Miss. Cath.*, XVII, 1885, 24 avril, etc.)

— Eloge de Monseigneur Théodore-Augustin Forcade Archevêque d'Aix Arles et Embrun Primat Prélat assistant au Trone Pontifical, etc. prononcé par Mgr de Cabrières Évêque de Montpellier Dans la Basilique métropolitaine de Saint-Sauveur a Aix après le Service funèbre du 22 octobre 1885. — Deuxième Édition. — Prix : 50 centimes. Aix, Achille Makaire, 1885, in-8, pp. 38.

— Vie de Monseigneur Forcade Archevêque d'Aix Arles et Embrun par L'abbé E. Marbot. — J. M. J. — Aix, Achille Makaire [et] Paris, Lesort, 1886, in-8, pp. VIII-628.

* * *

— Jomard. — Sur l'État présent du Japon. (*Bul. Soc. Géog.*, 3e Sér., VI, 1846, pp. 103-110.)

D'après le rapport de Aaron. H. Palmer, mars 1846, adressé à Charles J. Ingersoll.

— Extrait du *Bulletin de la Société de Géographie* (Août 1846). — Sur l'État présent du Japon. — Observation préliminaire. Pièce in-8, pp. 8.

Signé J-D. [Jomard], Juillet 1846.

Bib. nat., O[2] o 63.

— E. J. [omard]. — Note sur une carte sino-japonaise imprimée au Japon. (*Bul. Soc. Géog.*, 3e Sér., XI, 1849, pp. 98-100.)

Imprimée sous les Ming.

— Histoire générale des Missions catholiques depuis le XIIIe Siècle jusqu'à nos jours, par M. le Baron Henrion, de l'Académie de la Religion catholique... Paris, Gaume frères,... 1847. 4 vol. gr. in-8, imp. sur 2 col., grav. et cartes.

Tome Premier, 1re Partie, pp. I-XVI, 1-344. — Tome Premier, 2e Partie, pp. 345-624. — Tome Second, 1re Partie, pp. 1-328. — Tome Second, 2e Partie, pp. 329-688.

— * Исторія и нынѣшнее состояніе япон. государства. (*Московв. Вѣдомости*, 1847. Nos. 87, 89 et 90.)

Mejov, 3157.

— Japan in zijne staatkundige en burgerlijke inrigtingen en het verkeer met Europesche Natiën; door den Hoogleeraar G. Lauts. — Te Amsterdam, bij G. J. A. Beijerinck, 1847, in-8, pp. VIII-357.

Bib. nat., O[2] o 24.

— Étude pratique des tissus de laine convenables pour la Chine, le Japon, la Cochinchine et l'Archipel indien, par M. Natalis Rondot, délégué de l'Industrie lainière, attaché à la Mission de France en Chine. Paris, chez Guillaumin & Cie. 1847, in-8, pp. VIII-284.

— *Голландцы въ Японіи. Журн. для Чт. восп. военнаго учебн. заведен. 1848, Т. 73, No. 292, pp. 424-437.

Mejov, 3179.

— Chinas Handel, Industri och Statsförfattning, jemte underrättelser om Chinesernes folkbildning, seder och bruk, samt Notiser om Japan, Siam M. Fl. Orter, af C. F. Liljevalch. Stockholm, Beckman, 1848, in-8, pp. VIII-407.

Portrait col. de Tsi-Yeng, Vice-Roi de Canton.

— *Нѣсколько словъ о сношеніяхъ европейцевъ съ японцами. (*Русск. Инвалидъ*, 1849, No. 82.)

Mejov, 3180.

— *Послѣднее путешествіе въ Японію. (*Литерат. Газета*, 1849, No. 9.)

Mejov, 3217.

— *Японія. (Вѣдомости Москов. Город. Полиціи., 1849, No. 96.)

Mejov, 3218.

— *Очеркъ физич. географіи Сѣв. Япон. моря, съ 2-мя карт. Л. И. Шренкъ. Спб., 1849, in-8.

Mejov, 3412.

— Les aventures du Japonais Yamada Nagamasa à Siam (1615-1633). Extrait de l'ouvrage japonais *Kai-gai-i-den, Histoire de voyages d'outre-mer,* par Saito Masakané. — Tokio 1850. (*Excursions et reconnaissances*, No. 14, 1882, pp. 213-218.)

— Visite du «Reynard» en Oct. 1850. (*China Mail,* No. 303, Nov. 28, 1850.)

Lieou K'ieou.

— Japon, Indo-Chine, Empire birman (ou Ava), Siam, Annam (ou Cochinchine), Péninsule malaise, etc. Ceylan, par M. Dubois de Jancigny, Aide de camp du roi d'Oude. Paris, Firmin Didot frères, s. d., in-8, pp. 665.

16 pl. pour le Japon; 4 pl. pour l'Indo-Chine; 4 pl. pour Ceylan.

(Divers.)

Fait partie de la collection L'*Univers.* — *Histoire et Description de tous les Peuples.*

Satow cite une édition de MDCCCL.

— «Japan, as it Was and Is.» By Richard Hildreth. Boston, 1855, in-12, carte.

— *R. Hildreth. — «Japan as it Was and is» : A Handbook of Old Japan. London, Kegan Paul, 1907, 2 vol. in-8.

R. Hildreth, né 28 juin 1807, à Deerfield, Mass.

— The Birds of Asia. By John Gould, F. R. S. — Dedicated to the Honourable East India Company. — In Seven Volumes. — Volume I : Printed by Taylor and Francis.... published by the Author..., 1850-1883. 7 vol. gr. in-fol., pl. col.

Notice : *Nature*, II, 1870, p. 23.

— *Японія. (*Москов. Вѣдомости*, 1851, No. 89.)

Mejov, 3220.

— Henry de Courcy. — Le Japon. Son histoire, son commerce et en particulier avec les États-Unis, sa religion, les Jésuites. — (*Le Correspondant,* 11 décembre 1851, pp. 289-314.)

— Commercial Intercourse with Japan. (*Journ. Ind. Archip.*, V, 1851, pp. 659-670.)

— Account of a Japanese Romance, with an Introduction. By William W. Turner. (*Journ. Amer. Orient. Soc.*, II, 1851, pp. 27-54.)

— Note on Japanese Syllabaries. By Samuel Wells Williams. (*Ibid.*, pp. 55-60.)

— Précis de l'histoire du Christianisme au Japon, suivi D'une Notice sur l'établissement de l'association de prières pour la conversion de cet Empire; des Statuts de l'Association et du tableau des indulgences accordées à ses membres par le Saint-Siège. Lons-le-Saunier, Fréd. Gauthier, 1851, in-18, 2 ff. prél. n. ch. tit., 2 fig. + pp. 154.

Par l'abbé Léon Robin, curé de Digna (Jura), suivant Barbier.

Bib. nat., O²o 160.

(Divers.)

— Bladen over Japan, verzameld door J. H. Levyssohn... (Met eene afbeelding van Decima). 'S Gravenhage, Gebroeders Belinfante, 1852, in-8, pp. xvi-176.

Contient pp. 137-176 : *Bibliographisch overzigt over Japan.*

— *Японія и японцы. Статья Евг. Корша. (*Современникъ*, 1852, T. 35, pp. 1-72; T. 36, pp. 45-76 et 87-106.)

Mejov, 3223.

— Сношенія русскихъ съ Японіею. (Журн. для чт. восп. военно-учебн. завед., 1852, T. 95, No. 380, pp. 432-470.)

Mejov, 3182.

— *Японія и ея сношенія съ Европою. Сынъ Отечества, 1852, No. 214.

Mejov, 3184.

August Pfizmaier.

— *Dr. A. Pfizmaier. — Kritische Durchsicht der von Dawidow verfassten Wörtersammlung aus der Sprache der Aïnos. 1852, in-8, pp. 183.

— Vocabularium der Aino-sprache. Von August Pfizmaier, wirklichem Mitgliede der Kaiserlichen Akademie der Wissenschaften. — (Aus dem V. Bande der Denkschriften der philosophisch-historischen Classe der Kaiserlichen Akademie der Wissenschaften besonders abgedruckt.) — Wien, Aus der Kaiserlich-Königlichen Hof- und Staatsdruckerei, 1854, in-4, pp. 94.

— Dr. Pfizmaier. — Ueber den Bau der Aino-Sprache. (*Sitzb. d. phil.-hist. Cl. Ak. Wiss. Wien*, VII. Bd., III Hft., pp. 382-490.)

— Der Feldzug der Japaner gegen Corea im Jahre 1597. Von Dr. A. Pfizmaier,.. (*Denkschrift d. phil.-hist. Cl. k. Ak. Wiss. Wien*, Bd. XXIV, 1874, pp. 7-290.)

(August Pfizmaier.)

— Die Japanischen Werke aus den Sammlungen der Haüser. Von Dr. August Pfizmaier. Wien, 1881, In Commission bei Carl Gerold's Sohn, in-4, pp. 98.

«Separatabdruck aus dem XXXI. Bande der Denkschriften der Philosophisch-Historichen Classe der Kaiserlichen Akademie der Wissenschaften.»

— Die Seefahrt von Tan-go nach Se-tsu im Jahre 1587 n. Chr. Von Dr. August Pfizmaier... Wien, 1882, br. in-8, pp. 82.

Tirage à part des *Sitz. d. ph.-hist. Cl. d. k. Ak. d. W.*, de Vienne, 1881, XCIX Bd., II Hft., p. 719.

— Drei mystische Schriften Tojo-Tomi Katsu-Tosi's. Von Dr August Pfizmaier... Wien, 1882, br. in-8, pp. 82.

Tirage à part des *Sitz. d. ph.-hist. Cl. d. k. Ak. d. W.*, de Vienne, 1882, C Bd., II Hft. p. 583.

— Erklärungen unbekannter und schwieriger Japanischer Wörter. Von Dr. August Pfizmaier... Wien, 1882, br. in-8, pp. 84.

Tirage à part des *Sitz. d. ph.-hist. Cl. d. k. Ak. d. W.*, de Vienne, 1882, CI Bd., II Hft., p. 807.

— Bericht über einige von Herrn Dr. Karl Ritter v. Scherzer eingesandte chinesische und japanische Münzen. Von dem w. M. Dr. Pfizmaier. (*Sitzungsber. d. Phil.-Hist. Cl. d. k. Akad. d. Wiss. z. Wien*, XXXVII, 1861, pp. 45-55, avec 1 pl.)

— Die Ergänzte Japanische Sage. Von Dr. A. Pfizmaier. (*Denkschriften d. phil.-hist. Cl. Ak. Wiss. Wien*, XIV. Bd., pp. 75-152.)

Erste Abtheilung. — Sitzung 12 Oct. 1864.

— Die Auslegungen Taira-no Owo-fira's. Von dem Dr. Pfizmaier (*Sitzb. d. phil.-hist. Cl. Ak. Wiss. Wien*, XLVIII. Bd., I. Hft., pp. 3-80.)

Sitzung vom 2. Nov. 1864.

— Die Theogonie der Japaner. Von dem Dr. Pfizmaier. (*Sitzb. d. phil.-hist. Cl. Ak. Wiss. Wien*, XLVII. Bd., II. Hft.,

(August Pfizmaier.)

pp. 392-458; XLVIII. Bd., II. Hft., pp. 439-502.)

Sitzung 13 Juli 1864; 2 Nov. 1864.

—— Die Beherrscher Japans in dem Sagenzeitalter. Von dem Dr. August Pfizmaier. (*Sitzb. d. phil.-hist. Cl. Ak. Wiss. Wien*, XLIX. Bd., II. Hft., pp. 220-304; L. Bd., I. Hft., pp. 8-63.)

Sitzung 2 Nov. 1864.

—— Die Auslegungen zu den Nachrichten von dem Gotte I-za-nagi. — Von Dr. August Pfizmaier... Wien, aus d. k. k. Hof- und Staatsdruckerei, 1865, in-8, pp. 94.

Aus d. Märzhefte d. Jahrg. 1865 d. *Sitzb. d. phil.-hist. Cl. d. Kais. Akad. d. Wiss.*, XLIX. Bd., S. 613.

—— Nachrichten von einigen Alterthümlichen Gegenständen Japans von August Pfizmaier. Wien, 1866, in-8.

Sitzb. d. phil.-hist. Cl. Ak. Wiss. Wien, LII. Bd., pp. 471-558.

—— Über einige Eigenschaften der japanischen Volkspoesie. Von Dr. August Pfizmaier. (*Sitzb. d. phil.-hist. Cl. Ak. Wiss. Wien*, VIII Bd., IV. Hft., pp. 377-388.)

—— Des Trois soirées de la poésie japonaise. Par M. le Dr Pfizmaier. (*Compte rendu de la 1re session du Cong. des Orient.*, 1873, I, pp. 240-245.)

—— Der Nebel der Klage. Ein Japanisches Zeitbild. Von Dr. A. Pfizmaier. (*Denkschriften d. phil.-hist. Cl. Ak. Wiss. Wien*, XXVI Bd., pp. 67-160; XXVII. Bd., pp. 109-190.)

Sitz. 15 u. 17 Mai 1876.

—— Die Geschichte einer Seelenwanderung in Japan. — Von Dr. A. Pfizmaier... Wien, 1877, in-4, pp. 260.

Separatabdruck aus d. XXVI. Bande d. *Denkschriften d. phil.-hist. Cl. d. Kais. Akad. d. Wissenschaften.*

—— Die Zeichnung der Zwei Pa. Ein Japanisches Werk in Firakana. — Von Dr. A. Pfizmaier... Wien, 1878, Karl Gerold's Sohn, in-8, pp. 82.

Aus d. Oct. Hefte d. Jahrg. 1877 d. *Sitzb. d. phil.-hist. Cl. d. Kais. Akad. d. Wiss.*, LXXXVIII. Bd., S. 19.

—— Der Anfang der Japanischen Erklärungen der Werke des Kleinen Sprechens. — Von Dr. A. Pfizmaier... Wien, 1880, in-4, pp. 98.

Separatabdruck aus d. XXX. Bande d. *Denkschriften d. phil.-hist. Cl. d. Kais. Akad. d. Wiss.*

—— Die Älteren Reisen nach dem Osten Japans. — Von Dr. August Pfizmaier... Wien, 1880, in-4, pp. 98.

Separatabdruck aus d. XXXI. Bande d. *Denkschriften d. phil.-hist. Cl. d. Kais. Akad. d. Wiss.*

—— Zwei Reisen nach dem Westen Japans in den Jahren 1369 und 1389 n. Chr. Von Dr. August Pfizmaier... Wien, 1881, in-4, pp. 98.

Separatabdruck aus d. XXXII. Bande d. *Denkschriften d. phil.-hist. Cl. d. Kais. Akad. d. Wiss.*

—— Nachträge zu japanischer Dialectforschung. Von Dr. A. Pfizmaier. (*Sitzungsber. d. phil.-hist. Cl. Ak. Wiss. Wien*, XC. Bd., I. Hft., pp. 9-88; *Ibid.*, XCII. Bd., I. Hft., pp. 7-86.)

—— Werke aus den Zeiten der Zweitheilung Japans. — Von Dr. A. Pfizmaier... Wien, 1882, Carl Gerold's Sohn, in-8, pp. 80.

Aus d. Jahrg. 1881 d. *Sitzb. d. phil.-hist. Cl. d. k. Akad. d. Wiss.*, XCIX Bd., I. Hft., S. 333-410.

—— Erörterungen und aufklärungen über Aino. Von Dr. August Pfizmaier... Wien, 1882, br. in-8, pp. 82.

Tirage à part des *Sitz. d. ph.-hist. Cl. d. k. Ak. d. W.*, de Vienne, 1882, C Bd., II Hft., p. 1023.

—— Visite du «Sphinx» en Fév. 1852. (*China Mail*, No. 368, March 4, 1852.)

—— The Madjicosima Islands. A short notice of the Madjicosima (Meia-co-shi-ma, or Meia-koon-koomah) Islands. By Dr. Bowring. Read to the Society, 13th June 1852. (*Trans. China Br. R. As. Soc.*, Pt. III, Art. I, pp. 1-8.)

—— Loochoo Mission: Extracts from the Journal of the Society's Missionary, Dr. Bettelheim. 1850-52. London, Published for the Society, s. d., pet. in-8, pp. 61.

—— Letter from B. J. Bettelheim, M. D., giving an account of his residence and missionary labors in Lewchew during the last three years. (*Chin. Rep.*, XIX, pp. 17-49, 57-90.)

— Letter from B. J. Bettelheim, M. D. Missionary in Lewchew, addressed to Rev. Peter Parker, M. D. — Canton. Printed at the Office of the «Chinese Repository»..., 1852, br. in-8, pp. 42.

— Loochoo Naval Mission. Extract from the Report for 1850-51, written by Dr. Bettelheim, Missionary at Napa. (*N. C. Herald*, No. 78, 24 Jan. 1852. — Réimp. dans le *Shae. Alm. and Miscel.* for 1853.)

Sous forme de lettre adressée à l'éditeur du *N. C. Herald*, et datée de Napa, 4 sept. 1851.

— The Seventh Report of the Loochoo Mission Society for 1851-52. London, Published by the Society, 1853, pet. in-8, pp. 32.

— Lewchew and the Lewchewans; being a Narrative of a Visit to Lewchew, or Loochoo, in October 1850, by George Smith, D. D., Lord Bishop of Victoria. London, T. Hatchard, 1853, pet. in-8, pp. VIII-95.

— *Распоряженія Петра В. объ обученіи въ Россіи японскому языку. П. Ивановъ. (*Вѣстникъ Имп. Русск. Географ. Общ.*, 1853, Ч. 8, pp. 4-5.)

Mejov, 3420.

— *О плаваніи въ Японію корвета Россійско-Америк. Компаніи «Кн. Меньшиковъ» въ 1852 г. Изъ рапорта г. Линденберга. (*Московс. Вѣдомости*, 1853, No. 108.)

Mejov, 3224.

— *Японія и Японцы. Журналъ для чт. восп. военно-учебн. завед., 1853. Т. 103, No. 410, pp. 161-215; No. 411, pp. 302-336; No. 412, pp. 413-448. — 1854, Т. 107, No. 425, pp. 55-85; No. 426, pp. 171-198.

Mejov, 3226.

— *Торговыя сношенія Японіи съ европейцами. (*Московс. Вѣдомости*, 1853, No. 7.)

Mejov, 3383.

(Divers.)

— Japan; An Account, geographical and historical, from the earliest period at which the islands composing this Empire were known to Europeans, down to the present time; and the Expedition fitted out in the United States, etc. By Charles Mac Farlane... With numerous illustrations from Designs by Arthur Allom. London: George Routledge, 1852; in-8, pp. XVIII + 1 f. n. ch. + pp. 435, carte.

Bib. nat., O²o 25.

— Note sur la culture et la propagation du *Dioscorea japonica* (igname du Japon), par M. Pépin, Chef des Cultures au Muséum d'Histoire naturelle, Membre de la Société Impériale et Centrale d'Agriculture, Secrétaire de la Société Impériale et Centrale d'Horticulture, etc. — Extrait des Mémoires de la Société Impériale et Centrale d'Agriculture. — Année 1854. — Paris, Imprimerie et Librairie d'agriculture et d'horticulture, de Mme Ve Bouchard-Huzard, rue de l'Éperon, 5, in-8, pp. 15, 1 pl.

— *Нѣсколько словъ о сѣверо-америк. экспедиціи въ Японію. (*Московс. Вѣдомости*, 1854, No. 68.)

Mejov, 3227.

— *J. C. H. Bley. — Die Politik der Niederlande in ihren Beziehungen zu Japan. Oldenburg, 1855.

— Hetzelfde werk. Uit het Hoogduitsch met voorberigt en inleiding door H. J. Lion. Deventer, 1855.

— *Rapport aan Z. M. den Koning over de Japansche aangelegenheden, uitgebracht door Z. E. den Minister van Kolonien onder dagteekening van 12 February 1855. No. 23.

— — Tweede Rapport, dd° 19 April-7 Mei 1857.

— — Derde Rapport, dd° 1 Februarij 1858, opgenomen in de *Ned. Staatscourant* van 20 Februarij 1858. N° 44.

(Divers.)

Matthew Calbraith Perry.

— A Paper by Commodore M. C. Perry, U. S. N., read before the American Geographical and Statistical Society, at a Meeting held March 6th, 1856. New-York: D. Appleton, M.DCCC.LVI. In-8, pp. 31.

British Museum, 8177. e.

— Narrative of the Expedition of an American Squadron to the China Seas and Japan, performed in the years 1852, 1853, and 1854, under the command of Commodore M. C. Perry, United States Navy, by order of the Government of the United States. Compiled from the original notes and journals of Commodore Perry and his officers, at his request, and under his supervision, By Francis L. Hawks, D. D. LL. D. With numerous illustrations. Published by order of the Congress of the United States. Washington: A. O. P. Nicholson, Printer, 1856, in-4, pp. XVII-537.

L'édition complète du Gouvernement comprend 4 vol. in-4.

North American Review, April 1856, pp. 559-562; July 1856, pp. 233-260. — *The Athenaeum*, 1856, No. 1499, p. 889. — Francis Lister Hawks, né le 10 juin 1798, à Newbern, Caroline du Nord.

— 33d Congress 2d Session. — House of Representatives — Ex. Doc. No. 97. — Narrative of the Expedition of an American Squadron... by order of the Government of the United States. — Volume II — With Illustrations. — Washington: A. O. P. Nicholson, 1856, in-4, pp. 414-14.

Rapports et Mémoires.

— United States Japan Expedition. — Observations on the Zodiacal Light, from April 2, 1853, to April 22, 1855, made chiefly on board the United States Steam-frigate *Mississipi*, during her late Cruise in Eastern Seas, and her Voyage homeward: with Conclusions from the data thus obtained; by Rev. George Jones, A. M., Chaplain United States Navy. — Volume III. — Washington: A. O. P. Nicholson, 1856, in-4, pp. XLIII-705.

Georges Jones, né 30 juillet 1800, près de York, Penn.

— Le *N. C. Herald*, No. 216, Sept. 16, 1854, cite les travaux hydrographiques suivants du lieut. S. Bent, de la marine des États-Unis, publiés par ordre du Commodore M. C. Perry:

Sailing Directions for Napha, Island Great Lewchew.

Oonting or Port Melville, Island Great Lewchew.

— Report made to Commodore Perry of the Agriculture of Lew chew, by J. Morrow, M. D. attached to the late Expedition to Japan. (*Narrative of the Expedition... under... Commodore Perry...*, Vol. II, Washington, 1856, pp. 15-20.)

— Report made to Commodore Perry on the Medical Topography and Agriculture of the Island of Great Lew chew, by D. S. Green, M. D., Surgeon U. S. N. (*Narrative of the Expedition... under... Commodore Perry...*, Vol. II, Washington, 1856, pp. 21-37.)

— Report made to Commodore Perry on the Botany, Ethnography, etc., of the Island of Great Lew chew: by Chas. F. Fahs, M. D., Assistant Surgeon U. S. N. (*Narrative of the Expedition... under... Commodore Perry...*, Vol. II, Washington, 1856, pp. 39-50.)

— Report made to Commodore Perry of a Geological Exploration, etc., of the Island of Great Lew chew: by Rev. George Jones, Chaplain U. S. N., attached to the United States Steam Frigate *Mississipi* (*Narrative of the Expedition... under... Commodore Perry...*, Vol. II, Washington, 1856, pp. 51-56.)

— Report... of an Exploration of Great Lew chew: by Rev. George Jones... (*Narrative of the Expedition... under... Commodore Perry...*, Vol. II, Washington, 1856, pp. 57-63.)

— Remarks of Commodore Perry upon the probable future commercial relations with Japan and Lew chew. (*Narrative of the Expedition... under... Commodore Perry...*, Vol. II, Washington, 1856, pp. 183-187.)

— Narrative of the Expedition of an American Squadron to the China Seas and Japan performed in the years 1852, 1853 and 1854, under the command of Commodore M. C. Perry, U. S. N., compiled... by Francis

L. Hawks. New York, Appleton, 1856, in-8, pp. VII-624.

—— The Americans in Japan : an abridgment of the Government Narrative of the U. S. Expedition to Japan, under Commodore Perry. By Robert Tomes. New York : D. Appleton, 1857, in-12, pp. VIII-415.

—— Documents and Facts illustrating the Origin of the Mission to Japan, authorized by the Government of the United States, May 10th, 1851; and which finally resulted in the Treaty concluded by Commodore M. C. Perry, U. S. Navy, with the Japanese Commissioners at Kanagawa, Bay of Yedo, on the 31st March, 1854. To which is appended a list of the Memoirs, &c., prepared and submitted to the Hon. John P. Kennedy, late Secretary of the Navy, by his order, on the 26th February, 1853, for the use of the projected U. S. exploring expedition to Behring's Strait, &c., under the command of Commander Cadwallader Ringgold, U. S. Navy, by Aaron Haight Palmer. Washington, Henry Polkinhorn, 1857, br. in-8, pp. 22.

—— Japan opened. Compiled chiefly from the narrative of the American Expedition to Japan, in the years 1852–3–4. London : The Religious Tract Society, 1858, in-12, pp. VIII-296.

—— * Commodore Perry's Landing in Japan; from the «Narrative of the Expedition of an American Squadron to the China Seas and Japan, performed in the Years 1852, 1853 and 1854, under the Command of Commodore M. C. Perry»; published by Order of Congress, 1856. Boston, 1906, in-8, pp. 28.

—— A Journal of the Perry Expedition to Japan (1853-1854). By S. Wells Williams. First Interpreter of the Expedition. Edited by his son F. W. Williams. Portraits and illustrations, 1910, in-8, pp. IX-259.

Trans. Asiat. Soc. Japan., XXXVII, Pt. II, 1910.

—— Léon de Rosny. — L'Expédition américaine au Japon (1852-1854). (*Revue Orient. et Amér.*, VI, 1861, p. 146.)

—— L'Expédition américaine au Japon et la relation du Commodore Perry (1852-1854). (L. de Rosny, *Études asiatiques*, 1864, pp. 336-366.)

* * *

—— The North Pacific Surveying and Exploring Expedition; or my last cruise. Where we went and what we saw : being an Account of Visits to the Malay and Loo-choo Islands, the Coasts of China, Formosa, Japan, Kamtschatka, Siberia, and the mouth of the Amoor River. By A. W. Habersham, Lieut. U. S. Navy, and late of the North Pacific Surveying and Exploring Expedition. Philadelphia : Lippincott, 1857, in-8, pp. 507.

Wilhelm Heine.

—— Die Expedition in die Seen von China, Japan und Ochotsk unter Commando von Commodore Colin Ringgold und Commodore John Rodgers, im Auftrage der Regierung der Vereinigten Staaten unternommen in den Jahren 1853 bis 1856, unter Zuziehung der officiellen Autoritäten und Quellen. Deutsche Original-Ausgabe von Wilhelm Heine... Leipzig, Hermann Costenoble, 1858-59, 3 vol. gr. in-8.

—— Die Expedition in die Seen von China, Japan und Ochotsk unter Commando von Commodore Collin Ringgold und Commodore John Rodgers, im Auftrage der Regierung der Vereinigten Staaten unternommen in den Jahren 1853 bis 1856, unter Zuziehung der officiellen Autoritäten und Quellen. — Deutsche Original-Ausgabe von Wilhelm Heine... Gera, C. B. Griesbach, 1867, 2 vol. gr. in-8, pp. XX-330, VIII-391.

Grav., cartes, etc.

Cet ouvrage, qui fait partie de la *Bibliothek neuerer Reisen und Entdeckungen in Original-Ausgaben*, a été publié en six fascicules.

—— Die Expedition in die Seen von China, Japan und Ochotsk unter Commando von Commodore Calw. Ringgold und Commodore John Rodgers, und die Erforschung des Amurgebietes durch Dr. P. Collins, im Auftrage der Regierung der Vereinigten Staaten unternommen in den Jahren 1853 bis 1857, unter Zuziehung der officiellen Autoritäten und Quellen. — Deutsche Original-Ausgabe von Wilhelm Heine... Dritter oder Supplement-Band. Zugleich Fortsetzung der Reise um die Erde nach Japan... Leipzig, Otto Purfürst, gr. in-8, pp. VIII-424.

Grav., cartes, etc. — Notice : *Nouv. Ann. des Voy.*, 1859, III, pp. 322-338, par Adolphe de Circourt.

—— * W. Heine. — Reis om de wereld naar Japan aan boord van het expeditie-eskader onder Commodore Perry in de jaren 1853, 1854 en 1855, ondernomen op last van de Regering der Vereenigde Staten. Naar het Hoogduitsch, met tien door den schrijver naar de natuur geteekende platen in tintdruk en met in den tekst gedrukte houtsneden. Rotterdam, 1856.

—— Voyage autour du Monde. — Le Japon. — Expédition du Commodore Perry pendant les années 1853, 1854 et 1855 faite d'après les ordres du gouvernement des États-Unis traduit de l'Allemand de Wilhelm Heine par A. Rolland Illustré de onze vues coloriées sur papier de Chine dessinées d'après nature par l'auteur. — Bruxelles, H. Dumont, libraire-éditeur, 1859, in-8, pp. 315.

—— Japan und seine Bewohner. — Geschichtliche Rückblicke und ethnographische Schilderungen von Land und Leuten. Von Wilhelm Heine. [*armes*] Wappen des Kaisers von Japan. Autor und Verleger behalten sich die Uebersetzung dieses Werkes vor. Leipzig, Hermann Costenoble, 1860, in-8, pp. XX-383.

— Japan und seine Bewohner. Von W. Heine. (*Mitt. d. k. u. k. geog. Ges. Wien*, 1873, pp. 97-114.)

—— Japan. — Beiträge zur Kenntniss des Landes und seiner Bewohner von W. Heine. — Berlin : Paul Bette..., Entered according to Act of Congress in the Southern District of New-York by W. Heine. Jan. 1873, gr. in-folio.

Se compose d'une Abteilung de 10 Lieferung. parue en janvier 1873. La préface est datée du 1er mars 1875. — Série de photographies accompagnées chacune d'un f. de texte.

—— Japan. — Beiträge zur Kenntniss des Landes und seiner Bewohner in Wort und Bild von W. Heine. — Dresden 1880. Im Selbstverlag des Verfassers. — In Commission bei Woldemar Urban in Leipzig. — Entered according to Act of Congress in the Southern District of New-York by W. Heine. Jan. 1873, in-8.

Réduction du grand album avec un Supplément, Dresde, 1880, in-8, pp. 99.

* * *

—— American Diplomacy in the Orient by John W. Foster. Boston and New York, Houghton, Mifflin and Co., 1904, in-8, pp. XIV + 1 f. n. ch. + pp. 498.

Édouard Fraissinet.

—— Le Japon Histoire et Description. — Rapports avec les Européens. Expédition américaine. Par M. Edouard Fraissinet, Rédacteur du Moniteur des Indes Orientales et Occidentales. Paris, Arthus Bertrand, s. d. [1853], 2 vol. in-12, pp. XII-499, 528.

Bib. nat., O²o 26.

—— —— Le même. Paris, Arthus Bertrand, 1864, 2 vol. in-18.

Bib. nat., O²o 26 A.

— Eugène Loudun. — Le Japon. (*Le Correspondant*, XXXIV, 25 juin 1864, pp. 348-369.)

Notice sur *Le Japon* de Fraissinet.

—— Le Japon contemporain par Édouard Fraissinet. — Paris, Librairie Hachette... — 1857, in-16, pp. 260.

Bibliothèque des Chemins de fer. — Bib. nat., O²o 27.

Peter Bleeker.

—— Nalezingen op de Ichthyologie van Japan. (*Batav. Genootsch. Verhand.*, XXV, 1853), pp. 1-56.

—— Bijdrage tot de kennis der Ichthyologische Fauna van Japan. [1851.]

Amsterdam, *Verhand. Kon. Akad. v. Wetensch.*, I, 1854, pp. 3-16.)

—— Faunae Ichthyologicae Japonicae species novae. (Batavia, *Natuurk. Tijdschr.*, VI, 1854, pp. 395-426.)

—— Nieuwe Nalezingen op Ichthyologie van Japan. (met 8 platen.) [*Batav. Genootsch. Verhand.*, XXVI, 1854-57, pp. 1-132.]

—— Vierde bijdrage tot de kennis der Ichthyologische Fauna van Japan. (*Batavia, Verhand. Natuurk. Vereen.*, III, 1857-58), pp. 1-46.

—— Vijfde bijdrage tot de kennis der Ichthyologische Fauna van Japan. (*Batavia, Verhand. Natuurk. Vereen.*, V, 1858-59, pp. 1-12). — In-4, pp. 12, 3 pl.

—— Enumeratio specierum Piscium hucusque in Archipelago Indico observatarum, adjectis habitationibus citationibusque, ubi descriptiones earum recentiorum reperiuntur, nec non speciebus Musei Bleekeriani Bengalensibus, Japonicis, Capensibus Tasmanicisque. (*Batavia, Verhand. Natuurk. Vereen.*, VI, 1859), pp. 1-126.

—— Zesde bijdrage tot de kennis der Vischfauna van Japan. (*Batavia, Verhand. Natuurk. Vereen.*, VIII, 1860), pp. 1-104.

—— Sur une nouvelle espèce de poisson du Japon, appartenant à un nouveau genre. (Amsterdam, *Verslag. Akad.*, XV, 1863, pp. 257-260. — *Nederland. Tijdschr. Dierkunde*, I, 1863, pp. 382-383.)

—— Neuvième notice sur la faune ichthyologique du Japon. [1867.] (Amsterdam, *Verslag. Akad.*, III, 1869 (*Natuurk.*), pp. 237-252.)

—— Sur le genre *Parapristipoma* et sur l'identité spécifique des *Perca trilineata, Thunb.*, *Pristipoma Japonicum, Cv.*, et *Diagramma Japonicum, Blkr.* (*Archives Néerland.*, VIII, 1873, pp. 19-24.)

—— Description de quelques espèces de poissons du Japon, du Cap de Bonne Espérance et de Suriname conservés au Musée de Leide [1863]. (*Nederl. Tijdschr. Dierkunde*, I, 1865, p. 250-269.)

—— Énumération des espèces de poissons actuellement connues du Japon et description de trois espèces inédites [*Conger japonicus, Pseudosciaena acanthodes, Aphoristia orientalis*]. (Amsterdam, *Akad. Verhandel.*, 18, 1879.)

—— Vischsoorten van Desima in Japan. (Batavia, *Natuur. Tijdschft.*, XX, pp. 234-236, 1859.)

(Peter Bleeker.)

*
* *

—— Japan and the Jesuits. (*American Presb. Rev.*, I, 452, 588.)

—— Description of Loochoo by a Native of China. (*N. C. Herald*, No. 187, Feb. 25, 1854 et seq. — Réimp. dans le *Shae. Alm. and Miscel.* for 1855.)

Cet indigène était resté aux Lou tchou en 1853.

—— Voyages en Asie par Timkowski–Amherst–Marcartney (*sic*)–Burkardt–Finlayson–Fraser–Heber–Burnes–Fontanier–Cox–Jacquemont–Kaempfer–Dobel–George Robinson. Illustrés Par Bocourt et Ch. Mettais. Revus et traduits par M. Albert-Montémont. Paris, 1855, Chez J. Bry aîné, gr. in-8 à 2 col.

Chaque voyage a une pagination spéciale. — Bib. nat., O²196.

—— * Дѣйствія Россіи и Нидерландовъ къ открытію Японіи для торговли всѣхъ народовъ. (*Морск. Сборникъ*, 1855, Т. 15, No. 3, pp. 1-43 [съ картою].)

Mejov, 3183.

—— *Нѣкоторыя подробности о погибшемъ фрегатѣ «Діана» и замѣтки объ Японія. (*Спбургскія Вѣдомости*, 1855, No. 143.)

Mejov, 3228.

—— Русскіе въ Японіи въ началѣ 1853 и въ концѣ 1854 годовъ . . . . . И. Гончарова. — St. Pétersbourg, 1855, in-8, pp. 237.

Изъ «Морскаго Сборника», 1855 г.

(Divers.)

— (*Морск. Сборникъ*, 1855, XVIII-XIX, Nos. 9-11; pp. 14-84, 127-162, 299-327, 417-453, 63-128. Изд. отд. отт., in-8, p. 237. Тоже. Журн. военно-учебн. завед. 1857, Nos. 493-500.)

1. Современникъ. 1856. Т. 55. No. 1. — 2. Спбургскія Вѣдомости. 1855. No. 271. — 3. Библ. для чт. 1856. Т. 135; pp. 25-44. — 4. Отеч. Записки. 1856. Т. 104. No. 1, pp. 35-50.

Mejov, 3229.

— *J. Willett Spalding. — Japan, and around the World; an Account of Three Visits to the Japanese Empire, &c. New York, 1855, in-12.

«Mr. Spalding's work was severely censured in Lon.[don] *Athenaeum*, 1855, 1523. (same art. in *Liv. Age*, XVIII, 395). It is stated that a German translation has been published at Leipsic.» (Allibone.)

— A Visit to India, China, and Japan, in the year 1853. By Bayard Taylor. New York, G. P. Putnam & Co., 1855, in-12.

— A Visit to India... London : Sampson Low, 1855, in-12, pp. XVII-539.

— A Visit to India, China, and Japan, by Bayard Taylor, newly revised and edited by George Frederick Pardon. London, James Blackwood, [1859], pet. in-8.

Cette édition est beaucoup moins complète que celle de 1855, mais elle contient un appendice qui donne des détails manquant au récit de Taylor.

Notice : *The Athenaeum*, 1856, No. 1473, pp. 70-71.

— Notes on some places visited during a surveying expedition round the coast of Japan and Korea, in the summer of 1855; By John Richards, Commanding H. M. Surveying sloop «Saracen». Read before the Society, Nov. 8, 1855. (*Trans. China Br. R. As. Soc.*, Pt. V, Art. VI, pp. 109-124.)

— Note on Recent Physical Phenomena in Japan and China : By D. J. Macgowan, M. D. — Read before the Society, May 8, 1855. (*Trans. China Br. Roy. As. Soc.*, Part. V, 1855, Art VIII, pp. 143-150.)

— K. L. Biernatzki. — Beiträge zur geographischen Kunde von Japan und den Lutschu-Inseln. (Gumprecht, *Zeitschr. Allg. Erdk.*, IV, 1855, pp. 225-247.)

— Histoire abrégée des Missions catholiques dans les diverses parties du monde, depuis la fin du XVe siècle jusqu'à nos jours, par J.-J.-E. Roy. Tours, Mame, 1855, in-8.

— Estado ‖ geográfico, topográfico, estadístico, ‖ histórico-religioso ‖ de la santa y apostólica provincia ‖ de S. Gregorio Magno, ‖ de religiosos menores descalzos de la regular ‖ y mas estrecha observancia ‖ de N. S. P. S. Francisco en las islas Filipinas : ‖ Comprende ‖ el número de Religiosos, Conventos, Pueblos, situacion de estos, ‖ años de su fundacion, Tributos, Almas, producciones, industria, ‖ cosas y casos especiales de su administracion espiritual, en el ‖ Archipiélago Filipino, desde su fundacion en el año de 1577 ‖ hasta el de 1853. ‖ Compuesto por el R. P. Fr. Felix de Huerta, Predicador, Lector de Sagrada ‖ Teologia, Examinador Sinodal del Arzobispado de Manila, y Guardian ‖ en el Convento de S. Francisco de dicha Capital. ‖ Mandado dar à luz, en nombre de esta Santa Provincia, ‖ por el M. R. P. Ministro Provincial de la misma. ‖ — Con las licencias necesarias. ‖ — Manila : 1855. ‖ Ympienta de los Amigos del Pais, ‖ à cargo de D. M. Sanchez. In-8, pp. 439.

— Mijn Verblijf in Japan, door C. T. van Assendelft de Coningh. Amsterdam, Gebroeders Kraay, 1856, in-8, pp. VI-180.

— Notes on the Bonin Islands. By Captain Michael Quin, R. N. (*Journ. Roy. Geog. Soc.*, Vol. XXVI, 1856, pp. 232-235.)

Extract of Letters relative to Port Lloyd, Peel Island; one of the Bonin Group, in lat. 27° 6′ N., long. 142° 16′ E. — June, 1837, H. M. S. «Raleigh».

Cf. Capt. F. W. Beechey, *Blossom*, 14th June 1827.

— De Stichting der Vereenigde O. I. Compagnie en de Maatregelen der Nederlandsche regering betreffende de vaart op Oost Indie, welke haar voorafgingen. — Akademisch Proefschrift ter verkrijging van den graad van Doctor in het Romeinsche en Hedendaagsche Regt aan de Hoogeschool te Leyden, op gezag van den Rector-magnificus Dr. J. H. Scholten, in het openbaar te verdedigen door Jacobus Anne

Van der Chijs, Phil. Theor. Mag. Litt. Hum. Doct. op Donderdag den 12[den] Junij 1856, des Namiddags ten 3 ure. — Leyden, P. Engels, 1856, in-8, 3 ff. n. ch. + pp. 175.

—— Wae Yàng Jin. — Eight Months' Journal kept on board one of Her Majesty's sloops of war during visits to Loochoo, Japan, and Pootoo. By Alfred Laurence Halloran, Master Royal Navy. London : Longman, 1856, pet. in-8, pp. v + 1 f. n. ch. + pp. 126, grav.

—— Bericht eines Chinesen über die Liu-Kiu-Inseln. (*Zeit. f. Allg. Erdk.*, 1856, pp. 262-269.)

D'après le *Shanghai Almanac for 1855.*

—— Notes on the late expedition against the Russian Settlements in Eastern Siberia; and of a visit to Japan and to the shores of Tartary, and of the Sea of Okhotstk. By Capt. Bernard Whittingham, Royal Engineers. London : Longman, 1856, in-8, pp. xv-300.

—— Histoire et Fabrication de la Porcelaine chinoise. Ouvrage traduit du Chinois Par M. Stanislas Julien, Membre de l'Institut...; accompagné de notes et d'additions par M. Alphonse Salvétat, . . . et augmenté d'un Mémoire sur la porcelaine du Japon, traduit du Japonais par M. le Docteur J. Hoffmann, Professeur à Leyde .. Paris, Mallet-Bachelier, 1856, in-8, pp. cxxiii-320.

Dédicace. — Préface du Traducteur. — Préface de M. Al. Salvétat. — Préface de l'ouvrage chinois. — Postface de l'ouvrage chinois. — Examen des anciennes porcelaines. — Origine des porcelaines de King-te-tchin. — Examen des porcelaines antiques qu'on imite à King-te-tchin. — Examen des porcelaines fabriquées à King-te-tchin. — Explication des procédés relatifs à la Fabrication de la Porcelaine. — Catalogue de tout ce qui concerne la Fabrication de la Porcelaine : Composition des différentes sortes d'émail. — Des couleurs employées en Chine pour peindre la Porcelaine. — Composition des couleurs d'après le P. d'Entrecolles. — Couvertes fusibles colorées. — Notions générales sur la Fabrication de la Porcelaine. — Mémoire sur les principales fabriques de Porcelaine au Japon (par M. Hoffmann). — Index général chinois-français. — Carte de la Chine indiquant l'emplacement des manufactures de Porcelaine anciennes et modernes, 1856. — xiv Planches.

Notice : Les Vases chinois et les Vases grecs par M. Beulé. — Extrait de la *Revue des Deux-Mondes*. Livraison du 1er décembre 1856. — Paris, Imprimerie de J. Claye, 1856, br. in-8, pp. 28.

— Léon de Rosny. — De la Porcelaine en Chine, au Japon et dans les Contrées voisines. (*Variétés Orientales*, 3e éd., pp. 81-97.) — *Rev. de l'Or. et de l'Algérie*, XIX, 1856, pp. 217-224.

—— Remarks on Yezo and the temples of Hakodadi : By the Rev. S. Beal, of H. M. S. «Sybille». — Read before the Society, 24th September, 1856. (*Trans. China Branch Roy. As. Soc.*, Pt. VI, 1859, pp. 1-40.)

—— A History of the Missions in Japan and Paraguay. By Cecilia Mary Caddell, Author of «the Snowdrop», «the Miner's Daughter», «Tales of the Festivals», etc. London : Burns and Lambert. New-York : Sadlier and Co. — MDCCCLVI, in-16, pp. xvii-102.

—— Biblioteca instructiva. — Historia de las misiones en el Japon y Paraguay, escrita en inglés por C. M. Cadell. Traducida directamente por D. Casimiro Pedregal. Dedicada al Excmo. É Ilmo. Sr. Arzobispo de Cuba, D. Antonio María Claret. Segunda Edicion. Madrid. Librería de Salvador Sanchez Rubio, Editor. Calle de Carretas, núm 31 (frente á la Imprenta Nacional). — 1857, pet. in-8, pp. xv-390 + 3 ff. n. ch. Indice, 6 gravures.

San Jacinto.

Arrivé à Shimoda, le 21 août 1856, avec Townsend Harris, Consul Général.

—— Fankwei; or the San Jacinto in the Seas of India, China, and Japan. By William Maxwell Wood, M. D., U. S. N., London, Sampson Low, Son & Co. — New-York, Harper, 1859, in-8, pp. viii-545.

—— Consul Harris's Progress in Japan, 1858. (*Littell's Living Age*, LIX, 834; LX, 567.)

*
* *

—— Histoire universelle de l'Église catholique par l'abbé Rohrbacher — précédée d'une notice biographique et littéraire par Charles Sainte-Foi augmentée de notes inédites de l'auteur colligées par A. Murcier, ancien élève de l'Ecole des Chartes, et suivie d'un Atlas géographique spécialement dressé pour l'ouvrage par A. H. Dufour. 3e éd. Paris, Gaume, 1857-61, 29 vol. in-8.

— Annales ecclésiastiques de 1846 à 1860 ou Histoire résumée de l'Église catholique pendant les dernières années; ouvrage complémentaire de l'histoire universelle de l'Église catholique, par l'Abbé Rohrbacher par J. Chantrel. Paris, Gaume frères et J. Duprey, 1861, in-8.

— Annales ecclésiastiques de 1860 à 1866 ..... Par J. Chantrel. Paris, Gaume frères et J. Duprey, 1867, in-8.

— *Американская экспедиція въ Японію. (*Московск. Вѣдомости*, 1857, Nos. 55, 60, 66, 72 et 76.)

Mejov, 3231.

— *Японія и Японцы. (Письмо къ В. Ф. Тимму.) А. М. (Можайскій). (*Русск. Худож. листокъ*, 1857, No. 14.)

Mejov, 3230.

— *Торговля Нидерландовъ съ Японіею. (*Журн. Мануф. и Торг.*, 1857, Ч. 2, pp. 1-12.)

Mejov, 3384.

— *Историческій матеріалъ о сношеніяхъ европейцевъ съ Японіею. (Свѣдѣнія о посѣщеніи Японіи, въ 1818 году, англ. бригомъ Бротерей, подъ начальств. кап. П. Гордона, который по просьбѣ Управляшаго Охотск. портомъ лейт. кн. Шаховскаго, передалъ ему записку своего плаванія изъ Калькуты. Перев. письма сдѣлан. кн. Шаховскимъ, съ его примѣч. найденъ въ числѣ старыхъ дѣлъ Иркутскаго архива). Сельскій. (*Запискі Спбургск. Отд. И. Р. Геогр. Общ.*, 1857, кн. IV, pp. 17-22.)

Mejov, 3184.

— Записки китайца о Нангасаки [1764 г.] Іеромонака П. Цвѣткова. (*Труды членовъ Росс. дух. Миссіи въ Пекинѣ*, Т. III, 1857, pp. 143-182.)

(Divers.)

— *Очерки сношеній Россіи съ Японіею и трактатъ, заключ. между этими государствами. Отеч. Записки, 1857, Т. 112, No. 5, pp. 2-3.

Mejov, 3185.

— Commerce avec le littoral japonais et les îles Liou-Tcheou, spécialement au point de vue des intérêts français. (Extrait de deux rapports de M. Auguste Heurtier, délégué du Ministère de l'Agriculture, du Commerce et des Travaux publics, dans les mers de la Chine et du Japon.) (*Ann. du Com. ext.*, *Faits com.*, No. 24, Mars 1857.)

Iles Liou-Tchou, *Ibid.*, No. 35, Nov. 1863.

— Visit to Simoda and Hakodadi in Japan. Extracted, by permission, from a letter from Capt. A. H. Foote, U. S. Ship *Portsmouth*, dated September 15th, 1857. Read before the Society, December 15th, 1857. (*Journal of the Shanghai literary and scientific Society*, No. I, June, 1858. Shanghaï : MDCCCLVIII.)

— Life of Andrew Hull Foote, Rear-Admiral United States Navy. By James Mason Hoppin, Professor in Yale College With a Portrait and Illustrations. New York: Harper & Brother, 1874, in-8, pp. x + 1 f. n. ch. + pp. 411.

Né 12 Sept. 1806, à New Hawen, Connecticut; † 26 Juin 1863.

— Acht Monate in Japan nach Abschluss des Vertrages von Kanagawa. Von Fr. Aug. Lühdorf, Supercargo der Brigg «Creta». Mit 11 verschiedenen Illustrationen. — Bremen, 1857, Heinrich Strack, in-8, pp. XI + 2 f. n. ch. + pp. 254.

Bib. nat., O²o 29.

— Anton Boller. — Nachweis, dass das Japanische zum ural-altaïschen Stamme gehört. (*Kais. Akad. d. Wissensch. Philos. — Hist. Cl. Sitzungsb.*, Bd. 23, pp. 393-481; Wien, 1857, in-8.)

(Divers.)

— Nachweis dass das Japanische zum Ural-Altaischen Stamme gehört. Von Prof. Boller... (Aus dem Märzhefte des Jahrganges 1857 der Sitzungsberichte der philos.-histor. Classe der kais. Akademie der Wissenschaften [XXIII. Bd., S. 393] besonders abgedruckt.) Wien, aus der K. K. Hof- und Staatsdruckerei, 1857, in-8, pp. 91.

Léon de Rosny.

Né le 5 avril 1837 à Loos, près Lille (Nord).

— Mémoire sur la Chronologie japonaise précédé d'un aperçu des temps anté-historiques par Léon de Rosny. Paris, Maisonneuve, 1857, in-8, pp. 27.

Extrait des *Annales de Philosophie chrétienne*, Nos de juillet et septembre 1857 (t. XVI, 4e série).

Bib. nat., O²o 60.

— Mœurs des Aïno Insulaires de Yéso et des Kouriles. Extrait des ouvrages japonais et des relations des voyageurs européens. Par L. Léon de Rosny. Paris, Imp. de H. Carion, 1857, in-8, pp. 8.

Ext. de l'*Harmonie*, journal de l'époque.

— Sur les Aïno par Léon de Rosny. — Extrait des Comptes rendus du Congrès international des Sciences géographiques. — Paris, Imprimerie de E. Martinet, 1878, in-8, pp. 7.

— L'île de Yéso et ses habitants, d'après les géographes japonais et les relations des voyageurs européens. Par L. Léon de Rosny. (*Rev. Or. et Am.*, T. I, 1859, pp. 177-190, 380-390, 1 carte.)

— Manuel de la lecture japonaise à l'usage des voyageurs et des personnes qui veulent s'occuper de l'étude du japonais, par Léon de Rosny. L. Van Bakkenis et Cie, à Amsterdam. A Paris, chez Schultz et Thuillié ... M.DCCC.LIX, in-12, pp. 80 [pp. 26-68, textes], 1 pl.

Meulan, Imprimerie orientale de Nicolas.

— Léon de Rosny. — Notice d'un vocabulaire pharmaceutique hollandais-japonais. (*Revue Orient. et Amér.*, IV, 1860, p. 464, pl.)

— Notice ethnographique de l'encyclopédie japonaise *Wa-kan-san-saï-dzou-yé* par Léon de Rosny, Secrétaire-perpétuel de la Société

d'Ethnographie, membre du Conseil de la Société asiatique, etc. Paris, Maisonneuve & Cie, libraires-éditeurs pour les langues orientales, étrangères et comparées, 15, quai Voltaire, à la *Tour de Babel.* — 1861, in-8, pp. 16. 和漢三才圖會

— La Civilisation japonaise. Par Léon de Rosny. (*Bul. Soc. Géog.*, 5e Sér., I, 1861, pp. 283-306; II, 1861, pp. 5-24.)

— La Civilisation japonaise. Mémoire lu a la Société de Géographie, le 5 avril 1861, par Léon de Rosny. — Extrait du *Bulletin de la Société de Géographie.* — Paris, Imprimerie de L. Martinet, 1861, in-8, pp. 45.

Bib. nat., O²o 34.

— Notices sur les Iles de l'Asie orientale, extraites d'ouvrages chinois et japonais, et traduites pour la première fois sur les textes originaux, par Léon de Rosny... Paris, Imprimerie Impériale, MDCCCLXI, in-8, pp. 20.

Extrait No. 2 de l'année 1861 du *Journal Asiatique* (5e Série, Vol. 17, pp. 357 et seq.).

Ces notices sont consacrées à Nippon, Yéso et les Lou-tchou.

— Léon de Rosny. — Vocabulaire chinois-coréen-aino expliqué en Français et précédé d'une Introduction sur les écritures de la Chine, de la Corée et de Yeso. (*Revue Orient. et Amér.*, VI, 1861, p. 261.)

— Vocabulaire chinois-coréen-aino expliqué en Français et précédé d'une Introduction sur les écritures de la Chine, de la Corée et de Yéso — par Léon de Rosny. Paris, Maisonneuve, M.D.CCC.LXI, in-8, pp. 24.

Les pp. 9-24 sont autographiées.

— Notice sur la préparation du camphre au Japon, traduite du Japonais. Par Léon de Rosny. (*Rev. Or. et Am.*, V, 1861, pp. 73-77.)

— Léon de Rosny. — Les documents japonais des bibliothèques de Londres et d'Oxford. (*Revue Orient. et Amér.*, VI, 1861, p. 197.)

— L'Empire japonais et les Archives de M. de Siebold, par Léon de Rosny....

Paris, Imprimerie Impériale. — MDCCCLXII, in-8, pp. 32.

Ext. No. 11 de l'année 1861 du *Journal Asiatique*.

Bib. nat., O²o 36.

— Rapport à S. Exc. le Ministre d'État sur la composition d'un dictionnaire japonais-français-anglais, par Léon de Rosny.... Publié par autorisation de S. Exc. le Ministre d'État. — Paris, Maisonneuve, 1862, in-8, pp. 23.

— Discours prononcé à l'ouverture du cours de japonais à l'École impériale et spéciale des langues orientales, par Léon de Rosny. Paris, Maisonneuve, 1863, in-8, pp. 30.

5 Mai 1863.

— Opening Lecture on the Japanese Language, delivered May 5th, 1863, by Professor M. Léon de Rosny, at the École Impériale et Spéciale des Langues Orientales Vivantes, Paris. (*Chin. & Jap. Repos.*, Nov. 3, 1863, art. I, pp. 203-214.)

— Cours méthodique de Japonais, 1re Partie. — Enseignement élementaire. — Exercices de Lecture japonaise à l'usage des personnes qui suivent le Cours de Japonais professé à l'école spéciale des langues orientales par M. Léon de Rosny. Prix : 1 franc. Paris, Maisonneuve & Cie, Libraires-Éditeurs, 1863, br. in-12, autog.

— Cours élémentaire de la langue japonaise. — Exercices de Lecture japonaise à l'usage des personnes qui suivent le Cours de Japonais professé à l'École spéciale des Langues orientales par M. Léon de Rosny. — I. — Écriture Kata-Kana. — Paris, Maisonneuve, 1863, in-12, pp. 12 + 6 ff. n. ch. de texte.

Entièrement lithographié.

— Dictionnaire des signes idéographiques de la Chine avec leur prononciation usitée en Chine et au Japon et leur explication en français, accompagné d'un vocabulaire des caractères difficiles à trouver rangés d'après le nombre de traits, d'une table des signes susceptibles d'être confondus, de la liste des signes idéographiques particuliers aux Japonais, d'un index géographique et historique, d'un glossaire japonais-chinois des noms propres de personnes, etc., par Léon de Rosny, Chargé du cours de japonais à l'École spéciale des Langues orientales. Paris, Benjamin Duprat, 1864, in-8, pp. VIII-240.

Les pp. 240 sont lithographiées.

— Dictionnaire des signes idéographiques de la Chine avec leur prononciation usitée au Japon accompagné de la liste des signes idéographiques particuliers aux Japonais, d'une table des caractères cycliques et numériques, d'un index géographique et historique, d'un glossaire japonais-chinois des noms propres de personnes; par Léon de Rosny, Professeur chargé du cours de Japonais à l'École spéciale des Langues orientales. Paris, Maisonneuve, 1867, in-8, pp. VIII-226.

Les pp. 226 sont lithog. comme les 226 premières pages de l'éd. précédente; il manque à celle-ci les pp. 227-240 de l'éd. de 1864. — La préf. de 1864 a été imprimée à Sèvres, Typ. Lefèvre; celle de 1867 semblable l'a été à Paris, Imp. de Moquet.

— Études asiatiques de géographie et d'histoire par Léon de Rosny. Paris, Challamel aîné, 1864, in-8, pp. XII-411.

Préface. — I. — La civilisation du Japon, p. 1. — II. — L'ouverture du Japon, p. 49. — III. — L'île de Yéso, p. 61. — IV. — Description du royaume de Yézo, p. 91. — V. — Les îles de Lou-tchou, p. 100. — VI. — La Corée, p. 107. — VII. — L'empire d'Annam, p. 123. — VIII. — Le Kamboje, p. 138. — IX. — Le royaume de Siam, p. 158. — X. — L'empire Barman, p. 199. — XI. — Le Tibet, p. 228. — XII. — Le Ladâk, p. 253. — XIII. — Le Khanat de Boukhâra, p. 263. — XIV. — La Perse contemporaine, p. 274. — XV. — Le Nippon ou Archives japonaises de M. von Siebold, p. 283. — XVI. — L'expédition américaine aux îles Lou-tchou et au Japon, p. 336. — XVII. — Les Parsis, d'après un parsi de Bombay, p. 367. — XVIII. — Le royaume du Milieu, p. 376. — XIX. — Le fleuve Amoûr, d'après les documents russes, p. 389. — XX. — Index analytique, p. 395.

Faisait partie de la *Bibliothèque variée d'histoire, d'ethnographie et de linguistique*. Il y a des ex. en papier de couleur.

— Léon de Rosny. — De l'enseignement de la langue japonaise. (*Revue orientale*, IX, 1864, p. 11.)

— Léon de Rosny. — Lettre à M. Oppert sur quelques particularités des inscriptions cunéiformes anariennes. (*Revue Orientale*, IX, 1864, p. 269.)

— Guida della conversazione giapponese preceduta de una introduzione sulla pronuncia in uso a Yedo per Leone de Rosny ridotta ad uso degli Italiani da Antelmo Severini. — Firenze e Torino, Ermanno Loescher, 1866, in-8, pp. 55.

— *Yô-san-sin-sets.* — Traité de l'Éducation des vers à soie au Japon, par Sira-kawa de Sendaï (Osyou). Traduit pour la première fois du japonais par Léon de Rosny, Professeur à l'École impériale des Langues Orientales. — Publié par ordre de Son Excellence le Ministre de l'Agriculture. Paris. Imprimerie Impériale, M DCCC LXVIII, in-8, pp. LXIV-228 + 1 f. n. ch. correct. + 24 pl. en couleur.

— Traité de l'éducation des Vers à soie au Japon. Traduit du Japonais par ordre de S. Exc. le Ministre de l'Agriculture par Léon de Rosny.... — Seconde édition, revue et corrigée. — Paris, Maisonneuve, 1868, in-8, pp. VIII + LVIII + 1 f. n. ch. + 171 + 12 pl. + 1 front. colorié.

— Mémoires de l'Athénée oriental Présidence de M. J. Oppert. — Traité de l'éducation des Vers à soie au Japon traduit du Japonais par Léon de Rosny. 4e Édition française abrégée. Publié par l'Athénée oriental, 1871, in-8, tit. lith. + pp. 56.

Lu à l'Athénée oriental, le 31 juillet 1867.

— Variétés orientales historiques géographiques, scientifiques, bibliographiques et littéraires, par Léon de Rosny. Paris, Maisonneuve, 1868, in-8, pp. VIII-370, 7 pl.

VIII. — Notice ethnographique de l'Encyclopédie japonaise *Wa-kan-san-sai-dzou-yé*, p. 73. — IX. — De la porcelaine en Chine, au Japon et dans les contrées voisines, p. 81. — X. — Engelbert Kaempfer, sa vie, ses écrits, ses voyages, p. 98. — XII. — L'expédition en Chine et au Japon du baron Gros et de lord Elgin (1857-58), p. 133. — XXIV. — Les documents japonais des bibliothèques de Londres et d'Oxford, p. 285.

— Variétés orientales historiques géographiques, scientifiques, bibliographiques et littéraires par Léon de Rosny.... — Troisième édition revue et corrigée. Paris, Maisonneuve, 1872, in-12, pp. VIII-360.

— De l'origine du langage par Léon de Rosny... Paris, Maisonneuve, MDCCCLXIX, in-8, pp. 42.

Sur le faux-titre : *Etudes linguistiques* — I.

— *Affinités entre le système graphique des anciens Assyriens et celui des Japonais, par de Rosny, (*Ctes rendus Soc. franç. de Num. et d'Arch.*, 1869, p. 151.)

— Des affinités du Japonais avec certaines langues du continent asiatique. Par Léon de Rosny, Membre de la Société d'Ethnographie. Br. in-8, pp. 16.

Extrait des *Comptés rendus de la Société d'Ethnographie américaine et orientale*, t. II.

— Affinités des langues finno-japonaises. Par M. Léon de Rosny. (*Compte rendu de la 1re session du Cong. des Orient.*, 1873, I, pp. 422-431.)

— Yo-no Ouvasa Journal japonais de Paris. — Dirigé par le professeur Leon de Rosny. — Année 1870. — Prix de l'abonnement : Un an 20 fr.... — Un numéro séparément 3 fr. 50.

Un seul No. paru ; 6 ff. doubles à la japonaise. Publié chez Maisonneuve.

— Cours de Japonais. — Discours d'ouverture, Par M. Léon de Rosny, Professeur (Année scolaire 1870-71), in-8, pp. 8.

Ext. du *Bulletin de l'Athénée oriental*, 12e année, n° 26, 1871.

— Anthologie japonaise Poésies anciennes et modernes du Nippon Traduites en français et publiées avec le texte original par Léon de Rosny Professeur à l'École spéciale des Langues orientales Avec une Préface par Ed. Laboulaye De l'Institut. Paris, Maisonneuve, MDCCCLXXI, in-8, pp. XVIIJ + XXXII + 222 + 1 f. n. ch. + 72 pp. lith. de texte.

Au verso du dernier f. : Achevé d'imprimer le 27 septembre MDCCCLXXI par J. Claye pour Maisonneuve et Cie à Paris.

Notice : *Phoenix*, Feb. 1872, pp. 131-132, par W. G. Aston.

— *Si-ka-zen-yô.* Anthologie japonaise traduite en français, accompagnée d'un commentaire perpétuel, et publiée avec le texte original, par Léon de Rosny, professeur à l'École spéciale des langues orientales. — Textes et Vocabulaire. — Paris, Maisonneuve, MDCCCLXXI, in-8, pp. II-70 lith.

Lith. Charles Chauvin, 8 rue d'Ulm, Paris.

— Le Couvent du Dragon vert Comédie japonaise adaptée à la scène française pour la fête annuelle de l'Athénée oriental par Leone d'Albano. Nice, chez J. Gay et fils, 1872, in-16, pp. 90, front. gravé par Henry Sommier.

Tirage à cent ex. tous numérotés dont : 2 sur peau de vélin, 2 sur papier de Chine, 4 sur papier chamois, 92 sur papier vélin anglais.

Vincent Bona, Imprimeur de S. M. à Turin.

Réimp. à Paris.

— Léon de Rosny. — De la comparaison des langues. (*Revue orient. et amér.*, XI, 1872, p. 219.)

— Léon de Rosny. — Essai sur l'ethnographie théorique et appliquée. (*Revue orient. et amér.*, XI, 1872, p. 5.)

— Sur les plus anciens monuments de la civilisation japonaise par M. Léon de Rosny. (*Compte rendu de la 1re session du Congrès des Orient.*, 1873, I, pp. 61-69.)

— Les religions et le néo-bouddhisme au Japon. Par MM. Léon de Rosny et Du Bousquet. (*Compte rendu de la 1re session du Congrès des Orient.*, 1873, I, pp. 142-150.)

— Origine et migrations primitives du peuple japonais. Par M. Léon de Rosny et Mme Clémence Royer. (*Compte rendu de la 1re session du Cong. des Orient.*, 1873, I, pp. 171-184.)

— Des sources de l'histoire ancienne du Japon. Par MM. Léon de Rosny et Addison Van Name. (*Compte rendu de la 1re session du Cong. des Orient.*, 1873, I, pp. 213-225.)

— Sur quelques patois japonais. Par MM. Léon de Rosny et Imamura Warau. (*Compte rendu de la 1re session du Cong. des Orient.*, 1873, I, pp. 245-248.)

— Sur la Minéralogie japonaise. Par M. Léon de Rosny. (*Compte rendu de la 1re session du Cong. des Orient.*, 1873, I, pp. 343-345.)

— Manuel de style épistolaire et de style diplomatique — Texte japonais publié à l'usage des élèves de l'École spéciale des Langues orientales, traduit en français et accompagné de notes par Léon de Rosny Professeur à l'École spéciale des langues orientales. Paris, Maisonneuve, 1874, in-8, pp. 32 + 28 p. de textes.

Cours pratique de Japonais. — Enseignement supérieur. — XVIIIe partie.

— Léon de Rosny. — L'Atlantide historique, un continent englouti sous les flots. (*Revue Orient. et Amér.*, N. S., 1875, pp. 33 et 159, fig. et carte.)

— Les distiques populaires du Nippon — Extraits du Gi-retŭ-Hyakŭ-nin is-syu traduits pour la première fois du japonais Par Léon de Rosny. Paris, Maisonneuve, 1878, br. in-8, pp. 16.

Ext. des *Mém. de la Soc. des Ét. Japonaises*, n° 2 — Tome I — 1877.

— École des Langues orientales vivantes Cours de M. Léon de Rosny. Le Bouddhisme dans l'extrême Orient. (*Revue scientifique*, 20 déc. 1879, pp. 581-584.)

— Les Origines historiques de la monarchie japonaise par Léon de Rosny. (*Atti del IV Cong. int. degli Orient.*, 1881, II, pp. 317-332.)

— Les Peuples Orientaux connus des anciens Chinois D'après les ouvrages originaux Par Léon de Rosny professeur à l'École spéciale des langues orientales Secrétaire de la Société d'Ethnographie. — Mémoire accompagné de IX cartes. Paris, Ernest Leroux éditeur, 1881, in-8, pp. VIII-111.

Publié par la Société d'Ethnographie.

— Les Peuples orientaux connus des anciens Chinois par Léon de Rosny. — Mémoire couronné par l'Académie des Inscriptions et Belles-Lettres. — Seconde Édition, revue et augmentée. Paris, Ernest Leroux, 1886, in-12, pp. XII-287.

Forme le Vol. XLIX de la *Bibliothèque orientale elzévirienne*. Sans les cartes de la première édition de 1881.

— 古事記 *Ko zi ki* — Mémorial de l'antiquité japonaise Fragments relatifs à la théogénie du Nippon traduits du japonais et commentés en chinois par Léon de Rosny. (*Mél. Orientaux. — Textes et Trad. publiés par les Prof. de l'Ecole spéciale des langues orientales vivantes à l'occasion du six. Congr. int. des Orient. réuni à Leyde* (Sept. 1883). Paris, 1883, pp. 271-335.)

— La civilisation japonaise. Conférences faites à l'école spéciale des Langues Orientales par Léon de Rosny. Paris, Ernest Leroux, 1883, in-18, pp. VIII-400.

Forme le Vol. XXXVI de la *Bibliothèque Orientale elzévirienne.*

— Bibliothèque royale de Stockholm. — Catalogue de la Bibliothèque Japonaise de Nordenskiöld, coordonné, revu, annoté et publié par Léon de Rosny, professeur à l'Ecole spéciale des Langues Orientales, et précédé d'une introduction par le Marquis d'Hervey de Saint-Denys, membre de l'Institut, professeur au Collège de France. Paris. Imprimé par autorisation de M. le Garde des Sceaux à l'Imprimerie Nationale. — MDCCCLXXXIII. In-8, pp. XXIV-359.

Notice: *Nature*, XXIX, 1883-84, p. 594.

— Kosni Yo-No-Maki. Le livre canonique de l'Antiquité japonaise par Léon de Rosny. Deux fascicules in-8. Paris, 1884-87.

Forme les Vol. XVI-XVII des *Publications de l'Ecole des Langues Orientales Vivantes*, Deuxième série.

— Examen comparé de la grammaire turke et de la grammaire japonaise par Léon de Rosny. (*Mém. de la Soc. des Étud. jap., etc.*, IV, Juillet 1885, pp. 192-201.)

— 女國 Le pays des Amazones par Léon de Rosny. (*Mém. de la Soc. des Étud. jap., etc.*, IV, Juillet 1885, pp. 234-245.)

— 日本書紀 Les éditions du Yamato-Bumi, livre sacré de l'Antiquité japonaise. Par Léon de Rosny. (*Mém. Soc. Et. jap.. etc.*, IV, Juillet 1885, pp. 250-252.)

— Un guide au quartier des Fleurs. Par Léon de Rosny. (*Mém. Soc. Etudes japonaises*, IV, Novembre 1885, pp. 323-327.)

— Les Religions de l'Extrême-Orient, Leçon d'ouverture faite à l'Ecole pratique des Hautes-Études par Léon de Rosny... — Paris, Maisonneuve, 1886, in-8, pp. 36.

— Les dieux primordiaux du Sintauïsme, Leçon faite à l'Ecole des Hautes-Etudes (Section des Sciences religieuses). Par Léon de Rosny. (*Mém. Soc. Etudes japonaises*, V, Avril 1886, pp. 104-127.)

— Des différents genres d'écriture employés par les Japonais, par Léon de Rosny, professeur à l'École des Langues Orientales Vivantes. (*Nouveaux Mélanges Orientaux — Mém. textes et trad. pub. par les prof. de l'Ecole spéciale des Langues Orientales Vivantes à l'occasion du sept. Congr. int. des Orient. réuni à Vienne* (Sept. 1886), pp. 563-598, fig.)

— Note sur la poétesse 小町 Ko-Mati par Léon de Rosny. (*Lotus*, VI, Janvier 1887, pp. 51-53.)

— 二靈記 Les deux Reï et le règne du Soleil, par Léon de Rosny. (*Recueil de l'Ecole des Langues Orientales*, 1889, I, pp. 299-320.)

— La force extraordinaire du bonze 良純 Ryau-zyun. Par Léon de Rosny. (*Lotus*, VIII, Avril 1889, pp. 104-111.)

— Extraits d'un glossaire bouddhique sanscrit-chinois, par Léon de Rosny. (*Le Lotus*, IX, Juillet 1890, pp. 129-192.)

— L'Empereur Zin-mou, par M. Léon de Rosny. (*Centenaire de l'Ecole des Langues Orientales Vivantes* 1795-1895 = *Recueil de Mémoires publié par les professeurs de l'Ecole*, Paris, MDCCCXCV, pp. 457-474; 3 pl.)

— Éléments de la Grammaire japonaise (Langue vulgaire), par Léon de Rosny... Seconde édition revue et corrigée — Paris, J. Maisonneuve, 1897, in-8, pp. 192.

— Le second mariage de Tai-kau Sama. Traduit pour la première fois du japonais par Léon de Rosny. (*Soc. d'Ethn., Mém. Comité sinico-japonais*, XX, 1897, Partie 2, pp. 103-107.)

— Introduction à l'étude de la Littérature japonaise rédigée sous la direction de

M. Léon de Rosny. Paris, Ernest Leroux, 1896, in-8, pp. 84.

Cours pratique de japonais. — Deuxième année. — N° 6.

—— *Léon de Rosny. — Cours pratique de langue japonaise. Première année. I. Notions élémentaires de langue parlée et écrite. Paris, Leroux, 1902, in-8, pp. 64.

Notice : *Bull. École française Extrême-Orient*, n° 2, Avril-Juin 1903, pp. 345-346. Par Cl. E. Maitre.

—— *Léon de Rosny. — Versions faciles et graduées en langue japonaise vulgaire, accompagnées d'un vocabulaire japonais-français de tous les mots renfermés dans le recueil. Seconde édition. Pet. in-8.

—— *Léon de Rosny. *Zitu-go-Kyau. Do-zi-Kyau.* L'enseignement de la vérité, ouvrage du philosophe Kôbaudaïsi, et l'enseignement de la jeunesse. Publiés avec une transcription européenne du texte original et traduits pour la première fois du japonais. In-8.

—— *Léon de Rosny. — Botanique de Nippon. Aperçu de quelques ouvrages japonais relatifs à l'étude des plantes, accompagnés de notices; traduit pour la première fois sur les textes originaux. In-4; 3 pl.

*
* *

—— Rapport d'un Chinois sur les îles Liéou-kiéou. (*Nouv. Ann. des Voyages*, 1857, IV, pp. 165-176.)

Traduit du *Zeitschrift Erdkunde* de Berlin.

—— Русско-Японскій Словарь, составленный І. Гошкевичемъ при пособіи японца Тацигана но Коосай. — Санктпетербургъ, 1857, in-4, pp. XVII-462 à 2 col. + 2 ff. n. ch.

—— Rapport sur le Dictionnaire japonais-russe de M. Gochkiévitch, par M. Léon de Rosny. (*Mél. Asiat. tirés du Bul. de l'Ac. Imp. des Sciences* de St-Pétersbourg, IV, 23 août-4 sept. 1861, pp. 593-602.)

—— Manuel de philosophie japonaise traduit pour la 1re fois en français, Par M. l'abbé Furet, Prêtre des Missions étrangères, avec des notes de MM. Bonnetty et Léon de Rosny. — Extrait des *Annales de Philosophie chrétienne*, t. XVII, p. 357 (4e série). — Versailles, Beau J[ne], 1858, in-8, pp. 15.

—— *Замѣтки Неймана о Японіи. (*Вѣстникъ И. Русск. Геогр. Общ.*, 1858, Ч. XXIII, No. 6, pp. 26-31.)

Mejov, 3232.

—— *Русское консульство въ Японіи. (*Сѣв Пчела*, 1858, No. 44.)

Mejov, 3186.

—— A. F. Pott. — Die Japanische Sprache in ihren Verhältnissen zu anderen Asiatinnen. (*Deutsche Morgen. Ges. Zeitschft*, V, 12, pp. 442-476, Leipzig, 1858.)

—— *Новѣйшія извѣстія о Японіи. (*Живоп. Русск. Библ.*, 1858, T. 3, Nos. 34 et 35.)

Mejov, 3233.

—— *Нѣкоторыя свѣдѣнія о Японіи. (*Журн. Общеполезн. Свѣд.*, 1858, Nos. 6 et 9.)

Mejov, 3234.

—— *Японія и Японцы. (*Живоп. Сборн.*, 1858, No. 8.)

Mejov, 3235.

—— *Японскій словарь. Н. Щукинъ. (*Сѣв. Пчела*, 1858, No. 35, pp. 261-263.)

Mejov, 3422.

—— Collection des Orchidées les plus remarquables de l'Archipel indien et du Japon par Ch. L. de Blume. — Ouvrage dédié à Sa Majesté Guillaume I roi de Wurtemberg. Amsterdam, chez J. C. A. Sulpke, 1858-1859, in-fol.

Le premier vol. que j'ai seul vu a paru en 6 cahiers formant 12 livraisons comprenant 190 pages et 66 planches en noir et en couleurs.

—— Lecture on Japan. By S. W. Williams, LL. D., U. S. A. Sec. of Legation, &c., &c. Delivered Tuesday evening, October

26th, 1858. (*Journ. N. C. B. R. As. Soc.*, No. II, May, 1859, pp. 180-210.)

—— On the Study of the Natural Sciences in Japan. By Thr. J. L. C. Pompe van Meerdervoort, M. D. Read before the Society, December 23d, 1858. (*Journ. N. C. B. R. As. Soc.*, No. II, May 1859, pp. 211-221.)

—— Notes of the mineral resources of Japan, &c. By Wm. H. Shock, Chief Engineer in the U. S. Navy. Read before the Society, Sept. 12th. 1858. (*Journ. N. C. B. R. As. Soc.*, II, No. 1, Sept. 1860, pp. 92-94.)

—— Das Reich Japan und seine Stellung in der westöstlichen Weltbewegung. — Von Karl Friedrich Neumann.

Pages 1-206 de: Historisches Taschenbuch. — Herausgegeben von Friedrich von Raumer. — Dritte Folge. Neunter Jahrgang. — Leipzig: F. A. Brockhaus, 1858, in-12.

—— Japan and her People. By Andrew Steinmetz, Esq. of the Middle Temple, Barrister-at-Law. — With Numerous Illustrations. — London: Routledge, Warnes, and Routledge, 1859, in-8, pp. XII + 2 ff. n. ch. tab. + pp. 447.

—— Remarks on Yezo and the temples of Hakodadi: By the Rev. S. Beal, of H. M. S. «Sybille». (*Trans. China Branch Royal Asiatic Society*, Pt. VI, 1859, Art. I, pp. 1-40.)

Read before the Society, 24th Sept., 1856.

—— *Японія. В. Криновскій. (*Русск. Газета*, 1859, No. 12.)

Mejov, 3189.

—— *Сближеніе промышленной Европы съ Японіею. С-ть Жерменъ Ледюкъ. (*Вѣстн. Промышленности*, 1859. T. II, No. 4, pp. 27-103.)

Mejov, 3188.

—— *Письмо съ фрегата «Аскольдъ». (Изъ Шанхая). (*Морской Сборникъ*, 1859, T. 39, No. 1, pp. 161-176.)

Mejov, 3187.

(Divers.)

Auguste Théodore Furet.

Missions étrangères de Paris, du diocèse du Mans.

—— Les îles Lou-tchou. [Un château-fort. — Le marché de Nafa.] Lettre à M. Léon de Rosny... Par le P. Furet. (*Rev. Or. et Am.*, T. II, 1859, pp. 109-115.)

Nafa, 25 juin 1858.

—— Lettres à M. Léon de Rosny sur l'Archipel japonais et la Tartarie orientale par le Père L. Furet... Paris, Just Rouvier [et] Dentu, MDCCCLVII, in-8, pp. 28, carte.

Bib. nat., O²o 28.

—— Lettres à M. Léon de Rosny sur l'Archipel Japonais et la Tartarie Orientale par le P. Furet Miss. Ap. au Japon... Précédé d'une introduction par E. Cortambert et suivi d'un traité de Philosophie japonaise et de plusieurs Vocabulaires. Paris, Maisonneuve, MDCCCLX, pet. in-12, pp. IV-120.

Introduction. — I. La grande île Lou-tchou. — II. Les Lettrés de Lou-tchou. — III. Une excursion à Lou-tchou. — IV. Le détroit de Mats-mayé. — V. La Baie du Barracouta. — VI. La Baie de Joncquières. — Appendice: Traité de philosophie Japonaise. — Philologie: Vocabulaire des habitants de la Baie de Joncquières. — Voc. aïno de Hakodadé. — Voc. de la tribu des Yak. — Voc. coréen de la Baie de Broughton. — Oraison dominicale en langue loutchouane.

—— Le même. Deuxième édition. Paris, Maisonneuve, MDCCCLXI, pet. in-12, pp. IV-120.

4 ex. sur pap. vélin et numérotés.

—— *Вѣроисповѣданіе и правосудіе въ Японія. (*Иллюстрація*, 1859, T. IV, No. 89.)

Mejov, 3106.

—— *Событія и достопамятности въ Японіи. Живоп. Русск. Библ., 1859, T. IV, No. 14, pp. 105-109.

Mejov, 3158.

Léon Pagès.

— Voir col. 243: Dictionnaire Japonais, 1868.

—— Le Japon et ses derniers traités avec les puissances européennes par Léon Pagès ancien attaché de légation en Chine. — Extrait du *Correspondant*. — Paris, Charles Douniol, 1859, in-8, pp. 35.

Bib. nat., O² o 64. — Avait paru dans le *Correspondant*, XLVI, 25 janvier 1859, pp. 28-60.

—— Histoire de la religion chrétienne au Japon depuis 1598 jusqu'à 1651 comprenant les faits relatifs aux deux cent cinq martyrs béatifiés le 7 Juillet 1867 par Léon Pagès. — Première partie *Texte*. — Paris Charles Douniol, libraire-éditeur Rue de Tournon, 29. — 1869, in-8, pp. 884.

Ce vol. composé de deux parties, le texte et les documents, publié à 12 francs, devait être le troisième de l'*Histoire générale du Japon*, en quatre volumes, par le même auteur. — La seconde partie était annoncée au faux-titre comme étant sous presse.

Notice par H. Wallon, dans le *Correspondant*, 25 janvier 1870, pp. 360-368.

—— Histoire de la religion chrétienne au Japon depuis 1598 jusqu'à 1651 comprenant les faits relatifs aux deux cent cinq martyrs béatifiés le 7 juillet 1867 par Léon Pagès. — Seconde partie *Annexes*. — Paris Charles Douniol, libraire-éditeur Rue de Tournon, 29. — 1870, in-8, pp. 464.

—— La persécution des Chrétiens au Japon et l'Ambassade japonaise en Europe par Léon Pagès. — Paris, typographie Georges Chamerot... 1873, in-8, pp. 64.

Bib. nat., O²o 193.

Sherard Osborn.

—— A Cruise in Japanese Waters by Captain Sherard Osborn, C. B. Royal Navy... — William Blackwood, Edinburgh and London, MDCCCLIX, in-8, pp. VI-210.

—— Quedah A Cruise in Japanese Waters The Fight of the Peiho by Captain Sherard Osborn, C. B. Royal Navy. New Edition. William Blackwood, Edinburgh and London, MDCCCLXV, in-8, pp. XVI-535, carte.

—— Japanese Fragments, with Facsimiles of Illustrations by Artists of Yedo. By Captain Sherard Osborn, C. B. Royal Navy. London: Bradbury and Evans, 1861, in-8 carré, pp. XII-139.

Bib. nat., O² o 32.

* * *

—— Memorandum on the Present State of some of the Magnetic Elements in China and places adjacent by Capt. C. F. A. Shadwell, C. B. — H. M. S. «Highflyer». Read before the Soc., Jan. 18th, 1859. (*Journ. N. C. B. R. As. S.*, Art. VII, No. II, May 1859, pp. 222-224.)

—— Thermometrical Observations taken during a passage from Nagasaki to Shanghai by Capt. J. Fedorovitch of the Russian Steam-ship «Strelok». (*Journ. North China Br. Roy. Asiat. Soc.*, 1859, Art. X, p. 247.)

—— Traktaat, br. in-8, pp. 23.

Signée à la fin : J. H. Donker Curtius. — Au bas de la p. 23 : Gedrukt, ter Drukkerij te Desima (Japan), 1859.

Texte en hollandais du traité signé entre le Roi de Hollande et le Taïcoun à Yedo le 18 août 1858.

—— *De Japansche tractaten met Nederland, Rusland, Engeland, de Vereenigde Staten en Frankrijk. in 1858 te Jedo gesloten. Fac-simile van den Japanschen tekst. 's Hage, 1862.

—— Weerkundige waarnemingen, gedaan op het eiland Desima in Japan, gedurende het jaar 1858; door Jonkhr. J. L. C. Pompe van Meerdervoort, Officier van gezondheid bij de Koninklijke Nederlandsche Zeemagt, waarnemend gouvernements geneesheer en ambtenaar voor de Natuurkundige onderzoekingen in Japan. — Japan, ter drukkerij te Desima, 1859, in-8, tit. + 26 ff. n. ch.

—— Culture et usage de l'oranger du Japon (*Citrus japonica*). Par M. le docteur Sacc... (*Bull. Soc. Zool. Acclim.*, VI, 1859, pp. 322-323.)

—— Note sur une nouvelle propriété du vernis du Japon, Par M. Hétet, Professeur à l'École de médecine navale de Toulon. (*Bull. Soc. Zool. Acclim.*, VI, 1859, pp. 425-431.)

—— Personal Narrative of a Voyage to Japan, Kamtschatka, Siberia, Tartary, and various parts of coast of China; in H. M. S. *Barracouta,* by J. M. Tronson, R. N., with Charts and Views. London, Smith Elder & Co., 1859, in-8.

—— A New Familiar Phrases of the English and Japanese Languages general use for the Merchant of the both countries, first parts. Nagasaky sixth year of Ansay, December 1859, in-8 oblong.

—— Two Journeys to Japan 1856-57 by Kinahan Cornwallis. London, T. C. Newby, 1859, 2 vol. in-12.

—— *Записки объ Японіи, веден. китайцемъ (Пингъ Сао). Участвов. въ Сѣверо-Америк. экспедиціи, въ 1852-1854 гг. (съ кратк. историч. очеркомъ попытокъ европейцевъ открыть сношенія съ Японскою имперіею. А. С.) Шехеразада, 1859, No. 3, pp. 84-96.

Mejov, 3236.

—— *Монетная система въ Японіи. (*Коммерч. Газета*, 1859, No. 176. *Тоже. Журн. Мин. Народ. Просв.*, 1859, Ч. 104, No. 12, pp. 172-174. — *Тоже. Журн. общеполезн. свѣдѣн.*, 1859, No. 12.)

Mejov, 3406.

—— *Извѣстія изъ Японіи. (Извлеченіе изъ письма лейт. Назимова.) (*Морск. Сборникъ*, 1859, T. 41, No. 5, pp. 49-63.)

Mejov, 3237.

—— *Изъ Японіи. А Корниловъ. (*Русск. Вѣстникъ*, 1859, T. XXII, No. 13. (Современ. Лѣтоп.), pp. 43-55.)

Mejov, 3238.

—— *Изъ Японіи, Д. Романовъ, (*Русск. Слово*, 1859, No. 11, pp. 221-257.)

Mejov, 3239.

(Divers.)

—— *Іеддо и его окрестности. (*Вѣстн. И. Русск. Геогр. Общ.*, 1859, T. XXV, No. 2, pp. 11-15.)

Mejov, 3240.

—— *Новѣйшія свѣдѣнія о Японіи и японцахъ. Статья Н. Щ. (*Сѣв. Пчела.* 1859, No. 125.)

Mejov, 3241.

—— *Нравы и обычаи японцевъ (съ англ. О. П.) Лучи. 1859, T. XIX, No. 2, pp. 122-127.)

Mejov, 3338.

—— Nouvelle Bibliothèque des Familles — L'Empire des Sources du Soleil ou le Japon ouvert. — Paris Ch. Meyrueis, 1860 [1859], in-12, pp. 277, 1 carte.

Bib. nat., O²o 30.

—— Историческій обзоръ сношеній образован. міра съ Японіею. А. Буйницкій. (*Морск. Сборникъ*, 1860, T. 48 et 49, Nos. 9 et 10, pp. 460-482, 57-87.)

Mejov, 3192.

—— *Извлеченіе изъ рапорта кап. 1-го р. Попова. (О плаваніи къ берегамъ Японіи.) (*Морск. Сборникъ*, 1860, T. 46, No. 4, pp. 532-560.)

Mejov, 3242.

—— *Извѣстія изъ Японіи. А. Корниловъ 2-й. (*Морской Сборникъ*, 1860, T. 46, No. 4, pp. 99-122.)

Mejov, 3243.

—— *Изъ Японіи. Статья Н. К. (*Морской Сборникъ*, 1860, T. 45, No. 1, pp. 13-26.)

Mejov, 3244.

—— *Фрегатъ «Аскольдъ» въ Японіи. Лейт. Литке. (*Морск. Сборникъ*, 1860, T. 49 et 50, Nos. 11-13, pp. 330-348, 146-162 et 387-413.)

Mejov, 3245.

—— *Хакодате. (Портъ въ Японіи). П. Назимовъ. (*Морск. Сборникъ*, 1860, T. 48, No. 9, pp. 140-151.)

Mejov, 3246.

(Divers.)

— * Японское посольство въ Соедин. Штатахъ въ 1860 г. Г. А. Матиль. (*Русск. Вѣстн.*, 1860, T. 29, No. 17, сент. кн. I-я. — *Современ. Лѣтоп.*, pp. 3-25.)

Mejov, 3190.

— *Обзоръ сношеній Россіи съ Японіей. (*Русск. Художс. Листокъ*, 1860, No. 5.)

Mejov, 3191.

— Dissection of a Japanese Criminal. By Dr. J. L. C. Pompe Van Meerdervoort. Read before the Society, December 27th, 1859, pp. 85-91. (*Journ. N. C. B. R. As. Soc.*, II, No. 1, Sept. 1860.)

*
* *

— Des Armoiries japonaises. Par Y. (*Rev. Or. et Am.*, T. III, 1860, pp. 422-423, 1 pl.)

Voir sur cette question, les deux ouvrages suivants :

— Ancien Japon par G. Appert Professeur à la Faculté de droit de Tōkio avec la collaboration de Mr H. Kinoshita Bibliothécaire en chef de l'Université Impériale du Japon. — Tōkio 1888, in-16, pp. II-252 + 1 f. n. ch.

Carte du Japon à l'époque de la féodalité — Marques des peintres.

On trouvera les Armoiries des Daimyōs, pp. 91-131, et la table des Mon, pages 133-139.

— Coffre à trésor attribué au Shôgoun Iyé-yoshi (1838-1853). Étude héraldique et historique par L. de Milloué & S. Kawamoura. Paris, Ernest Leroux, 1896, in-8, pp. xxv-225.

Forme le tome III de la *Bibliothèque d'Études* des *Annales du Musée Guimet*.

*
* *

— The Gage of the two Civilizations: Shall Christendom waver? Being an Inquiry into the Causes of the Rupture of the English and French Treaties of Tien-tsin : and comprising a general Review of our Relations with China : with Notices of Japan, Siam, and Cochin-China. Supplemental of the «Rationale of the China Question» and the «Memorable Year». Printed, not Published, at Macao, 1860, in-4, pp. 325, sans la Préface et l'Appendice qui contient le texte anglais du traité de Tien-tsin, etc.

— Resultate meteorologischer Beobachtungen auf den Lu-Tschu-Inseln vom Pater Furet, apostolischem Missionar. (*Repert. f. Meteor.*, I, Dorpat, 1860, pp. 153-154.)

— A Cruise in the U. S. Steam Frigate *Mississipi*, Wm. C. Nicholson, Captain, to China and Japan from July, 1857, to February, 1860. — By William F. Gragg. — Boston : Damrell & Moore, 1860, in-8, pp. 76.

— Rapport sur les études et recherches à faire en Chine et au Japon dans l'ordre des travaux de la Société impériale zoologique d'Acclimatation... Joseph Michon, rapporteur. (*Bull. Soc. Zool. Acclim.*, VII, 1860, pp. 113-121; *ibid.*, pp. 173-179; *ibid.*, pp. 240-254.)

Tirage à part, Paris, 1860, br. in-8, pp. 31.

— Note sur la renouée de Siebold (*Polygonum Sieboldii*). Par M. Belhomme, Conservateur du Jardin des Plantes, à Metz. (*Bull. Soc. Zool. Acclim.*, VII, 1860, pp. 405-406.)

— An Act to amend an Act; entitled «An Act to carry into effect provisions of the Treaties between the United States, China, Japan, Siam, Persia, and other Countries, giving certain judicial power to Ministers and Consuls and other Functionaries of the United States in those Countries, and for other purposes», approved June twenty-second, eighteen hundred and sixty.

Approved, July 1st, 1870.

Texte imprimé dans *The Shanghai News Letter*, Dec. 13, 1870.

Lord Elgin.

Laurence Oliphant.

— Narrative of the Earl of Elgin's Mission to China and Japan in the years 1857, '58,

'59. By Laurence Oliphant, Private Secretary to Lord Elgin. William Blackwood, Edinburgh & London, MDCCCLIX, 2 vol. in-8, pp. XIII-492, IX-496, grav., cartes.

Notices : *Edinburgh Review*, CXI, 96, Jan. 1860; cet art. est reproduit dans l'*Eclectic Mag.*, XLIX, 439. — *Bentley*, XLVII, 136. — *Blackwood's Mag.*, LXXXVII, 255.

—— Narrative of the Earl of Elgin's Mission to China and Japan in the years 1857, '58, '59. By Laurence Oliphant, Esquire, Private Secretary to Lord Elgin. New York, Harper & Brothers, 1860, in-8, pp. XVI-645. Pub. à dollars 3.50.

—— La Chine et le Japon, Mission du Comte d'Elgin pendant les années 1857, 1858 et 1859, racontée par Laurence Oliphant. Traduction nouvelle. Précédée d'une introduction par M. Guizot. Paris, 1860, 2 vol. in-8.

—— La Chine racontée par Laurence Oliphant. Traduction nouvelle — Précédée d'une introduction par M. Guizot. Nouvelle édition illustrée par les principaux artistes. Paris, Michel Lévy frères, 1875, grand in-8, pp. 403.

—— De Zending van Graaf van Elgin naar China en Japan in 1857, 1858, 1859, beschreven door Laurence Oliphant, Bijzonder secretaris van Lord Elgin. . . vertaald door Mr. J. van der Leeuw, Naar de tweede Engelsche uitgave. Utrecht, Nolet & Zoon, s. d., 2 vol. in-8, pp. XII-382 + 3 ff. n. ch. p. la tab. — 361.

—— * Le même : Reis door China en Japan. Bijdrajen tot de kennis van den aard, de zeden, gewoonten en gebruiken dezer landen. Uit het Eng. vertaald door Mr. J. van der Leeuw. 2 deelen. Amsterdam, K. H. Schadd, 1865, gr. in-8.

—— La Cina e il Giappone. Missione di Lord Elgin negli anni 1857, 1858 e 1859 raccontata in inglese da Lorenzo Oliphant. Milano, Corona e Caimi, editori, 1868, 2 vol. in-16, pp. 307, 441.

Forme les vol. 40 et 41 de la série *Collana di Storie e Memorie contemporanee diretta da Cesare Cantù*.

Laurence Oliphant, fils de Sir Anthony Oliphant, C. B., pendant longtemps Chief Justice de Ceylan, né en 1829 dans cette île; † 23 déc. 1888, à York House, Twickenham, chez Sir Mountstuart Grant-Duff; enterré le 27 déc. 1888, à Twickenham New Cemetery.

Notice : *Lond. & China Express*, Déc. 28, 1888.

— Charles Lavollée. — Une mission diplomatique en Chine et au Japon (*Narrative of Earl of Elgin's Mission to China and Japan*, par Laurence Oliphant, traduction française avec une Introduction de M. Guizot). (*Revue des Deux Mondes*, 1er Décembre 1860.)

—. Elgin's Mission to Japan. (*Bentley's Miscellany*, XLVII, 136. — (A. H. Guernsey) *Harper's Mag.*, XXI, 311. — *Dublin Review*, XLVIII, 401. — *Dublin University Mag.*, LV, 425. — *Edinburgh Rev.*, CXI, 96. — *Littell's Living Age*, LIX, 893.

—— Visit to the Island of Tsusima, near Japan. By Laurence Oliphant, Esq., F. R. G. S. (*Proc. Roy. Geog. Soc.*, VII, 1862-1863, pp. 61-64.)

—— Letters and Journals of James, Eighth Earl of Elgin, Governor of Jamaica, Governor-General of Canada, Envoy to China, Vice-roy of India edited by Theodore Walrond, C. B., with a Preface by Arthur Penrhyn Stanley, D. D. Dean of Westminster. — Second Edition. — London, John Murray, 1873, in-8, pp. XII-467.

James, 8e Comte d'Elgin et 12e Comte de Kincardine, né à Londres, le 20 juillet 1811. — Membre du Parlement pour Southampton, 1841. — Gouverneur de la Jamaïque, Mars 1842. — Gouverneur général du Canada, 1846. — Première Mission en Chine, 1857. — Postmaster general, 1859. — Seconde Mission en Chine, 1860. — Vice-Roi des Indes, 1861. — Mort le 20 Nov. 1863.

—— * The Earl of Elgin. By George M. Wrong, M. A. With nineteen Illustrations and a Map. London, Methuen, 1905, in-8.

Notice : *The Times Weekly Ed. Lit. Sup.*, June 16, 1905.

Baron Gros.

—— Yeddo, Capitale du Japon. (*Nouv. Ann. des Voy.*, 1859, I, pp. 223-226.)

Ext. de la correspondance d'un des membres de l'ambassade française au Japon.

—— Souvenirs d'une Ambassade en Chine et au Japon en 1857 et 1858 par le Mis de Moges. Paris, Hachette, 1860, in-12, pp. 350.

— Voyage en Chine et au Japon, 1857-1858. Texte par M. de Moges. Dessins d'après M. de Trévise. (*Tour du Monde*, 1860, I, pp. 129-176.)

—— Recollections of Baron Gros's Embassy to China and Japan in 1857-58. By The Marquis de Moges, attaché to the Mission. [Authorized translation.] With coloured illustrations. London and Glasgow : Richard Griffin & Co., 1860, in-8, pp. VIII-368.

— Recollections of Baron Gros's Embassy to China and Japan in 1857-58. By The Marquis de Moges, attaché to the Mission. [Authorized translation.] 2nd edition. London, Griffin, Bohn & Co., 1861, in-8.

—— Notes sur le Japon, la Chine et l'Inde, Par M. le B^on^ Ch. de Chassiron. — 1858. — 1859. — 1860. Paris, E. Dentu [et] Ch. Reinwald, 1861, in-8, pp. xj-356 + 2 ff. n. ch. pour la tab. et les er.

— Ch. de Chassiron on Japan in 1858-1860. (*Colburn's New Monthly Mag.*, CXXV, 200.)

—— L'expédition en Chine et au Japon du Baron Gros et de Lord Elgin 1857-1858. (L. de Rosny, *Variétés orientales*, 1868, pp. 133-141.)

—— L'Expédition de Chine de 1857-58 — Histoire diplomatique Notes et Documents par Henri Cordier... — Paris, Félix Alcan, 1905, in-8, pp. 478.

Notices : *Lond & China Express*, Nov. 11, 1904. — *Bul. Soc. Géog. Lyon*, XX, 1905, pp. 95-96, par M. Z. [immermann.]

— L'Expédition de Chine en 1857 et 1858. Par R. (*Rev. d'Hist. diplom.*, XIX, 1, 1905, pp. 96-112.)

Par le Marquis de Courcy. — A propos du livre de H. Cordier.

—— Le premier traité de la France avec le Japon (Yedo, 9 octobre 1858) par Henri Cordier. (*T'oung Pao*, Mai 1912, pp. 205-290.)

Tirage à part, in-8, pp. 88, 25 ex. papier ordinaire; 100 ex. papier Van Gelder.

Arthur Adams.

—— On some new genera and species of Mollusca from Japan. (*Annals of Natural History*, V, 1860, pp. 299-303, 331-337, 405-422.)

—— Mollusca Japonica : new species of Chrysallida and Parthenia. (*Ibid.*, pp. 477-479.)

—— Mollusca Japonica : new species of Odostomia. (*Ibid.*, VI, 1860, pp. 20-22.)

—— Mollusca Japonica : new species of Aclis, Ebala, Dunkeria, &c. (*Ibid.*, VI, 1860, pp. 118-121.)

—— Note on the Fox of Japan. (*Zool. Soc. Proc.*, pt. XXVIII, 1860, p. 195.)

—— On some additional new species of Pyramidellidae from the islands of Japan. (*Annals Natural History*, VII, 1861, pp. 41-47.)

—— On some new species of Eulima, Leiostraca, and Cerithiopsis from Japan. (*Ibid.*, pp. 125-131.)

—— Notice of a new species of Damaster from Japan. (*Ibid.*, VIII, 1861, p. 59.)

—— On some new species of Mollusca from the north of China and Japan. (*Ibid.*, VIII, 1861, pp. 135-142, 239-246, 299-309.)

—— On the Scalidae or « Wentletraps » of the Sea of Japan; with descriptions of some new species. (*Ibid.*, pp. 479-484.)

—— On some new species of Cylichnidae, Bullidae, and Philinidae, from the seas of China and Japan. (*Ibid.*, IX, 1862, pp. 150-161.)

—— On some new species of Acephalous Mollusca from the Sea of Japan. (*Ibid.*, pp. 223-230.)

—— On some new species of Mollusca from Japan. (*Ibid.*, pp. 295-298.)

—— Note on the Molluscan Fauna of Japan. (*Ibid.*, pp. 298-299.)

—— On some new species of Scissurellidae from the Seas of China and Japan. (*Ibid.*, X, 1862, pp. 346-348.)

—— On the animal and affinities of Scaliola, a genus of Mollusca from Japan. (*Ibid.*, pp. 420-421.)

—— Among the Ainos. (Newman, *Zoologist*, XX, 1862, pp. 8230-8233.)

— On the species of Obeliscinae found in Japan. (*Zool. Soc. Proc.*, 1862, pp. 231-238.)

— On the species of Muricinae found in Japan. (*Ibid.*, pp. 370-376.)

— On the genera and species of recent Brachiopods found in the seas of Japan. (*Ann. Nat. Hist.*, XI, 1863, pp. 98-101.)

— On the Japanese species of Siphonalia, a proposed new genus of Gasteropodous Mollusca. (*Ibid.*, pp. 202-206.)

— On some new genera and species of Umboniidae from the seas of Japan. (*Ibid.*, pp. 264-268.)

— On Microstelma and Onoba, two forms of Rissoid Gasteropods, with notices of new species of the latter from Japan. (*Ibid.*, pp. 347-349.)

— On a new genus of terrestrial Mollusks from Japan. (*Ibid.*, XII, 1863, pp. 424-425.)

— On the genera and species of Liotiinae found in Japan. (*Zool. Soc. Proc.*, 1863, pp. 71-76.)

— On the genera and species of Fossaridae found in Japan. (*Ibid.*, pp. 110-113.)

— On the species of Pyramidellinae found in Japan. [1862]. (*Linnean Soc. Journ.*, VII, 1864, [*Zool.*], pp. 1-6.)

— On the Japanese Species of Leiostraca. (*Ibid.*, pp. 84-96.)

— On the species of Fusidae, which inhabit the seas of Japan. (*Ibid.*, pp. 105-108.)

— On the animal and affinities of Fenella; with a list of the species found in the seas of Japan. (*Ann. Mag. Nat. Hist.*, XIII, 1864, pp. 39-41.)

— Notes on some molluscous animals from the seas of China and Japan. (*Ibid.*, pp. 140-144.)

— On the species of Neaera found in the seas of Japan. (*Ibid.*, pp. 206-209.)

(Arthur Adams.)

— On some new genera and species of Mollusca from the seas of China and Japan. (*Ibid.*, pp. 307-310.)

— On some new genera of Mollusca from the seas of Japan : Mitromorpha, Cytharopsis, Crossea, Laona. (*Ibid.*, XV, 1865, pp. 322-324.)

— Descriptions of new species of Shells from Japan. (*Zool. Soc. Proc.*, 1867, pp. 309-315.)

— On the species of Helicidae found in Japan. (*Ann. Mag. Nat. Hist.*, I, 1868, pp. 459-472.)

— On the species of Caecidae, Corbulidae, Volutidae, Cancellariidae, and Patellidae, found in Japan. (*Ibid.*, II, 1868, pp. 363-371.)

— Note sur quelques nouveaux genres de Mollusques du Japon. (*Journ. de Conchyl.*, XVI, 1868, pp. 40-56.)

— On the species of Veneridae found in Japan. (*Ann. Mag. Nat. Hist.*, III, 1869, pp. 229-236.)

— On some species of proboscidiferous Gasteropods, which inhabit the seas of Japan. (*Ibid.*, V, 1870, pp. 418-430.)

— Travels of a Naturalist in Japan and Manchuria. By Arthur Adams, F. L. S. Staff-Surgeon, R. N. London : Hurst and Blackett, 1870, in-8, pp. x-334.

Notice : *Nature*, II, 1870, p. 353.

* * *

— * Uittreksel uit het Dagboek van W. J. C. Ridder Huijssen van Kattendijke gedurende zijn verblijf in Japan in 1857, 1858 en 1859. 's Gravenhage, W. P. van Stockum, 1860, in-8, pp. 246.

— Familiar Phrases in English and Romanized Japanese. — By the Rev. J. Liggins. — Shanghae : London Mission Press, 1860, in-8, pp. II + 1 f. n. ch. + pp. 53 à 2 col.

— * Торговля съ Японiею. (*Коммер. Газета*, 1860, 59, 60 et 155.)

Mejov, 3385.

(Arthur Adams.)

—— *Виды русскихъ на Амуръ и на торговлю съ Японіею въ XVIII и 1-й половинѣ XIX ст. А. Сибневъ. (*Амуръ*, 1860, Nos. 35, 36, 38-43 et 45-47.)

Mejov, 3382.

—— * Comte de Lynden. — Souvenir du Japon; vues d'après nature avec texte. Planches chromolithographiques exécutées à la lithographie royale de C. W. Mieling. Livr. I-X. La Haye, 1860.

—— * Изъ воспоминаній о Японіи. Лейт. П. Н. Назимовъ. (*Морск. Сборникъ*, 1861, T. 55, No. 10, pp. 328-347.)

Mejov, 3247.

—— China and Japan: being a Narrative of the Cruise of the U. S. Steam-Frigate *Powhatan*, in the years 1857, '58, '59, and '60. Including an Account of the Japanese Embassy to the United States. Illustrated with Life Portraits of the Embassadors and their Principal Officials. By Lieut. James D. Johnston, U. S. N., of Kentucky, late Executive Officer of the *Powhatan*. — Philadelphia: Charles Desilver, 1861, pet. in-8, pp. 448.

—— A Manual of Chinese Running-Hand-writing, especially as it is used in Japan, compiled from Original Sources by R. J. de St. Aulaire and W. P. Groeneveldt — Printed for the Authors. — Sold by G. M. van Gelder, Amsterdam, 1861, in-4, pp. IV-113-60.

—— Japan, the Amoor, and the Pacific; with Notices of other Places comprised in a Voyage of Circumnavigation in the Imperial Russian Corvette «Rynda», in 1858-1860. By Henry Arthur Tilley. With eight illustrations. London: Smith, Elder and Co., M.DCCC.LXI, in-8, pp. XII-405.

Bib. nat., O²o 31.

—— Ten Weeks in Japan by George Smith, D. D. Bishop of Victoria (Hongkong). London, Longman, 1861, in-8, pp. XV-459, front., carte et ill.

École des Langues orientales. — Bib. nat., O²o 33.

(Divers.)

—— British Legations. A Letter to the Editor of the *Morning Herald*, concerning the late aggression on the British Embassy in Japan. By a British Subject travelling with Her Majesty's Passport. — S. l. n. d., in-8, pp. 13.

Lettre datée : Tegernsee, near Munich, oct. 8, 1861. — A la fin, verso de la dernière page : Dresden, C. C. Meinhold and Sons.

By James Henry.

L'auteur a réuni un certain nombre de ses travaux en un recueil portant le titre : James Henry. Miscellanies. — Presented by the Author, Dalkey Lodge, Dalkey, Ireland. — Un ex. se trouve à la Bibliothèque de l'Institut.

—— Die evangelische Mission in China und Japan von Dr. G. E. Burkhardt, Archidiak. in Delitzch. — Bielefeld. Verlag von Velhagen und Klasing, 1861, in-8, 1 f. n. ch. + pp. 212.

Japan, pages 182-212.

R. Lindau.

—— Description de Yédo. Lettre d'un voyageur. Par Rodolphe Lindau. Publié par M. Barthélemy St. Hilaire. (*Rev. or. et am.*, V, 1861, pp. 5-13.)

—— Notes on the City of Yedo, the Capital of Japan, By Rudolph Lindau, Esq. (*Journ. N. C. B. R. As. Soc.*, N. S., No. 1, Dec., 1864, pp. 129-141.)

—— Rodolphe Lindau. — Le Japon depuis l'ouverture de ses ports. — Le Gouvernement de Yédo, les princes japonais et les Européens au Japon. (*Revue des Deux Mondes*, 1863, 1er Mai, pp. 73-103.)

—— Rodolphe Lindau. — Un Voyage autour du Japon. — Souvenirs et Récits. — I. Nagasaki, les quartiers francs et la ville japonaise. (*Revue des Deux Mondes*, 1863, 1er juillet, pp. 155-186.) — II. Les Ports de l'ouest et du nord. — La baie de Yédo. (*Ibid.*, 1er août, pp. 597-626.)

—— Un Voyage autour du Japon par Rodolphe Lindau. — Paris, L. Hachette, 1864, in-12, pp. 315.

Bib. nat., O²o 39.

(Divers. — R. Lindau.)

—— Aus China und Japan — Reise-Erinnerungen von Rudolf Lindau. Berlin, F. Fontane, 1896, pet. in-8, pp. VIII-405.

—— *Напрасные труды. Воспоминаніе изъ жизни въ Японіи. Р. Линдау. (*Николаев. Вѣстникъ*, 1872, Nos. 53-63.)

Mejov, 3278.

* * *

—— A Residence at Nagasaki and Hakodate in 1859-60 with an Account of Japan generally by C. Pemberton Hodgson, late H. B. M. Consul at these ports with a Series of Letters on Japan by his Wife. London, R. Bentley, 1861, pet. in-8.

A la fin du vol. pp. 327-350 il y a un *Catalogue of Japan Plants, systematically arranged, communicated* by Sir William Hooker.

—— Account of Four Excursions in the Japanese island of Yesso. By Pemberton Hodgson, H. M's Consul at Hakodadi. (*Proc. Roy. Geog. Soc.*, V, 1861, pp. 113-118.)

—— * J. B. J. Doren. — De openstelling van Japan voor de vreemde natiën in 1856. Volgens zoowel uitgegevene als niet uitgegevene bronnen. Amsterdam, 1861.

—— *Монетная система въ Японіи. Статья Б. В. (*Амуръ*, 1861, No. 25. Тоже Бирж. Вѣдомости, 1861, No. 45.)

Mejov, 3407.

Rutherford Alcock.

—— Journey from Jeddo into the Interior of the Island of Nipon, with Ascent of the Volcano of Fusiyama. By Rutherford Alcock, Esq., H. M. Minister in Japan. Communicated through Sir R. I. Murchison. (*Proc. Roy. Geog. Soc.*, V, 1861, pp. 132-135.)

— Narrative of a Journey through the Interior of Japan from Nagasaki to Yeddo. By Sir Rutherford Alcock, K. C. B., F. R. G. S., Ext. Min. Plen. and Consul-Gen. in Japan. (*Proc. Roy. Geog. Soc.*, VI, 1862, pp. 196-197.)

—— Extracts from Narrative of a Journey through the Interior of Japan from Nagasaki to Yeddo, in 1861. By Rutherford Alcock, F. R. G. S., Min. Plen. and Consul-General in Japan. (*Proc. Roy. Geog. Soc.*, 1862, VI, pp. 200-206.)

—— Elements of Japanese Grammar, for the use of Beginners, by Rutherford Alcock, Esq. H. B. M.'s Envoy Extraordinary and Minister Plenipotentiary in Japan. — Shanghai : 1861, in-4, 2 ff. prél. n. ch. tit. et préf. + pp. 67, 2 feuilles de caractères intercalées.

Bib. nat., X 4.642.

—— International Exhibition, 1862. — Catalogue of Works of industry and art, sent from Japan. By Rutherford Alcock, Esq., C. B. Her Majesty's Envoy Extraordinary and Minister Plenipotentiary at the Court of the Tycoon. London : William Clowes and sons, br. in-8, pp. 12.

—— The Capital of the Tycoon : a Narrative of a Three Years' Residence in Japan. By Sir Rutherford Alcock, K. C. B. Her Majesty's Envoy Extraordinary and Minister Plenipotentiary in Japan. — With Maps and numerous Illustrations in Chromolithography and on Wood. In two volumes. — London : Longman, 1863, 2 vol. in-8, pp. XXXI-469, X-539.

École des Langues Orientales. — Bib. nat., O² o 37.

Notices : *Edinb. Rev.*, April 1863, pp. 517-540. — *Nouv. Annales des Voyages*, 1863, IV, pp. 94-122, par Adolphe de Circourt. — Alcock's Narrative. (A. H. Guernesey) *Harper's Mag.*, XXVII, 721; XXVIII, 18, 167.

—— *Замѣтки объ японцахъ. Сѣв. Пчела, 1864, No. 3, p. 9. (Изъ сочин. Рутерфорта Алькока : «Столица Тайкуна».)

Mejov, 3340.

—— Familiar Dialogues in Japanese with English and French Translations for the use of Students. Paris, Benjamin Duprat [and] London, Trübner, 1863, in-8, pp. VII-40.

Préf. signée : Rutherford Alcock, London, May 8th, 1863.

Paris. — Printed by W. Remquet, Goupy and Co., rue Garancière, 5.

—— Art and Art Industries in Japan by Sir Rutherford Alcock, K. C. B., D. C. L. President of the Royal Geographical

Society, Author of «the Capital of the Tycoon», etc., etc. With numerous illustrations. London, Virtue and Co., 1878, in-8, pp. VII-292.

Expédition allemande (1859-1862).

— Ost-Asien 1860-1862 in Briefen des Grafen Fritz zu Eulenburg, Königlich Preussischen Gesandten, betraut mit ausserordentlicher Mission nach China, Japan und Siam. Herausgegeben von Graf Philipp zu Eulenburg-Hertefeld, Kaiserlich Deutschem Botschafter. Mit einem Bildnisse in Lichtdruck und einem Facsimile der Handschrift. Berlin 1900 Ernst Siegfried Mittler und Sohn, gr. in-8, pp. XXV-428.

Frédéric Albert, Comte d'Eulenbourg, né à Königsberg le 29 juin 1815; † 2 juin 1881 à Schöneberg, près Berlin.

Notices : *Deutsche Rundschau*, Aug. 1900, pp. 314-316, par L. B. — *T'oung Pao*, Oct. 1900, pp. 374-381, par Henri Cordier. — *Deutsche Kolonialzeitung*, 22. Feb. 1900, p. 84, par le prof. Dr. A. Kirchhoff.

— *China. Die Expedition des Preussischen Geschwaders in den Ost-Asiatischen Gewässern. (*Illustrirte Zeitung*, 16 & 23 Nov. 1861.)

— Japan und China. — Reiseskizzen entworfen während der Preussischen Expedition nach Ost-Asien von dem Mitgliede derselben Dr. Hermann Maron. — Berlin, 1863, Otto Janke, 2 vol. pet. in-8, pp. 273, 252 + 1 f. n. ch. tab.

Bib. nat., O²o 38.

Notice : *Quart. Rev.*, Vol. CXIV, 1863, p. 449.

— Die Preussische Expedition nach China, Japan und Siam in den Jahren 1860, 1861 und 1862. Reisebriefe von Reinhold Werner, Lieutenant zur See I. Klasse. Mit sieben Abbildungen in Holzschnitt und einer lithographirten Karte. Leipzig : F. A. Brockhaus, 1863, 2 vol. in-8.

Le même : 2ᵉ éd., Leipzig : F. A. Brockhaus, 1873, in-8.

— Beiträge zur Kenntniss des Klimas und der Krankheiten Ost-Asiens, gesammelt auf der Preuss. Expedition in den Jahren 1860, 1861 und 1862 von C. Friedel, D. M., Assistenz-Arzt in der Königlich Preussischen Marine. Berlin, 1863, Georg Reimer, in-8, pp. 183 + 2 ff. prél. pour le tit. et la préf.

— Die Preussische Expedition nach Ostasien in den Jahren 1859-1862. Reisebilder aus Japan, China und Siam. Aus dem Tagebuche von J. Kreyher, ehemal. Schiffsprediger an Bord S. M. S. «Arcona». Hamburg, Agentur des Rauhen Hauses, s. d. [1863], pet. in-8, pp. XVI-428.

— Die Preussische Expedition nach Ostasien während der Jahre 1860-1862. Reise-Skizzen aus Japan, China, Siam und der indischen Inselwelt von Gustav Spiess, K. S. Kommissär an Bord Sr. preuss. Majestät Schraubenkorvette «Arcona». Mit 8 Tonbildern, mehreren Porträt-Tableau's, sowie zahlreichen in den Text gedruckten Illustrationen. Verlag Otto Spamer. Berlin [und] Leipzig, 1864, gr. in-8, pp. X-428.

— Literatur über die Preussische Expedition nach Ost-Asien. (*Petermann's Mitth.*, 1864, III, pp. 113-114.)

— Eine Weltreise um die nördliche Hemisphäre in Verbindung mit der Ostasiatischen Expedition in den Jahren 1860 und 1861. Von Wilhelm Heine. — Leipzig : F. A. Brockhaus. — 1864, 2 vol. in-8, pp. XIV-288, VIII-305.

— Die Preussische Expedition nach Ost-Asien. Nach amtlichen Quellen. Erster Band. Mit XII Illustrationen und II Karten. Berlin, MDCCCLXIV. Verlag der königlichen geheimen Ober-Hofbuchdruckerei (R. v. Decker), in-8.

Zweiter Bd., mit XII Illust., 1866. — III. Bd., mit 1 Karte, 1873. — IV. Bd., mit XXIV Illust. und 1 Karte.

— Die Preussische Expedition... Zoologischer Theil bearbeitet von Prof. Dr. E. v. Martens.

I. Bd. — I. Heft. Berlin, MDCCCLXV.

I. Bd. — II. Heft. Berlin, MDCCCLXVI.

II. Bd. — Die Landschnecken. Mit XXII Ill. Bearbeitet von Dr. Eduard v. Martens. Berlin, MDCCCLXVII.

— Die Preussische Expedition... Botanischer Theil. Die Tange. Mit VIII Illustrationen. Bearbeitet von Georg v. Martens. Berlin, MDCCCLXVI.

—— Die Preussische Expedition nach Ost-Asien. Ansichten aus Japan, China und Siam. Berlin, MDCCCLXIV. Verlag der königlichen geheimen Ober-Hofbuchdruckerei. (R. v. Decker.) Grand Album in-plano, avec un texte explicatif des Pl. en allemand, français et anglais.

La publication de cet album a été faite en 8 livraisons de 1864 à 1872.

—— Aus vier Welttheilen. Ein Reise-Tagebuch in Briefen von Max Wichura, Botanisches Mitglied der Preussischen Expedition nach Ost-Asien. Mit dem Portrait des Verfassers. Breslau, 1868. Verlag von E. Morgenstern, in-8, pp. VII-456.

British Museum, 10027. bb.

*
* *

—— *Открытіе памятника мичману Мофету въ Японіи. Свѣнторжецкій. (*Кроншт. Вѣстникъ*, 1861, No. 36.)

Mejov, 3159.

—— H. de Charencey. — De la poésie populaire chez les Aïno. (*Revue Orient. et Amér.*, VII, 1862, p. 196.)

—— Niphon and Pe-che-li; or, two years in Japan and Northern China. By Edward Barrington de Fonblanque. London : Saunders, Otley & Co., 1862, in-8, pp. 287.

Quarterly Review, CXIV, 1863, p. 449.

—— Beschreibung der Scheide-Münzen von China, Japan, Nord- und Süd-Annam. — Abgedruckt aus dem 14. Hefte der Beschreibung der bekanntesten Kupfermünzen von Josef Neumann..... Mit 18 Tafeln. Prag..... 1862, br. in-8, pp. 32 et 18 pl.

—— Documents sur les Tremblements de terre et les phénomènes volcaniques au Japon Par M. Alexis Perrey. (Mémoire présenté à l'Académie impériale des Sciences, Belles-Lettres et Arts de Lyon), in-8, pp. 110.

Dijon, le 12 octobre 1862.

—— The Kagosima Affair. A Chapter of Japanese History. By E. H. House. [Tokio, April 1875], in-4, pp. 36.

Richardson, 1862.

—— Vocabulaire français-japonais par M. Grégoire Soutvocoy, Lieutenant de la Marine impériale russe. Paris, Imprimerie Impériale. — M. DCCC. LXII, in-8, pp. 88.

—— Christian Missions : Their Agents, their Method, and their Results; by T. W. M. Marshall. London & Brussels, 1862, 3 vol. in-8.

—— Christian Missions : their Agents, and their Results. By T. W. M. Marshall. Second edition. London : Longman, Green, etc., 1863, 2 vol. in-8, pp. 644, 479-XXXVI.

—— Les Missions Chrétiennes par T. W. M. Marshall Chevalier de l'ordre de Saint-Grégoire-le-Grand. Ouvrage traduit de l'anglais avec l'autorisation de l'auteur, augmenté et annoté par Louis de Waziers. Paris, Ambroise Bray, 1865, 2 vol. in-8.

—— Charles de Labarthe. — Catalogue des palais des souverains pontifes japonais. (*Revue Orient. et Amér.*, VIII, 1862, p. 65 [ou 405].)

—— La première ambassade japonaise en Europe [1862]. (*Revue Orientale et Amér.*, VIII, 1862, p. 13 [ou 353].)

—— Notes sur une nouvelle race de ver à soie dite *Ya-ma-maï* (littéralement ver des montagnes), ou ver à soie du chêne du Japon, Par M. G. Eug. Simon. (*Bull. Soc. Zool. Acclim.*, IX, 1862, pp. 574-579.)

—— Sur un envoi d'animaux et de végétaux du Japon. Lettre adressée à M. le Secrétaire Général....Par M. Eugène Simon, (*Bull. Soc. Zool. Acclim.*, IX, 1862, pp. 594-602; *ibid.*, pp. 689-693.)

—— Sur le *Sericaria Mori* (Ver à soie), ses maladies, et sur les espèces succédanées, Par M. Maurice Girard... (*Bul. Soc. Zool.*

Acclim., IX, 1862, pp. 903-910, 1050-1157.)

—— Наши сношенія съ Японцами. (*Съв. Почта*, 1862, No. 184.)

Mejov, 3193.

—— *Naamlijst der leden van het Japansch Gezantschap, dat in Junij 1862. Nederland bezocht heeft, alsmede eene opgave van de namen der leden van de commissie van ontvangst.

—— *Plegtstatig gehoor door Zijne Majesteit Willem III op Dingsdag 1 Julij 1862 verleend aan Hunne Excellentien de gezanten van den Taikoen van Japan.

—— *Замѣтки о Японіи. Промышленность. 1862, T. VII, кн. 17, pp. 913-916.

Mejov, 3249.

—— *Очеркъ современ. Японіи. (*Амуръ*, 1862, No. 39.)

Mejov, 3250.

—— *Японія и японцы. Природа и землевѣдѣніе. 1862, T. I, Nos. 11 et 12.

Mejov, 3252.

—— *Японцы. Вокругъ свѣта. 1862, T. II, No. 10, pp. 342-345.

Mejov, 3253.

—— *Японцы. (*Иллюстрація*, 1862, T. X, No. 246.)

Mejov, 3254.

—— *Введеніе въ Японію мѣръ, вѣсовъ и монетъ и сравненіе ихъ съ русскими. И. В. Маховъ. (*Извѣст. Имп. Археолог. Общ.*, 1862. T. IV, вып. 3, pp. 206-216. – Отд. отт. Спб. 1862, in-8, pp. 17.)

Mejov, 3408.

—— *Исторія торговли европейцевъ въ Японіи. Промышленность. 1862, T. VII, кн. 15-17.

Mejov, 3386.

—— *Промышленность и торговля въ Японіи. (*Съв. Почта*, 1862, Nos. 146 et 149.)

Mejov, 3387.

—— *Cosas particulares notadas en los japones, opuestas totalmente á las de España, referidas por el P. Diego de Bobadilla, procurador general de Filipinas. (*Memorial historico español*, Madrid, 1862, XVI, p. 275.)

Diego de Bobadilla, né à Madrid, le 19 sept. 1590; † à Carigara, dans l'ile de Seyte, 28 fév. 1648. (Sommervogel.)

—— *Воспоминаніе о Японіи. Рем... (*Кяхт. Листокъ*, 1862, No. 10 et 11.)

Mejov, 3248.

—— *Общественная и частная жизнь японцевъ. (*Кроншт. Вѣстникъ*, 1862, No. 81.)

Mejov, 3339.

—— Seizure by the Japanese of Mr. Moss, and his treatment by the Consul-General. — London : William Ridgway, 169, Piccadilly, W. A. H. Baily & Co. Cornhill, 1863, in-8, pp. 203.

Consul General Rutherford Alcock.

—— Moss from a rolling stone. IXIV. — The attack on the british legation in Japan in 1861. (*Blackwood's Mag.*, CXLI, Jan. 1887 pp. 45-57.)

—— Vorläufige Diagnosen neuer Carabiciden aus Hakodade, von Cand. August Morawitz. (*Bul. Ac. I. Sc. St. Pét.*, V, 1863, col. 321-328.)

—— *Henry Richard. — The Destruction of Kagosima, and our intercourse with Japan. London : Jackson, Walford and Hodder, 1863, in-8, pp. 24.

—— *На Востокѣ. 1. Въ Японіи. С. Максимовъ. (*Морск. Сборникъ*, 1863, T. 69, No. 12, pp. 345-387.)

Mejov, 3255.

—— *Изъ Хакодате. П. Мухановъ. (*Современ. Лѣтопись*, 1863, No. 19.)

Mejov, 3256.

— *Стоянка въ Японскихъ водахъ. П. Мухановъ. (*Современная Лѣтопись*, 1863, No. 7.)

Mejov, 3257.

— *Японія со времени открытія ея портовъ. П. Диндъ. (*Сѣв. Почта*, 1863, No. 135-138 et 143.)

Mejov, 3258.

— *Японскія государств. власти. Конашевичъ. (*Москов. Вѣдомости*, 1863, No. 1.)

Mejov, 3370.

— *Японское дворянство. (*Иллюстрація*, 1863, T. XI, No. 275.)

Mejov, 3372.

— *Предметы торговли требуемые японцами отъ русскихъ. (*Народное Богатство*, 1863, No. 19.)

Mejov, 3388.

— *Японскій свинц. рудникъ и заводъ на островѣ Іессо близъ г. Хакодаде. И. Лопатинъ. (*Горн. Журналъ*, 1863, No. 7, pp. 167-171.)

Mejov, 3405.

— *Театръ въ Японіи. (Извлеч. изъ письма супруги доктора Альбрехта, урожд. Ленстремъ.) Очерки, 1863, No. 86, p. 346.

Mejov, 3435.

— Notice sur trois dictionnaires chinois-japonais-européens, imprimés récemment au Japon, par G. Pauthier. (*J. As.*, 6e Sér., Vol. II, 1863, pp. 273-285.)

— Carta esférica de la Costa y Mar de China que comprende todo el Canal de Formosa, Islas de Meiaco-Sima y parte de la Isla de Luzon, 1863.

— Mythologie japonaise Par le P. Monicou de la Société des Missions étrangères. — Paris, Benjamin Duprat, 1863, in-8, pp. 30.

Préface de M. Léon Pagès. — Bib. nat., O²o 198.

— A Lady's Visit to Manilla and Japan by Anna d'A.[lmeida.] London, Hurst & Blackett, 1863, pet. in-8.

Cf. *Littell's Living Age*, LXXIX, 231.

— The American Compact with Lewchew. (*Chinese Commercial Guide*, 1863, pp. 262 et seq.)

— Les Aïnos Origine. — Langue. — Mœurs. Religion. Par Mermet de Cachon de la Société des Missions Étrangères, membre de plusieurs Sociétés savantes, chevalier de la Légion d'Honneur. — Paris Mesnel, libraire, rue du Bac, 12 [8] au coin de celle Babylone. — 1863, in-8, pp. 20.

— Notre situation en Chine. — Paris, le 1er Juillet 1863. — Souvenir du Japon. Br. in-fol., pp. 103 autographiées.

Signée Ate Trève, Capitaine de Vaisseau, Ancien Capitaine du *Kienchan*. N'a pas été mis dans le commerce. — S. l. n. d., Lith. Merckel, 18 r. St. Placide [Paris, 1883 ?]. — Auguste Hubert Stanislas Trève, né le 1er nov. 1829; + à Paris, 28 nov. 1885. Sa brochure a été faite pour être distribuée lors de sa candidature à l'Académie des Sciences.

— China from a Medical point of view in 1860 and 1861 to which is added a chapter on Nagasaki as a Sanitarium. By Charles Alexander Gordon, M. D., C. B., Deputy-Inspector-general of Hospitals, Army Medical Department. London : John Churchill, MDCCCLXIII, in-8, pp. x-464.

Sur 13 chapitres dont se compose l'ouvrage, sept sont consacrés à T'ien-tsin principalement.

— *The Chronicle & Directory for China, Japan & the Philippines for 1863*. Hongkong : Printed, Published, and Sold at the *Daily Press* Office, in-8.

Cet ouvrage contenait une liste des résidents étrangers en Chine, au Japon et aux îles Philippines, et quelques tables. En 1866, on lui ajouta la traduction des différents traités, et divers renseignements utiles dont le nombre a augmenté chaque année; c'est devenu :

— *The Chronicle & Directory for China, Japan & the Philippines*, (with which is incorporated the *China Directory*), for the year 1876. Corrected at the different Banks, Offices, and Institutions. Hongkong : Printed and Published at the *Daily Press* Office, in-8.

Dont deux éditions sont imprimées : l'une qui ne contient que la liste des résidents, et quelques renseignements; l'autre complète avec les traités, etc.

—— *The Chronicle & Directory for China, Japan, the Philippines, &c.*, (with which is incorporated the *China Directory*), for the year 1881. Corrected at the différent banks, offices, and institutions. Hongkong : Printed and published at the *Daily Press* Office, Wyndham Street, in-8.

—— *The Chronicle & Directory for China, Japan, Corea, Indo-China, Straits Settlements, Malay States, Siam, Netherlands India, Borneo, the Philippines, &c.*, (with which is incorporated «the China Directory» and «the Hongkong Directory and Hong List for the Far East»), for the year 1900 — Thirty eighth year of Publication — Hongkong, Printed and Published at the «*Daily Press*» Office Wyndham and d'Aguilar Streets, MCM, in-8.

Continue.

—— Colloquial Japanese, or Conversational Sentences and Dialogues in English and Japanese, together with an English-Japanese Index to serve as a Vocabulary, and an Introduction on the Grammatical Structure of the Language by Rev. S. R. Brown, A. M. — Shanghai : Presbyterian Mission Press, 1863, in-8, 4 ff. n. ch. tit., etc. + pp. LXII + pp. 243 + pp. 11.

—— Manuel des Associés pour la conversion de l'empire du Japon suivi D'une Notice sur l'Etablissement de l'association de prières pour la conversion de cet Empire; des Statuts de l'Association; du tableau des indulgences accordées à ses membres par le Saint-Siège; de la neuvaine de Saint François-Xavier; d'un modèle des exercices religieux, et d'une autre neuvaine pour la conversion des ennemis de l'Église. — 2ᵉ Édition. — Paris, P. Lethielleux, 1863, in-16, pp. 346.

Bib. nat., O²o 171.

Publié par l'abbé Léon Robin, curé; cf. l'approbation de l'évêque de Saint-Claude, en tête.

(DIVERS.)

—— [Chronicle of Events in Japan from 1844 to 1863.]

Recueil factice en 65 pages probablement formé d'après les articles parus dans un journal anglais du Japon, ou peut-être avec les placards d'un ouvrage qui m'est resté inconnu. Il commence :

«The book of which the following is a translation has just been published in Yedo. It is entitled *Kindai Geppio*, and contains brief notices of the chief events in Japanese History from 1844 to 1863, a period of twenty years..... The author is a Mito man.»

—— Yedo and Peking. A Narrative of a Journey to the Capitals of Japan and China. With Notices of the Natural Productions, Agriculture, Horticulture, and Trade of those Countries, and other things met with by the way. By Robert Fortune, Hon. Member of the Agri-Hort. Society of India. With Map and Illustrations. London : Murray, 1863, in-8, pp. XVI-395.

—— Notices of the Political Aspect of Affairs in China and Japan, and a Summary of the Events of the Last Three Months relating thereto. By the Editor. (*Chin. & Jap. Repos.*, Aug. 3, 1863, art. VI, pp. 84-90); — the Impending War in Japan. (*Ibid.*, Sept. 3, 1863, art. VI, pp. 132-136); — Documents concerning the Present State of Affairs in Japan, in relation to the European Powers, &c. (*Ibid.*, Oct. 3, 1863, art. V, pp. 189-202.)

Editor = Rev. James Summers.

—— On the Application of the Roman Alphabet to the Languages and Various spoken Dialects of China and Japan. By the Editor. (*Chin. & Jap. Repos.*, Sept. 3, 1863, art. III, pp. 112-124.)

—— The Religious Sects and the Principal Events of the Modern History of Japan. [Reprinted from the «Chinese Repository».] (*Chin. & Jap. Repos.*, Nov. 3, 1863, art. IV, pp. 220-232.)

—— The State of our Relations with Japan. — The Destruction of Kagosima, the Capital of the Prince of Satsuma's Dominions. (*Chin. & Jap. Repos.*, Nov. 3, 1863, art. VI, pp. 239-241.)

—— Our Policy and Prospects in Japan. By the Editor. [J. S.] (*Chin. & Jap. Repos.*, Dec. 3, 1863, art. I, pp. 243-248.)

(DIVERS.)

—— The Trade with Japan, [from the «Gazette» of Tuesday.] (*Chin. & Jap. Repos.*, Dec. 3, 1863, art. VI, pp. 276-279.)

—— State Papers relating to the Recent Destruction of Kagosima in Japan, &c. (*Chin. & Jap. Repos.*, Dec. 3, 1863, art. VII, pp. 280-290.)

—— * Микадо, японскій дух. императоръ. (Этнограф. очеркъ). (*Калейдоскопъ*, 1860, Nos. 15 et 16 et *Сѣв. Пчела*, 1863, No. 47.)

Mejov, 3160.

—— * Japans Hovedstad og Japaneserne. En russisk Reiseskitse ved W. Carstensen. Vycheslavzoff. Kjøbenhavn, 1863, in-8.

Mejov, 3330.

—— Notice sur l'éducation du ver à soie du chêne ou *Ya-ma-maï* (littéralement, Ver des montagnes), Par M. Pompe Van Meert der Woort. (*Bul. Soc. Zool. Acclim.*, X, 1863, pp. 21-23.)

—— Introduction du Ver à soie du Chêne du Japon en Europe. — Notice sur l'introduction du Ver à soie du Chêne du Japon (*Bombyx Ya-ma-maï*, Guérin-Méneville) en Europe par M. Pompe van Meerderwort. (*Bul. Soc. Zool. Acclim.*, X, 1863, pp. 639-641.)

—— Notice sur l'arbre à vernis de la Chine et du Japon (*Rhus vernix*), et sur son exploitation, Par M. G. Eugène Simon. (*Bull. Soc. Zool. Acclim.*, X, 1863, pp. 745-751.)

—— Note sur quelques-unes des recherches que l'on pourrait faire en Chine et au Japon au point de vue de la Géologie et de la Paléontologie par G. Eug. Simon, Consul de France à Ning-Po. (*Journal N. C. B. R. As. S.*, No. V, pp. 85-152.)

—— Récolte de Soie provenant des Graines du Japon importées en Europe. Lettre adressée à Son Exc. M. le Ministre des Affaires étrangères par M. Eug. Simon, consul de France. (*Bull. Soc. Zool. Acclim.*, IIe Sér., II, 1865, pp. 604-605.)

Ning-po, le 11 Septembre 1865.

(DIVERS.)

NOVARA.

—— Reise der österreichischen Fregatte *Novara* um die Erde in den Jahren 1857, 1858, 1859, unter den Befehlen des Commodore B. von Wüllerstorff Urbair. Pub. en vol. gr. in-4. Wien, K. K. Hof- u. Staatsdruckerei, 1864, seq.

— Statistisch-Commercieller Theil von Dr. Karl von Scherzer. Wien, 1864-5, 2 vol.

— Zoologischer Theil :

I. Band. Wien, 1869. *Säugethiere* (Johann Zelebor). — *Vögel* (August von Pelzeln). — *Reptilien* (Dr. Franz Steindachner). — *Amphibien* (par le même). — *Fische* (Dr. Rudolf Kner).

II. Band, I. Abtheilung. — A. Wien, 1868. 1. *Coleoptera* (Dr. Ludwig Radtenbacher). — 2. *Hymenoptera* (Henri de Saussure). — 3. *Formicidae* (Dr. Gustav L. Mayr). — 4. *Neuroptera* (Friedrich Brauer).

II. Band, I. Abtheilung. — B. Wien, 1868. 1. *Diptera* (Dr. J. R. Schiner). — 2. *Hemiptera* (Dr. Gustav. L. Mayr).

II. Band, II. Abtheilung. — Wien, 1864-1867. *Lepidoptera* (Dr. Cajetan u. Rudolf Felder). — *Rhopalocera* (Text).

II. Band, II. Abtheilung. — Wien, 1864-1867. Atlas.

II. Band, III. Abtheilung. — Wien, 1868. 1. *Crustaceen* (Dr. Camil Heller). — 2. *Anneliden* (Prof. Ed. Grube). — 3. *Mollusken* (Georg Ritter v. Frauenfeld).

— Linguistischer Theil von Dr. Friedrich Müller. Wien, 1867.

— Anthropologischer Theil :

I. Abth. *Cranien der Novara-Sammlung* (Dr. E. Zuckerkandl). Wien, 1875. — II. Abth. *Körpermessungen an Individuen verschiedener Menschenracen*, vorgenommen durch Dr. Karl von Scherzer u. Dr. Eduard Schwarz, bearbeitet von Dr. A. Weisbach. Wien, 1867. — III. Abth. *Ethnographie*, auf Grund des von Dr. Karl von Scherzer gesammelten Materials bearbeitet von Dr. Friedrich Müller. Wien, 1868.

— Geologischer Theil :

I. Band, I. Abtheilung. Geologie von Neu-Seeland. Wien, 1864. — II. Abtheilung. Paläontologie Neu-Seeland.

II. Band, I. Abth. *Geologische Beobachtungen*. — II. Abth. *Paläontologische Mittheilungen*, Wien, 1866.

— Botanischer Theil :

I. Band. Wien, 1870. *Algae* (A. Grunow). — *Fungi*, *Hepaticae* und *Musci Frondosi* (Dr. H. W. Reichardt). — *Cryptogamae vasculares* (Dr. Georg. Mettenius). — *Ophioglosseae* und *Equisetaceae* (Dr. Julius Milde).

— Nautisch-Physicalischer Theil. Wien, 1862-65.

— Medizinischer Theil :

I. Band von Dr. Eduard Schwarz. Wien, 1861.

—— Bericht an die Kais. Akademie der Wissenschaften in Wien über einige während des

(NOVARA.)

Aufenthaltes S. M. Fregatte *Novara* im Hafen von Hongkong erzielte Resultate. Von Herrn Dr. Karl Scherzer. (*Sitzungsber. d. phil.-hist. Cl. d. Akad. d. Wiss. zu Wien*, XXIX, 1858, pp. 17-25.)

— Georg Frauenfeld. Reiseskizzen von Manila, Hongkong und Shanghai, gesammelt während der Weltreise der österr. Fregatte *Novara*. (*Mitth. der k. k. Geog. Ges. zu Wien*, 1860, pp. 50-60.)

—— Instructionen für die Fachmännischen Begleiter der k. k. Mission nach Ostasien und Südamerika. Wien, 1868, pet. in-8.

—— Fachmännische Berichte über die österreichisch-ungarische Expedition nach Siam, China und Japan (1868-1871). Im Auftrage des k. k. Handelsministeriums redigirt und herausgegeben von Dr. Karl von Scherzer, Ersten Beamten der Expedition. Mit einer Karte von Indien, einer Weltkarte und Holzschnitten. Stuttgart, Verlag von Julius Maier, 1872, in-8, pp. IV-XVI-494.

— Dr. Karl Ritter von Scherzer. Von Karl Krupitz. (*Mitt. k. k. geog. Ges. Wien*, Bd. XLVI, 1903, pp. 161-166.) Né 1er mai 1821, à Vienne; † 19 fév. 1903, à Görz.

*
* *

—— J. Umery. — Note sur une population de l'Asie orientale à corps velu [les Ainos]. (*Revue Orientale*, IX, 1864, p. 151, pl.)

—— Note sur la géographie du Japon avec une carte, par M. V. A. Malte-Brun. (*Nouv. Ann. des Voyages*, 1864, II, pp. 212-219.)

—— Diplomacy in Japan being Remarks upon Correspondence respecting Japan presented to both Houses of Parliament — William Blackwood and Sons, Edinburgh and London, MDCCCLXIV, in-8, pp. IV-71.

—— The Bristish Arms in North China and Japan : Peking, 1860; Kagosima, 1862. By D. F. Rennie, M. D., Senior Medical Officer of the Force in the North of China... London : John Murray... 1864, in-8, pp. XVI-408.

—— W. Schott. — Ein Artikel zur lexicographie der Japaner. (*Sitz. k. preuss. Ak. Wiss. Berlin*, 1864, pp. 77-84.)

—— *Le comte Henri Russell-Killough. Seize mille lieues à travers l'Asie et l'Océanie, voyage exécuté pendant les années 1858-1861. Sibérie, désert de Gobi, Péking, fleuve Amour, Japon, Australie, Nouvelle-Zélande, Inde, Himalaya. Paris, 1864, 2 vol. gr. in-8, pp. 423, 427, avec une carte et une vue panoramique.

—— Léon Renard. — Le Japon et les Européens. (*Le Correspondant*, 25 janvier 1864, pp. 5-39.)

—— The India Directory, or, Directions for sailing to and from the East Indies, China, Japan, Australia, and the interjacent Ports of Africa and South America. By James Horsburgh, F. R. S., R. A. S., R. G. S. Corresponding member of the Imperial Academy of Sciences, St. Petersburg; and of the Royal Society of Northern Antiquaries, Copenhagen; Hydrographer to the late Honourable East-India Company. — Corrected and revised according to the most recent surveys by Edward Dunsterville, Commander R. N. Naval assistant to the Hydrographer of the Admiralty. Eighth edition. London : Wm. H. Allen & Co., 1864, 2 vol. in-4.

—— Zeemans-Gids naar, in en uit Oost-Indië, China, Japan, Australië, de Kaap de Goede Hoop, Brazilië en tusschenliggende Havens, volgens de laatste engelsche uitgave van Horsburgh's Directory, in het nederlandsch overgebragt, en met aanteekeningen en opnemingen vermeerderd door G. Kuijper Hz., luitenant-ingenieur bij de Koninklijke Akademie voor de Zee- en Landmagt, en D. Boes Lutjens, oud Koopvaardij-Kapitem. Te Amsterdam, Bij C. F. Stemler, 1853, in-4, pp. XXXI-1494 + 6 ff. prél. p. l. f. t., tit., préf. et tab. + 1 f. n. ch. fin p. errata.

—— Resúmen histórico de las Misiones que la Provincia del Santisimo Rosario de Filipinas de la Orden de Predicadores tuvo en la Isla Formosa : de su nueva instalacion en nuestros dias, y principales sucesos ocurridos en ellas hasta el presente. — Estado actual de las misiones que la misma provincia tiene en el Imperio de la China, principales sucesos ocurridos desde 1862 hasta el presente. — Ultimas noticias de las misiones que la dicha provincia tiene en el reino de Tunquin. — Con las licencias necesarias. — Manila : Setiembre de 1864. — Establecimiento tipográfico del colegio de Santo Tomás, à cargo de C. Babil Saló, in-4, pp. 82 + 42 + xxxx + 71.

— *Краткій отчетъ о путешествіи въ Амурскій край и Японію въ 1859-64 г. К. Максимовичъ. (*Журналъ Минист. Госуд. Имущ.*, 1864, No. 7.)

Mejov, 3259.

— *Записки въ плѣну у японцевъ, В. М. Головина. *Сокращ.* изд. для дѣтей старш. возраста. Спб., 1864. Въ тип. В. А. Гогальскаго, in-8, pp. 519.

Mejov, 3260.

— *Пребываніе Перри въ Симодѣ и Гадодади по заключ. договора съ японцами. (*Вокругъ Свѣта.*, 1864, T. IV, No. 7, pp. 205-217.)

Mejov, 3261.

— *Японія и японцы. (*Сѣв. Пчела*, 1864, Nos. 45, 46 et 49.)

Mejov, 3263.

— *Увеселенія въ Японіи. Ос. Комметанъ. (Литер. прибавл. къ Нувеллисту., 1864, No. 3, pp. 20-22.)

Mejov, 3341.

— *Характеристика Японіи и японцевъ. (*Вокругъ Свѣта.*, 1864, T. IV, No. 12.)

Mejov, 3342.

— *Японское сельск. хозяйство. Воскресн. Досугъ. 1864. T. III, No. 70, pp. 311-315.

Mejov, 3414.

— Faculté de Médecine de Paris No. 160. — Thèse pour le Doctorat en Médecine, Présentée et soutenue le 20 août 1864, Par J.-Charles Duteuil, né à Ribérac (Dordogne), Ancien Chirurgien de la marine, Chevalier de la Légion d'Honneur. — Quelques notes médicales recueillies pendant un séjour de cinq ans en Chine, Cochinchine et Japon... Paris, A. Parent, 1864, in-4, pp. 82.

— Summary of the News of the Month from China and Japan. (*Chin. & Jap. Repos.*, Feb. 3, 1864, art. VI, pp. 376-378.)

— Notes on Japan — No. 1 — The Royal Families. By Wal. Dickson, Esq., &c. (*Chin. & Jap. Repos.*, Oct. 12, 1864, pp. 103-108.)

— Japanese Weights and Measures. (*Chin. & Jap. Repos.*, Oct. 12, 1864, pp. 101-102.)

— Chronicle of Events — Japan — Contest with Nanyato. (*Chin. & Jap. Repos.*, Oct. 12, 1864, pp. 123-124.)

— Copper Finding and Smelting in Japan. (From the Original Japanese.) (*Chin. & Jap. Repos.*, Nov. 12, 1864, pp. 137-144.)

— The Japanese Language and Grammar. By the Editor. (*Chin & Jap. Repos.*, Nov. 12, 1864, pp. 151-158; *Ibid.*, Dec. 12, 1864, pp. 215-216.)

Editor = Rev. James Summers.

— General Description of the Island of Formosa. By Robert Swinhoe, Esq., H. B. M. Consul at Tamsuy. (*Chin. & Jap. Repos.*, II, Nov. 12, 1864, pp. 159-166; *Ibid.*, Dec. 12, 1864, pp. 191-198; *Ibid.*, III, April 1, 1865, pp. 161-176; *Ibid.*, May 1, 1865, pp. 217-223.)

— Chronicle of Events. — Japan. (*Chin. & Jap. Repos.*, Nov. 12, 1864, pp. 172-173.)

— Hints to Students of the Japanese Language. By a Medical Officer of the Royal Navy. (*Chin. & Jap. Repos.*, Dec. 12, 1864, pp. 216-222.)

— Chronicle of Events. — Japan. — Treaty with Choshiu. (*Chin. & Jap. Repos.*, Dec. 12, 1864, pp. 226-228.)

—— Rapport sur trente éducations du ver du chêne du Japon (*Bombyx Ya-ma-mai*) faites en 1863. Par M. Frédéric Jacquemart. (*Bul. Soc. Zool. Acclim.*, IIe Sér., I, 1864, pp. 81-120.)

—— Note sur la pébrine observée chez les vers à soie du chêne du Japon (*Bombyx Ya-ma-maï*). Par M. J. Pinçon... (*Bul. Soc. Zool. Acclim.*, IIe Sér., I, 1864, pp. 341-343.)

—— Note sur les éducations de vers à soie entreprises au Jardin d'Acclimatation. Par M. J. Pinçon... (*Bul. Soc. Zool. Acclim.*, IIe Sér., I, 1864, pp. 408-411.)

—— Du Japon. Pièce in-8, s. l. n. d., pp. 16.

Sig. E. Duseigneur, Lyon, 30 août 1865. Bib. nat., O²o 66.

Ernest Mason Satow.

Né 30 juin 1843.

—— The various styles of Japanese writing. By Ernest Satow, Esq., B. A., of H. B. M. Legation, Yedo. (*Chin. & Jap. Repos.*, March 1, 1865, pp. 140-141.)

—— Diary of a Member of the Japanese Embassy to Europe in 1862-63. By Ernest M. Satow, Esq., B. A. Lond. of H. M. C. S. in Japan. (*Chin. & Jap. Repos.*, July 1, 1865, pp. 305-312; *ibid.*, Aug. 1, 1865, pp. 361-380; *ibid.*, Sept. 1, 1865, pp. 425-437; *ibid.*, Oct. 2, 1865, pp. 465-472; *ibid.*, Nov. 1, 1866, pp. 521-528; *ibid.*, Dec. 1, 1865, pp. 569-576.)

—— The Ainos of Yezo. By Ernest M. Satow, Esq., B. A., H. B. M.'s Legation at Yedo. (*Phoenix*, No. 1, July 1870, pp. 3-4.)

—— An episode in Japanese history. — The Armies of Mikadzuki and Mowori unite to attack Danidaizen's fort. By E. Satow, B. A., London. (*Phoenix*, No. 17, Nov. 1871, pp. 81-82.)

Extract from : The Illustrated History of Taikosama, 84 vol. publ. between 1797 and 1802.

—— Notes on Loochoo. By E. Satow, Esq. Read before the Asiatic Society of Japan, 30th Oct. 1872. (*Trans. As. Soc. Japan*, I, pp. 1-9.)

Réimp. dans *The N. C. Herald and S. C. Gazette*, April 10, 1873, pp. 315-317, d'après le *Daily Press*.

— Visite du «Curlew». (*Shai. Budget*, Nov. 27, 1873.)

—— The Geography of Japan, by E. Satow, Esq. Read before the Asiatic Society of Japan, on the 22nd March 1873. (*Trans. Asiatic Soc. of Japan, from* 30th Oct. 1872 *to* 9th Oct. 1873, pp. 30-51.)

—— Kuaiwa Hen. Vingt-cinq Exercices dans le dialecte de Yédo à l'usage des Étudiants avec notes par Ernest Satow Secrétaire Japonais à la Légation de S. M. Britannique au Japon. — Traduction en français commencée par Ch. D. Larrieu revue et terminée par MM. A. de Perpigna et P. Fouque en Collaboration, in-12, pp. VII + 2 ff. n. ch. + pp. 187.

Imprimé dans les bureaux du Shiobidô. La préface de Satow est datée : Yédo, 15 janvier 1873.

—— II. Partie-Notes, in-12, pp. 200.

—— Kinsé Shiriaku A History of Japan from the first visit of Commodore Perry in 1853 to the Capture of Hakodate by the Mikado's Forces in 1869. — Translated from the Japanese by E. M. Satow, Japanese Secretary to H. B. M. Legation. — Yokohama : Printed at the «Japan Mail» Office, 1873, pp. II + 1 f. n. ch. + pp. 148.

—— Japanese Chronological Tables. — Compiled by E. M. S. — Yedo 1874 Printed for Private Distribution, in-4, 2 ff. n. ch. p. l. tit. et l'int. + pp. 45 + 3 ff. n. ch.

Table I. The names of the years of the Cycle.

Table II. Two numbers, each denoting a separate Nengô.

Table III. The pronunciations of the Nengô, alphabetically.

Table IV. A Synopsis of the Nengô, the Mikados and the Shôguns.

Table V. The names of the Mikados of the Hokuchô, and their Nengô.

Table VI. Historical Names of all the Mikados.

Table VII. Residences of the earlier Mikados.

Table VIII. Historical Aliases of a few Mikados.

Table IX. Names of all the Shôguns.

Table X. List of the nine generations of the Hôjô family, Regents under the «Puppet» Shôguns of Kama kura.

—— The Shiñ-tau Temples of Ise. — By E. Satow, Esq. Read before the Asiatic Society of Japan, on the 18th February 1874. (*Trans. Asiat. Soc. Japan*, II, 1874, pp. 101-124.)

—— The Revival of Pure Shiñtau. By E. M. Satow. (*Trans. Asiat. Soc. Japan*, Vol. III, Pt. I, 1875, Appendix, pp. 1-87.)

—— A Guide to Nikkô. — Yokakama : Published at the «Japan Mail». Office 1875, in-8, pp. 42.

«The following compilation consists of notes made during a journey to Nikkô, by Mr. E. M. Satow, Japanese Secretary to H. B. M. Legation, in the year 1872. They are now published with his permission, having been recently revised and, in parts, largely supplemented by him.»

—— An English-Japanese Dictionary of The Spoken Language. By Ernest Mason Satow, Japanese Secretary to H. M. Legation at Yedo, and Ishibashi Masakata, of the Imperial Japanese Foreign Office. London : Trübner & Co., . . . Yokohama : Lane, Crawford, & Co. 1876, pet. in-8, pp. XIV + 3 ff. n. ch. + pp. 366 à 2 col.

Printed by Ballantyne, Hanson & Co., Edinburgh and London.

Sans caractères.

—— Le même, 1904.

—— The Introduction of Tobacco into Japan. By Ernest M. Satow. (*Trans. Asiat. Soc. Japan*, VI, Pt. I, 1878, pp. 68-86.)

—— The Korean Potters in Satsuma. By E. Satow Esq. Read before the Asiatic Society of Japan, Feb. 23rd 1878. (*Trans. As. Soc. Japan*, Vol. VI, Pt. II, pp. 193-203.)

—— The use of the Fire-Drill in Japan. By E. Satow. (*Trans. Asiat. Soc. Japan*, Vol. VI, Pt. II, 1878, pp. 223-225.)

—— Notes of a Visit to Hachijô in 1878. By F. V. Dickins and Ernest Satow. Read before the Asiatic Society of Japan, on the 22nd June, 1878, in-8, pp. 55.

Trans. of the Asiatic Society of Japan, Vol. VI, Part III, pp. 435 seq.

—— Ancient Japanese Rituals. — No. 1. — The Praying for Harvest. By Ernest Satow. (*Trans. Asiat. Soc. Japan*, VII, Pt. II, 1879, pp. 95-126.) — No. 2. — Kasuga Matsuri, or Service of the Gods of Kasuga. — No. 3. — Hirose Oho-imi no Matsuri, Service of the Goddess of Food. — No. 4. — Tatsuta Kaze no Kami no Matsuri, Service of the Gods of Wind at Tatsuta. (*Ibid.*, Pt. IV, 1879, pp. 393-434.) — No. 5. — Hiranu no Matsuri, or Service of the Temple of Imaki. — No. 6. — Kudo and Furu-aki. — No. 7. — Minadzuki no Tsukinami no Matsuri. — No. 8. — Ohotono Hogahi, or Luck-wishing of the Great Palace. — No. 9. — Mikado Matsuri or Service of the Gates of the Palace. (*Ibid.*, IX, Pt. II, 1881, pp. 183-211.)

—— Vicissitudes of the Church at Yamaguchi from 1550 to 1586. — By Ernest Satow. (*Trans. Asiat. Soc. Japan*, VII, Pt. II, 1879, pp. 131-156.)

—— On the Transliteration of the Japanese Syllabary. — By Ernest Satow, in-8, pp. 35, 5 pl.

—— On the Transliteration of the Japanese Syllabary. — By Ernest Satow. (*Trans. Asiat. Soc. of Japan*, VII, Pt. III, 1879, pp. 226-260.)

—— On the Japanese Letters «Chi» and «Tsu». By J. Edkins. (*Trans. Asiatic Soc. Japan*, VIII, Pt. II, 1880, pp. 156-163.) — Reply to Dr. Edkins on «Chi» and «Tsu». — By Ernest Satow. (*Ibid.*, pp. 164-171.)

—— Ancient sepulchral Mounds in Kaudzuke. — By Ernest Satow. (*Trans. Asiatic Society Japan*, Vol. VIII, Pt. III, 1880, pp. 313-332.)

—— A Handbook for Travellers in Central & Northern Japan. Being a Guide to Tōkiō, Kiōto, and other cities; the most interesting parts of the main island between Kōbe and Awomori, with ascents of the principal mountains, and descriptions of temples, historical notes and legends. With Maps and Plans. By Ernest Mason Satow,

Second Secretary and Japanese Secretary to H. B. M. Legation and Lieutenant A. G. S. Hawes, Royal Marines (Retired). Yokohama : Kelly & Co., No. 28, Main Street. Shanghai & Hongkong : Kelly & Walsh, 1881. In-8, pp. XXI-489.

Notice : *Nature*, XXVI, 1882, pp. 290-291, par Fredk. V. Dickins.

—— A Chinese and Japanese Vocabulary of the Fifteenth Century, with notes, chiefly on pronunciation. — By Joseph Edkins. (*Trans. Asiatic Soc. Japan*, X, Pt. I, 1882, pp. 1-14.) — Notes on Dr. Edkins' Paper «A Chinese-Japanese Vocabulary of the Fifteenth Century». — By Ernest Satow (*Ibid.*, pp. 15-38.)

—— On the early history of Printing in Japan. By Ernest Satow. — [Extracted from the *Transactions of the Asiatic Society of Japan*, Vol. X.], in-8, ch. p. 48 à p. 83.

[Read. Dec. 15, 1881.] — Cf. *Transactions*, Vol. X, Pt. I, 1882, pp. 48-83.

—— Further Notes on movable types in Korea and early Japanese printed books. — By Ernest Satow. (*Trans. Asiatic Soc. of Japan*, Vol. X, Pt. II, 1882, pp. 252-259.)

—— Notes on the intercourse between Japan and Siam in the Seventeenth Century. — By E. M. Satow. (*Transact. Asiat. Soc. Japan*, XIII, 1885, pp. 139-210.)

—— Notes on the intercourse between Japan & Siam in the seventeenth Century. By E. M. Satow. — [From the *Transactions of the Asiatic Society of Japan.*] — Yokohama : R. Meiklejohn & Co., 26 Water Street. — 1885, in-8, pages ch. 139-210.

—— The Jesuit Mission Press in Japan. 1591-1610. By Ernest Mason Satow. — [Privately Printed.] 1888, in-4, pp. VI + 1 f. n. ch. p. l. tab. + pp. 54, facsimiles.

Cet excellent travail comprend la description détaillée de quatorze ouvrages imprimés au Japon et vus par l'auteur et un appendice dans lequel celui-ci examine quelques livres cités par Pagès et qu'il n'a pas rencontrés.

—— A review of Mr. Satow's Monograph on «the Jesuit Mission Press in Japan. 1591-1610». By B. H. Chamberlain. (*Trans. Asiat. Soc. Japan*, XVII, 1889, pp. 91-100.)

—— Sir Ernest M. Satow. — The Jesuit Mission Press in Japan. (*Trans. Asiat. Soc. Japan*, XXVII, 1900, pp. 12 + 58 ff. + 1 pl.)

Décrit le *Liuro de Taisequi* et *Doctrina Christan*. 1600, 2 volumes qui ne figurent pas dans l'ouvrage publié en 1888.

—— The Origin of Spanish and Portuguese Rivalry in Japan. By E. M. Satow. (*Trans. Asiat. Soc. Japan*, XVIII, 1890, pp. 133-156.)

—— The Cultivation of Bamboos in Japan by Sir Ernest Satow. — The Asiatic Society of Japan. Tokio 1899, in-8, pp. II-127-VII, pl.

Trans. Asiat. Soc. Japan, XXVII, 1900.

*
* *

—— No. 28. De l'Ascaride lombricoïde au point de vue des maladies des Européens dans les mers de la Chine et du Japon. — Thèse présentée et publiquement soutenue à la Faculté de Médecine de Montpellier, le 5 mai 1865, par Vidal (Marie-François-Albert), Né à Draguignan (Var), Chirurgien entretenu de 2me classe de la Marine impériale, démissionnaire, Chevalier de la Légion d'honneur, Pour obtenir le grade de Docteur en Médecine. Montpellier, L. Cristin, 1865, in-4, pp. 87-2 ff. n. ch.

—— Faculté de Médecine de Paris. N° 121. —Thèse pour le Doctorat en Médecine, Présentée et soutenue le 21 juin 1865, Par Pierre-Alexandre-Auguste Huguet, né au Blanc (Indre), Chirurgien de la Marine impériale. — Relation médicale d'une campagne dans les Mers de Chine, Cochinchine et Japon à bord du transport à batteries *la Dryade* du 5 décembre 1859 au 5 juillet 1862. — ...Paris, A. Parent, 1865, in-4, pp. 66.

Notice : *Arch. Médecine navale*, VI, 1866, pp. 151-155, par le Dr. Brassac.

—— Considérations sur plusieurs maladies graves qui ont sévi à bord du *Monge*, pendant une campagne de cinq années. — 1859-1864 en Chine, Cochinchine et Japon. — Thèse présentée et publiquement soutenue à la Faculté de Médecine de Montpellier, le 29 juillet 1865; par Arsène-Pierre-Clément Rabel, Né à Avranches (Manche), Chirurgien de la Marine impériale, pour obtenir le grade de Docteur en Médecine. Montpellier, L. Cristin, 1865, in-4, pp. 53 + 3 ff. n. ch.

—— On some Species of *Musci* and *Hepaticae*, additional to the Floras of Japan and the coast of China. By William Mitten. (*Jour. Linn. Soc., Bot.*, VIII, 1865, pp. 148-158.)

—— De *Medusa* in de Wateren van Japan, in 1863 en 1864; door Jhr. F. De Casembroot, Adjudant des Konings in Buitengewone Dienst, Kapitein-Luitenant ter Zee. — Tweede druk, met en plaatje en twee Kaartjes. 'S Gravenhage, De Gebroeders Van Cleef, 1865, in-8, pp. VIII-136.

—— * Путешествіе Лаксмана въ Японію (записка). (*Русск. Архивъ*, 1865. (2 изд.) Въ статьѣ; Выписка изъ рукописей Рѣшетилов. архива.

Mejov, 3264.

Comte de Montblanc.

—— Comte Ch. de Montblanc — Le Japon — Paris, Imprimerie de J. Claye, 1865, in-8, pp. 103 + 1 f. n. ch. tab.

Bib. nat., O²o 40.

—— Considérations générales sur l'État actuel du Japon par Le Comte de Montblanc Discours prononcé à l'Assemblée générale de la Société de Géographie le 15 décembre 1865 — Extrait du *Bulletin de la Société de Géographie* (Janvier 1866) — Paris, Imprimerie de E. Martinet, 1866, in-8, pp. 12.

Bib. nat., O²o 67.

—— General Considerations on the Present State of Japan by The Comte de Montblanc. — A Discourse Given at a General Meeting of the Geographical Society of France, Held on the 15th December, 1865. — — Extracted from the «Bulletin de la Société de Géographie» (January, 1866). — Paris, Printed by E. Brière, 1866, in-8, pp. 15.

Bib. nat., O²o 68.

—— Le Japon en 1866 par Le Comte de Montblanc — (Article extrait de l'*Annuaire encyclopédique* publié par les *Directeurs de l'Encyclopédie du XIXe Siècle*). — Paris, 6 rue Neuve-de-l'Université, 1866, in-8, pp. 4 à 2 col.

Bib. nat., O²o 41.

—— Le Japon tel qu'il est par le Comte de Montblanc... — Paris, Arthus Bertrand, 1867, in-8, pp. 63.

Bib. nat., O²o 42.

—— Le Japon Ses Institutions Ses Produits Ses Relations avec l'Europe par le Cte C. de Montblanc — Extrait de la *Revue contemporaine* (livraison du 30 juin 1867). Paris. Revue Contemporaine, 1867, in-8, pp. 40.

Bib. nat., O²o 43.

*
* *

—— Sur le choix des chênes destinés à la nourriture du *Bombyx Yama-maï*, Par M. Belhomme. (*Bull. Soc. Zool. Acclim.*, IIe Sér., II, 1865, pp. 34-35.)

—— Note sur l'écorce de l'arbuste à papier du Japon. Par M. Duchesne de Bellecourt. (*Bull. Soc. Zool. Acclim.*, IIe Sér., II, 1865, pp. 36-43.)

Broussonnetia papyrifera.

— Notices sur le Daphné papyrifère et sur la fabrication du papier au Japon, Par MM. Tanaka et Yekoussima Botanistes japonais. (*Ibid.*, IIe Sér., IV, 1867, pp. 416-417.)

—— Des végétaux employés au Japon pour la fabrication du papier. Par M. Jules de Gaulle. (*Ibid.*, IIe Sér., IX, 1872, pp. 287-293.)

—— Sur la graine du ver à soie du murier du Japon expédiée par M. L. Roches, Ministre de France au Japon. Par M. Frédéric Jacquemart... (*Bull. Soc. Zool. Acclim.*, IIe Sér., II, 1865, pp. 65-75.)

— De la sériciculture au Japon, Par M. le docteur Mourier. (*Bull. Soc. Zool. Acclim.*, IIe Sér., II, 1865, pp. 90-97.)

— *Bombyx Yama-maï.* — Ver à soie du Chêne du Japon. Par M. le Professeur Baruffi (*Bull. Soc. Zool. Acclim.*, IIe Sér., II, 1865, pp. 523-524.)

Extrait de la *Gazette de Turin.*

— 西洋紀聞 *Sei yo ki-bun*, or Annals of the Western Ocean. Translated by the Rev. S. R. Brown. (*Journ. N. C. B. R. As. Soc.*, N. S, No. II, Dec. 1865, pp. 53-84.)

— *Sei-yoö ki-bun* (Annals of the Western Ocean). An Account of a Translation of a Japanese Manuscript. By Rev. S. R. Brown. (*Journ. N. C. B. R. As. Soc.*, N. S., No. III, Dec. 1866, pp. 40-62. [Part III.])

— The Elfin Foxes. A Japanese Tale from the «Illustrated History of Taikosama». In 84 vols. 8vo., from 1798 to 1802. (*Chin. & Jap. Repos.*, Jan. 2, 1865, pp. 1-8.)

— The Temples of Kamakura near Yokohama in Japan. By a Medical Officer of the Royal Navy. (*Chin. & Jap. Repos.*, March 1, 1865, pp. 97-102.)

— Translations of Japanese Odes, from the H'Yak Nin is'Shiu, (Stanzas from a Hundred Poets). By a Medical Officer of the Royal Navy. (*Chin. & Jap. Repos.*, March 1, 1865, pp. 137-139; *ibid.*, April 1, 1865, pp. 185-187; *ibid.*, May, 1865, pp. 249-253; *ibid.*, June 1, 1865, pp. 296-299; *ibid.*, July 1, 1865, pp. 343-345; *ibid.*, Aug. 1, 1865, pp. 389-394; *ibid.*, Sept. 1, 1865, pp. 438-443; *ibid.*, Oct. 2, 1865, pp. 484-487; *ibid.*, Nov. 1, 1865, pp. 537-538.)

— Abstracts of Blue Books-Correspondence, &c., Presented to Parliament on the Affairs of China and Japan. (*Chin. & Jap. Repos.*, March 1, 1865, pp. 141-143; *ibid.*, April 1, 1865, pp. 191-195; *ibid.*, July 1, 1865, pp. 347-350.)

— On the Daimios of Japan. By Wal. Dickson, Esq., &c. (*Chin. & Jap. Repos.*, April 1, 1865, pp. 188-191.)

— Complete list of the daimios of Japan. By Wal. Dickson, Esq. &c. (*Chin. & Jap. Repos.*, May 1, 1865, pp. 224-230.)

— Japanese Ethics. — Tales from the Original. Translated by the Rev. G. F. Verbeck, Nagasaki. (*Chin. & Jap. Repos.*, May 1, 1865, pp. 209-212.)

— A Sketch of the Geography of the Empire of Japan. (*Chin. & Jap. Repos.*, May 1, 1865, pp. 230-235.)

— Reminiscences of a Visit to the Capital of the Tycoon. By a Medical Officer of the Royal Navy. (*Chin. & Jap. Repos.*, June 1, 1865, pp. 257-264.)

— Notes on the Batanes and Madjicosima Islands. (*Chin. & Jap. Repos.*, July 1, 1865, pp. 313-326.)

— Japanese Chronology. An Essay, by Quaeritans. (*Chin. & Jap. Repos.*, Nov. 1865, pp. 497-503.)

— Un Parisien en Asie. — Voyage en Chine, au Japon, dans la Mantchourie russe et sur les bords de l'Amoor par M. Camille de Furth. Paris, Lib. générale des auteurs, 1866, in-12, pp. 311.

— A Pocket Dictionary of the English and Japanese Language.... — Second and revised edition. At Yedo, 1866, in-8 oblong, 2 ff. n. ch. tit. et Préf. + pp. 998.

Préf. signée Horikosi Kamenoskay.

— La Famille chrétienne. Rodez, Imprimerie de E. Carrère, 1866. Pièce in-18, pp. 15.

Bib. nat., O2 o 184.

— La Famille chrétienne. Rodez, Imprimerie de E. Carrère, 1866. Pièce in-18, pp. 15.

Même éd. avec un titre différent.

Bib. nat., O2 o 184 A.

— (By authority.) The Tariff Convention, signed on the 25th June, 1866, by the Representatives of England, America, France, Holland, and Japan, also The Bounded Warehouse Regulations, and

Rates of Charges. — Yokohama, Japan, Printed and published by Hansard & Black, at the Japan Herald Printing Offices, in-fol., pp. 32.

—— *Русская торговля въ Японіи. (*Сборн. свѣд. по Минист. Финансовъ.* 1866, No. 3, pp. 305-307.)

Mejov, 3390.

—— The Western Shores of Volcano Bay, Yesso. By Commander C. S. Forbes, R. N., F. R. G. S. (*Proc. Roy. Geog. Soc.*, X, 1866, pp. 169-173.)

—— The Western Shores of Volcano Bay, Yesso. By Commander C. S. Forbes, R.N..., Read May 14, 1866. (*Journ. Roy. Geog. Soc.*, XXXVI, 1866, pp. 173-179.)

—— The Hairy Men of Yesso. By W. Martin Wood. (*Trans. Ethn. Soc.*, N. S., IV, 1866, pp. 34-38.)

—— Political intercourse between China and Lewchew. By S. Wells Williams, LL. D. Read Oct. 13, 1866. (*Jour. N. C. Br. R. As. S.*, Dec. 1866, pp. 81-93.)

—— Journal of a Mission to Lewchew in 1801. By S. Wells Williams Esq. LL. D. Read 27th. Feb. 1871. (*Ibid.*, N. S., No. VI, 1869 & 1870, pp. 149-171.)

Shi Liu-kiu Ki 使琉球記 Journal of an Envoy to Lewchew. Published by Li Ting-yuen, the Envoy, in 1803. One vol. in 6 sec., pp. 290.

—— Kingdom of Liu-kiu (琉球), or Lewchew. (Sect. XXIII, Ma Twan-lin; S. W. Williams, *Notices of Fu-sang*, pp. 24-29.)

—— *Alfred Roussin. Une campagne sur les côtes du Japon. *Paris, Hachette,* 1866, in-12.

—— The *Yama-mai.* A practical Guide to the cultivation of the Oak-silk-worm in England compiled and translated from the works of M. Guérin-Méneville, Directeur de sériciculture comparée à la ferme impériale de Vincennes, etc., etc., by T. Ogier Ward, M. A. M. D. Oxon. — Caen, Le Blanc-Hardel [and] London, Baillière, 1866, br. in-8, pp. VI-18, 1 pl. en couleur.

(Divers.)

—— De l'éducation des vers à soie au Japon. Ouvrage traduit du texte japonais de Oue-kaki-Morikouni, par Mermet de Cachon, premier interprète de la légation de France au Japon, reproduit en Italien sur la version française par Isidore Dell'Oro, suivi des Observations sur La culture du ver à soie au Japon. — La manière de faire la graine d'après le système japonais, et de distinguer les races annuelles des polivoltines, faites et recueillies sur les lieux par Isidore Dell'Oro, dédiées en signe de profond respect à S. E. M. Léon Roches, ministre plénipotentiaire de France au Japon. — Traduit de l'italien par L.-N. Pécoul, Professeur au Collège de St-Marcellin. — Prix : 1 franc. — Saint-Marcellin (Isère), J. Vagnon, 1866, in-8, pp. 48.

—— Abbé Mermet de Cachon. — Dictionnaire français-anglais-japonais. Le japonais en caractères chinois-japonais avec sa transcription en caractères européens. Composé par... Mermet de Cachon, et publié par les soins de A. Le Gras, pour la partie anglaise et de L. Pagès pour la partie japonaise. 1. livraison. Paris : Firmin Didot, 1866, in-8, pp. VIII-440.

—— *Письмо Н. П. Рязанова къ И. И. Дмитріеву, объ отправл. въ Японію, 1803 г. (*Русск. Архивъ*, 1866, No. 8-9, pp. 1331-1336.)

Mejov, 3195.

—— *Notes and Queries : on China and Japan.* A Monthly Medium of inter-communication for Professional and literary men, missionaries and residents in the East generally, etc.

Journal mensuel, format in-8, imprimé sur deux colonnes :

— Vol. I. January to December, 1867 [imp. par erreur 1687]. — Hongkong : Charles A. Saint, 1867. — No. 1, Thursday, January 31, 1867, price Dol. 4 per annum — No. 12, Tuesday, December 31, 1867, pp. 1-176 (sans le titre et l'index).

Edited by N. B. Dennys.

— Vol. II. January to December, 1868. — Hongkong : Charles A. Saint. 1868. — No. 1, Hongkong, January 1868, price Dol. 6 per annum — No. 12, December 1868, pp. 1-192 (sans le titre et l'index).

Edited by N. B. Dennys.

(Divers.)

— Vol. III. January to December, 1869. — Hongkong : Charles A. Saint, 1869. — No. 1, Hongkong, January 1869, price Dol. 6 per annum — No. 12, Hongkong, December 1869, pp. 1-184 (sans le titre et l'index).

Edited by N. B. Dennys.

Mr. Dennys ayant cessé d'être l'éditeur, et Mr. Saint ayant vendu en Janvier 1870 la propriété de cette publication périodique ainsi que celle de *Papers on China* à Mr. C. Langdon Davies, *propriétaire* du *China Magazine*, *Papers on China* and *Notes and Queries* réunis en un seul journal parurent sous le titre de :

— *Notes and Queries on China and Japan.* A Monthly Medium of inter-communication for professional and literary men, missionaries, and residents in the East generally (with which is incorporated *Papers on China*) conducted by C. Langdon Davies. Subscription six dollars per annum. Hongkong : Published at the *China Magazine* Office, 7 Pedder's Wharf.

Journal mensuel, même format que le précédent, imprimé sur toute la largeur de la page. Chaque article est numéroté.

Vol. IV. New Series. — No 1 (15 Feb. 1870)-No. 9-10 (November 29th, 1870), pp. 1-148.

Ce volume comprend 128 articles. Le dernier numéro 9-10 est rare, car il n'a pas été distribué à tous les souscripteurs, aussi en donnons-nous la description : Il comprenait les pages 129-148, articles 117-128 :

117. Papers on China.

118. The Miau Tsze.

119. Whistling Pigeons.

120. The Colonised Tract of S. E. Mongolia, &c.

121. The Authorship of the Ch'un Ts'eu.

122. Chinese Anti-Liquor Traffic Mandate.

123. Chinese Names for «Saffron».

124. Coolie-Chinese for «Mistress».

125. Kin Satsz or Japanese Paper Money.

126. Etymologies from Chinese Rootwords.

127. Products of Western Asia and Eastern Africa.

128. On the use of Cowries in China.

Un amateur a fait imprimer une table de ce Vol. IV.

Mr. N. B. Dennys a repris *Notes and Queries* sous la forme de *The China Review : or Notes and Queries on the Far East. Published every two months*, dont le premier numéro est daté : Juillet-Août 1872.

— Les îles Liou-kiou. (Vivien de Saint-Martin, *Année géographique*, 1867, pp. 242-243.)

— A Japanese « Virgin and Child. » By Henry F. Holt. [Reprinted from *the Gentleman's Magazine*, No. 18, New Series, June, 1867.] Gr. in-8, pp. 7.

— La Chine et le Japon au temps présent par Henry Schliemann (de Saint-Pétersbourg). Paris, Librairie centrale, 1867 [lisez 1866], in-12, pp. 221.

— A Sketch of the New route to China and Japan by the Pacific Mail S. S. Co. San Francisco, 1867, br. in-12.

— Smithsonian Contributions to Knowledge, 202. — Geological Researches in China, Mongolia, and Japan, during the years 1862 to 1865 by Raphael Pumpelly. [Accepted for publication, January, 1866.] Vol. XV, pp. VIII-143, Washington, MDCCCLXVII, in-4.

Preface. — Contents. — Ten Chapters, pp. 1-18. — Appendix : No 1, Description of Fossil Plants from the Chinese Coal-Bearing Rocks. By J. S. Newberry, M. D., p. 119. — No. 2, Analyses of Chinese and Japanese Coals. By James A. Macdonald, M. A., p. 123. — No. 3, Letter from Mr. Arthur Mead Edwards on the Results of an Examination under the Microscope of some Japanese Infusorial Earths, and other Deposits of China and Mongolia, p. 126. — Index. — 9 Plates.

Notice : *Supreme Court & Consular Gazette*, IV, pp. 74, 86 et 106.

— P. Duchesne de Bellecourt. — L'état politique et commercial de la Chine et du Japon, l'Exposition chinoise et japonaise au Champ de Mars. (*Revue des Deux Mondes*, 1 août 1867, pp. 710-742.)

— Maize in Japan. By H. F. Hance. (*Notes and Queries on Ch. & Japan*, April 30, 1867, p. 42.)

— Maize in Japan. By R. S. (*Ibid.*, June 29, 1867, p. 74.)

— Maize in Japan. By S. W. Williams. (*Ibid.*, June 29, p. 78.)

— Maize in Japan. By H. F. Hance. (*Ibid.*, July 31, 1867, pp. 88-89.)

— Retrospect of Events in China and Japan during the year 1867. By Thos. W. Kingsmill, Esq., Corresponding Secretary. (*Journ. N. C. B. R. As. Soc.*, N. S., No. IV, Dec. 1867, pp. 251-265.)

—— *Silver's Sketches of Japanese Manners and Customs, illustrated by Native Drawings, reproduced in facsimile, 1867, gr. in-8, 28 *coloured plates and numerous woodcuts*.

—— Notes upon a few of the Plants collected, chiefly near Nagasaki, Japan, and in the Islands of the Korean Archipelago, in the years 1862-63, by Mr. Richard Oldham, late Botanical Collector attached to the Royal Gardens, Kew. By Professor Oliver, Keeper of the Herbarium and Library, Kew. (*Jour. Linn. Soc., Bot.*, IX, 1867, pp. 163-170.)

—— Manuel de l'éducation des vers à soie dans le Homba de O Shiou (Japon). Par Nakadgima Teiôzo et Boun-yé-mon, Traduit par M. le docteur Mourier. (*Bul. Soc. Zool. Accl.*, IIe Sér., IV, 1867, pp. 12-15.)

—— *Путешествiе по Японiи. Эте Гюмберъ. (*Всемирн. Путешественникъ*, 1867, Nos. 11-13.)

Mejov, 3265.

—— *Фрегатъ Дiана. Путев. записки о кругосв. въ 1854-55гг. плаванiи и о гибели фрегата у береговъ Японiи и объ Японiи, прот. Маховъ. Спб. 1867. Изд. Тов. Общ. Польза, in-8, pp. 64.

Mejov, 3266.

—— Du faisan versicolore, Par M. A. Touchard. (*Bull. Soc. Zool. Acclim.*, IIe Sér., IV, 1867, pp. 55-56.)

—— Rapport sur ses éducations de *Bombyx Yama-maï* en 1866, Par M. C. Personnat. (*Bul. Soc. Zool. Accl.*, IIe Sér., IV, 1867, pp. 85-91.)

—— Note sur des éducations du *B. Yama-maï* et rapport sur les éducations précoces en 1867, Par M. Ligounhe. (*Bull. Soc. Zool. Acclim.*, IIe Sér., IV, 1867, pp. 333-338.)

—— *Hippolyte Morellet, propriétaire à Bourg (Ain). De la culture du ver à soie de l'ailante ou vernis du Japon. Br.

—— The Treaty Ports of China and Japan. A complete Guide to the Open ports of those Countries, together with Peking, Yedo, Hong-kong, and Macao. Forming a Guide Book & Vade-Mecum for travellers, merchants, and residents in general. With 29 maps and plans. By Wm. Fred. Mayers, F. R. G. S., H. M.'s Consular Service, N. B. Dennys, late H. M.'s Consular Service and Chas. King, Lieut. R. M. A. Compiled and edited by N. B. Dennys. London : Trübner & Co., — Hong-kong: A. Shortrede & Co., 1867, in-8, pp. VIII-688-XLIX-26.

Les 26 dernières pages contiennent un «Catalogue of Books».

Notice : *N. C. Herald*, 18 May 1867.

—— Neêrlands Streven tot Openstelling van Japan voor den Wereldhandel. — Uit officieele, grootendeels onuitgegeven bescheiden toegelicht door Mr J. A. van der Chijs ... — Met vijf bijlagen, behelzende eene Geschiedenis van het Nederl. Marine-Detachement in Japan, enz. Uitgegeven door het Kon. Instituut voor de Taal-, Land- en Volkenkunde van Nederlandsch Indie. Te Amsterdam, bij Frederik Muller, 1867, in-8, pp. XIV-530 + 1 f. n. ch.

—— *Jhr. J. L. C. Pompe van Meerdewoort. — Vijf jaren in Japan (1857-1863). Bijdragen tot de kennis van het Japansche Keizerrijk en zijne bevolking. Leiden, 1867, twee deelen in-8, ill.

Béatification, 7 Juillet 1867.

—— *Geschiedenis der twee Konder en vijt Martelaars van Japan Zalic verklaard door Z. H. Pius IX. op 7 Julii 1867, door P. F. Franciscus-Xaverius Frydal Minder brooder Recollect. Gent J. B. D. Hemelsoet Druker bij S. Baafskerk 1867.

Un volume in-8, di VIII e 219 pagine. È la storia di 250 Martiri Giapponesi beatificati dal Sommo Pontefice Pio IX il 1867, scritta dal Padre Francesco Saverio Frydal della Provincia del Belgio, che fui lieto di conoscere personalmente nel nostro Convento di Anversa. (Marcellino da Civezza, No. 235.)

—— Bref de la Béatification de 205 Serviteurs de Dieu parmi lesquels Charles

Spinola et ses trente-deux compagnons de la Compagnie de Jésus martyrisés dans le Japon, et béatifiés le 7 juillet 1867. — Bordeaux, V° Lanefranque et fils, 1868, pièce in-24, pp. 15.

Bib. nat., O² o 187.

— *Relacion // de la vida y gloriosa muerte de ciento diez santos // del Orden de Santo Domingo; // ó Cofrades del Santísimo Rosario, martirizados en el // Japon, y beatificados solemnemente por Nuestro San- // tísimo Padre Pio IX el dia 7 de Julio de 1867; // y de S. Juan de Colonia, // Sacerdote del mismo Orden, martirizado en la ciudad de // Brila. . // Y como suplemento // una breve noticia de los demás Misioneros Europeos, pertenecientes á // las otras corporaciones religiosas, que fueron martirizados en el // Japon y acaban de ser beatificados tambien solemnemente. // Compuesto por // el M. R. P. Fr. José María Moran, // Catedrático de Sagrada Teología en el Real Colegio de Dominicos, // Misioneros de Asia, establecido en la villa de Ocaña. // . . . // Madrid: 1867. // Imprenta de D. Policarpo Lopez, Cava-Baja, 19. In-4, pp. 4 n. ch. + 260, 1 lith. représentant le martyr.

Retana, 1157.

— *Mártires del Japon, ó sea Vida y Martirio de los Beatos Fr. Fernando de san José, Fr. Pedro de Zúñiga y demás compañeros Mártires, beatificados en 7 de Julio del presente año por N. santisimo Padre Pio IX. Por el P. Fr. Manuel Jimenez, del Orden de San Agustin. Valladolid, 1867, Imprenta de D. Juan de la Cuesta, In-8, pp. 259.

De la *Introduccion*. — «Solo resta que digamos ahora algunas palabras de aquellos autores que nos han dejado algunas noticias de los santos Mártires cuyas vidas nos proponemos referir. Sin que sea nuestra intencion nombrar á todos aquellos que con mas ó menos extension nos refieren la victoria obtenida por nuestros bienaventurados Mártires, no podemos dejar de citar los nombres de los Padres Fr. Hernando Becerra y Fr. Martin Claver, Provincial que fué el primero de la provincia de agustinos de Filipinas, y Comisario Procurador el segundo de dicha provincia en la corte de Madrid. Uno y otro fueron contemporáneos de los beatos mártires, y aún cuando *sus obras han desparecido* con el trascurso del tiempo, de ellas se sirvieron, y á ellas consultaron los que despues ha escrito de nuestros santos Mártires. El «R. P. Fr. Hernando Becerra escribió la vida y martirio del Beato P. Fr. Fernando de san José, la cual se imprimió en *Cadiz* en casa de Juan Borja, junto con el martirio de otros dos religiosos agustinos de la Provincia de Filipinas, hácia el año de 1620. Dejó tambien manuscrita, y en disposicion de darse á la estampa, la vida del Beato P. Fr. Pedro de Zuñiga, que se conservaba en el convento de Sevilla, endonde el B. Fr. Pedro, habia vestido el hábito religioso. El R. P. Fr. Martin Claver escribió algunos despues otra obra, que tambien se imprimió, con el título de *Vidas de los Mártires del Japon*. A ambos — entre otros varios — tuvo presente el P. Mtro. Fr. José Sicardo, al redactar las vidas de nuestro mártires, que pueden verse en la obra que publicó en Madrid el año 1698, en casa de Francisco Sanz, con el título de *Cristiandad del Japon*. El. P. Mtro. Portillo trae igualmente la vida de todos estos mártires.

«Por lo que mira á la vida de los Beatos Padres Fr. Francisco de Jesus y Fr. Vicente de san Antonio, puede consultarse además al R. P. Fr. Luis de Jesus : *Crónica de los Agustinos Descalzos*, impreso ásimismo en Madrid año de 1681. Tomo 2°. Década 5ª.» — Retana, 1155.

— Catalogo e brevi Memorie dei ducento e cinque beati martiri nel Giappone. Roma, coi tipi della Civiltà cattolica, 1867, in-16, pp. 124 + 1 f. n. ch.

— Relazione della gloriosa morte di ducento e cinque beati Martiri nel Giappone compilata dal P. Giuseppe Boero della Compagnia di Gesù Roma Coi tipi della Civiltà Cattolica 1867, in-8, pp. 231, front.

— Les 205 Martyrs du Japon béatifiés par Pie IX en 1867 Notice par le Père Boero, de la Compagnie de Jésus traduite de l'italien par le Père Aubert, de la même Compagnie. Paris, Joseph Albanel, 1868, in-12, pp. VIII-280.

Bib. nat., O² o 186.

— Les 205 Martyrs japonais béatifiés par N. S. P. le pape Pie IX Dans la basilique Vaticane le dimanche 7 juillet 1867. Pièce in 8, pp. 12.

Sans couverture. — A la fin : Marseille, V° P. Chauffard [1867]. — Signé : A. Canron.

Bib. nat., O² o 185.

— * Bericht über den glorreichen Tod von 205 seligen Martyrern in Japon. Nach dem italienischen bearbeitet von einem Priester. München, Lentner, 1868, in-8, pp. 63.

De Backer.

— Le Christianisme au Japon par le Comte de Lambel. — J. Lefort, Lille [et] Paris, s. d. [1868], in-8, pp. 270, front.

La date est à la fin. — Bib. nat., O² o 191.

—— Le Triomphe du Saint Rosaire ou les Martyrs dominicains du Japon Béatifiés par Pie IX, en 1867, par le R. P. André-Marie, des Frères-Prêcheurs — Dédiés aux Confrères du Saint-Rosaire — Lyon, Bauchu & Cie, 1868, in-18, pp. 140.

Bib. nat., O² o 190.

—— Les 33 Martyrs du Japon Religieux de la Compagnie de Jésus béatifiés par S. S. Pie IX, le 7 juillet 1867. Amiens, Typographie d'Alfred Caron fils, 1868, in-16, pp. 36, Port. du P. Spinola.

Bib. nat., O² o 188.

—— Die Dreiunddreiszig Märtyrer von Japan, aus der Gesellschaft Jesu, von S. H. Pius IX seliggesprochen den 7. Juli 1867. — Aus dem Französischen. — Mit Erlaubnisz der Obern. — Strassburg, F. H. Le Roux, 1868, in-16, pp. 36.

Bib. nat., O² o 189.

—— *Японія. — Д. Завалишинъ. (*Современ. Лѣтопись*, 1867, No. 38.)

Mejov, 3267.

—— *Очерки Японіи. Статья Н. Ле—ва. (*Востокъ*, 1867, Nos. 2, 4 et 6.)

Mejov, 3268.

James C. Hepburn.

—— A Japanese and English Dictionary; with an English and Japanese Index. By J. C. Hepburn, A. M., M. D. Shanghai: American Presbyterian Mission Press. — 1867, in-8, pp. XII-558-132 à 2 col.

—— A Japanese-English and English-Japanese Dictionary. By J. C. Hepburn, M.D., LL.D. Second edition. Shanghai: American Presbyterian Mission Press. — 1872, in-8, pp. XXXI-632-201.

Mourier, No. 417, 150 fr.

—— Fourth Edition, 1888.

Les éditions suivantes sont stéréotypées.

(James C. Hepburn.)

—— * J. C. Hepburn. — Japanese-English and English-Japanese Dictionary. 6th edition. 1900, gr. in-8, pp. XXXII-962.

Arranged phonetically according to the Roman Alphabet, but the Chinese sign is given for every word, and beside its pronunciation in Katakana and Roman characters. (Trübner.)

—— —— Seventh edition, 1903, gr. in-8, pp. XXXII-962.

—— Index of Chinese Characters in Hepburn's Dictionary arranged according to their radicals by W. Norton Whitney M. D. Interpreter to the U. S. Legation, Tōkyō. — Tōkyō, 1888, Z. P. Maruya & Co., pp. 122 + 1 f. n. ch.

—— Auszug des Japanischen Wörterbuches. Nach J. C. Hepburn's japanischen Wörterbuch (4 ed., Tôkyô. 1888.) (*Reise* des Grafen Béla Széchenyi, Wien, 1898, II, pp. 380-429.)

—— Japanese-English and English-Japanese Dictionary. By J. C. Hepburn, M.D., LL.D. Abridged by the Author. New York: A. D. F. Randolph & Co. London: Trübner & Co., 1873, in-12, pp. VI-206 à 2 col.

—— * J. C. Hepburn. — Japanese-English and English-Japanese Pocket Dictionary, Abridged by the Author. 2nd. Edition, revised and enlarged. 1887, in-16, pp. VIII-1033.

Printed in Roman characters only.

—— Third Edition. 1907, in-16, pp. VIII-1033.

—— Meteorological Tables from Observations made in Yokohama from 1863 to 1869 inclusive. By J. C. Hepburn, M. D. (*Trans. Asiat. Soc. Japan*, II, 1874, pp. 218-219.)

* * *

—— English Outline Vocabulary for the use of Students of the Chinese, Japanese, and other languages arranged by John Bellows with notes on writing Chinese with Roman Letters by Professor Summers King's

(James C. Hepburn. — Divers.)

College, London. London : Trübner, 1868, in-12, pp. 6-368.

Les pages sont blanches depuis la p. 337.

—— Le Japon et la question japonaise par Charles Delprat Ancien fermier général et commissaire du commerce particulier et exclusif des Hollandais au Japon avant les Traités (de 1845 à 1849). Paris, E. Dentu, 1868, br. in-8, pp. 43.

J. Layrle.

—— Extrait de la *Revue des Deux-Mondes* Livraisons des 1er et 15 février 1868 — Le Japon en 1867. [Sig. J. Layrle]. in-8, pp. 63.

Bib. nat., O² o 44.

—— Le Japon en 1867 — La vie japonaise, les villes et les habitants; — le régime politique et l'établissement des Européens par M. J. Layrle Capitaine de frégate — Extrait de la *Revue Maritime et Coloniale* (Mai et juin 1868). Paris, Paul Dupont, 1868, in-8, pp. 68.

Tiré de la *Revue des Deux-Mondes*.

Bib. nat., O² o 45.

—— La Restauration impériale au Japon par le vice-amiral Layrle. Paris, Armand Colin, s. d. [1892], in-12, pp. VI-387.

«L'histoire de la Restauration japonaise est presque inconnue. Dans le pays même, les intéressés n'ont, pour se guider, qu'une brochure publiée en 1876, le *Kinzé Shiriaku*, document bien incomplet, et légèrement partial.»

—— La restauration impériale au Japon. Par Al. Legrand. (*Soc. Bretonne Géog.*, 1902, pp. 377-390.)

D'après l'amiral Layrle.

*
* *

—— Rapport sur la partie commerciale du port de Nagasaki (Japon). In-4, 50 ff. autog.

Signé : Paris ce 9 avril 1868. Le V. Consul de France à Nagasaki (Japon) L. DURY.

—— Note sur les produits animaux et végétaux exportés du Japon. Analyse d'un mémoire de M. Léon Dury. (*Bull. Soc. Zool. Acclim.*, IIe Sér., V, 1868, pp. 366-368.)

—— Notes on the Coal Fields and General Geology of the Neighbourhood of Nagasaki. By Thos. W. Kingsmill Esq., Corresponding Secretary. (*Journ. N.C.B.R.As.Soc.*; N. S., No. V, Dec. 1868, pp. 24-29.)

—— Some Remarks on recent Elevations in China and Japan. By Albert S. Bickmore, Esq. (*Journ. N.C.B.R.As.Soc.*, N. S., No. V, Dec. 1868, pp. 58-66. Read Nov. 5th, 1867.)

—— The Ainos or Hairy Men of Yesso, Saghalien and the Kurile islands. By Albert S. Bickmore, A. M. Corresponding Member of the Ethnological Societies of London and New York; and of the Boston Society, and New York Lyceum of Natural History. — [From *the American Journal of Science*, May, 1868.] — Tuttle, Morehouse & Taylor, printers, 221 State St., New Haven... 1868, in-8, pp. 25 + 1 f. n. ch.

From the Proceedings of the Boston Soc. of Nat. Hist., Dec. 4th, 1867.

—— Some Notes on the Ainos. By Albert S. Bickmore, M. A. (*Trans. Ethn. Soc.*, VII, 1869, pp. 16-26.)

—— Note sur quelques-unes des recherches que l'on pourrait faire en Chine et au Japon au point de vue de la Géologie et de la Paléontologie. Par G. Eug. Simon, Consul de France à Ning-Po. (*Journ. N.C.B.R.As.Soc.*, N. S., No. V, Dec. 1868, pp. 85-152.)

On a fait un tirage à part de cette Note avec titre spécial, br. in-8, de pp. 68 : Note sur les recherches que l'on pourrait faire en Chine et au Japon au point de vue de la Géologie et de la Paléontologie par G. Eug. Simon, Consul de France à Fou-Tcheou. Shanghai : Imprimerie de A. H. de Carvalho, 1869.

—— Retrospect of Events in China and Japan during the year 1868. (*Journ. N.C.B.R.As. Soc.*, N. S., No. V, Dec. 1868, pp. 280-285.)

—— Étude complète de l'éducation des vers à soie, Par M. Shimidzeu Kinzaimon, traduit du japonais par M. le docteur P. Mourier. (*Bull. Soc. Zool. Acclim.*, IIe Sér., V, 1868, pp. 17-47.)

—— Derivation of the word Bonze. By T. (*Notes and Queries on Ch. & Japan*, March 1868, p. 41.)

—— The Word Bonze. By G. M. C. (*Notes and Queries on Ch. & Japan*, Sept. 1868, p. 142.)

Foochow, 12th June, 1868.

—— Geological Change on the Coasts of China and Japan. By Theos. Sampson. (*Notes and Queries on Ch. & Japan*, Aug. 1868, p. 120.)

Extrait de l'*Athenaeum*.

—— Japanese Crabs. By D. N. (*Notes and Queries on Ch. & Japan*, Sept. 1868, p. 132.)

Ex. de la *Japan Gazette*.

—— Cremation in Japan. By N. (*Notes and Queries on Ch. & Japan*, Nov. 1868, pp. 162-163.)

—— Relation médicale d'une campagne au Japon, en Chine et en Corée. Thèse présentée et publiquement soutenue à la Faculté de Médecine de Montpellier, le 12 Juin 1868. Par Cheval (Elisée-Julien), né à La Gacilly (Morbihan), Docteur en Médecine, Médecin de deuxième classe de la Marine impériale. Montpellier, Boehm et fils, 1868, br. in-4, avec une carte de Corée.

Le Dr. Cheval était à bord du *Primauguet*. — Notice par le Dr. Brassac, *Arch. Médecine Navale*, XIV, 1870, pp. 428-433.

—— Description of an Aino Skull. By George Busk. (*Trans. Ethn. Soc.*, N. S., VI, 1868, pp. 109-111.)

—— Le Japon Mœurs. Coutumes. — Description. — Géographie. — Rapports avec les Européens par le Colonel d'Etat-Major Du Pin Ancien commandant de la contre-guérilla française au Mexique. — Paris, Arthus Bertrand, s. d. [1868], in-8, pp. 140.

Bib. nat., O²o 46. — Des extraits en ont été donnés dans les *Annales des Voyages*, 1869, I, pp. 232-242.

Adolf Bastian.

—— Die Voelker des Oestlichen Asien. — Studien und Reisen von Dr. Adolf Bastian.

Erster Band. — Die Geschichte der Indochinesen. — Aus einheimischen Quellen von Dr. Adolf Bastian. — Leipzig, 1866, Otto Wigand, in-8, pp. xvi-576.

Zweiter Band. — Reisen in Birma in den Jahren 1861-1862... Leipzig 1866..., in-8, pp. xiii-521.

Dritter Band. — Reisen in Siam im Jahre 1863.... Nebst einer Karte Hinterindiens von Professor Dr. Kiepert. — Jena, Hermann Costenoble, 1867, in-8, pp. xx-540.

Vierter Band. — Reise durch Kambodja nach Cochinchina... Jena, Hermann Costenoble, 1868, in-8, pp. ix-436.

Outre le récit du voyage, renferme les vocabulaires suivants : Samreh, Dscham, Khamen boran, Kha So, Kha Tampuen, Xong, Lao Suay, Karen, Paloung, Sthieng, Banar Sedan.

Fünfter Band. — Reisen im Indischen Archipel. Singapore, Batavia, Manilla und Japan.... Jena, Hermann Costenoble, 1869, in-8, pp. lix-552.

Sechster Band. — Reisen in China von Peking zur Mongolischen Grenze und Rueckkehr nach Europa... Jena, Hermann Costenoble, 1871, in-8, pp. cxiv-664.

—— Une excursion à Kioto capitale du Japon par A. Pâris lieutenant de vaisseau. — Accompagné de planches et de figures sur bois. — Paris, Arthus Bertrand..... — 1869, in-8, pp. 27.

Extrait de la *Revue maritime et coloniale*. — Gravures extraites de l'*Illustration*.

—— *Японія. Очерки изъ записокъ путешественника вокругъ свѣта. Н. Бартошевскій. (*Взглядъ на полит. и соціальную жизнь народа.*) Спб., 1868.

Mejov, 3269.

—— *Японцы. — Н. Пановскій. (*Современ. Лѣтопись.*, 1868, No. 10.)

Mejov, 3343.

—— *О государственномъ строѣ Японіи. Статья Е. Б. (*Извѣстія Русск. Геогр. Общ.*, 1868, Т. 4, No. 7, pp. 359-370.)

Mejov, 3371.

William George Aston.

Né près de Londonderry en 1841; † 22 nov. 1911, à The Bluff, Beer, East Devon.

Notice par Henri Cordier, *T'oung Pao*, Décembre 1911, pp. 740-742.

— A short grammar of the Japanese Spoken Language. By W. G. Aston, M. A. Interpreter H. B. M. Consular Service, Japan. Nagasaki : Printed and Published by F. Walsh, 1869, in-12, pp. 40.

4th edition, 1888, pp. 212.

— Grammaire abrégée de la langue parlée japonaise par W. G. Aston, M. A. Interprète-traducteur de la Légation britannique au Japon traduite par Émile Kraetzer Chancelier du Consulat de France à Yokohama sur la deuxième Édition Anglaise revue et corrigée spécialement par l'Auteur pour l'Edition Française suivie d'un Vocabulaire Des mots contenus dans cette Grammaire et de ceux pouvant être utiles à un commençant. — Yokohama, Imprimerie de C. Lévy, 1873, in-8, pp. 83.

— Remarks on Commerce by Kato Sukeichi. Translated from the Japanese. By W. G. Aston, Esq., M. A. (*The Phoenix*, II, No. 20, Feb. 1872, pp. 117-119; No. 21, March 1872, pp. 135-138.)

Osaka, 1869.

— Russian Descents in Saghalien and Itorup in the years 1806 and 1807. By W. G. Aston, Esq. Read before the Asiatic Society of Japan, on the 7th June, 1873. (*Trans. As. Soc. of Japan*, 30th Oct. 1872 to 9th October, 1873, pp. 86-95.)

— Has Japanese an Affinity with Aryan languages. — By W. G. Aston, Esq. — Read before the Asiatic Society of Japan, on the 17th June 1874. (*Trans. Asiatic Soc. Japan*, II, 1874, pp. 199-206.)

— An Ancient Japanese Classic. (The *Tosa Nikki*, or Tosa Diary.) By W. G. Aston. (*Trans. Asiatic Society Japan*, Vol. III, Pt. II, 1875, pp. 121-130.)

— * W. G. Aston. — A Grammar of the Japanese written Language with a short Chrestomathy. 2d ed. London and Yokohama, 1877, gr. in-8, pp. XII + 212 + LX + VIII.

1st edition, Yokohama, 1872, gr. in-8, pp. 115.

— Hideyoshi's Invasion of Korea. By W. G. Aston Esq. Read before the Asiatic Society of Japan, March 9th 1878. (*Trans. As. Soc. Japan*, Vol. VI, Pt. II, pp. 227-245.)

Chapter II. — The Retreat. [Read Jan. 11, 1881.] (*Ibid.*, VIII, Pt. III, 1880, pp. 87-93) (*Ibid.*, Vol. IX, Pt. I, pp. 87-93.) — Chap. III. — Negotiation. [Read June 14, 1881.] (*Ibid.*, Pt. III, pp. 213-222.) — Chap. IV. — The Second Invasion. [Read Jan. 10, 1883.] (*Ibid.*, Vol. XI, Pt. I, pp. 117-125.) — Voir col. 187.

— W. G. Aston. — The Loochooan and Aino Languages. (*Proceedings Royal Geog. Soc.*, 1879, p. 598.)

From the *Church Missionary Intelligencer and Record*.

— A Comparative Study of the Japanese and Korean Languages. By W. G. Aston, Assistant Japanese Secretary H. B. M.'s Legation, Yedo. (*Journ. R. As. Soc.*, N. S. Vol. XI, Art. XIII, August, 1879, pp. 317-364.)

— H. M. S. «Phaeton» at Nagasaki in 1808. — By W. G. Aston, Esq. [Read May 13th, 1879.] (*Trans. As. Soc. of Japan*, Vol. VII, Pt. IV, No. V, 1879, pp. 323-336.)

— Proposed Arrangement of the Korean Alphabet. By W. G. Aston. (*Trans. Asiatic Soc. Japan*, VIII, Pt. I, 1880, pp. 58-60.)

— Early Japanese History. By W. G. Aston. (*Trans. Asiatic Society Japan*, XVI, 1889, pp. 39-75.)

— A Literary Lady of Old Japan. — By the Late Dr. T. A. Purcell and W. G. Aston. (*Trans. Asiat. Soc. Japan*, XVI, 1889, pp. 215-224.)

— The Particle *Ne*. — By W. G. Aston. (*Trans. Asiat. Soc. Japan*, XVII, 1889, pp. 87-90.)

— Adventures of a Japanese Sailor in the Malay Archipelago, A. D. 1764 to 1771.

By W. G. Aston... (*Journ. Royal Asiat. Soc.*, 1890, pp. 157-181.)

«Abridged from a Japanese book called *Nankai Kibun* (Notes of the Southern Ocean), which records the examination by the officials of Chikuzen in Kiushiu, of a native of that province, named Magotarō, who had been cast away on an island near Mindanao, and, after a captivity of seven years, was ultimately brought back to Japan in a Dutch Ship.» Magotarō landed at Deshima 1771.

—— Corean Popular Literature. By W. G. Aston. (*Trans. Asiat. Soc. Japan*, XVIII, 1890, pp. 104-118.)

—— Observations on Dr. Tsuboi's Discovery of Artificial Caves in Japan. By W. G. Aston, C. M. G., Late Japanese Secretary, H. M.'s Legation Tokio. (*Imp. & As. Quart. Rev.*, N. S., IV, 1892, pp. 124-128.)

—— Japanese Onomatopes and the Origin of Language. By W. G. Aston, C. M. G. (*Journ. Anthrop. Inst. of Gt. Brit. and Ireland*, Vol. XXIII, 1893-94, pp. 332-362.)

—— Note on Mr. W. G. Aston's «Japanese Onomatopes, and the Origin of Language», By Hyde Clarke. (*Journ. Anthrop. Inst. of Gt. Brit. and Ireland*, Vol. XXIV, 1894-95, pp. 60-62.)

—— The Önmun-when invented? — By W. G. Aston. (*Trans. Asiat. Soc. Japan*, XXIII, 1895, pp. 1-4.)

—— Note sur les différents systèmes d'écriture employés en Corée. — Par Maurice Courant. (*Ibid.*, pp. 5-23.)

—— *Nihongi*, Chronicles of Japan from the Earliest Times to A. D. 697. Translated from the Original Chinese and Japanese by W. G. Aston, C. M. G... London, 1896, Kegan Paul, 2 vol. in-8, pp. XXII + 1 f. n. ch. + pp. 407, 443.

Transactions and Proceedings The Japan Society, London. — Supplement I.

Notices : *T'oung Pao*, VII, 1896, pp. 429-430, par G. Schlegel. — *Revue critique*, 27 août 1900, par Maurice Courant.

—— A History of Japanese Literature By W. G. Aston, C. M. G., D. Lit., Late Japanese Secretary to H. M. Legation, Tokio. London, William Heinemann, MDCCCXCIX, in-8, pp. XI-408.

Notices : *T'oung Pao*, Mars 1899, pp. 230-233, par G. Schlegel. — *Quarterly Review*, 192, July 1900, pp. 68-91.

—— Guglielmo Passigli — La Letteratura giapponese. (*Nuova Antologia*, 1° Ottobre 1899, pp. 478-499.)

A propos de *Japanese Literature*, by W. G. Aston.

—— Histoire des Littératures — Littérature japonaise par W. G. Aston Traduction de Henry-D. Davray. Armand Colin, Paris, 1902, in-8, pp. XXII-396.

Note bibliographique par Maurice Courant.

Notices : *Bul. École Ext. Orient*, III, 1903, p. 355, par Cl. E. Maître. — *Bul. Comité Asie française*, Juillet 1902, p. 336.

—— Japanese Myth. By W. G. Aston. (*Folk Lore*, X, 1899, pp. 294-323.)

Notice : *T'oung Pao*, Oct. 1899, pp. 410-413, par G. Schlegel.

—— W. G. Aston. — Toriwi — its Derivation. (*Trans. Asiat. Soc. Japan*, XXVII, 1900, pp. 153-155.)

—— On the Japanese Gohei and the Ainu Inao. By W. G. Aston. (*Report British Ass. Adv. Science*, Bradford, 1900, pp. 900-901.)

—— The Japanese Gohei and the Ainu Inao. By W. G. Aston, C. M. G. [Read at the Meeting, June 19th. With Plate IX.] (*Journ. Anth. Institute*, London, Vol. XXXI, 1901, pp. 131-135.)

—— A note to an Article on the Japanese «Gohei» and the Ainu «Inao», contributed to the «Journal of the Anthropological Institute», XXXI, 131 ff. By W. G. Aston, C. M. G. (*Man*, 1902, No. 110, p. 153.)

—— Kaempfer as an Authority on Shinto. By W. G. Aston, C. M. G. (*Man*, 1902, No. 127, pp. 182-184.)

—— Shinto (The Way of the Gods) by W. G. Aston, C. M. G., D. Lit........ Longmans, Green, and Co. New York and Bombay 1905, in-8, 3 ff. n. ch. + pp. II + pp. 390, ill.

Notice : *Man*, 1906, pp. 62-64, par Eliot Howard.

— * Shinto, the Ancient Religion of Japan. By W. G. Aston, C. M. G., D. Lit. London : Constable, 1907, pp. 107.

Notice : *Man*, 1909, No. 6, pp. 12-15, By A. H. Keane.

— Ancestor-Worship in Japan. By W. G. Aston. (*Man*, 1906, No. 23, pp. 35-37.)

— A Japanese Book of Divination. By W. G. Aston, C. M. G. (*Man*, 1908, No. 64, pp. 116-120; fig.)

— Letter to the Editor of *T'oung Pao*. (*T'oung Pao*, Oct. 1909, pp. 555-556.)

In answer to Michel Revon, *T. P.*, IX, No. 2.

— Are the *Norito* Magical Formulae? by W. G. Aston. (*T'oung Pao*, Décembre 1909, pp. 559-566.)

* * *

— Japan being a Sketch of the History, Government and Officers of the Empire by Walter Dickson. William Blackwood and Sons, Edinburgh and London, MDCCCLXIX, in-8, pp. VI + 1 f. n. ch. + pp. 489.

— * Очеркъ исторіи и управленія Японіи. В. Диксонъ. (*Извѣстія Имп. Русск. Геогр. Общ.*, 1870, T. 6, No. 5, pp. 167-168.)

Mejov, 3167.

— Японія. ея исторія, правительство и внутреннее устройство, сочиненіе В. Диксона, переводъ съ англійскаго Н. С. Кутейникова. St. Pétersbourg, 1871, in-8, pp. 496.

— * Сёогуны и микадо. Истор. очеркъ по япон. источникамъ. Іером. Николай. (*Русск. Вѣстникъ*, 1869, T. 84, No. 11, pp. 207-227; No. 12, pp. 415-460.)

Mejov, 3161.

— Sur la condition de la femme au Japon par Kouri-moto, Tei-zi-ro, M. C. de Yédo. Paris, Amyot, 1869, in-8, pp. 12.

Ext. No. 5 des *Mémoires de la Société d'Ethnographie*, 2e série. — Bib. nat., O²o 199.

(DIVERS.)

— Seize mois autour du monde (1867-1869) et particulièrement aux Indes, en Chine et au Japon. Ouvrage accompagné d'une carte. Par Jacques Siegfried. Paris, Hetzel, MDCCCLXIX, in-18, pp. 360.

— Koxinga's Japanese Origin. By Geo. Phillips. (*Notes and Queries on Ch. & Japan*, March, 1869, pp. 40-41.)

Amoy, 15th March, 1869.

— The Kinsats, or Japanese Paper Money. By R. (*Notes and Queries on Ch. & Japan*, III, Sept. 1869, pp. 138-139.)

— Japanische Meeres — Conchylien. — Ein Beitrag zur Kenntniss der Mollusken Japan's, mit besonderer Rücksicht auf die geographische Verbreitung derselben, von Dr. C. E. Lischke, Königl. Preuss. Geheimer Regierungs-Rath u. s. w. — Mit XIV Tafeln Colorirter Abbildungen. — Cassel, Verlag von Theodor Fischer, 1869, in-4, pp. 192.

— — Zweiter Theil. Mit XIV Tafeln Colorirten Abbildungen. *Ibid.*, 1871, pp. 184.

— — Dritter Theil. Mit IX Tafeln Colorirten Abbildungen. *Ibid.*, 1874, pp. 123.

Notice : *Nature*, I, 1869-70, p. 329, par J. Gwyn Jeffreys. — Addition, *Ibid.*, pp. 383-384.

— The Japanese. By J. A. Chessar. (*Nature*, I, 1869-70, pp. 190-192.)

— Retrospect of Events in China and Japan during the years 1869 and 1870. By J. M. Canny, Esq. (*Journ. N. C. B. R. As. Soc.*, N. S., No. VI, for 1869 & 1870 pp. 178-199.)

— * Попытка русскихъ къ заведенію торгов. сношеній съ Японіею въ XVIII и XIX ст. А. Сінбневъ. (*Морск. Сборникъ*, 1869, T. 100, No. 1, pp. 37-72.)

Mejov, 3391.

— * Внѣшняя торговля Іокогамы. М. Венюковъ. (*Извѣстія И. Русск. Геогр. Общ.*, 1869, T. 5, No. 5, pp. 209-213.)

Mejov, 3392.

(DIVERS.)

— *Вооруженныя силы Японіи. (*Всемірн. Путешественникъ*, 1869, No. 42.)

Mejov, 3397.

F. O. Adams.

— On the coal mines at Kaianoma in the island of Yezo. (*Geol. Soc. Quart. Journ.*, XXV, 1869, pp. 254-255; *Phil. Mag.*, XXXVIII, 1869, pp. 402-403.)

— Report on the central Silk Districts of Japan. (*Geogr. Soc. Journal*, XL, 1870, pp. 339-343.)

* * *

— Une révolution au Japon — La chute du Gouvernement du Taïcoun et les Daïmios Par Alfred Roussin. (*Revue des Deux Mondes*, 1er avril 1869, pp. 673-701.)

Yokohama, 15 janvier 1869.

Expédition italienne.

— * V. Arminjon. — Il Giappone e il viaggio della corvetta «Magenta» nel 1869. Genova, Sordomuti, 1869.

— Viaggio intorno al Globo della R. Pirocorvetta italiana *Magenta* negli anni 1865-66-67-68 sotto il comando del Capitano di Fregata V. F. Arminjon. — Relatione descrittiva e scientifica pubblicata sotto gli auspici del Ministerio di Agricoltura, Industria e Commercio dal Dottore Enrico Hillyer Giglioli, Professore di Zoologia ed Anatomia comparata dei Vertebrati nel Regio Istituto di Studj Superiori di Firenze già membro della Commissione Scientifica imbarcata su quella nave. Con una Introduzione Etnologica di Paolo Mantegazza. — Milanese, V. Maisnere Ca., Editori, in-4, pp. xxxviii-1031.

Singapore... Malaisie anglaise... Cochinchine... Japon... Chine...

— La prima spedizione italiana nell' interno del Giappone e nei centri sericoli effettuatasi nel mese di giugno dell' anno 1869 da sua eccellenza il Conte de la Tour — Racconto particolareggiato del viaggio e delle nozioni speciali ottenute sull' allevamento dei Bachi non meno che sulla coltivazione e sul prodotto del suolo giapponese di Pietro Savio di Alessandria, membro della spedizione. — Con 43 incisioni e la carta geografica del Giappone. Milano, E. Treves, editore, 1870, in-8, pp. 108.

Il y a une édition de 1877.

— Il Giappone al giorno d'oggi nella sua vita pubblica e privata, politica e commerciale — Viaggio nell' interno dell' isola e nei centri sericoli eseguito nell' anno 1874 dal Cavalier Pietro Savio di Alessandria membro della Società Geografica Italiana e autore della *Prima Spedizione italiana nell' interno del Giappone* corredato di 4 nuove carte geografiche e 31 incisioni non che dei bolli dei cartoni semi-bachi da seta — Seconda edizione — Milano Fratelli Treves, editori, 1876, in-8, pp. 216 + 1 p. n. c.

La première édition est de 1875.

— V. Arminjon. — La China e la Missione Italiana del 1866. Firenze, Uffizio della *Rassegna Nazionale*, 1885, coi tipi di M. Cellini e c. In-8, pp. 116 + f. d'er. n. ch.

* * *

— Notes sur le nord de l'île Nippon, l'île Yeso et les Kouriles japonaises recueillies à bord de la corvette *le Dupleix* (Sept.-Oct. 1868) par M. J.-M. Noury, Médecin de 1re classe. (*Arch. Médecine navale*, XIV, 1870, pp. 192-213.)

Raphael Pumpelly.

— Across America and Asia. Notes of a Five Years' Journey around the World, and of Residence in Arizona, Japan and China. By Raphael Pumpelly, Professor in Harvard University, and sometime Mining Engineer in the employ of the Chinese and Japanese Governments. New York, Holt & Williams, 1870, gr. in-8.

— Across America and Asia Notes of a five years' Journey around the World and of residence in Arizona, Japan and China by Raphael Pumpelly Professor of Harvard

University, and sometime Mining Engineer in the service of the Chinese and Japanese Governments. Third edition, revised. New York, Leypoldt & Holt, 1870, in-8, pp. XVI-454, carte et ill.

—— —— New York, Leypoldt & Holt, 1871, pet. in-8, pp. XVI-454.

Notice : *Atlantic Monthly*, XXV (1870), pp. 382-383.

*
* *

—— Lexicon Latino-Iaponicum... Romae, MDCCCLXX. — Voir col. 193.

—— *Краткій очеркъ Токунговскаго возстанія на остр. Іессо. Лейк. Истоминъ. (*Морск. Сборникъ*, 1870, Т. 109, pp. 97-117.)

Mejov, 3166.

—— * Historia // de los PP. Dominicos // en las Islas Filipinas // y en sus Misiones del Japón, China, Tung-Kin y Formosa, // que comprende // los sucesos principales de la Historia general de este Archipiélago, // desde el descubrimiento y conquista de estas Islas por las flotas españolas, // hasta el año de 1840. // Obra original é inédita del // M. R. P. Fr. Juan Ferrando, // Rector y cancelario que fué de la Universidad de Santo Tomás de Manila, // y corregida, variada y refundida // en su plan, en sus formas y en su estilo // por el M. R. P. Fr. Joaquín Fonseca, // Profesor de Teología, y Vice-rector de la misma Universidad // con un apéndice hasta nuestros dias. // Se imprime por orden del M. R. P. Provincial // Fr. Pedro Payo. // Tomo... // [*vig.*] // Con las licencias necesarias. // Madrid. — 1870. // Imprenta y Estereotipia de M. Rivadeneyra. 6 vol in-4. [1870-1872.]

Retana, 1244.

Beauvoir.

—— Australie. — Voyage autour du Monde par le Comte de Beauvoir. — Ouvrage enrichi de deux grandes cartes et douze gravures-photographies par Deschamps. Douzième édition. Paris, E. Plon, 1878, in-18, pp. IV-364.

La 1re éd. est de 1869.

—— Java, Siam, Canton. — Voyage autour du Monde par le Comte de Beauvoir. — Ouvrage enrichi d'une grande carte spéciale et quatorze gravures-photographies par Deschamps. Paris, Henry Plon, 1870, in-18, pp. 452.

La 1re éd. est de 1869.

—— Pékin, Yeddo, San-Francisco. — Voyage autour du Monde par le Comte de Beauvoir. — Ouvrage enrichi de quatre cartes et de quinze gravures-photographies par Deschamps. Onzième édition. Ouvrage couronné par l'Académie française. Paris, E. Plon, 1878, in-18, pp. 360.

La 1re éd. est de 1872.

—— Le même. Édition illustrée, gr. in-8, 1872, Paris, Plon, Fr. 16.

—— Le même. 10e édition, gr. in-8, avec 100 grav. et 7 cartes, 1874, *Ibid.*, Fr. 20.

Trad. en anglais et en italien.

— The Count de Beauvoir in China. (*Lippincott's Magazine*, Philad., Sept. 1873.)

*
* *

—— Gli urgenti bisogni della Sericoltura italiana al Giappone del Dottore Carlo Orio. (*Bol. Soc. Geog. ital.*, V, 1870, Part II, pp. 107-123.)

Avec des notes de C. Negri.

—— The early History of Japan. By C. W. Goodwin. (*Notes and Queries on Ch. & Japan*, IV, March 17, 1870, pp. 20-21.)

—— Ingot found at Ikonnoh (Japan) By J. H. G. (*Notes and Queries on Ch. & Japan*, Sept. 19th 1870, p. 103.)

Hiogo, June 20th 1870.

—— Le Faisan de Sœmmerring. Par Paul Voelkel. (*Bull. Soc. Zool. Acclim.*, IIe sér., VII, 1870, pp. 321-322.)

The *Field*, 25 Déc. 1869.

A.-J.-C. Geerts.

—— Japan in 1869. Door A. J. C. Geerts. Utrecht, J. G. Broese, 1870, br. in-8, pp. 35.

—— Observations on the Climate at Nagasaki during the year 1872. By Dr. Geerts. (*Trans. Asiat. Soc. Japan*, Vol. III, Pt. II, 1875, pp. 71-82.)

—— Useful Minerals and Metallurgy of the Japanese. By A. J. C. Geerts. (*Trans. Asiat. Soc. Japan*, Vol. III, Pt. I, 1875, pp. 1-16, 27-51, 85-97; IV, 1876, pp. 89-110; V, Pt. I, 1877, pp. 25-37.)

—— Preliminary Catalogue of the Japanese kinds of wood, with the names of the timber trees from which they are obtained. By Dr. Geerts, of Kioto. (*Trans. Asiatic Soc. Japan*, IV, 1876, pp. 1-26.)

—— Les produits de la nature japonaise et chinoise comprenant la dénomination, l'histoire et les applications aux arts, à l'industrie, à l'économie, à la médecine, etc. des substances qui dérivent des trois règnes de la nature et qui sont employées par les Japonais et les Chinois par A. J. C. Geerts. — Partie inorganique et minéralogique contenant la description des minéraux et des substances qui dérivent du règne minéral. Yokohama, C. Lévy, imprimeur-éditeur — 1878, in-8, pp. XI-295 + 17 planches et 1 carte.

—— Les produits de la nature japonaise.... par A. J. C. Geerts.... 2ᵉ Partie : Yokohama, L. Lévy & S. Salabelle, 1883, in-8.

Comprend les pages 297 à 662.

Notices : *Ann. Ext. Orient*, 1883-84, VI, pp. 242-249. Par Em. Lemière. — *China Review*, VIII, pp. 54-55.

L'ouvrage de Geerts contient, pp. 72-80, une «liste des ouvrages européens cités sur l'histoire naturelle et la matière médicale de la Chine et du Japon» et pp. 81-84, une «liste des principaux ouvrages japonais et chinois sur l'histoire naturelle et la matière médicale indigènes».

(A.-J.-C. Geerts.)

—— Le Japon Les progrès de la science Par le Docteur A.-J.-C. Geerts. (*Ann. de l'Extr. Orient*, I, pp. 213-218.)

Extrait de l'ouvrage : *Les Produits de la nature japonaise.*

—— On the drinking water of Yokohama and the necessity for its improvement : Being the Result of a Systematic Inspection and Analysis of the Wells in Yokohama. — By Dr. A. J. C. Geerts. (*Trans. Asiat. Soc. Japan*, VII, Pt. III, 1879, pp. 211-224.)

—— * La vaccine au Japon, par le Dr. A.-J.-C. Geerts. Br. in-8, pp. 16, Yokohama, 1879.

Notice : *Ann. de l'Extr. Orient*, II, p. 185.

—— The Mineral Springs of Ashi-no-yu in the Hakone Mountains. — By A. J. C. Geerts. (*Trans. Asiatic Soc. Japan*, Vol VIII, Pt. III, 1880, pp. 48-52.)

—— Analyses of ten Japanese Mineral Spring Waters. — By Dr. A. J. C. Geerts. (*Ibid.*, pp. 94-105.)

—— Het Tachtigste Verjaarfeest van den Japanschen Plantkundige Ito Keiske.... geschetst door zijn vriend en ambtgenoot A. J. C. Geerts. (*Bijd. Taal-, L.-, Volk. Ned. Ind.*, VI, 4ᵉ Sér., 1883, pp. 341-352.)

—— List of Plants used for food or from which foods are obtained in Japan. — By Edward Kinch. (*Trans. Asiat. Soc. Japan*, XI, Pt. I, 1883, pp. 1-30.)

—— Observations on Kinch's List of Plants used for food. — By Dr. Geerts. (*Ibid.*, pp. 31-38.)

— Le docteur A. J. C. Geerts. (*Ann. de l'Ext. Orient*, 1883-1884, VI, pp. 134-136.) — † 30 août 1883 à Yokohama.

—— Catalogue of the Valuable Library formed by the late Dr. A. J. C. Geerts, Yokohama. Comprising many works in Japanese, English, French, German and Dutch, on Subjects relating to China and Japan. — For sale by sealed tender to be sent to Mr. J. Ph. Von Hemert, No. 25, Yokohama, on or before 30th June, 1885, in-8, pp. 12.

(A.-J.-C. Geerts.)

—— *Очеркъ Японіи. Съ картою. М. Венюковъ. Спб. Тип. Имп. Акад. Наукъ, 1869, in-8, 1 carte.

Mejov, 3272.

—— *Замѣтка о колонизаціи Мацмая. М. Венюковъ. (*Извѣстія Русск. Географ. Общ.*, 1870, T. 6, No. 5, pp. 160-161.)

Mejov, 3275.

—— *Современная Японія, ея полит. устройство и управленіе. М. Венюковъ. (*Вѣстн. Европы*, 1870, T. IV, No. 7, pp. 252-277.)

Mejov, 3273.

—— *Южная часть острова Сахалина. Извлеч. изъ военно-медиц. отчета Докт. Добротворскаго за 1868-й г. (*Извѣстія Сибирск. Отд. Русск. Геогр. Общ.*, 1870, T. I, вып. 2-3, pp. 18-34.)

Mejov, 3274.

Blue Books.

—— Convention between Her Majesty and the Emperor of Japan. Signed at Nagasaki, in the English and Japanese languages, October 14, 1854. — Presented to both Houses of Parliament by Command of Her Majesty. 1856. — London : Printed by Harrison and Sons, in-fol., pp. 4. [2014] 1*d.*

—— Correspondence respecting the late Negotiation with Japan. — Presented... 1856. — London : Printed by Harrison and Sons, in-fol., pp. IV-17. [2077] 3*d.*

—— China and Japan. — Correspondence relative to the Earl of Elgin's special Mission. — Presented... 1859. — London, in-fol. [2571] 6*s.*

—— Treaty of Peace, Friendship and Commerce, between Her Majesty and the Tycoon of Japan. Signed in the English, Japanese, and Dutch languages, at Yedo, August 26, 1858. — Presented... 1860. — London : Printed by Harrison and Sons, in-fol., pp. 9. [2589] 1½*d.*

—— Correspondence respecting the stoppage of Trade by the Japanese Authorithies. — Presented to the House of Commons by Command of Her Majesty, in pursuance of their Address dated February 21, 1860. — London : Printed by Harrison and Sons, in-fol., pp. 11. [2617] 2*d.*

—— Correspondence with Her Majesty's Envoy Extraordinary and Minister Plenipotentiary in Japan. — Presented... 1860. — London : Printed by Harrison and Sons, in-fol., pp. V-101. [2648] 1*s.* 2*d.*

—— Correspondence respecting Trade with Japan. — Presented to both Houses of Parliament by Command of Her Majesty. 1860. — London : Printed by Harrison and Sons, in-fol., pp. 9. [2673] 1½*d.*

—— Despatches from Mr. Alcock, Her Majesty's Envoy Extraordinary and Minister Plenipotentiary in Japan. — Presented... 1860. — London : Printed by Harrison and Sons, in-fol., pp. 12. [2694] 2*d.*

—— Japan (Mr. Moss). Return to an Address of the Honourable The House of Commons, dated 17 June 1861. 1 page in-fol.

Voir col. 562.

—— Correspondence respecting Affairs in Japan. March and April, 1861. — Presented... 1861. — London : Printed by Harrison and Sons, in-fol , pp. 86. [2829] 1*s.*

—— Correspondence respecting Affairs in Japan. July to November 1861. — Presented to both Houses of Parliament by Command of Her Majesty. 1862. — London : Printed by Harrison and Sons in-fol., pp. 73. [2929] 9*d.*

—— Correspondence respecting Affairs in Japan. — Presented... 1863. — London : Printed by Harrison and Sons, in-fol., pp. IV-108. [3079] 1*s.* 2*d.*

—— Japan. — Copy of the Despatch from the General Officer commanding Her Majesty's Forces in China, addressed to the Secretary

IMPRIMERIE NATIONALE.

of State for War, relative to the dispatch of additional Troops to Japan, with an Enclosure. War Office, 21 July 1864. In-fol., pp. 2. [P. 511] ½d.

—— Correspondence respecting Affairs in Japan. (In continuation of Correspondence presented to Parliament in February 1863.) — Presented ... 1864. — London : Printed by Harrison and Sons, in-fol., pp. IV-117. [3242] 1s. 3d.

—— Japan. No. 2. (1864.) — Correspondence respecting Affairs in Japan. (In continuation of Correspondence presented to Parliament February 4, 1864.) — Presented... 1864. — London : Printed by Harrison and Sons, in-fol., pp. 7. [3303] 1s ½d.

—— Kagosima. — A copy of « Admiral Kuper's Official Report of the Performance of the Armstrong Guns in the Action at Kagosima ». Admiralty 4 April 1864. In-fol., pp. 4.

—— Armstrong Guns. — A « Copy of the Report of Admiral Kuper in reference to the Armstrong Guns in the Action of Simonosaki ». War Office, 5 May 1865. In-fol., pp. 10.

—— Japan. No. 1. (1865.) — Correspondence respecting Affairs in Japan. — Presented... 1865. — London : Printed by Harrison and Sons, in-fol., pp. V-156. [3428] 1s. 9d.

—— Japan. No. 2. 1862 (1865.) — Despatch from Sir R. Alcock respecting the Murder of Major Baldwin and Lieutenant Bird, at Kamakura, in Japan. — Presented... 1865. — London : Printed by Harrison and Sons, in-fol., pp. 32. [3429] 4½d.

—— Japan. No. 3. (1865.) — Further Papers respecting the Murder of Major Baldwin and Lieutenant Bird, at Kamakura, in Japan. — Presented... 1865. — London : Printed by Harrison and Sons, in-fol., pp. 15. [3459] 2½d.

—— * 1865, P. [3497] Order in Council for the Exercise of Jurisdiction in *China and Japan*... 3d.

—— * 1866, R. [3707] *China, Japan and Siam.* — Commercial Reports from Her Majesty's Consuls, 1865, in-8... 1s. 2d.

—— * 1866, R. [3740] *China and Japan.* — Commercial Reports from Her Majesty's Consuls, 1865, in-8... 6d.

—— * 1866, P. [58] Correspondence relative to Mortality in Troops (*China and Japan*)... 6d.

—— Japan No. 1. (1866.) Correspondence respecting Affairs in Japan : 1865-66. — Presented... 1866. — London : Printed by Harrison and Sons, in-fol., pp. IV-87, carte. [3615] 2s.

—— Japanese Currency. — Copies of « Reports made by the late Mr. Arbuthnot to the Lords of the Treasury on the subject of Japanese Currency... » Treasury Chambers, 10 August 1866. In-fol., pp. 28.

—— Japan. No. 1. (1867.) — Correspondence respecting the revision of the Japanese Commercial Tariff. — Presented... 1867. — London : Printed by Harrison and Sons, in-fol., pp. 17. [3758] 2½d.

—— Correspondence with Her Majesty's Minister in Japan respecting British Troops in that Country. (In continuation of Paper No. 35 of Correspondence relative to the Affairs of Japan, presented to Parliament in 1865, page 43.) — Presented... 1867. — London : Printed by Harrison and Sons, in-fol., pp. 12. [3831] 2d.

—— * 1867-68, R. [4079] *China, Japan and Siam.* — Commercial Reports from Consuls, 1866 to 1868. In-8, 1s. 9d.

—— * 1867-68, P. 315. Papers relating to the Legation and Consular Buildings in *China and Japan*... 4d.

—— * 1867-68, P. [3960] *East India, China, and Japan*) Mails. — Copy of Contract... 2d.

—— * 1868-69, R. [4138] *Japan.* — Commercial Reports from Consuls (1868). In-8... 3 d.

—— * 1868-69, P. 133. Army (*China and Japan*). — Correspondence relative to Allowances for Officers... $3\frac{1}{2}d$.

—— * 1868-69, P. [4187] Reports of Journeys in *China and Japan* (with a Plan)... $5\frac{1}{2}d$.

——* 1870, P. [27] Report on the Central Silk Districts of *Japan* No. 1 (1870). — with a Plan... 8*d.*

—— * 1870, P. [72] Further Report on Silk Culture in *Japan* No. 2 (1870)... 1*d.*

—— * 1870, P. [129] Correspondence respecting Affairs in *Japan*, 1868-70, No. 3 (1870)... 1*s.* 2*d.*

——* 1870, P. [194] Further Paper respecting Silk Culture in *Japan*, No. 5 (1870) ... 1*d.*

—— * 1871, P. [243] Third Report on Silk Culture in *Japan* (*with Plans*)... 2*s.* 6*d.*

—— *1871, P. [388] *Japan* (No. 3) — Report on the Deterioration of Japanese Silk ... 1*d.*

——* 1871, P. [400] Reports on the Manufacture of Paper in *Japan* (No. 4) (*with Plans*) ... 2*s.* 10*d.*

APPENDICE.

FRANCIS OTTIWELL ADAMS.

— The History of Japan from the earliest period to the present time. Vol I. — To the year 1864. By Francis Ottiwell Adams, F. R. G. S. Her Britannic Majesty's Secretary of Embassy at Berlin; Formerly Her Britannic Majesty's Chargé d'Affaires and Secretary of Legation at Yedo. Henry S. King & Co., London, 1874, in-8, pp. XVI-506, 2 plans.

— — Vol. II. — 1865 to 1871. Completing the Work... Ibid., 1875, in-8, pp. XIV-356, carte.

— Geschichte von Japan von den frühesten Zeiten bis auf die Gegenwart. Von Francis Ottiwell Adams, Sekretär bei der königlich grossbritannischen Botschaft in Paris; vormals Sekretär bei der Königlich grossbritannischen Gesandtschaft in Japan und bei der königlich grossbritannischen Botschaft in Berlin. Uebersetzt von Emil Lehmann. — Erster Band : Bis zum Jahre 1864. — Mit einer Karte und zwei Plänen. — Gotha. Friedrich Andreas Perthes. 1876, in-8, pp. XV-468.

AÏNO.

Nous avons cru utile de réunir ici les titres des principaux travaux sur ce peuple qui n'avaient pas encore trouvé place dans cet ouvrage.

JOHN BATCHELOR.

— Notes on the Ainu. — By J. Batchelor. (*Trans. Asiatic Soc. of Japan*, Vol. X, Pt. II, 1882, pp. 206-219.)

— An Ainu Vocabulary. — By J. Batchelor. (*Ibid.*, pp. 220-251.)

— Some Specimens of Aino Folk-Lore. By the Rev. J. Batchelor. (*The Folk Lore Journal*, VI, 1888, pp. 193-196.)

— Specimens of Ainu Folk-Lore. — By the Rev. Jno. Batchelor. (*Trans. Asiat. Soc. Japan*, Vol. XVI, Pt. II, July 1888, pp. 111-150.)

Continué dans les Nos. suivants.

— The Burial Customs of the Ainos. (*Nature*, XXXVIII, 1888, p. 331.)

A propos d'un article de M. Batchelor, dans la *Japan Weekly Mail*.

— On the Ainu Term «Kamui». — By J. Batchelor. (*Trans. Asiat. Soc. Japan*, Vol. XVI, Pt. I, Feb. 1888, pp. 17-32.)

— Reply to Mr. Batchelor on the words «Kamui» and «Aino». By B. H. Chamberlain. (*Ibid.*, pp. 33-38.)

— * John Batchelor. — Ainu-English-Japanese Dictionary and Grammar. 1889, in-8, pp. 287.

— An Ainu-English-Japanese Dictionary (Including a Grammar of the Ainu Language) by the Rev. John Batchelor... — Second Edition — Tokyo Published by the Methodist Publishing House..., 1905, in-8, pp. 11 + 1 f. n. ch. + pp. 525 + *3* + 159.

La seconde partie, pp. *3*-159 renferme : Part. II. — A Grammar of the Ainu Language アイヌ 語文典.

—— * The Ainu of Japan. The Religion, Superstitions, and General History of the Hairy Aborigines of Japan. By Rev. John Batchelor. With 80 Illustrations. London : Religious Tract Society, 1892, in-8, pp. XIV-287.

—— Ainu economic Plants. By Rev. John Batchelor and Dr. Kingo Mayabe. (*Trans. Asiat. Soc. Japan*, XXI, 1893, pp. 198-240.)

—— Ainu Words as illustrative of Customs and Matters pathological, psychological and religious. — By the Rev. John Batchelor. (*Trans. Asiat. Soc. Japan*, XXIV, 1896, pp. 41-111.)

—— * Rev. John Batchelor. — The Ainu and their Folk-lore. London, The Religious Tract Society, 1901, in-8, pp. XXVI-603, 137 illustr.

Notice : *Bull. École franç. d'Ext.-Orient*, III, No. 1, Janvier-Mars 1903, pp. 121-128. Par Cl. E. Maître.

—— J. Batchelor. — Ainus. (*Encyclop. of Religion and Ethics* ed. by J. Hastings, Edinb., I, 1908, pp. 239-252.)

*
* *

—— The Ainos and Japanese. By Herrn Von Brandt, Consul General of the German Empire for Japan. (*Journ. Anthrop. Institute*, London, Vol. III, 1874, pp. 129-135.)

Translated from the «Verhandlungen» of the Berlin Soc. for Anthrop., Ethnology, and Archaeology, Oct. 1871 to Nov. 1872.

—— Dr. J. Kopernicki. — Schädel von Ainos. (*Verhandl. Berlin. Ges. f. Anth.*, 1881, pp. 191-192.)

—— Hr. Brauns. — Die Ainos der Insel Yezo. (*Verhandl. d. Berliner Ges. f. Anthrop...*, Jahrg. 1883, pp. 179-183.)

—— 蝦夷. — Les Aïnos par Bons d'Anty, Employé à la Bibliothèque Nationale de Paris. (*Mém. Soc. Etudes japonaises*, IV, 15 Janvier 1885, pp. 35-46.)

—— The Ainos. By C. H. E. Carmichael, M. A. I. (*Journ. Anthrop. Institute*, London, Vol. III, 1874, p. 304.)

Opinion de E. H. Giglioli.

—— Recherches ethnographiques sur les Aïnos ou habitants des Kouriles. Par H. de Charencey. (Extrait du cahier de février 1866 des *Annales de philosophie chrétienne*), in-8, pp. 7.

—— Comte de Charencey. — Recherches sur la Flore Aïno, in-8, pp. 36.

Ext. des *Actes de la Société philologique*, T. II, No. 1er, Janvier 1873. — Voir col. 559.

—— L'inscription de Temia découverte par le capitaine Lefèvre contribution à l'étude des Aïnos Par le Dr R. Collignon. (*Revue d'Ethnographie*, VII, n° 5, pp. 449-454.)

—— Aino. — Par Henri Cordier. (*Grande Encyclopédie*, I, pp. 1004-1005.)

—— Notice sur les Aïno insulaires de Yézo et des îles Kouriles suivie de l'age de la pierre au Japon par J. Duchateau... Paris, chez Madame Veuve Bouchard-Huzard, Novembre 1874, in-8, pp. 10.

Extrait n° 8 du Compte-rendu du *Congrès international des Orientalistes*. — 1re session, Paris, 1873.

—— The Tsuishikari Ainos. — By J. M. Dixon. (*Trans. Asiat. Soc. Japan*, XI, Pt. I, 1883, pp. 39-50.)

—— L'âge de pierre chez les Ainos, par E. H.[amy]. (*Revue d'Ethnographie*, IV, n° 5, 1885, p. 468.)

—— Sur les insulaires de Karafuto, par W. L. Hégel. (*Mém. Soc. Sinico-jap.*, *etc.*, VI, Juillet 1887, pp. 176-180, avec planche.)

—— * R. Hitchcock. — The Ainos of Yezo, Japan. (Aino population, the Bear cultus, Religion, marriage customs, burial customs, weaving, musical instruments, clothing, dwellings, physical characters, etc., etc.). With 37 plates, 1890, in-8.

— On the Ainos. By Lieut. Swinton C. Holland, R. N. (*Journ. Anthrop. Inst.*, III, No. II, July & Oct. 1873, pp. 233-244.)

— * Life with Trans-Siberian Savages. By B. Douglas Howard, M. A. London, Longman, 1893, in-8, pp. 220.

— Hr. Joest. — Die Ainos auf der Insel Yesso. (*Verhandl. d. Berliner Ges. f. Anthrop....*, Jahrg. 1882, pp. 180-192.)

— Notes sur Yéso (Japon) recueillies dans le cours d'une campagne dans les mers de Chine et du Japon par le Dr. Kermorgant. (*Arch. Méd. navale*, LVIII, 1892, pp. 98-102.)

— * Dr. Koganei. — Beiträge zur physischen Anthropologie der Aino. I. Untersuchungen am Skelett. Aus dem zweiten Bande der Mitteilungen der medizin. Fakultät der Kaiserlich-japanischen Universität zu Tokio. Tokio, Verlag der Universität, 1893.

— Note sur les Aïnos de l'île de Sakhaline. Par M. Paul Labbé. (*Cong. des Soc. franç. de Géog.*, Paris, 1900, pp. 261-263.)

— Alone with the hairy Ainu, or, 3,800 miles on a pack Saddle in Yezo and a Cruise to the Kurile Islands. By A. H. Savage Landor. With Map and Illustrations by the Author. London : John Murray, 1893, in-8, pp. XVI-325.

Notice : *Nature*, XLIX, 1893-94, pp. 248-249, par H. R. M.

— The Aïnos by David Mac Ritchie, Member of the Anthropological Institute of Great Britain and Ireland. Edinburgh. — With 19 plates and 12 text illustrations. — Supplément au Tome IV des *Archives Internationales d'Ethnographie*, Leiden, 1892, gr. in-4, pp. XIV-69 + 1 f. n. ch. + 19 pl.

En tête, pp. IX-XIV: *Aïno Bibliography*.

— The Ainu. By Miss Marietta Melvin. (*Chin. Rec.*, XXXV, April 1904, pp. 171-178.)

— Autour du Monde. — Le Japon inconnu. — Chez les Aïnos. Par le Dr. Michaut. (Feuilleton du Supp. litt. du *Figaro*, 7 Oct. 1893.)

— Les Aïnos, par M. le Dr. Michault. (*Bul. Soc. Anth.*, Paris, 1893, pp. 259-262.)

Outre ces notes, M. Michaut a publié une étude sur les Aïnos dans le *Courrier d'Haïphong*, juin-juillet 1892.

— Aino and other Barbarians. By E. H. Parker. (*China Review*, XVIII, No. 1, p. 56.)

— Remarques sur un texte aïno. Par M. le Dr. Pfizmaier. (*Compte rendu de la 1re session du Cong. des Orient.*, 1873, I, pp. 212-213.)

— Sur les Aïno, insulaires de Yézo et des îles Kouriles. Par MM. J. Duchateau et Léon de Rosny. (*Compte rendu de la 1re session du Cong. des Orient.*, 1873, I, pp. 195-212.)

— Aino Ethnology. By J. J. Rein. (*Nature*, XXVII, 1882-3, pp. 365-366.)

— Voir *Nature*, XXVI, p. 524.

— Aino Ethnology. By A. H. Keane. (*Nature*, XXVII, 1882-3, p. 389.)

— The Ainos : Aborigines of Yeso. By Commander H. C. St. John, R. N. (*Journ. Anthrop. Inst.*, II, No. II, July & Oct. 1872, pp. 248-254.)

— Japanese Monographs. By Charlotte M. Salwey. No. XIV. — The Ainu : Past and Present. (*Imp. and Asiat. Quart. Rev.*, April 1911, pp. 315-331.)

— Les poisons de flèche des Aïnos. Par Dr Savatier, Médecin principal à Saint-Louis (Sénégal). (*Revue d'Ethnographie*, Tome I, n° 3, 1882, pp. 267-268.)

D'après le Dr. Stuart Eldridge.

Dr. B. Scheube.

— Die Ainos von Dr B. Scheube in Kioto (Japan). — Mit 9 lithographirten Tafeln. — Separatabdruck aus dem 26ten Heft der « Mittheilungen der Deutschen Gesellschaft für Natur- und Völkerkunde Ostasiens ». — Yokohama, Buchdruckerei des « Echo du

Japon » — 1882, in-fol., pp. 32 à 2 col., 2 tab. et 9 pl.

— Aino Ethnology. By A. H. Keane. (*Nature*, XXVI, 1882, pp. 524-526.)

— A Bear Festival among the Ainos. (*Nature*, XXV, 1881-2, pp. 345-346.)

D'après le mémoire du Dr Scheube, dans les *Mitth. d. deuts. Ges. f. Natur u. Völkerk. Ostas.*

— Le culte et la fête de l'ours chez les Ainos. Par le Dr. Scheube. (*Annales de l'Ext. Orient*, 1881-1882, IV, pp. 209-216.)

Traduit du 21e cahier de la Soc. Asiatique allemande.

— Le culte et la fête de l'ours chez les Ainos avec quelques observations sur les danses de ce peuple. Par le Dr Scheube. (*Revue d'Ethnographie*, tome I, n° 4, 1882, pp. 302-316.)

Trad. de l'allemand du 21[e] cahier de la Soc. As. allemande.

* * *

—— Die Verletzungen am Hinterhauptbein der Aïnoschädel. Von Emil Schmidt. (*Globus*, LXV, 1894, No. 7, pp. 116-117.)

—— Zur Ornamentik der Aino von Dr. H. Schurtz, Bremen. (*Int. Arch. f. Ethn.*, IX, 1896, pp. 233-251, 2 pl.)

—— *Heinrich Freiherr von Siebold. — Ethnologische Studien über die Aino auf der Insel Yesso. Mit 6 lithogr. Tafeln. Berlin, 1881.

Anastatischer Neudruck des lange Zeit vergriffenen Supplement-Hefts z. Jg. 1881 der *Ztschr. f. Ethnologie*.

—— An Aino-English Vocabulary. — Compiled by the Rev. J. Summers. (*Trans. Asiat. Soc. Japan*, Vol. XIV, Pt. II, Nov. 1886, pp. 186-232.)

—— Ueber den Yézoer Ainoschädel aus der ostasiatischen Reise des Herrn Grafen Béla Széchenyi und über den Sachaliner Ainoschädel des königlich - zoologischen und anthropologisch - ethnographischen Museums zu Dresden. Ein Beitrag zur Reform der Kraniologie. Von Prof. Dr. Aurel v. Török, Director des anthropologischen Museums zu Budapest. (*Archiv für Anthropologie*, XXVI, Braunschweig, 1900, pp. 95-144, 247-315, 561-689, *1-108.*)

—— Beiträge zur Craniologie der Aïnos auf Sachalin. Von Prof. A. Tarenetzky. St. Pétersbourg, 1890, gr. in-4, pp. 55. (*Mém. Ac. I. Sc. St. Pét.*, VIIe Sér., XXXVII, No. 13.)

—— Hr. Virchow. — Aïno und prähistorische Schädel mit Occipitalverletzungen. (*Verhandl. d. Berliner Ges. f. Anthrop....*, Jahrg. 1882, pp. 224-229.)

—— Notes of a Journey in the Island of Yezo in 1873, and on Progress of Geography in Japan. By R. G. Watson, late Chargé d'Affaires in Japan. (*Proc. Roy. Geog. Soc.*, XVIII, 1874, pp. 226-241.)

—— Yezo and the Ainu. (*Nature*, XLVII, 1892-93, pp. 330-331.)

D'après la R. Geog. Society.

William Anderson.

—— The Pictorial Arts of Japan with a brief historical sketch of the Associated Arts, and some remarks upon the Pictorial Art of the Chinese and Koreans. By William Anderson, F. R. C. S. Late Medical Officer of H. M.'s Legation, Japan. London : Sampson Low, Marston, Searle, & Rivington, MDCCCLXXXVI. In-fol., pp. XIX-276, 80 pl. hors texte et 146 figures dans le texte.

Publié à £ 8. 8/—

Notice : *Nature*, XXXIII, 1885-6, pp. 386-388, par F. V. Dicktins. — Rectification, p. 418.

—— William Anderson, F. R. C. S. Nécrologie par H. C.[ordier]. (*T'oung Pao*, 2e Sér., I, Déc. 1900, p. 493.)

Né à Londres en 1842; † 27 oct. 1900.

Anesaki.

—— Some Problems of the Textual History of the Buddhist Scriptures. By Dr. Anesaki. (*Transactions Asiatic Soc. Japan*, Vol. XXXV, Part II, June 1908, pp. 81-96.)

—— The four Buddhist Āgamas in Chinese, A Concordance of their parts and of the Corresponding Counterparts in the Pāli

Nikāyas, by Prof. M. Anesaki. — 1908, in-8, pp. 149.

Trans. Asiatic Soc. Japan, Vol. XXXV, Part 3, 1908.

* * *

— Fourteen Years of Diplomatic Life in Japan Leaves from the Diary of Baroness Albert d'Anethan... With an Introduction by H. E. Baron Kato Japanese Ambassador to the Court of St. James. With a photogravure frontispiece and 116 other illustrations in half-tone. London, Stanley Paul, s. d.[1912], in-8, pp. 471.

Edwin Arnold.

— The Light of Asia or the Great Renunciation (Mahâbhinishkramana). Being the Life and Teaching of Gautama, Prince of India and Founder of Buddhism (As Told in Verse by an Indian Buddhist). By Edwin Arnold, M. A., F. R. G. S., ... London: Trübner & Co., 1879, pet. in-8, pp. XIII-238.

— Japonica by Sir Edwin Arnold, M. A., K. C. I. E., C. S. I. Author of «The Light of Asia». With illustrations by Robert Blum. London: James R. Osgood, 1892, gr. in-8, pp. XV-128.

I. Japan — The Country. — II. Japanese People. — III. Japanese Ways and Thoughts.

Réimp. de *Scribner's Magazine*.

— Adzuma or The Japanese Wife. A Play in four Acts by Sir Edwin Arnold, M. A., K. C. I. E., C. S. I. . . . . London, Longmans, Green, and Co., 1893, pet. in-8, pp. VI + 1 f. n. ch. + pp. 188.

Georges Appert.

— G. Appert. — Voir col. 545.

— 和佛彙字律法. — Dictionnaire des termes de droit d'économie politique et d'administration — Publié par la Société de langue française de Tokyo. — Yokohama, Imprimerie de S. Salabelle, 1885, in-8, pp. IV-110 + 1 f. n. ch.

Préface signée Georges Appert, Professeur de Droit à l'Université de Tokio.

— Un code japonais au VIIIe siècle. 1er article. Par G. Appert. (*Nouvelle Revue historique de droit français et étranger*, 16e année, Mars-Avril 1892, No. 2, pp. 212-228; 2e art., *ibid.*, 17e année, Mai-Juin 1893, No. 3, pp. 302-320; 3e art., *ibid.*, Nov.-Déc. 1893, No. 6, pp. 731-745.)

* * *

— Das Staatsrecht von Japan. Inaugural-Dissertation der Rechts- und Staatswissenschaftlichen Fakultät der Kaiser-Wilhelms-Universität Strassburg zur Erlangung der Doctorwürde vorgelegt von Sinkiti Arimori aus Okayama (Japan). — Strassburg, Karl J. Trübner, 1892, in-8, pp. 111.

— *Dictionnaire Français-Japonais des mots usuels de la langue française, par Arthur Arrivet Professeur au Kô-tô-Chû-Gakkô. Paris, Paul Ollendorff, 1888, petit in-16, 6 frcs.

— An Illustrated Catalogue of Japanese Modern Fine Arts displayed at the Japan-British Exhibition London 1910 Compiled by the Office of the Imperial Japanese Government Commission to the Japan-British Exhibition. Tokyo: The Shimbi Shoin, gr. in-8, pp. 11 + 1 f. n. ch. + 263 fig. + 1 f. n. ch.

— An Illustrated Catalogue of Japanese Old Fine Arts displayed at the Japan-British Exhibition London 1910 Compiled by the Office of the Imperial Japanese Government Commission to the Japan-British Exhibition. Tokyo: The Shimbi Shoin, gr. in-8, pp. 79 + 262 fig. + 1 f. n. ch.

— Société franco-japonaise de Paris — L'Exposition rétrospective d'Art japonais à Londres (Mai-Octobre 1910) par M. E. Deshayes Conservateur du Musée d'Ennery. — Extrait du *Bulletin* n° XXII. — Juin 1911. — Paris, Bibliothèque de la Société,

59, Avenue du Bois-de-Boulogne (Musée d'Ennery), 1911, in-8, pp. 33.

—— The Early Institutional Life of Japan : A Study in the Reform of 645 A. D. By K. Asakawa, Ph. D. The Hadley Scholar of Yale University (1902-1903), and Lecturer on the Far East at Dartmouth College, U. S. A. — Printed at Tokyo Shueisha, 1903, in-8, pp. 355 + 2 ff. n. ch.

T. H. Asso.

—— Pictures of Ancient Japanese History From the Coronation of the Emperor Jimmu to the Rebellion of Masakado and Sumitomo. — Part the first. By T. H. Asso, Chief Inspector of Machinery H. I. J. M. N. — Revised by Sir Edwin Arnold K. C. I. E., C. S. I. — Tōkyō : Z. P. Maruya & Co., 1890, in-4, 27 ff. n. ch.
明治二十三年四月.

—— Pictures of Ancient Japanese History From the evil doings of Fujiwara to the Battle of Dan-no-ura. — Part the second. By T. H. Asso, Chief Inspector of Machinery H. I. J. M. N. — Revised by Sir Edwin Arnold K. C. I. E., C. S. I. — Tōkyō : Z. P. Maruya & Co., 1890, in-4, 26 ff. n. ch.
明治二十三年七月.

George Ashdown Audsley.

—— Notes on Japanese Art by George Ashdown Audsley, Architect, Liverpool. Paper read before the Architectural Association, London, 1872. Illustrated by Specimens of Japanese Art, from the Collection of James L. Bowes, Esq., Liverpool. Printed for Private Circulation, 1872, in-4, pp. 31 + 15 pl. avec 15 ff. de légendes.

—— Keramic Art of Japan by George Ashdown Audsley Architect and James Lord Bowes President of the Liverpool Art Club. Liverpool : Published for the Subscribers by the Authors; London : Henry Sotheran & Co., MDCCCLXXV, 2 vol. in-folio, 3 ff. n. ch. ded. et pref. + pp. LXXI + pp. 61.

1 vol. texte, 1 vol. planches.

Dédicace au Duc d'Edinburgh. — Les pp. I-LXXI renferment un *Introductory Essay on Japanese Art.* — Printed by David Marples, Lord Street, Liverpool.

—— *G. A. Audsley and J. L. Bowes. — Keramic of Japan. 1881, gr. in-8, planches.

—— La Céramique japonaise par G. A. Audsley et J. L. Bowes, de Liverpool. — Édition française Publiée sous la direction de M. A. Racinet Traduction de M. P. Louisy. Paris, Firmin-Didot, 1881, in-4, pp. III-320.

—— *G. A. Audsley. — The Ornamental Arts of Japan, dedicated by special permission, to His Royal Highness the Duke of Edinburgh. 1886, 2 vol. en 4 parties in-fol., 101 pl.

Il y a eu 50 ex. avec des épreuves d'artiste.

*
* *

—— *T. Baba. — Elementary Grammar of the Japanese Language. London, 1904, in-8, pp. 120.

—— *Ett besök i Japan och Kina... Af *Anton Backström.* Stockholm, 1871, in-8, pp. 391. Avec 63 gravures.

—— J. C. Balet. — Le Japon militaire l'armée et la marine japonaises en 1910-1911. — Deuxième édition. — Kelly & Walsh, Ltd... Yokohama. — E. Leroux... Paris, in-12, pp. VI - 256 + 1 f. n. ch.

—— Balet. — Grammaire Japonaise Langue parlée. — Troisième édition. En dépôt : Tōkyō... Yokohama... Paris... 1908, pet. in-8, pp. x + 1 f. n. ch. + pp. 323 + 1 f. n. ch.

Fukuin Printing Co., Yokohama. Seconde édition : Tokyo, 1899, in-8. — Notice par Maurice Courant, *Revue Critique,* 4 mars 1901.

—— Das Japanische Haus Eine Bautechnische Studie. — Von F. Baltzer, Königlicher Preuszischer Eisenbahn- Bau- und Betriebinspektor zur zeit beurlaubt als Beirat im kaiserlichen Japanischen Verkehrsministerium in Tokio. — Mit 150 Abbildungen im Text und 9 Tafeln. Berlin

1903, Wilhelm Ernst, in-fol., pp. 72 à 2 col., 9 pl.

—— Kodomo Mukashi Banashi. — Japanese Olden Time Tales for Little People. — Yokohama : Printed at the «Japan Herald» Office, pet. in-8, pp. 81.

—— The Chrysanthemum and the Rising Sun. A Sketch of life in Japan for boys and girls. By the Rev. W. T. A. Barber, M. A. London : Charles H. Kelly..., 1892, pet. in-8, pp. 32.

—— *W. H. Barneby. — The New Far West and the Old Far East, being Notes of a Tour in China, Japan, Ceylon, and North America. Maps and illustrations. London, 1889, in-8.

—— The Eastern Seas, being a Narrative of the Voyage of H. M. S. «Dwarf» in China, Japan and Formosa, with a Description of the coast of Russian Tartary, and Eastern Siberia from Corea to the River Amur; by Captain R. W. Bax, R. N., with map and illustrations. London, John Murray, 1875, in-8.

Notices : *The Athenaeum*, No. 2511, Dec. 11, 1875. — *Saturday Review*, 1875, p. 718. — *Nature*, XIII, 1875-6, p. 185.

—— 大明三藏聖教 The Buddhist Tripitaka as it is known in China and Japan. A Catalogue and Compendious Report. By Samuel Beal, Member of the Royal Asiatic Society. Printed for the India Office by Clarke & Son..., Devonport, 1876, in-fol., pp. 117.

—— A Catalogue of the Chinese Translation of the Buddhist Tripi*t*aka the Sacred Canon of the Buddhists in China and Japan compiled by order of the Secretary of State for India by Bunyiu Nanjio Priest of the Temple, Eastern Hongwanzi, Japan, Member of the Royal Asiatic Society, London. Oxford, at the Clarendon Press, MDCCCLXXXIII. In-4, pp. XXXVI + col. 480.

Divisé en :

1. 經藏, Kin-tsâṅ, Sûtra-pi*t*aka.

2. 律 ǀ, Lü-tsâṅ, Vinaya-pi*t*aka.

3. 論 ǀ, Lun-tsâṅ, Abhidharma-pi*t*aka.

4. 雜 ǀ, Tsâ-tsâṅ, Sa*m*yukta-pi*t*aka.

— U. Wogihara. — Supplement to the «Catalogue of the Chinese translations of the Tripi*t*aka». (*Verhandl. XIII. Intern. Orient. Kongresses*, Hamburg, Sept. 1902, p. 62.)

—— Das künstlerische Leben der Japaner Vortrag gehalten am 16. Dezember 1903 in der Münchner Orientalischen Gesellschaft von Professor Berlepsch-Valendàs. Halle a. S., 1905, in-8, pp. 16.

«Der Orient»... Herausgegeben von Hugo Grothe... Zweites Heft.

—— Le Théâtre au Japon. — Esquisse d'une histoire littéraire. — Thèse pour le Doctorat de l'Université de Paris, présentée à la Faculté des Lettres à la Sorbonne par Alexandre Bénazet... Paris, Ernest Leroux, 1901, in-8, pp. VIII-V-296.

Bibliographie, pp. 289-294.

—— Alexandre Bénazet. — Le Théâtre au Japon. Ses rapports avec les Cultes locaux. Paris, Ernest Leroux, 1901, in-8, pp. V-302 + 1 f. n. ch.

Forme le T. XIII de la *Bibliothèque d'Études* des *Annales du Musée Guimet.*

—— L.-E. Bertin, Directeur des Constructions navales. — Les grandes Guerres civiles du Japon. Les Minamoto & et les Taïra. — Les Mikados & les Siōgouns (1156-1392) précédé d'une introduction sur l'histoire ancienne & les légendes. Paris, Ernest Leroux, 1894, gr. in-8, pp. VI-422.

Ill. dans le texte. — Hors texte : 2 pl. *Kyômori arrêtant le soleil* et *Kyômori éventé par les servantes*, conservées à la Bib. nationale de Paris. — Carte du Japon.

—— Le Japon avant la Féodalité militaire Anciennes familles et vieilles institutions. Conférence par M. E. Bertin. (*Bul. Soc. Franco-Jap.*, Juin 1907, n° 7, pp. 13-40.)

—— Le Japon Artistique. Documents d'Art et d'Industrie réunis par S. Bing. — Publication mensuelle. Avec la collaboration de MM. Ph. Burty, Victor Champier, Th. Duret, Edmond de Goncourt, Louis Gonse.... Ary Renan, Edm. Taigny, etc. Et d'éminents écrivains d'art de l'étranger. 1888-1891, 6 vol. gr. in-4.

— Painting in the Far East An Introduction to the History of Pictorial Art in Asia especially China and Japan by Laurence Binyon. London, Edward Arnold, 1908, gr. in-8 carré, pp. XVI-287, 30 pl.

— Wisdom of the East. The Flight of the Dragon An Essay on the Theory and Practice of Art in China and Japan, based on Original Sources. By Laurence Binyon. New York, E. P. Dutton, 1911, pet. in-8, pp. 112.

The Wisdom of the East Series Edited by L. Crammer-Byng [and] Dr. S. A. Kapadia.

— L'Art japonais, par Laurence Binyon. — Un (*sic*) planche en quatre couleurs, 37 dessins sur papier mat de grand luxe, 20 illustrations teintées et 1 gravure. Librairie artistique internationale, Paris, 65 rue du Bac, gr. in-4, pp. 59.

L'Art et le Beau. Quatrième année. Volume V : *L'Art Japonais.*

— *Unbeaten Tracks in Japan. By Isabella L. Bird. With Map and Illustrations. London, John Murray, 2 vol. in-8.

Notice : *Nature*, XXII, 1880, pp. 610-614; XXIII, 1880-81, pp. 12-15.

— Unbetretene Reisepfade in Japan. — Eine Reise in das Innere des Landes und nach den heiligen Stätten von Nikko und Yezo von Isabella L. Bird,.... — Autorisirte deutsche Ausgabe. Aus dem Englischen. Mit Illustrationen und einer Landkarte. Jena, Hermann Costenoble, 1882, 2 vol. in-8, pp. XII-299, 235.

— The ABC of Japanese Art by J. F. Blackie.... With forty-nine half-tone Illustrations, printed on art paper, and numerous Illustrations in the Text. London, Stanley Paul, s. d., in-8, pp. 460.

— Journey round the Island of Yezo. By Capt. T. Blakiston, R. A., F. R. G. S. (*Proc. Roy. Geog. Soc.*, XVI, 1872, pp. 188-202.)

— On Maritime Enterprise in Japan. — By H. A. C. Bonar. (*Trans. Asiat. Soc. Japan,* Vol. XV, Pt. I, June 1887, pp. 103-125, 35 pl.)

— Demetrius Boulger. — The first Englishman in Japan. (*The Asiatic Quarterly Review,* IV, July-October, 1887, pp. 313-333.)

— Langue japonaise. Caractères idéographiques. — Dictionnaire et méthode d'étude par G. Bourgois, ancien élève de l'École Polytechnique. Tōkyō Librairie Sansaisha, Yokohama Kelly & Walsh, s. d. [1908], in-8, pp. XVI-267 + 28 + 2 ff. n. ch.

— Un voyage dans l'intérieur du Japon, par M. Bousquet. — Extrait de la *Revue des Deux-Mondes* du 1er janvier 1874. — Paris, Imp. de J. Claye..., 1874, br. in-8, pp. 32.

— Georges Bousquet. — Le Japon de nos jours et les Échelles de l'Extrême-Orient. Ouvrage contenant trois cartes. — Paris, Hachette, 1877, 2 vol. in-8, pp. 428, 469.

James Lord Bowes.

Voir col. 627-628.

— Japanese Marks and Seals. Part I. Pottery. Part II. Illuminated MSS. and Printed Books. Part III. Lacquer, Enamels, Metal, Wood, Ivory, &c. By James Lord Bowes... London : Henry Sotheran & Co., MDCCCLXXXII. In-4, pp. IX + 1 f. n. ch. + pp. 379, ill. dans le texte et carte du Japon coloriée.

— Japanese Enamels with Illustrations from the Examples in the Bowes Collection by James L. Bowes,... Liverpool : Printed for Private Circulation, 1884, in-4, pp. X + 1 f. n. ch. + pp. 111, 20 pl.

— Japanese Pottery with Notes describing the thoughts and subjects employed in its decoration and illustrations from examples in the Bowes Collection by James L. Bowes His Imperial Majesty's Honorary Consul for Japan at Liverpool.... Liverpool, Edward Howell, MDCCCXC. In-4, pp. XXXI-576; 16 pl. hors texte et fig. dans le texte.

— Notes on Shippo A Sequel to Japanese Enamels by James L. Bowes,... Liverpool :

Printed for Private Circulation, 1895, in-4, pp. XII-109, ill. et pl.

*
* *

—— On the Laws of Japanese Painting An Introduction to the Study of the Art of Japan By Henry P. Bowie With Prefatory Remarks by Iwaya Sazanami and Hirai Kinza. Illustrated. — Paul Elder and Co., San-Francisco, s. d. [1911], in-8, pp. XV-117 + 1 f. n. ch., 76 pl.

William Bramsen.

—— Japanese Lineal Measures with their equivalents in French and English Measures. — Compiled by William Bramsen. Tokio, 1877, un tableau.

—— Japanese Weights, with their equivalents in French and English Weights. — Compiled by William Bramsen. Tokio, 1877, un tableau.

—— The Coins of Japan by William Bramsen. — Part I. The Copper, Lead and Iron Coins issued by the Central Government. — Reprinted, with Modifications, from the «Mittheilungen der Deutschen Gesellschaft für Natur- und Völkerkunde Ostasiens», August 1880. — Yokohama : Kelly & Co. — Yokohama Typ. «Echo du Japon», 1880, in-fol., pp. 10 à 2 col., 8 pl.

—— Japanese Chronological Tables, Showing the date, according to the Julian or Gregorian Calendar, of the first day of each Japanese month From Tai-Kwa 1st year to Mei-ji 6th year (645 A. D. to 1873 A. D.). — With an Introductory Essay on Japanese Chronology and Calendars. By William Bramsen. — Tokio, 1880, in-8 oblong, 2 ff. n. ch. + pp. 49 + 84 Chronological Tables.

Printed at the «Seishi Bunsha» Office, Tokio, Japan.

—— Japanese Chronological Tables, showing the date, according to the Julian or Gregorian Calendar, of the first day of each Japanese Month From Tai-Kwa 1st year to Mei-ji 6th year (645 A. D. to 1873 A. D.). — With an Introductory Essay on Japanese Chronology and Calendars. By William Bramsen. — Tokyo, 1910, in-8, pp. XVI-303.

Introduction by Ernest W. Clement, pp. 1-10. — Supplement by Prof. N. Sakuma, pp. 128-131. — Comparative Chronological Tables of the Christian Era, Japanese Eras and Emperors, Chinese Emperors and Eras, and Korean Kings, with Years of the Sexagenary Cycles, from 660 B. C. to 1910 A. D. by Ernest W. Clement, pp. 133-253. — List of Shogun, pp. 255-256. — Essai sur l'histoire du Japon (par E. Papinot). — Note by C. F. Sweet, pp. 257-258. — Index of Japanese Emperors, pp. 262-264. — Index of Japanese Nengō, pp. 265-269. — Index of Chinese Kings, Emperors, etc., pp. 270-275. — Index of Chinese Nengō, pp. 276-285. — Index of Korean Kings, pp. 286-290. — Index according to Chinese Ideographs, pp. 291-303.

Transactions Asiatic Soc. Japan, Supplement of Vol. XXXVII, 1910.

M. von Brandt.

—— Ostasiatische Fragen. China. Japan. Korea. — Altes und Neues von M. von Brandt. Berlin. Verlag von Gebrüder Paetel. (Elwin Paetel.) 1897, in-8, 2 ff. n. ch. + pp. 359.

—— Drei Jahre Ostasiatischer Politik 1894-1897. Beiträge zur Geschichte des chinesisch-japanischen Krieges und seiner Folgen. Von M. von Brandt. Kais. Gesandter a. D. Stuttgart. Verlag von Strecker & Moser, in-8, pp. VI-263.

—— Dreiunddreissig Jahre in Ost-Asien. Erinnerungen eines deutschen Diplomaten. Von M. von Brandt, Wirkl. Geheimen Rath, Kaiserlichem Gesandten a. D. In drei Bänden. Leipzig, Verlag von Georg Wigand. 1901, 3 vol. in-8, pp. XI-319, XV-386, XVII-333.

—— L'Enseignement des Beaux-Arts au Japon par Ch. Braquehaye, ... Okakura-Kazuzo, Directeur de l'École des Beaux-Arts de Tokyo, Arthur Arrivet. — Société philomathique de Bordeaux (Extrait du compte-rendu général du Congrès). Bordeaux, Imprimerie G. Gounouilhou, 1896, in-8, pp. 24.

—— Journal of a Lady's Travels round the World. By F. D. Bridges... With Illustrations from Sketches by the Author.

London, John Murray, 1883, in-8, pp. XI + 1 f. n. ch. + pp. 413.

.. Burmah... Rangoon... Canton... Japon... Pekin, etc.

Justus Brinckmann.

—— Kunst und Kunstgewerbe in Japan. Vortrag, gehalten von Dr. Justus Brinckmann am 18. November 1882 im Verein für Kunst und Wissenschaft zu Hamburg. Hamburg, C. Boysen's Verlag. 1883, in-8, pp. 42.

—— Die Sammlung japanischer Schwertzierathen im Museum für Kunst und Gewerbe zu Hamburg. — Sonder-Abdruck aus dem Führer durch das Hamburgische Museum für Kunst und Gewerbe von Dr. Justus Brinckmann. Hamburg, 1893, Lütcke & Wulff, gr. in-8, pp. 20.

—— Die Meister der Japanischen Schwertzierathen Ueberblick ihrer Geschichte, Verzeichniss der Meister mit Daten ueber ihr Leben und mit ihren Namen in der Urschrift von Shinkichi Hara eingeleitet von Justus Brinckmann. Beiheft zum Jahrbuch der Hamburgischen Wissenschaftlichen Anstalten xx-Hamburg 1902 Gedruckt in der Reichsdruckerei zu Berlin, in-8, pp. XLIII-232 + 1 f. n. ch.

Il a été fait un tirage à part de l'introduction.

F. Brinkley.

—— The Art of Japan by Captain F. Brinkley of Tokyo Japan. Vol I Pictorial Art Illustrated. Published by J B Millet Company Boston Mass U S A, gr. in-4, 46 ff. + 1 double f. — Vol II Applied Art... *Ibid.*, gr. in-4, 41 ff. + 9 doubles ff. table of signatures.

—— History of the Empire of Japan. Compiled and Translated for the Imperial Japanese Commission of the World's Columbian Exposition, Chicago, U. S. A., 1893. — Published by the *Dai Nippon Tosho Kabushiki Kwaisha*, by order of the Department of Education, Tokyo, in-8, pp. VI-VI-428 + 1 f. n. ch., carte et ill.

Printed at the «Japan Mail» Office, Yokohama.

«The work contains Nine Chapters, which were compiled by Takatsu Kuwasaburo, Mikami Sanji, and Isoda Masaru; the whole having been revised by Shigeno Yasuyori, and Hoshino Hisashi, members of the Committee of Historiographical Compilation in the Imperial University; and translated into English by Captain Brinkley (late Royal Artillery), Editor of the *Japan Mail*.

—— Japan Described and Illustrated by the Japanese Written by Eminent Japanese Authorities and Scholars Edited by Captain F. Brinkley of Tokyo Japan. Published by J B Millet Company Boston Mass U S A., in-fol., pp. v-382.

Publié en 15 sections ou fascicules. — Les pages ne sont imprimées que d'un seul côté. — Planches en noir et en couleurs hors texte.

Copyright 1897.

—— Japan Its History Arts and Literature by Captain F. Brinkley Editor of the «Japan Mail» and special Japan Correspondent of «the Times». Illustrated. London T. C. & E. C. Black, 1903-1904, 12 vol. in-8.

Library Edition. — Limited to 500 Numbered Copies for the United Kingdom.

The University Press, Cambridge, Mass., U. S. A.

Vol. VII. Pictorial and Applied Art. — Vol. VIII & IX. Keramic Art. — Vol. X, XI & XII. China Its History Arts and Literature.

Albert Brockhaus.

—— 根附. Netsuke. Versuch einer Geschichte der Japanischen Schnitzkunst. Von Albert Brockhaus. — Mit 272 schwarzen und 53 bunten Abbildungen. Leipzig, F. A. Brockhaus, 1905, gr. in-8, pp. XIV-482.

—— 根附. Netsuke. Versuch einer Geschichte der Japanischen Schnitzkunst. Von Albert Brockhaus. — Mit 272 schwarzen und 53 bunten Abbildungen. Zweite verbesserte Auflage. Leipzig, F. A. Brockhaus, 1909, gr. in-8, pp. XVI-482.

* * *

—— Early Migrations. — Japanese Wrecks stranded and picked up adrift in the North Pacific Ocean, ethnologically considered. By Charles Wolcott Brooks. San Francisco,

California : Re-printed from the Proceedings of the California Academy of Sciences. 1876, br. in-8, pp. 23.

—— Japan The Place and the People By G. Waldo Browne With an Introduction by the Hon. Kogoro Takahira Japanese Minister to the United States Illustrated with over three hundred coloured plates and half tones. London, Sampson Low, 1904, gr. in-8, pp. 438.

Colonia Press, C. H. Simonds & Co., Boston, Mass., U. S. A.

—— La Mythologie des Japonais d'après le Kokŭ-si-Ryakŭ ou Abrégé des Historiens du Japon. — Traduite pour la première fois sur le texte japonais par Émile Burnouf Élève de l'École spéciale des Langues Orientales vivantes. Paris, Maisonneuve, 1875, br. in-8, pp. 16.

—— Oriental Ceramic Art Collection of W. T. Walters Text Edition to accompany the complete work Text and Notes by S. W. Bushell, M. D. Physician to H. B. M. Legation, Peking. New York, D. Appleton, 1899, in-8, pp. XIII-942.

Text edition to accompany the complete work limited to 500 copies.

—— A Dictionary of Military Terms English-Japanese. — Japanese-English. Together with a List of 1200 Chinese Characters. By Capt. E. F. Calthrop, Royal Field Artillery. Assisted by Capt. T. Okubo, Capt. M. Takashima, Lieut. T. Isobe, Mr. T. Imada. — Tokyo & Osaka, The Maruzen-Kabushiki-Kaisha, 1907, in-16, pp. II-269-2.

—— *A. D. Carlisle. — Round the World in 1870, an account of a brief tour made through India, China, Japan, California and America. London, 1872, in-8.

Notice : *Shanghai Budget*, 25 May 1872.

— A. D. Carlisle. Autour du monde. Inde, Chine, Japon, Californie, Amérique du Sud. Ouvrage traduit de l'anglais par Gabriel Marcel. Paris, Decaux, 1877, gr. in-18.

—— *O. Cary. — A History of Christianity in Japan. In 2 vols. Vol. I, Roman Catholic and Greek Orthodox Missions. Vol. II, Protestant Missions. New York, 1909, 2 vol. in-8, pp. 431 et 367, 2 cartes.

—— Notes of my Journey round the World by Evelyn Cecil, B. A. With fifteen full-page Illustrations. London, Longmans, 1889, in-8, pp. VI + 1 f. n. ch. + pp. 207.

... Japan — Hongkong — Singapore — Java...

(Albert Brockhaus.)

Basil Hall Chamberlain.

—— On the use of «Pillow-words» and Plays upon words in Japanese Poetry. By Basil Hall Chamberlain. (*Trans. Asiat. Soc. Japan*, V, Pt. I, 1877, pp. 79-88.)

—— The Maiden of Unahi by Basil Hall Chamberlain. (*Trans. Asiat. Soc. Japan*, Vol. VI, Pt. I, 1877-78, pp. 106-117.)

—— On the Mediaeval Colloquial Dialect of the Comedies. By B. H. Chamberlain. (*Trans. Asiat. Soc. Japan*, Vol. VI, Pt. III, 1878, pp. 357-396.)

—— Educational Literature for Japanese Women. By Basil Hall Chamberlain, Esq., M. R. A. S. (*Journ. R. As. Soc.*, N. S. Vol. X, Part III, Art. XVII, July 1878, pp. 325-343.)

—— Wasaubiyauwe, the Japanese Gulliver. By B. H. Chamberlain. (*Trans. Asiat. Soc. Japan*, Vol. VII, Pt. IV, 1879, pp. 285-308.)

—— A short Memoir from the Seventeenth Century. — («Mistress Añ's Narrative».) By Basil Hall Chamberlain. (*Trans. Asiatic Soc. Japan*, VIII, Pt. II, 1880, pp. 277-283.)

—— Suggestions for a Japanese rendering of the Psalms. — By Basil Hall Chamberlain. (*Trans. Asiatic Society Japan*, Vol. VIII, Pt. III, Oct. 1880, pp. 285-312.)

—— The Classical Poetry of the Japanese by Basil Hall Chamberlain, Author of «Yeigo Heñkaku Ichirañ». London : Trübner, 1880, in-8, pp. XII-227.

Fait partie de *Trübner's Oriental Series*.

Sans caractères. — Notice : *Quarterly Review*, 192, July 1900, pp. 68-91.

(Basil Hall Chamberlain.)

—— Notes on the Dialect spoken in Ahidzu. By Basil Hall Chamberlain. (*Trans. Asiat. Soc. Japan*, Vol. IX, Pt. I, pp. 32-36.)

—— A translation of the «Dou-zhi-keu», (童子教.) «Teachings for the Young». — By Basil Hall Chamberlain. (*Trans. Asiatic Society Japan*, IX, Pt. III, 1881, pp. 223-248.)

—— The Kojiki or «Records of Ancient Matters» Translated by Basil Hall Chamberlain with Index. In-8, pp. CI-428-29 + pp. 46, Index prepared by the Rev. N. Walter, Osaka.

Supp. 1883, Vol. X *Transactions Asiatic Society Japan*. — Réimp. Octobre 1906.

—— On two Questions of Japanese Archaeology. By Basil Hall Chamberlain M. R. A. S. (*Journ. R. As. Soc.*, N. S., Vol. XV, Art. XII, July, 1883, pp. 315-332.)

—— On two Questions of Japanese Archaeology. By Basil Hall Chamberlain. [From the «Journal of the Royal Asiatic Society of Great Britain and Ireland», Vol. XV. Part 3.], in-8, pp. 18.

I. The Sources of our Knowledge of Japanese Antiquity. [1. *Ko-ji-ki*, 古事記. — *Nihon-gi*, 日本紀. — 2. *Man-yō-shiu*, 萬葉集. — 3. *Norito*, 祝詞. — M. de Rosny et le *Jō Ki* 上記]. — The so-called Divine Characters [神字] said to have been used by the Japanese prior to the Introduction of the Chinese Ideographic Writing.

—— Vries Island Past and Present. By Basil Hall Chamberlain. (*Trans. Asiat. Soc. Japan*, Vol. XI, Pt. II, pp. 162-179.)

—— Notes by Motoori on Japanese and Chinese Art. — Translated by Basil Hall Chamberlain. (*Trans. Asiat. Soc. Japan*, XII, Pt. III, July 1884, pp. 221-229.)

—— On the various styles used in Japanese Literature. By Basil Hall Chamberlain. (*Trans. Asiat. Soc. Japan*, XIII, Pt. I, July 1885, pp. 90-109.)

—— The so-called «root» in Japanese Verbs (A Point of Grammatical Terminology.) By Basil Hall Chamberlain. (*Trans. Asiat. Soc. Japan*, Vol. XIII, Pt. II, Nov. 1885, pp. 224-227.)

—— *Yamata-no o rochi. Told in English, by B. Hall Chamberlain. Published by the Kobunsha. Tokyo, 1886. In-12.

—— A Romanized Reader : consisting of Japanese Anecdotes, Maxims, etc., in easy written style; with An English Translation and Notes. By Basil Hall Chamberlain,... Three Parts in one volume. London : Trübner & Co., s. d. [1886], in-16, pp. VI + 1 f. n. ch.

—— Part I. — Japanese Text [sans caractères], pp. VII à IX-106.

—— Part II. — English Translation, pp. VII-135.

—— Part III. — Notes, 1 f. n. ch. + pp. 103.

—— List of some of the difficult idioms in common written use, pp. XIII + 1 f. n. ch.

Yokohama : Printed at the Office of the «Japan Mail».

Notice : *China Review*, XIV, p. 362, by E. J. E.[itel].

—— The Romanization of the Japanese Language. By Basil Hall Chamberlain. (*China Review*, XIV, pp. 107-108.)

—— A Simplified Grammar of the Japanese Language (Modern Written Style) by Basil Hall Chamberlain.... London : Trübner, 1886, pet. in-8, pp. VIII-105 + 1 f. n. ch.

Forme le vol. XV de *Trübner's Collection of Simplified Grammars of the principal Asiatic and European Languages edited by Reinhold Rost.*

Yokohama : Printed at the «Japan Gazette» Office.

Sans caractères.

Notice : *China Review*, XIV, p. 300, by E. J. E.[itel].

—— Memoirs of the Literature College, Imperial University of Japan, No. 1. — The language, mythology, and geographical nomenclature of Japan viewed in the light of Aino studies. By Basil Hall Chamberlain, Professor of Japanese and Philology in the Imperial University; including «an Ainu Grammar», by John Batchelor, Church Missionary Society; and a Catalogue of books relating to Yezo and the Ainos. — 1887 (20th year of Meiji). Published by the Imperial University, Tōkyō; Printed at the «Japan Mail» Office, Yokohama. — In-4, pp. 174.

Notices : *Lotus*, VII, janvier 1888, pp. 57-59, par Paul Boell. — *Nature*, XXXVI, 1887, pp. 25-26. — *China Review*, XV, pp. 257-258, par E. J. E.[itel].

— Aino Hairiness and the Urvolk of Japan. By F. V. Dickins. (*Nature*, XXXV, 1886-7, p. 534.)

— The Ainos and Japanese. A Review. By J. Edkins, D. D. (*Chin. Rec.*, XVIII, 1887, pp. 297-304.)

—— Past Participle or Gerund? — A Point of Grammatical Terminology. — By Basil Hall Chamberlain. (*Trans. Asiat. Soc. Japan*, Vol. XIV, 1887, Pt. I, pp. 83-87.)

—— On the Quasi-Characters called «Ya-Jirushi». — By Basil Hall Chamberlain. (*Trans. Asiat. Soc. Japan*, Vol. XV, Pt. I, June 1887, pp. 50-57.)

—— An Aino Bear Hunt. — By Basil Hall Chamberlain. (*Trans. Asiat. Soc. Japan*, Vol. XV, Pt. I, June 1887, pp. 126-129.)

—— Aino Fairy Tales. By B. H. Chamberlain.

No. 1. The Hunter in Fairy-Land. Ticknor & Co., Boston. Published by the Kobunsha, Tokyo, s. d. 1887.

No. 2. The Birds' Party. Ibid.

No. 3. The Man who lost his wife. The Kobunsha, Tokyo, 3 cahiers pet. in-8 ill. dans le texte par des artistes japonais.

—— Aino Folk-Lore. By Basil Hall Chamberlain. (*The Folk-Lore Journal*, VI, 1888, pp. 1-51.)

—— A Handbook of Colloquial Japanese by Basil Hall Chamberlain, ... London : Trübner, 1888, in-8, pp. II + 1 f. n. ch. + pp. 486 + 1 f. n. ch.

Printed at the Hakubunsha, Ginza Shichōme, Tōkyō.

Sans caractères.

Notice : *China Review*, XVII, pp. 241-242, by E. J. E.[itel].

— Second edition. Ibid., 1889.

Notice : *China Review*, XVII, p. 363, by E. J. E.[itel].

— Third edition. 1898, in-8, pp. 570.

—— anuel de Japonais parlé (Handbook of Colloquial Japanese) par Basil Hall Chamberlain. Traduction française de Emmanuel Tronquois avec les exemples transcrits en caractère chinois et japonais. (Autographié à Yokohama en 1901 par Mr Edme Gallois), in-4, 501 ff.

—— Rodriguez' System of Transliteration. By Basil Hall Chamberlain. (*Trans. Asiat. Soc. Japan*, Vol. XVI, Pt. I, Feb. 1888, pp. 10-16.)

—— A Vocabulary of the most ancient words of the Japanese Language. — By B. H. Chamberlain, assisted by M. Ueda. (*Trans. Asiat. Soc. Japan*, Vol. XVI, Pt. III, May 1889, pp. 225-285.)

—— A Review of Mr. Satow's Monograph on «the Jesuit Mission Press in Japan. 1591-1610». — By B. H. Chamberlain. (*Trans. Asiat. Soc. Japan*, Vol. XVII, Pt. I, April 1889, pp. 91-100.)

—— Note on the Japanese Go-Hei, or Paper Offerings to the Shinto Gods. By Basil Hall Chamberlain (Communicated by Dr. E. B. Tylor, F. R. S.). (*Journ. Anthrop. Institute*, London, Vol. XVIII, 1889, pp. 27-29; planche.)

—— What are the best names for the «bases» of Japanese Verbs? By Basil Hall Chamberlain. (*Trans. Asiat. Soc. Japan*, Vol. XVIII, Pt. I, April 1890, pp. 119-126.)

—— Reply to Mr. Chamberlain on Japanese «Bases». By Wm. Imbrie. (*Ibid.*, pp. 127-132.)

—— Things Japanese being Notes on various Subjects connected with Japan by Basil Hall Chamberlain Professor of Japanese and Philology in the Imperial University of Japan. London : Kegan Paul, Trench, Trübner & Co., 1890, in-8, pp. ii-408.

Notice : *China Review*, XVIII, pp. 381-383, par E. H. P.[arker].

—— Things Japanese being Notes on various Subjects connected with Japan for the use of Travellers and others by Basil Hall Chamberlain Emeritus Professor of Japanese and Philology in the Imperial University of Japan Second Edition Revised and Enlarged. London : Kegan Paul,

Trench, Trübner & Co., 1891, in-8, pp. 503.

—— Things Japanese being Notes on various Subjects connected with Japan for the use of Travellers and others by Basil Hall Chamberlain Emeritus professor of Japanese and Philology in the Imperial University of Tōkyō Third Edition Revised. London : John Murray..., 1898, in-8, pp. 470, carte.

—— A Handbook for Travellers in Japan Third Edition revised and for the most part re-written by Basil Hall Chamberlain.... and W. B. Mason.... — With fifteen Maps. — London : John Murray, 1891, pet. in-8, pp. IX-459.

Yokohama : Printed by the Yokohama Printing and Publishing Company.

Notice : *China Review*, XIX, p. 329, by E. H. Parker.

—— A Handbook for Travellers in Japan including the whole Empire from Yezo to Formosa by Basil Hall Chamberlain .... and W. B. Mason.... — With Twenty-eight Maps and Plans and Numerous Illustrations. — Fifth Edition Revised and augmented. — London : John Murray, 1899, pet. in-8, pp. IX-577.

Printed by the Shūeisha, Tōkyō.

—— A Handbook for Travellers in Japan including the whole Empire from Yezo to Formosa by Basil Hall Chamberlain.... and W. B. Mason... — With Twenty-eight Maps and Plans and Numerous Illustrations. — Seventh edition, revised. — London, John Murray, 1903, pet. in-8, pp. IX-586.

Printed by the Shūeisha, Tōkyō.

—— A Handbook for Travellers in Japan including the whole Empire from Saghalien to Formosa by Basil Hall Chamberlain... and W. B. Mason... — With Thirty Maps and Plans and Numerous Illustrations. — Eighth Edition, revised and partly rewritten. — London, John Murray, Yokohama Shanghai, Kelly & Walsh, 1907, in-8, pp. IX-570.

Printed by the Shūeisha, Tōkyō.

(Basil Hall Chamberlain.)

—— Notes on some Minor Japanese Religious practices. By Basil Hall Chamberlain (*Journ. Anthrop. Inst. of Gt. Brit. and Ireland,* Vol. XXII, 1892-93, pp. 355-370.)

With 2 plates. Read June 21st, 1892.

—— On the Manners and Customs of the Loochooans. — By Basil Hall Chamberlain. (*Trans. Asiat. Soc. Japan*, XXI, Nov. 1893, pp. 271-289.)

—— Essay in aid of a Grammar and Dictionary of the Luchuan Language by Basil Hall Chamberlain.... [Published by the Asiatic Society of Japan as a Supplement to Vol. XXIII of its Transactions.] — Yokohama, 1895, in-8, pp. 272.

—— B. H. Chamberlain. — A comparison of the Japanese and the Luchuan Languages. (*Trans. Asiat. Soc. Japan*, Vol. XXIII, Dec. 1895, pp. XXXI-XLI.)

—— Two Funeral Urns from Loochoo. By Basil Hall Chamberlain. (*Journ. Anthrop. Institute*, Vol. XXIV, 1895, pp. 58-59.)

—— Contributions to a Bibliography of Luchu. By Basil Hall Chamberlain. (*Trans. Asiat. Soc. Japan*, XXIV, Dec. 1896, pp. 1-11.)

—— A Preliminary Notice of the Luchuan Language. By Basil Hall Chamberlain Emeritus Professor of Japanese and Philology in the Imperial University of Japan. (*Journ. Anthrop. Institute*, London, Vol. XXVI, 1897, pp. 47-59.)

Read January 7th, 1886.

—— A Quinary System of Notation employed in Luchu on the Wooden Tallies termed Shō-Chū-Ma. By Professor Basil Hall Chamberlain. (*Journ. Anthrop. Institute*, London, Vol. XXVII, 1898, pp. 383-395; 2 planches.)

—— Note on a long tailed breed of Fowls in Tosa. By Basil Hall Chamberlain. (*Trans. Asiat. Soc. Japan*, XXVII, Pt. I, Dec. 1899, pp. 5.)

(Basil Hall Chamberlain.)

—— Bashō and the Japanese Poetical Epigram. By Basil Hall Chamberlain. (*Trans. Asiat. Soc. Japan*, Vol. XXX, Pt. II, Sept. 1902, pp. 243-362.)

—— *A Practical Introduction to the study of Japanese Writing, by Basil Hall Chamberlain. London, 1899, in-4.

Notice : *Revue critique*, 27 août 1900, par Maurice Courant.

—— Mr. Basil Hall Chamberlain's Introduction to the study of Japanese writing. By E. H. Parker. (*China Review*, XXV, No. 1, pp. 13-17.)

Cf. A. Gramatsky, *T'oung Pao*, Juillet 1900, pp. 269-277.

—— Basil Hall Chamberlain. — A Practical Introduction to the study of Japanese Writing (Moji no shirube). London, Crosby, Lockwood & Son, 1905, pet. in-fol., pp. VIII-547, 2. ed.

—— Japanese Poetry By Basil Hall Chamberlain... London, John Murray, 1911, in-8, pp. XII-260 + 1 f. n. ch.

—— Authorized by the Monbusho Elements of English Grammar by B. H. Chamberlain. New Text-Book for Japanese Schools. Published by S. Miki & Co., Osaka, in-8, pp. 135.

—— *Упрощенная Грамматика Японскаго языка (Новый письменный стилъ). 1908, in-8, pp. 131.

Имп. Санктпбг. Универ. факулт. Вост. Языковъ. Изданія. No. 31.

—— *Грамматика Японскаго разговорнаго языка. 1908, in-8, pp. 298.

Имп. Санктпбг. Университетъ Факул. Вост. Языковъ. Изданія. No. 28.

*
* *

—— Le général Chanoine. — Documents Pour servir à l'Histoire des Relations entre la France et le Japon. Pet. in-8, pp. 202.

A la fin : Septembre 1907.

—— Chau Ju-kua : His Work on the Chinese and Arab Trade in the twelfth and thirteenth Centuries, entitled Chu-fan-chï, Translated from the Chinese and Annotated by Friedrich Hirth and W. W. Rockhill. — St. Petersburg, Printing Office of the Imperial Academy of Sciences, 1911, gr. in-8, pp. x-288, carte.

Japan (*Wo* 倭), pp. 170-175.

—— L'Art japonais. — Conférence faite à l'Union centrale des Beaux-Arts appliqués à l'Industrie le Vendredi 19 février 1869 par Ernest Chesneau. Paris, A. Morel, 1869, in-8, pp. 28.

—— Le Japon en 1864. — Conférence par M. P. Chevrey-Rameau. (*Bul. Soc. Franco-Jap.*, Mars 1908, No. 10. pp. 5-11.)

—— A Dictionary of Military Terms and Expressions English-Japanese and Japanese-English. — Compiled by Lieutenant-Colonel, A. G. Churchill. — Second Edition. — Maruzen Kabushiki Kaisha... Tokyo and Osaka. 1902. — Printed at The Rikkyo Gakuin Press, Tsukiji, Tokyo, in-8, 5 ff. n. ch. p. l. tit., la préf. + pp. 295 + 1 f. n. ch.

Ernest W. Clement.

— A Handbook of Modern Japan by Ernest W. Clement. With two new Maps, made especially for the book, and over sixty illustrations from photographs. Second edition. Chicago, A. C. Mc Clurg & Co., 1904, in-8, pp. XIV + 1 f. n. ch. + pp. 395.

—— The Tokugawa Princes of Mito. — By E. W. Clement. (*Trans. Asiat. Soc. Japan*, Vol. XVIII, Pt. I, April 1890, pp. 1-23, pl.)

—— Mito Samurai and British Sailors in 1824. By Ernest W. Clement. (*Trans. Asiat. Soc. Japan*, XXXIII, Pt. I, July 1905, pp. 86-129.)

—— Japanese Calendars. By Ernest W. Clement. (*Trans. Asiat. Soc. Japan*, XXX, 1902, pp. 1-82.)

—— A Chinese Refugee of the Seventeenth Century. By Ernest W. Clement. (*Trans.*

Asiat. Soc. Japan, XXX, 1902, pp. 83 et seq.)

—— Ernest W. Clement. — A «Blind Calendar» or Calendar in rebus. (*Trans. Asiat. Soc. Japan*, XXXVIII, Pt. I, 1910.)

JOSIAH CONDER.

—— The History of Japanese Costume. By Josiah Conder. (*Trans. Asiat. Soc. Japan*, Vol. VIII, Pt. III, May 1880, pp. 52-89, pl.; Vol. IX, Pt. III, Dec. 1881, pp. 254-280.)

—— The Art of Landscape Gardening in Japan. — By J. Conder. (*Trans. Asiat. Soc. Japan*, Vol. XIV, Pt. II, Nov. 1886, pp. 119-175.)

—— Theory of Japanese Flower Arrangements. By J. Conder. (*Trans. Asiat. Soc. Japan*, Vol. XVII, Pt. II, pp. 1-96, 68 pl.)

—— Paintings and Studies by Kawanabe Kyōsai. An illustrated and descriptive Catalogue of a Collection of Paintings, Studies, and Sketches, by the above Artist, with explanatory notes on the Principles, Materials, and Technique, of Japanese Painting. By Josiah Conder, F. R. I. B. A. Emeritus Professor of the Imperial University, Tokyo. With Illuminated Frontispiece in eighty colour blocks, heightened with gold and silver, by T. Tamura. Also thirty three collotype plates and twenty-two pages of half-tone Illustrations, by K. Ogawa. Tokyo, The Maruzen Kabushiki Kaisha... (Printed by the «Japan Times» Press, Tokyo), pet. in-fol., pp. XVII-131 + 1 f.

Préface datée : Tokyo, March 31st, 1911. Pages 127-131 : Glossary.

*
* *

—— Voyage aux Pays de l'Extrême-Orient. — De Paris au Japon en 90 jours par M. Edmond Cotteau, Membre de la Société de géographie de Paris. — Extrait du compte rendu de la onzième session de l'Association française pour l'avancement des Sciences. — La Rochelle, 1882. Paris, au Secrétariat de l'Association..., br. in-8, pp. 15.

—— Un touriste dans l'Extrême Orient, Japon, Chine, Indo-Chine et Tonkin (4 août 1881-24 janvier 1882) par Edmond Cotteau... Contenant 38 gravures et 3 cartes. Paris, Hachette, 1884, in-18, pp. 448.

MAURICE COURANT.

—— De la lecture japonaise des textes contenant uniquement ou principalement des caractères idéographiques, par M. Maurice Courant. — Extrait du *Journal Asiatique*. Paris, Imprimerie nationale — MDCCCXCVII, in-8, pp. 52.

Sur la couverture extérieure : *Lecture japonaise du chinois.*

—— La Presse périodique japonaise, par M. Maurice Courant. (*J. As.*, 1898, II, pp. 504-530.)

—— La Presse périodique japonaise, par M. Maurice Courant. — Extrait du *Journal Asiatique*. Paris, Imprimerie nationale — MDCCCXCIX, in-8, pp. 31.

J. Asiatique, Nov.-Déc. 1898.

—— Grammaire de la langue japonaise parlée par Maurice Courant, Élève diplômé de l'Ecole Spéciale des Langues Orientales Vivantes, Secrétaire-Interprète pour les Langues Chinoise et Japonaise. — Paris, Ernest Leroux, 1899, pet. in-8, pp. IV-III-127.

Imprimé à la «Tokyo Tsukiji Type Foundry», Tōkyō, Japon.

—— Notes sur les Études coréennes et japonaises par M. Maurice Courant. — Extrait des *Actes du Congrès des Orientalistes*. — Paris, Imprimerie nationale — MDCCCXCIX, gr. in-8, pp. 32.

—— Les clans japonais sous les Tokougawa. — Conférence faite au Musée Guimet le 29 Mars 1903 par M. Maurice Courant. Paris, Leroux, in-18, pp. 82.

Ann. Musée Guimet. — Bib. de vulgarisation. — Ext. du T. XV.

Notice : *T'oung Pao*, IIe Série, Vol. V, n° 4, Oct. 1904, pp. 500-501. Par Ed. Chavannes.

—— Ministres et Hommes d'état. — Ôkoubo par Maurice Courant. — Paris, Félix Alcan, 1904, in-16, pp. IV-203 + 1 f. n. ch.

*
* *

—— Impressions of Japanese Architecture and the Allied Arts by Ralph Adams Cram Fellow of the American Institute of Architects... John Lane : The Bodley Head, London, MCMVI. In-8, pp. 227, ill.

—— Die Malerei in der Ostasiatischen Kunstabteilung der Berliner Museen. Mit 25 Abbildungen. Von William Cohn. (*Der Cicerone*, II Jhrg., Hft. 23, Dec. 1910, pp. 779-810.)

—— Problems of the Far East by the Hon. George N. Curzon, M. P... — Japan — Korea — China — London, Longmans, 1894, in-8, pp. XX-441.

Voir *Bib. Sinica*, col. 2566.

—— A Grammar of Japanese Ornament and Design With Introductory, Descriptive, and Analytical Text by Thomas W. Cutler Fellow of the Royal Institute of British Architects. London : B. T. Batsford, 52, High Holborn, 1880, gr. in-4, pp. XI-31.

Planches n[os] A-G, et I-LVIII.

Joseph Dautremer.

—— Nikkō passé et présent Guide historique par Joseph Dautremer, 1er Secrétaire-Interprète à la Légation de la République Française au Japon. — Imprimerie de la « Tokyo Tsukiji Type Foundry ». — Tokio, 1894, in-8, pp. 109, plan et planches.

—— Les Contes du Vieux Japon. — 1ere livraison. — Momotaro — Tōkyo, Kōbunsha, 1 *peun* japonais, ill.

—— Hanazaki Zizi (Le vieillard qui fait fleurir les arbres morts), traduits par J. Dautremer. 1 *peun*, ill.

—— Sarou Kani Kassen (La bataille du Singe et du Crabe), traduits par J. Dautremer. 1 *peun*, ill.

—— Shitakiri Suzume (Le Moineau qui a la langue coupée). 1 *peun*, ill.

—— Poésies et Anecdotes japonaises de l'époque des Taira et des Minamoto suivies de l'histoire de ces deux familles (782-1185 après J.-C.) par J. Dautremer... — Paris, Ernest Leroux, 1909, in-18, pp. 116 + 1 f. n. ch. tab.

Forme le vol. LXXXVI de la *Bibliothèque orientale elzévirienne.*

—— Joseph Dautremer, Consul de France Chargé de Cours à l'École des Langues Orientales. — L'Empire japonais et sa vie économique. E. Guilmoto, Paris, s. d., in-8, pp. 308, ill. et carte.

—— J. Dautremer. — The Japanese Empire and its economic Conditions. London, Fisher Unwin, 1910, in-8, pp. 319.

*
* *

—— Present-Day Japan by Augusta M. Campbell Davidson, M. A. London : T. Fisher Unwin, s. d., in-8, pp. XIV-331.

W. Dening.

—— *W. Dening. — Japan in Days of yore. With several Plates. Tokyo (the Hakubunsha), 1887, 2 vol. in-8.

Vol. I : Human Nature in a Variety of Aspects. II : Wounded Pride and How it was healed.

—— Japan in Days of yore. By Walter Dening. Second edition. 1904 — Tōkyō Kyōbunkwan, 4 vol. in-16, pp. II-70-II + 1 f. n. ch., pp. ch. 71 à 154 + XIV + 1 f. n. ch., pp. ch. 155 à 243 + V + 1 f. n. ch., pp. ch. 245 à 343 + 1 f. n. ch.

Les deux premiers volumes ont pour titre : *Human Nature in a Variety of Aspects.* — Les vol. 3 et 4 : *The Life of Miyamoto Musashi.*

—— A new Life of Toyotomi Hideyoshi. By Walter Denning. — Printed and Published by the Kyōbun-kwan, Tōkyō, 1904, in-8, 2 ff. n. ch. + pp. VI + 405 + 1 f. n. ch.

*
* *

—— Le Japon contemporain (Notes et impressions), par Jean Dhasp. Préface de

Charles Edmond. — Ouvrage orné d'une carte. — Paris, Quantin, 1893, in-12, pp. 334, carte.

Jean Dhasp = Antony Klobukowski.

—— Dictionnaire polyglotte militaire et naval français, allemand, anglais, néerlandais et japonais avec figures. Par le bureau de traduction de l'État-major général du Japon. — Nouvelle édition. — Tokio, 13me Année Meidi, in-4, 2 ff. n. ch. + pp. 977 + 16 et 12 pp. de texte japonais, plus un album.

—— Dictionnaire des Termes d'Art militaire de Marine et d'Hippologie publié par la Société de Langue française de Tōkyō avec l'aide de quelques officiers des Ministères de la Guerre et de la Marine. [Tokio, octobre 1887], in-8, 1 f. n. ch. + pp. 147 + 1 f. n. ch.

—— Arts and Crafts of Old Japan by Stewart Dick. — T. N. Foulis, Edinburgh, ... & London, MDCCCCVI. Pet. in-8, 2 ff. n. ch. + pp. 153, ill.

The World of Art Series.

F. Victor Dickins.

—— 忠臣藏, Chiushingura, or the Loyal League, a Japanese Romance, Translated by Frederick V. Dickins, with notes and Appendix containing a metrical version of the Ballad of Takasago and Specimens of Original Text in the Japanese Character. Illustrated by numerous Engravings on Wood, drawn and executed by Japanese Artists, and printed on Japanese Paper... — Yokohama, Printed at the «Japan Gazette» Office, 1875, in-8, pp. v + ff. 2 n. ch. + pp. 160 + app. pp. 56 + préf. en japonais.

Cf. The Chiu shin gura. 忠臣藏 or «The Repository of faithful men». (*Phoenix*, No. 19, Jan. 1872, pp. 111-112.)

—— *Chiushingura, or the Loyal League; a Japanese Romance. Translated by F. V. Dickins, B. Sc., of the Middle Temple, Barrister at Law. London : Allen and Co., 1880.

Notice : *Nature*, XXII, 1880, pp. 288-289. By H. N. Moseley.

—— The Story of Shiūten Dôji. From a Japanese 'Makimono' in Six 'Ken' or Rolls. By F. V. Dickins, M. R. A. S. (*Journ. R. As. Soc.*, N. S. Vol. XVII, Art. I, January, 1885, pp. 1-28.)

—— The Story of Shiūten Dôji. From a Japanese 'Makimono' in six 'ken' or rolls. By F. V. Dickins. [From the 'Journal of the Royal Asiatic Society of Great Britain and Ireland', Vol. XVII, Part 1.] In-8, pp. 28.

—— The Story of the Old Bamboo-Hewer. (Taketori no Okina no Monogatari.) A Japanese Romance of the Tenth Century. Translated, with Notes, etc., by F. Victor Dickins, M. R. A. S. (*Journ. R. As. Soc.*, N. S. Vol. XIX, Art. I, January, 1887, pp. 1-58.)

—— The Origins of the Japanese State. By F. Victor Dickins. (*English Historical Review*, XIV, April 1899, pp. 209-234.)

—— The Statue of Amida the Niorai in the Musée Cernuschi. By F. Victor Dickins. (*Journ. R. As. Soc.*, July 1903, pp. 433-446.)

—— *Primitive and Mediaeval Japanese Texts. Translated into English, with introductions, notes, and glossaries, by Frederick Victor Dickins, C. B. Oxford : Clarendon Press, 1906, 2 vol. in-8.

Notice : *Journ. Roy. As. Soc.*, April 1907, pp. 449-452. By R. K. D[ouglas].

—— The Makura-Kotoba of Primitive Janese Verse, by F. Victor Dickins Esq. — 1908, in-8, pp. 113.

Transactions Asiatic Society of Japan, Vol. XXXV, Part 4, 1908.

*
* *

—— *A. Diósy. — The New Far East. London, 1904, in-8, pp. 374.

— *The Land of the Morning; an Account of Japan and its People. By William Gray Dixon, M. A. Edinburgh, James Gemmell, 1882.

Notice : *Nature*, XXV, 1881-1882, p. 384.

— Collections de M. Jean Dollfus — Catalogue des Netzkès japonais par Adrien Dollfus avec la collaboration de MM. P. Deshayes Conservateur-adjoint du Musée Guimet, S. Kawamoura Attaché au Musée Guimet. Paris, 35, rue Pierre Charron, Décembre 1889, in-8, pp. 26 + 1 f. n. ch., 1 pl.

Robert Kennaway Douglas.

— Catalogue of Japanese Printed Books and Manuscripts in the Library of the British Museum by Robert Kennaway Douglas Keeper of the Department of Oriental Printed Books and MSS. — Printed by order of the Trustees of the British Museum — London : Sold at the British Museum ;. . . — 1898, in-fol., pp. VII-389 à 2 col.

Notices : *Journ. R. As. Soc.*, Jan. 1899, pp. 159-161, par F. Victor Dickins. — *Quarterly Review*, July 1900, pp. 68-91.

— Catalogue of Japanese printed books and manuscripts in the British Museum acquired during the years 1899-1903. By Sir Robert Kennaway Douglas, Keeper of the Department of Oriental printed books and MSS. — Printed by order of the Trustees of the British Museum. — Sold at the British Museum . . . — London, 1904, gr. in-4, 1 f. n. ch. + pp. 98 à 2 col.

— Bibliographica. — Japanese illustrated Books. By Robert K. Douglas. Vol. III, pp. 1-28.

* * *

— Japan its Architecture, Art, and Art Manufactures by Christopher Dresser, Ph. D., etc. London, Longmans, Green and Co., 1882 in-8, pp. XI-467, ill.

Maurice Dubard.

— Le Japon pittoresque par Maurice Dubard Sous-Commissaire de la Marine. Paris, E. Plon, 1879, in-12, pp. III-387.

Notice : *Ann. Ext. Orient*, II, pp. 299-301.

— La Vie en Chine et au Japon précédée d'une expédition au Tonquin par Maurice Dubard Inspecteur Adjoint de la Marine. Paris, E. Dentu, 1882, in-12, pp. III-356.

* * *

— Henry Dumolard Docteur en droit, Chargé de mission du Ministère de l'Instruction Publique, Ancien professeur de Droit français à l'Université impériale de Tokyo. — Le Japon politique, économique et social. Librairie Armand Colin. . . 1903, in-18, pp. VIII-342 + 1 f. n. ch. tab.

Notices : *Geographical Journal*, XXI, May 1903, pp. 305-306. — *T'oung pao*, Juillet 1904, p. 336, par Henri Cordier.

— Notes de paléoethnologie, d'archéologie et de minéralogie archéolithique japonaises. Par M. G. Dumoutier, Directeur de l'Enseignement au Tonkin. (*Cong. Int. d'Anthr. et d'Arch. préh.*, Paris, 1900, pp. 223-231, 1 pl.)

— De Marseille à Shanghaï et Yedo. Récits d'une Parisienne par Mme Laure D. F. [Durand Fardel.] Avec une carte. Paris, Hachette, 1879, in-18, pp. III-436.

Notice : *Le Temps*, 23 Août 1879, par Jules Loiseleur. — La préf. de l'ouvrage est de Prosper Blanchemain.

— De Marseille à Shanghaï et Yedo. Récits d'une Parisienne par Mme Laure Durand-Fardel. Deuxième édition. — Avec une carte. Paris, Hachette, 1881, in-18, pp. XII-424.

— — Une 3e éd. a paru : Paris, Challamel, in-12.

— Voyage en Asie par Théodore Duret. Le Japon — la Chine — la Mongolie — Java — Ceylan — l'Inde. Paris, Michel Lévy frères, 1874, gr. in-18, pp. III-367. Prix 3 fr. 50 c.

La seconde partie, pp. 65-161, composée de onze chapitres est consacrée à la Chine et à la Mongolie. L'auteur était le compagnon de voyage de M. Henri Cernuschi.

— Dai Nippon The Britain of the East A Study in National Evolution by Henry Dyer... London, Blackie, 1904, in-8, pp. xvi-450, carte.

Joseph Edkins.

— Connection of Japanese with the adjacent continental languages. — By J. Edkins... (*Trans. Asiat. Soc. Japan*, XV, 1887, pp. 96-102.)

— Persian Elements in Japanese Legends. — By J. Edkins. (*Trans. Asiat. Soc. Japan*, XVI, 1889, pp. 1-9.)

— On the old Japanese Vocabulary. By Joseph Edkins, D. D. (*Trans. Asiat. Soc. Japan*, XVIII, 1890, pp. 87-103.)

* * *

— *Japanese Plays and Playfellows. By Osman Edwards; with twelve full-page coloured plates by Japanese Artists. London: William Heinemann... 1901, in-8, pp. viii-306.

Notice : *China Review*, XXV, No. 5, pp. 255-257, par T. K. Dealy.

— Sprichwörter und Bildliche Ausdrücke der Japanischen Sprache. — Gesammelt übersetzt und erklärt von P. Ehmann Theil I (von A bis G). — Supplement der «Mittheilungen» der Deutschen Gesellschaft für Natur und Völkerkunde Ostasiens. — Tokyo, Tokyo Tsukiji Type Foundry, 1897, in-8, pp. xxii-48.

— Handbook for the Student of Chinese Buddhism, By Rev. E. J. Eitel, of the London Missionary Society. Hongkong: Lane, Crawford & Co., 1870, in-8, pp. viii-224.

— Hand-Book of Chinese Buddhism being a Sanskrit Chinese Dictionary with Vocabularies of Buddhist Terms in Pali, Singhalese, Siamese, Burmese, Tibetan, Mongolian and Japanese by Ernest J. Eitel, M. A., Ph. D. (Tubing.) Inspector of Schools, Hongkong. Second edition, Revised and enlarged. Hongkong, Lane Crawford & Co., 1888, in-8, 5 ff. n. ch. p. l. tit., l. préf., etc. + pp. 231 à 2 col. + 1. f. n. ch.

Au verso du titre : Hongkong : Printed by Guedes & Co., D'Aguilar Street.

Notice : *Chin. Rec.*, XIX, No. 8, Aug. 1888, by E. F., p. 390.

Cette seconde éd. ne contient pas *A Chinese Index* qui se trouve, pp. 177-207, de la première éd.

— Ein japanischer Fürstenspiegel. Von Kaibara Ekken. — Übersetzt von T. Tsuji. (*Mitt. d. Sem. für Orient. Sprachen*, Jahrg. VII, Erste Abth., *Ostasiat. Studien*, 1904, pp. 86-116.)

Exposition.

— Notice sur l'Empire du Japon et sur sa participation à l'Exposition universelle de Vienne, 1873, publiée par la Commission impériale japonaise. Yokohama, Imprimerie de C. Lévy, Imprimeur-éditeur, 1873, in-8, pp. 84 + 1 f. n. ch. tab.

— Le Japon à l'Exposition universelle de 1878 — Publié sous la direction de la Commission impériale japonaise — Première Partie Géographie et Histoire du Japon — Paris, à la Commission impériale du Japon, 15, Avenue de Matignon, 1878, in-8, 1 f. n. ch. + pp. 159.

Préface signée : M. Matsugata. Paris, Typographie Georges Chamerot.

— — Deuxième Partie Art. — Education et Enseignement. — Industrie. — Productions, Agriculture et Horticulture. — Ibid., in-8, pp. vii-192.

Paris, Typographie Lahure.

— Les laques et la céramique du Japon. — Yokohama, 1879, in-8, pp. 112.

Rédigé par la Commission impériale japonaise sous la direction de M. Matsugata, président de cette Commission, et de M. Maëda, Commissaire général du Japon à l'Exposition universelle.

— Histoire de l'Art du Japon — Ouvrage publié par la Commission Impériale du Japon à l'Exposition universelle de Paris, 1900 — Paris, Maurice de Brunoff, Imprimeur-Editeur, 4 place Denfert, gr. in-4, pp. XV-277 + 1 f. n. ch., grav. en couleurs et pl. hors texte, grav. dans le texte.

Avis aux lecteurs signé : Tadama Hayashi, Commissaire général du Japon à l'Exposition universelle de 1900. — *Préface* signée : Baron Riyuitci Kouki, Directeur général du Musée impérial.

— Une histoire de l'art japonais. La Collection Hayashi. Par Thiébault-Sisson. (*T'oung Pao*, 2e Sér., III, No. 1, Mars 1902, pp. 33-35.)

Extrait du *Temps*, 17 Janvier 1902.

—— *Japan in the beginning of the 20th Century. Tokyo, 1904, in-8, pp. 828.

Commission to the St. Louis Exposition.

—— *E. F. Fenollosa. — The Masters of Ukioya. A complete historical description of Japanese Paintings and color Prints of the genre School... as shown in exhibition at the Fine Arts Building... New York, Jan. 1896, by W. H. Ketcham. New York : W. H. Ketcham, 1896, in-4, pp. V-115.

Karl Florenz.

—— Zur Japanischen Literatur der Gegenwart. — Von Dr. K. A. Florenz. — Tokyo. — 1892, in-4, pp. ch. 314-344.

Mittheilungen der Deutschen Gesellschaft für Natur- und Völkerkunde Ostasiens in Tokio. (Separat Abdruck aus Band V, Heft 47, März 1892.)

—— Nihongi oder Japanische Annalen. Übersetzt und erklärt von Dr. Karl Florenz. — Dritter Teil. Geschichte Japans im 7. Jahrhundert. — Druckerei der Seishi-Bunsha, Tokyo, Oct. 1892, in-4, pp. XXXII-55-18-32 + 1 f. n. ch.

Supplement zu Band V der *Mitt. d. Deutschen Ges. f. Nat. u. Völkerkunde Ostasiens in Tokio.* — Dritter Teil Buch 22-24.

Cette publication a été terminée en 1897; elle forme le Supp. des Vol. V et VI des *Mitt. D. G. N. Völk. Ostasiens.*

—— Nihongi oder Japanische Annalen. Übersetzt und erklärt von Dr. Karl Florenz, Professor der Sprachwissenschaft an der Kaiserlichen Universität zu Tokyo. — Dritter Teil. Geschichte Japans im 7. Jahrhundert. III. Buch 27 und 28. — Druckerei der Tōkyō-Seishibunsha, Tōkyō, Oct. 1895, in-4, pp. XXXIX à XLII, 40, 22.

Separatabzug aus den *Mitt. d. Deutschen Ges. f. Natur- u. Völkerkunde Ostasiens.*

Notices : *T'oung Pao*, IX, 1898, pp. 64-65, par G. Schlegel. — *Revue Critique*, 27 août 1900, par Maurice Courant.

—— *Japanische Mythologie. Nihongi. »Zeitalter der Götter.« Nebst Ergänzungen aus andern alten Quellenwerken. Von Dr Karl Florenz. Mit Illustrationen. Tokyo, 1901, pp. IX-341, 2 cartes, 19 pl.

Supp. *Mitt. D. G. N. Völk. Ostasiens.*

Notice : *Nature*, LXVI, 1902, pp. 546-547.

—— *Bunde Blätter. Japanische Poesie, von Dr. Karl Florenz. Verlag von T. Hasegawa, Tokyo, Japan.

Notice par G. Schlegel, *T'oung Pao*, VIII, 1897, p. 118.

—— Die Naga-uta des Kokinshū. Von Prof. Dr. Karl Florenz. (*Actes XIIe Congrès int. Orient.*, Rome, 1899, II, pp. 127-147.)

—— Ancient Japanese Rituals by Dr Karl Florenz. (*Trans. Asiat. Soc. Japan*, XXVII, 1900, pp. 112.)

—— Dichtergrüsse aus dem Osten Japanische Dichtungen übertragen von Professor Dr. K. Florenz in Tokio. 和歌集 — Leipzig. C. F. Amelang's Verlag, in-4, pp. 97.

Druck, Illustrationen & Papier von T. Hasegawa, 10 Hiyoshicho, Tokio, Japan.

—— Dichtergrüsse aus dem Osten Japanische Dichtungen. Übertragen von Prof. Dr. K. Florenz in Tokyo. Fünfte Auflage. Leipzig; C. F. Amelang's Verlag. Tokyo : T. Hasegawa, in-4.

—— Japanische Dichtungen. Weissaster. Ein romantisches Epos. Nebst anderen Gedichten, frei nachgebildet von Karl Florenz. — Leipzig : C. F. Amelang's Verlag. Tokyo : T. Hasegawa, in-4.

Imprimé à Tokio, sur papier japonais.

Notice : *T'oung pao*, VII, 1896, pp. 191-193, par A. Gramatsky.

—— Japanische Dichtungen. Weissaster. Ein romantisches Epos. Nebst anderen Gedichten. Frei nachgebildet von Prof. Dr. Karl

Florenz. — Zweite Auflage. — Leipzig : C. F. Amelang's Verlag. Tokyo : T. Hasegawa, in-4.

—— Japanische Dramen Terakoya und Asagao übertragen von Prof. Dr. Karl Florenz. C. F. Amelang's Verlag, Leipzig. T. Hasegawa, Tokyo, in-4.

Notice : *T'oung Pao*, Mai 1901, pp. 151-152, par G. S[chlegel].

—— Karl Adolf Florenz. — Neue Bewegungen zur japanischen Schriftreform. Mit lautphysiologischen Exkursen. (*Deutsche Gesellschaft f. Natur- u. Völk. Ostasiens, Mitth.*, v. 8, pp. 299-360, Tokyo, 1902.)

Notice : *Bull. École française Extrême-Orient*, III, n° 2, Avril-Juin 1903, pp. 352-355. Par Cl. E. Maître.

—— Geschichte der Japanischen Litteratur von Dr. K. Florenz, Professor an der Universität Tokyo. Leipzig, C. F. Amelang, 1905-1906, in-8.

*
* *

—— Bibliothèque de vulgarisation. Ad. F. de Fontpertuis — Chine, Japon, Siam & Cambodge. Paris, A. Degorce-Cadot, éditeur, 1882, in-18, pp. IV-312.

Notice : *Ann. de l'Ext. Orient*, 1882-1883, V, pp. 3-5. (Par Léon Feer.)

—— Japanese Pottery being a Native Report with an Introduction and Catalogue by Augustus W. Franks, M. A., F. R. S., F. S. A. With Illustrations and Marks Published for the Committee of Council on Education by Chapman and Hall, Limited, London, pet. in-8, pp. XVI-112.

South Kensington Museum Art Handbook.

—— Board of Education South Kensington, Victoria and Albert Museum. — Japanese Pottery being a Native Report with an Introduction and Catalogue by The late Sir Augustus W. Franks, K. C. B., ... — With Illustrations and Marks. Second edition — London : Printed for His Majesty's Stationery Office, by Wyman and Sons, 1896, in-8, pp. XXI-119.

Victoria and Albert Museum Art Handbooks.

—— *Mary Crawford Fraser. — Letters from Japan. A Record of Modern Life in the Island Empire. — New York and London : The Macmillan Company, 1899, 2 vol. in-8, ill.

—— Vocabulary of Mathematical Terms in English and Japanese. By R. Fujisawa. Rigkhashi. Dr. Phil. Professor of Mathematics at the University of Tokio. Second edition, revised and enlarged. Tokio, 1891, petit in-8, 2 ff. n. ch. + pp. 43 à 2 col. + 1 f. n. ch.

—— Le Bouddhisme japonais Doctrines et Histoire des douze grandes Sectes bouddhiques du Japon par Ryauon Fujish Ma ancien élève de la Faculté bouddhique du Hongwanji à Kyoto (Japon), membre de la Société Asiatique de Paris — Paris, Maisonneuve et Ch. Leclerc ... — 1889, in-8, pp. XLIII-160.

—— Deutsch-Japanisches Militärwörterbuch. Verfasst von H. Fujiyama und Z. Takata, Prof. und Lehrer a. d. Kriegsakademie zu Tokio. Zweite Auflage. — Tokio, 1901, Doitsu-Gogaku-Zasshi-Sha, in-16, 3 ff. n. ch. + pp. IV + 1 f. n. ch. + pp. 472.

—— Catalogue de cent peintures originales de l'Ecole Ukiyo-é composant la Collection Fukuba exposées au Musée des Arts décoratifs Musée du Louvre, Pavillon de Marsan, du 21 [*lire* 24] Février au 19 Mars 1911. — Traduit de l'anglais par Tyge Möller. — Paris, in-8, pp. XXXIV + pp. 46 de fig.

Préface de Yojiro Kuwabara. Angers, Imprimerie Orientale de A. Burdin et Cie.

—— Vollstaendigstes Deutsch-Japanisches Wörterbuch einschliesslich der im Deutschen gebrauchlichen Fremdwoerter nebst einem Anhang, enthaltend Tabellen der unregelmässigen Zeitwörter, der deutschen geographischen und christlichen Namen, der Münze, Gewichte und Mässe sowie der Abkürzungen und Zeichen von H. Fukumi, & K. Ogurusu. — Gänzlich umgearbeitet & vermehrt von H. Taniguchi durchgesehen & korrigirt von N. Takatsuka, T. Hamamoto, M. Saito, & E. Kaneko. — Zehnte Auflage, mit Bildertafeln Holzschnitt, Kupferstich und Chromodruck. — Tokyo, Meidji-Kōikwai & Nankōdō, 32 Meidji (1899). In-8, 9 ff. n. ch. + pp. 1250 + pp. 33 de grav. + 3 ff. n. ch.

—— Cte de Gabriac. Course humoristique autour du Monde. — Indes, Chine, Japon. — Illustrée de huit gravures sur bois. Paris, Lévy, 1872, in-8.

—— N° 1 — Bibliothèque d'Education artistique — Documents décoratifs japonais tirés de la Collection C. Gillot. Librairie de l'Art, 8, boulevard des Capucines.

Publiés par cahiers in-8 à 1 fr. 50; la collection, 12 fr.

No. 1. — Fleurs et Plantes.

No. 2. — Oiseaux.

No. 3. — Fleurs et Plantes.

No. 4. — Oiseaux.

No. 5. — Animaux.

No. 6. — Fleurs et Plantes.

No. 7. — Animaux.

No. 8. — Poissons.

—— L'Art japonais du XVIIIe siècle — Outamaro — Le Peintre des Maisons vertes — Par Edmond de Goncourt. — Paris, Charpentier, 1891, in-18, pp. III–265.

Nouveau tirage : 1904.

Au verso de la couverture, 4e page, Goncourt annonçait une série d'études sur Harunobou, Hokousai, Gakutei, Hiroshighé, Korin, Ritzouô, Gamboun, Masanao, Kawadgi-Tomomitchi, Yuzen et Kenzan.

Louis Gonse.

—— L'Art japonais par Louis Gonse Directeur de la *Gazette des Beaux-Arts*. Paris, A. Quantin, 1883, 2 vol. gr. in-4, pp. IV–310, 369, grav. dans le texte et hors texte.

Cet ouvrage a été imprimé à 1400 exemplaires numérotés.

Notices : *Mém. Soc. Et. Japonaises*, Juillet 1885, pp. 254-256, par M. Matunami. — *Revue Critique*, 5 janvier 1885, pp. 6-16, signé Δ [J. Darmesteter]; réimp. *Revue d'Ethnographie*, III, 1884, pp. 521-529.

— L'art japonais. Par James Darmesteter. (*Ann. de l'Ext. Orient*, 1884-1885, VII, pp. 193-203.)

—— Review of the Chapter on Painting in Gonse's «L'art japonais» by Ernest F. Fenollosa, Professor of Philosophy and Logic, University of Tokio, Japan. Boston : James R. Osgood, 1885, in-8, pp. 54.

—— L'Art Japonais par Louis Gonse. Paris, Quantin, s. d. [1886], in-8, pp. 336.

Bibliothèque de l'Enseignement des Beaux-Arts, publiée sous la direction de M. Jules Comte.

* * *

—— 1024. — The Art of Casting Bronze in Japan. By W. Gowland, F. S. A. Late of the Imperial Japanese Mint. From the Smithsonian Report for 1894, pages 609-651 (with plates LXIV-LXX). Washington : Government Printing Office, 1896, in-8.

—— Die Gaku in meinem Hause. Von Dr. Gramatzky-Yamaguchi. (*Mitt. d. Sem. für Orient. Sprachen*, Jahrg. V, Erste Abth., *Ostas. Studien*, 1902, pp. 65-68).

William Elliot Griffis.

—— The Mikado's Empire. Book I. History of Japan, From 660 B. C. to 1872 A. D. Book II. Personal Experiences, Observations, and Studies in Japan, 1870-1874. By William Elliot Griffis, A. M. Late of the Imperial University of Tokio, Japan. New York : Harper & Brothers, publishers, 1876, in-8, pp. 625.

—— The Mikado's Empire. Book I. History of Japan, From 660 B. C. to 1872 A. D. Book II. Personal Experiences, Observations, and Studies in Japan, 1870-1874. By William Elliot Griffis, A. M., Late of the Imperial University of Tokio, Japan. New edition. With a supplementary Chapter on Japan in 1883. New-York : Harper & Brothers, publishers, 1883, in-8, pp. 651.

—— The Mikado's Empire. Book I. History of Japan, From 660 B. C. to 1872 A. D. Book II. Personal Experiences, Observations, and Studies in Japan, 1870-1874. By William Elliot Griffis, A. M., Late of the Imperial University of Tokio, Japan. — Fifth Edition, with Supplementary Chapters : Japan in 1883, and Japan in 1886. — New York : Harper & Brothers, 1887, in-8, pp. 651.

— * The Mikado's Empire... — Tenth edition, with Six Supplementary Chapters, including History to beginning of 1903. New York and London : Harper & Brothers, 1904, 2 vol. in-8, ill. et carte.

— Japan : geographical and social. By Rev. W. E. Griffis. (*J. Am. Geog. Soc.*, N. York, X, 1878, pp. 77-92.)

— Japanese Fairy World. Stories from the Wonder-lore of Japan. By William Elliot Griffis, author of «the Mikado's Empire». Illustrated by Ozawa, of Tokio. Schenectady, N. Y. James H. Barhyte. 1880, in-16, pp. VI + 1 f. n. ch. + pp. 304.

— Légende japonaise d'après M. William Elliot Griffis traduite par M. le Dr. L. Ardouin. (*Bul. Soc. Géog. Rochefort*, IV, 1882-1883, pp. 150-153.)

— Japan in History, Folk lore and Art by William Elliot Griffis.... Boston and New York Houghton, Mifflin and Company The Riverside Press, Cambridge, 1892, pet. in-8, pp. VIII + 1 f. n. ch. + pp. 230.

— * The Religions of Japan, from the Dawn of History to the Era of Méiji. By William Elliot Griffis, D. D. London : Hodder & Stoughton, 1895.

Notice : *Dublin Review*, CXVIII, Jan. 1896, pp. 221-222.

— William Elliot Griffis. — Townsend Harris, first American Envoy in Japan. Boston, Houghton, Mifflin & Co., 1895, in-8.

* * *

— Eclectic Chinese-Japanese-English Dictionary of Eight Thousand Selected Chinese Characters, including an introduction to the study of these Characters as used in Japan, and an Appendix of Useful Tables. — Compiled and arranged by Rev. Ambrose D. Gring. — Published under the auspices of the Board of Commissioners for Foreign Missions of the (German) Reformed Church in the United States. Yokohama : Kelly & Co., 1884, pet. in-8, pp. CLXVII-650.

John Harrington Gubbins.

— Ascent of Fuji-Yama. By J. H. Gubbins, Esq., Student Interpreter, Yedo. [Abstract.] (*Proc. Roy. Geog. Soc.*, XVII, 1873, pp. 78-80.)

— Notes of a Journey from Awomori to Niigata, and of a Visit to the Mines of Sado by J. H. Gubbins. (*Trans. Asiat. Soc. Japan*, III, Pt. II, 1875, pp. 83-100.)

— Review of the Introduction of Christianity into China and Japan, by John H. Gubbins. (*Trans. Asiat. Soc. Japan*, Vol. VI, Pt. I, 1877-1878, pp. 1-62.)

— Hidéyoshi and the Satsuma Clan in the sixteenth Century. By J. H. Gubbins. (*Trans. Asiatic Soc. Japan*, Vol. VIII, Pt. I, pp. 124-195.)

— A Dictionary of Chinese-Japanese Words in the Japanese Language by John Harrington Gubbins Japanese Secretary of H. B. M.'s Legation in Japan. London : Trübner, Tokio : The Hakubunsha, 1889, 2 parties pet. in-8, pp. XVIII + 1 f. n. ch. + pp. 325 à 2 col. + 1 f. n. ch., 1 f. n. ch. + pp. ch. 327 à 683 + 1 f. n. ch.

— The Feudal System in Japan under the Tokugawa Shoguns. By J. H. Gubbins. (*Trans. Asiat. Soc. Japan*, Vol. XV, Pt. II, Sept. 1887, pp. 131-142.)

— Laws of the Tukugawa Period. By Mr. J. H. Gubbins. (*Trans. Asiat. Soc. Japan*, XXVI, 1898, pp. 154-162.)

Émile Guimet.

— Le Théatre au Japon par Émile Guimet et Félix Regamey. — Conférence faite au Cercle Saint-Simon le 16 avril 1884. Paris, Léopold Cerf, 1886, in-8, pp. 32.

— Promenades japonaises. Texte par Émile Guimet. Dessins d'après nature (dont six aquarelles reproduites en couleurs) par Félix Régamey. Paris, G. Charpentier, 1878, in-4, pp. 212.

— Promenades japonaises. Tokio-Nikko... Ibid., 1880, in-4, 2 ff. + pp. 288.

*
* *

—* Geschichte des Christentums in Japan. Von Pfarrer Hans Haas. I. Erste Einführung des Christentums in Japan durch Franz Xavier. Tokyo, 1902-1904, 2 vol. in-8.

Mitt. Deutschen Ges. f. Natur- u. Völk. Ostasiens, Supp.

Notices : *Nature*, LXVII, 1902-03, pp. 28-29. By F. V. D.[ickins]. — *T'oung Pao*, Mai 1906, pp. 296-297, par H. Cordier.

— Annalen des Japanischen Buddhismus von Pfarrer Dr. theol. Hans Haas. (*Mitt. d. Deutschen Ges. f. Natur- u. Völkerkunde Ostasiens*, Bd. XI, Teil 3, 1908, pp. 281-388.)

— Ancient and Modern Art Pottery and Porcelain of Japan. By Ernest Hart, ... A Paper read before the Society of Arts, February 24th 1892. — Reprinted from the «Journal of the Society of Arts» Feb. 26, 1892. London: Printed by W. Trounce, 1892, in-8, pp. 19 à 2 col.

— Notes on the History of Lacquer. A Paper by Ernest Hart, D. C. L., Member of Council J. S. Read before the Japan Society of London, December 22, 1893, in-8, pp. 13 + 7 pl.

— *Stencils of old Japan : from Originals in the collection of Ernest Hart. With an Introductory Note. London, 1895, in-4.

— Japanese Kozuka and Kogai. An Illustrated Descriptive Catalogue of the Hawshaw Collection. London : The Fine Art Society, 148 New Bond Street, 1911, in-8, pp. XXII-117, 12 pl.

Préface de Marcus B. Huish.

— Formosa, Colonie japonaise. — Conférence par M. Alexandre Halot. (*Bul. Soc. Franco-Jap.*, Juin 1911, No. 22, pp. 7-25.)

— Le Japon à l'Exposition universelle de 1900. Conférence faite le 6 Décembre 1900 par M. Tadama Hayashi, Commissaire général du Japon. (*Bul. Soc. Franco-Jap.*, I, 1902, pp. 3-18.)

Lafcadio Hearn.

— Three Popular Ballads. By Lafcadio Hearn. (*Trans. Asiat. Soc. Japan*, Vol. XXII, Pt. III, Dec. 1894, pp. 285-336.)

— Glimpses of Unfamiliar Japan by Lafcadio Hearn. In two volumes. London, Osgood, Mc Ilvaine & Co., 1894, 2 vol. in-8, pp. x. + 1 f. n. ch. + pp. 342, 343 à 699.

Boston, Houghton, Mifflin & Co., Ibidem.

Notice : *The Athenæum*, No. 3498, Nov. 10, 1894.

— Glimpses of Unfamiliar Japan by Lafcadio Hearn. London, Osgood, Mc Ilvaine & Co., 1895, 2 vol. in-8, pp. x + 1 f. n. ch. + pp. 342, pp. ch. 343 à 699.

— «Out of the East» Reveries and Studies in New Japan by Lafcadio Hearn... London, Osgood, Mc Ilvaine & Co., 1895, pet. in-8, 2 ff. n. ch. + pp. 341.

— 心 Kokoro Hints and Echoes of Japanese Inner Life by Lafcadio Hearn. London and New York, Harper and Brothers, 1898, pet. in-8, 3 ff. n. ch. + pp. 388, port. sur le titre.

Aussi : Boston, Houghton, Mifflin & Co., 1896, in-12, pp. (10), 388.

— In Ghostly Japan By Lafcadio Hearn Lecturer on English Literature in the Imperial University, Tōkyō. — London, Sampson Low, 1899, pet. in-8, 4 ff. n. ch. + pp. 241, ill.

Boston : Little, Brown & Co., 1899, pet. in-8.

— * Lafcadio Hearn. — A Japanese Miscellany. Boston, Little, Brown & Co., 1901, in-8, pp. 305, 7 pl.

— * L. Hearn. — Kotto : some Japanese Curios, with Sundry Cobwebs. With Illustrations. New York, 1902, in-12.

— 國神 Japan an Attempt at interpretation by Lafcadio Hearn... New York, The Macmillan Co., 1904, in-8, 1 f. n. ch. + pp. 541, front. col.

— Gleanings in Buddha fields; Studies of hand and soul in the Far East. Boston, Houghton, Mifflin & Co., 1897, in-12, pp. 296.

— Kwaidan : Stories and Studies of Strange Things. Boston, Houghton, Mifflin and Co., 1904, in-12, pp. 240.

— The Romance of the Milky Way and other Studies and Stories. Boston, Houghton, Mifflin & Co., 1905, in-12, pp. XIV-210.

— Shadowings. Boston, Little, Brown & Co., 1900, in-12, pp. 268.

— * E. Bisland. — Life and Letters of Lafcadio Hearn. London, Constable, 1906, 2 vol. in-8.

— * The Japanese Letters of Lafcadio Hearn. London, Constable, 1910, in-8, pp. 451.

— * Y. Noguchi. — Lafcadio Hearn in Japan. Yokohama, Kelly & Walsh, 1910, in-8, pp. 177.

— Lafcadio Hearn by Nina H. Kennard Containing some letters from Lafcadio Hearn to his half-sister Mrs. Atkinson. London. Eveleigh Nash, 1912, in-8.

*
* *

— Th. Bentzon. — Un Peintre du Japon. — Lafcadio Hearn. (*Revue des Deux Mondes*, 1er juin 1904, pp. 556-592.)

— Idiomatische Schriftzeichen in Japan. Von Oberleutnant Hell. (*Mitt. d. Sem. für Orient. Sprachen*, Jahrg. XIII, Erste Abt., *Ostas. Studien*, 1910, pp. 339-349.)

— Le Nō Drame lyrique du Japon par M. Miyamoto Heikouro. (*Bul. Soc. Franco-Jap.*, Sept.-Déc. 1911, Nos. 23-24, pp. 35-48.)

Hesse-Wartegg.

— China und Japan. Erlebnisse, Studien, Beobachtungen auf einer Reise um die Welt von E. von Hesse-Wartegg. Mit 44 Vollbildern, 132 in den Text gedruckten Abbildungen, Beilagen und einer Generalkarte von Ostasien. J. J. Weber in Leipzig, 1897, gr. in-8, pp. VIII-567 + 1 f. n. ch.

— — 2te vermehrte Auflage. Leipzig, J. J. Weber, 1900, gr. in-8, pp. X-668.

— E. von Hesse-Wartegg. — Cina e Giappone. — Il Celeste Impero e l'Impero del Sol nascente. — Versione i riduzione con note originali per il Capitano Manfredo Camperio... con 168 illustrazioni, 72 tavole colorate e facsimili, 1 carta dei possedimenti, delle zone d'influenza e delle strade ferrate concesse e progettate nell' Asia Orientale. Ulrico Hoepli, Milano, 1900, in-8, pp. XIV-535.

Notices : *La Géographie*, 15 avril 1900, p. 343. Par J. D.[eniker]. — *Nature*, LXI, 1899-1900, pp. 513-514.

*
* *

— Catalogue of a Collection of Japanese Works of Art ancient & modern. Comprising Specimens of Various lacquers, swords, helmets, arrows, articles of domestic life, as well as ivory and wood carvings, enamels and other works of Art. The property of Mr. George H. Hodgson, of Kirkfield, Baildon, Shipley, Yorks, and of Hexton Manor, Hitchin, Herts. Exhibited at the New Gallery, Regent Street, and the Galleries of S. Gorer & Son, 170 New Bond Street, W., s. d., in-8, pp. v + 1 f. n. ch. + pp. 435.

— On Hokusai's «Daily Exorcisms». Published by The Kokka Publishing Company, Tokyo, s. d., in-4 oblong, pp. 6 + 1 f. n. ch.

Avec un album de 88 planches.

— * C. Holland. — Old and New Japan. — London, Dent & Co., 1907, in-8, pp. 292.

— — Things seen in Japan. — London, Seeley & Co., 1907, in-8, pp. 252.

— Chine et Japon. Notes politiques, commerciales, maritimes et militaires par M. Alfred Houette, enseigne de vaisseau. Paris, Berger-Levrault, 1881, in-8, pp. 130.

Bibl. nat., O²ₓ n. 703.

— The United States in the Far East; or, Modern Japan and The Orient. — By Richard B. Hubbard, Envoy Extraordinary and Minister Plenipotentiary of the United States to Japan, from 1885 to 1890; Governor of Texas, from 1876 to 1879, and Temporary President of the National Democratic Convention at Chicago in 1884. — Richmond, Va.: B. F. Johnson Publishing Co., 1899, in-8, pp. 384.

Baron de Hübner.

— Promenade autour du Monde 1871 par M. le Baron de Hübner, ancien Ambassadeur, ancien Ministre, auteur de Sixte-Quint. Paris, Hachette, 1873, 2 vol in-8.

Vol. I. 1re Partie : Amérique ; 2e partie : Japon.

Vol. II. 2e Partie : Japon (suite et fin); 3e Partie : Chine.

On en a fait une éd. en un vol. in-4, avec 318 gravures sur bois, Paris, Hachette.

Notices : *Le Temps*, par D. Bernard, 17 Mai 1874. — *The Athenaeum*, No. 2457, Nov. 28, 1874. — *Paris-Journal*, par L. Dommartin, 14 Mai 1873. — *Le Siècle*, par L. Jourdan, 10 Mai 1873. — *Journal des Débats*, par Cuvillier-Fleury, 4 Mai 1873. — *Revue Générale*, par L. Arendt, Avril 1874. — *Le Correspondant*, par Xavier Marmier, 10 Juillet 1873. — *Journal des Savants*, par Caro, 1874, 1er Fév. et 2 Avril, pp. 159-173, 231-245. — *Missions Catholiques*, par l'abbé X. M., VII, 1875, pp. 105-107, 117-119, 130-132.

— A Ramble round the World, 1871. By M. Le Baron de Hübner, formerly Ambassador and Minister, and author of Sixte Quint». Translated by Lady Herbert. In two volumes. London : Macmillan and Co., 1874, in-8, pp. xi-463, viii-431.

— A Ramble round the World, 1871. By M. le Baron de Hübner Formerly Ambassador and Minister, and author of «Sixte Quint». Translated by Lady Herbert. London: Macmillan and Co., 1878, in-8, pp. xv-657.

— Ein Spaziergang um die Welt von Alexander Freiherrn von Hübner. Deutsche Ausgabe vom Verfasser. In zwei Bänden. Leipzig, T. O. Weigel, 1874, in-8, pp. 396, 433.

— Ein Spaziergang um die Welt von Alexander Freiherrn von Hübner, vorm. k. k. Österreichischen Botschafter in Paris und am päpstlichen Stuhle etc. etc. — Mit 317 Abbildungen und dem Porträt des Verfassers. Leipzig, Heinrich Schmidt & Carl Günther, 1882, gr. in-4, pp. 459 + 4 ff. prél. n. ch.

— *Hübner. — Passeggiata intorno al mondo, 1871, trad. del prof. Michele Lessona. Torino, Unione tip., 1873, gr. in-8.

— Bibliotheka Najnowszych Podróży. — VI. Przechadzka Naokoło Ziemi odbyta w roku 1871 przez Barona Hübnera ... Przekład z Francuzkiego. Warszawa. Drukiem Józefa Ungra... 1874, 3 vol. in-8.

Aimé Humbert.

— Le Japon illustré par Aimé Humbert ancien Envoyé extraordinaire et Ministre plénipotentiaire de la Confédération suisse Ouvrage contenant 476 vues, scènes, types, monuments et paysages dessinés par E. Bayard, H. Catenaci, Eug. Cicéri, L. Crépon, Hubert Clerget, A. de Neuville, M. Rapine, É. Thérond, etc. Une carte et cinq plans. Paris, L. Hachette, 1870, 2 vol. gr. in-4, pp. 424, 432.

— *Japan and Japanese, by Aime Humbert, trans. by Mrs. Cashel Hoey, and ed. by H. W. Bates, 1874, gr. in-8, ill.

— *Живописное путешествіе въ Японію 1863-1864. Эме Гюмберъ. (*Всемірный Путешественникъ*, 1868, Nos. 9, 10, 19, 23, 27, 35, 40 et 46; 1869, No. 43; 1870, Nos. 1-3.)

Mojov, 3270.

— *Живописная Японія. Эме Гюмберъ. Изд. ред. журн. Всемірный Путешественникъ. Спб. Тип. « Обществ. Польза », 1870, in-4, pp. VIII-414, gravures.

* * *

— Handbook of English-Japanese Etymology by William Imbrie. — S. Tsujimoto & Co. Tokyo, Osaka, and Kyoto, Japan. 1888, in-8, pp. VII-207-XIV.

— Sketches of Tokyo life by Jukichi Inouye. — Profusely illustrated. — Torando, No. 15, Sakuragicho Shichome, Yokohama, in-8, pp. 103 + 2 ff. n. ch.

— *The Imperial Japanese Navy. By F. T. Jane, assisted by officers of the Japanese Navy. With... illustrations from sketches and drawings by Japanese Artists and from officials Photographs. London, W. Thacker & Co., 1904, in-8, pp. XV-410.

— Catalogue of an Exhibition of the Arms and Armour of Old Japan, held by the Japan Society, London, in June 1905. — London : The Japan Society, in-4, pp. 147 + 40 pl.

— Japanese Shipping, Ancient and Modern. — Mercantile Marine Bureau, Department of Communications, Tokyo, Japan. March, 1909, in-8 oblong, pp. 41 + 40 pp. de texte japonais, avec un Atlas in-fol. oblong de 67 planches.

— Le Japon artistique et littéraire. Paris, Alphonse Lemerre, 1879, in-16, pp. 66 + 1 f. n. ch., front.

Imprimé par A. Quantin, 7, rue Saint-Benoît, Paris.

— Aus Japan nach Deutschland durch Sibirien von Wilhelm Joest. Mit fünf Lichtdrucken und einer Karte. Köln, Verlag der M. Dumont-Schauberg'schen Buchhandlung. 1883, in-8, pp. VII-328 + 2 ff. n. ch. p. l. tab. des distances et l. tab.

— Legend in Japanese Art A Description of Historical Episodes Legendary Characters, Folk-Lore, Myths, Religious Symbolism Illustrated in the Arts of Old Japan by Henri L. Joly. With upwards of 700 Illustrations including sixteen full-page reproductions in colour. London : John Lane, The Bodley Head, MCMVIII. In-4, pp. XLIV + 1 f. n. ch. + pp. 453.

Text printed by the Tokio Printing Company, Reading. Illustrations printed by Edmund Evans, London, E. C.

— Introduction à l'Etude des Montures de Sabres, par Henri L. Joly. (*Bul. Soc. Franco-Jap.*, Mars 1909, No. 14, pp. 31-84, ill.)

— Japanese Sword-Mounts A Descriptive Catalogue of the Collection of J. C. Hawkshaw, Esq., M. A., of Hollycombe, Liphook. Compiled and illustrated by Henri L. Joly. London, MCMX. Gr. in-8, pp. XXVI-300 + 50 pl.

300 copies printed by the Tokio Printing Co., Reading.

— The Japanese Invasion. By G. Heber Jones. I. The Preliminaries. (*Korean Reposit.*, I, Jan. 1892, pp. 10-16); II. Diplomatic Negotiations. (*Ibid.*, Feb. 1892, pp. 46-50); III. The Invasion. (*Ibid.*, April 1892, pp. 116-121); IV. The royal flight. (*Ibid.*, May 1892, pp. 147-152); V. The fall of Pyöngyang. (*Ibid.*, June 1892, pp. 182-188); VI. China to the rescue. (*Ibid.*, July 1892, pp. 217-222); VII. Conclusion. (*Ibid.*, Oct. 1892, pp. 308-311.)

— A Pocket Dictionary of the English and Japanese Language. — Second and revised edition at Yedo. 1866, in-8, oblong, 1 f. n. ch. + pp. 998 à 2 col.

Préface signée Horikosi Kamenoskay.

— *Si-Do-In-Dzou* Gestes de l'Officiant dans les cérémonies mystiques des sectes Tendaï et Singon d'après le commentaire de M. Horiou Toki Supérieur du Temple de Mitani-Dji. Traduit du Japonais sous sa direction par S. Kawamoura avec introduction et annotations par L. de Milloué Conservateur du Musée Guimet. Paris, Ernest Leroux, 1899, in-8, pp. XIX-234 + 1 f. n. ch.; Pl.

Forme le T. VIII de la *Bibliothèque d'Études* des *Annales du Musée Guimet.*

— Department of Science & Art : of the Committee of Council on Education. Japanese Art. I. Japanese Books and Albums of Prints in Colour in the National Art Library South Kensington. London Printed for His Majesty's Stationery Office By Eyre and Spottiswoode, 1893, Price Six pence, in-8, pp. 94.

— — II. Books relating to Japanese Art in the National Art Library South Kensington Museum. Ibid., 1898, Price Six pence, in-8, pp. 37 + 1 f. n. ch.

— A gravestone in Batavia to the Memory of a Japanese Christian of the seventeenth century. By the Rev. A. F. King. (*Trans. Asiat. Soc. Japan*, XVII, 1889, pp. 97-101.)

1605-1663.

— Feudal and Modern Japan by Arthur May Knapp. London, Duckworth, 1898, 2 vol. in-16, pp. XIII-224, 226, ill.

— Japan Geschichte nach japanischen Quellen und Ethnographische Skizzen von W. Koch k. u. k. Oberlieutenant a. D. Mit einem Stammbaum des Kaisers von Japan. Dresden, Wilhelm Baensch, 1904, in-8, pp. V-410.

— Japan und die Japaner. — Skizzen aus dem fernsten Osten von Graf Hans von Königsmarck... Mit 24 Vollbildern. Zweite Auflage. — Berlin, Allgemeiner Verein für Deutsche Litteratur, 1900, in-8, pp. VIII-313.

— The Kokka. — Revue illustrée mensuelle d'Art publiée à Tokyo, in-fol.

No. 1, Oct. 1899.

General von Krahmer.

— Russland in Asien :

— — Band I. — Das Transkaspische Gebiet Von Krahmer Königl. Preussischer Generalmajor z. D. — Mit einer Übersichtskarte und zwei Skizzen. — Berlin, 1905, Zuckschwerdt, in-8, pp. VIII-232.

— — Band II. — Russland in Mittel-Asien Von Krahmer... — Mit 9 Autotypien. — Leipzig, Zuckschwerdt, 1898, in-8, pp. IV-181.

— — Band III. — Sibirien und die grosse Sibirische Eisenbahn Von Krahmer Königl. Preussischer Generalmajor z. D. Mit zwei Karten. Zweite verbesserte und vollständig umgearbeitete Auflage. Leipzig, Zuckschwerdt & Co., 1900, in-8, pp. VI-286.

— — Band IV. — Russland in Ost-Asien (mit besonderer Berücksichtigung der Mandschurei) Von Krahmer... — Mit einer Skizze. Leipzig, 1899, in-8, pp. VI-221.

— — Band V. — Das Nordöstliche Küstengebiet (Der Ochotskische, Gishiginskische, Petropawlowskische und Anadyr-Bezirk) Von Krahmer... — Mit zwei kolorirten Karten. — Leipzig, Zuckschwerdt, 1902, in-8, pp. VII-295.

— — Band VI. — Die Beziehungen Russlands zu Persien Von Krahmer... — Leipzig, Zuckschwerdt, 1903, in-8, pp. IV-126.

— — Band VII. — Die Beziehungen Russlands zu Japan (mit besonderer Berücksichtigung Koreas) Von Krahmer... — Leipzig, Zuckschwerdt, 1904, in-8, pp. VIII-221.

— — Band VIII. — Der Ferne Osten Seine Geschichte, seine Entwicklung in der neuesten Zeit und seine Lage nach dem russisch-japanischen Kriege Von C. von Zepelin Generalmajor a. D. I. Teil: Zur Geschichte des Fernen Ostens bis 1906. Port Arthur und Dalnij unter russischer Herrschaft. Die Verbindungen der Mandschurei und des Amur-Bezirks mit Europa und die Verkehrsverhältnisse im Innern. — Mit zwei Skizzen im Texte und einer Karte von Port Arthur mit seinen Umgebungen und den vor dem Kriege und den beim Beginn der Belagerung vorhandenen Befestigungen und seinen Hafenanlagen. Berlin 1907 [1906], Zuckschwerdt, in-8, pp. VI-276.

*
* *

— Bibliothek für Kunst- und Antiquitäten sammler. — Das Kunstgewerbe in Japan von Otto Kümmel Mit 168 Textabbildungen und 4 Markentafeln. Berlin W. Richard Carl Schmidt, 1911, in-8, pp. 199.

— Zur volksthümlichen japanischen Lyrik Von R. Kunze (Sendai). (*Mitt. d. Sem. für Orient. Sprachen*, Jahrg. V, Erste Abth., *Ostas. Studien*, 1902, pp. 29-64.)

— Who's who in Japan. — 1912 — by Shunjiro Kurita — First Annual Edition — The Who's who in Japan Office. — Tokyo, Japan, pet. in-8. pp. XIII-7-1230.

Julius Kurth.

— Utamaro. Von Dr. Julius Kurth. — Mit 45 bunten und schwarzen Tafeln und Abbildungen, einschliesslich eines Farbenholzschnittes und 10 Schrifttafeln. Leipzig: F.-A. Brockhaus, 1907, in-8, pp. XIII-390.

— Suzuki Harunobu von Dr. Julius Kurth Mit 53 Abbildungen nach japanischen Originalen. München und Leipzig, R. Piper, 1910, in-8, pp. 123.

Klassische Illustratoren Herausgegeben von Kurt Bertels. VIII. Suzuki Harunobu.

— Julius Kurth Sharaku Mit 87 Abbildungen und drei Farbentafeln. München, R. Piper, 1910, gr. in-8, 2 ff. n. ch. + pp. 125 + 72.

Von diesem buche wurden 60 exemplare auf Japan gedruckt und in japanisches hirschleder gebunden.

— Dr. Julius Kurth Der Japanische Holzschnitt Ein Abriss seiner Geschichte Mit 75 Abbildungen und 100 Faksimiles von signaturen... München 1911, R. Piper, in-8, pp. 126.

*
* *

— An Artist's Letters from Japan by John La Farge. London, T. Fisher Unwin, 1897, in-8, pp. XIV + 1 f. n. ch. + pp. 293, ill. dans et hors texte.

Mis de la Mazelière.

— Mis de la Mazelière. — Essai sur l'histoire du Japon. — Ouvrage orné de dix-neuf gravures et d'une carte. — Paris, Plon, 1899, in-18, pp. VIII-481.

Notice par Henri Cordier, *T'oung Pao*, Déc. 1899, pp. 493-494.

Il y a des ex. sur Papier de Hollande.

— Mis de la Mazelière. — Le Japon Histoire et Civilisation. — Tome premier. Le Japon ancien. — Avec seize gravures hors texte. Paris, Plon, 1907, in-16, pp. CXXXV-569 + 1 f. n. ch.

— — Tome II. Le Japon féodal. — Avec dix gravures hors texte et une carte. Paris, Plon, 1907, in-16, pp. 406 + 1 f. n. ch.

— — Tome III. Le Japon des Tokugawa — Avec quinze gravures hors texte et une carte. Paris, Plon, 1907, in-16, pp. 623.

— — Tome IV. — Le Japon moderne * La Révolution et la Restauration (1854-1869). — Avec dix gravures. Paris, Plon, 1909, in-16, pp. CCXLII-373 + 1 f. n. ch.

— — Tome V. — Le Japon moderne ** La transformation du Japon (1869-1910). — Avec huit gravures hors texte. Paris, Plon, 1910, in-16, pp. 472.

60 ex. sur papier de Hollande.

Notices: *Bul. Géogr. hist. et desc.*, 1907, pp. 485-486, par Henri Cordier. — *T'oung Pao*, Juillet 1907, pp. 414-416, par Henri Cordier. — *Journ. Roy. Asiat. Soc.*, July 1910, pp. 956-959, par F. Victor Dickins. — *Rev. indo-chinoise*, Août 1909, pp. 825-829, par P. Cultru; ext. de la *Quinzaine coloniale*.

Rudolf Lange.

— I. Lehrbuch der Japanischen Umgangssprache von Prof. Dr. Rudolf Lange Lehrer des Japanischen am Seminar — Formenlehre und die wichtigsten Regeln der

Syntax. — Stuttgart & Berlin, W. Spemann, 1890, in-8, pp. xxx-512.

Lehrbücher des Seminars für Orientalische Sprachen zu Berlin. Herausgegeben von dem Director des Seminars. Band I.

—— Zweite vermehrte und verbesserte Auflage. Berlin, Georg Reimer, in-8, pp. xxxi-802.

—— *Einführung in die Japanische Schrift, von Prof. Dr. Rudolf Lange. Stuttgart & Berlin, W. Spemann, 1896, in-8.

Notices : *T'oung Pao*, VIII, pp. 348-350, par G. Schlegel. — *China Review*, XXIII, p. 118, par J. J. B.

—— Das Onna daigaku (über die Stellung der Frau in Japan zur Feudal-Zeit) von R. Lange. (*Mitt. d. Sem. für Orient. Sprachen*, Jahrg. I, Erste Abth., *Ostas. Studien*, 1898, pp. 127-139.)

—— Kinsei shiryaku (Geschichte Japans seit 1869) von R. Lange und T. Senga. (*Mitt. d. Sem. für Orient. Sprachen*, Jahrg. I, Erste Abth., *Ostas. Studien*, 1898, pp. 140-186.)

—— Kinsei shiryaku ni hen ni, Kurze Geschichte der neuesten Zeit. Von R. Lange und T. Senga. (*Mitt. d. Sem. für Orient. Sprachen*, Jahrg. II, Erste Abth., *Ostas. Studien*, 1899, pp. 1-54.)

—— Bemerkung zu Jahrgang II, Seite 44 unten. Von R. Lange. (*Mitth. des Seminars für Orient. Sprachen*, Berlin, Jahrg. II, Erste Abth., 1900, p. 232.)

—— Lieder aus der japanischen Volksschule. Von R. Lange. (*Mitt. d. Sem. für Orient. Sprachen*, Jahrg. III, 1900, Erste Abth., *Ostas. Studien*, pp. 192-215.)

—— Japanische Kinderlieder. Von R. Lange. (*Mitt. d. Sem. für Orient. Sprachen*, Jahrg. III, Erste Abth., *Ostasiat. Studien*, 1900, pp. 216-232.)

—— Über japanische Frauennamen. Von R. Lange. (*Mitt. d. Sem. für Orient. Sprachen*, Jahrg. IV, Erste Abth., *Ostasiat. Studien*, 1901, pp. 197-245.)

—— Alphabetisches Verzeichniss japanischer Frauennamen. Von R. Lange. (*Mitt. d. Sem. für Orient. Sprachen*, Jahrg. V, Erste Abth., *Ostasiat. Studien*, 1902, pp. 1-28.)

Notice : *Bull. École franç. Ext.-Orient.*, III, No. 1, Janvier-Mars 1903, pp. 131-132. Par Cl. E. Maitre.

—— Japanische Wappen. Von R. Lange. (*Mitt. d. Sem. für Orient. Sprachen*, Jahrg. VI, Erste Abth., *Ostas. Studien*, 1903, pp. 63-281, fig.)

—— XIX. Übungs- und Lesebuch zum Studium der Japanischen Schrift von Prof. Dr. Rudolf Lange Lehrer des Japanischen am Seminar. Berlin, Georg Reimer, 1904, in-8, pp. xvi-527.

Lehrbücher des Seminars für Orientalische Sprachen zu Berlin. Herausgegeben von dem Direktor des Seminars. Band XIX.

—— Japanische Kriegsbanknoten. Von R. Lange. — Mit einer Tafel. (*Mitt. d. Sem. für Orient. Sprachen*, Jahrg. VIII, Erste Abt., *Ostas. Studien*, 1905, pp. 304-305.)

—— Über einige Besonderheiten der Schreibweise der chinesischen Schriftzeichen in Japan. Von R. Lange. (*Mitt. d. Sem. für Orient. Sprachen*, Jahrg. XII, Erste Abt., *Ostas. Studien*, 1909, pp. 124-156.)

—— Eine Auswahl von Gedichten des Kaisers von Japan. Von R. Lange. (*Mitt. d. Sem. für Orient. Sprachen*, Jahrg. XIII, Erste Abt., *Ostas. Studien*, 1910, pp. 306-338.)

—— Glückwunschschreiben der Universität Kyōto zur hundertjährigen Jubelfeier der Universität Berlin. Von R. L. (*Mitt. d. Sem. für orient. Sprachen*, Jahrg. XIV, Erste Abt., *Ostas. Studien*, 1911, pp. 323-325; 2 pl.)

—— Die Zahl der japanischen Lehnsfürsten im Jahre 1869. Von R. Lange. (*Mitt. d. Sem. für orient. Sprachen*, Jahrg. XIV, Erste Abt., *Ostas. Studien*, 1911, pp. 354-368.)

*
* *

—— Midzuho-gusa Segenbringende Reisähren. — Nationalroman und Schilderungen aus Japan von Dr. F. A. Junker von Langegg. Leipzig, Breitkopf und Härtel, 1880, 3 vol. in-8 :

Erster Band : Vasallentreue (*Chiu-shin-gura-no-bu*), pp. x-320 + 1 f. n. ch.

Zweiter Band : Schilderungen aus Japan (*Zatsu-roku-no-pu*), pp. VI-417.

Driller Band : Id., pp. VI-473.

— Japanische Thee-Geschichten. Fu-sô châ-wa. — Volks- und geschichtliche Sagen, Legenden und Märchen der Japaner. Von Ferd. Adalb. Junker von Langegg, Verfasser der «Segenbringenden Reis-Aehren». — Erster Cyklus. — Wien. Druck und Verlag von Carl Gerold's Sohn. 1884, in-8, pp. XXXII-364.

— Coins and Medals Their Place in History and Art by the Authors of the British Museum Official Catalogues edited by Stanley Lane-Poole. With numerous Illustrations. London : Elliot Stock..., 1885, in-8, pp. x-286.

Chap. IX. China and Japan. By Prof. Terrien de Lacouperie, M. R. A. S., pp. 190-235.

— Coins and Medals Their Place in History and Art by the Authors of the British Museum Official Catalogues edited by Stanley Lane-Poole. Second Edition. With numerous Illustrations. London : Elliot Stock, 1892, in-8, pp. x-286.

IX. Coins of China and Japan. By Terrien de Lacouperie, pp. 190-235.

Une troisième édition a paru.

— * The Japanese in America. By Charles Lanman, American Secretary to the Japanese Legation in Washington. London, 1872, in-8.

Notice : *Edinburgh Review*, July 1872, pp. 244-269.

— Leading men of Japan with an historical summary of the empire by Charles Lanman Author of «The Japanese in America», Etc., Etc. Boston D. Lothrop and Company 32 Franklin street. — In-8, pp. 421.

Avec une bibliographie étrangère à la fin.

— 和佛大辭典. Dictionnaire Japonais-Français par J. M. Lemaréchal, M. A. de la Société des Missions Etrangères de Paris. Tokyo, Librairie Sansaisha, Yokohama, Max Nössler, 1904, gr. in-8, pp. VIII-1008 + 1 f. n. ch.

— 和佛小辭典. Petit Dictionnaire Japonais-Français par J. M. Lemaréchal, M. A. de la Société des Missions Etrangères de Paris. — Tōkyō, Librairie Sansaisha, Yokohama, Max Nössler, 1904, in-16, 1 f. n. ch. pp. 1025 + 1 f. n. ch.

— Les Primitifs de l'Estampe japonaise par P.-André Lemoisne. — Paris, *Gazette des Beaux-Arts*, 1909, in-4, pp. 24.

— Le Théâtre japonais. Par A. Lequeux. Paris, Ernest Leroux, 1889, in-12, pp. 79.

Forme le Vol. LXIII de la Bibliothèque orientale elzévirienne.

— La musique classique japonaise par M. Charles Leroux. (*Bul. Soc. Franco-Jap.*, Juin-Sept. 1910, Nos. 19-20, pp. 37-57, ill. + 1 fascicule de planches.)

— Les manuscrits à peintures chez les Japonais études sur la collection de A. Lesouef. (*Mém. Soc. Et. jap., etc.*, V, Avril 1886, pp. 128-131.)

— The Currency of the Far East from the earliest Times up to the present day. By J. H. Stewart Lockhart, F. R. G. S., M. R. A. S., Colonial Secretary and Registrar General, Chairman of the Board of Examiners in Chinese, and Chairman of the Governing Body of Queen's College, Hongkong. — Vol. I. A Description of the Glover Collection of Chinese, Annamese, Japanese, Corean Coins : of Coins used as Amulets : and Chinese Government and Private Notes. — Noronha & Co. Hongkong : ... 1895, in-8, pp. VIII-223. — The Plates of the Chinese, Annamese, Japanese, Corean Coins; of the Coins Used as Amulets, and of the Chinese Government and Private Notes. Collected by the late Mr. G. B. Glover of the Chinese Imperial Maritime Customs, and now in the possession of Mrs. Glover. Noronha & Co. Hongkong : 1895, in-4 oblong, 4 ff. n. ch. + pp. 204.

— Les Monuments Commémoratifs Français au Japon. — Conférence faite par M. de Lucy-Fossarieu. (*Bul. Soc. Franco-Jap.*, Mars 1907, No. 6, pp. 11-51, ill.)

—— Shintoism. By Rev. R. S. Maclay, D. D. Superintendent of the Japan Mission of the Methodist episcopal Church. (Doomed religions. A series of essays on great Religions of the world; edited by Rev. J. M. Reid, D.D., LL. D., New York : Phillips & Hunt. Cincinnati : Walden & Stowe, 1884, in-8, pp. 340-377.)

—— Japanese Plays (Versified). — By Thomas R. H. McClatchie, Interpreter, H. B. M.'s Consular Service, Japan. With illustrations, Drawn and Engraved by Japanese Artists. Yokohama : 1879, in-8, pp. 136 + 4 ff. n. ch. p. le front., l. tit. et la préf.

—— Japanese Plays (Versified). By the late Thomas R. H. McClatchie, Interpreter, H. B. M.'s Consular Service, Japan. Edited by his brother, Ernest S. McClatchie... With illustrations, Drawn and Engraved by Japanese Artists. New Edition. London : W. H. Allen & Co. and at Calcutta. — 1890, in-8, 5 ff. n. ch. + pp. 141.

—— Korea and the ten lost Tribes of Israel with Korean, Japanese and Israelitish illustrations dedicated to Great Britain, America, Germany, France and the other Teutonic nations of Europe, the supposed representatives of the Royal House of Judah, and the seed only of the Royal House of Ephraim, and the children of Israel their companions, and to the Jews or Judah, who are with them, also to China, Japan and Korea. The Shin dai or Celestial race of which are supposed to represent the Royal House of Israel or Ephraim and the ten Lost Tribes; or all the House of Israel called Jacob his companions and fellows. Published for the author partly at C. Levy and the Sei Shi Bunsha Co., Yokohama and engraved in Tokio. 1879. — The right of translation and reproduction is reserved, gr. in-8 oblong, 3 ff. n. ch. + pp. 23 + 23 pl. + 1 f. n. ch.

Le texte est signé N. M. = N. Macleod.

—— Études d'Art ancien et moderne — L'Art du Yamato par Cl.-E. Maitre. Paris, Librairie de l'Art ancien et moderne, 14, rue du Helder, in-4, pp. 42.

Ext. de la *Revue de l'Art ancien et moderne*. — Tiré à 200 ex. numérotés à la presse.

—— La gravure sur bois au Japon, à la fin du XVIIe siècle et pendant la première moitié du XVIIIe siècle par M. Paul Mallon. (*Bul. Soc. Franco-Jap.*, Sept.-Déc. 1911, Nos. 23-24, pp. 7-33, ill.)

—— Treaties between the Empire of China and Foreign Powers together with Regulations for the Conduct of Foreign Trade, Conventions, Agreements, Regulations, etc. — First Edition, 1877, Edited by William Frederick Mayers, Chinese Secretary to Her Britannic Majesty's Legation at Peking. — Fifth Edition which has been brought to date by the inclusion of the Commercial Treaties ratified between the United States of America and Japan, both signed on the same day, the 8th October, 1903. — Shanghai : Printed and published at the «North-China Herald», limited, 1906, in-8, pp. XII-354.

—— Dr. J.-J. Matignon Médecin-major de l'artillerie de la 35e division Ex-attaché à la légation de France à Pékin (1894-1901). — L'Orient lointain Chine, Corée, Mongolie, Japon Impressions et souvenirs de séjour et de tourisme. A. Storck & Cie., Lyon Paris, 1903, pet. in-8, pp. XXIII-304 + 1 f. n. ch.

Préf. de Gustave Donnet. - La sainte routine. — La femme chinoise. — Le Fils du Ciel. — Une audience impériale. — Chez l'impératrice douairière de Chine. — Le chemin de fer. — Un enterrement à Pékin. — L'armée chinoise du Nord. — Au pays du calme matinal. — Le Japon qui disparaît. — Ense et Cruce ! — A la recherche de la peste.

Édouard Mène.

Edme Édouard Mène, † à Paris, le 15 octobre 1912, à l'âge de 79 ans.

—— Des productions végétales du Japon à l'Exposition universelle de 1878 Par le docteur Édouard Mène. (*Bull. Soc. Zool. Acclim.*, IIIe Sér., VII, 1880, pp. 349-386, 644-666; *ibid.*, VIII, 1881, pp. 34-59, 194-214, 346-379, 603-633; *ibid.*, IX,

1882, pp. 7-43, 142-161, 273-303, 466-490, 658-677; *ibid.*, X, 1883, pp. 68-94, 402-422, 579-608; *ibid.*, IVe Série, I, 1884, pp. 219-258, 445-464, 703-727; *ibid.*, II, 1885, pp. 93-119, 224-242, 288-309, 347-366, 423-456.)

—— Le Chrysanthème dans l'art japonais Par le Dr E. Mène. (*Mém. Soc. Etudes japonaises*, IV, Novembre 1885, pp. 273-294, avec planche; *Bul. Soc. Franco-Jap.*, Déc. 1908, No. 13, pp. 36-43.)

—— Les Armures japonaises et les Armuriers. Conférence de M. le Dr Edouard Mène. (*Bul. Soc. Franco-Jap.*, II, 1903, pp. 5-23, pl.)

—— Les Armures japonaises et les Armuriers Conférence faite le 24 janvier 1901 par le Dr. Édouard Mène... — Extrait du Bulletin de la Société Franco-Japonaise de Paris. — Paris, Imprimerie de la Cour d'Appel, 1904, gr. in-8, pp. 23 + 6 pl.

—— Des modifications successives des armures japonaises, par le Dr Edouard Mène. (*Bul. Soc. Franco-Jap.*, Sept. 1907, No. 8, pp. 17-64, pl.)

—— Les anciennes garnitures de sabre du Japon. Par le Dr Édouard Mène. (*Bul. Soc. Franco-Jap.*, Juin 1908, No. 11, pp. 39-63, ill.; Sept. 1908, No. 12, pp. 5-41, 10 pl.)

—— Les anciennes armes Japonaises par le Dr Edouard Mène. (*Bul. Soc. Franco-Jap.*, Sept. 1909, No. 16, pp. 7-39, ill.)

—— Notice sur Miotchin Nobou i yé par le Docteur Edouard Mène. (*The Weekly Critical Review*, 1903, March 12th, pp. 13-14; March 19th, pp. 1-2, port. du Dr. Mène.)

—— Les Sabres au Japon; les Gardes de Sabre et les Ciseleurs par le Docteur Édouard Mène. (*The Weekly Critical Review*, vol. I, 1903, May 7th & following; fin : June 18th.)

—— Notice sur les Kaneiyé par le Dr. Édouard Mène. (*The Weekly Critical Review*, 1903, June 25th, pp. 6-7; July 9th, pp. 17-18; July 16th, p. 3.)

—— L'Art du Fer au Japon. Par le Dr. Edouard Mène. (*The Weekly Critical Review*, Aug. 6th, 1903, pp. 55-56.)

—— Notice sur les Oumetada. Par le Dr. Edouard Mène. (*The Weekly Critical Review*, 1903, Aug. 13th, pp. 84-85; sept. 17th, p. 195; sept. 24th, pp. 228-229.)

—— Les laques du Japon. Par le Dr. Edouard Mène. (*Ibid.*, 1903, Oct. 1st, pp. 258-259; 8th, p. 274; 15th, pp. 294-295; 22d, pp. 324-325.)

—— Les Netsouké (Netskés) au Japon. Par le Docteur Édouard Mène. (*The Weekly Critical Review*, 1903, Nov. 12th, pp. 395-396; Dec. 1st, pp. 478-479.)

—— L'Art de la Sculpture au Japon. Par le Dr. Edouard Mène. (*The Weekly Critical Review*, 1903, Dec. 22d, p. 562; 1904, Jan. 1st, pp. 583-584; 8th, pp. 622-623; 15th, p. 631.)

—— Notice sur la famille Sômin par le Dr. Edouard Mène. (*The Weekly Critical Review*, 1904, March 4th, pp. 173-175.)

—— La Céramique au Japon. Par le Dr. Édouard Mène. (*The Weekly Critical Review*, 1904, March 11th, pp. 199-200; April 1st, pp. 257-258.)

—— Aperçu sommaire sur les laques du Japon. Laqueurs célèbres : Ritsouo. Par le Dr. Édouard Mène, in-8, pp. 16, 1 pl.

Ext. du *Bull. de la Société Franco-Japonaise* (Déc. 1906, No. 5, pp. 24-41, pl.)

Léon Metchnikoff.

Né à St. Pétersbourg le 18-30 Mai 1838; † à Clarens le 30 juin 1888; cf. *Bull. Soc. Neuchateloise de Géographie*, IV, 1888, pp. 272-276, notice par C. Knapp.

—— L'Empire des Tennos. Par Léon Metchnikoff. (*Revue de Géog.*, II, 1877, pp. 15-22, 81-98, 189-204.)

—— Les villes du Japon. Par Léon Metchnikoff. (*Revue de Géog.*, V, 1879, pp. 283-286.)

— Notice sur la religion nationale des Japonais, le culte des Kami ou le Sintoisme Par M. Léon Metchnikoff (Lecture faite par M. l'abbé de Meissas). (*Congrès provincial des Orientalistes*, Lyon — 1878, II, Lyon, 1880, pp. 92-101.)

— Les Caractères anciens au Japon. Par M. Metchnikoff. (*Congrès provincial des Orientalistes*, Lyon — 1878, II, Lyon, 1880, pp. 134-140.)

— Des origines japonaises. Par M. Léon Metchnikoff. (*Bul. Soc. Anthrop.*, Paris, 1881, pp. 724-737.)

— L'Empire japonais Texte et Dessins par Léon Metchnikoff. Genève, Imprimerie orientale de «L'Atsume Gusa», 1881, in-4, pp. VII-692.

Carte par Léon Metchnikoff; 1877, lith. Noverraz, Genève.

Avant-propos, Genève, 15 juin 1877.

Sur la couverture extérieure : L'Empire japonais Texte & Dessins par Léon Metchnikoff. — Paris, Ernest Leroux, 1882.

Notice : *Revue d'Ethnographie*, I, 1882, pp. 57-60, par le Dr. Ernest Martin.

— Léon Metchnikoff. — La statistique des sexes au Japon. (*Revue de l'Ext.-Orient*, I, No. 1, Janv.-Mars 1882, pp. 3-8.)

— Une dynastie archaïque du Japon. Par Léon Metchnikoff. (*Mém. Soc. Études Japonaises*, V, Janvier 1886, pp. 5-22.)

* * *

— Japanese Porcelain by Egan Mew. London : T. C. & E. C. Jack, New-York : Dodd, Mead & Co., s. d., in-8 carré, pp. 96, 16 pl. en couleurs hors texte.

Gaston Migeon.

— Chefs-d'œuvre d'Art Japonais par Gaston Migeon Conservateur des Objets d'Art au Musée du Louvre. Paris, Ateliers photo-mécaniques D. A. Longuet, 250 R. du Faubourg St. Martin, s. d., gr. in-4, pp. 27 + 100 planches.

La préface est datée d'Avril 1905.

— Shunko Sugiura. Par Gaston Migeon. (*Bul. Soc. Franco-Jap.*, Déc. 1908, No. 13, pp. 11-16.) — Shunko Sugiura et son Exposition. (*Ibid.*, pp. 17-25.)

— Gaston Migeon Conservateur au Musée du Louvre Au Japon Promenades aux Sanctuaires de l'Art — Ouvrage illustré de 68 gravures tirées hors texte reproduites d'après des photographies et d'une carte dans le texte. Hachette, Paris, 1908, in-16, pp. 295.

Notice par Ed. Chavannes, *T'oung Pao*; réimp. dans la *Revue Indo-chinoise*, 15 déc. 1908, p. 835.

— *G. Migeon. — In Japan : Pilgrimages to the Shrines of Art. — London, Heinemann, 1908, in-8, pp. 207.

* * *

— Notes on Stone Implements from Otaru and Hakodate, with a few general remarks on the Prehistoric Remains of Japan. By John Milne. (*Trans. Asiat. Soc. Japan*, Vol. VIII, Pt. I, pp. 83-123.)

John Milne est surtout connu par ses grands travaux sur la seismologie du Japon.

A. B. Mitford.

— Tales of Old Japan. By A. B. Mitford, Second Secretary of the British Legation in Japan. In two volumes. With illustrations, drawn and cut on wood by Japanese Artists. London : Macmillan, 1871, 2 vol. in-8, pp. XII-277, VI-272.

«The two first of the Tales [the forty seven Rônins; the loves of Gompachi and Komurasaki] have already appeared in the *Fortnightly Review*, and two of the Sermons, with a portion of the Appendix on the subject of the Hara-Kiri, in the pages of the *Cornhill Magazine*.» (Préface.)

Notices : *Quarterly Review*, July 1900, pp. 68-91. — *Nation*, XIII, 245, by R. Sturgis. — *Phoenix*, No. 8, Feb. 1871, pp. 130-132.

— Geschichten aus Alt-Japan. Von A. B. Mitford, zweitem Secretär bei der britischen Gesandtschaft in Japan. Aus dem Englischen übersetzt von J. G. Kohl. Mit Illustrationen, gezeichnet und in Holz geschnitten von japanischen Kunstlern.

Leipzig, Verlag von Fr. Wilh. Grunow, 1875, 2 vol. in-8.

—— *A. B. F. Mitford. Baron Redesdale. — A Tale of Old and New Japan. — Privately Printed, Campden, 1906, in-8, pp. 40.

* * *

—— The early study of Dutch in Japan. By K. Mitsukuri. (*Trans. Asiat. Soc. Japan*, V, Pt. I, 1877, pp. 207-216.)

«Rangaku Kotohajimé», the posthumous work of Sugita Essai, appeared for the first time, in Yedo, nine or ten years ago.»

—— A Life of Mr. Yukichi Fukuzawa by Asatarô Miyamori of Keiô Gijuku Revised by E. H. Vickers, Professor of Political Economy in Keiô Gijuku. With an Introduction by Prof. Kadono. Z. P. Maruya & Co., Tokyo & Osaka, 1902, in-8, pp. VIII-190 + 1 f. de chinois.

—— A Pocket Anglo-Japanese Dictionary of the Spoken Language, for the Use of Tourists and Residents; by Yojiro Mohri. — Yokohama : Z. P. Maruya, 1900, in-24, pp. II-391 à 2 col. + 1 f. n. ch.

Sans caractères.

Arthur Morrison.

—— Arthur Morrison. — *The Monthly Review*, 1902-1903.

Série d'articles sur la peinture japonaise.

—— The Painters of Japan By Arthur Morrison, Honorary Member, Nihon Bijutsu Kyokwai. In two volumes. London : T. C. & E. C. Jack and Edinburgh : MCMXI, 2 vol. gr. in-4, pp. XIV-153, 57 pl. hors texte; X-127, 65 pl. hors texte.

—— Exhibition of Japanese Screens Painted by the Old Masters Held at the Galleries of the Royal Society of British Artists, July, 1910. Illustrated Catalogue With Notes and an Introduction by Arthur Morrison. — Yamanaka & Co, London, 1910, in-8, pp. 53.

—— Exhibition of Japanese Screens Painted by the Old Masters held at the Galleries of the Royal Society of British Artists January 15th to February 10th, 1912. Illustrated Catalogue With Notes and an Introduction by Arthur Morrison. — Yamanaka & Co., London, 1912, in-8, pp. 42, 8 pl. hors texte.

* * *

—— Japanese Homes and their Surroundings by Edward S. Morse, Ph. D., A. M. Director of the Peabody Academy of Science... With Illustrations by the Author... New York, Harper & Brothers, s. d. [1885], in-8, pp. XXXIII-372, ill.

—— В. М. Мендринъ. — 候文 Соробунъ. Анализъ японскаго эпистолярнаго стиля, частная переписка. Въ двухъ частяхъ. Часть I-я. Введеніе и японскій текстъ въ полномъ начертаніи и скорописью. — Владивостокъ, 1910, in-8, pp. VII-65 + 1 f. n. ch. + texte.

Извѣстія Восточнаго Института, t. XXXIV, вып. 1.й.

—— В. М. Мендринъ. — Исторія Сіогуната въ Японіи. Нихонъ Гайси 日本外史 Сочиненіе Рай Дзіо Сисей. 頼襄子成著 въ XXII книгахъ переводъ съ японскаго съ примѣчаніями и комментаріями. — Книга I. 平氏 Тайра. — Ibid., 1910, in-8, pp. XVI-220, carte.

Le même, t. XXXIII, вып. 2-й.

—— Книга II. 源氏上 Минамото. I. — Ibid., 1911, in-8, pp. XI-102 + 1 f. n. ch.

Le même, t. XXXVI, вып. 1-й.

Max Müller.

—— On Sanskrit Texts Discovered in Japan. By Professor F. Max Müller. (*Journ. R. As. Soc.*, N. S., Vol. XII, Art. VI, April 1880, pp. 153-188.)

—— Anecdota Oxoniensia Texts, Documents, and Extracts chiefly from Manuscripts in the Bodleian and other Oxford Libraries — Aryan Series. Vol. I — Part I — *Buddhist Texts from Japan* edited by F. Max Müller,

M. A. — Oxford, at the Clarendon Press, MDCCCLXXXI. In-4, pp. 46+4 pl.

—— Textes sanscrits découverts au Japon. Lecture faite devant la «Royal Asiatic Society of Great Britain and Ireland» par M. F. Max Müller, membre étranger de l'Institut, traduit de l'anglais par M. de Milloué — revu, corrigé et annoté par l'auteur. (*Annales du Musée Guimet*, II, Paris, Ernest Leroux, 1881, pp. 1-37.)

*
* *

—— Der amtliche japanische Briefstil nebst 18 erläuterten Dokumenten. Von Dr. jur. W. Müller. (*Mitt. d. Sem. für Orient. Sprachen*, Jahrg. X, Erste Abt., *Ostas. Studien*, 1907, pp. 229-297.)

NEIL GORDON MUNRO.

—— Primitive Culture in Japan by N. Gordon Munro... 1906, in-8, p. VII-212.

Transactions Asiatic Society Japan, vol. XXXIV, Part II, December 1906.

—— Reflections on some European Palaeoliths and Japanese Survivals. By N. Gordon Munro. (*Trans. Asiat. Soc. Japan*, XXXVII, Pt. I, 1909, pp. 125-158.)

—— Prehistoric Japan by Neil Gordon Munro ... with Numerous Illustrations. Yokohama, 1908, in-8, pp. XVII-705.

OSCAR MÜNSTERBERG.

—— Japan Auswärtiger Handel von 1542 bis 1854. — Bearbeitet nach Quellenberichten von Dr. Oscar Münsterberg. Stuttgart 1896, J. G. Cotta, in-8.

Münchener Volkswirtschaftliche Studien. Herausgegeben Lujo Brentano und Walther Lotz. — Xtes Stück.

—— Die Japanische Kunst und das Japanische Land — Ein Beitrag zur Kunstwissenschaft von Oscar Münsterberg. Mit 27 Textillustrationen und 1 Heliogravure. Leipzig, 1896, Karl W. Hiersemann, in-8, pp. VII-56.

—— Japanische Kunstgeschichte von Oskar Münsterberg. Verlag George Westermann, Braunschweig, 3 vol. gr. in-8 [1904, 1905, 1907].

Erster Teil : *Bildhauerei, Malerei, Ornamentik.* 108 Abbildungen im Text und 14 Tafeln, pp. XXIV-136.

Zweiter Teil : *Architektur, Lack, Bronze, Zellenschmelz, Tanz-Masken-Theater Stoffe.* Schwarze und Farbige Abbildungen : 212 im Text und 23 Tafeln nach etwa 438 Objekten.

Dritter Teil : *Töpferei, Waffen, Holzschnitte, Gürterlhänger Jnro-Netzke.* 346 Abbildungen im Text und 13 Tafeln.

JAMES MURDOCH.

—— A History of Japan during the Century of early foreign intercourse (1542-1651). By James Murdoch, M. A., in collaboration with Isoh Yamagata. With Maps. Kobe, Japan : Published at the Office of the «Chronicle», 1903, in-8, pp. VIII-741 + 1 f. n. ch.

DAVID MURRAY.

—— Japan by David Murray, Ph. D., LL. D. Late Adviser to the Japanese Minister of Education. London : T. Fisher Unwin, New York : G. P. Putnam's Sons, MDCCCXCIV. In-8, pp. X-431, ill. et carte.

The Story of the Nations. — Notice by J. B. M., *Dublin Review*, Jan. 1895, pp. 199-200.

O. NACHOD.

—— Die Beziehungen der Niederländischen Ostindischen Kompagnie zu Japan im siebzehnten Jahrhundert von Oskar Nachod. — Leipzig 1897. Rob. Friese Sep.-Cto, in-8, pp. XXXIV-444-CCX+1 f. n. ch.

Notice par G. Schlegel, *T'oung Pao*, IX, 1898, pp. 151-161.

—— *Dr. Oskar Nachod. — Ein unentdecktes Goldland. Ein Beitrag zur Geschichte der Entdeckungen im nördlichen grossen Ocean. Separatabdruck aus den *Mittheilungen der Deutschen Gesellschaft für Natur- und Völkerkunde Ostasiens.* Druck der Shûeisha,

Tokyo. 1900. Im Verlag von Rob. Friese, Leipzig. Gr. in-8.

Notice : *T'oung Pao*, Sér. II, Vol. I, n° 5, Déc. 1900, pp. 498-500. Par G. Schlegel.

—— Geschichte der Auszereuropaïschen Staaten. Herausgegeben von K. Lamprecht. Erstes Werk. — Geschichte von Japan von O. Nachod. Erster Band. Erstes Buch : Die Urzeit (bis 645 n. Chr.). Gotha 1906. Friedrich Andreas Perthes, in-8, pp. XXIX + 1 f. n. ch. + pp. 426 + 1 f. n. ch.

Avec une bibliographie, pp. 418-426. — Notice par Henri Cordier, *T'oung Pao*, Mai 1906, pp. 296-299.

—— O. Nachod. Japan — Sonderabdruck aus der Weltgeschichte herausgegeben von J. v. Pflugk-Harttung Verlag von Ullstein & Co, Berlin S W., s. d., gr. in-8, pp. ch. 571 à 653.

*
* *

—— Histoire des Relations Du Japon avec l'Europe aux XVI° et XVII° Siècles Thèse Pour le Doctorat de l'Université de Paris, présentée à la Faculté des Lettres à la Sorbonne par H. Nagaoka Licencié en droit de l'Université de Tokio Diplomé de l'Ecole des Sciences Politiques de Paris Paris Henri Jouve 1905, in-8, pp. 326.

Notice par Henri Cordier, *T'oung Pao*, Mai 1906, pp. 296-298.

—— A great work for the Study of Sanskrit in Japan. By Bunyu Nanjio and J. Takakusu. (*Actes XII° Congrès int. Orient.*, Rome, 1899, II, pp. 33-40.)

Voir col. 629.

—— Neue Beiträge zur Geologie und Geographie Japans. Von Dr. Edmund Naumann. — Mit drei Karten und zwei Skizzen im Text. — (Ergänzungsheft No. 108 zu «Petermanns Mitteilungen».) Gotha : Justus Perthes. 1893, in-4, pp. 45.

—— Japanischer Humor. Von C. Netto und G. Wagener. — Mit 257 Abbildungen, darunter 5 Chromotafeln. Leipzig : F. A. Brockhaus, 1901, gr. in-8, pp. x-283.

—— Geschichtliches Ueber Maass- und Gewichtssysteme in China und Japan, nach Mittheilungen des Herrn Ninagawa Noritane, von Dr. G. Wagener. (*Mitth. d. deutsch. Gesells. f. Nat. u. Völkerk. Ostas.*, 12tes Heft. Mai 1877. Yokohama, Buchdruckerei des «Echo du Japon», pp. 35-42, 61.)

—— Wanderungen durch Japan. Briefe und Tagebuchblätter von Ottfried Nippold. — Iena Fr. Mauke's Verlag (A. Schenk) 1893, in-8, pp. XII-220.

—— The Intercourse between the United States and Japan An Historical Sketch By Inazo (Ota) Nitobe, A. B. extra ordinem (J. H. U.), A. M. and Ph. D. (Halle), Associate Professor, Sapporo, Japan — Baltimore The Johns Hopkins Press 1891, in-8, pp. IX-198.

John Hopkins University Studies in Historical and Political Science.

—— Lehrbuch der Japanischen Sprache von Philippe Noack. Leipzig : F. A. Brockhaus, 1886, in-8, pp. XIII-424.

—— The real Japan Studies of Contemporary Japanese Manners, Morals, Administration, and Politics by Henry Norman illustrated from photographs by the Author. London : T. Fisher Unwin, Paternoster Square, MDCCCXCII. In-8, pp. 364 + 1 f. n. ch.

—— Notice sur l'Ecole des Beaux-Arts de Tokyo — Tokyo Tsoukidji Kwappan Seizōshō MDCCCXCIX. In-fol., pp. 30 + 82 pl. + 1 f. n. ch.

—— Library of Congress — The Noyes Collection of Japanese Prints Drawings, etc. Presented by Crosby Stuart Noyes. Reprinted from Report of the Librarian of Congress 1906. Washington, Government Printing Office, 1906, in-8, pp. 32.

—— Museum of Fine Arts Boston — Japanese Sword Guards by Okabe-Kakuya in cooperation with the Department of Chinese and Japanese Art, s. d. [1908], in-8, pp. v-148, 18 pl. hors texte et ill. dans texte.

—— The Ideals of the East with special reference to the Art of Japan by Kakasu Okakura. London, John Murray, 1903, in-8, pp. XXII-244.

—— *T. Okasaki. — Geschichte der japanischen Nationalliteratur. Leipzig, 1899, in-8, pp. 153.

—— *Count S. Okuma. — Fifty Years of New Japan. London, Smith, Elder, 1910, 2 vol. in-8.

—— Tokio-Berlin. — Von der japanischen zur deutschen Kaiserstadt. Von Jintaro Omura, Professor an der Kaiserlichen Adelschule zu Tokio. Mit 80 Illustrationen. Berlin 1903, Ferd. Dümmler, in-8, pp. VI + 1 f. n. ch. + pp. 229.

—— A small Collection of Japanese Lacquer made by James Orange with Frontispiece and 50 Pages of Collotype Illustrations. — Kelly & Walsh, Ltd. Yokohama, Shanghai, Hongkong, Singapore, 1910, gr. in-8, pp. 58 et 50 pl.

—— Les procédés industriels des Japonais — L'arbre à laque — Notice Traduite pour la première fois du japonais par Paul Ory Elève de l'Ecole spéciale des Langues Orientales, Membre de la Société des Etudes japonaises. — Paris E. Leroux, libraire de la Société Asiatique... — 1875, in-8, pp. 20, ill.

—— Dictionnaire Japonais-Français des mots les plus usités de la langue japonaise par N. Ota, A. Tanaka et T. Imai revu en entier corrigé et complété par Arthur Arrivet Professeur au Lycée de Tōkyō... Tōkyō, Maruzen Kabushiki-Kwaisha, 32e année de Meiji (1899), in-16, 5 ff. n. ch. + pp. 1021 à 2 col.

E. Papinot.

—— Dictionnaire Japonais-Français des noms principaux de l'histoire et de la géographie du Japon suivi de 17 Appendices sur les Empereurs, Shogūn, Nengō, Sectes bouddhistes, Provinces, Départements, Mesures, etc. Par E. Papinot Missionnaire Apostolique Hong kong, Imprimerie de Nazareth, 1899, in-8, pp. VII-297.

—— Dictionnaire d'Histoire et de Géographie du Japon illustré de 300 gravures, de plusieurs cartes, et suivi de 18 Appendices par E. Papinot, M. A. — Librairie Sansaisha, Tōkyō — Kelly & Walsh, Yokohama ... in-8, pp. XVIII-992 + 1 f. n. ch.

—— *Historical and Geographical Dictionary of Japan. Tokyo, Librairie Sansaisha, 1910, in-8, pp. 842.

* * *

—— Ma Twan-lin's Account of Japan up to A. D. 1200. — Including the Japanese Chronicles as written down for the Chinese by the Japanese in A. D. 1000. — By E. H. Parker. (*Trans. Asiat. Soc. Japan*, XXII, Part I, July 1894, pp. 35-68.)

Voir col. 8.

Harry Smith Parkes.

Né à Birchill's Hill, Staffordshire, 1828; † 22 mars 1884.

Notice : *Journ. China Br. R. As. Soc.*, N. S., XX, No. 2, 1885, pp. 60-62. By P. J. H.[ughes.]

—— The Life of Sir Harry Parkes, K. C. B., G. C. M. G., sometime Her Majesty's Minister to China & Japan. In Two Volumes. By Stanley Lane-Poole. With a Portrait and Maps. London, Macmillan and Co., 1894, 2 vol. in-8.

Vol. I. — Consul in China, pp. XXVI-512.

Vol. II. — Minister Plenipotentiary, pp. XXI-477.

By Stanley Lane-Poole and F. Victor Dickins.

Notices : *London and China Express*, March 9, 1894. — *China Review*, XXI, No. 4, pp. 282-286. By E. J. E.[itel.]

* * *

—— Fr. Lorenzo Pérez, O. F. M. — Los Franciscanos en el Extremo Oriente. (Noticias bio-bibliográficas (*Archivum Franciscanum historicum*, I, 1908, pp. 241-247, 536-543; II, 1909, pp. 47-62, 232-239, 548-560; III, 1910, 39-46; IV, 1911, 50-61, 482-503.)

Noël Péri.

—— Le Socialisme au Japon Par N. Peri. (*Revue indo-chinoise*, 31 déc. 1908, pp. 841-855.)

—— Études sur le drame lyrique japonais (Nô 能) Par M. Noël Péri, Membre pensionnaire de l'École française d'Extrême-Orient (*Bull. École franç. Ext.-Or.*, Avril-Juin 1909, pp. 251-284; Oct.-Déc. 1909, pp. 707-738.)

* * *

—— Fu-so mimi bukuro. A Budget of Japanese Notes, by C. Pfoundes. Reprinted from the «Japan Mail». 1875. Printed and Published at the «Japan Mail» Office, Yokohama, Japan, in-8, pp. 184.

F. T. Piggott.

—— *F. T. Piggott. — The Music and Musical Instruments of Japan. With Notes by T. L. Southgate, 1893, in-4, pp. 247, £ 2. 2/—

—— The Music and Musical Instruments of Japan. By Sir Francis Piggott, KT., M. A., LL. M. Chief Justice of Hongkong (with Notes by T. L. Southgate). Second edition — Yokohama : Kelly & Walsh... — London : B. T. Batsford, 1909, in-4, pp. xviii + 1 f. n. ch. + pp. 196, 5 planches.

—— Studies in the Decorative Art of Japan — Sir Francis Piggott Chief Justice of Hongkong. London : B. T. Batsford, 94 High Holborn, 1910, in-4, pp. 130 + 2 ff. n. ch. + 33 pl. hors texte.

Press of the Box of Curios Printing & Publishing Co. Yokohama.

* * *

—— Methode Gaspey-Otto-Sauer. — Japanische Konversations-Grammatik mit Lesestücken und Gesprächen von Hermann Plaut. Julius Groos, Heidelberg, 1904, in-8, pp. xi-376, carte.

Sans caractères.

Notice : *Mitt. d. Sem. für Orient. Sprachen*, Jahrg. X, Erste Abt., *Ostas. Studien*, 1907, pp. 301-302. Von Christopher Noss.

—— *A. V. Popov. — Японско-Русскій и Русско-Японскій Словарь. — Владивостокъ, 1907, in-8, pp. 103.

—— Saggio d'un corso completo di Lingua giapponese compilato da L. Silvestro Prota-Giurleo — Edizione Autografata di solo 50 copie. Napoli MDCCCXCV. In-fol., pp. 16.

* * *

—— The Lacquer Industry of Japan. By J. J. Quin. (*Trans. Asiat. Soc. Japan*, Vol. IX, Pt. I, pp. 1-31.)

Voir sur le même sujet, col. 656 et les publications suivantes :

—— Japan. No. 2 (1882). — Report by Her Majesty's Acting Consul at Hakodate on the Lacquer Industry of Japan. — Presented to both Houses of Parliament by Command of Her Majesty, August 1882. — London : Printed by Harrison and Sons, 1882, in-8, pp. 28.

—— The Chemistry of Japanese Lacquer. By O. Korschelt and H. Yoshida. (*Trans. Asiat. Soc. Japan*, XII, Pt. III, July 1884, pp. 182-220.)

* * *

—— Dictionnaire Français-Japonais précédé d'un Abrégé de Grammaire Japonaise par E. Raguet, M. A. de la Société des Missions étrangères de Paris et Ono Tōtā Conférencier de Lycée supérieur... Tokyo, Librairie Sansaisha... Bruxelles, Société Belge de Librairie... 1905, gr. in-8, 1 f. n. ch. + pp. ii + pp. 78 + 1 f. n. ch. + pp. ii + 1084 à 2 col. + 1 f. n. ch.

Imprimerie Rikkyō Gakuin Press, Tokyo.

—— Nouvelle Géographie Universelle. La Terre et les Hommes par Elisée Reclus. VII. L'Asie Orientale contenant 7 cartes en couleur tirées à part, 162 cartes dans le texte et 90 vues et types gravés sur bois. — Paris, Hachette, 1882, gr. in-8, pp. 885.

—— Japan : Its History, Traditions, and Religions. With the Narrative of a Visit in 1879. By Sir Edward J. Reed, K. C. B., F. R. S., M. P.,... In two volumes. With Map and Illustrations. London : John Murray, 1880, 2 vol. in-8, pp. LII-365, VIII + 1 f. n. ch. + pp. 356.

Notice : *Nature*, XXII, 1880, pp. 610-614; XXIII, 1880-1881, pp. 12-15.

Félix Régamey.

—— Okoma Roman japonais illustré par Félix Régamey d'après le texte de Takizava-Bakin et les dessins de Chiguenoï Paris E. Plon et Cie... — 1883, in-4.

Notice par Émile Guimet, *Bul. Soc. Acad. Indo-Chinoise*, 2e Sér., III, 1890, pp. 419-420.

—— Le Fantastique japonais. Par Félix Régamey. II. Le Feu (*Revue des traditions populaires*, III, pp. 141, 189, 257, 576; IV, 1889, pp. 14-18.)

—— Félix Régamey. — Le Japon vu par un artiste. (*Revue politique et litt.*, XLVI, 21, pp. 648-658.)

—— Tcheng Ki-tong. — La Chine vue par un artiste. Réponse à M. Félix Régamey. (*Ibid.*, XLVI, 22, pp. 685-688.)

—— Bibliothèque des Professions industrielles, commerciales et agricoles — Le Japon pratique par Félix Régamey — Cent dessins par l'auteur. Paris J. Hetzel et Cie, s. d., in-12, pp. 333.

Traduit en anglais.

Notices : *T'oung Pao*, Janv. 1892, pp. 471-476. Par Henri Cordier. — *Bul. Soc. Géog. Com.*, par Aguay, XIII, 1890-1891, pp. 475-476.

—— Vers le Japon. Par Félix Régamey. (*La Nouvelle Revue*, 15 juillet 1900, pp. 215-238, grav.)

—— Félix Regamey Japon Paul Paclot & Cie, Éditeurs, 4, rue Cassette, Paris, s. d. [1903], in-4, pp. 306 + 2 ff. n. ch.

394 illustrations dont 11 en couleurs.

(Félix Régamey.)

Tiré à 1000 ex. sur papier vélin teinté, plus 25 ex. sur papier du Japon avec un dessin polychrome original sur le titre.

—— Félix Régamey. — Le dessin et son enseignement dans les écoles de Tokio. — Atelier Félix-Régamey Hôtel des Sociétés Savantes. Paris, gr. in-4, pp. 60.

J. J. Rein.

—— Japan nach Reisen und Studien im Auftrage der Königlich Preussischen Regierung dargestellt von J. J. Rein, Professor der Geographie in Marburg. — Erster Band. *Natur und Volk des Mikadoreiches.* Mit 5 Lichtdruckbildern, 12 Holzschnitten, 3 lithographischen Tafeln und 2 Karten. Leipzig, Wilhelm Engelmann, 1881, in-8, pp. XII-630. — Zweiter Band. *Land- und Forstwirthschaft, Industrie und Handel.* Mit 24 zum Theil farbigen Tafeln, 20 Holzschnitten im Text und 3 Kärtchen. Leipzig, Wilhelm Engelmann, 1886, in-8, pp. XII-678.

Notice : *Nature*, XXIII, 1880-81, pp. 600-603.

—— Japan : Travels and Researches Undertaken at the Cost of the Prussian Government. By J. J. Rein, professor of Geography in Marburg. Translated from the German. With twenty illustrations and two maps. London : Hodder and Stoughton, MDCCCLXXXIV. Gr. in-8, pp. X-543.

Aussi : New York, A. C. Armstrong and Son.

—— J. J. Rhein — The Industries of Japan. Together with an Account of its Agriculture, Forestry, Arts and Commerce. From Travels and Researches undertaken at the cost of the Prussian Government. London, Hodder and Stoughton, 1889, in-8, pp. XII-570, ill. et cartes.

—— Japan nach Reisen und Studien im Auftrage der Königlich Preussischen Regierung dargestellt von J. J. Rein Professor der Geographie an der Universität Bonn. Erster Band. Natur und Volk des Mikadoreiches. Zweite, neue bearbeitete Auflage. Mit 2 Abbildungen im Text, 26 Tafeln und 4 Karten. Leipzig, Wilhelm Engelmann, 1905, in-8, pp. XIII-749.

(J. J. Rein.)

—— Ary Renan — L'Art japonais — Extrait de la *Nouvelle Revüe* des 15 août et 1er septembre 1884. — Paris, Typographie Georges Chamerot, 1884, in-8, pp. 72.

—— Étude sur Hoksai. — Thèse présentée à la Faculté des Lettres de Paris par Michel Revon Professeur à la Faculté de Droit de Tōkiō Conseiller légiste du Gouvernement japonais. — Paris, Lecène, Oudin et Cie, 1896, in-8, pp. 362 + 1 f. n. ch. tab.

—— Michel Revon... Histoire de la Civilisation japonaise — Introduction. Armand Colin, Paris, 1900, in-8, pp. 155.

—— A History of Protestant Missions in Japan by Pastor H. Ritter, Ph. D. — Translated by the Rev. George E. Albrecht, A. M. Revised and brought up to date by the Rev. D. C. Greene, D. D. under the editorial care of Pastor Max Christlieb, Ph. D. Missionary of the Allgemeine Evangelisch-Protestantische Missionsverein. — Tōkyō : The Methodist Publishing House, 1898, in-8, pp. xv-446, Portrait et carte.

Printed by the Yokohama Bunsha.

—— Dr Louis Roule. — L'Art animalier des Japonais et son interprétation de la Faune du Japon. (Extrait de la *Revue des Pyrénées*, 4e trim. 1907.) Toulouse, Édouard Privat, 1907, in-8, pp. 38.

—— Notes and Sketches from the Wild Coasts of Nipon with Chapters on cruising after Pirates in Chinese Waters. By Captain H. C. St. John, R. N. Edinburgh : David Douglas, MDCCCLXXX. In-8, pp. XXIII-392.

Carte et gravures.

—— An Intermediate Japanese-English Dictionary for Assisting Students in Conversation & Composition by N. Sakuma with the assistance of T. Hirose. — Tokyo, Ikubunsha - Osaka : Sekibunsha, 1904, in-16, 2 ff. n. ch. + pp. 1180 + 1 f. n. ch.

—— *Fans of Japan. By C. M. Salwey. With Introduction by William Anderson, F. R. C. S., late of H. B. M.'s Legation, Japan. With 10 Full-Page Coloured Plates, and 39 Illustrations in Black and White. London, Kegan Paul, gr. in-4, 31s 6d.

—— Phallus-Cultus in Japan. — Yokohama, 1896, Druck der «Eastern World», in-4, pp. 4, 3 pl.

Préface : Yokohama, August 1896, Jos. Schedel.

—— *G. H. Schils. — Elementa Linguae Yaponicae classicae. Leodii, 1884, in-8, pp. 68.

—— Westward to the Far East A Guide to the principal Cities of China and Japan with a Note on Korea. By Eliza Ruhamah Scidmore. — Fourth Edition. — Issued by The Canadian Pacific Railway Company. 1893, in-8, pp. 76, carte.

—— *The Birds of the Japanese Empire. By Henry Seebohm London : R. W. Porter, 1890, in-8, pp. I-XXIV, 1-836.

Notice : *Nature*, XLIII, 1890, pp. 633-634. Par R. Bowdler Sharpe.

—— *Doits' - Bunten - Kyōkwasho. Deutsche Grammatik für Japaner. Von A. Seidel. Berlin.

Notice : *Journ. Roy. Asiat. Society*, January 1912, p. 277. By F. Victor Dickins.

—— *Wörterbuch der deutsch-japanischen Umgangsprache. Von A. Seidel. Berlin, 1910, Märkische Verlagsanstalt.

Notice : *Journ. Roy. As. Soc.*, January 1912, pp. 277-278. By F. Victor Dickins.

—— W. v. Seidlitz Geschichte des Japanischen Farbenholzschnitts mit 95 Abbildungen. Dresden, Verlag von Gerhard Kühtmann 1897, gr. in-8, pp. XVI-220.

—— Les Estampes japonaises, par W. de Seidlitz. Traduction de P. André Lemoisne Ouvrage illustré de 16 planches en couleurs et de 133 gravures en noir. Paris, Hachette, 1911, in-8, pp. VIII-272.

Antelmo Severini.

—— *Riu Tei Tane Hico*. — Uomini e Paraventi Racconto Giapponese tradotto da A. Severini. Firenze, Successori Le Monnier. — 1872, in-32, pp. XIX-188.

—— Repertorio Sinico-Giapponese compilato dal prof. A. Severini e da C. Puini. Firenze, Successori Le Monnier, in-4.

Fascicolo I. — A-Itukou, 1875, pp. xv-80.

Fasc. II. — ituku-mamorikatana, 1877, pp. 81 à 60.

Fasc. III. — mamoru-sentou, 1877, pp. 61 à 240.

Sans caractères.

Pubblicazioni del R. Istituto di Studi Superiori... in Firenze. — Sezione di Filosofia e Filologia.

—— Jasogami e Camicoto dal Giapponese. Firenze, Successori Le Monnier, 1882, in-8, pp. 50.

Par A. Severini.

Estratto dal *Bollettino italiano degli Studi orientali*, N. S., n[i] 22, 23 e 24.

—— 蜂(ハチ)ノ闘(タカ)ヒ Un combat d'Abeilles traduit du japonais par Antelmo Severini, professeur à l'Institut des Études Supérieures, à Florence. (*Mém. de la Soc. des étud. jap. etc.*, 15 Janv. 1885, pp. 17-20.)

—— Le Curiosità di Jocohama — Parte quarta Per A. Severini (*Giorn. d. Soc. As. Ital.*, X, 1896-7, pp. 1-41.)

Les trois parties précédentes ont paru en 1882 dans les *Pubblicazioni del R. Istituto di Studi Superiori in Firenze.*

*
* *

—— The Flight of the *Lapwing*. A Naval officer's Jottings in China, Formosa and Japan. By the Hon. Henry Noel Shore, R. N. London : Longmans, 1881, in-8, pp. xv-549, grav. et carte.

—— An English-Japanese Lexicon, explanatory, pronouncing and etymological, containing all English words in present use, with an Appendix, translated by Y. Shimada, revised by S. Sugiura, J. Matsushita, and A. Manase — Illustrated with above 1200 Cuts. — Twentieth edition, with copious additions and supplement. — Published by M. Ōkura, Tokyo, 32th year of Meiji (1899), pet. in-8, pp. xxiii-1672 + 1 f. n ch. + pp. 72 + 2 ff. n. ch.

Préface par Arthur Lloyd. — A pour base *Webster's Unabridged Dictionary.*

(Antelmo Severini. — Divers.)

—— Notes d'un Bibeloteur au Japon par M. Philippe Sichel Avec une Préface de M. Edmond de Goncourt — Paris, E. Dentu, 1883, pet. in-8, pp. x-86.

Tiré à 245 ex. sur papier de Hollande et à 95 ex. sur papier du Japon.

—— A Hand-book of Treaties with China and Japan. *First Series.* Great Britain with China and Japan, United States of America with China and Japan, and France with China. Shanghae. Printed by A. H. de Carvalho, in-8, pp. xx-153.

Compilé par A. da Silveira.

—— Meeting the Sun : a Journey all round the World, through Egypt, China, Japan, and California, including an account of the Marriage Ceremonies of the Emperor of China. By William Simpson, F. R. G. S... London : Longmans, 1874, in-8, pp. xii-413.

Les chapitres XI-XXII sont consacrés à la Chine.

Notices : *Lond. & China Express*, Feb. 20, 1874. — *The Athenaeum*, No. 2418, Feb. 28, 1874.

—— Japan, Our New Ally by Alfred Stead. With Preface by Marquis Ito, G. C. B., Etc., Etc. Illustrated. London, T. Fisher Unwin, 1902, in-8, 5 ff. n. ch. + pp. 250.

—— Japan by the Japanese A Survey by its Highest Authorities Edited by Alfred Stead. London, William Heinemann, 1904, in-8, pp. xxvii-697.

First Edition, August 1904.

Second Impression, October 1904.

—— Great Japan A Study of National Efficiency with a foreword by the Rt. Hon. The Earl of Roseberry, K. G., etc., By Alfred Stead. — London : John Lane, MDCCCCVI. In-8, pp. xxii + 1 f. n. ch. + pp. 483.

—— Das alte und das neue Japan oder Die Nippon-Fahrer. In Schilderungen der bekanntesten älteren und neueren Reisen. Ursprünglich bearbeitet von Friedrich Steger und Hermann Wagner. Neu herausgegeben von Eduard Hintze. Dritte, bis

(Divers.)

auf die Gegenwart ergänzte Ausgabe. Mit 180 Text-Abbildungen, zehn Tondrucktafeln, sowie einer Karte von Japan. — Leipzig. Verlag von Otto Spamer. 1874, in-8, pp. IX-494.

—— The Christian Daimyos. — A Century of religious and political History in Japan (1549-1650). By M. Steichen. M. A. — Printed at the Rikkyo Gakuin Press, Tsukiji, Tokyo, s. d., in-8, pp. XI-369.

Voir col. 104.

Edward F. Strange.

—— Japanese Illustration A History of the Arts of Wood-Cutting and Colour Printing in Japan. By Edward F. Strange, M. J. S. London : George Bell and Sons....., MDCCCXCVII. In-8, pp. XX-155, ill.

The Connoisseur Series. Edited by Gleeson White.

—— The Colour-Prints of Japan An Appreciation and History by Edward F. Strange... A. Siegle, 2 Langham Place, London, W., 1904, in-16, pp. XII-85, ill.

Vol. II : The Langham Series An Illustrated Collection of Art Monographs edited by Selwyn Brinton, M. A.

Tiré à 4000 ex. — 150 sur Grand Papier.

—— The Colour-Prints of Japan An Appreciation and History by Edward F. Strange Assistant Keeper in the Victoria and Albert Museum... A. Siegle, 2 Langham Place, London, 1906, in-16, pp. XII-85, ill.

Vol. II : The Langham Series An Illustrated Collection of Art Monographs edited by Selwyn Brinton, M. A.

Tiré à 3000 exemplaires.

—— Board of Education, South Kensington. Victoria and Albert Museum. — Japanese Colour Prints by Edward F. Strange — With numerous Illustrations. Second Edition. London : Printed for His Majesty's Stationery Office by Wyman and Sons, 1908, pet. in-8, pp. VIII-150, 84 pl.

—— Victoria & Albert Museum Japanese Colour Prints by Edward F. Strange. London Printed for His Majesty's Stationery Office by Eyre and Spottiswoode, 1910, in-8, pp. VIII-169, 84 pl.

* * *

—— Die Körperformen in Kunst und Leben der Japaner von Dr C. H. Stratz Mit 112 in dem Text gedruckten Abbildungen und 4 farbigen Tafeln. Stuttgart, Ferdinand Enke, 1902, in-8, pp. X-196.

—— Japanisches Wappenbuch «Nihon Mon-cho» Ein Handbuch für Kunstgewerbetreibende und Sammler von Hugo Gerard Ströhl... XIII Tafeln in Schwarz und Buntdruck nebst 692 Text-Illustrationen. Wien 1906 Anton Schroll & Co., in-8, pp. IX-250.

—— Imitationsfiguren der japanischen Heraldik. Von H. G. Ströhl. (*Mitt. d. Sem. für Orient. Sprachen*, Jahrg. XIII, Erste Abt., *Ostas. Studien*, 1910, pp. 1-17.)

—— Letters from China & Japan. By L. D. S. Henry S. King & Co., London, 1875, pet. in-8, pp. VI-210.

L. D. S. = Mrs. H. G. Swainson.

Béla Széchenyi.

—— Die wissenschaftlichen Ergebnisse der Reise des Grafen Béla Széchenyi in Ostasien 1877-1880. Erster Band. *Die Beobachtungen während der Reise.* Mit 175 Figuren, 10 Tafeln und einer geologischen Übersichtskarte. Nach dem im Jahre 1890 erschienenen ungarischen Originale. Wien, Ed. Hölzel, 1893, gr. in-8, pp. CCLIII-851 + 1 f. n. ch., carte.

— Count Széchenyi's Travels in Eastern Asia. By Baron F. von Richthofen. (*Geographical Journal*, III, April 1894, pp. 311-318.)

—— Zweiter Band. *Die Bearbeitung des gesammelten Materials.* Nach dem im Jahre 1896 erschienenen ungarischen Original. Mit sechs zinkographirten und siebzehn lithographirten Tafeln. Wien, Ed. Hölzel, 1898, gr. in-8, pp. XIII-780 + 2 ff. n. ch.

— Dritter Band. *Die Bearbeitung des gesammelten Materials.* Nach dem im Jahre 1897 erschienenen ungarischen Original. Mit 14 lithographirten und 1 zinkographirten Tafel, 37 zinkographirten Figuren im Text und 7 Tabellen, ferner mit dem Generalindex zu dem ganzen Werke. Wien, Ed. Hölzel, 1899, gr. in-8, pp. VII-523.

— Im fernen Osten. Reisen des Grafen Béla Széchenyi in Indien, Japan, China, Tibet und Birma in den Jahren 1877-1880. Von Gustav Kreitner, k. k. Oberlieutenant und Mitglied der Expedition. Mit zweihundert Original-Holzschnitten und drei Karten. Wien, 1881. Alfred Hölder, k. k. Hof- und Universitäts-Buchhändler, in-8, pp. VIII-1013.

Notice : *Nature*, XXVII, 1882-3, pp. 170-172, par A. H. Keane.

Gustav Kreitner, né à Odrau (Silésie autrichienne), 2 août 1843; + 21 nov. 1893; consul d'Autriche à Chang-haï, 1883; consul à Yokohama, 1884. — Notice : *T'oung Pao*, No. 1, 1894, p. 79, par G. S.[chlegel.]

— Langt Mod Øst. Rejseskildringer fra Indien, Kina, Japan, Tibet og Birma, af G. Kreitner. Deltager i Grev Béla Széchenyis Expedition i Aarene 1877-80. Med 194 Illustrationer og i Kort. Forlagsbureauet i Kjøbenhavn. (O. H. Delbanco. G. E. C. Gad. F. Hegel. C. C. Lose.) 1882, in-8, pp. 851.

— Die Reise des Grafen Széchenyi in China. Vortrag von Prof. L. von Lóczy aus Budapest. (*Cte. rendu Ve Cong. inter. Sc. géog.*, Berne — 1891, pp. 397-408.)

— Three Essays on Oriental Painting by Sei-ichi Taki (Editor of the «Kokka»). London, Bernard Quaritch, 1910, gr. in-8, pp. XII-84, 57 pl.

— VARIÉTÉS SINOLOGIQUES N° 24. — *Synchronismes chinois* — Chronologie complète et concordance avec l'ère chrétienne de toutes les dates concernant l'histoire de l'Extrême-Orient (Chine, Japon, Corée, Annam, Mongolie, etc.) (2357 av. J.-C.-1904 apr. J.-C.) Par le P. Mathias Tchang, S. J. — Chang-hai, Imprimerie de la Mission catholique Orphelinat de T'ou-sè-wè. — 1905, in-8, pp. LXXXIV-530.

(BÉLA SZÉCHENYI.)

— Tei-San — Notes sur l'Art japonais La Sculpture et la Ciselure. Paris, Société dv Mercvre de France, MCMVI, in-12, pp. 331.

7 exemplaires sur papier de Hollande.

— Voyage autour du Monde. Inde et Ceylan — Chine et Japon 1887 — 1890 — 1891. Texte et dessins par M. Albert Tissandier... 88 gravures et 24 planches. Paris, G. Masson, MDCCCXCII, gr. in-4, pp. VIII-298.

— Japanese Wood-Cutting and Wood-Cut Printing. — Communicated by T. Tokuno... Edited and annotated by S. R. Koehler... (*Annual Report... Smithsonian Institution...* year ending June 30, 1892, pp. 221-244.)

— Fr. Steenackers et Uéda Tokunosuké. Cent proverbes japonais. Paris, Leroux, 1885, in-4, fig. en noir et en couleur.

Notice : *Revue d'Ethnographie*, IV, N° 4, 1885, p. 363. (Par E. H.[amy].)

— La Céramique japonaise — Les principaux centres de fabrication céramique au Japon par Ouéda Tokounosouké avec une préface relative aux «Cérémonies du Thé» au Japon et à leur influence par E. Deshayes Conservateur-adjoint au Musée Guimet. — Paris, Ernest Leroux, 1895, in-16, pp. LXVIII-123.

Petite Bibliothèque d'Art et d'Archéologie.

TOMII.

— Le Shïntoïsme sa mythologie et sa morale par Massa Akira Tomii docteur en droit membre du Seido-torishirabé-kiokou — Commission législative du Japon. — (*Ann. du Musée Guimet,* Tome X, pp. 307-320.)

— Faut-il admettre l'existence du mont Shumi. Travail de M. Semitani traduit par M. Tomii. (*Congrès provincial des Orientalistes*, Lyon — 1878. II, Lyon, 1880, pp. 106-111.)

— Code civil de l'empire du Japon Livres I, II & III (Dispositions générales — Droits réels — Droit de créance) Promulgués le

(DIVERS. — TOMII.)

28 Avril 1896. Traduction par I. Motono docteur en Droit premier secrétaire de la légation impériale du Japon à Saint-Pétersbourg ancien membre de la commission de revision des codes du Japon [et] M. Tomii Docteur en Droit professeur de Droit civil à l'Université de Tokio Membre de la Chambre des Pairs Membre-rédacteur de la Commission de revision des Codes du Japon. Paris, L. Larose, 1898, in-8, pp. XV-171.

—— (Extrait du *Bulletin de la Société de Législation comparée*) No. 3. — Mars 1898. — Etat de la Codification au Japon Communication à la Société de Législation comparée Séance générale du 9 février 1898. Par M. Tomii Docteur en Droit et Lauréat de la Faculté de droit de Lyon... Paris, librairie Cotillon, 1898, br. in-8, pp. 11.

* * *

—— Japanese Treasure Tales — By Kumasaku Tomita and G. Ambrose Lee (With Thirty-seven illustrations). — Yamanaka & Co., London [and] Japan, s. d. [1906], in-8, 3 ff. n. ch. + pp. 96.

Printed by André & Sleigh, Ltd., Bushey, Herts.

—— A Japanese Collection in two volumes made by Michael Tomkinson. London : George Allen, 156 Charing Cross Road, MDCCCXCVIII. 2 vol. gr. in-4, pp. XV-V-192 + 1 f. n. ch., X-201 + 1 f. n. ch., pl. hors texte.

Texte par E. Gilbertson, M. Tomkinson, A. H. Church, Gleeson White, W. Gowland, Charles Holme, W. Anderson, Edward F. Strange.

Printed by Ballantyne, Hanson & Co., at the Ballantyne Press.

200 numbered copies of this work have been printed, of which 125 are for sale, 25 being proofs on India Paper.

—— Rambles through Japan without a Guide. By Albert Tracy. London : Sampson Low, Marston & Company, 1892, pet. in-8, pp. XIV + 1 f. n. ch. + pp. 287.

—— Treaties and Conventions, concluded between Empire of Japan and Foreign Nations, together with Regulations and Communications. — 1854-1874. — Tokio : Printed at the «Nisshu-sha» Printing Office, 1874, in-4, pp. 650.

—— L'évolution de la garde de sabre japonaise des origines au XVe siècle par le Comte de Tressan. (*Bul. Soc. Franco-Jap.*, Mars 1910, No. 18, pp. 53-73; Juin-Sept. 1910, Nos. 19-20, pp. 7-35; Juin 1911, No. 22, pp. 25-73, ill.)

—— Le livre de desseins charmans et etranges contenant cent specimens fac simile de l'Art du graveur-sur-papier japonois, presentes aux doulx lecteur par un certain Andrew W. Tuer, Escüier, Membre de la Société des Antiquaires de Londres, lequel n'y connoit pas grand'chose. Paris, Baudry & Cie..., London : The Leadenhall Press, s. d., in-8 oblong, pp. 26-24-27 et 104 specimens.

Textes français, anglais, allemand.

—— Histoire des Taira tirée du Nit-pon Gwai-si traduit du chinois par François Turrettini. — Extrait de l'*Atsume Gusa*. — Genève, H. Georg, 1874-75, in-4, pp. II-89 + 1 f. n. ch.

—— A travers le Japon. — Climat, géologie, hydrographie, ...par L. Ussèle, orné de 90 vignettes. — Paris, J. Rothschild, in-8.

Notice : *Bull. Soc. Accl.*, p. 128. Par G. de G.

—— Giappone e Siberia. Note di Viaggio del conte Luchino dal Verme Ten^te. Colonnello di Stato Maggiore con una carta geographica della Siberia. Milano, Ulrico Hoepli, 1882, in-8, pp. IX-552.

—— Giappone e Siberia. Note d'un Viaggio nell' Estremo Oriente al seguito di S. A. R. il Duca di Genova del Conte Luchino dal Verme, colonnello di stato maggiore. — Opera illustrata da 229 incisioni e 12 carte. Milano, Treves, 1885, gr. in-4, pp. 487 + 4 ff. prél. n. ch.

— Le «Note di Viaggio» del conte dal L. dal Verme. (*Bol. Soc. geog. Ital.*, 1885, pp. 776-778.)

— Luchino dal Verme — Cina e Giappone nello scorcio del secolo XIX (Estr. «N. Ant.» 1898) — Roma, Forzani, in-8, pp. 59.

—— Estampes japonaises primitives tirées des Collections de : MM. Bing, Blondeau, Bullier, Comte de Camondo, Chialiva, M. & Mme Curtis, J. Doucet, Mme Gillot, Haviland, Hubert, Isaac, Jacquin, R. Koechlin, Mme Langweil, Manzi, Marteau, Migeon, G. Moreau, Mutiaux, du Pré de Saint Maur, H. Rivière, A. Rouart, Léonce Rosenberg, Ch. Salomon, Comte de Tressan, H. Vever, Vignier et exposées au Musée des Arts décoratifs en février 1909 — Catalogue dressé par M. Vignier avec la collaboration de M. Inada. Paris, Des Ateliers Photo-Mécaniques D.-A. Longuet, gr. in-4, 13 ff. n. ch. + 1 f. blanc + 64 pl.

Ouvrage tiré à 100 exemplaires.

Avant-Propos de Raymond Koechlin.

—— Harunobu Koriusai Shunsho Estampes japonaises tirées des collections de MM. Bing, Bouasse-Lebel, Bullier.... Vignier et exposées au Musée des Arts décoratifs en janvier 1910 — Catalogue dressé par M. Vignier avec la collaboration de M. Inada. Paris, Des Ateliers Photo-mécaniques D.-A. Longuet — En vente Bibliothèque d'Art et d'Archéologie, 19, rue Spontini, gr. in-4, pp. 60 + 67 pl.

Ouvrage tiré à 100 exemplaires.

Introduction de Raymond Koechlin.

—— Kiyonaga Buncho Sharaku Estampes japonaises tirées des collections de MM. Bing, Bouasse-Lebel... Vignier et exposées au Musée des Arts décoratifs en janvier 1911 — Catalogue dressé par M. Vignier avec la collaboration de M. Inada. Paris, Des Ateliers Photo-mécaniques D.-A. Longuet — En vente Bibliothèque d'Art et d'Archéologie, 19, rue Spontini, gr. in-4, pp. 54 + 1 f. blanc + 102 pl.

Ouvrage tiré à 125 exemplaires.

Introduction de Raymond Koechlin.

—— Dai Nippon (Le Japon) par E. de Villaret capitaine breveté Détaché à l'Etat-Major général du Ministre de la Guerre Ancien membre de la Mission Militaire au Japon — Ouvrage accompagné de trois Cartes hors texte. Paris Librairie Ch. Delagrave — 1889, in-8, pp. x-386, 3 cartes.

—— The Snake in Japanese Superstition. By Dr. M. W. de Visser. (*Mitt. d. Sem. für Orient. Sprachen*, Jahrg. XIV, Erste Abt., *Ostas. Studien*, 1911, pp. 267-322.)

—— A New Japanese-English Dictionary based on the current Japanese Literature by K. Wadagaki. — New edition. — Y. Ōkura, Tōkyo, 1902, in-24, 2 ff. n. ch. + pp. 949 à 2 col. + 1 f. n. ch. + pp. 16.

—— Catalogue of a Collection of Oriental Art Objects belonging to Thomas E. Waggaman of Washington, D. C. — Edited by H. Shugio, Printed at the De Vinne Press New York, MDCCCXCVI, in-8, pp. 492.

—— A la découverte de la Musique japonaise. Par M. Alfred Westarp. (*Bul. Soc. Franco-Jap.*, Sept.-Déc. 1911, Nos. 23-24, pp. 61-89, ill.)

—— 千字文, *Sen-Ji-Mon.* One Thousand Chinese Characters of Constant Occurence in Japanese Literature. A New and Practical Method for Students of Japanese, by W. J. White. Yokohama, Kelly & Co., Shanghai and Hongkong : Kelly and Walsh, 1883.

Notice : *China Review*, XI, p. 397.

—— A Concise Dictionary of the principal Roads, Chief Towns and Villages of Japan, with populations, Post-Offices, etc. : together with lists of ken, kuni, kōri, and railways. Compiled from official documents by W. N. Whitney, M. D. Interpreter of the U. S. Legation, Tōkyō. — Tōkyō : Z. P. Maruya & Co..... 1889, in-8, pp. v-248 + 1 f. n. ch.

—— Appendix to a Concise Dictionary of the principal Roads, Chief Towns and Villages of Japan, containing the Constitution of Japan, and Laws relating thereto the law for the organization of cities, towns and villages, together with statistical information respecting territory, population, agriculture and industry, domestic and foreign Commerce transport and navigation, banking, insurance, public instruction, religion, public hygiene, public charities, police, prisons, justice, army and navy finance, and political administration. Compiled from official documents by W. N. Whitney, M. D. Interpreter of the U. S. Legation, Tōkyō. — Tōkyō : Z. P. Maruya & Co..... 1889, in-8, pp. II-167.

—— China. Travels and investigations in the «Middle Kingdom». A Study of its civilization and possibilities with a glance at Japan by James Harrison Wilson, late Major-General United States Volunteers, and Brevet Major-General United States Army. New York, D. Appleton, 1887, in-12, pp. xx-376, carte.

—— A Summarized Catalogue of the Postage Stamps of Japan. By A. M. Tracey Woodward, in-8, pp. 90.

Transactions Asiatic Society Japan, Vol. XXXIV, Part III, Oct. 1906.

—— *M. Yamada. — Neues japanisch-deutsches Wörterbuch. Tokio, 1901, in-8, pp. 810.

—— Ein Wegweiser für moderne Frauen und Mädchen. Von Fukuzawa Yūkichi. Uebersetzt von T. Tsuji. (*Mitt. d. Sem. für Orient. Sprachen*, Jahrg. XI, Erste Abt., *Ostas. Studien*, 1908, pp. 265-290.)

—— Dr. August Graf Zichy. — Ueber die Kunst der Japanesen. (*Literarische Berichte aus Hungarn*, herausgegeben von Paul Hunfalvy, IV Band, I. Heft, pp. 104, 18 pl.)

ADDENDA.

—— Les // Estats, Empires, // et Principavtez // dv Monde. // Representez par la // Description des Paÿs, // mœurs des habitans, // Richesses des Prouinces, // les forces, le gouuernement, // la Religion, et les Princes // qui ont gouuerné // chacun Estat // Auec L'origine de toutes les // Religions, et de tous les // Cheualiers et ordres // Militaires // Par le S^{r}. D. T. V. Y. gentilhomē // ord^{re}. de la Chambre du Roÿ // A Paris, // Chez Pierre Cheualier rüe S^{t}. Iacques, à l'en= // seigne Sainct Pierre // pres les Mathurins // 1615. In-4, front. grav., 9 ff. n. ch. prél. + pp. 1467.

Voir col. 296.

—— De reys // van kapiteyn // Johan Saris, // Behelsende sijne aamerkingen van 't geene, ten tijde van sijn // verblijf tot Bantam in Oost-Indiën voorviel, van // October 1605, tot October 1609. // Als mede // De Verrigting van een Hollandse Vloot voor Malacca, onder den Commandeur // de Jonge Matelief, en het aantasten van Mosambique, onder // Paulus van Caarden. // Nu aldereerst uyt het Engels vertaald. // Met noodig Register en Konst-Print verrijkt. // Te Leyden, // By Pieter Vander Aa, Boekverkoper. // — Met Privilegie. In-fol. (*De aanmerkenswaardigste Zee- en Landreizen*, deel 5, col. 10.)

—— Agtste // Oost-Indische // Reys, // Op Kosten van d' Engelsche Maatschappy, gedaan met drie // Scheepen, onder Capitain // Joan Saris. // int 't Jaar 1611, en vervolgens, // vervattende de Coerssen en verrigtingen in de roode Zee, op Java, // in de Moluccas, Japan, &c. uyt sijn eygen Dag-Register. // Nu aldereerst uyt 't Engelsch vertaald. // Vercierd met schoone kopere Platen, en volkomene Registers. // Te Leyden, // By Pieter Vander Aa, Boekverkoper, 1707. // — Met Privilegie. // In-fol. (*De aanmerkenswaardigste Zee- en Landreizen*, deel 6, col. 102. + 1 f. n. ch.)

—— Agtste // Oost-indische // Reys // Op Kosten van d'Engelsche Maatschappy, gedaan met drie Scheepen, onder Capitain // Joan Saris. // in 't Jaar 1611, en vervolgens, // vervattende de Coerssen en verrigtingen in de Roode // Zee, op Java, in de Moluccas, Japan, &c. // uyt sijn eygen Dag-register. // Nu aldereerst uyt't Engelsch vertaald. // Vercierd met schoone kopere Platen, en volkomene Registers. // Te Leyden, // By Pieter Vander Aa, Boekverkoper 1707. // Met Privilegie. // In-8. (*Naaukeurige Versameling der Gedenk-waardigste Reysen Na Oost en West-Indien*, vol. 97, pp. 193 + 3 ff. n. ch. p. l. tab.)

—— Documents importants sur la découverte des îles de Bonin, par des Navigateurs néerlandais, en 1639. (*Nouv. Ann. des Voyages*, LXXXXVIII, 1843, pp. 318-340.)

Mathieu Quast et A. J. Tasman. — Réimp. de la brochure publiée par Siebold à la Haye.

—— Jomard. — Note sur la découverte des îles Bonin (Bonin-Sima) en 1639 (d'après un opuscule de M. Siebold). (*Bul. Soc. Géog.*, 2e Sér., XIX, 1843, pp. 150-155.)

—— Souvenirs de l'Ambassade du Comte Poutiatine en Chine. (Extrait du Journal de Voyage d'un des Membres de l'Ambassade.) Br. in 4, pp. 12 à 2 col.

On lit à la fin : Extrait du *Journal de St.-Pétersbourg*, Nos. 94, 95, 96 [de l'année 1896]. Par le baron Fred. d'Osten-Sacken.

— Henri Cordier. — *Hist. des relations de la Chine*, I, pp. 79-97.

— Henri Cordier. — *L'Expédition de Chine de 1857-58.*

— Les Saints Martyrs japonais par M. L. Enduran. Limoges, Martial Ardant, 1863, in-8, pp. 120, front.

Bibliothèque Religieuse, Morale, Littéraire pour l'Enfance et la Jeunesse.

Bib. nat., O²o, 177. — Voir col. 213.

—— * Japanese Lyrical Odes; Translations of the *Hyak Nin is 'Shiu,* by a Century of Poets, into English Verse, with Explanatory Notes, the text in Japanese and also in Roman letter, with a full index; Catalogues of Books referred to, and lists of Titles, &c. &c., by Dr. F. V. Dickins. London, 1866, in-8.

Voir col. 651-653.

— * Les trois martyrs du Japon, de la Compagnie de Jésus, avec une notice sur cette mission célèbre. Bruxelles, H. Goemaere, 1852, in-18, pp. 36.

Par le P. Jean Croiset. — Sommervogel.

—— 金譜 Traité des Monnaies d'Or au Japon traduit pour la première fois du japonais par François Sarazin... Paris, Ve Bouchard-Huzard, 1874, in-8, pp. 16 + 15 ff. de fig.

Ext. No. 2 du Compte-rendu du *Congrès international des Orientalistes*, 1re session, Paris, 1873.

—— Le Guide du Baigneur au Japon ou Notice sur quelques eaux minérales du pays, et sur l'emploi qui peut en être fait par le Dr. Geerts. — Yokohama, Imprimerie de «l'Écho du Japon», 1877, pet. in-8, pp. 24.

Voir col. 608.

—— An Unabridged Japanese-English Dictionary With Copious Illustrations by Capt. F. Brinkley, R. A., Editor of the Japan Mail, F. Nanjō, M. A., Bungakuhakushi, Y. Iwasaki, Nōgakushi, with cooperation of Prof. K. Mitsukuri in Zoological Terms, Prof. J. Matsumura in Botanical Terms. — Tōkyō : Sanseido, 1896, in-8, pp. IV + 2 ff. n. ch. + pp. XXIII + pp. 1687 à 2 col. + 1 f. n. ch.

Voir col. 635-636.

— An unabridged Japanese-English Dictionary. Von R. Lange. (*Mitt. d. Sem. für orient. Sprachen*, Jahrg. II, Erste Abth., *Ostasiat. Studien*, 1899, pp. 55-57.)

A propos du Dictionnaire de Brinkley.

— Notes de paléoethnologie, d'archéologie et de minéralogie archéolithique japonaises par M. G. Dumoutier. (*L'Anthropologie*, XII, 1901, pp. 371-379.)

Col. 654.

—— Missionnaires & commerçants au Japon au XVIIe siècle Le Portugal et la Hollande dans «l'Empire d'entre-quatre-mers». Par Charles de Coutouly. (*Revue Indo-Chinoise*, 30 Août 1905, pp. 1129-1144; *ibid.*, 15 Juillet 1906, pp. 995-1012; *ibid.*, 30 Juillet 1906, pp. 1097-1116; *ibid.*, 15 Sept. 1906, pp. 1295-1412.)

—— Е. Спальвинъ. — 實用會話 Практическіе Японскіе Разговоры... Часть I-я. Японскій Текстъ. (*Извѣстія Восточнаго Института*, XXIV, 1909, in-8, pp. XXXVI-419. — Ч. II-я.

Подстрочный iероглифическій словарь. (*Ibid.*, XXV, 1909, in-8, pp. XXIV-667.) — Ч. II-я. (вы. 2-й) Iероглифическіе указатели. (*Ibid.*, Vladivostok, XXXIV, вы. 2-й, 1910, in-8, pp. 20 + texte.)

—— E. Спальвинъ. — 日本陸軍 Японская Армія... Ч. I-я. Японскій Текстъ (*Ibid.*, XXVIII, вы. 1-й, 1909, in-8, pp. XII-95.) — Ч. II-я. Подстрочный iероглифическій словарь. (*Ibid.*, XXVIII, вы. 2-й, 1909, in-8, pp. XVI-143.) — Ч. II-я. (вы. 2-й) Iероглифическіе указатели. (*Ibid.*, XXXV, вы. 2-й, 1910, in-8, pp. 20 et texte.)

—— *James Murdoch. — A History of Japan. Vol. I. From the origins to the arrival of the Portuguese in 1542. A. D. With maps by Isoh Yamagata. Published by the Asiatic Society of Japan. Yokohama, 1910, in-8, pp. VIII-667 avec 7 cartes.

Notice : *Bull. École franç. Ext-.Orient.*, Oct.-Déc. 1910, pp. 710-724. Par N. Péri. — Voir col. 690.

—— *Rev. A. Lloyd. — Shinran and his Work, Studies in Shinshu Theology. — Tōkyō, Kyōbunkwan, 1910, in-8, pp. 182-15.

Notice : *Bull. École franç. Ext.-Orient.*, Janvier-Juin 1911, pp. 222-226. Par N. Péri.

—— *Michel Revon. — Anthologie de la littérature japonaise des Origines au XXe siècle. — Paris, Delagrave, 1910, in-12, pp. 476.

Notice : *Bull. École franç. Ext.-Orient.*, Janvier-Juin 1911, pp. 226-231. Par N. Péri.

—— Études sur le drame lyrique japonais Nō (能) II. — Le Nō d'Oimatsu. Par M. Noël Peri, Pensionnaire de l'École française d'Extrême-Orient. (*Bull. École franç. Ext.-Orient*, Janvier-Juin 1911, pp. 111-151.)

—— Une mission archéologique japonaise en Chine. Par M. Noël Péri, Pensionnaire de l'École française d'Extrême-Orient. (*Bull. École franç. Ext.-Orient*, Janvier-Juin 1911, pp. 171-198.)

—— Epochs of Chinese & Japanese Art An Outline History of East Asiatic Design. By Ernest F. Fenollosa, Formerly Professor of Philosophy in the Imperial University of Tokio, Commissioner of Fine Arts to the Japanese Government, Etc. London : William Heinemann, MCMXII. 2 vol. gr. in-8 carré, pp. XXXVII + 204, XIV + 212, ill. en couleurs et en noir.

Edited by Mary Fenollosa. — Pub. à 36/-. — Voir col. 657-662.

—— *B. Chamberlain. — Allerlei Japanisches (*Things Japanese*). Notizen ueber verschiedene japanische Gegenstaende für Reisende und andere, übersetzt v. B. Kellermann, 1912, in-8, pp. 596.

Voir col. 642.

—— *Bronislaw Pilsudski. — Materials for the Study of the Ainu Language and Folklore, edited under the supervision of J. Rozwadowski. Cracow. (*Spolka wydawnicza polska*), 1912, in-8, pp. XXVIII-242.

Notice : *Revue critique*, 21 déc. 1912, pp. 484-485, par A. Meillet.

INDEX ALPHABÉTIQUE.

www.ingramcontent.com/pod-product-compliance
Ingram Content Group UK Ltd.
Pitfield, Milton Keynes, MK11 3LW, UK
UKHW020259230726
13925UKWH00001B/130